CACHORROS

Marcelo Godoy

CACHORROS

A história do maior espião dos serviços secretos militares
e a repressão aos comunistas até a Nova República

Grafia atualizada segundo o Acordo Ortográfico da Língua Portuguesa de 1990, que entrou em vigor no Brasil em 2009.

Edição: Haroldo Ceravolo Sereza e Joana Monteleone
Assistente acadêmica: Tamara Santos
Projeto gráfico, capa e diagramação: Ana Júlia Ribeiro/Betânia Santos
Revisão: Marília Chaves
Imagens de capa: Arquivo Marcelo Godoy

CIP-BRASIL. CATALOGAÇÃO NA PUBLICAÇÃO
SINDICATO NACIONAL DOS EDITORES DE LIVROS, RJ

G534c

Godoy, Marcelo
Cachorros : a história do maior espião dos serviços secretos militares e a repressão aos comunistas até a Nova República / Marcelo Godoy. - 1. ed. - São Paulo : Alameda, 2024.
552 p. ; 23 cm.

Inclui bibliografia
ISBN 978-65-5966-250-0

1. Brasil - História. 2. Brasil - Política e governo. 3. Ditadura - Brasil - História. I. Título.

24-88896 CDD: 981.063
CDU: 94(81).088

Gabriela Faray Ferreira Lopes - Bibliotecária - CRB-7/6643

ALAMEDA CASA EDITORIAL
Rua 13 de Maio, 353 – Bela Vista
CEP 01327-000 – São Paulo, SP
Tel. (11) 3012-2403
www.alamedaeditorial.com.br

"Fui preso, torturado. Minha vida teve momentos bons e momentos muito difíceis. Acho que atravessei essa trajetória honradamente."

Jacob Gorender[1]

"Eu fui obrigado a dizer a verdade sobre o passado; pouco importava o risco para mim."

Nikita Khrushchev[2]

"O que eu estava vendo era real e não uma alucinação; outros também viram as mesmas coisas."

Vittorio Vidali[3]

"Sabemos que há muita coisa que não pode ser contada."

Coronel Romeu Antonio Ferreira[4]

---

1 Jacob Gorender, entrevista em 20 de maio de 2012. Godoy, Marcelo e Veiga, Edison. "Um companheiro me disse: *'Não vou morrer mais'.* Tínhamos sobrevivido." Publicado em *O Estado de São Paulo,* 28 de agosto de 2012. Disponível em: www.estadao.com.br.

2 *Apud* Taubman, William. *Khrushchev: the man and his era*, p. 274

3 Vidali, Vittorio. *Diary of the Twentieth Congress of the Communist Party of the Soviet Union*. Londres: Journeyman Press, 1984, p. 100

4 Ferreira, Romeu Antônio. Apreciação s/nº de 27 de março de 1984, AA.

Sumário

Lista de siglas 9

Introdução 15

PARTE 1. **Pirilo e o sistema** 25

1. ANTÔNIO PINTO. A formação de um agente secreto 27
2. A COMUNIDADE. O escudo e a espada do regime fardado 57
3. OS MÁGICOS. Rubens Paiva e a farsa do desaparecimento 89
4. SE ENTREGA, LAMARCA! A luta armada após o golpe de 1964 109

PARTE 2. **Vinícius e o partido** 133

1. A FOICE E A ESPADA. Uma trajetória da rebeldia militar 135
2. UM HOMEM PACATO. O partido e a formação de Vinícius 157
3. O RETRATO. As rupturas em um partido vigiado 177
4. O GOLPE E O PCB. Das reuniões em Moscou às cadernetas 201

Caderno de Imagens 231

PARTE 3. **Pirilo, Vinícius e a guerra** 249

1. ENTRE A CIA E A KGB. Informantes, americanos e russos no Brasil 251
2. AS COBRAS E AS FLORES. A Marinha inicia o cerco ao PCB 279
3. CERCO E ANIQUILAMENTO. O Exército assume o combate ao partido 309
4. A DÉBÂCLE. A direção do PCB no país é esmagada 343
5. O ESPIÃO EM MOSCOU. A ação de um infiltrado no Leste Europeu 381
6. PUNIR E VIGIAR. A repressão aos comunistas até a anistia 403
7. OPERAÇÃO PÃO DE AÇÚCAR. Espionagem até a Nova República 433

8. ATÉ A MORTE. Al Capone e a Nova República 489
Índice Onomástico 507
Fontes 521
Arquivos 529
Bibliografia 533
Agradecimentos 549

Lista de Siglas

AA – Arquivo do Autor

ABI – Associação Brasileira de Imprensa

AEL-Unicamp – Arquivo Edgard Leuenroth Universidade Estadual de Campinas

APESP – Arquivo Público do Estado de São Paulo

Agitprop – função ou seção do partido comunista encarregado da agitação e propaganda

AI – Ato Institucional

ALN – Ação Libertadora Nacional

Amorj – Arquivo de Memória Operária do Rio de Janeiro, da UFRJ

AN – Arquivo Nacional

ANL – Aliança Nacional Libertadora

AOESP – Arquivo de O Estado de S. Paulo

AP – Ação Popular

APML – Ação Popular Marxista-Leninista

Arena – Aliança Renovadora Nacional

BNM Digital – Brasil Nunca Mais

BR – Brigatte Rosse (Brigadas Vermelhas)

CC – Comitê Central

CEB – Comunidade Eclesial de Base

Cebrade – Centro Brasil Democrático

Cebrap – Centro Brasileiro de Análise e Planejamento

Cedem – Centro de Documentação e Memória, Universidade Estadual de São Paulo (Unesp)

CEMA – Chefia do Estado-Maior da Armada

Cenimar – Centro de Informações da Marinha

CEP – Centro de Estudos de Pessoal

CEPS – Centro de Estudos e Pesquisa Social

CGT – Central Geral dos Trabalhadores

CIA – Central Intelligence Agency, agência central de inteligência

CIAer – Centro de Inteligência da Aeronáutica

CIE – Centro de Informações do Exército

CIEx – Centro de Informações do Ministério das Relações Exteriores

CIM – Centro de Inteligência da Marinha

CISA – Centro de Informações de Segurança da Aeronáutica

CMSE – Comando Militar do Sudeste

CML – Comando Militar do Leste

CNBB – Conferência Nacional dos Bispos do Brasil

CNOP – Comissão Nacional de Organização Provisória

CNV – Comissão Nacional da Verdade

Codi – Centro de Operações de Defesa Interna

Comar – Comando Aéreo Regional

Conclat – Conferência Nacional das Classes Trabalhadoras

CNOP – Comissão Nacional de Organização Provisória

Contag – Confederação Nacional dos Trabalhadores da Agricultura

CPDoc – Centro de Pesquisa e Documentação de História Contemporânea do Brasil da FGV.

CPOR – Centro de Preparação de Oficiais da Reserva

CRE – Comissão de Relações Exteriores do PCB

CS – Convergência Socialista

CUT – Central Única dos Trabalhadores

DC – Democracia Cristã

DCE – Diretório Central dos Estudantes

Deops – Departamento Estadual de Ordem Política e Social, sigla que será usada só para designar os documentos do fundo Deops do Arquivo do Estado, quando se tratar do departamento, a siglas será Dops.

Detran – Departamento Estadual de Trânsito

DI-GB – Dissidência da Guanabara, grupo saído do PCB

DINA – Dirección de Inteligencia Nacional (Chile)

DOI – Destacamento de Operações de Informações, conhecido pela sigla DOI-Codi ou Codi-DOI

Dops – Departamento de Ordem Política e Social

DGR – Doutrina da Guerra Revolucionária

DSN – Doutrina de Segurança Nacional

ECA – Escola de Comunicação e Artes da Universidade de São Paulo

Eceme – Escola de Comando e Estado-Maior do Exército

ELN – Exército de Libertação Nacional (Bolívia)

EME – Estado-Maior do Exército

EOEIG – Escola de Oficiais Especialistas e de Infantaria da Guarda

ERP – Exército Revolucionário do Povo (Argentina)

EsAO – Escola de Aperfeiçoamento de Oficiais, do Exército

ESG – Escola Superior de Guerra

EsNI – Escola Nacional de Informações

EUA – Estados Unidos da América

FAB – Força Aérea Brasileira

FAL – Fuzil de Assalto Leve

FBI – Federal Bureau of Investigation (EUA)

FDLN – Frente Democrática de Libertação Nacional

FEB – Força Expedicionária Brasileira

Fiesp (Federação das Indústrias do Estado de São Paulo

FGV – Fundação Getúlio Vargas
FRUS ¬– Foreign Relations of the United States
GRU – Glavnoje Razvedyvatel'noje Upravlenije, a inteligência militar soviética
HC – Hospital das Clínicas
IML – Instituto Médico-Legal
KGB – Serviço de segurança soviético, anteriormente chamado NKVD
Komsomol – organização juvenil do Partido Comunista da URSS
MDB – Movimento Democrático Brasileiro
MIR – Movimento Esquerda Revolucionária, na sigla em espanhol (Chile)
Molipo – Movimento de Libertação Popular
MR-8 – Movimento Revolucionário 8 de Outubro
MRT – Movimento Revolucionário Tiradentes
MST – Movimento dos Trabalhadores Sem-Terra
NSISA – Núcleo do Serviço Informações e Segurança da Aeronáutical
OAB – Ordem dos Advogados do Brasil
OBAN – Operação Bandeirante
OM – Organização Militar
OSI – Organização Socialista Internacionalista
Parasar – Esquadrão Aeroterrestre de Salvamento da Aeronáutica
PCB – Partido Comunista Brasileiro
PCdoB – Partido Comunista do Brasil
PCCh – Partido Comunista da China
PCF – Partido Comunista Francês
PCI – Partido Comunista Italiano
PCP – Partido Comunista Português
PCR(b) – Partido Comunista Russo (bolchevique)
PCUS – Partido Comunista da União Soviética
PDC – Partido Democrata Cristão
PDT – Partido Democrático Trabalhista

PE - Polícia do Exército

PMESP - Polícia Militar do Estado de São Paulo

PMDB - Partido do Movimento Democrático Brasileiro

POUM - Partido Obrero de Unificación Marxista

PPS - Partido Popular Socialista

POC - Partido Operário Comunista

Polop - Organização Revolucionária Marxista Política-Operária

PS - Partido Socialista (Chile)

PSB - Partido Socialista Brasileiro

PSD - Patrido Democrático Social

PSI - Partido Socialista Italiano

PST - Partido Socialista dos Trabalhadores

PSUA _ Partido Socialista Unificado da Alemanha

PTB - Partido Trabalhista Brasileiro

PT - Partido dos Trabalhadores

QG - Quartel General

RDA - República Demoicrática da Alemanha

REI - Relatório Especial de Informações

RGANI (РГАНИ) - Arquivo Estatal Russo de História Contemporânea

RI - Regimento de Infantaria

RPI - Relatório Periódico de Informações

Secint - Secretaria de Inteligência da Aeronáutica

Sissegin - Sistema de Segurança Interna

SISNI - Sistema Nacional de Segurança

SNI - Serviço Nacional de Informações

STM - Superior Tribunal Militar

STF - Supremo Tribunal Federal

Ternuma - Terrorismo Nunca Mais

TFP - Tradição Família e Propriedade

TL – Tendência Leninista

TLO – Tribuna da Luta Operária

TRT – Tribunal Regional do Trabalho

TsA FSB – Arquivo Central do Serviço Federal de Segurança

TSE – Tribunal Superior Eleitoral

UDR – União Democrática Ruralista

UDN – União Democrática Nacional

UFMG – Universidade Federal de Minas Gerais

UFRJ – Universidade Federal do Rio de Janeiro

UnB – Universidade Nacional de Brasília

UNE – União Nacional dos Estudantes

Unesp – Universidade Estadual Paulista

Unicamp – Universidade Estadual de Campinas

USP – Universidade de São Paulo

URSS – União das Repúblicas Socialistas Soviéticas

VAR-Palmares – Vanguarda Armada Revolucionária-Palmares

VO – Voz Operária

VPR – Vanguarda Armada Revolucionária

VU – Voz da Unidade

Zaer – Zona Aérea

ZDI – Zona de Defesa Interna

INTRODUÇÃO

A MAIOR PARTE da história dos povos é composta pela infinidade anônima das vidas das pessoas. É por isso que, assim como os biógrafos não podem ter a ilusão de contar de forma completa uma vida, também o historiador sabe os limites de sua obra diante das estruturas, dos trajetos, do tempo e dos espaços em que os cruzamentos das existências comuns deixam de correr em paralelo com a história. Capturar o momento e fixá-lo como testemunho de uma época, de suas ideias e acontecimentos que galvanizaram e sedimentaram experiências que ainda subsistem nas diversas memórias é mais do que simplesmente encadear fatos e circunstâncias. Esse desafio é tanto maior quanto mais limitadas forem suas fontes. Se o presente favorece o exercício do jornalismo com o acesso direto a testemunhos e papéis, ele esconde as grandes linhas nas quais os dramas individuais se desenvolvem e se dissolvem. Como contar, então, a história da repressão ao Partido Comunista Brasileiro (PCB), levada a cabo pelos serviços de segurança da ditadura militar (1964-1985) e da Nova República (1985-), se o tempo à disposição do autor ainda não se fechou sobre todas as vidas dessa história? Não podemos nem mesmo encontrar a solução de Marc Bloch para analisar o fim das invasões vikings na Europa, se o fenômeno do anticomunismo nem mesmo se extinguiu. Ele parece se renovar cada vez que o partido de ordem na história da República, com seus braços civil e militar, ressuscita o perigo vermelho para manter, por meio do contraste, a sua identidade.[1]

É possível tentar, no entanto, contar como essa história se produziu e como se expressou e revelar, segundo os testemunhos, ações e documentos, como agiram os militares do regime de 1964 para a consolidação e a manutenção de seu poder. Assim como o anonimato pode ser desvelado pelo estudo da multidão e as ações dos indivíduos pelo que é comum, o que é secreto se deixa capturar em sua singularidade pelo estudo de manifestações públicas. Esse é o caso da guerra que as Forças Armadas declararam aos comunistas e ao seu movimento no século passado. Quando a tenente Beatriz Martins, a Neuza, pôs as mãos no peito de Severino Theodoro de Mello para se certificar de que o integrante do Comitê Central do PCB ainda estava vivo, essa policial militar, filha de fazendeiros de Cafelândia, no interior paulista, apenas expressava a estratégia cada vez mais implacável do regime dos generais. Seu gesto, aparentemente, humanitário produziu uma lembrança indelével, retirando a policial da multidão de agentes para fazê-la personagem dessa história. Começava ali a mais longa e importante traição da vida do partido comunista, a que transformou Mello no agente Vinícius, instrumento central da operação que levou à morte e ao desaparecimento de uma dezena de dirigentes do PCB e manteve ao alcance dos militares alguns dos maiores segredos do partido nas duas décadas seguintes. A história de Mello, o Pacato, como ele era conhecido pelos companheiros de legenda, será um dos fios condutores dessa obra.

O dirigente comunista se tornaria amigo do Doutor Pirilo, o capitão da Aeronáutica Antônio Pinto, um dos dois oficiais que controlaram o informante por 20 anos. Ele foi um dos mais longevos agentes dos órgãos de informação do regime. Pinto começou nessa comunidade em 1967, depois de participar do curso ministrado por americanos ao grupo liderado pelo brigadeiro João Paulo Moreira Burnier, na Escola das Américas, no Panamá. Pirilo também tinha outro codinome, usado em atividades públicas: Carlos Ilyich Sanches Azambuja,

---

1 "Como podemos procurar por que motivo um fenômeno se extinguiu, sem perguntarmos primeiro qual a razão por que se produziu?". Bloch, Marc. *A sociedade feudal*. São Paulo: Edipra, 2016, p. 56.

cujas iniciais denunciavam o serviço ao qual se vinculava: CISA. Ele e seus nomes entraram nessa história como se fosse o personagem de *O homem que amava os cachorros*, o romance histórico de Leonardo Padura, sobre o assassinato de Trotsky. O militar enviou uma mensagem assinada como Azambuja a este autor e iniciou uma série de contatos – a maioria por e-mail – durante três anos, nos quais revelou fatos, nomes de informantes, contou destino de desaparecidos, forneceu documentos e fotos, além de servir de intermediário para sete conversas com Mello, um de seus cachorros, como os militares chamavam seus informantes. Deixou pistas para que fosse possível descobrir sua verdadeira identidade – após um ano inteiro de mensagens anônimas – e abriu portas para que outros agentes concordassem em falar sobre essa história. Dizia que se tornara um "especialista em partidão". Foi autor de artigos publicados até no órgão oficial do PCB, o jornal *Voz da Unidade*, de livros e documentos, que ele via como armas para participar de sua guerra contra o marxismo. Pirilo, o homem que controlava os cachorros, será o outro personagem central dessa obra.

Maior partido político da esquerda brasileira no século 20, o PCB era o inimigo estratégico da ditadura militar que se instalou no país com o golpe de estado de 31 de março de 1964. Logo nos primeiros dias do regime quiseram prender seus líderes, calar seus jornais e fechar suas sedes semiclandestinas. Foi o tempo dos Inquéritos Policiais-Militares (IPMs), das listas de cassações de direitos políticos e dos cercos promovidos pelos tiras e delegados dos Departamentos de Ordem Política e Social (Dops). Essa primeira fase da repressão que se abateu sobre o Partidão não impediu que seu jornal, a *Voz Operária*, continuasse a ser rodado e a ser distribuído pelo país por uma rede de militantes que levavam exemplares em malas para que a palavra da direção chegasse às células da agremiação. A repressão mudaria aos poucos, conforme a doutrina francesa da guerra revolucionária se espalhava entre militares e policiais, deixando de ser um objeto de estudo de oficiais, como o general Carlos de Meira Mattos, para se tornar a sustentação de todo um sistema de controle e de repressão à oposição política no País. O partido pagaria um preço alto por não perceber essa mudança.[2]

---

2 Dos 38 militantes do partido mortos durante a ditadura militar, 27 morreram entre 1969 e 1976. Ver Relatório da Comissão Nacional da Verdade, vol 3., Mortos e desaparecidos políticos.

Ela viria pouco depois das primeiras ações armadas de grupos de oposição ao regime, como a ALN, a VPR e o MR-8, quando todo o sistema de repressão foi reorganizado. O poder se deslocou, a partir de 1969, das mãos dos Dops para um novo tipo de órgão: o Destacamento de Operações de Informações (DOI), que nasceu em São Paulo com o nome de Operação Bandeirante (OBAN). O esquema foi multiplicado pelo País e pelo aparelho estatal, com dois grandes ramos: o de informações e o de operações. O primeiro tinha como símbolo o Serviço Nacional de Informações (SNI) e era responsável ainda pelos contatos com os serviços similares estrangeiros. As ações de repressão ficavam sob o controle dos comandos militares de área, cada um com seu DOI. Mas cada ministério militar empenhava ainda seus centros de informações – órgãos de assessoramento dos ministros – para trabalharem em todo País e no exterior. O Exército tinha o CIE; a Marinha, o Cenimar e a Aeronáutica, o CISA. São eles que cuidaram até o fim do regime – e depois da redemocratização – das principais ações contra os grupos da luta armada e as organizações e partidos que se opunham clandestinamente ao regime, ainda que de forma pacífica.

Entre 1969 e 1976, esse sistema foi responsável por prisões clandestinas, sequestros, torturas e mortes de quatro centenas de opositores dentro de uma estratégia militar que buscava neutralizar o inimigo. Pouco importava apurar responsabilidades, prender e julgar, como, geralmente, ocorria até 1968; buscavam-se apenas informações que permitissem desmantelar as organizações, matar seus líderes e fechar suas publicações. As táticas dessa "guerra" eram, sobretudo, velhas conhecidas da polícia: a infiltração, a delação, a tortura, o fichamento, as buscas e a vigilância. Simulavam-se ainda tiroteios e fugas para se executar prisioneiros até que o desaparecimento predominasse como opção para dar cabo de quem devia morrer. Diante dos depoimentos de militares, de policiais e de seus adversários, bem como de documentos e de outras provas pode parecer incompreensível que ainda hoje exista quem tente negar os crimes de colegas, louvando-os como "vitoriosos de uma guerra" sem máculas. Para retomar o protagonismo que uma vez tiveram no país durante o regime, esses guerreiros ideológicos têm necessidade de reviver esse conflito em um contínuo trabalho de revisionismo histórico. Precisaram e precisam ocultar e mentir sobre um passado para dele extraírem capital simbólico, necessário à ascensão ao poder de figuras como Jair Bolsonaro, antigo capitão paraquedista secundado por um grupo de generais, todos jovens oficiais durante a ditadura. A manutenção da identidade de grupo desses militares só fazia sentido na presença de seu contraste, de seu inimigo, daí a necessidade de enxergar na sociedade a sobrevivência e a continuidade dos antigos conflitos dos tempos da Guerra Fria.

Mais de três dezenas desses homens foram entrevistados para este livro. Alguns já haviam sido ouvidos durante a pesquisa que resultou na obra *A Casa da Vovó*, sobre uma das principais engrenagens desse sistema, o Destacamento de Operações de Informações (DOI), de São Paulo, que funcionou de 1969 a 1992. Em comum, a maioria dos entrevistados ainda cultivava as mesmas crenças que fundamentaram suas ações no passado. Mais uma vez revelaram segredos, contaram torturas, desaparecimentos e mortes, como as de Sérgio Landulfo Furtado e de Paulo Costa Ribeiro Bastos, do Movimento Revolucionário-8 de Outubro (MR-8), ou a extensão da traição de Vinícius. A guerra de Pirilo e de outros agentes foi a justaposição de uma multidão de pequenas ações na qual os armamentos poderosos foram substituídos pela inteligência, pela armadilha e pela brutalidade física. O capitão pensava como o coronel francês Roger Trinquier, um dos formuladores da doutrina da guerra revolucionária: a vitória seria apenas uma questão de vontade e método. Para tanto, devia-se, como disse Pirilo, empregar todos os meios, "inclusive os legais".[3]

As informações dos agentes foram confrontadas com os depoimentos de seus colegas, de seus adversários e de testemunhas, além de documentos e relatos colhidos por outros pesquisadores e pelas investigações feitas pelas Comissões Nacional e Estaduais da Verdade do Rio de Janeiro, de Pernambuco e de São Paulo. Foi esta a forma de vencer os enganos, as mentiras e as histórias de ouvir dizer que aparecem aos pesquisadores toda vez que se está diante do desafio que as décadas lançam à memória. Ou diante de pessoas, cujas identidades e referências reconhecem como legítimo o dilema entre vencer e lutar

---

3 Antônio Pinto, entrevista em abril de 2006. Ver ainda Trinquier, Roger. *La guerre moderne*, p. 47.

bem, garantindo, ainda hoje, a proteção aos responsáveis por torturas e assassinatos. Na medida do possível, todas as entrevistas foram gravadas, transcritas e indexadas. Um trabalho solitário, no qual os eventuais erros só podem mesmo ser creditados ao autor. Os métodos desta pesquisa foram os mesmos utilizados durante os trabalhos para a construção da *Casa da Vovó*: ou seja, buscou-se fazer falar mesmo quem não queria, mas sempre sem perder de vista a lógica de quem falava, ainda que compreender não signifique aceitar.

O comunismo foi o inimigo de uma espécie de guerra civil internacional de múltiplas faces travada por forças políticas civis e militares no Brasil, cujos líderes mantinham uma relação instrumental com a democracia, justificando o arbítrio pela associação entre o desenvolvimento e a ordem. Este foi apenas mais um episódio de uma história tão antiga quanto o País: o da violência usada para a manutenção de um poder em crise. Ainda que fenômenos distintos, poder e violência sempre apareceram juntos, sendo aquele sempre o fator principal e predominante, pois está na essência de qualquer governo enquanto a violência é um fenômeno de caráter meramente instrumental, necessitando de orientação e de justificação em relação aos fins que persegue. O poder, portanto, jamais se legitima pela violência, nem precisa de justificação, pois é imanente às comunidades políticas, brotando onde quer que as pessoas atuem de comum acordo.[4]

Na República, de Antônio Conselheiro aos comunistas, tudo o que parecia expor os contrastes e enfraquecer a dissimulação devia encontrar o desterro, a degola, a forca, o sequestro, o desaparecimento. A doutrina francesa da guerra revolucionária só podia, pois, encontrar no Brasil um terreno fértil para que fosse usada contra seu próprio povo. Algo que os franceses jamais fizeram. De fato, aplicaram-na além-mar, na Argélia, sem que jamais os desejos do coronel Trinquier de levar a luta ao interior da metrópole fossem atendidos. "Todo indivíduo que, de uma maneira ou outra, favoreça os desejos de nossos adversários deve ser considerado um traidor e tratado como tal", escreveu o francês.[5] Se não era possível à França

4 Arendt, Hanna. *Crises da república*, p. 123 a 133.

5 Trinquier, Roger. *La guerre moderne*, p. 23.

transformar suas fronteiras geográficas em fronteiras ideológicas, eliminando de seu interior todos os inimigos do poder estabelecido, restava ao país somente a alternativa de poder identificá-los claramente para vencer o adversário nas colônias. Aqui, entretanto, deram-lhe ouvidos. As ideias de Trinquier e as de seu colega Gabriel Bonnet, bem como as do português Hermes de Araújo Oliveira, armaram de justificações as ações de militares como Milton Tavares, Paulo Malhães e Brilhante Ustra. A vitória militar proporcionada pela brutalidade dos métodos engendrou uma derrota política da qual os militares não se recuperaram completamente, mesmo depois do quadriênio Bolsonaro.

As vidas de Pirilo e de Mello são mais um caminho para se conhecer essa história 60 anos depois do golpe que mudou o Brasil. Aqui surge a a Operação Pão de Açúcar. O oficial buscou com ela não apenas vigiar o PCB, mas manter o veneno da interdição dos comunistas na vida pública do país. Além da guerra cultural, o financiamento do partido e suas fontes de renda eram o caminho para acusar a corrupção de seus líderes e e torná-lo novamente ilegal. Mello passou os últimos anos de vida em seu apartamento em Copacabana. As visitas que recebia eram cada vez mais raras. De tempos em tempos, algum velho camarada questionava se ele ainda estava vivo. Os contatos com os companheiros e os pedidos de entrevista minguaram desde que tudo a seu respeito ficou claro. Era o último sobrevivente do levante militar de 1935, quando se uniu aos revoltosos do 29.º Batalhão de Caçadores, no bairro do Socorro, em Jaboatão dos Guararapes (PE), e marchou em direção ao Recife. Começou ali o caminho que ligou a vida do cabo Mello à do PCB. Nas décadas seguintes, manteria relações com a KGB e participaria do Comitê Central, da Executiva e do Secretariado do partido durante a clandestinidade no Brasil, o exílio em Moscou e a volta ao país, após a anistia de 1979. Era conhecido como Pacato.

Em 1992, acompanhou a maioria dos colegas, quando decidiram abandonar símbolos, nome e ideologia, transformando o PCB em PPS. Foi objeto de homenagens dos antigos colegas até que o sargento Marival Chaves, ex-integrante do CIE, revelou que Mello era o agente Vinícius, um espião cooptado em 1974 pelo capitão Ênio Pimentel da Silveira, do DOI do 2.º

Exército. Quase ninguém na legenda acreditou na acusação. Era a palavra de um homem da ditadura contra a de um velho comunista. Começava ali um processo de três décadas de investigações jornalísticas para desnudar o papel do dirigente em dezenas de sequestros, mortes, prisões e desaparecimentos que ajudaram a neutralizar o PCB nos anos 1970 e garantir aos militares que a abertura política fosse feita sem que a sombra de um partido comunista organizado voltasse a ameaçar a democracia sonhada pelos generais. Só em 2015 ficou nítido que Mello fora o mais importante espião cooptado pela inteligência militar em toda a sua história. Conhecer essa dimensão só foi possível em razão dos relatos de oficiais que participaram da ação com Mello e das conversas do dirigente. Ele e o Doutor Pirilo estiveram no centro da mais duradoura operação de espionagem política da República, que sobreviveu ao fim do regime militar e se estendeu pelos mandatos de quatro civis que ocuparam a Presidência a partir de 1985, sem que estes tivessem conhecimento ou a tivessem autorizado. Mello já estava afastado da direção do PPS quando a legenda, diante das novas provas, resolveu desligá-lo de seus quadros em 2016. Assim, ninguém percebeu quando, em junho de 2023, o Exército deixou de lhe pagar os proventos de capitão reformado. Os velhos companheiros não souberam o que se passou. Ninguém compareceu ao enterro. Mello viveu clandestino a maior parte da vida e assim também se foi. Tinha 105 anos. Sua morte permaneceu em sigilo até agora. Ela encerrou um dos mais sombrios capítulos da vida da República. Essa é também a história do veneno da desconfiança, que molda a esfera pública quando se busca obter pela força aquilo que se pensa impossível por meio da negociação e do convencimento. Por meio dele, pretende-se transformar a política na continuação da guerra por outros meios. As instituições deveriam olhar para esse passado de golpes e proscrições, não para reavivar polarizações e atingir no presente quem não era vivo em 1964, mas para desentocar o que dele permanece em nossos dias e nos ameaça. Por trás da atuação dos serviços secretos está sempre a ideia de que um fim louvável justifica o mal que se faz para atingi-lo. Mello foi apenas um instrumento de quem subverteu a dignidade, a autoridade e a civilidade na República. Via-se virtude em esmagar as liberdades. Fazia-se da democracia algo vulgar, palavra vazia na boca de quem não reconhecia o seu valor universal. Todo serviço secreto desvirtuado sonha com um agente Vinícius. A morte ou a punição não acabam com essa tentação. Nem a vida pública se regenera com impunidade, livramentos ou metanoias.

Parte 1

PIRILO

E O

SISTEMA

1 ANTÔNIO PINTO

A formação de um agente secreto

NINGUÉM ASSINOU a lista de presença em seu velório. O papel estava exposto pouco abaixo do quadro que anunciava o nome do morto. Acima dele, um aviso dizia: "Quem é vivo sempre aparece". As 60 pessoas que estiveram na capela 5 do cemitério São João Batista, no Rio de Janeiro, na tarde de 22 de maio de 2018, conversavam pouco e se cumprimentavam com gestos contidos. Não havia choro ou desespero. A viúva estava sentada em uma cadeira do lado esquerdo do caixão, perto do filho que permanecia em pé. Além da família, muitos homens, quase todos com mais de 40 anos. Uma das três coroas de flores trazia como inscrição apenas a frase: "Homenagem dos amigos". Não havia nada a indicar que se velava no salão um oficial da Força Aérea Brasileira, exceto o pequeno bibico, o gorro militar de pano, dobrado discretamente sobre seu corpo. Ali repousava – com o rosto desfigurado pelas dores que consumiram o que lhe sobrava de vida – um agente secreto, um dos mais importantes da história dos serviços de informações militares do país. O homem que viveu em meio ao sigilo assim também seria enterrado.

O céu azul-claro e o mar calmo com sua orla abrupta e exuberante envolviam naquele dia a pista do Aeroporto Santos Dumont. O reflexo do sol nas águas criava listas prateadas sobre a superfície escurecida e aviltada de seu verde-azul, formando uma camuflagem quase marcial. De um lado da calçada do terminal do desembarque, o caminho para a sede do antigo 3º Comando Aéreo Regional (Comar-3) e, do outro, a série de avenidas em direção ao cemitério, ao enterro do agente Paulo Roberto Pirilo e dos segredos que ele colecionou desde que, em 1967, foi escolhido para fazer os cursos de inteligência militar e de contrainformações na Escola das Américas, mantida pelos Estados Unidos, no Panamá. Seu nome verdadeiro era Antônio Pinto. E esta é a revelação de um segredo que durou mais de 50 anos.

Ninguém, fora os poucos colegas de seu ofício, sabia a verdadeira identidade daquele sujeito sarcástico que disse a um preso que recebera duas condenações à prisão perpétua e mais 60 anos de prisão em outros processos: "Tenho uma boa notícia para você... Sua pena foi reduzida à metade." Ele morreu anônimo, ao lado da companheira, em casa, aos 86 anos, em Botafogo. Certa vez, confessou uma frustração: que o jornalista e militante do MR-8 Franklin Martins tivesse "escapado".[1] Um dos seis fundadores do então NSISA, o Núcleo do Serviço de Informações de Segurança da Aeronáutica, em 1967, Pirilo era conhecido entre os veteranos e os leitores de seus artigos pelo nome que adotou nos anos 1980: Azamba ou Azambuja, o mesmo de um brigadeiro com quem estudou em Forte Gullick, no Panamá.[2] Sua identidade pública era Carlos Ilich Sanches Azambuja, um suposto historiador cujas iniciais do nome formavam a sigla pela qual dedicara a vida em segredo: CISA (Centro de Informações e Segurança da Aeronáutica), que sucedera o NSISA.

PAISANOS. No velório de Antônio Pinto, Pirilo ou Azamba ninguém compareceu fardado. Nenhum uniforme foi visto na capela do cemitério ou em seus arredores. Alguns dos presentes tinham, porém, os sapatos exemplarmente lustrados, a indicar um zelo atávico, a disciplina denunciada

1 Antônio Pinto, entrevista em 26 de dezembro de 2015.

2 Sidnei Obino Azambuja, que mais tarde trabalhou no Serviço Nacional de Informações (SNI). Antônio Pinto, entrevistas em 18 de outubro de 2016 e 10 de março de 2017, e depoimento do brigadeiro João Paulo Moreira Burnier à FGV-CPDOC, p. 116; fita 7, lado A, 1993. Ver ainda *Relação dos militares que frequentaram a Escola das Américas – de 1954 a 1996*, in Documentos Revelados (AA).

pelo hábito de não sair de casa desalinhado. O velório foi rápido - durou duas horas, das 13h30 às 15h30. Apesar de a maioria dos presentes ser de homens com cabelos grisalhos e de meia idade, poucos eram os colegas da época do regime militar - apenas meia dúzia de veteranos do serviço compareceu à cerimônia, a maioria deles, sargentos com os quais o "velho Azamba" trabalhou. Mas todos - jovens e velhos - pareciam se conhecer, como em uma grande família. Cumprimentavam-se em pequenas rodas e vários, desconfiados, fixaram os olhares e demonstraram incômodo com a presença de um desconhecido - o autor deste livro -, que manipulava insistentemente o telefone celular, como se não quisessem ser surpreendidos por uma fotografia indesejada.

A longa doença que vitimara Pirilo deixara marcas no militar. Para os amigos, parecia alquebrado, quase irreconhecível no caixão. Mesmo assim, diziam que manteve o ar sereno e pacato até o fim. Um deles - um veterano coronel, especialista em contrainformação - queria que seu nome permanecesse em segredo até depois de sua morte. Achava melhor que fosse assim. Mas Pirilo tinha um nome tão comum que era capaz de mantê-lo em segredo mesmo depois de revelada a sua verdadeira identidade. Antônio Pinto, Souza ou Silva? Que diferença faria a mudança de seu sobrenome? Não estava na lista telefônica, não constava dos cadastros da Justiça Eleitoral e das empresas de cobrança. Localizar sua residência - em Botafogo - só mesmo com a ajuda de seus companheiros ou da Aeronáutica. Era, portanto, uma tarefa quase impossível. Mantinha contatos com dezenas de pessoas, mas só pela internet. Por telefone, só números públicos ou não identificados.

O homem entrou na Força Aérea em abril de 1951 como sargento. Politicamente se definia como um lacerdista e chegou a comparecer aos comícios do jornalista na campanha para o governo da Guanabara, quando Carlos Lacerda fazia seus discursos em cima do "caminhão do povo".[3] Trabalhara na Base Aérea dos Afonsos, no Rio de Janeiro, onde conhecera o brigadeiro José Rebelo Meira de Vasconcelos. Herói que cumprira 93

3 Antônio Pinto, entrevista em 12 de dezembros de 2015.

missões de combate na 2ª Guerra Mundial, Meira tinha a convicção de que a política não devia entrar pela porta dos quartéis e um olhar que revirava pensamentos e memórias. Era um homem que falava como se voasse diante do interlocutor.[4] A Força Aérea vivera décadas de divisão entre udenistas e getulistas, uma fenda que se transformara em um abismo profundo na Rua Toneleros, quando um pistoleiro matou, em 1954, o major Rubens Vaz, oficial que acompanhava Lacerda. Inquérito policial-militar aberto, seguranças do presidente Getúlio Vargas indiciados, crise e um tiro. O suicídio de Vargas era uma lembrança para Pirilo, que nunca teve dúvidas de que "o presidente sabia de tudo". Via os liberais e os socialistas moderados como ingênuos que facilitavam a entrada do comunismo no país.

Em 1964, foi cursar a Escola de Oficiais Especialistas e de Infantaria da Guarda (EOEIG), em Curitiba, no Paraná. Formou-se no auge dos "estudos militares dos movimentos de libertação de inspiração marxista-leninista", que se tornaram uma coqueluche nos anos 1960, quando o Estado-Maior das Forças Armadas adotou a doutrina da guerra revolucionária para combater insurgências e as forças políticas que patrocinavam a transformação do Brasil em um país socialista.[5] Seu anticomunismo seria reforçado em 1967, após estudar, de agosto a dezembro, na Escola das Américas, por ordem do ministro da Aeronáutica, Márcio de Souza e Mello.[6] Ali fez dois cursos e teve como instrutor de interrogatório um oficial americano veterano da Guerra do Vietnã. Apesar do pouco domínio até da língua espanhola, foi o segundo colocado da turma, que contava com colegas latino-americanos e com os cinco camaradas com os quais fundaria o NSISA, em 24 de julho de 1968, entre os quais o então coronel João Paulo Moreira Burnier.

---

4 José Rebelo Meira de Vasconcelos, entrevista em 24 de abril de 2012.

5 Para o uso da doutrina da guerra revolucionária ver Marins Filho, João Roberto, *A influência doutrinária francesa sobre os militares brasileiros nos anos de 1960*, in *Revista Brasileira de Ciências Sociais*, São Paulo, vol. 23, nº 67, jun. 2008; Godoy, Marcelo, *A Casa da Vovó*, p. 57-88, Araújo, Rodrigo Nabuco de, *Repensando a guerra revolucionária no Exército brasileiro (1954-1975)*, in *Historia y problemas del siglo XX* | Año 8, Volumen 8, 2017; Studart, Hugo, *A lei da selva*, p. 297-349 e Bonnet, Gabriel, *Guerras insurrecionais e revolucionárias*.

6 Para a ordem de o brigadeiro Márcio de Souza e Mello, ver depoimento do brigadeiro João Paulo Moreira Burnier para o CPDoc da FGV.

Quando voltou do Panamá, Burnier foi promovido a brigadeiro e, logo em seguida, montou o núcleo e sua equipe, arregimentando o pessoal. "Era um patriota, como poucos", disse Pirilo.[7] Trabalhou no Centro até julho de 1995 – ele havia passado para a reserva 15 anos antes, como capitão, mas fora convidado a permanecer no serviço. Dele, o brigadeiro Luiz Felippe Carneiro Lacerda Neto escreveu: "Não tenho recursos para espelhar o que representa sua participação em nossa atividade, bem como o que lhe devemos como auxiliar e companheiro".[8] Era dono de uma memória prodigiosa. Atuou no Chile, no Equador, no Paraguai e em Portugal; interrogou prisioneiros, mantinha uma rede de informantes no país e no exterior e escreveu artigos em jornais e livros, como *A hidra vermelha*, em que buscava explicar a atuação das Forças Armadas e das organizações comunistas no país antes e depois do regime que defendeu. Dizia: "Para combater o terrorismo todos os métodos eram válidos, inclusive os legais". Mas afirmava que suas mãos nunca torturaram um prisioneiro – o que era confirmado por colegas.[9] Não lhe agradavam os métodos violentos porque acreditava serem ineficazes. A conversa com os presos seria muito mais produtiva. Jamais negou que sequestros, torturas e mortes tivessem sido usados pelos seus camaradas para "combater a subversão". Lembrava-se então da campanha de assassinatos de militantes palestinos levada a cabo pelo serviço secreto israelense, o Mossad, após a execução de atletas israelenses, na Olimpíada de Munique,[10] para justificar as ações dos colegas. Era um analista, homem de informações que adquiriu o respeito dos companheiros de operações dos três serviços militares: o CISA, o Cenimar (Marinha) e o CIE (Exército).

---

7 Antônio Pinto, entrevistas em 15 e em 20 de dezembro de 2015.

8 *Idem*, em 12 de dezembro de 2015. O brigadeiro foi chefe do CISA de 1979 a 1982. O elogio está nos assentamentos pessoais de Pinto, em 21 de setembro de 1982.

9 "Não era violento. Nunca bateu em ninguém. Não tinha sequer uma garrucha. [...] Excelente interrogador. Era muito mais preparado do que os interrogados. Conhecia o MCI (*Movimento Comunista Internacional*) a fundo", L.W.B.G., o Lùcio, entrevista em 11 de janeiro de 2021.

10 Antônio Pinto, entrevistas em 25 de janeiro, em 17 de dezembro e em 26 de dezembro de 2015. Para a Operação Ira de Deus, ver Pearson, Erica. "Operation Wrath of God." *Encyclopedia Britannica*. E ainda: Sherwood, Harriet. "*Munich Olympics massacre: the fight for remembrance*", in *The Guardian*, 26 de junho de 2012.

Algumas das mais importantes infiltrações em partidos e organizações, como o Partido Comunista Brasileiro (PCB) e Movimento Revolucionário 8 de Outubro (MR-8), passaram por suas mãos. Ajudou a destroçar o MR-8 no país, na primeira metade da década de 1970, ao conquistar um informante ligado ao grupo e manteve o PCB sob sua vigilância e controle da mesma forma até os anos 1990. Chegou a participar – e a votar – em um congresso do partidão, em 1992. Manteve contatos com os integrantes de sua rede mesmo depois de se aposentar. Mas o que lhe conferia a fama entre os camaradas eram as análises nas quais estimava possíveis desdobramentos políticos da situação do país para os chefes. Uma vez, um desses documentos, preparado com outros colegas, foi parar na mesa do presidente Ernesto Geisel. Ele alertava para os riscos de o processo de abertura política levar ao poder um partido de esquerda. O general deu um murro na mesa – pensou que o papel fora feito para emparedá-lo e pediu ao ministro da Aeronáutica, o brigadeiro Joelmir Campos de Araripe, seu colega de turma, a cabeça do chefe do CISA, o brigadeiro Newton Vassalo, que encaminhara o relatório. Araripe desobedeceu ao presidente, acreditando que o tempo faria Geisel esquecer Vassalo e sua equipe. E manteve os subordinados no Centro.[11]

ORAÇÃO. A cerimônia religiosa no cemitério se encerrou com a *Oração de São Francisco*. O cortejo saiu em silêncio da capela até o túmulo debaixo do mesmo céu claro, quase sem nuvens, que cobria o Rio de Janeiro desde que o nevoeiro se dissipara no começo da manhã. Mais uma vez, nenhum clarim ou símbolo marcial identificava o passado do homem. Não lhe prestaram honras, continência ou tocaram o hino. Deixou a viúva e dois filhos – um engenheiro e uma médica, que não pôde comparecer ao cemitério por causa dos bloqueios nas estradas feitos pelos caminhoneiros em greve. Levou segredos que poucos ainda conhecem e suas senhas que permitiam o acesso a informantes, a documentos de seu serviço e a oficiais das Forças Armadas, antigos camaradas. Um arquivo com 2 mil páginas secretas e seu computador da idade da pedra lascada foram parar nas mãos do coronel L.W.B.G.,

---

11 L.W.G.B., o Lúcio, do CISA, entrevista em 27 de julho de 2017.

especialista em contrainformação. Estava ali a sua agenda, com telefones e endereços de contatos. Na primeira semana de junho, uma aeronave deixou a Base Aérea de Brasília, com destino ao Rio de Janeiro. Levava um oficial do Centro de Inteligência da Aeronáutica (CIAer, sucessor do CISA) com a missão de recolher o material. O homem recebeu das mãos do coronel de 86 anos a pequena montanha de papéis e levou tudo para a sede do órgão – só o computador e dois documentos ficaram com o amigo do Pirilo.[12]

De vez em quando, Antônio Pinto telefonava para os antigos camaradas. Em setembro de 2015, conversou com o maior de seus informantes, o homem que ajudou a neutralizar o PCB, tornando-se o maior traidor da história do movimento comunista no país. Lembrara que, naquele dia, Vinícius fazia 98 anos e quis cumprimentá-lo. Pirilo tinha então 83 e se satisfez com a alegria do amigo quando teve a voz reconhecida depois de tantos anos após encerrar suas atividades nos serviços de informações. Um mês depois, revelou para o autor deste livro a chave, o código usado para que o informante topasse falar e revelasse pela primeira vez os detalhes de sua traição. Não fez isso movido por impulso, irreflexão, raiva ou alguma paixão desenfreada. Demorou meses, revelando gota a gota pequenos segredos, como pequenas migalhas de pão para que fossem recolhidas uma a uma. Observava até onde conseguia levar quem as recebia. Era como um silencioso jogo de cartas. Ele era a banca e buscava manter seu poder sobre o resultado da partida. Desafiado a mostrar que, de fato, controlava o homem que fora secretário do líder comunista Luiz Carlos Prestes e integrante do Secretariado, da Executiva e do Comitê Central do partido, Pirilo virou as cartas na mesa. Havia quase um ano que o agente secreto mantinha uma correspondência constante com o autor deste livro por meio do e-mail que o "historiador Azambuja" utilizava em seu dia a dia. Não revelava sua verdadeira identidade, mas respondia a todas as perguntas, que eram complementadas e refeitas em uma espiral construída por seu interlocutor com a ajuda da consulta a amigos pesquisadores, a outros militares e a militantes de organizações atingidas pela repressão. Os dados fornecidos pelo agente

---

12 L.W.G.B., o Lúcio, do CISA, entrevista em 8 de junho de 2018.

secreto se mostravam quase sempre confirmados pelas outras fontes. Foi na mesma época que foi possível descobrir sua verdadeira identidade – Pirilo deixara rastros que levaram à revelação.

Diante do desafio para provar que controlava o informante, o agente respondeu com uma mensagem na qual fornecia o telefone da casa do dirigente comunista e recomendava: "Trate-o com dignidade. Diga que está escrevendo um livro sobre os tempos da ditadura. Normalmente, é a esposa dele quem atende. Mande chamar o Mello, que é o seu nome próprio. Ela vai perguntar quem quer falar. Diga que é um amigo do Pirilo. Boa sorte." Dias depois, o telefone tocou na casa do antigo homem do partido. Do outro lado da linha, estava o autor. O caminho fornecido pelo agente podia ser uma chance inigualável para obter informações que esclarecessem detalhes do que se passou com uma dezena de dirigentes comunistas brasileiros, sequestrados e assassinados pelo regime, entre 1974 e 1975.

> – Alô, boa tarde. O Mello, por favor.
> – Quem quer falar? Perguntou a mulher.
> – Aqui é o amigo do Pirilo.[13]

Silêncio. E a voz feminina anunciou do outro lado da linha. "Mello... é o amigo do Pirilo". No apartamento modesto da Rua Barata Ribeiro, em Copacabana, o velho militante comunista se deslocou lentamente até o telefone. Não fazia ideia de quem se tratava, mas, se era um amigo do Pirilo, ele devia atender. Até porque era a primeira vez que alguém o procurava usando o nome da figura misteriosa com quem se reunira regularmente durante quase 20 anos. Conversavam em cada encontro por até 20 minutos. Normalmente, em lugares públicos, como o banco na calçada em frente ao Hotel Copacabana Palace ou perto do Largo do Machado, no Catete. Havia também lugares reservados, como o aparelho mantido pelo CIE no edifício Santos Vahlis, na Rua Senador Dantas, no centro do Rio de Janeiro, ou na casa que outro amigo de Pirilo deixava vazia em Botafogo para que os dois se pudessem ver. O interlocutor ia direto ao assunto. Não tinha tempo

---

13 Severino Theodoro de Mello, 7 de novembro de 2015.

para distrações ou amenidades. Mello nunca soube seu nome verdadeiro ou mesmo à qual Força ou órgão de segurança pertencia. Pirilo era apenas um rosto, uma voz, uma obrigação; onipresente, assim como sua organização. Acompanhava os passos do militante. E o comunista passou a ver os tentáculos do agente em todo canto. Certa vez, foi abordado por uma moça em um ônibus no Rio de Janeiro que dissera conhecê-lo do Banco do Brasil. Era um ardil – pensou Mello. Só podia ser. Um aviso de Pirilo. Estavam de olho nele; vigiavam-no.[14]

O capitão o tratava bem. Era cortês, polido e respeitoso. E o salvou de algumas situações constrangedoras. Ganhou mais do que a sua confiança; obteve sua amizade. Homem de informações, vivera quase todo o período militar analisando documentos, recolhendo dados sobre organizações como o MR-8, a Vanguarda Popular Revolucionária (VPR) e o PCB, então o mais importante partido político da esquerda brasileira. Orgulhava-se de sua perspicácia e intuição. Participou de interrogatórios. Ninguém melhor do que ele saberia o que perguntar, como resolver suas dúvidas. Tornara-se amigo de alguns dos mais importantes oficiais da área de operações da ditadura, a turma do pega-pra-capar: os capitães Ênio Pimentel da Silveira, o Doutor Ney, e Freddie Perdigão Pereira, o Doutor Flávio. Em busca de dados para seu trabalho, na base do Galeão, frequentava os Destacamentos de Operações de Informações (DOIs) do 1º Exército (Rio) e do 2º Exército, em São Paulo. Era conhecido por muitos no quartel da Rua Tomás Carvalhal, na zona sul paulistana, sede da Casa da Vovó.[15] Escreveu livros e textos que circularam amplamente pela comunidade de informações. Pirilo fez uma carreira nos serviços secretos. Era um peixe grande.

ESTÁDIO NACIONAL. Em 1973, o oficial tomara parte em uma missão secreta: a sua primeira no exterior. Era 15 de outubro, quando embarcou no Rio em um avião de transporte C-91 Avro, da FAB. Havia cinco oficiais a bordo, entre eles três homens do Exército: o major Victor Moraes de Castro

---

14 Severino Theodoro de Mello, 1º de dezembro de 2015. Antônio Pinto, entrevistas em 11 de dezembro e em 19 de dezembro de 2015.

15 Agente Chico, entrevista em 20 de fevereiro de 2015.

Gomes, o capitão Paulo Barreira, ambos do CIE, e o coronel Sebastião José Ramos de Castro, do Serviço Nacional de Informações (SNI), que chefiava a missão. Completavam o voo dois oficiais da Aeronáutica – Pirilo e o capitão L.W.B.G, o Lúcio, o agente Paulo Mário. Sua primeira parada foi rápida. Um pouso no Aeroporto de Congonhas, em São Paulo, onde o Doutor Ney – seu amigo – subira no C-91 Avro pilotado pelo então major-aviador Zilson Luiz Pereira da Cunha. O destino do grupo era Santiago, no Chile.[16] O avião chegou no fim da tarde. O sargento Deoclécio Paulo, da embaixada brasileira na cidade, foi apanhá-los e os levou ao Hotel Carrera – a poucos metros do Palácio La Moneda –, onde também estavam hospedados jornalistas estrangeiros e um grupo ligado à Anistia Internacional. Em pouco tempo, os brasileiros despertariam a atenção e a curiosidade dos outros hóspedes e seriam aconselhados pelos colegas chilenos a sair do país.

Enquanto permaneceram em Santiago, onde o toque de recolher começava às 19 horas e ia até as 7 horas e as madrugadas eram cortadas pelo barulho de tiros, o coronel Castro, o todo-poderoso homem da Agência Central do SNI, reunia-se com o adido militar da embaixada, o coronel Walter Mesquita Siqueira, e com o almirante José Toribio Merino, seu principal contato no Chile, após o golpe que derrubara o presidente socialista Salvador Allende, em 11 de setembro. O almirante era o chefe da Armada e membro da junta que governou o país até 1990. "Fomos orientados a não circular por determinadas ruas no centro de Santiago, bem como por determinados bairros onde havia franco-atiradores", contou Pirilo.[17] Enquanto Castro cumpria sozinho sua missão, L.W.B.G. cuidava da segurança do grupo. Criara para a turma um disfarce. Eram todos representantes de uma empresa de leite condensado, cada qual com seu cartão de visitas. O nome, porém, os entregou rapidamente: *Leche Muchacha*. Um dia, um hóspede matou a charada: "Ah sei, Leite Moça". E o álibi se desfez. Todos os dias pela manhã, os demais militares brasileiros eram apanhados no hotel pelo motorista Deoclécio, que os conduzia ao Estádio

16 Para as informações sobre o voo, Antônio Pinto, entrevista em 17 de janeiro de 2015. Agradeço ainda ao jornalista Roberto Simon. Ele me ajudou a questionar Pinto sobre o Chile e forneceu detalhes preciosos para verificar a veracidade do relato.

17 Antônio Pinto, entrevista em 16 de janeiro de 2015.

Nacional, onde a Junta Militar reunira cerca de dez mil prisioneiros, muitos dos quais brasileiros. Ali, no primeiro dia, o grupo do Doutor Pirilo foi recepcionado pelo major Mario Luis Iván Lavanderos Lataste. Dias antes, ele soltara 54 uruguaios detidos e um brasileiro: o jovem José Serra.

Então militante da Ação Popular (AP), Serra movimentava-se com cuidado na colônia de exilados que buscara refúgio no Chile. Temia os agentes infiltrados pela ditadura brasileira. Ex-presidente da União Nacional dos Estudantes (UNE), o futuro senador e outros passaram a recolher denúncias do arbítrio e da tortura no Brasil, publicando um livro e os boletins da Frente Brasileira de Informações (FBI). Sua atividade atraiu a atenção da polícia chilena. Quatro dias depois do golpe, Serra foi ao apartamento de Herbert José de Souza, o Betinho. Quis levá-lo para um refúgio, mas o amigo ainda esperava pela reação de militares legalistas, entre eles Carlos Prats, que comandara o Exército sob Allende. Serra convenceu Betinho a se abrigar na embaixada do Panamá. Auxiliou ainda quase uma centena de brasileiros antes de ser detido, quando tentava embarcar no aeroporto com a família. Primeiro, foi conduzido a uma delegacia de polícia e, depois, ao estádio. Solto por Lavanderos – um oficial ligado ao Partido Socialista –, procurou refúgio na casa do embaixador italiano.[18]

O major chileno que recebeu Pirilo e seus camaradas[19] os encaminhou aos responsáveis por identificar os brasileiros detidos. Permitiram ao grupo de oficiais que examinassem as identidades de 52 presos no estádio. De pronto, identificaram alguns que usavam documentos falsos. Depois, foram ao último andar do complexo.

> Para entrar no estádio eram conferidas as identidades e, principalmente, as fotos. Eles (*os presos*) eram chamados para serem interrogados na nossa frente. Nós assistíamos e éramos

18 José Serra, entrevista 12 de junho de 2015. Ver ainda Serra, José. *Cinquenta anos esta noite. O golpe, a ditadura e o exílio*, p. 211 a 225.

19 Na mesma data, em 16 de outubro, morreu no estádio um dos brasileiros presos, o ex-capitão da PM de São Paulo e militante da VPR Wânio José de Mattos, que esteve entre os 70 prisioneiros políticos brasileiros trocados pelo embaixador suíço Giovanni Enrico Bucher, no começo de 1971.

> proibidos de falar em português. Quando era necessário dar alguma dica ao interrogador, nós saíamos do local, no último andar do estádio, e íamos conversar com o interrogador lá fora. [....] O pau comia durante os interrogatórios. É verdade. Mas sempre por parte dos chilenos, responsáveis por todos os interrogatórios. Os chilenos estavam interessados em saber o que os estrangeiros estavam fazendo no país deles. [...] Os interrogatórios eram como são em qualquer lugar do mundo. Alguns violentos, outros não. Dependia das respostas às indagações que os chilenos faziam.[20]

Nos dias subsequentes, os brasileiros não viram mais Lavanderos. Pirilo questionou os colegas chilenos: onde estaria o major que os recebera no primeiro dia? "*Se fue*", foi a resposta. Descoberta a ajuda dada aos prisioneiros, o major foi executado em um quartel, no dia 18. "Nunca poderíamos supor que os chilenos designassem um cara de esquerda para cuidar dos presos, ou seja, para cuidar dos companheiros", disse Pirilo.

No estádio, os prisioneiros brasileiros eram mantidos em vestiários. O estudante de engenharia Pedro Alves Filho era um deles. Exilado no Chile desde 1971, quando fez parte do grupo de 70 prisioneiros trocados pela libertação do embaixador suíço,[21] ele militava no MR-8 quando levou três tiros, todos de raspão, ao ser preso em 6 de março de 1970, no Rio. Um dos disparos feriu seu braço esquerdo; outro, o direito. O terceiro resvalou em sua cabeça. Sangrava. Pouco importava seu estado aos militares que decidiram torturá-lo. Chutes, socos, porradas de todo lado. E choques. Muitos choques elétricos. De pé, um dos interrogadores só observava o trabalho dos colegas. Olhava para Pedro. Fixamente. Até que perguntou: "Você tem o corpo fechado?" Pedro, que nunca acreditou nessas coisas, encarou o bruto e respondeu secamente: "Tenho". O homem saiu imediatamente da sala e não mais voltou.

---

20 Antônio Pinto, entrevistas em 17, 27 e 31 de janeiro de 2015.

21 Giovanni Enrico Bucher foi sequestrado em 1970 no Rio por um comando da VPR chefiado pelo capitão Carlos Lamarca. Em janeiro de 1971, ele foi liberado pelos guerrilheiros em troca de 70 prisioneiros, que foram enviados para o Chile, então governado pelo socialista Salvador Allende.

Durante os meses anteriores ao golpe no Chile, Pedro Alves Filho deu aulas de explosivos a militantes brasileiros da VRP e a chilenos do Movimiento de Izquierda Revolucionaria (MIR) e do Partido Socialista. Após a queda de Allende, tentou resistir. Acordou 6h30 com a mulher e foi em direção ao Palácio La Moneda. O tiroteio era enorme. Voltou até a estação Mapuche. Aguardou ali com companheiros as armas prometidas para enfrentar o golpe, mas elas não chegaram. "Eu tinha apenas uma banana de dinamite, molhada." Detido por carabineiros quando ia tentar asilo na embaixada argentina, o casal foi levado ao Estádio, onde foi mantido separado. "Conheci o Lavanderos. Um dia, ele me disse: 'Sua mulher mandou lhe dar parabéns pelo seu aniversário'." Pedro Alves Filho, que havia sido chicoteado pelos chilenos nos primeiros interrogatórios, surpreendeu-se com o tratamento recebido do oficial. Os outros militares – seus agressores – se importavam apenas em saber o que ele estaria fazendo em Santiago. Não tinham ideia de suas aulas aos chilenos ou de sua tentativa de resistir ao golpe, o que lhe salvou a vida. Sua mulher contou-lhe que havia brasileiros entre seus interrogadores. Eles passavam bilhetes para instruir os chilenos.[22] De fato, era assim que Pirilo contou que ele e os demais agiam.

O engenheiro Sérgio Augusto de Moraes, que havia sido preso com a mulher ao buscar um visto de saída do Chile, foi também interrogado pelos brasileiros no Estádio Nacional. Responsável pela ideia de blindar duas dezenas de empilhadeiras e transformá-las em pequenos tanques para os trabalhadores da Manufaturas de Cobre, a Madeco, uma empresa com 2 mil trabalhadores do cinturão vermelho de Santiago, Moraes lembra que "os policiais brasileiros não falavam". "Era só por bilhete. Só escreviam. No meu interrogatório, em um dos que eu passei, tinha dois brasileiros".[23]

A cada resposta dada por um preso, os militares chilenos olhavam para os colegas de Pirilo para verificar a reação deles, que se limitavam a balançar a cabeça – sim ou não. A cada não, a brutalidade aumentava. "Você

22 Pedro Alves Filho, entrevista em 28 de janeiro de 2016. O MIR contava com brasileiros exilados entre seus dirigentes (ver entrevista Andrés Pascual Allende, em 23 de outubro de 2012).

23 Moraes, Sérgio Augusto. *Viver e morrer no Chile*. P. 63 a 96. Sérgio Augusto de Moraes, entrevista em 18 de fevereiro de 2017.

há de convir que interrogar qualquer pessoa sem conhecer um mínimo de seus antecedentes é praticamente impossível", disse Pirilo. Ele contou que, um dia, um dos chilenos se cansou do jogo, virou para os brasileiros e disse, depois de o preso reconhecer um dos oficiais brasileiros, que o interrogara no Brasil (era o Doutor Ney, do DOI do 2º Exército, de São Paulo): "Porra! Podem interrogar em português!" E, assim, Pirilo justificava o fato de que todos no Estádio soubessem que havia brasileiros participando dos interrogatórios.[24]

A missão após o golpe não era a primeira dos oficiais brasileiros no Chile. Pouco antes do golpe, outro coronel esteve em Santiago. Tratava-se do chefe da contrainteligência do CIE, coronel Cyro Guedes Etchegoyen. No dia 9 de setembro, o ministro do Exército, general Orlando Geisel, foi flagrado em um coquetel em Brasília, dizendo que seus colegas chilenos "iam cuidar" de Allende. "Aguardem." Mais do que tentar isolar o governo da União Popular, o Brasil auxiliou o levante contra o presidente socialista, pois a ditadura temia que o Chile se tornasse uma fábrica de guerrilheiros a serem enviados ao Brasil. O "modelo brasileiro" era o caminho que os golpistas agrupados em torno de Pinochet pretendiam seguir.[25]

Quando os militares brasileiros voltavam do estádio para o hotel, o grupo de agentes do CIE, do CISA e o Doutor Ney se reuniam com o coronel Castro. Conversavam por até uma hora. Além dos interrogatórios, os brasileiros cumpriram uma outra missão. Rumaram em uma picape aberta à sede da Associação Chileno-Brasileira de Solidariedade. Conhecida como a "caixinha", ela era mantida pelos exilados. Acredita-se que o ex-motorneiro José Ferreira Cardoso a dirigia, controlando-a em nome do PCB.[26] O

---

24 Antônio Pinto, entrevista para Roberto Simon, em 28 de maio de 2015.

25 Simon, Roberto. *O Brasil contra a democracia, a ditadura; o golpe no Chile e a Guerra Fria na América do Sul*, p. 19, 97, 99, 140 e 196.

26 Antônio Pinto, entrevista em 26 de dezembro. O jornalista Roberto Simon mostra em sua pesquisa sobre o Chile documentos do Ministério das Relações Exteriores nos quais era relatada a suposta influência do PCB na caixinha. Dela participavam José Serra, Herbert José de Souza, Almino Affonso, Apolônio de Carvalho, Pedro Alves Filho e José Ferreira Cardoso, então ligado ao Movimento Armado Revolucionário, um grupo que reunia nacionalistas e comunistas e cuja atuação se concentrara no Rio. O trabalho da associação era humanitário, recolhendo doações e roupas. Recebia o apoio do Congresso Mundial das Igrejas, de exilados

imóvel estava fechado. "Não tem problema", disse o tenente chileno, antes de golpear o cadeado da porta de aço com seu fuzil até o destroçar. Além do oficial, dez soldados carabineiros foram designados para acompanhar os brasileiros. Na parede, a folhinha marcava o dia 11 de setembro, data do golpe. Armários de ferro com documentos ocupavam o térreo, onde havia um cofre. No subsolo, caixas de papelão com remédios; milhares deles, todos estrangeiros, muitos dos quais alemães, doados pela rede de solidariedade internacional aos exilados brasileiros. Os militares começaram a esvaziar as caixas com as embalagens dos remédios e enchê-las com os documentos quando chegou ao lugar um major carabineiro, chefe do tenente. O oficial conversou com o capitão brasileiro e aceitou a sugestão de levar o estoque de remédios para a associação dos carabineiros, enquanto seu colega brasileiro sairia dali com 20 a 30 caixas de papéis. Montaram na picape com os chilenos, todos com armas nas mãos, apoiadas no gradeado, à procura de franco-atiradores. Os brasileiros deram ao motorista o endereço para onde desejavam levar os documentos: a embaixada do Brasil. Enquanto dezenas de representações diplomáticas estavam apinhadas de refugiados que buscavam escapar da tortura e da morte nas mãos dos comandados de Pinochet, a do Brasil abriu suas portas para a procissão de homens armados que haviam acabado de pôr as mãos nos documentos dos exilados brasileiros que buscavam deixar o Chile.[27]

Alguns dos detidos no Estádio Nacional tiveram de responder a perguntas sobre a caixinha, pois os agentes brasileiros queriam saber a origem do dinheiro. O CISA ficou com os documentos apreendidos e repassou aos demais órgãos de informações a lista de exilados auxiliados e quanto cada um recebeu. No dia 21 de outubro, os militares apanharam novamente o C-91 da FAB, que fez uma escala em Montevidéu, no Uruguai, antes de pousar no Brasil. Pirilo voltou aos seus papéis no Rio de Janeiro.

---

e de organizações europeias. A esse respeito, Pedro Alves Filho, entrevista em 28 de janeiro de 2016. Ver ainda José Serra, entrevista em 12 de julho de 2015. Apolônio, então no PCBR, estava no Chile e preparava um retorno ao Brasil, que só não ocorreu por causa do golpe (ver Carvalho, Apolônio. *Vale a pena sonhar*, p. 214).

27 L.W.G.B, o Lúcio, entrevista em 27 de julho de 2017.

CADA UM POR SI. O que o credenciou à viagem ultrassecreta ao Chile era, segundo os colegas, sua capacidade de análise de informações. Era o responsável no CISA por acompanhar os passos do MR-8 desde a época que ele era apenas a Dissidência Guanabara (DI-GB), do PCB, antes que os jovens da organização se unissem à Ação Libertadora Nacional (ALN), de Carlos Marighella, para sequestrar o embaixador americano Charles Burke Elbrick, em setembro de 1969.

Elbrick foi o primeiro diplomata estrangeiro capturado pelos guerrilheiros, que exigiram em sua troca a libertação de 15 presos políticos – todos enviados ao México.[28] No começo dos anos 1970, o MR-8 via o Brasil como um país de "economia dependente", durante a fase imperialista do capital. A contradição principal no sistema daqueles tempos oporia a burguesia ao proletariado. Sua revolução seria socialista e o único tipo de Estado capaz de cumprir essa tarefa seria o da ditadura do proletariado, na qual a classe operária teria a hegemonia dos instrumentos de força. Queriam destruir o Estado burguês e seu Exército, planificar a economia para garantir o pleno emprego, saúde, educação, habitação e moradia ao povo. Defendiam que a guerra revolucionária era o caminho principal para a revolução. Ela seria um processo político e incluiria "uma infinidade de formas não armadas" de luta. Devia ser uma guerra popular, da imensa maioria da população, e de longa duração – o que aproximava a organização de concepções maoístas. O MR-8 sabia que a ditadura estava preparada para enfrentar quaisquer tentativas revolucionárias, daí porque defendia a combinação de formas armadas e não-armadas de luta. Pensava na guerrilha no campo ao mesmo tempo em que grupos político-militares se agrupariam nas cidades. Sabia que faltava apoio popular às ações armadas, criticava o chamado "espontaneísmo e vanguardismo", pregando a criação de uma frente de várias organizações.[29]

Em 1971, um dos principais nomes da esquerda armada, o capitão Carlos Lamarca, deixou a VPR, pois sentia que o grupo era inviável, em razão da visão de sua direção, de que a vanguarda era o mais importante fator

28 Para o sequestro, Gabeira, Fernando. *O que é isso companheiro*; Da-Rin, Sílvio, *Hércules 56, o sequestro do embaixador americano em 1969*.

29 Ver Aarão Reis Filho, Daniel e Sá, Jair Ferreira de. *Imagens da revolução*, p. 429-448.

para a revolução. Escolheu o MR-8 e fez, da noite para o dia, a organização se transformar em alvo prioritário da repressão. Seguindo os rastros de Lamarca, o CISA chegou a Alex Polari de Alverga, integrante da VPR. Foi ele que dirigiu o Aero-Willys que bloqueara a passagem do carro do embaixador suíço, Giovanni Enrico Bucher, sequestrado pela VPR às 9 horas de 7 de dezembro de 1970, na Rua Conde Baependi, no Rio de Janeiro. Enquanto Polari abalroava o carro do diplomata, a militante Inês Etienne Romeu dava marcha à ré e fechava a traseira do automóvel de Bucher. Lamarca, chefe da operação, aproximou-se. O segurança do suíço, o agente Hélio Carvalho de Araújo, reagiu e foi morto pelo capitão. O refém foi levado por Lamarca e colocado no banco traseiro de um Fusca.

Era o começo da Operação Joaquim Câmara Ferreira.[30] No cativeiro, disseram ao diplomata que um dos motivos de ele ter sido escolhido era o fato de seu país ter expulsado dois guerrilheiros brasileiros exilados: Apolônio de Carvalho e Ladislas Dowbor, que haviam ido à Genebra a convite da Liga dos Direitos Humanos. Apolônio era da direção do Partido Comunista Brasileiro Revolucionário (PCBR), e Dowbor, o principal formulador das teses da VPR.[31]

Depois de o sequestro terminar, em 16 de janeiro de 1971, quando a ditadura militar aceitou trocar o suíço pela libertação de 70 presos políticos, Polari abrigou Lamarca em casa. Os dois polemizaram sobre os rumos da organização. A VPR sangrava na luta interna e nas mãos da repressão. O MR-8 começava a atrair seus militantes: o primeiro grupo era composto por quase uma dezena de pessoas, entre elas Roberto Chagas e Silva, que participara do sequestro e defendia ser preciso "recuar para construir". "A ditadura praticamente definiu quais presos seriam trocados com o embaixador. Não havia como avançar", contou Chagas. O racha com o Comando Nacional da organização foi inevitável. Roberto passaria a chefiar um dos

30 Era uma homenagem a Ferreira, dirigente da ALN que liderou um ano antes o sequestro do embaixador americano e que havia sido capturado e morto em São Paulo pela equipe do delegado Sérgio Paranhos Fleury, do Departamento Estadual de Ordem Política e Social.

31 Ver depoimento de Giovanni Enrico Bucher, processo BNM47, p. 313. Ver ainda Carvalho, Apolônio de. *Vale a pena sonhar*, p. 210 e 211.

grupos de fogo do MR-8. Certa vez, apossaram-se de um caminhão de açúcar para distribuir a carga na Cidade de Deus. Era uma forma de romper o isolamento da luta armada e conquistar a confiança da população. Mas a multidão se recusou a se aproximar do veículo dos "terroristas". A guerrilha estava cercada.[32]

Mas Polari não desitia da VPR nem da luta armada. Ele foi preso em 12 de maio – no dia seguinte, seria personagem central de um crime, um dos mais famosos do regime militar. Era então um período febril para os órgãos de segurança. O Exército, por meio do CIE, estava no meio de sua ofensiva contra a direção da VPR. Auxiliado pelo informante José Anselmo dos Santos, o cabo Anselmo, que era controlado pelo delegado Sérgio Paranhos Fleury, o Centro sequestrou e matou a maioria da cúpula da organização,[33] conforme contou a tenente Beatriz Martins, a agente Neuza, que trabalhava com o Doutor Ney, no DOI de São Paulo. O CIE usava a Casa da Morte, em Petrópolis, na região serrana, uma prisão clandestina. "Com a única exceção de Inês Etienne Romeu, os presos que entrassem lá não saiam vivos. Desconheço os critérios do CIE para levar ou deixar de levar presos para lá", disse Pirilo. Foi para lá que Inês, dirigente da VPR, foi conduzida, em 5 de maio,[34] onde foi seviciada, violentada e obrigada a testemunhar o fim de seus companheiros. Um dia, como a guerrilheira precisava de atendimento, o major Rubens Paim Sampaio levou a Petrópolis o médico Amílcar Lobo. Atendia a um pedido do subcomandante do CIE, o todo-poderoso coronel José Luiz Coelho Netto, o homem que mandava na Casa da Morte.

---

32 Ver BNM 36, p. 356 e BNM 95, p. 4.196. Roberto Chagas e Silva, entrevista em 30 de março de 2016.

33 Para a participação de Ney e Neuza na operação contra a VPR ao lado de Fleury, ver Godoy, Marcelo. *A Casa da Vovó*, p. 36, 264 e 265. Ver ainda Souza, Percival. *A Autópsia do medo*, p. 407. Entrevistas Neuza, em 11 de março de 2005, e com o delegado José Roberto Arruda, em 25 de julho de 2005.

34 Desatentos, os redatores do *Orvil*, o livro feito pelo Ministério do Exército em 1987 como a mais completa versão dos militares sobre a repressão ao comunismo no País, escreveram que Inês foi presa no dia 5 de maio, data de sua detenção clandestina executada pelos homens do CIE sob as ordens do então major Paulo Malhães, confirmando assim a denúncia feita por Inês. Ver *Orvil*, p. 652. Na mesma página, a data da prisão de Alex Polari de Alverga. Para a frase de Pirillo, Antônio Pinto, entrevista em 27 de dezembro de 2015.

O CIE não informou a captura de Inês ao general de brigada Argus Lima, que presidia o inquérito sobre o sequestro do embaixador. Ele só soube de sua prisão em 18 de agosto, quando Inês reapareceu na casa de parentes, em Belo Horizonte. Estava emaciada e transtornada. Os homens da Casa da Morte, depois de a brutalizar, abriram uma exceção. Em vez de matá-la, o tenente-coronel Cyro Etchegoyen tentou transformá-la em informante. Paim contou ao depor aos procuradores da República, em 2014, que aconselhou Inês a aceitar a proposta de Etchegoyen. A presa foi levada à capital mineira por um dos homens que mais a maltrataram.[35] Solta, Inês decidiu se apresentar ao Exército e ser presa oficialmente, em vez de clandestinamente colaborar com o regime. Sua carta endereçada em 3 de outubro de 1971 ao advogado Augusto Sussekind de Moraes Rego é desses documentos que entram para a história de um país. Contou ali que tentou o suicídio no cárcere clandestino. Ela sabia demais. "Vi companheiros sofrendo e morrendo." Escreveu que, se morresse em qualquer circunstância, haveria um único culpado: os órgãos de segurança.[36]

Ao mesmo tempo em que o CIE operava clandestinamente em Petrópolis, o CISA iniciava uma série de prisões no dia 7 de maio até chegar a José Roberto Gonçalves de Rezende, militante da VPR. Com ele surgia o primeiro depoimento no inquérito sobre o embaixador que mostrava quem eram os verdadeiros participantes da ação – até então, o DOI do 1º Exército prendera quatro inocentes e acusara erroneamente a ALN do sequestro, chegando a obter um mandado de prisão contra um de seus principais dirigentes: Carlos Eugênio Sarmento Coelho da Paz, o Clemente.

A verdade é que nenhum dos órgãos de segurança informava, naquela época, os outros sobre o que estava fazendo no Rio. Apesar de o comando do 1º Exército ser supostamente o responsável pela repressão em sua área, tanto o CIE, quanto o CISA e o Cenimar mantinham sua autonomia. Já em

---

35 Antônio Pinto, entrevista em 27 de dezembro de 2015 sobre Inês e quem a levou a Belo Horizonte. Ver o depoimento de Inês à CNV. Sobre Cyro Etchegoyen, ver depoimento de Paulo Malhães à CEV-Rio, nas p. 18, 19, 28, 160 e 161.

36 Para a carta de Inês, ver processo BNM47 (MR-8), p. 592-595. Depois de ser presidido pelo general Argus, o inquérito foi assumido pelo general Gentil Marcondes Filho – ver BNM47, p. 457.

1970, a Marinha havia decidido, logo após a montagem do sistema Codi--DOI, que os oficiais do 1º Distrito Naval não se submeteriam aos planos do comando do 1º Exército. Em documento ultrassecreto, o Estado-Maior da Armada deixara claro a sua recusa em colocar seus agentes na chefia de equipes de interrogatórios, bem como se negava a indicar homens do Cenimar para o novo órgão, que ia centralizar a luta contra a subversão no Rio. A situação não era muito diferente com a Força Aérea. Assim, enquanto o CIE buscava aniquilar a VPR em Petrópolis, o CISA corria atrás da mesma organização e do MR-8 e o DOI do 1º Exército fazia o inquérito sobre o sequestro do embaixador. A única coisa que os unia era a mesma prioridade: pegar Lamarca.

> Nunca houve um mínimo de coordenação entre os órgãos. Era uma corrida contra o tempo. Lembro que o José Roberto Gonçalves de Rezende esteve preso no CISA e que, certa feita, lhe devolvi uma foto de sua filha, que estava entre seu material apreendido.[37]

INTERROGATÓRIOS. A tática de Pirilo era ganhar a confiança do preso a fim de torná-lo mais loquaz, para que "cooperasse" no depoimento. "Rezende era o motorista das ações de sequestros. Era considerado o melhor motorista da VPR", lembrou o oficial. Em meio ao cada um por si e todos atrás do capitão da guerrilha, o CISA seguia interrogando presos. Entre eles, Polari. Como seus concorrentes, os integrantes da Aeronáutica usavam o pau-de-arara, socos, tapas, choques elétricos e a palmatória para arrancar informações dos prisioneiros. "No CISA não havia cadeira do dragão", limitou-se a dizer Pirilo, ao ser questionado sobre como era a tortura

---

37 Antônio Pinto, entrevista em 27 de dezembro de 2015. Ao ser interrogado na Justiça Militar, Rezende relata ter sido torturado após ser preso. Para a Marinha, ver ofício 0034, ultrassecreto de 22 de janeiro de 1970 do Cenimar, encaminhado pelo chefe do Estado-Maior da Marinha, almirante Antônio Borges da Silveira Lôbo, para o comandante da Marinha, in UFMG – Projeto República, Brasil DOC, documento do Cenimar, *Expediente do CEMA com relação ao Codi.*

no Centro.[38] Homem de informações, o oficial passava dias conversando com os detidos. Era o tira bom. Alguns de seus companheiros de serviço chamavam-no de "Irmã Paula". Gostava, a exemplo da estratégia usada com Rezende, de envolver os familiares dos detidos para tentar convencê-los a falar. Ele conta que, em junho daquele ano, o CISA interrogou Alexandre Lyra de Oliveira, do MR-8. Preso em 18 de fevereiro pelos homens do DOI do 1º Exército, Alexandre mantivera a boca fechada, pois ninguém do seu grupo na organização havia sido preso até então. Os militares não sabiam o que lhe perguntar. Foi quando a Aeronáutica se interessou pelo rapaz. Transferiram em abril o jovem encapuzado para a base aérea do Galeão. Ele foi recebido pelo tenente-coronel Ferdinando Muniz de Farias, o Doutor Luís, chefe da Seção de Operações do CISA-RJ e pelo suboficial Abílio Correa de Souza, o Doutor Pascoal. Muniz sentou-se do lado do preso. "Agora, tudo o que você falou lá no Exército, lá no DOI-CODI, esquece. Esquece aquilo tudo. Aqui nós vamos conversar tudo de novo", disse o coronel, que começou a relatar uma a uma as ações armadas nas quais Alexandre tomara parte. Alguém havia revelado aquilo que, durante meses, ele se negara a entregar na tortura. Ainda assim, diante da resistência do preso, Pirilo usou uma última cartada: a prisão de sua mulher, Maria Cristina de Oliveira Ferreira, que estava grávida.

"Ela teve um filho no Hospital da Aeronáutica, no Galeão", contou.[39] A ameaça contra a mulher vergou Alexandre. Pirilo era, nas palavras do antigo prisioneiro, o "gordinho, calmo, branco, de estatura baixa, uma espécie de analista, muito gentil", que ficava batendo papo com o preso. Alexandre e Cristina foram colocados na mesma cela para que fossem desmantelados psicologicamente. Ficavam um dia juntos e outro separados. Nenhum deles

38 Antônio Pinto, entrevista em 26 de dezembro de 2015. A cadeira do dragão tinha chapas de ferro galvanizadas, que aumentavam a intensidade dos choques. Despido, o preso era amarrado nela. Foi usada no DOI paulista e no Dops-SP. Era uma invenção da Polícia Civil.

39 Antônio Pinto, entrevista em 27 de janeiro de 2016. Para o caso de Cristina, ver entrevista com João Lopes Salgado, em 18 de maio de 2016. Ele conta que Cristina relatou à Comissão da Verdade do Rio que tinha ciência de que seu companheiro só havia sido dobrado pelos militares depois que ela havia sido presa. Ver ainda entrevista com Alexandre Lyra de Oliveira, em 10 de junho de 2016.

foi torturado fisicamente no CISA, mas eram constantemente lembrados de que havia "uns caras do Exército querendo pegá-los". Lyra falou sobre sua organização. Mas já não tinha nada mais para contar sobre encontros e esconderijos com seus companheiros quando chegou à Aeronáutica.

Pirilo já havia feito isso outras vezes, como no caso do major do Exército Douglas Saavedra Durão. Ele era o pai de Jorge Eduardo Saavedra Durão, que militou na Dissidência da Dissidência (DDD), nos Comandos de Libertação Nacional (Colina) e na Vanguarda Armada Revolucionária-Palmares (VAR-Palmares). Oficial reformado do Exército, o major reencontrou o filho em um dos quartos do alojamento de oficiais do Comar-3, no aeroporto Santos Dumont. Durão – o filho – fora torturado após sua prisão no Rio Grande do Sul. Antes que a visita de seu pai fosse permitida, mandaram-no da carceragem para o quarto. Integrante do comando da organização, o jovem fora requisitado pela Aeronáutica em razão de ele ter alugado um apartamento com o major da Força Aérea Roberto Fernandes de Carvalho. Um IPM, sob a presidência do coronel Jayme da Cunha Bastos, foi aberto para apurar a história.

Foi na sede do 3º Comar que Durão conheceu o capitão Antônio Pinto. Pareceu-lhe um tipo insignificante, sem importância. O agente se apresentou e exibiu a Durão uma lista de militantes da organização com seus codinomes. Deixou-lhe papel e lápis e pediu que o prisioneiro escrevesse tudo o que soubesse sobre aquelas pessoas. "Se não bater com o que sabemos, você volta pro pau." A ameaça se unia à estratégia de se aproximar do preso por meio da família, o que no caso de Durão incluiu a entrega ao prisioneiro de fotografia de frente e de perfil de sua companheira, Vera Durão. A ação se completou quando, mais tarde, o capitão abriu a porta do alojamento e o jovem integrante da VAR-Palmares viu surgir seu pai. Ainda com marcas de coronhadas no rosto, Durão ouviu o pai dizer: "Ainda bem que você não está mais nas mãos da polícia bárbara da fronteira". O major Douglas, que havia sido ajudante de ordens do marechal Eurico Gaspar Dutra e era colega de turma do brigadeiro Burnier, acreditava que podia usar sua influência com seus antigos companheiros para salvar o filho. Estava acompanhado de um amigo, o coronel Klécius Caldas, conhecido pelas marchinhas carnavalescas que compunha em parceria com outro militar, o general Armando Cavalcanti, cuja filha era casada com o capitão L.W.B.G., do CISA.[40] Um dia, Pirilo lhe deu talheres para almoçar, inclusive uma faca. Queria obrigá-lo a ir à TV e gravar um depoimento renunciando à luta armada e ao comunismo. Pressionado, o jovem tentou se matar, cortando a veia de um dos braços.

> Abri a porta e entrei. Ele apressadamente mostrou o que havia feito. Então, calmamente eu lhe disse: 'Você, a partir de agora, vai passar a comer com as mãos'.[41]

Depois do reencontro com o filho – eles não se viam há mais de um ano –, o major Durão resolveu escrever, em 16 de novembro de 1970, uma carta ao brigadeiro Márcio de Souza e Mello, ministro da Aeronáutica, na qual afirmava ser contra os comunistas e agradecia pelo "sentido humanitário" que caracterizou os interrogatórios do filho.[42] O pai não sabia o que o preso verdadeiramente sofrera quando enviou a carta. O ministro a repassou ao brigadeiro Burnier, que a enviou a Pirilo, um dos dois oficiais citados no documento por Durão – o outro era o coronel Bastos. "Tenho (*a carta*) até hoje para quem me chamar de torturador", contou Pirilo.

Para os presos, a estratégia era clara. "Eles tinham um foco: a busca em torno da estrutura da organização, montar o organograma", afirmou outro prisioneiro que conheceu Pirilo em ação: Sérgio Emanuel Dias Campos, militante da VAR-Palmares. O homem atarracado o visitava e levava cigarros. Um dia o viu ensanguentado no Galeão e lhe ofereceu uma camisa. "Depois, tive de fazer um roteiro de próprio punho de minhas declarações. Estive o tempo todo com esse cara (*Pirilo*). Ele me contou que fez curso no Panamá. No Galeão, ele foi me ouvir duas, três vezes e, depois, no Santos Dumont".[43] Campos era filho de um brigadeiro médico da Aeronáutica. Ele, Durão e outros integrantes do comando da VAR-Palmares, presos em 1970,

---

40 Jorge Saavedra Durão, entrevista em 22 de janeiro de 2021.

41 Antônio Pinto, entrevistado em 28 de janeiro de 2016.

42 Ver AA Saavedra Durão, Douglas; *Carta ao excelentíssimo senhor marechal do ar Márcio de Souza e Mello, DD Ministro da Aeronáutica*, em 16 de novembro de 1970.

43 Sérgio Emanuel Dias Campos, entrevista em 20 de junho de 2016.

foram reunidos na sede do 3º Comar. Um dia retiraram Durão do quarto para levá-lo até o brigadeiro Carlos Afonso Dellamora, comandante do CISA. Queriam que ele contasse como havia sido o roubo do cofre do ex-governador de São Paulo Adhemar de Barros e qual a origem do dinheiro. "É o que sempre digo: esses políticos são todos corruptos", reagiu o brigadeiro. Durão e Campos têm certeza de que, se tivessem sido apanhados depois, em 1971, teriam o mesmo destino de seus companheiros, presos então: a exemplo de Inês, seriam levados à Casa da Morte.

STUART. Enquanto Inês era mantida em Petrópolis, o CISA usava as táticas de Pirilo e os métodos do Doutor Pascoal na sequência de prisões de maio de 1971. Para chegarem a Polari e a Rezende, os agentes da Aeronáutica haviam antes detido dois integrantes do MR-8: Zaqueu José Bento e Manoel Henrique Ferreira, ambos no dia 7. Horas depois, foi a vez de Rezende ser apanhado em um ponto na livraria Entre Rios – cinco dias antes de Polari. Os depoimentos no Dops da Guanabara dos quatro trazem a descrição de dezenas de ações feitas pelas suas organizações – a tortura produzia informações aos borbotões, independentemente de serem verdadeiras. Ferreira, por exemplo, foi obrigado a responder a um questionário com 36 perguntas. Teve de escrever à mão o que sabia sobre a VPR, na qual também militara, e sobre o MR-8. "A luta não era mais pela revolução, mas contra a repressão e pela sobrevivência", registrou o preso na última linha do questionário feito no CISA.[44] Por fim, foi obrigado a produzir um documento – *A repressão no Brasil* – no qual defendia o regime militar e negava a existência de torturas, classificadas como um fantasma criado pelos grupos armados para aterrorizar seus militantes.[45] O moedor de carne e a pressão psicológica arrancavam dos detidos não só informações, mas

44 A frase foi transcrita pelos formuladores do *Orvil*, o livro preparado pelo CIE para dar a versão dos militares sobre o combate à repressão, no capítulo que trata do MR-8. Ver *Orvil*, p. 673. Para o original do documento, ver processo BNM36, p. 330-349.

45 Para as prisões e depoimentos no CISA de Zaqueu José Bento e Manoel Henrique Ferreira, ver BNM36. Para os documentos feitos por Ferreira, BNM36, p. 348 a 356.

também mentiras que poderiam ser usadas para desmoralizar militantes e organizações.[46]

Era na Base Aérea do Galeão, no Rio de Janeiro, que o Centro mantinha a maioria de seus prisioneiros. Ali aconteciam quase todos os interrogatórios. Equipes de plantão se revezavam no lugar. A Seção de Análise contava com 5 oficiais e 5 sargentos, que os auxiliavam. Os oficiais analistas trabalham todos em uma sala. Trocavam ideias sobre as organizações, documentos e depoimentos de detidos. Uma segunda sala era reservada aos homens de operações e, por fim, havia uma terceira para os sargentos. O tenente-coronel Muniz tinha autonomia. Era respeitado pelos subordinados. Sua Seção de Operações dispunha de uma dezena de agentes.

> Para um camarada tornar-se um bom analista precisa ir buscar as informações na fonte e não receber um prato feito através de outros. Porque através de um assunto menos interessante chega-se a um mais interessante.[47]

Na madrugada de 14 de maio, dois dias depois de sua prisão, Polari chegou à exaustão. A terrível confusão imposta pelos choques elétricos ao seu corpo extraiu dele uma lista de encontros com companheiros. Treze ao todo. Continuavam atrás de Lamarca. O preso trocou lugares e horários na lista que lhe arrancaram no suplício. Em um momento de quase alucinação deixou escapar a informação que levaria o CISA a um ponto entre ele – pela VPR – e um dirigente do MR-8. Forneceu, no entanto, um horário falso – uma hora antes do que estava previsto. Polari pensava que a presença do aparato dos militares no lugar chamaria a atenção do companheiro do MR-8, que conseguiria salvar-se. No começo da manhã, o Centro montou uma operação policial na Avenida 28 de Setembro, em Vila Isabel. Quem entrou na armadilha foi o estudante Stuart Edgar Angel Jones. Dias antes, ele se encontrou com Roberto Chagas e Silva, que decidira se desligar da organização e partir para o Chile. Chagas e seu grupo de antigos integrantes

46 Manoel Henrique Ferreira denunciou as torturas às quais foi submetido em depoimento à Justiça Militar em 20 de outubro de 1972. Ver BNM74, p. 419.

47 Antônio Pinto, entrevista em 15 de dezembro de 2015.

da VPR haviam sido colocados na geladeira pelo MR-8. Dizia-se na época que estavam "desbundando". Alguém que ocupasse uma posição, como a de Chagas, arriscava o pescoço quando decidia abandonar a luta armada. Depois de algum tempo, o MR-8 concordou com a saída de todos do Brasil. Aquele foi último encontro de Chagas com a organização antes do exílio. Ele só saberia da prisão de Stuart após chegar ao Chile.[48]

Stuart estava em um ônibus quando foi identificado pelos militares da Aeronáutica, que conduziam Polari, com quem se encontraria. O plano de fornecer um horário errado falhara.[49] Meia hora antes, o dirigente do MR-8 se havia encontrado com Carlos Alberto Muniz, outro integrante da direção da organização. Eles tentavam demover a VPR da ideia de continuar com os sequestros de embaixadores. Para o MR-8, a prática chegara a uma exaustão. Naquele momento, até o ex-ministro da Fazenda Antônio Delfim Netto entrara no alvo da guerrilha.[50] Com essa missão, Stuart rumou para o encontro com a VPR. Detido no ônibus, foi posto no porta-malas de um dos carros do CISA, enquanto Polari rumava para os outros endereços de encontros que fornecera. Ninguém mais seria preso e, no fim do dia, a procissão com Polari retornaria ao quartel, onde, encapuzado, seria interrogado ao lado do dirigente do MR-8.

Além dele, uma prisioneira testemunharia o sofrimento e morte de Stuart: Maria Cristina Oliveira Ferreira.[51] Polari escreveu uma carta à mãe da vítima, a estilista Zuzu Angel, e afirmou que viu o guerrilheiro ser arrastado por um Jeep enquanto era obrigado a respirar os gases do escape. Quarenta anos mais tarde, a perícia da CNV na antiga sede do CISA constatou

48 Roberto Chagas e Silva, entrevista em 30 de março de 2016. Para a data da prisão de Stuart, Otávio, Chico e Dal Piva, Juliana. "Stuart Angel: verdadeiro nome de principal torturador é descoberto".

49 Entrevistas de Luiz Rodolfo Viveiros de Castro, em 28 de janeiro de 2016, e de Carlos Alberto Muniz e de João Lopes Salgado, ambas em 20 de junho de 2016.

50 João Lopes Salgado, entrevista em 20 de junho de 2016. Além da VPR, a VAR-Palmares e a ALN nutriram planos de novos sequestros. Ver ainda entrevista Carlos Alberto Muniz, em 20 de julho de 2016. Para a ALN, Carlos Eugênio Sarmento Coelho da Paz, entrevista em 2004.

51 Ver Relatório Final da Comissão Estadual da Verdade-Rio de Janeiro, p. 197-199.

que Polari não poderia ter visto o que disse de sua cela.[52] Ao depor, reconheceu que não viu a cena, mas que a deduziu em razão dos barulhos que ouviu. Eram os sons de alguém que agonizava.

Assim como ele, Maria Cristina testemunhou, naquela noite, gemidos no cubículo vizinho, o de número 2. Um homem dizia que ia morrer, afirmava ter frio e precisar de remédio para a dor. Ela bateu na parede. Ouviu novas vozes. Desta vez, identificou a do tenente-coronel Muniz, que conversava com o prisioneiro. "Toma este Melhoral, Paulo (*codinome usado por Stuart*). Você vai melhorar. Pegue este cobertor." Maria Cristina bateu na porta e chamou o oficial. Queria ver o preso, cuidar do doente, como fizera com outra prisioneira, também vítima da tortura. "Ele está morrendo", disse a presa ao oficial. O coronel titubeou, antes de lhe dar a resposta: ela não poderia tratá-lo. "Quem ele é?", perguntou. E o coronel respondeu fechando o postigo da cela na cara da testemunha.

O suboficial Abílio Correa de Souza, o Doutor Pascoal, foi a última pessoa a ver Stuart vivo. Dias depois, exibiria para Alexandre Lyra de Oliveira um documento da vítima. Queria saber se ele a conhecia.[53] "O Pascoal era um ótimo agente, mas possuía suas debilidades, como, aliás, todos nós. Soube que na Escola das Américas ele foi elogiado pelos instrutores", contou Pirilo. De fato, Pascoal cursou a escola em 1968, um ano depois de seus superiores. Durante a noite do dia 14, foi ele, segundo Pirilo, quem conduziu o interrogatório do prisioneiro. Retirado desfalecido de sua cela na madrugada do dia 15, Stuart morreu. A Seção de Operações do Centro se desfez do corpo, tornando o rapaz de 25 anos seu primeiro desaparecido.

Segundo Pirilo, o dirigente do MR-8 não estava marcado para morrer. Seu assassinato aconteceu em um dia em que não havia expediente e, na

---

52 Ver o depoimento de Alex Polari de Alverga, em 12 de setembro de 2014 à Comissão Nacional da Verdade, p. 28 e 29: "A realidade do carro, mas não foi tão visual assim como parece. Talvez tenha havido um empenho e uma necessidade de visualizar aquilo que era verdadeiramente real, e tudo se montou em torno daquilo".

53 Ver Otávio, Chico e Dal Piva, Juliana. "Stuart Angel: o verdadeiro nome do principal torturador é descoberto". Ver ainda relatório final da Comissão Estadual da Verdade, do Rio, p. 196 e depoimento de Alexandre Lyra de Oliveira à Comissão Nacional da Verdade, em 6 de novembro de 2014, p. 46.

versão do militar, não se encaixaria na política de extermínio levada a cabo na Casa da Morte e em outros centros clandestinos de prisão. "Acredito que tenha sido um 'acidente de trabalho', mas comentários sobre esse assunto foram proibidos dentro do CISA."

> **Havia alguma razão operacional que justificasse sua morte [de Stuart]?**
> Soube que ele se negou a dizer onde era seu aparelho, talvez, porque lá estavam Lamarca e Iara Iavelberg, o que tempos depois viemos a saber.
> **O que esse caso significou internamente para os integrantes do CISA?**
> Uma cacetada no meio da testa!
> **Houve pressão do governo americano em relação a esse caso. O que foi repassado para a tropa do CISA?**
> Nada. Ninguém jamais falou sobre isso. O assunto foi enterrado por todos, sem exceção.[54]

Veterano da contrainformação do CISA e já na reserva como coronel, L.W.B.G., o Lúcio, confirmou a participação de Pascoal na morte de Stuart. Parou de falar na entrevista gravada e escreveu o que sabia em um papel, que exibiu. Depois, o guardou para si. Stuart sabia onde estavam escondidos Lamarca e sua companheira Iara, pois estivera na casa onde eles estavam.[55] A mãe do guerrilheiro iniciou uma campanha desesperada para denunciar o assassinato do filho. O rapaz tinha cidadania americana, e o Congresso daquele país, majoritariamente democrata, começava a cobrar da administração republicana de Richard Nixon a incorporação do respeito aos direitos humanos na pauta das relações dos Estados Unidos com as ditaduras anticomunistas do Cone Sul. Os autores do *Orvil*, o livro feito nos anos 1980 pelo CIE com a versão dos militares sobre a repressão à esquerda, escreveram uma provocação ao CISA quando trataram da morte de Stuart.

---

54 Antônio Pinto, entrevista em 17 de dezembro de 2015. E entrevista com L.W.B.G, em 27 de julho de 2017. Ao descrever esse caso, ele parou de falar e escreveu em um papel o que sabia. Ver ainda depoimento do coronel Lucio Valle Barroso, à CEV- Rio, p. 415.

55 Ver depoimento de João Lopes Salgado em 21 de janeiro de 2021. A revelação lhe foi feita por Carlos Alberto Muniz. Ver entrevista de Antônio Pinto em 26 de dezembro de 2015.

"Alguns jornais noticiaram a prisão e a morte de Stuart Edgard Angel Jones, nunca comprovada. Uma coisa é certa: ele nunca deu entrada no DOI/I Ex".[56] Depois da morte de Stuart, o brigadeiro Burnier acabaria afastado do 3º Comar, assim como Márcio de Souza e Mello perderia o cargo de ministro da Aeronáutica. No CISA, porém, quase todos permaneceriam – Muniz, Abílio, L.W.B.G. e Pirilo – pela década afora. Polari seria condenado a duas prisões perpétuas pela Justiça Militar, para o regozijo de Pirilo. Ficaria ainda mais um mês no presídio do Galeão, tempo suficiente para contar o que vira e o que pensara testemunhar em uma carta do cárcere, que deixaria célebre o suplício de Stuart.[57] Depois de Inês Romeu, era mais um preso a denunciar a insensatez de uma estratégia que achava válidos contra o inimigo todos os métodos. Inclusive os legais.

Pirilo e seus companheiros justificaram seus métodos com dois argumentos. O primeiro reverberava o que escrevera o coronel francês Roger Trinquier: seria insensato e absurdo não usar nessa guerra as mesmas armas do inimigo. Se estes eram terroristas, os militares também deviam levar o terror às fileiras inimigas, pois o "terrorismo é uma arma de guerra que não é mais possível ignorar". Era preciso que o inimigo soubesse que, ao ser capturado, não seria tratado como o criminoso comum ou como um prisioneiro num campo de batalha. "De fato, o que buscam as forças da ordem não é punir um crime pelo qual a sua responsabilidade pessoal não está empenhada, mas, como em todas as guerras, a destruição do exército adversário ou sua submissão".[58] No Brasil, dois autores foram fundamentais para fixar a doutrina da contrainsurreição: o coronel francês Gabriel Bonnet e o tenente-coronel português Hermes de Araújo Oliveira, ambos publicados pela Biblioteca do Exército. O português fazia conferências no Brasil e foi condecorado com a medalha do Pacificador. Ele escreveu: "Existe hoje qualquer coisa nova, muito diferente do que o Ocidente insiste em

56 Ver *Orvil*, p. 673, Em entrevista em 28 de dezembro de 2015, Antônio Pinto reagiu assim à provocação dos colegas do Exército. "Uma babaquice. Os caras que morreram no DOI também nunca entraram no CISA."

57 Depoimento de Alex Polari Alverga à Comissão Nacional da Verdade, p. 14

58 Trinquier, Roger. *La guerre moderne*, p. 14, 18 e 105.

chamar de 'guerra' que ataca o ocidental por toda a parte e o esmaga mesmo onde é nitidamente mais forte: a guerra revolucionária. E por tal forma o faz que, desde 1945 até hoje, mais da metade da humanidade passou, direta ou indiretamente para a obediência ou controle ou influência do Oriente sem que, no entanto, uma só divisão russa tivesse sido empenhada. Daí, a realidade da guerra revolucionária".[59] Aqui estava o segundo argumento, que pretendia ser de ordem moral: combatiam-se comunistas que desejavam instaurar no Brasil um regime pior do que o dos militares, em que todas as liberdades seriam suprimidas em nome de um falso igualitarismo, em que a predominância do pensamento único e oficial seria a própria morte da democracia, submetida aos caprichos de um grupo de supostos iluminados para interpretar a vontade das massas. Nessa tarefa, os agentes do regime gostavam de se ver como mágicos, capazes de fazer desaparecer pessoas, iludir o inimigo e terminar o espetáculo debaixo de aplausos, sem revelar como cada um de seus números foi feito. A mágica dependia dos *arcana imperii*, os segredos de Estado, vistos como o princípio do poder estatal. E a manutenção destes estava na base da utopia autoritária dos agentes. Os atos de Pirilo precisavam liquefazer as fronteiras entre as ações policiais e as bélicas e tornar a política continuação da guerra por outros meios. Mas, enquanto Bonnet, Trinquier e Araújo combatiam em colônias, no além-mar, Antônio Pinto e seus amigos travavam combates em casa, em meio ao próprio povo. Todos os agentes, apesar das diferenças entre os órgãos, participavam de um sistema que buscava vencer suas rivalidades e cooperar entre si. Para tanto, mantinham reuniões mensais, os encontros da chamada Comunidade.

---

59 Araújo de Oliveira, Hermes de. *Guerra revolucionária*, p. 27.

3 A COMUNIDADE

O escudo e a espada do regime fardado

SEMPRE COM meio sorriso na boca cheia de ironias, Antônio Pinto era um dos três analistas do CISA na sala de reuniões do 3º andar da Agência Central do SNI. O serviço havia destacado uma equipe de oito pessoas para o encontro, entre as quais a única mulher daquela comunidade, a agente Leila. A segunda maior delegação presente era a do CIE, com oito integrantes. O pessoal do Exército era chefiado pelo coronel Agnaldo Del Nero e tinha entre seus membros o então major Romeu Antônio Ferreira, um homem de 1,70m, de bigode e cabelos pretos, gestos calmos e um olhar curioso. A Marinha, com a fama de ser "a dona do maior canil", uma referência aos seus informantes – os cachorros –, mandara três comandantes, entre eles Mário Sérgio Pacheco de Souza, o Doutor Pimenta. Era a segunda geração de oficiais do Centro de Inteligência da Força, que substituíra a turma do comandante José Maria Perestrello Feijó, um dos maiores especialistas em PCB nos serviços secretos militares. Feijó havia sido instrutor da Escola Nacional de Informações (EsNI), onde era visto com seu paletó e gravata mal-ajambrados.[1] Havia ainda na sala quatro agentes do Centro de Informações da Polícia Federal e um da agência paulista do SNI. Eram 9 horas

1 Romeu Antônio Ferreira, entrevista em 21 de abril de 2018. Canil era como os militares se referiam à seção que cuidava dos informantes, chamados de cachorros.

do dia 22 de maio de 1984, quando o general de divisão Geraldo de Araújo Ferreira Braga, então chefe da Agência Central do SNI, abriu o encontro expondo aos presentes os seus objetivos: estabelecer contatos mais estritos entre os componentes da comunidade de informações para o combate à subversão, avaliar a situação dela no país, trocar conhecimentos e fortalecer o sistema.[2] Era um dos últimos atos do regime militar desde o início da construção, nos anos 1960, do sistema que destroçou primeiro as organizações que pegaram em armas contra o regime e, depois, se voltou contra partidos políticos e quem mais se opusesse à ditadura.

A reunião acontecia em uma época na qual os centros de informações e os Destacamentos de Operações de Informações atuavam, secretamente, por meio da fachada da Polícia Federal, ao mesmo tempo em que as Forças Armadas afastavam-se, paulatinamente, das funções públicas de polícia política do governo. Muito diferente de quando tudo começara, com majores e coronéis buscando protagonismo nos Inquéritos Policiais-Militares (IPMs) para, depois, passarem a comandar a OBAN e os DOIs pelos Brasil afora, promovendo sua guerra.

Naquele dia de 1984, o encontro da comunidade de informações começou com um relato sobre o 7º Congresso do Partido Comunista Brasileiro. A ata registra uma impostura. Diz que o evento foi frustrado pela ação da PF em dezembro de 1982. Não foi. Para a sede da superintendência paulista do órgão, foram levados os detidos – toda a cúpula do partido –, mas quem os conduziu até lá foram os homens comandados pelo Doutor Ney, então chefe da Seção de Operações do CIE. Um dos agentes ao lado dele era Antônio Pinto, o Doutor Pirilo. Era ele quem controlava, então, o principal informante dos militares: o integrante do Comitê Central do PCB Severino Theodoro de Mello. Todos os detalhes da vida do partido da época estão descritos em 24 páginas da ata da reunião dos agentes. Esta pesquisa ouviu quatro dos agentes presentes no encontro: Del Nero, Romeu, Mario Sérgio e Pinto. Seus depoimentos ajudam a mostrar como nasceu, cresceu e funcionava a parte militar dessa comunidade: os centros de informações

2 Para a reunião da comunidade, ver AN Fundo SNI – BR DFANBSB V8, documento BR_DFANBSB_V8_MIC_GNC_AAA_84043379_d0001de0001.pdf.

do Exército, da Marinha e da Aeronáutica. A guerra ideológica que Pirilo e seus amigos travaram teve nesses órgãos das Forças Armadas seu instrumento mais importante durante o regime militar e na primeira década da Nova República. Sem conhecê-los é impossível ter a dimensão correta da ação dos militares no país, pois os centros eram parte do braço armado do regime e do aparelho de vigilância e controle direcionado às forças políticas, notadamente àquelas identificadas pela caserna com ideias socialistas ou comunistas.

Ao tomar parte nas disputas políticas, usando seus recursos para produzir informação contra o inimigo interno, a inteligência das Forças Armadas agia como se excluísse da Nação parte dos brasileiros. Tratando-os como adversários ou inimigos, esses militares não sentiam representar essa parte da população, criando uma distorção comprometedora para a democracia. Faziam pairar sob a República o fantasma da intervenção castrense – pois somente aceitariam as regras eleitorais caso o poder permanecesse sob controle de políticos com as quais se identificavam, sempre de matiz conservadora. Agia-se como se a democracia devesse ser tutelada, sem a preocupação de criar consenso. Como o diálogo com o inimigo era visto como traição, restava o uso da cooptação ou da força para o exercício do poder. A ação dos centros naqueles anos não era, assim, apenas o reflexo do uso da doutrina francesa da guerra revolucionária, mas sintoma de outra doença, a autonomia dos militares em relação ao Poder Civil na República, inaugurada por um golpe militar e acostumada a conviver com rebeliões e sublevações, misturada à ideia de um salvacionismo, que provocou divisões profundas no aparelho militar, manifestadas não só pelas revoltas tenentistas, mas também pelas correntes políticas na oficialidade, que se estapearam até os anos 1960. Não foi à toa que oficiais e praças tiveram um papel de destaque entre os punidos pela ditadura instalada após 1964 – ao todo, 6.592 foram atingidos pelo regime.[3] Os centros só não empregaram em larga escala a doutrina da guerra revolucionária, tratando como traidor todo aquele que prejudicasse os desígnios do governo, em razão da mistura

3 Para o total de militares cassados, ver Secretaria Especial de Direitos Humanos, Comissão Especial sobre Mortos e Desaparecidos Políticos, *Direito à Memória e à Verdade*, p. 30.

do arbítrio com a conciliação – por meio dos quais o topo da hierarquia militar buscava evitar uma radicalização que levasse à quebra da hierarquia e um regime de capitães ou coronéis. Buscava-se uma utopia autoritária: a existência de uma democracia limitada ou que fosse apenas um instrumento para garantir a manutenção do poder das classes dominantes. Um regime forte o suficiente para modernizar o país e, ao mesmo tempo, manter sob controle as massas populares que aos poucos foram incluídas na vida política nacional no primeiro século da República.[4] Os serviços secretos militares se tornaram assim instrumentos da atuação política das Forças Armadas, que tomavam partido nas disputas eleitorais por meio da busca do monopólio sobre quais seriam os interesses da nacionalidade. A produção de informação no Brasil não estava a serviço do Estado, mas do governo; os guerreiros ideológicos brasileiros se viam como o escudo e a espada de seu regime, controlando e vigiando o próprio povo.

É necessário, no entanto, cuidar das especificidades da ditadura de 1964. Os episódios armados vividos no Brasil de uma espécie de guerra civil internacional, iniciada em 1917 e concluída em 1991 – tempo de existência do regime dos bolcheviques na União Soviética –, foram interpretados e vivenciados então pelos envolvidos na repressão política por meio de uma doutrina: a da guerra revolucionária. De origem francesa, ela nasce de uma constatação: após o início da Era Nuclear, a guerra convencional, aquela de tanques e trincheiras, tornara-se obsoleta, e a nova, a das bombas atômicas e de hidrogênio, pensada em Fort Leavenworth War School, nos Estados Unidos, parecia delirante para os militares brasileiros. Perdidos em um vazio em que não mais sabiam como combater, encontraram, a partir de 1954, a nova doutrina. "Ela ocupou o espaço, já que não era mais possível acompanhar a guerra nuclear, e a convencional

---

4 Para os conflitos em Poder Civil e Militar e as limitações à aplicação da doutrina francesa da guerra revolucionário, ver Godoy, Marcelo. *A Casa da Vovó*, p. 113 a 130. Ver ainda Fausto, Boris. *O pensamento nacionalista autoritário*, p. 63, 54, 65, 69 e 70; os trabalhos do professor Rodrigo Nabuco de Araújo – *Repensando a Guerra Revolucionária no Exército Brasileiro (1954-1975)* e *L'Art français de la guerre. Transfert de la doctrine de la guerre révolutionnaire au Brésil (1958-1974)* – e Martins Filho, João Roberto, *A influência doutrinária francesa sobre os militares brasileiros nos anos de 1960*.

já não existia mais", afirmou o general Octávio Pereira da Costa.[5] Mas, enquanto na Europa a possibilidade de uma confrontação nuclear das superpotências em uma calamitosa 3ª Guerra Mundial foi crucial para a convivência experimentada pelo continente após 1945, em outras partes do mundo, onde a guerra ainda era convencional - e muitas das vezes anticolonial ou civil -, as sublevações militares, os golpes de estado, as guerrilhas e os atos de terrorismo se multiplicaram. Era no elo mais fraco do poder das potências capitalistas e imperiais que os movimentos nacionais de libertação passaram a atuar. Foi assim na China, no Vietnã, na Argélia, e em Cuba. Um a um esses países passaram à esfera de influência soviética, no que era visto na caserna como estratégia de agressão do movimento comunista internacional, infiltrando-se nos países e colônias para submetê-los a Moscou.[6]

Traduzido e largamente difundida no Brasil, a obra do coronel francês Gabriel Bonnet foi apresentada aqui pelo coronel Carlos de Meira Mattos, mais tarde um dos principais ideólogos do regime. Ela advogava que um exército devia adotar todas as formas de guerra. Era indispensável, "desde o tempo de paz", instruí-lo e equipá-lo para cumprir missões clandestinas em grande escala. "Os programas de instrução deviam ser dilatados para que pudessem abranger os aspectos político-econômicos da guerra." Parte essencial da estratégia revolucionária seria desempenhada pelo que o francês chamou de artilharia do pensamento, representada pela imprensa, por livros, rádio, televisão, cinema, exposições e conferências. Quanto mais brutal e rápida fosse a contrainsurreição, mais eficaz ela seria. A ideia de que não era possível enfrentar com os instrumentos legais a subversão está presente em todos os autores que escreveram sobre o tema. Nem mesmo as leis da guerra seriam aplicáveis aos "terroristas", abrindo-se caminho à eliminação física do inimigo detido.[7]

---

5 Octavio Pereira da Costa, entrevista em 6 de fevereiro de 2014.

6 Para a estabilidade europeia, ver Kershaw, Ian, *To hell and back*, p. 520 a 522. Para a visão militar da agressão comunista, ver Del Nero, Agnaldo, *A grande mentira*; Azambuja, Carlos Ilich Sanches (Antônio Pinto), *A hidra vermelha* e *Orvil*, p. 805 a 837.

7 Ver Bonnet, Gabriel, *Guerras insurrecionais e revolucionárias*, p. 52 a 56.

Outro aspecto importante dessa guerra – segundo outro coronel francês, Charles Lacheroy – é a "psicologia do combate da população, "levando em conta os aspectos ideológicos da ação e do moral dos combatentes".[8] No fim dos anos 1950 e começo dos anos 1960, o pensamento francês conquistou militares como o marechal Odílio Denys e os generais Aurélio de Lyra Tavares e Alfredo Souto Malan. A doutrina francesa se tornava uma coqueluche sem que aqui fossem suscitados os questionamentos de sua aplicação dentro de seu próprio país. A tradução dos textos franceses encobria o fato de que ela fora criada para codificar o comportamento dos oficiais franceses em suas estruturas de comando no além-mar, com colônias que iam da antiga Indochina ao Magreb. Era o instrumento de uma autoridade imposta a povos excluídos dos direitos da plena cidadania. Todo e qualquer movimento nacional de resistência era identificado como um braço do movimento comunista internacional e, assim, a luta contra o marxismo encobria outras contradições enfrentadas pelo colonizador. Os franceses insistiam na necessidade de se pacificar territórios conquistados pelas armas, impondo a lei da metrópole. Sutilezas linguísticas que denunciavam essa situação não foram notadas pelos militares brasileiros. "A passagem do francês para o português universaliza expressões próprias do exército colonial. Por exemplo, a palavra *pouvoir* equivale ao sinônimo da administração colonial, enquanto que nos textos brasileiros ele se relaciona a todo tipo de governo". O mesmo ocorre com o termo francês *populations*, que remete à realidade colonial, designando para os franceses o conjunto de populações não-europeias submetidas à administração da metrópole. Em português, ele é traduzido por população. As comunidades étnicas das colônias se transformam na população brasileira, a multidão que mais tarde seria identificada por Antonio Negri como o terreno em disputa, onde o inimigo se esconde e no qual trama suas ações psicológicas.[9] Sem que se dessem conta, os adeptos brasileiros da guerra revolucionária transportavam para

---

8 Araújo, Rodrigo Nabuco e Marin, Richard. *Guerra revolucionária: afinidades eletivas entre oficiais brasileiros e a ideologia francesa (1957 – 1972).*

9 Rodrigo Nabuco de Araujo. *L'art français de la guerre.Transferts de la doctrine de la guerre révolutionnaire au Brésil (1958-1974).*

o país e seu povo a aplicação da doutrina do colonizador em sua relação com o nativo, alvo de sua ação civilizatória.

Os efeitos da influência francesa podem ser vistos não somente na linguagem, mas também na mudança de estratégia do regime para lidar com os grupos subversivos que buscavam derrubar a ditadura. Primeiro – no período entre 1964 a 1968 –, optou-se preponderantemente pela abordagem policial. Foram os Departamentos de Ordem Política e Social (Dops) de cada Estado os principais responsáveis pelo controle das atividades políticas proibidas e pelas investigações sobre os comunistas no País. Assim é que os policiais do delegado José Paulo Bonchristiano apreenderam as cadernetas de Luiz Carlos Prestes, na Vila Mariana, na zona sul de São Paulo, poucos dias depois do golpe de 1964. Elas seriam a base para o inquérito e o processo, que condenaria boa parte da cúpula do PCB. No Rio de Janeiro, foram os tiros do Dops local que atingiram o peito do ex-deputado Carlos Marighella, que resistiu à prisão, em 9 de maio de 1964, durante uma matinée no cine Eskye-Tijuca. Nos dias subsequentes ao golpe, as razias em sindicatos e outros endereços identificados com o inimigo ficaram a cargo da polícia.

A partir da decretação do AI-5, o eixo da repressão se deslocou. A estratégia deixou a esfera jurídico-policial para se tornar militar – não se buscava mais punir crimes contra a segurança nacional, mas neutralizar o inimigo, eliminando suas lideranças e capacidade de organização. Em São Paulo, surgiu em 1969 o órgão operacional por excelência da guerra revolucionária: a Operação Bandeirante (OBAN), logo rebatizada com o nome de Destacamento de Operações de Informações, cuja sigla DOI lembrava a francesa DOP (*Détachement Opérationnel de Protection*), unidade que o major Paul Aussaresses comandara em Argel sob as ordens do general Jacques Massu, produzindo, em 1957, três mil desaparecidos.

Aqui, a iniciativa coube ao general José Canavarro Pereira. Ele chegou a São Paulo no dia 1º de maio e foi recebido no aeroporto de Congonhas pelo governador Roberto de Abreu Sodré. Estava acompanhado de Ernani Ayrosa, o general que devia ser seu chefe de Estado-Maior. Veterano da Força Expedicionária Brasileira (FEB), Ayrosa fora ferido duas vezes em combate na Itália e recebeu a *silver star* após seu Jeep passar por cima de uma mina, durante o cerco à 148º Divisão de Infantaria Alemão, em Fornovo di Taro, no norte da Itália. Cinquenta e dois dias depois da chegada de Canavarro, um comando da VAR-Palmares invadiu a reserva de armas do 10º Batalhão Policial da Força Pública, em São Caetano do Sul, dominou um cabo e três soldados da guarda – todos amarrados – e saiu dali com 90 velhos fuzis Mauser 1908 e 18 submetralhadoras. Apenas 24 fuzis tinham ferrolhos e só oito submetralhadoras estavam em condições de tiro. Foi depois dessa ação da guerrilha que Canavarro decidiu convocar uma reunião no dia 27 de junho com toda a cúpula militar e da Segurança Pública paulista. O general pediu a Ayrosa que lesse o plano que colocaria todo o combate à subversão debaixo de suas ordens por meio da criação de um órgão, a OBAN. Ali trabalhariam agentes da Marinha, da Força Aérea, da Polícia Federal e das Polícias Estaduais. Empresários recolheram nas semanas seguintes o dinheiro necessário ao novo aparelho. "O êxito da OBAN foi tão evidente que o ministro do Exército determinou o emprego de sua estrutura em todas as sedes de Comandos de Áreas no território nacional".[10]

Cada comando militar ganhou nos anos seguintes o seu DOI, associado ao Centro de Informações de Defesa Interna, o Codi. A junção desses dois órgãos deu origem à sigla pelo qual eram conhecidos: DOI-Codi. Eles integrariam o Sistema de Segurança Interna (Sissegin) e as Zonas de Defesa Interna (ZDIs), com os quais a ditadura organizava e centralizava a repressão. É dentro desse sistema que atuaram os centros de informações. Por sua vez, todos faziam parte do Sistema Nacional de Segurança (SiSNI), classificado como o "conjunto de órgãos destinados à produção de informações em proveito da política de segurança e da política de desenvolvimento do país".[11] Além do SNI e da comunidade de informações dos ministérios militares e representantes nas pastas civis, o sistema incluía comunidades nos Estados, um serviço no Itamaraty e integrantes no Estado-Maior das

---

10 Ayrosa da Silva, Ernani. *Memórias de um soldado*, p. 140 e 141. Para o ataque ao quartel, AEL-Unicamp, BNM 95 (VPR/VAR-Palmares), p. 902 a 924.

11 Ver documento UFMG, Projeto República, Brasil Doc. Documentos do Cenimar – Atividades do Sistema Nacional de Informações p. 6.

Forças Armadas, em municípios e em empresas privadas, formando uma grande rede. Os órgãos de informações deveriam ser separados daqueles responsáveis pelas operações, que formavam a comunidade de segurança. "Todos esses órgãos foram criados, com o AI-5, para dar um fim definitivo às guerrilhas urbana e rural", afirmou o brigadeiro Dellamora, que chefiara um deles, o CISA.[12]

Na prática, nem sempre a organização funcionou assim. Com autonomia operacional em relação aos comandantes de cada área, o CIE, o CISA e o Cenimar eram subordinados aos gabinetes dos ministros das Forças. Tinham uma área de contrainformação, outra de operações e uma de informações. Também se relacionavam com serviços militares estrangeiros – a relação com órgãos de inteligência civis de outros países era mantida por meio do SNI, que substituíra, em 1964, o antigo Serviço Federal de Informação e Contrainformação. Inicialmente os três tinham suas sedes no Rio de Janeiro. Depois, paulatinamente, foram transferidos para Brasília, mantendo uma agência ou um destacamento na antiga capital federal pelo menos até 1995, quando a Aeronáutica desativou a unidade fluminense do CIAer, o sucessor do CISA, levando Pirilo a deixar o órgão. Como não quis trabalhar no Distrito Federal, o veterano Azambuja foi encaixado na Agência Brasileira de Inteligência, a Abin, que substituíra o SNI, fechado pelo presidente Fernando Collor de Mello, em 1990. Antônio Pinto não seria o único órfão da comunidade de segurança a ir parar na Abin. O Doutor Nilo – o coronel João Noronha Neto – saiu do CIE na mesma época, depois de mais de uma década cuidando de informantes no PT, no PCdoB e no PCB.

CENIMAR. O mais velho dos três centros era o da Marinha, criado em 21 de novembro de 1957. O Cenimar tinha como função a busca e produção de informações, além da realização de operações especiais de informações. Para tanto, mantinha uma agência central que coordenava as agências regionais do órgão, conforme escreveu em documento secreto o almirante-de-esquadra Antonio Borges da Silveira Lobo, comandante de operações

12 Ver entrevista de Carlos Afonso Dellamora em *História oral do Exército – 1964 – 31 de Março*, tomo 10, p. 111 a 126.

navais, em setembro de 1971.[13] Entre os 224 tipos de informações que os agentes secretos deviam providenciar periodicamente para os chefes, os 17 primeiros faziam referência ao comunismo, suas organizações partidárias, seus militantes e os países socialistas. O primeiro item, por exemplo, determinava que a cada seis meses fossem produzidos relatórios sobre "o Partido Comunista no Brasil e suas alas dissidentes: líderes e militantes, agentes de influência, programas, congressos, resoluções, atuação, locais de reunião e bases de apoio". A organização parecia com a do SNI.

Na década seguinte, o Cenimar ganharia um novo nome (Centro de Inteligência da Marinha) e sigla: CIM. Sua organização também mudaria. Havia uma divisão em Brasília que cuidava da política, da economia e da administração com um núcleo de operações. Era a CIM-10. No Rio de Janeiro, ficava a seção encarregada de combater "a subversão, a sabotagem e o terrorismo e acompanhar os movimentos estudantil, populares e religiosos e os sindicatos. Era o CIM-20. A contrainteligência (CIM-30) e a Divisão de Apoio e Arquivo (CIM-40) também tinham sua sede no Rio. O centro recrutava funcionários civis, que podiam ser policiais ou integrantes de autarquias. "A área de operações era controlada pelo diretor. O senhor Chico (*Francisco de Assis Lima*) foi um delegado do Dops, de Pernambuco, que trabalhou com o Cenimar, após se aposentar. Virou funcionário civil".[14] Ele ganhou o apelido de Chico Pinote por ter escapado dos tiros que lhe foram dirigidos na escadaria de um prédio, dando saltos de um lado para outro. A fuga daquele dia marcaria para sempre o policial. No CIM, era elogiado pela memória, pelas análises e por seus contatos com os comunistas. Era um agente conhecido por quem devia vigiar. Costumava procurar parentes de militantes do partido em busca de informações.[15] O capitão de mar e guerra Mário Sérgio Pacheco de Souza, o Doutor Pimenta, mantinha em 2019 uma fotografia do homem com quem trabalhou por cinco anos em sua

13 Ver Documento UFMG, projeto Brasil Doc., documento do Cenimar Atividades do Sistema Nacional de Informações, de 30 de setembro de 1971.

14 Mário Sérgio Pacheco de Souza, entrevista em 20 de fevereiro de 2019.

15 Ver Clea Siqueira, entrevista em 1º de maio de 2016, e Luiz Carlos Azedo, entrevista em 1º de maio de 2016.

mesa no serviço.[16] O ex-policial civil era um dos símbolos do Centro, considerado até então o mais profissional e preparado das agências militares. A lista de informantes do Cenimar era extensa. Seus homens abordavam presos recém-libertados ou eram procurados com ofertas de colaboração. Cada infiltrado ganhava um nome em código, formado por duas letras e dois números. Assim, Alberto Otávio Conrado Avegno era o agente YR-62, que produzia relatórios sobre os opositores ligados ao major Joaquim Pires Cerveira, um militar do Exército que resolveu pegar em armas contra a ditadura. Depois da morte de Carlos Lamarca, os agentes secretos do regime temiam que ele pudesse ocupar o lugar do capitão.[17] Acabaria sequestrado na Argentina e executado no Brasil.

Os homens da Armada remuneravam seus infiltrados; antes, analisavam a capacidade de cada um de fornecer informações. Um deles, que militava no PCB em São Paulo, passou a receber, em setembro de 1967, o equivalente a quase dois salários mínimos da época. Um ano depois, outro agente cooptado pelo centro era remunerado com um valor parecido para dedurar seus companheiros da Ação Popular.

Era quase uma ajuda de custo?
É, mas a gente chamava de pró-labore para ficar mais digno.[18]

Quatro anos depois, outro integrante da AP seria recrutado depois de ser posto em liberdade vigiada pelo Dops de São Paulo, onde pontificava o delegado Sérgio Paranhos Fleury.[19] Com Fleury, o Cenimar mantinha uma de suas mais importantes parcerias. Era a época em que o comandante Lima Barros se notabilizava pelos conhecimentos que tinha da ALN. Com

---

16 Mário Sérgio Pacheco de Souza, entrevista em 12 de fevereiro de 2019.

17 Para a substituição de Lamarca, ver AN Fundo CNV – BR RJANRIO CNV, documento CNV br_rjanrio_cnv_0_vdh_00092001498201379_v_05_0027_d0001de0001, p. 87. Para o agente YR-62, ver documento UFMG, projeto Brasil DOc Agente YR-62, de 3 de novembro de 1972.

18 Mário Sérgio Pacheco de Souza, entrevista em 30 de abril de 2019.

19 Ver documentos UFMG, projeto Brasil Doc., Novo chefe da rede do Cenimar, Gilberto de Oliveira Mello, Recrutamento de agente, Luiza Maria Benita Supp de Almeida e Carlos Rosa Cavalcanti Sobrinho.

o Dops carioca a parceria também rendeu frutos ao Cenimar. Em 1966, Cecil Borer, diretor do departamento na Guanabara, encaminhou aos agentes da Marinha uma mulher que se dispunha a vigiar o ex-companheiro, um militante comunista. Tratava-se de uma relação que era, sobretudo, entre pessoas e não entre serviços e assim permaneceu em quase toda a década de 1970, quando então, o serviço passou a selecionar quem devia ser contratado ou não. O Centro entrevistava o candidato e traçava seu perfil psicológico. Dava-lhe instruções básicas sobre como usar telefone e a carteira de agente e mantinha sua ficha em um acervo conhecido como "secretinho". Na Marinha, quem controlava os informantes eram os analistas, ao contrário do que acontecia normalmente no CISA e no CIE. "A nossa (*seção de*) 'Operações' era pequena", contou o Doutor Pimenta.[20] Seus agentes viam-se como responsáveis pela derrota do comunismo no Brasil, apesar de se julgarem despreparados para a radicalização dos opositores que pegaram em armas. Em pouco tempo integraram as ações, usaram agentes infiltrados de forma sistemática e recrutaram informantes. Atuavam com rapidez e pouca burocracia.

Quando começaram a circular listas de torturadores feitas pelos seus antigos prisioneiros, militantes da oposição e organizações de solidariedade a perseguidos pela ditadura, o Centro pediu sugestões aos agentes sobre como proteger seus homens. Temia que as listas servissem para que companheiros dos presos buscassem vingança. Um dos citados, o capitão-de--corveta Luiz Alberto Inojosa de Albuquerque, recomendou à Marinha que avisasse "os visados pelas publicações, que deveriam mudar de endereço e Estado caso fosse detectada alguma suspeita, e a imprensa (*brasileira*) não devia publicar nada a respeito". Produziu-se ainda um documento com 16 páginas de recomendações para autoridades que iam desde o tamanho do muro que as casas das autoridades (2,4 metros de altura) e agentes deviam ter até ao conselho de não atender ao telefone em casa. Era preciso proteger os guerreiros ideológicos para que eles pudessem fazer o mesmo pelo regime. "A Inteligência é a primeira linha de defesa de um governo, seja

---

20 Mário Sérgio Pacheco de Souza, entrevistas em 20 de fevereiro de 2019 e em 30 de abril de 2019.

ele democrático ou não", dizia o doutor Pimenta, que chegou ao centro no final dos anos 1970. Era uma época de transição.

> Eu peguei lá a geração do ponto e aparelho, e alguns lugares antes de perguntar já davam três porradas. Porradas lá é o telefone. E, pronto, começava daí. E era uma geração que você tem de respeitar muito, pois não existia nada formado. Você era pego saindo da Escola Naval, ou depois de um ano em um navio ou em um batalhão, e era jogado ali para fazer essa porra, rapaz. Você aprendia a trocar o pneu com o carro andando. É claro que essa autonomia na Marinha de hoje não existe mais.[21]

Essa autonomia dos agentes não se confundia com a existente entre os homens da área operacional do Exército. No caso da Marinha, as operações mais importantes tinham de ser aprovadas pelo ministro. "Se o ministro não autorizava, nada feito. Por isso, você vê: morreu alguém na Ilha das Flores? Não. O diretor do Cenimar tinha de falar para o ministro".[22] O que garantia no dia a dia a autonomia relativa dos agentes era a verba secreta com a qual eram pagos aluguéis de apartamentos, viagens ao exterior, estadias de agentes, salários de informantes, passaportes, dólares e equipamentos. "Eu viajava para o Nordeste quatro vezes por ano", conta o doutor Pimenta. E também para o Sul, onde se encontrava com um informante com o qual se correspondia por meio de cartas escritas com o Código Jaca, um conjunto de cifras que funcionava por meio de substituição de palavras e levava esse nome em razão do apelido do agente que o criou: Jacaré. Não era o único. O capitão-tenente Ronaldo Veloso Netto dos Reys teve a ajuda de outro agente, José Maria Perestrello Feijó, para fazer os Códigos Supermercado (usado no Araguaia), Asterix e Urubu, para a comunicação interna

21 Mário Sérgio Pacheco de Souza, entrevista em 30 de abril de 2019. Ver ainda documentos UFMG, projeto Brasil DOC, Proteção a oficiais de informações, documento de 1972. O Doutor Pimenta morreu em 29 de agosto de 2020, em meio à epidemia de Covid-19.

22 Mário Sérgio Pacheco de Souza, entrevista em 30 de abril de 2019 e documentos UFMG, projeto Brasil Doc., Instrução do Ministério da Marinha, dezembro de 1970, p. 9.

da Marinha. O Centro mantinha então três caixas-postais – na Visconde Pirajá, no Largo do Machado e na Avenida Nossa Senhora de Copacabana.

Pouco depois de sair do CIM, em 1989, o capitão de mar e guerra Mário Sérgio saberia por meio dos antigos colegas que a Marinha decidira em 1992 parar de acompanhar "movimentos subversivos". "Voltou-se para a Orla Marítima, preocupada com sindicatos de estivadores, de metalúrgicos de estaleiros e para o submarino nuclear. A verba secreta saiu da mão do diretor do CIM e passou para os projetos de Aramar", disse. Aramar é uma referência à antiga Coordenadoria para Projetos Especiais da Marinha, com seu centro experimental em Iperó, no interior de São Paulo, onde era enriquecido urânio e desenvolvido o reator nuclear.[23]

Enquanto tinha dinheiro e poder, o Cenimar não poupava nem mesmo seus iguais. Quando o ministro da Marinha, o almirante Adalberto de Barros Nunes, determinou em 13 de janeiro de 1971 que Floripe Lopes, a caseira de seu sítio em Petrópolis, fizesse um check-up no hospital da Armada, o informante PT-73 transformou o que se seguiu em um relatório de três páginas, com os detalhes do que chamou de "incidente no Hospital Nossa Senhora da Glória". A caseira passou em todas as clínicas do lugar e acabou internada em razão de um pequeno problema urológico. Terminado o tratamento, um capitão-de-corveta médico deu alta à paciente. A enfermeira Yolanda da Silva Pinto informou a alta à assistente social Maria Elizabeth Teixeira para ela chamar a responsável pela paciente, que estava sem acompanhante. E lá foi Maria Elizabeth telefonar à casa do ministro. A conversa entre ela e dona Maria, a mulher do almirante, não terminou bem. A funcionária não poderia continuar a ser atendida ali, pois não tinha esse direito. "Sabendo do fato, o almirante dirigiu-se ao hospital." Determinou, de dentro de seu carro, que todos os envolvidos no caso fossem punidos e a alta suspensa. "Estava visivelmente irritado", escreveu o agente. A enfermeira pegou 30 dias de suspensão, e a assistente social, 15. O médico foi contemplado com oito dias de cadeia sem que o capitão fosse ouvido.

---

23 Mário Sérgio Pacheco de Souza, entrevistas de 5, 14 e 20 de fevereiro de 2019. Ainda para o as chaves do código Asterix e a participação do Feijó ver AN Fundo Informações da Marinha, documento br_rjanrio_l2_0_0_0016_d0001de0001 e br_rjanrio_l2_0_0_0017_d0001de0001.

Como outro almirante estava no hospital no dia e lembrou os colegas que um oficial não podia ser preso sem ser ouvido, tudo acabou resolvido da seguinte forma: a ficha de internação de Floripe desapareceu e as punições não foram registradas nos assentamentos dos três. A caseira do ministro ficou no hospital até 6 de março de 1971, apesar de não ter direito a ser atendida na unidade. Ninguém teve coragem de dar alta à moça.[24] O documento acabou nas gavetas do "secretinho". Naquele ano, o centro terminaria com 30.185 fichas abertas em seu arquivo geral sobre entidades e cerca de 300 mil prontuários de pessoas. Seus homens podiam contar com 12 carros, quatro dos quais em mau estado de conservação, 12 fuzis e 10 submetralhadoras.

O Cenimar também registrou a insatisfação do comando da Marinha quando o Conselho de Segurança Nacional decidiu estender ao restante do País o modelo da OBAN de São Paulo. Seriam criados Codis e DOIs, colocando, definitivamente, o combate à chamada subversão debaixo do mando dos generais de Exército de cada região. A Marinha reagiu e, em um documento classificado como ultrassecreto, registrou sua recusa em subordinar a ação do Cenimar no Rio de Janeiro ao DOI do 1º Exército: o contato entre os dois órgãos devia ser apenas de troca de informações. Além disso, o almirantado queria que seus homens que foram trabalhar no DOI compusessem equipes de análise e não de interrogatório e estivessem registrados no 1º Distrito Naval, assim como os oficiais da área de busca e apreensão deviam pertencer ao Corpo de Fuzileiros Navais.[25] Mais tarde, o Cenimar organizou a Operação Milico. Era 1973. Seu objetivo era descobrir como funcionava o Sistema e o Centro de Informações do Exército.

CIE e Cenimar raramente faziam ações conjuntas – uma das exceções foi a Operação Pajussara, que levou à morte de Carlos Lamarca, no interior baiano. Além de uma equipe da Marinha participar da caçada ao capitão

---

24 Ver documentos UFMG, projeto Brasil Doc. Incidente no Hospital Nossa Senhora da Glória.

25 Ver documentos UFMG, projeto Brasil Doc. Expediente do Chefia do Estado-Maior da Armada (CEMA) em relação ao Codi, de janeiro de 1970, assinado pelo almirante Antonio Borges da Silveira Lobo, então chefe do Estado-Maior da Armada. Ver ainda para o Relatório Atividades do Centro de Informações da Marinha – 1971, em AN, Fundo Informações da Marinha, documento br_rjanrio_l2_0_0_0001_d001de0001.pdf.

da guerrilha, outra composta por analistas do centro trabalharam com o Exército para, em companhia com a Aeronáutica e com o setor de relações públicas do Palácio do Planalto produzir um vídeo com o depoimento de um "terrorista arrependido", além de textos sobre os principais líderes dos "movimentos radicais" e sobre as realizações do governo.

Depois da breve experiência conjunta, Marinha e Exército voltaram a distanciar seus agentes. A Força Naval ressentia o protagonismo do Exército e seu desejo de controlar todas as atividades da comunidade de informações, desprezando o trabalho dos demais. "Nos termos em que se propõe o CIE, dificilmente, será possível realizar trabalhos conjuntos", dizia o relatório com o balanço das atividades do Cenimar em 1971. Os agentes da Marinha continuariam desconfiando dos homens do Exército, e as rusgas chegariam até aos órgãos locais. Em abril de 1974, o tenente-coronel Audir Santos Maciel, comandante do DOI do 2º Exército (São Paulo), proibiu a entrada de agentes da Marinha no órgão e o Doutor Pirilo, do CISA, testemunhou quando Maciel expulsou do destacamento um oficial do Cenimar. Nos anos 1980, Maciel seria o último chefe da Seção de Operações do CIE do governo de João Baptista Figueiredo.

As notórias divergências entre os Centros militares eram justificadas pelo Exército e pelos oficiais da Aeronáutica com a acusação de que os homens da Marinha se recusavam a trocar informações.[26] Foi isso que levou dois agentes do CIE a procurarem seus colegas da Marinha em 17 de agosto de 1972. Queriam alertá-los sobre o caso do estudante Paulo Torres da Silva, desaparecido em 1969 e cujo corpo foi encontrado na Baía da Guanabara. A família do rapaz ainda não sabia o seu destino, mas os homens do Exército contaram à Marinha que os autores do crime haviam cometido um deslize ao tentar fazer desaparecer o jovem: sumiram com o Boletim de Ocorrência da 17ª delegacia e com a guia do Instituto Médico-Legal, mas esqueceram no Instituto Félix Pacheco a ficha com a identificação do cadáver, documento que poderia ser encontrado e causar problemas aos autores da "mágica" que fizera desaparecer o estudante. O agente que os recebeu no

---

26 Antônio Pinto, entrevista 17 de janeiro de 2015. Ver ainda – Ver documentos UFMG, projeto Brasil DOC, Operação Registro – Relatório Final de 1971, p. 31 a 33.

Cenimar escreveu que a turma do Exército parecia sincera em suas intenções, mas a Marinha não tinha nada a fazer, pois não era a responsável pelo truque que tentou fazer o rapaz sumir. Os homens do CIE foram embora. O recado estava dado.

CIE. Criado em 2 de maio de 1967, o CIE em pouco tempo se tornou o maior e mais poderoso de todos os serviços secretos militares do País. Ele tinha em 1970 uma Seção de Operações (a 104), com seus agentes, uma área eletrônica, uma de cine-foto e a 'especial'. Outra era a Seção de Informações (102), que produzia relatórios sobre os "campos" político, econômico, psicossocial e científico. Também cuidava do arquivo do órgão. E, por fim, tinha a Contrainformações, com as áreas de segurança militar, propaganda e criptotécnica, além de setores burocráticos. Havia sete tipos de documentos de informações e seis itens que cada uma deles devia ter, como classificação, origem, destino e data. Viciados em jogos, pessoas dadas a conquistas amorosas, preguiçosos, endividados, oportunistas, passionais e vaidosos deveriam ser descartados no processo de seleção para o órgão, assim como os ateus e os que fossem ideologicamente indefinidos, ainda que não fossem "marxistas-leninistas". Era comandado por um general de brigada e tinha entre seus quadros dois coronéis, 18 tenentes-coronéis, 6 majores, 9 capitães e 47 praças. Seu setor de contrainformações mantinha relações com o setor de Relações Públicas do Exército.[27] Quem lá trabalhou era visto pelos colegas como pioneiro, como alguém que aprendeu na prática o que era a chamada guerra revolucionária.

Os generais tinham uma dificuldade muito grande.

> É diferente de numa guerra convencional você dizer: "ô, general, você colocou mal essa metralhadora, deixou um ângulo morto aqui." Era algo que ele sabia fazer e corrigir. No combate à subversão, ele não sabia. Não sabia. A única coisa que sabia é que era uma guerra suja e que o oficial não podia ficar muito tempo numa função dessa, pois ia se corromper com

27 Ver documentos UFMG, projeto Brasil Doc. Estrutura do Sistema de Informações do Exército – Operação Milico, p. 44.

> a sujeirada, então era obrigado a sair; o pessoal achava ruim pois, quando o cara tinha dois anos e começava a aprender, estava na hora de sair. Essa era a orientação maior. Não tinha orientação da forma de conduta. A forma de conduta foi aprendida no dia a dia por quem combateu.[28]

A partir de meados dos anos 1970, o Centro coordenaria as principais ações de combate aos grupos armados, que iriam destruir, por exemplo, o núcleo do Molipo em Goiás, a guerrilha do PCdoB no Araguaia e as direções da VAR-Palmares e da VPR, executando seus líderes depois de presos. Com uma dezena de prisões clandestinas pelo país – a mais famosa delas em Petrópolis –, o CIE mantinha uma rede de informantes que lhe permitiu desaparecer, entre 1973 e 1975, com parte da direção da ALN, da APML e do PCB. Além de capturar e matar guerrilheiros atraídos para armadilhas no Brasil e na Argentina. No fim dos anos 1970 e início dos anos 1980, ia trabalhar em colaboração com o Batalhão 601, a inteligência do Exército argentino para sequestrar militantes montoneros no Brasil. Seus homens se meteriam em confusões e conspirações para tentar melar a abertura do regime. Não admitiam a mudança. Terminado o regime, dedicaram-se a manter a vigilância de seus inimigos, tomando parte no processo político-eleitoral do País. Infiltraram um agente na Nicarágua para acompanhar brasileiros que foram cortar cana e aprender a atirar com fuzis AK-47, em 1986. Também quiseram escrever um livro sobre a versão dos guerreiros ideológicos do Exército a respeito do combate ao comunismo, um projeto que acabaria engavetado pelo ministro do Exército, Leônidas Pires Gonçalves, mas que serviria de fonte para diversos livros e para as palestras do general Sérgio Augusto de Avellar Coutinho, que comandou o Centro no fim dos anos 1980 e se tornou o principal ideólogo da extrema-direita militar nos anos 2000.[29]

---

28 Agnaldo Del Nero, entrevista em 29 de junho de 2007.

29 Ver: Godoy, Marcelo. "Para 'guru', Bolsonaro fazia o jogo da esquerda", em *O Estado de S, Paulo*, p. A12. Para a Nicarágua, ver Relatório Período Mensal RPM 01/89 – AN – Fundo Estado-Maior das Forças Armadas – BR DFANBSB 2M, documento BR_DFANBSB_2M_0_0_0034_v_02_d0001de0001

Coutinho produzia relatórios alertando para o perigo vermelho, assim como nos anos iniciais o general Milton Tavares produzia informações e documentos em busca de dados sobre subversivos e como interrogar prisioneiros. Um desses papéis condenava a tortura como método ineficiente, pois as informações extraídas dessa forma raramente são verídicas. "Resultados muito mais satisfatórios são obtidos quando o indivíduo é persuadido a não mais resistir, e o interrogador conseguiu ascendência psicológica sobre ele. O paciente torna-se então um associado submisso, apto a ser perguntado sobre as informações que possui".[30] Não era assim, no entanto, que a turma liderada por Miltinho agia. Sob as ordens do coronel José Luiz Coelho Neto, os agentes do CIE prenderam, torturaram, estupraram, mataram e esquartejaram dezenas de opositores do regime. Da fúria dos mágicos não escaparam nem mesmo os dirigentes do PCB, contrários à luta armada no campo ou nas cidades.

O sargento Joaquim Artur Lopes de Souza, o agente Ivan, era um ex-seminarista que participou das ações do CIE no Araguaia e da caçada aos comunistas do partidão. Um dia, em julho de 1974, o Doutor Luchini mandou o sargento levar a guerrilheira Dinalva Conceição Oliveira Teixeira para o meio da mata, perto de Marabá. A jovem que sonhara com a revolução que cercaria a cidade a partir do campo, como fizera Mao Tsé-Tung, na China, estava famélica. Vivera quase um ano sem sal ou açúcar no meio da mata perseguida por mateiros em busca de recompensa e pelas patrulhas de militares, à procura dos remanescentes da guerrilha do PCdoB. Queria sair da floresta e voltar à cidade. Estava com Luiza Augusta Garlippe quando pediram a um sitiante que fosse à cidade e lhes comprasse roupas. O homem voltou com o Exército. Dina ficou pouco mais de duas semanas cativa, antes de decidirem eliminá-la. O grupo desceu do helicóptero em um sítio e andou 200 metros, até que a prisioneira perguntou: "Vou morrer agora?". "Vai, agora você vai ter de ir", respondeu o sargento, que satisfez um último desejo de Dina. Ela quis morrer de frente, olhando para seu executor.[31] A

---

30 Magalhães, M.B. de. *Documento: Manual do interrogatório*. História: Questões & Debates, p. 201 a 240.

31 Para o extermínio dos guerrilheiros no Araguaia e para Medici: Studart, Hugo. *A lei da selva*, especialmente as p. 57-69 e 267 a 273. Para os diálogos de Geisel, ver Gaspari, Elio. *A ditadura*

selva do Araguaia escondia uma política de aniquilamento da guerrilha rural. Levada a cabo pelo CIE, a ordem vinha do alto. Depoimentos de antigos agentes dos centros de inteligência, gravações e documentos mostraram que as ordens saíram de Brasília. De lá mandaram não deixar sair ninguém vivo da floresta. Também lá se decidiu desencadear a operação que esquartejou um terço do Comitê Central do PCB.

Pelo menos três presidentes militares tinham ciência dessa política: Emílio Médici, Ernesto Geisel e João Figueiredo. O primeiro, consultado pelo ministro do Exército, Orlando Geisel, em 1973, deu ao general Milton Tavares, então comandante do CIE, a ordem que selou a vida de Dina um ano mais tarde: "Não sai ninguém da área". Em memorando de 11 de fevereiro de 1971 enviado ao então conselheiro de Segurança Nacional Henry Kissinger, o assessor do Conselho de Segurança Nacional dos EUA Arnold Nachmanoff afirma que o presidente Médici "devia ter consciência da extensão da violência usada pelas forças de segurança brasileiras". "E, talvez, dado consentimento tácito, em vez de enfrentar os elementos da linha dura das Forças Armadas". O memorando demonstrava a preocupação do assessor com os relatos de tortura que poderiam prejudicar a visita que Médici faria aos Estados Unidos, uma visita negociada pelo chanceler, Mário Gibson Barbosa, e pelo embaixador americano em Brasília, William Rountree. "Em alguns casos, suspeitos de terrorismo, aparentemente, foram eliminados após terem sido submetidos a extrema tortura para não se correr o risco de serem soltos como parte do resgate no sequestro." As quatro linhas seguintes do documento permanecem em sigilo, mas tudo leva a crer que ele está se referindo ao sequestro do embaixador suíço Giovanni Enrico

---

escancarada, p. 402 a 404 e *A ditadura derrotada*, p. 324 e 325. Para o extermínio no Araguaia: Nossa, Leonencio. *Mata! O major Curió e as guerrilhas do Araguaia*; Morais, Taís e Silva, Eumano. *Operação Araguaia, os arquivos secretos da guerrilha* e Studart, Hugo. *Borboletas e lobisomens*. Por fim, é possível ler uma versão dos militares sobre o Araguaia, em Azambuja, Carlos I.S. *O Araguaia sem* máscara. Azambuja era o capitão Antônio Pinto. Seu livro é pródigo em defender a ação dos militares, negando a ordem para o extermínio, sugerindo que isso seriam excessos de quem estava na linha de frente. Era a forma de Azamba não se queimar com os colegas. Prova disso é que ele admitiu, por exemplo, que a ordem para "passar a régua" no PCB vinha da direção do CIE – ver Antônio Pinto, entrevista em 2 de março de 2017.

Bucher, que havia sido recém-libertado pela VPR em troca da liberdade de 70 prisioneiros.[32]

Geisel tomou conhecimento da política ainda antes de tomar posse, conforme mostra o diálogo – revelado pelo jornalista Elio Gaspari – que ele manteve com o tenente-coronel Germano Arnoldi Pedrozo, do CIE, em 18 de janeiro de 1974. Em outro momento, o presidente conversa com o ministro do Exército, Vicente Dale Coutinho, que diz: "Agora, melhorou aqui entre nós, quando nós começamos a matar. Começamos a matar". Se havia alguma dúvida ainda da existência de uma política de extermínio, ela não é mais razoável depois da publicação do memorando feito por David H. Blee, então chefe da seção soviética da CIA, em nome do diretor da CIA William Colby, para o secretário de Estado, Henry Kissinger, em 30 de março de 1974. O nome do informante da CIA ainda é mantido sob sigilo pelo governo americano, mas, pela importância de quem assinou o documento e por quem o preparou – identificado com Phillips –, é possível dizer que a CIA só o teria feito se tivesse a mais absoluta certeza da informação. A alternativa óbvia, como possível fonte do documento é a direção do SNI da época, comandado pelo general João Baptista Figueiredo, o que justificaria o memorando. O sr. Phillips que trouxe as informações à cúpula da CIA trata-se, provavelmente, de David Atlee Phillips, que chefiava a estação da agência, no Rio de Janeiro, em 1969, quando o embaixador americano foi sequestrado pela guerrilha. E, depois, passou pelo Chile e outros países da América Latina.

A CIA começou seu relato afirmando que, em 30 de março de 1974, Geisel encontrou os generais Milton Tavares e Confúcio Danton de Paula Avelino, que devia assumir o CIE. Também estava presente o general Figueiredo. Miltinho dominou a conversa, fazendo um relato sobre a atuação do CIE no combate à subversão e enfatizou que o país não podia ignorar essa ameaça ou deixar de usar "métodos extralegais". Completou afirmando que 104 pessoas haviam sido "sumariamente executadas" pelo CIE durante seu comando. Figueiredo apoiou a política e defendeu a continuidade. Geisel citou aspectos potencialmente prejudiciais dessa política e pediu

---

32 Brasil – *More torture reports may complicate Médici visit,* in *collection Library of Congress*, document number (FOIA) / ESDN (CREST): LOC-HAK-11-5-24-6.

para pensar no fim de semana para decidir se ela teria continuidade em seu governo. Dois dias depois, ele disse a Figueiredo que ela seria mantida, mas que se devia tomar muito cuidado para que só "subversivos perigosos fossem executados". Os dois concordaram que, a partir de então, toda vez que o CIE detivesse alguém com esse perfil, o general Confúcio devia consultar Figueiredo, cuja aprovação devia ser dada antes de a pessoa ser executada.[33] Na ponta da linha, o sargento Rubens Gomes Carneiro, o Laecato, era um dos agentes que aguardavam o sinal verde de Brasília para executar prisioneiros. O trabalho lhe valeu a alcunha Boa Morte.

Nessa época, o centro contava com cerca de 300 agentes. Nem sempre a força bruta era a escolha para lidar com os prisioneiros. Podia-se pressioná-los, mantendo-os à força inativos e sem orientação, confrontá-los com documentos e outros testemunhos, deixá-los confinados e sem saber o que lhes ia acontecer, restringir a comida e as notícias e estimular o medo de punição e a desconfiança em relação aos companheiros. Isso tudo por meio da manipulação do comportamento de cada interrogador, que ora podia ser rude ou amistoso ou monótono. "O valor e a extensão da informação obtida de um prisioneiro dependem não só da habilidade do interrogador, como também da velocidade com que o prisioneiro lhe foi apresentado e da eficiência do órgão que controla e orienta o interrogador", dizia a cartilha do CIE.[34] No Rio de Janeiro, além da Casa de Petrópolis, o órgão mantinha uma sala na sede do DOI do 1º Exército.[35] Também era dono de uma seguradora de fachada, com escritório no edifício Santos Vahlis, na Rua Senador Dantas, no centro. Era lá que os agentes se encontravam com seus informantes. Em São Paulo, o Doutor Ney era o responsável pela Boate, a principal prisão clandestina do Estado. Ela foi usada pelo DOI paulista em sociedade com o CIE a partir de 1974, depois que o general Reynaldo Mello

---

33 Colby, William. "Memorandum from director of Central Intelligence Agency Colby to secretary of State Kissinger." In *Office of Historian, Foreign Relations of the United States*, 1969-1976, volume E-11, Part 2, Documents on South America, 1973-1976, Brazil, 99.

34 Magalhães, M. B. de. *Documento: Manual do interrogatório*, p. 201-240.

35 Romeu Antônio Ferreira, entrevista em 21 abril de 2018, e Antônio Pinto, entrevista em 27 de dezembro de 2015.

Almeida, então comandante do 1º Exército (Rio de Janeiro), conseguiu expulsar de sua área os mágicos da Casa da Morte de Petrópolis. Mais tarde, Ney assumiria a Seção de Operações do CIE e utilizaria a sede da Polícia Federal, em São Paulo, para comandar operações contra os montoneros, antigos integrantes do grupo argentino Exército Revolucionário do Povo (ERP) e para desarticular o PCB e o PCdoB. Entraria para a história dos serviços secretos militares como um dos maiores controladores de cachorros. Passou a vida nessa área até que foi comandar um forte de artilharia no litoral paulista, onde se matou com três tiros no peito.[36]

Os homens do CIE eram formados em cursos do Centro de Estudos de Pessoal (CEP), onde o Doutor Fábio dava aulas no final dos anos 1960, antes da criação da Escola Nacional de Informações (EsNI). Ele se diplomara em filosofia na Universidade do Estado do Rio de Janeiro para entender o comunismo e combatê-lo. Em 1975 foi enviado ao DOI do Rio de Janeiro para enquadrar os ex-alunos e acabar com as mágicas da comunidade. Nos anos 1980, passou por três seções do CIE: Informações, Operações e Contrainformações. O centro dispunha também de uma verba secreta, com a qual remunerava os informantes dos doutores Nilo e Pablo.

Quase no fim do regime, Fábio escreveu a apreciação s/nº de 27 de março de 1984, que recebeu a assinatura de 13 colegas da seção 102 do CIE, onde o oficial trabalhava como analista. Fábio sugeria aos superiores que fosse escrita uma história com a versão dos militares sobre o combate ao comunismo. Pensavam que os jovens oficiais e praças poderiam ser influenciados pelo que era divulgado pela imprensa, pois as novas gerações, "atoladas na avalanche da propaganda ideológica marxista", desconheceriam as lutas contra as guerrilhas urbana e rural. "Nas assembleias legislativas, os Lamarcas são descritos como patriotas e defensores do povo. Seus nomes designam os diretórios acadêmicos, as publicações estudantis e os organismos populares". Fábio era o tenente-coronel Romeu Antônio Ferreira. No documento, ele respondia a pergunta sobre o que fazer. "Há que se escrever a história verdadeira, a história dos vencedores, a nossa história". Suas

---

36 O suicídio aconteceu 23 de maio de 1986, no Forte Itaipu, na Praia Grande. Ver "O filho do caçador", in revista *Época*, 9 de novembro de 2003. Ver Godoy, Marcelo. *A Casa da Vovó*, p. 39

vítimas tinham de ser os heróis e "os terroristas" deviam ser "mostrados como delinquentes". E confessava: "Sabemos que há muita coisa que não pode ser contada. Sabemos, entretanto, que há muita coisa que pode e deve ser contada. Temos os dados e os fatos. Falta-nos a vontade e a decisão." Pelas mãos do coronel Del Nero, o documento foi parar dois anos depois na mesa do general Tamoyo Pereira das Neves, comandante do CIE. Tratava-se de um oficial de infantaria da turma de 1954, da Academia Militar das Agulhas Negras (Aman), a mesma que tinha na Arma de Artilharia o coronel Carlos Alberto Brilhante Ustra. Em comum, assim como a maioria dos oficiais dessa geração, eles tinham o forte anticomunismo. Disse Tamoyo, em 2016, sobre o projeto: "A ideia foi exatamente essa. Contar a história que nós acreditávamos que era a verdadeira".

> (Quando o senhor era cadete) **Já existia a doutrina da guerra revolucionária?**
>
> Já existia no meu tempo. Pois a guerra revolucionária é muito associada à guerra fria, na época em que a União Soviética buscava sufocar as democracias europeias e os Estados Unidos. Havia Cuba. Cuba foi um cochilo do americano, que, depois, se deu conta daquilo e procurou, de todas as maneiras, evitar outras Cubas no continente. Isso é que muitas vezes as pessoas descuidam disso. Era lógico. Qual era a lógica dos Estados Unidos? Era não ter outra Cuba nos seus calcanhares, ainda mais no Brasil, por exemplo, ter uma outra Cuba, uma imensa Cuba seria... Então, às vezes, as pessoas criticam o apoio americano.
>
> **Para o Exército, lutava-se contra o 'totalitarismo do século passado'?**
>
> É. E, depois, o Exército também tem uma chaga muito grande, que foi 35. A revolução comunista de 35, a tentativa de revolução, marcou muito as Forças Armadas pela maneira como ela foi feita e isso criou uma posição definitiva contra o comunismo. Além do mais porque...
>
> **Isso era algo muito claro para os alunos da Aman?**
>
> Muito claro. Isso é uma coisa que sempre foi muita clara: a oposição ao comunismo.[37]

---

37 Tamoyo Pereira das Neves, entrevista em 25 de abril de 2016.

Tamoyo era subordinado ao ministro Leônidas e tinha como subchefe no CIE o ainda coronel Agnaldo Del Nero, que se tornaria o coordenador do Projeto Orvil. "Um belo dia, em meados de 1985, o Del Nero reuniu todo mundo e disse: 'Nós vamos escrever o livro, a 102. Como ele sabia que eu havia sido do DOI, ele me pediu para fazer uma seleção das principais organizações e eu fiz", disse Romeu. O trabalho foi distribuído entre cerca de 20 oficiais cada um ficou responsável por duas ou três organizações. "Eu não me lembro, mas o PCdoB deve ter vindo para mim. O Vítor deve ter pegado o PCB".[38] Romeu foi um dos dois redatores finais do trabalho. O plano era entregar o texto a um escritor que assumisse a paternidade da obra, mas o ministro decidiu engavetá-lo em 1987, sob a alegação de que não desejava criar atritos com os civis que governavam o país. O livro de quase mil páginas justificava as ações dos militares no combate ao comunismo, desde 1935 até aqueles dias. Era o instrumento adequado à nova fase da guerra que pensavam combater e o meio por meio da qual pretendiam influir na luta política. Leônidas tinha outros planos para o Exército. Queria aprofundar a profissionalização da Força Terrestre e mantê-la distante do debate político como antídoto para a indisciplina. Tentava conter dentro dos muros dos quartéis a ação dos guerreiros ideológicos, que dominavam o CIE. "Hoje [*2007*] a coisa é bastante diferente. Eles não estão usando a luta armada. Eles estão pensando na teoria de Gramsci, estão entrando nas faculdades e nos meios de comunicação em uma guerra muito mais sutil, muito mais difícil", dizia Del Nero, treze anos antes de Bolsonaro chegar ao poder. "Se na guerra irregular o indivíduo médio do povo não tinha a visão do que aquele objetivo estratégico ia resultar em sua vida, imagina agora que é muito mais sutil".[39] Del Nero morreu em 2009. Passou os últimos anos militando no grupo Terrorismo Nunca Mais e escrevendo livros baseados no *Orvil*, como *A Grande Mentira*. Era um ardoroso defensor do coronel Brilhante Ustra.

---

38 Romeu Antônio Ferreira, entrevista em 21 abril de 2018.

39 Agnaldo Del Nero, entrevista em 29 de junho de 2007.

CISA. Ao lado de Del Nero, Antônio Pinto, o Azambuja ou Doutor Pirilo, também se dedicaria a escrever livros. Publicou a maioria deles no fim da vida, como *A hidra vermelha* ou o *Araguaia sem máscara*. Seguiu em ambos o conselho do Doutor Fábio. Há muita coisa que deixou de contar. Eles são obras de um militar que tinha convicção de que estava do "lado certo da história", que, mesmo discordando da violência, defendia que todos os métodos deviam ser usados contra o "terrorismo". Mas sabia que, sob o conceito de terrorismo, muitos colocavam parte da oposição ao regime que refutara a luta armada. Era o radicalismo de quem desejava "limpar o terreno".

Em 2015, Azamba se pôs à disposição para responder às perguntas do autor. Fez mais. Contou o que sabia sobre crimes, resolveu dúvidas sobre o funcionamento do CISA, revelou nomes de agentes e de informantes e serviu de intermediário para o contato com o maior deles: o agente Vinícius. Na maioria das vezes dava apenas pistas do que sabia por completo, como se testasse a capacidade de seu interlocutor para ir atrás dos fatos. O homem que controlava os cachorros sempre evitava uma coisa: contar qual era a sua verdadeira identidade. Foi preciso quase um ano de pesquisa para descobrir que por trás do nome Carlos I. S. Azambuja estava o capitão Antônio Pinto. Azamba foi o segundo dos quatro analistas do relatório da Comunidade de Informações que foi entrevistado nesta pesquisa. Antes de fazer parte da comunidade, trabalhou na Base Aérea do Afonsos, na Escola da Aeronáutica e no gabinete dos ministros Eduardo Gomes e Márcio de Souza e Mello.

A vida de Azamba se tornou inseparável da comunidade de informações depois de sua estadia em Fort Gullick, na zona do canal do Panamá. Foi escolhido de última hora para substituir um dos seis oficiais que deviam fazer o curso de contrainformações. Ao grupo se juntou o coronel Burnier, que era então adido militar naquele país e se tornaria o homem responsável pela criação do serviço secreto da Aeronáutica. Era agosto de 1967. Pinto teve aulas de interrogatório com um capitão americano, que se identificava como McCarthy, um veterano do Vietnã. Aprendeu então que sempre devia se colocar em posição superior ao interrogado e assim foi fotografado durante o curso. Também foi aluno do major do Exército argentino Horácio Oscar Rotta. Teve aulas de contraguerrilha em meio a um calor intenso. L.W.B.G., o Lúcio, esteve no Panamá um ano depois. Ele disse: "Nós não aprendíamos a torturar; nós aprendíamos a fazer perguntas. Nunca faça uma pergunta que a resposta seja sim ou não. Faça perguntas que obriguem o cara falar mais um pouco." Quando L.W.B.G. retornou, foi designado chefe da Divisão de Contrainformações e lá permaneceria quase dez anos.

Nem todos os oficiais do curso, porém, foram trabalhar com Burnier após a criação, em 28 de julho de 1968, do NSISA. O então major Francisco Renato Melo foi para a área de informações da 4ª Zona Área (São Paulo) e o futuro brigadeiro Sidney Obino Azambuja passou a trabalhar no SNI. Assim como L.W.B.G., Pinto contava com a confiança de Burnier. Ao deixar o NSISA, em 29 de maio de 1970, o chefe registrou um elogio em sua ficha: "Esse oficial demonstrou, com as noites mal dormidas e horas extras de trabalho, abnegação, altruísmo, amor e dedicação ao trabalho militar, capacidade e competência profissional acima das médias normais". Ele sabia que se torturava no CISA, mas, a exemplo de seus três colegas analistas da Comunidade de Informações, dizia não ser "adepto do método". Para provar o que dizia, entregou a esta pesquisa um documento singular: com data de 3 de maio de 1969, a Parte nº 8 era endereçada ao "Sr. Chefe do Núcleo do Serviço de Informações de Segurança da Aeronáutica". Tratava-se de Burnier. "Participo a V. Exma. que, conforme o recorte de jornal anexo, tomei conhecimento do suicídio do ex-sgt. da FAB João Lucas Alves, demitido pela Revolução de 1964; conforme ainda o noticiário acima referido, o corpo do ex-sgt Lucas Alves apresentava diversos ferimentos e 'arrancamento de unhas dos dedos das mãos'". No segundo item da parte, Pirilo contava que, no dia imediato, levara o fato ao conhecimento do chefe e procurara obter, pelos canais competentes, uma cópia do exame de corpo delito efetuado no cadáver "com a finalidade exclusiva de desmentir mais uma notícia inverídica publicada pela imprensa, visando incompatibilizar a Revolução com a opinião pública". É aí que o documento mostra por que ele permaneceu 50 anos em sigilo. "Entretanto, de posse do exame de corpo de delito, comprova-se sem sombra de dúvida que o ex-sgt. Lucas Alves, preso político por participar de assaltos a bancos em proveito do grupo Marighella, foi, antes de suicidar-se, brutalmente espancado por pessoas que não honram a Revolução e que [...] satisfazem seus instintos bestiais, violentando aquilo que existe de mais caro, a dignidade da pessoa humana. Pelo que, solicito as providências de V. Exma. junto a quem de direito a fim de que sejam punidos os arrancadores de unhas". A singularidade da parte de Pirilo é a admissão da tortura em um relatório de um órgão de informação militar e o pedido de punição dos culpados. Não só. Há no documento três verdades e duas imposturas. A primeira verdade é que Antônio Pinto estava comprometido até a medula com o governo dos generais. A segunda é que Lucas Alves aderiu à luta armada contra a ditadura. Em julho de 1968, ele e dois companheiros do Comandos de Libertação Nacional (Colina) planejaram matar um aluno da Escola de Comando e Estado-Maior do Exército, o oficial do exército boliviano Gary Prado, envolvido um ano antes na morte de Ernesto Che Guevara. Mas, em vez de fuzilar o boliviano, o trio matou o major alemão Edward Ernest Tito Otto Maximilian von Westernhagen, outro aluno da escola. Alves foi preso um ano depois, em Belo Horizonte, e levado à Delegacia de Furtos e Roubos. Aqui a terceira verdade da Parte de Pirilo: o ex-sargento foi torturado de forma extrema na delegacia, conhecida como "O Inferno da Floresta". Surge então a primeira impostura: Alves não se suicidou, mas morreu sob tortura. E, por fim, Pinto sabia que nada seria investigado e nem sequer discordava dos métodos ilegais; apenas se viu obrigado a pôr no papel o que apurara ao remeter as informações ao chefe, dissociando as Forças Armadas da brutalidade da polícia. Não seria o único. A prática se tornaria comum mais tarde entre os militares: culpar os tiras e os delegados, como Sérgio Paranhos Fleury, por todos os abusos e violências do regime.[40] Ninguém seria punido.

Pirilo testemunhou os primeiro anos do CISA, quando o centro organizou um "presídio" no Galeão, enquanto mantinha suas instalações no prédio do Ministério da Aeronáutica, no Rio de Janeiro. Depois, com o aumento de suas atividades, sua agência foi transferida para um prédio

---

40 Parte nº 8, de Antônio Pinto, AA, documento DOCS.AZAMBA.Sbizhub16011816080.

construído no aeroporto, independente das instalações da Base Aérea. Em seu pátio havia uma quadra de futebol de salão e seis celas. As janelas delas tinham grades e eram altas, dando para um outro pátio, que era usado como estacionamento. Não era possível dali ver quem entrava ou saía nos veículos, só escutar.[41] As operações no Rio de Janeiro tinham no começo dos anos 1970 como chefe o tenente-coronel Fernando Muniz. Sua autonomia, segundo Pirilo, era "total". A seção dele dispunha de pouco mais de uma dezena de homens, enquanto a área de análise contava com cinco oficiais e outros cinco sargentos auxiliares. Era essa a estrutura da Agência Rio de Janeiro do órgão, comandada pelo coronel Renato Pinho Bittencourt. Ela era a unidade encarregada na FAB do combate à subversão, a exemplo do que acontecia com a Marinha. Foi o pessoal dela que esteve atrás do MR-8 e da VAR-Palmares e participou com o CIE da Operação Acarajé, em 1975, um desdobramento, na Bahia, das ações contra o PCB.[42]

Durante os anos da ditadura, esse esquema experimentou algumas exceções, em que esse tipo de operação foi executado pela agência de Brasília. A mais importante delas foi o caso da guerrilha do Araguaia, quando o CISA participou de parte das operações do Exército de aniquilamento dos militantes do PCdoB. O brigadeiro Newton Vassalo, então comandante do centro, apoiou as ações do CIE, enviando à região quatro agentes, além de aviões de transporte e quatro helicópteros. O chefe da Seção de Operações do CISA-Brasília, o coronel Jonas Alves Correa, esteve pessoalmente na área para informar ao brigadeiro o que se passava.[43] Terminada a guerrilha, o órgão ajudaria ainda o Exército a transportar corpos dos prisioneiros para serem queimados na Serra das Andorinhas, no sul do Pará. Era o jeito de os militares sumirem com os vestígios do massacre.

Pinto conheceu todas essas histórias do órgão. Ele e L.W.B.G., o Lúcio, eram amigos – eles se conheceram no Colégio Militar do Rio de Janeiro.

---

41 Antônio Pinto, entrevista em 17 de junho de 2016.

42 Antônio Pinto, entrevistas em 27 de dezembro de 2015 e em 25 de fevereiro de 2017. Ver ainda *Ex-presos dizem que Ustra chefiou ação com tortura na Bahia*, *Folha de S. Paulo*, 8 de fevereiro de 2009.

43 Studart, Hugo. *Borboletas e lobisomens*, p. 622 a 629.

Intendente com fama de boêmio e amante de lanternas, com as quais gostava de iluminar à noite a Ilha Fiscal, a partir do Clube da Aeronáutica, ao lado do Aeroporto Santos Dumont, L.W.B.G. era um dos presentes no enterro do colega. De 1969 a 1977, cuidou do combate às vulnerabilidades do órgão, como na ocasião em que um oficial do CISA se enamorou da mulher de um preso, um suspeito de subversão detido no Galeão. O major Lasmar participou do interrogatório da jovem – descrito por seus colegas como "amigável", até porque ela não era acusada de nada – e ficou embevecido pela mulher. Ela notou o interesse do oficial e estimulou o interesse do major. O homem, que desconhecia o fato de o telefone da moça estar no grampo da Seção de Operações, foi surpreendido em uma gravação instruindo-a sobre como responder às perguntas em futuros interrogatórios. Os colegas reconheceram a voz do major, um mineiro com modo de falar peculiar, um tanto arrastado. E o caso chegou à mesa de Lúcio, que o levou ao conhecimento de Burnier. O brigadeiro reuniu todos os oficiais do CISA – menos o suspeito – e pediu a opinião de cada um sobre o que fazer. "Prevaleceu a tese de que ele não era um traidor na acepção da palavra, mas um babaca apaixonado por uma mulher que soube usar dos seus encantos." Decidiram transferi-lo para bem longe do Rio de Janeiro e dar o caso por encerrado. "Foi o único caso de violação dos princípios de contrainformação que ocorreu enquanto estive no CISA".[44]

> A atividade de contrainteligência era diversificada – segurança de pessoal, de documentos, de instalações e de comunicações, contrapropaganda e contraespionagem. Trabalhávamos com todas as atividades admitidas na lei, com as não admitidas – grampos, por exemplo –, com a mentira, com o engodo – a pista verdadeira, a pista falsa, a meia verdade –, *and so on*... E com jornalistas, acadêmicos, intelectuais, reitores.[45]

Lúcio compartilhava a mesma sala com o pessoal da análise. As mesas não eram separadas nem mesmo por baias. Na sala contígua – também

44 L.W.G.B., entrevista em 2 de fevereiro de 2021.

45 L.W.G.B, entrevista em 1º de agosto de 2017.

grande –, mas um pouco menor do que a dos agentes, ficava o arquivo onde trabalhavam cinco ou seis militares, todos com curso na área de informações. "Não manuseávamos documentos no Arquivo. Pedíamos e éramos atendidos. Eles chegavam e saíam de nossas caixas", contou L.W.B.G.

A atividade dos analistas dos centros estava dois escalões acima daquela feita pelos seus pares dos DOIs distribuídos pelo país. Enquanto os homens dos destacamentos eram voltados às questões operacionais imediatas, os integrantes dos centros tinham suas preocupações dirigidas aos desenvolvimentos estratégicos que poderiam afetar o governo. Mais do que prender e neutralizar ações de um grupo, eles queriam antever o futuro, antecipar os movimentos inimigos e não apenas aniquilar as organizações e suas estruturas de comando, de finanças e de comunicação. Era preciso prover o governo de informações que o colocasse um passo à frente dos "comunistas".

> As atividades de inteligência a cargo do SNI, Cenimar, CIE, CISA, CIEx, PF e DSI (*uma em cada ministério*) desenvolviam-se em vários campos (psicossocial, econômico, político e militar) com abrangência nacional.[46]

Para L.G.G.B., o Lúcio, a máquina do CISA precisou de três anos para aprender a trabalhar. Ele ajudou o órgão a promover 15 palestras em todo país para os oficiais da Força Aérea até que, em 1977, recebeu uma missão ultrassecreta: blindar o centro Tecnológico Aeroespacial de São José dos Campos. Era ali que a FAB desenvolvia o Veículo Lançador de Satélites, o VLS, que seria a base para o míssil brasileiro com futuras ogivas nucleares. O País avançava no desenvolvimento de um projeto que buscava a tecnologia para enriquecer urânio a fim de fabricar uma bomba atômica, que seria testada no campo de provas da Aeronáutica, na Serra do Cachimbo. Para tanto, o coronel enfrentaria as ações da espionagem americana, que vigiava com seus satélites e agentes o trabalho dos cientistas da Força Aérea. Lúcio não acompanharia a evolução da comunidade de segurança e de

---

46 L.W.G.B., entrevista em 1º de agosto de 2017.

informações. Iria para a reserva em 1986, pouco depois da redemocratização. Seus colegas – os analistas Romeu, Del Nero, Mário Sérgio e Pinto – permaneceriam em seus serviços nos anos seguintes. Nenhum deles, mesmo aposentado, jamais deixou a guerra ao comunismo, nem se esqueceu dos anos da luta armada, um tempo em que as operações dos serviços de informações foram dominadas por um outro tipo de agente, os mágicos.

3 OS MÁGICOS

Rubens Paiva e a farsa do desaparecimento

ESCRITA À MÃO, a carta lida no Congresso em junho de 1971 pelo presidente do MDB, o deputado federal Oscar Pedroso Horta, trazia números grandes e centralizados no topo de cada uma de suas 26 páginas. "Depois de passar uma temporada com meu filho e minha nora em Santiago, iniciei a viagem de volta no dia 19 de janeiro de 1971", escreveu Cecília Viveiros de Castro. Sua carta foi o primeiro documento a denunciar um crime encoberto por mais de 40 anos, em que a conivência de generais com a tortura e o assassinato protegeu os autores de uma "mágica": o desaparecimento do engenheiro e ex-deputado federal Rubens Beyrodt Paiva. Mágica era como um conhecido agente da repressão chamava as ações que garantiam o funcionamento impune da máquina da ditadura militar. O ex-parlamentar foi torturado e morto na sede do DOI do 1º Exército, mas o comando do Exército insistiu por décadas que "ele escapou das mãos de seus captores com a ajuda de seus comparsas". O chefe dos "mágicos" foi um coronel que se tornaria um dos generais da linha dura do regime, José Luiz Coelho Netto. Subcomandante do CIE, ele contou, para que seu truque desse certo, com a ajuda de uma rede de proteção composta por generais e brigadeiros, que permitiram a divulgação da mentira à população, encobrindo seus homens, que circulavam com roupas civis e espancavam presos no quartel da Polícia do Exército, no Rio de Janeiro, onde o centro mantinha uma sucursal.[1]

---

1 Para a ideia de mágica, ver depoimentos de Riscala Corbage e de Raymundo Ronaldo Campos no PIC nº 1.30.011.001040/2011-16 e a denúncia do MPF do caso Rubens Paiva. Ver ainda

Cecília era uma elegante professora de história e trabalhava no tradicional Colégio Notre Dame de Sion, no Cosme Velho. As filhas Ana Rosa e Maria Alice estudavam ali e costumavam pegar carona com Paiva, um amigo da mãe que, durante a vigência do Ato Institucional-1, em 1964, teve os direitos políticos cassados em companhia de outras 441 pessoas, entre as quais dois senadores, 63 deputados federais, 60 deputados estaduais, ex-ministros e 122 oficiais das Forças Armadas.[2] Acompanhavam Paiva na lista de proscrição do recém-inaugurado regime seus amigos Almino Affonso, Luiz Fernando Bocayuva Cunha e Plínio de Arruda Sampaio, todos congressistas que apoiavam o governo do presidente deposto João Goulart. Depois da cassação, o parlamentar do PTB se mudou de São Paulo para o Rio de Janeiro. Suas filhas eram alunas de Cecília e conheciam Ana Rosa e Maria Alice. Não era incomum Rubens também dar carona à professora. Enquanto as meninas lotavam o banco traseiro, os dois conversavam. Um dia, o ex-deputado se dispôs a ajudar o filho mais velho de Cecília, que estava cursando a Faculdade de Jornalismo da Universidade Federal do Rio. "Eu falo com o Fernando Pedreira e você vai trabalhar no *Estadão*." Pedreira era o diretor da Sucursal do jornal paulista no Rio. Jovens jornalistas que ingressavam na redação do matutino da família Mesquita costumavam ser sabatinados pelos chefes. Oliveiros S. Ferreira, professor da Faculdade de Filosofia, Letras e Ciências Humanas da Universidade de São Paulo (USP) e um dos integrantes da direção de redação, dizia sem rodeios: "É natural e até saudável que o senhor, jovem como é, tenha paixões políticas. Só não me as faça conhecer por aquilo que o senhor vai escrever neste jornal".[3] A advertência tinha sua razão de ser. Repórteres como o indicado por Rubens Paiva transbordavam as paixões de seu tempo. E o ex-deputado tinha ciência de quem era seu protegido. Bisneto do ministro Viveiros de Castro, que, no princípio do século passado ocupara uma cadeira no Supremo Tribunal Federal (STF) antes de se tornar nome de rua em Copacabana, o

---

o depoimento de Paulo Malhães à Comissão Estadual da Verdade do Rio, em 18 de fevereiro de 2014, p. 94, e a entrevista de Antônio Pinto, em 17 de janeiro de 2016.

2 Ver *Correio da Manhã*, edição 21.841, p. 8, de 18 de junho de 1964.

3 Roberto Godoy, entrevista em 3 de julho de 2018, sem gravar.

jovem Luiz Rodolfo Bastos Viveiros de Castro havia se metido em política estudantil e foi detido em outubro de 1968 pela polícia no 20° Congresso da UNE, em Ibiúna, no interior paulista. O emprego lhe permitiria manter uma fachada legal, mas logo o jovem percebeu que até ser jornalista naqueles dias lhe parecia enfadonho, ainda mais quando recebia a tarefa de escrever sobre um navio frigorífico.[4] Gaiola, como o rapaz era conhecido, militava na Dissidência da Guanabara do PCB, o futuro MR-8. Construída pelos jovens comunistas que romperam com o PCB, a organização decidira passar parte de seus integrantes para o trabalho clandestino de oposição armada ao regime. Entre eles estava o estudante Franklin Martins, substituído por Gaiola no movimento estudantil, em 1969. "A gente montou um negócio chamado Frente de Camadas Médias para tentar se manter no movimento estudantil. A ideia era preservar o máximo possível de gente com prática clandestina, mas com vida legal. E isso é discutido com o Rubens (*Paiva*)", contou Gaiola, 50 anos depois.[5] Sua passagem pelo *Estadão* duraria alguns meses. Em 4 de setembro, Franklin e mais de uma dezena de militantes do MR-8 e da ALN, liderados por Virgílio Gomes da Silva (ALN) e João Lopes Salgado (MR-8), sequestraram o embaixador americano. Elbrick esboçou reação e levou uma coronhada no momento da captura. Foi levado à garagem da casa na Rua Barão de Petrópolis, em Rio Comprido, no Rio de Janeiro, alugada por Helena Bocayuva, filha do ex-deputado Bocayuva, amigo de Rubens Paiva.

> "Eu (*João Lopes Salgado*) fiquei sozinho com o embaixador; fiz um curativo nele na garagem. Ele (*Elbrick*) tentava puxar conversa comigo o tempo todo. Depois, a gente conversou muito com ele, que era um cara brilhante. Eu era o único cara da organização que sabia atirar com metralhadora e era também o médico. Fiz o curso de primeiro socorros e tal".[6]

4 Luiz Rodolfo Viveiros de Castro, entrevista em 28 de janeiro de 2016.

5 Luiz Rodolfo Viveiros de Castro, entrevista em 28 de janeiro de 2016.

6 João Lopes Salgado, entrevista em 26 de junho de 2016.

Quando escureceu, colocaram óculos escuros no refém e subiram a escadaria para o interior da casa. Virgílio, que chegara um dia antes de São Paulo com dois companheiros da ALN, procurou Salgado. "Você é o subcomandante. Você e eu temos de ter uma sintonia absoluta. Nós não somos freiras, se houver algum problema, matamos o embaixador. Está de acordo? Não vou discutir isso com eles (*os demais integrantes do grupo*) não".[7]

Os homens dos centros de informações descobriram o endereço do cativeiro porque um vizinho desconfiou da movimentação na casa ao lado e a denunciou. Dois oficiais do CIE foram destacados para verificar a informação e conversar com o dedo-duro. Por um erro, bateram na porta errada: foram recebidos por um dos ocupantes do imóvel usado como cativeiro.[8] Perto dali, o Cenimar se instalou e vigiava a casa. Um informante da Marinha revelara a um analista do órgão o plano do sequestro e disse que o imóvel seria alugado por Helena Bocayuva. "Isso ninguém sabe. O Cenimar foi para o morro em frente e pôs uma luneta para observar a casa", contou o doutor Pimenta. A partir de então, sequestradores e militares fizeram um jogo de gato e rato. "O almirante Rademaker não queria soltar os presos, queria estourar aquilo lá."

Eles iam matar o embaixador.
Sim, mas eles iam morrer. Iam morrer todos os caras.[9]

A Junta Militar que governava o país cedeu e resolveu soltar os 15 presos, cuja libertação era exigida pelos sequestradores, em troca do embaixador. No dia 7 de setembro, Elbrick foi libertado perto do Maracanã. "Eu fiquei na casa até o final. Até a saída. Uma saída épica. Com o Cenimar atrás... Nós já sabíamos que eles estavam ali. Eles tentaram fechar a gente", contou Salgado. Um de seus companheiros, Manoel Cyrillo de Oliveira Netto, mandou um colega pôr a metralhadora fora

7 João Lopes Salgado, entrevista em 26 de junho de 2016.

8 Romeu Antônio Ferreira, entrevista em 21 de abril de 2018.

9 O almirante Augusto Rademaker, ministro da Marinha, era um dos três integrantes da Junta Militar que governava então o País. Mário Sérgio Pacheco de Souza, entrevista em 30 de abril de 2019.

do Fusca, para intimidar os militares da Marinha, que ocupavam uma Veraneio. "Ele disse: 'Bota a metralhadora para fora. Bota a metralhadora para fora para atirar nos caras.' Aí os caras – não sei nem se viram a metralhadora – houve um desencontro e saíram." Na verdade, o pneu da C-14 dirigida pelo comandante Lima Barros furou. Pouco tempo depois, os agentes detiveram Marco Antonio Khair, ex-marido de Helena Bocayuva, em nome de quem estava alugado o imóvel em que foi mantido o embaixador. Preso, apanhou sem saber por que lhe batiam. Heleninha, que usara o nome dele no contrato de locação sem lhe contar nada, escapou por pouco de ser apanhada em Copacabana, na zona sul. Ao perceber que era seguida, abraçou um homem em uma farmácia. Justificou-se ao desconhecido dizendo que precisava de ajuda para fugir de estranhos, e o homem se dispôs a ajudá-la a entrar em um ônibus. Ela escapou, ele não. Em seguida, outro vestígio deixado para trás pelo grupo – a etiqueta de um alfaiate em um paletó abandonado na casa por um dos guerrilheiros – levaria os militares a outro participante do sequestro: Claudio Torres, do MR-8.

Diante do cerco, a organização decidiu que era preciso tirar Helena do país. Mais uma vez, Rubens Paiva cruzaria o caminho dos jovens do MR-8. Foi ele quem planejou a fuga da filha do colega de partido. "A relação com o Rubens Paiva existia, mas era uma coisa assim de eu ir na casa dele, debater, mas ninguém sabia. A casa dele só quem frequentava éramos eu e o Muniz".[10] Carlos Alberto Muniz era um dos jovens dirigentes do MR-8. Era o contato oficial do grupo com o ex-deputado – Gaiola o conhecia por questões familiares. Paiva recebia ainda em casa amigos como o empresário Fernando Gasparian e o jornalista Raul Riff, ex-secretário de imprensa de Goulart. "Depois, o Muniz passou a frequentar essa casa também. Tinha-se uma relação com o Rubens Paiva, o MR-8 tinha uma relação com o Rubens Paiva", contou Gaiola, que também foi detido depois do sequestro de Elbrick, quando saía do *Estadão* – ele permaneceria cinco dias na cadeia enquanto averiguavam seu álibi.

10 Luiz Rodolfo Viveiro de Castro, entrevista em 28 de janeiro de 2016.

Paiva era, portanto, uma pessoa com quem os jovens revolucionários dialogavam e, dentro do clima do Rio de Janeiro daqueles anos, podiam contar com a sua ajuda. "Eu primeiro até. Pois nossas famílias se conheciam. Esse foi o erro da Aeronáutica. [...] Ele (*Paiva*) era piloto; tirava gente, fazia passar pela fronteira e, quando necessário, trazia armas também", contou Gaiola.[11] Nada diferente do que acontecia com outros políticos da esquerda nacionalista de então: de Leonel Brizola a Miguel Arraes.

SUÍÇO. Em 7 de dezembro de 1970, mais de um ano após o sequestro do americano, outro representante estrangeiro foi apanhado por um grupo armado no Brasil. Era o diplomata Giovanni Enrico Bucher, embaixador da Suíça, dominado por um comando da VPR, chefiado pelo ex-capitão do Exército Carlos Lamarca. Bucher foi mantido em cativeiro em Rocha Miranda, no Rio de Janeiro, até que a ditadura concordou em enviar ao Chile 70 presos políticos. A lista teve de ser refeita porque os militares se recusaram, desta vez, a libertar 13 acusados de envolvimento em ações com mortes. Depois, porque outros 18 se recusaram a deixar o país. Com a lista modificada, os prisioneiros embarcaram no aeroporto do Galeão à 0 hora de 14 de janeiro de 1971, em um avião da Varig, que os deixou em Santiago, às 4h20. Eram acompanhados por seis homens da Polícia Federal, chefiados pelo agente William Faria. Da aeronave, os policiais testemunharam a recepção aos brasileiros – cerca de 300 pessoas carregavam faixas como *Muerte a la dictadura militar del Brasil* e *A luta continua – Carlos Marighella está presente* e acenavam da varanda do aeroporto. Os agentes foram impedidos de descer do avião. Só Faria pôde fazê-lo para entregar documentos para o adido militar da embaixada. Acabou cercado no aeroporto por policiais chilenos que lhe tomaram a documentação, leram e rasgaram os papéis antes de permitir que voltasse ao avião, que decolou às 6h45, chegando ao Galeão, às 10h50.[12]

---

11 Para as relações de Paiva com o MR-8, ver a entrevista Luiz Rodolfo Viveiros de Castro, em 28 de janeiro de 2016; ver ainda Gabeira, Fernando; *O que é isso, companheiro*, p. 137 a 139 e as entrevistas João Lopes Salgado, em 26 de junho de 2016 e Carlos Alberto Muniz, em 26 de junho de 2016.

12 APESP-OS242 (Aeronáutica), documento 35, de 12 de abril de 1971, *Desembarque dos banidos*; origem Dops/GB, referência: informe 070/CISA/RJ, de 18 de fevereiro de 1970.

No Chile, os 70 banidos eram esperados por exilados brasileiros acolhidos no país pelo governo do socialista Salvador Allende. Entre eles estava Helena Bocayuva e Gaiola, que deixara o emprego no *Estadão*. Ele havia sido preso, em Copacabana, em março de 1970, pela terceira vez. Foi solto novamente e partiu para o Chile, onde vivia com Jane Corona, sua mulher. No dia 19 de janeiro de 1971, o mesmo avião da Varig estava de volta a Santiago. E nele deviam subir a professora Cecília Viveiros de Castro e a cunhada de seu filho, a estudante de psicologia Marilene Corona Franco, de 18 anos, que não tinha nenhuma militância política. Marilena se dispusera a levar mensagens dos exilados às famílias no Brasil. Não era correspondência da organização, que, para tanto, mantinha outros canais. A mãe de Gaiola, por exemplo, trouxe uma carta de Samuel Aarão Reis, do MR-8, para seus pais. Até aí, nenhum problema. As cartas lhe foram entregues por Luiz Rodolfo e por Heleninha. Esta última mandou ainda uma mensagem para "Adriano", que devia ser entregue a Rubens Paiva. "Ela manda uma mensagem para mim, para o Adriano, que era meu nome de guerra", contou Muniz. "Não tinha nada programado." Heleninha era da direção do MR-8 no Chile, ao lado de Gaiola. Os dois decidiram enviar recortes de jornais sobre a chegada dos 70 prisioneiros, incluindo o periódico *Resistência*, editado pela organização no exílio. Tudo foi colocado em um pacote de absorvente feminino de Marilene, enquanto as cartas foram escondidas na barriga de Cecília.

> Mandamos para o Rubens (*Paiva*), por quê? Porque o Muniz ia encontrar com o Rubens (*Paiva*). Então era a forma de chegar rápido na organização.[13]

Enquanto as duas embarcavam em Santiago, os órgãos de informações receberam do Centro de Informações do Exterior (Ciex), do Itamaraty, a informação de que uma das mulheres estava voltando ao país com correspondências para os subversivos. "Não havia qualquer suspeita contra

---

13 Luiz Rodolfo Viveiros de Castro, entrevistas em 28 de janeiro de 2016 e em 4 de setembro de 2018. Ver ainda termo de declarações de Marilene Corona Franco, no PIC nº 1.30.011.001040/2011-16, do Ministério Público Federal, folhas 2822 a 2825.

o ex-deputado. Nós ficamos sabendo, através de um informante que vivia entre os exilados no Chile, que uma moça estava trazendo um maço de cartas dos exilados para familiares e militantes do MR-8 no Brasil", contou Antônio Pinto, o agente Pirilo. Essa foi uma informação fácil de obter. Ou como contou Muniz: "O que acontece é que a ex-cunhada (*Marilena*) foi falando, 'tô indo pro Brasil, quem quer alguma coisa'. Não precisa ter nenhum espião maior para saber". O CISA acabou sendo designado para fazer a detenção.[14]

Marilena e Cecília deixaram o Chile no dia 19 e chegaram ao Brasil pouco antes da meia-noite. O piloto manobrou a aeronave até uma área reservada do aeroporto do Galeão e, quando a porta se abriu, três agentes esperavam as duas mulheres no pé da escada. Chamavam "Marilena e sua acompanhante". Elas foram conduzidas em um Jeep com a bagagem sob a desculpa que se tratava de "mera rotina". Não era. Levaram-nas para um "depósito de presos". Começaram a revistar suas malas e a abrir algumas das cartas que traziam até que chamaram policiais femininas para revistarem as duas. Marilena logo entregou a correspondência que estava trazendo do Chile, assim como Cecília. "Interrogadas, ainda no Galeão, disseram que as correspondências seriam entregues a Rubens Paiva, que se encarregaria de fazê-las chegar aos destinatários. Ora, havia correspondência, destinadas a militantes que se encontravam na clandestinidade e procurados pelos órgãos de inteligência. Isso fez com que o deputado fosse preso e perguntado sobre o destino de cada uma daquelas pessoas", disse Pirilo. Ele não estava trabalhando quando a professora e a estudante de psicologia foram detidas no Galeão. Era feriado no Rio de Janeiro e apenas a turma de plantão estava no CISA. Conduziram as duas encapuzadas, cada uma para uma sala. Foi quando Cecília conheceu o primeiro dos doutores com quem iria lidar nos dias subsequentes: o Doutor Luís, chefe de operações do centro. Ele, o capitão Lucio do Valle Barroso e o subtenente Abílio participaram da detenção das duas mulheres. A professora do Sion contou que o Doutor Luís foi rude. Sugeriu que ela fosse "uma inocente útil". E mandou que a levassem

14 Antônio Pinto, entrevistas em 16 de janeiro e 27 de janeiro de 2016, e com L.W.B.G., em 27 de setembro de 2017.

para uma cela, onde a obrigaram a se despir. Fizeram o mesmo com a estudante de psicologia. Na manhã seguinte, conduziram as duas para o 3º Comar, ao lado do aeroporto Santos Dumont, uma instalação comandada então pelo brigadeiro Burnier, o fundador do CISA.[15] Mais uma vez mantiveram as duas presas separadas. Cecília chegou a encontrar ali o marido de sua prima, o major Nereu de Matos Peixoto, um intendente da Força Aérea, mas que não foi de nenhuma valia para a família.[16] Como Marilena confessou que devia entregar a carta de Adriano a Rubens Paiva, um oficial apontou-lhe uma arma e a obrigou a telefonar para o ex-deputado, que disse que iria encontrá-la. Quarenta anos depois, ela reconheceu por meio de uma fotografia quem seria esse oficial: era Burnier. Foi ele quem deu a ordem para que a casa de Paiva fosse invadida pelos seus subordinados.

Pai de cinco filhos, Paiva morava na Avenida Delfim Moreira, no Leblon. O engenheiro trabalhava na construção civil. Ele estava tomando um suco de laranja com sua mulher, Eunice, quando tocaram a campainha da casa. A empregada disse ao patrão: "Tem uma pessoa aí querendo falar com o senhor". Quando voltou, estava acompanhado por quatro homens armados com submetralhadoras - dois outros, também armados, aguardavam do lado de fora. Permitiram-no que se vestisse. Paiva pôs terno e gravata e partiu, dirigindo o próprio carro - um Opel Kadett - em companhia de dois agentes. Nunca mais seria visto pela família. Conduziram-no para a sede do Comar. Cecília ouviu seus gritos; Marilena o viu apanhar. Perguntavam se ele a conhecia. "Não sei quem é essa mulher". Apanhou na cara. Perguntaram de novo. E a cena se repetiu. O rosto do parlamentar cassado estava vermelho de tantos tapas e socos. "Aí eles queriam que o Rubens Paiva entregasse quem era o Adriano, que a carta falava algumas coisas de política, mas não tinha porra nenhuma, que nem era função de quem mandou, mas tinha que esse Adriano era um dirigente importante do MR-8, era o contato

---

15 Para a chegada de Marilena e Cecília, ver manuscrito de Cecília Viveiros de Castro (AA), depoimento de Marilena Corona ao Ministério Público Federal em 24 de setembro de 2013 (PIC nº 1.30.011.001040/2011-16) e a denúncia do MPF do caso Rubens Paiva.

16 Para Nereu, entrevista com Luiz Rodolfo Viveiros de Castro, em 28 de janeiro de 2016, e documento manuscrito de Cecília Viveiros de Castro (AA).

do Rubens Paiva numa área. E aí o Rubens viveu o martírio dele por causa disso", contou Muniz, o Adriano.

Enquanto espancavam o ex-parlamentar no 3º Comar, o telefone tocou na casa de Paiva. Sua mulher Eunice atendeu. Era Adriano. Os dois tinham um encontro marcado naquele dia, mas o dirigente do MR-8 tomava suas precauções – elas ajudaram-no a jamais ser preso durante a ditadura. "Lembro que eu liguei para a casa dele e falei com a mulher dele. Ela, nervosa, disse: 'O Rubens viajou de última hora'. E eu senti que tinha alguma coisa." Muniz compreendeu a frase como um recado e não apareceu no sobrado da Delfim Moreira. "Eu, de vez em quando, ia lá na casa dele. Algumas vezes, tinha de ficar escondido, e ela percebeu que eu não era um colega do escritório, tanto que isso deu dor de cabeça depois em uma época em que a família tinha uma relação difícil comigo, como se eu fosse o responsável." Os agentes do 3º Comar, liderados pelo capitão Lúcio, mantinham Eunice e quatro filhos sob a mira de armas. Ninguém podia deixar a casa e quem nela chegasse devia ser detido.[17]

Mas a Aeronáutica não poderia dar continuidade ao caso por muito tempo. Ele devia passar para as mãos do DOI do 1º Exército, oficialmente responsável por centralizar o combate à subversão no Rio de Janeiro. E, assim, decidiram entregar os presos, como era a praxe nesses casos. Colocaram-nos em carros separados. Marilena foi em um Fusca com outros três agentes enquanto Cecília dividiu o carro com Paiva. Reconheceu o ex-deputado de imediato. Ele estava com as mãos amarradas para trás e se queixou do laço por demais apertado. Quando chegaram ao quartel da Rua Barão de Mesquita, Cecília também reconheceu o lugar. "Leninha, se prepare que chegamos na boca do inferno. Aqui é o DOI-Codi." A professora sabia do que eram capazes naquele lugar, pois seu filho estivera preso ali no ano anterior.

Colocaram sacos nas cabeças de Cecília e de Marilena. Rubens teve a visão encoberta pelo paletó. Os três foram conduzidos ao interrogatório, no térreo. Naquele momento, dava plantão nos instrumentos de tortura o

17 Entrevistas de Luiz Rodolfo Viveiros de Castro, em 28 de janeiro de 2016, e de Carlos Alberto Muniz, em 26 de junho de 2016.

tenente Antonio Fernando Hughes de Carvalho, que se esfregava nas presas nuas durante os suplícios. Logo chegaram o capitão Freddie Perdigão Pereira, o doutor Flávio, e o major Rubens Paim Sampaio, o doutor Teixeira. Ambos davam expediente no CIE – eram homens de confiança do coronel Coelho Netto – e se interessaram pelo detido em razão de seu calibre. Perdigão era visto pelos colegas como um radical, principalmente, após ter recebido um tiro na perna que o obrigava a mancar. Dava plantão no DOI. "Todo preso que chegava ele queria encher o cara de porrada. Não queria nem saber quem era e o que havia feito", contou Pinto.[18] Outro oficial que acompanhou de perto o drama de Paiva foi o comandante do DOI, o major e futuro general José Antônio Nogueira Belham, que nos anos 1980 chefiou a Seção de Operações do CIE e duas décadas depois teria a mulher empregada no gabinete do então deputado Jair Bolsonaro.[19]

Paiva foi o primeiro a ser torturado. Levaram-no para a sala número 1, conhecida como a sala do ponto. Cecília e Marilena ouviam seus gritos. Perguntavam seu nome, e o preso berrava: "Rubens Beyrodt Paiva". "Como é? Vai falar, senhor Rubens Paiva, ex-deputado federal cassado?" E novos choque e pancadaria. Quando a professora disse "Vocês vão matar

---

18 Antônio Pinto, entrevista em 1º de maio de 2016. Ver ainda tenente Beatriz Martins, a agente Neuza, entrevista em 11 de março de 2005.

19 Até 1993, o Exército negava a morte de Paiva em suas dependências. A mentira começou a ruir definitivamente após o assassinato do coronel Júlio Miguel Molina Dias, em Porto Alegre, no Rio Grande do Sul. Molina foi morto em um assalto por dois PMs. Em sua casa foram achados documentos que provavam que Paiva esteve preso no DOI, que ele comandou. Em seguida, vieram as declarações dos coronéis da reserva Armando Avólio Filho, Ronald José Motta Baptista Leão, Raymundo Ronaldo Campos e Rubens Paim Sampaio, que admitiram desde a tortura até a morte de Paiva nas dependências do DOI. Além deles, o coronel da PM do Rio Riscala Corbage e os praças Sérgio Augusto Ferreira Krau e Pirama Oliveira Magalhães também confirmaram as acusações. Corbage imputou a morte de Paiva ao CIE, que atuava dentro do DOI, no Rio de Janeiro. Há ainda documentos do SNI, do DOI e do 1º Exército que confirmam a presença de Paiva no órgão e os depoimentos de presos, além de Cecília e de Marilena. Por fim, o coronel Paulo Malhães, do CIE, afirmou que recebeu a tarefa de dar um sumiço no corpo de Paiva. As provas mostram a cadeia de mentiras que expõe o general Sizeno Sarmento, então comandante do 1º Exército, para encobrir o crime, além do futuro general Coelho Netto, que tomara conhecimento da morte e permitiu que ela fosse colocada debaixo do tapete. O caso Paiva é hoje o mais bem documentado caso de desaparecimento de um preso, com autoria identificada, durante a ditadura militar. Ver o PIC nº 1.30.011.001040/2011-16 e a denúncia do MPF do caso Rubens Paiva.

esse homem", um militar respondeu: "Aqui é uma guerra". Para tentar abafar os gritos, a equipe do tenente Hughes – um branco loiro que lembrava aos presos a imagem de um oficial da Gestapo – tocava em uma vitrola *Jesus Cristo*, de Roberto Carlos, seguida de *Apesar de Você*, de Chico Buarque. A professora Cecília foi obrigada a ficar em pé, no corredor. Ali teve os cabelos puxados por um torturador que se aproximou de seu ouvido e disse: "Vá se preparando... Tá ouvindo? Está chegando a sua vez!" Cecília desmaiou – a tensão, a fome e a fraqueza botaram-na abaixo. Foi acudida por um enfermeiro que lhe deu uma injeção, enquanto os torturadores questionavam se ela seria capaz de aguentar o interrogatório depois de Rubens. Ameaçaram-na com choques. Queriam que ela reconhecesse brasileiros exilados no Chile, mas ela não conhecia nenhum deles. Mandaram trazer Marilena e começaram a torturá-la. Despiram-na e lhe aplicaram choques. Hughes ainda se esfregou em seu corpo, enquanto a professora mais uma vez ouvia os gritos antes de ser levada para uma cela. Foram três sessões de pancadaria. Em uma delas, acreditou ver o major Belham entre os torturadores.

O que nenhuma delas soube foi que no meio daquele lugar dois oficiais – o então tenente Armando Avólio Filho e o capitão Ronald José Motta Baptista Leão – buscaram parar o moedor que triturava Paiva. Primeiro, tentaram entrar no interrogatório e contaram terem sido impedidos pelo major Paim. Foram denunciar o que estava acontecendo aos superiores. Avólio entrou no gabinete de Belham e disse: "Major, é bom o senhor dar uma chegada lá na sala de interrogatório porque aquilo lá não vai terminar bem". Belham ficou olhando o tenente, que completou: "É o Hughes que está lá..." O major nada fez. Avólio e Leão, que trabalhavam no Batalhão da Polícia do Exército, que dividia as instalações com o DOI e o CIE, procuraram o comandante de sua unidade. "Fomos direto ao gabinete de nosso comandante, lá no pavilhão da frente, e relatamos para o próprio coronel Ney o que tínhamos visto e com quem havíamos falado." Ney Fernandes Antunes também nada fez para salvar o prisioneiro.

Mais tarde, o preso Edson Medeiros viu de sua cela passarem dois recrutas puxando pelos pés um homem forte e gordo, com mais de 100 kg. Paiva se queixava de dores. Pedia água e um médico. De tempos em tempos, os carcereiros acordavam os prisioneiros e os obrigavam a dizer o nome: "Sou o deputado Rubens Beyrodt Paiva". No cubículo ao lado, deitada em um colchão com machas de sangue, a professora Cecília testemunhava a agonia. No meio da madrugada, mandaram buscar o médico Amílcar Lobo, que examinou o preso e constatou o abdome enrijecido, sinal de hemorragia interna e uma possível falência hepática. O detento repetia seu nome: "Eu sou o deputado Rubens Paiva". Anos mais tarde, ao depor, Lobo afirmou que estimava as chances de sobrevivência da vítima em 20%, caso a socorressem naquele momento. Não o fizeram. Paiva morreu naquela madrugada. "Creio que a morte dele foi um acidente de trabalho." Assim a qualificou Pirilo.[20] O major Paim afirmou ter sido informado pelos homens do DOI que ele teria sofrido um enfarte. Telefonou então para o chefe, o coronel Coelho Netto, que teria aconselhado que o corpo fosse levado ao IML, mas, antes de o major retransmitir a ordem – disse Paim – os integrantes do DOI do 1º Exército teriam decidido fazer um "teatrinho". Era mentira. O plano todo saiu do centro, com a participação dos homens do DOI. "Rubens Paiva... Pelo que eu conheço... Eles podiam dizer do CIE assim: 'Centro de Mágicas'. Eles botavam cada sacanagem que vocês nem imaginam...", contou o coronel da PM Riscala Corbage, o Doutor Nagib, um dos mais conhecidos interrogadores do Destacamento.

A mágica para justificar o desaparecimento de Paiva foi desmontada até por um de seus participantes. O então capitão Raymundo Ronaldo Campos revelaria 43 anos depois à procuradoria que, naquela noite, foi convocado pelo major Fernando Demiurgo Santos Cardoso, subcomandante do DOI, que lhe passou uma missão.[21]

---

20 Antônio Pinto, entrevistas em 16 de janeiro de 2016 e 27 de janeiro de 2016. Para o depoimento de Edson Medeiros, ver PIC nº 1.30.011.001040/2011-16 e a denúncia do MPF do caso Rubens Paiva e Frischeisen, Luiza Cristina Fonseca (org.), Ministério Público Federal, *Crimes da deitadura militar*, p. 194 a 216.

21 Depoimentos de Riscala Corbage e de Raymundo Ronaldo Campos no PIC nº 1.30.011.001040/2011-16 e a denúncia do MPF do caso Rubens Paiva.

- Pega uma equipe, leva para o Alto da Boa Vista, diga que o prisioneiro fugiu, metralhe o carro (*uma viatura do Exército*) para parecer que ele fugiu. E volte.
- Ué, por quê?
- Para justificar o desaparecimento dum prisioneiro.

Contaria com a ajuda dos irmãos Jacy e Jurandir Ochsendorf e Souza, então dois sargentos paraquedistas que trabalharam no CIE. Eram figurinhas carimbadas da repressão e jamais estariam cumprindo essa missão sem que a turma do coronel Coelho Netto não estivesse nela metida até o pescoço. Ou como disse o Doutor Nagib: "Essa da fuga do Alto... Isso tudo não partiu de DOI-CODI coisa nenhuma, isso tudo é CIE... tudo é CIE". O policial desmente ainda a versão de Belham para o crime: o oficial disse que estava de férias. "Ele sabia de tudo", disse Corbage.

Corbage contou que as salas de tortura eram divididas de acordo com a necessidade operacional do destacamento, como descobrir os chamados pontos, os encontros marcados a que todo militante devia comparecer para receber informações e ordens da organização. "Às vezes eu era chamado para a sala do ponto, a primeira sala. Era a mais terrível. Até o diabo, se entrasse ali, saía em pânico. Se ele [*o preso*] resistisse por mais de 48 horas na sala do ponto, ele era jogado no estado que sobrou no corredor [...] Apanhava para burro. Acabava falando. Ou mentindo", descreveu. "Era um massacre: dez, doze contra um." Respeitado pelos colegas, Nagib era consultado sobre suas impressões a respeito do que fazer com o preso durante as sessões de tortura. "Alguém perguntava 'Dr. Nagib, vou dar choque nela, o que é que o senhor acha?' Aí eu dizia: "Dá sim, dá sim. Não quer falar, dá."

Naquela madrugada de 22 de janeiro de 1971, os mágicos do coronel Coelho Netto se dividiram. Os irmãos Ochsendorf e o capitão Campos foram até a Estrada de Furnas, no Alto da Boa Vista, montar a farsa do resgate de Paiva. Jacy tinha prestígio com seus superiores e o manteve mesmo depois do fim do regime, apesar da notoriedade de sua vítima. Em 1987, foi ouvido sobre o caso e declarou então que trabalhava no gabinete do ministro do Exército, general Leônidas Pires Gonçalves. Contou novamente a história fantasiosa de que fora com o irmão e com o capitão Raymundo levar o deputado para vigiar uma casa.

Ali, a equipe foi cercada por comparsas do ex-parlamentar, que atiraram. Enquanto os militares se protegiam dos tiros, Paiva fugiu e o Fusca se incendiou. Pura lorota. O capitão Raymundo revelaria ainda que foram ele e os irmãos que atiraram no carro. "Foram pelo menos 18 tiros de calibre 45." O teatrinho serviria para enganar jornalistas e a perícia técnica. O objetivo estava claro desde que Raymundo recebeu a ordem do major Demiurgo. Outra equipe sumiu com o corpo. Mas só em 3 de fevereiro o Exército divulgou a nota oficial sobre o caso. O silêncio tinha um motivo: o CIE ainda tentava montar uma armadilha para apanhar Gaiola. O advogado Eurico Viveiros de Castro – pai do militante do MR-8 – foi buscar a mulher, Cecília, no aeroporto no dia 19. Estranhou que nem ela nem Marilena constassem da lista de passageiros e telefonou para o filho, no Chile, que confirmou tê-la visto embarcando. Foi à sede do 1º Exército. Disse que a mulher desaparecera.

Não lhe deram ouvidos. Lembrou então de um ex-vizinho de condomínio, tenente-coronel do Exército: tratava-se de Cyro Guedes Etchegoyen, que se comprometeu em ajudá-lo a localizar a mulher. "Porra, mas isso é inaceitável. Deixa comigo que eu vou resolver nisso." Etchegoyen disse que ajudaria a retirar sua mulher e Marilena da cadeia, desde que ele convencesse seu filho a voltar. E despachou o advogado para Santiago. "Diga a ele que eu estou garantindo! Pô, Eurico, você sabe que eu sou seu amigo, não ia fazer nenhuma 'ursada'." O pai telefonou para o filho e avisou que estava embarcando. Durante dois dias, os dois conversaram. Gaiola pensou em ceder, mas, desaconselhado pela organização, resolveu ficar. Quase brigaram. Na última hora, ouviu do pai: "Tá bom. Eu concordo. Não vai". Eurico despediu-se contrariado; achou que o filho estava amedrontado, que não fazia sentido a sua decisão. Só se convenceria de que Gaiola tomara a decisão acertada quando chegou ao Brasil. Ao descer do avião sem o filho, Eurico acabou preso. Permaneceu três dias no DOI. Mas não foi torturado. Também permanecia presa a viúva de Paiva, que foi mantida sob custódia em uma pequena cela da Polícia do Exército e interrogada no DOI durante 13 dias. Toda vez que a conduziam para ouvi-la, encapuzavam a mulher. Sua filha Eliana, detida com a mãe, foi solta no dia seguinte.[22]

---

22 Para Etchegoyen, entrevista de Luiz Rodolfo Viveiros de castro, em 28 de janeiro de 2016 e o depoimento de Marilena Corona Franco ao MPF no PIC nº 1.30.011.001040/2011-16.

MEMORANDO AMERICANO. A família de Gaiola denunciou o caso. Enviou ao líder da oposição na Câmara, o deputado federal Oscar Pedroso Horta (MDB), uma carta na qual relatava o que havia acontecido com Paiva. Horta levou o caso ao Conselho de Defesa dos Direitos da Pessoa Humana (CDDPH) e saiu da reunião dando entrevistas, irritando aos militares. A ação do parlamentar despertou a reação de praxe na caserna. "A difusão de simples denúncia poderia [...] alimentar a campanha de difamações contra o Brasil." Sempre que se via a ameaça de uma de suas mágicas serem descoberta pelo público, os ilusionistas do CIE lançavam mão do truque nacionalista. A preocupação fazia sentido.[23] No Rio de Janeiro, outro personagem do mundo da espionagem e da Guerra Fria pôs no papel sua avaliação sobre o caso. Tratava-se do adido cultural da embaixada americana, John Wallendahl Mowinckel. Filho de conselheiro da Standard Oil, Mowinckel estudara na Suíça e em colégios de elite dos EUA. Formou-se em Línguas – falava seis – em Princeton em 1943 e se alistara no Corpo de Fuzileiros Navais dos EUA, quando foi recrutado pelo Office of Strategic Services, a agência antecessora da CIA. Lançaram-no de paraquedas atrás das linhas inimigas na Normandia com a missão de retardar a chegada de reforços alemães contra a invasão do Dia D, ação que lhe valeu a Bronze Star e a Croix de Guerre. Em 20 de agosto de 1944 estava no Hotel Grand Veneur, em Paris, com seu chefe, o coronel David Bruce, quando o escritor Ernest Hemingway apareceu trazendo um prisioneiro alemão franzino. O homem estava amarrado e aterrorizado. Hemingway queria ajuda para levar o inimigo até um quarto onde pretendia torturá-lo enquanto beberia outra cerveja. "Vá para o inferno", respondeu Mowinckel.[24] Depois da guerra, trabalhou como jornalista para publicações americanas na Europa até entrar para o U.S. Foreign Service, indo para a United States Information Agency (Usia), a agência responsável pela Guerra Fria cultural. Esteve em Paris durante os

---

23 Ver Tosta, Wilson. "Procura por ex-deputado irritou Exército", in *O Estado de S. Paulo*, em 5 de maio de 2009.

24 Para a história de Mowinckel, "O Diplomata que liga Hemingway a Bolsonaro", in *O Estado de S. Paulo*, p. A12, de 15 de novembro de 2020. Ver ainda Beevor, Antony e Cooper, Artemis. *Paris after liberation 1944-1949*, p 25 e 26.

anos finais do conflito da Argélia e, depois, foi enviado ao Congo, durante a crise dos reféns americanos em poder da guerrilha esquerdista no leste do país e testemunharia a chegada ao poder do ditador Mobutu Seko. Em 1967 chegou ao que parecia ser um posto calmo: o Rio de Janeiro. Ali ficaria conhecido como "um espião festivo", bronzeado e de sunga, cuja principal contribuição à cidade teria sido introduzir o *bullshot*, a combinação entre suco de tomate e vodka ideal para bebuns com síndrome de abstinência matinal.[25] No dia 11 de fevereiro, Mowinckel pegou um papel e escreveu um memorando para o embaixador dos EUA no Brasil, William Manning Rountree. Fazia oito dias que o Exército divulgara a farsa.

"Paiva morreu sob interrogatório por ataque cardíaco ou outras causas. Quando isso se tornar conhecido, é certo que seus amigos começarão uma violenta e emocional campanha contra o governo brasileiro por todos os meios possíveis - imprensa internacional, cartas aos senadores Fulbright, Church, Kennedy etc.", escreveu. O diplomata sabia o que dizia. O democrata James William Fulbright foi o mais longevo chefe do Comitê de Relações Exteriores do Senado. Enfrentou o senador Joseph McCarthy, que se opunha ao envolvimento no Vietnã e defendia o multilateralismo. Os outros dois - Frank Church e Edward Kennedy - lideravam investigações sobre violações dos direitos humanos e operações ilegais da inteligência americana ao redor do mundo. Mowinckel concluiu o documento com um conselho ao diplomata: "Todos os esforços devem ser feitos por você para convencer o GOB [governo brasileiro] para punir pelo menos alguns dos responsáveis - punidos em julgamento público. Se o GOB não fizer isso logo, é certo que os pecados do GOB vão passar para nós, causando assim mais um problema no Capitólio e na imprensa para o governo Nixon".[26] O embaixador americano nada fez que pudesse constranger o governo amigo, enquanto o chefe da CIA no Brasil, David Atlee Phillips, tentou desqualificar o trabalho de Mowinckel. O diplomata deixou o Brasil logo após

25 Ver Castro, Ruy. *Ela é carioca*, p. 262 e 263

26 Para o memorando de Mowinckel, ver NA, Fundo CNV - BR RJANRIO CNV, documento br_rjanrio_cnv_0_rce_00092000538201527_0256_d0001de0001. Os papéis foram entregues ao Brasil pelo então vice-presidente americano, Joe Biden, em 2014.

escrever o documento. Morreria em 2003. Vivia a aposentadoria em West Palm Beach, na Flórida. Seu repúdio à tortura mostrava uma face da diplomacia americana que o governo dos militares nunca soube compreender. Acima das simpatias do governo Nixon pela ditadura então comandada por Emílio Garrastazu Médici, havia os interesses da nação. Mowinckel servia ao seu país com a convicção de que o exemplo individual ajuda a construir a consciência coletiva. Não havia nada de estranho nisso. Nem mágico.

O truque do coronel para sumir com o ex-parlamentar não enganara ninguém, pois só os ingênuos acreditam em coelhos retirados da cartola. Sua mágica jamais faria parte do conjunto de segredos que um Estado legitimamente pode manter. Depois de o comandante do 1º Exército, general Sizeno Sarmento, mandar divulgar a nota sobre a farsa, foi a vez de o brigadeiro Burnier, outra partícipe da história, "informar" à Justiça Militar que Paiva "jamais esteve preso no 3º Comar [*3ª Zona Aérea*]". Por fim, o general Sylvio Frota, que respondia pelo comando do 1º Exército, fez o mesmo que seu colega da Aeronáutica. "O paciente não se encontra preso por ordem ou à disposição de qualquer OM deste Exército." E, como nenhuma organização militar admitia sua prisão ou sua morte, o STM – que tinha então entre seus ministros o mesmo Sizeno Sarmento, o general que comandava o 1º Exército quando a farsa havia sido montada – negou o pedido de habeas corpus feito por seus advogados, alegando que, em 2 de agosto de 1971, o ex-deputado não estava mais sob a guarda do Estado. Em 1986, quando o ministro da Justiça, Pedro Brossard, determinou a reabertura do caso, o Exército bateu o pé: o caso Paiva havia sido alcançado pela anistia de 1979. Foi além. Reafirmou o embuste do resgate do parlamentar; obteve para si apenas descrédito ao dar proteção a uma turma de mágicos que se mantinha como guardiã de segredos de polichinelo. A atitude dos chefes militares equivalia a uma confissão de culpa.

É por isso que, em 2013, o coronel Carlos Alberto Brilhante Ustra, o chefe dos mágicos do DOI do 2º Exército (São Paulo), disse à CNV: "Quem deveria estar aqui depondo é o Exército". Trata-se de uma meia verdade. O Doutor Tibiriçá pensava que a instituição lhe devia proteger por ter cumprido ordens dos generais. De fato, nada fez que merecesse reprovação dos chefes de então. Mas Ustra tentava uma manobra. Disse que sujou as mãos porque os chefes lhe prometeram proteção, pois queria constranger os generais do presente com a memória do que seus pares fizeram no passado. Obteve certo sucesso, porque muitos, no Exército, passaram a elogiá-lo, esquecendo que a responsabilidade é sempre individual. Um crime de guerra pode ter mandantes e executores. Ustra, Paim, Malhães, Etchegoyen e Perdigão estavam - segundo o testemunho dos subordinados, dos colegas e das vítimas - ora em uma, ora em outra categoria. Nenhum deles tinha uma arma apontada para a cabeça quando ordenaram os subordinados a encenar mágicas e peças de teatro, como a do sumiço de Paiva, e encobrir assassinatos de prisioneiros que estavam sob a sua guarda. E, mesmo que estivesse prestes a receber uma bala na cabeça, sempre se poderia deixar para o algoz a escolha de ser responsável por um crime. Há situações em que a memória não pode conviver com a consciência do ato. Dito de outra forma: é preferível morrer a ceder a um torturador que nos manda matar o nosso próprio filho. A última mágica de Ustra foi tentar convencer a todos de que era vítima da ingratidão do Exército e da sociedade sem que sua responsabilidade pessoal fosse questionada. Ustra escolheu vencer a guerra, como se a vitória sempre absolvesse os vitoriosos. Esqueceu que a vitória é um conceito tático, que as razões bélicas são subordinadas à política. Que tipo de paz almejava? Os meios estavam adaptados aos fins? A estratégia da tortura e morte provocou um desastre político que, por fim, levou à derrota dele e de seu grupo.

4 SE ENTREGA, LAMARCA!

A luta armada após o golpe de 1964

A DESTRUIÇÃO DAS organizações armadas foi a prioridade dos mágicos da comunidade de segurança entre 1968 e 1974. Quando essa "guerra" começou, dois novos tipos de militares surgiram – o homem de informações, como Pirilo, e o homem de operações, como o capitão Ênio Pimentel da Silveira e o Doutor Ney, do DOI de São Paulo. Não que existissem barreiras sólidas entre uns e outros. Analistas podiam participar, eventualmente, de operações ou testemunhar interrogatórios violentos, ainda que a função de torturar não lhes coubesse. Podiam também controlar informantes, o que normalmente era função dos homens de operações, tanto do CIE quanto na Seção de Investigações de Ney.

A turma de operações criou centros clandestinos de prisão e tortura nos quais interrogava e procurava transformar presos em informantes, os chamados cachorros, seguindo o modelo de José Anselmo dos Santos, o cabo Anselmo. Passadas duas décadas do fim da luta armada, o general Coelho Netto disse, que, mesmo durante essa fase do conflito, o objetivo maior dos militares era desarticular o Partido Comunista Brasileiro e seu coirmão, o PCdoB. "Porque o MR-8 e esses outros eram grupelhos. Não faziam mossa a ninguém, levavam umas palmadas e sumiam. Mas o PC tinha estrutura. E uma teoria. Como em 1935, eles levaram uma paulada vigorosa, eles achavam que deviam se resguardar de qualquer luta armada, porque sabiam que, luta armada por luta armada, nós íamos com mais força. Então, o PC se dedicou ao proselitismo, a formar grupos, a influir nas administrações governamentais. Essa era a orientação deles".[1] A percepção de que o PCB era o inimigo estratégico atravessou décadas e se tornou uma certeza mesmo entre os comunistas. O jornalista João Guilherme Vargas Netto, dirigente da legenda nos anos 1970 e 1980, afirmou em 2016: "Eu não tenho nenhuma dúvida de que o alvo prioritário dos militares e dos serviços era o PCB." Para ele, o partido era visto como a única alternativa ao projeto de País pensado pelas Forças Armadas. Pensamento idêntico tinha o deputado Roberto Freire.[2]

Mas, em 1971, logo depois da morte de Rubens Paiva, um dos pequenos grupos de que falava Coelho Netto entraria no olho do furacão. Tratava-se do MR-8. E a razão era ele ter recebido a adesão do capitão Carlos Lamarca. Depois do sequestro do embaixador suíço, cercada pela ditadura, a VPR foi sacudida por disputas internas e passou a perder parte de seus militantes para o MR-8, inclusive Lamarca, o mais conhecido de todos, que rompera com o militarismo extremado da antiga organização e passara a viver mudando de aparelho em aparelho para se manter vivo. Usava o codinome Cirilo e chegou passar um dia inteiro circulando em ônibus pelo Rio de Janeiro pela falta de um lugar seguro para ele e sua companheira, Iara Iavelberg. Dois anos depois de abandonar às pressas o quartel do 4º Regimento de Infantaria com 69 fuzis na companhia de um sargento, de um cabo e de um soldado com o sonho de fazer a revolução no país, o capitão se via em uma encruzilhada. Carlos Alberto Muniz propôs enviá-lo para o exterior, pois não era mais seguro mantê-lo no Rio de Janeiro. Cirilo se recusou. "Lamarca não via hipótese de ir para o exterior. Mas não posso dizer que eu tenha sido muito convincente e ele muito resistente", disse Muniz. Assim surgiu a alternativa de mandá-lo para o oeste da Bahia, onde a organização

1 Ver D'Araújo, Maria Celina, Soares; Gláucio Ary Dillon e Castro, Celso. *Os anos de chumbo, a memória militar sobre a repressão*, p. 232 e 233.

2 João Guilherme Vargas Netto, entrevista em 20 de janeiro de 2016, ver AA, arquivo áudio: João Guilher.Vargas.Netto.20.01.2016.f1. Para Freire, ver Graça. Milton Coelho da (org.); *Roberto Freire, a esquerda sem dogma*, p. 36.

mantinha um grupo para iniciar o "trabalho de campo", o embrião de uma futura guerrilha rural na divisa com Tocantins. Meses antes, Muniz conseguira incorporar ao MR-8 a Dissidência do PCB da Bahia. De lá vieram dois futuros líderes da organização: o futuro ministro da Cultura Juca Ferreira, o Bacalhau, e Sérgio Landulfo Furtado, o Tom. E para lá foi enviado o estudante e ex-sargento da Aeronáutica João Lopes Salgado.[3]

Salgado não tinha ninguém na família que tivesse sido militar. A ideia de prestar o exame para se tornar sargento da Força Aérea lhe veio quando um panfleto caiu em suas mãos. Era uma oportunidade para o jovem de 17 anos ter um salário que mais tarde o ajudaria a se sustentar, enquanto buscasse o sonho que o fizera trocar sua terra natal, Abrecampo, no interior de Minas, pelo Rio de Janeiro: estudar medicina. Filho de sitiantes – seu pai tinha cinco alqueires de terra com os quais criou dez filhos –, Salgado fez a escola de especialistas da Aeronáutica em Guaratinguetá, no interior paulista, e se tornou eletricista de aeronave. O golpe de 31 de março de 1964 o surpreendeu trabalhando na fábrica do Galeão, onde era feita a manutenção dos aviões. O jovem sargento viu seu lugar de trabalho transformado em centro de prisão de oponentes do regime, que, nas semanas subsequentes à tomada de poder, encheu quartéis, navios e cadeias com mais de 50 mil prisioneiros. Às cassações do Ato Institucional 1, juntaram-se os Inquéritos Policiais-Militares (IPMs) e seus coronéis, que buscavam reeditar o clima de caçada da República do Galeão, quando oficiais da Aeronáutica, dez anos antes, emparedaram o governo de Getulio Vargas, a quem acusavam de tentar matar o jornalista Carlos Lacerda e assassinar o major Rubens Vaz.

CONSPIRAÇÃO. Nos dias 31 de março e 1º de abril, um grupo de oficiais da Aeronáutica se concentrou na Escola Anne Frank, perto do Palácio Guanabara, onde se entrincheirara o governador Lacerda. Conta o então tenente L.W.B.G que o telefone tocara em sua casa na noite do dia 30. Era dona Nilza, a mulher de Burnier. "O João Paulo disse para você se armar e ir

---

3 Carlos Alberto Muniz, entrevista em 20 de junho de 2016.

para a Escola Anne Frank." O marido estava em Minas, trazendo granadas e dinamite para os conspiradores, no Rio de Janeiro. Nos meses anteriores, dedicara-se a contrabandear e a desviar armas para seus companheiros no Rio de Janeiro, em Minas Gerais e em São Paulo. Trouxe metralhadoras tchecas para os mineiros e para os pernambucanos. Com os paulistas arrumou fuzis para a Força Pública e foguetes da fábrica Paraíba. Eles foram montados em plataformas sobre 18 Jeeps para enfrentar os carros de combate do Exército, caso tentassem deter os revoltosos. Em São Paulo, os capitães da Força Pública paulista Newton Borges Barbosa e Salvador D'Aquino, homens de confiança do tenente-coronel Adauto Fernandes de Andrade, comandante do Regimento de Cavalaria, eram os responsáveis pela guarda das armas e dos foguetes que deviam enfrentar os blindados do 2º Regimento de Cavalaria Mecanizada, com sede na capital paulista, se o general Amaury Kruel, do 2º Exército, resolvesse defender o governo de João Goulart. Os carros de combate do regimento eram Stuarts e os blindados eram os M-8, ambos veteranos da 2ª Guerra Mundial que três anos antes conduziram Barbosa e seus colegas policiais presos depois de eles cercarem o palácio do governo paulista em busca de aumento salarial.[4]

No dia do telefonema de Nilza para Lúcio, o governador da Guanabara, Carlos Lacerda mandara esvaziar a escola para que servisse de quartel-general aos homens de Burnier. Seu secretário de segurança, Gustavo Borges, era quem fazia os contatos com o tenente-coronel-aviador. Em trajes civis, Burnier e seus homens chegaram à escola, onde permaneceriam por três dias. Tudo ainda era nebuloso no dia 31. Parte do Exército e da Força Aérea hesitava, à espera de ordens do presidente Goulart – o golpe seria vitorioso apenas no dia seguinte. Naquela manhã, aproximaram-se da escola três tanques. Estavam na Rua das Laranjeiras e seus ocupantes diziam que queriam passar para o lado dos golpistas. Burnier chamou um jovem tenente do Exército, Cyro Etchegoyen, que participava de seu grupo. "Etchegoyen, você que é do Exército, vai lá fazer o contato com esse cara, o comandante

---

4 Para a conspiração em São Paulo, entrevistas com os coronéis Newton Borges Barbosa em 26 de junho de 2004 e Salvador D'Aquino, em 25 de maio de 2004. Os grevistas de 1961 acabaram anistiados.

dos tanques, para saber qual é a desse cara." Tratava-se de Freddie Perdigão – um dos futuros mágicos da Casa de Petrópolis. Burnier completou a ordem: "Você [*L.W.B.G.*] vai uns dez metros atrás dele [*Cyro*], com a metralhadora. Ô Cyro, se for uma cilada, você faz um sinal para o Lúcio e sai da linha de tiro, e ele passa fogo no cara do tanque." E assim foi feito. Cyro e L.W.B.G foram a pé até a Rua das Laranjeiras. O caminho estava todo bloqueado pelos caminhões Fenemê de lixo da Comlurb. Os quase 300 revoltosos que defendiam o Palácio, todos com lenços brancos no pescoço, portavam revólveres calibre 32 e 38, algumas pistolas calibre 7,65 mm e.45 e umas poucas metralhadoras. Uma delas, uma submetralhadora Thompson, calibre.45, com o pente redondo igual à de Eliot Ness, estava com L.W.B.G. "Chegamos lá e fiquei de longe, uns dez metros, e eu estou vendo o Cyro falar com o cara do tanque – depois, eu vim a saber que era o Freddie Perdigão – e, de repente, ele subiu no tanque, escalou o tanque e fez sinal para mim de tudo bem." Cyro pediu que os caminhões fossem retirados para permitir a passagem dos tanques para o lado dos revoltosos. Lúcio permaneceu ao lado do Jeep onde Burnier instalara uma plataforma lança-foguetes. A munição fora furtada da Aeronáutica, e a engenhoca fora montada para disparar a zero grau, direto nas forças governistas que ameaçassem tomar o Guanabara. Temia-se uma ação dos fuzileiros navais, comandados pelo vice-almirante Cândido da Costa Aragão, um legalista que entraria na primeira lista dos cassados. As ordens eram claras. "Se as tropas do Aragão vierem por ali, você puxa essa cordinha e o foguete dispara. Mas você tem de mirar no olho." Naquele dia, nenhum marinheiro apareceu, e Lúcio não precisou "puxar a cordinha". Se tivesse, o resultado podia ter sido desastroso. É que, dias depois, Burnier foi testar os foguetes em um campo de provas, na Base Aérea de Santa Cruz, da qual se tornara comandante após o golpe. Os foguetes explodiram com o Jeep e, certamente, teriam matado o jovem tenente se tivessem sido usados.

Após a adesão dos tanques de Perdigão, Lacerda deixou o Palácio e se dirigiu à escola. Fazia cinco anos que estava rompido com Burnier por ter se oposto à revolta de Aragarças, na qual o oficial tomou parte durante o governo de Juscelino Kubitschek. Menos de cem metros separavam os dois prédios. O governador foi recebido pelo oficial e disse: "Coronel, venho aqui lhe dizer que acabo de receber um telefonema do general Amaury Kruel nos seguintes termos: 'Sob o meu comando, as tropas do 2º Exército se deslocam para o Rio a fim de depor o presidente da República'." Burnier respondeu-lhe com uma única palavra: "Ciente!". Lúcio nunca mais esqueceu a cena.[5] O diálogo simbolizava a vitória do golpe. Goulart estava deposto.

PRISÕES. Conforme o golpe se consolidava, a fábrica do Galeão se enchia de presos. Eram civis e sargentos da Aeronáutica suspeitos de apoiar o governo deposto. Entre os detidos, três amigos de Salgado. Divisórias criaram cubículos nos quais os detidos foram enfiados e a guarda era orientada a não os deixar dormir, a abrir a porta e acordá-los com a ponta do fuzil ou da submetralhadora. Salgado logo foi deixando o rigor de lado. "Eu ia pegar comida para eles no aeroporto do Galeão, pois a comida lá era intragável. Os caras faziam questão de dar uma lavagem para eles." Uma vez um dos amigos – desesperado diante da perspectiva da tortura – aproveitou um descuido do amigo e apanhou sua submetradora. Disse que ia fugir, mas acabou desistindo para não complicar a vida do sargento que lhe servia de carcereiro.

Salgado prestou o vestibular para medicina em 1965. Foi aprovado e conseguiu ser transferido do Galeão para a Diretoria de Aviação Civil (DAC), onde o coronel que o comandava se orgulhava de ter um subordinado estudando para ser médico e permitiu ao jovem que tivesse um horário flexível no trabalho, chegando às 18 horas, depois das aulas da faculdade. Um ano depois, já no segundo ano do curso, o sargento se aproximou do movimento estudantil. Era 1967. A Dissidência do PCB da Guanabara mantinha uma base na Faculdade de Medicina. "Um dia me convidaram para ir ao Congresso da UNE. Aí eu comecei a participar do movimento e contaram a história do Partido Comunista e as cisões. Achei aquilo interessante e comecei a participar".[6]

---

5 Para a cena na Escola Anne Frank, L.W.B.G., entrevistas em 27 de setembro de 2017 e 16 de janeiro de 2022. Ver ainda Burnier, João Paulo Moreira. *João Paulo Moreira Burnier (depoimento, 1993).* Rio de Janeiro, CPDOC, 2005, p. 81 a 86. Para aos foguetes, L.W.B.G., entrevista em 27 de setembro de 2021.

6 João Lopes Salgado, entrevista em 20 de junho de 2016.

Em um dos grandes protestos de 1968, Salgado foi à Cinelândia e acompanhava o discurso de um dos últimos oradores, um estudante ligado ao PCBR – outro grupo que rompera com o PCB –, quando Franklin Martins, um dos líderes da Dissidência, pediu que o militar discursasse em seguida. "Naquela época, tinha isso; falava um cara do PCBR, depois falava alguém da Dissidência." Sem medir consequências, Salgado subiu em um poste e fez sua fala inflamada, defendendo a luta armada contra o regime. Terminado o discurso, não quis acompanhar a passeata. Foi direto ao DAC. Quando chegou, foi surpreendido por um subordinado, que o abordou: "Pô, chefe, passei lá. Gostei de ver." Só então percebeu que tinha de sumir dali, o mais rápido possível. Foi ao Departamento de Pessoal e pediu para dar baixa naquele dia. Argumentou que o comandante havia mudado e não conseguiria mais conciliar o trabalho com a faculdade. Em três dias estava fora da Força Aérea.[7] Ninguém desconfiava ainda da radicalização do sargento. "Eu morava com outros colegas da Aeronáutica e eles ficaram muito surpresos quando meu nome apareceu no sequestro [*do embaixador americano*]." A primeira ação de Salgado foi em 15 de fevereiro de 1969: o roubo de uma submetralhadora de uma sentinela do Hospital Central da FAB; depois, o sargento participaria do roubo ao Bar Castelinho, na Avenida Vieira Souto, em Ipanema, que se anunciava como o "recanto frequentado pelas mais belas garotas do mundo".[8]

A organização usava a imaginação em seus planos, como no dia em que uma de suas militantes telefonou para o deputado federal Edgard Magalhães de Almeida. Disse ser uma repórter da revista *Realidade* interessada em visitar a coleção de obras de arte do parlamentar. Era 14 de agosto de 1969. Quatro dias mais tarde, a "jornalista" e outros três integrantes do grupo subiram até o apartamento do político, enquanto outros dois aguardavam na calçada do prédio. Queriam dólares e cruzeiros que o deputado mantinha em casa. A repórter pediu que o parlamentar reunisse toda a família na sala para uma foto. E só então Salgado, que liderava a ação, sacou

---

7 Era o dia 31 de outubro de 1968. Para a data, ver e-mail de João Lopes Salgado ao autor, em 22 de junho de 2016.

8 *Correio da Manhã*, 27 de novembro de 1968, 3º caderno, p. 4.

uma submetralhadora, e o grupo anunciou o assalto. "O José Sebastião dos Rios queria levar as obras, mas eu não deixei." Rios era um estudante de desenho industrial e não tirava os olhos dos quadros de Djanira, Picasso e outros expostos no imóvel. "Rapaz, nós não viemos aqui para isso não." Saíram de lá, segundo contou o deputado à polícia, com US$ 30 mil e Cr$ 420 mil.[9]

Depois do sequestro do embaixador americano, a lista de ações que os órgãos de segurança imputavam ao ex-sargento só cresceu. Procurado pela polícia e pelos centros de informações militares, Salgado mantinha uma disciplina rígida. Nunca repetia um lugar para se encontrar com os companheiros. Sempre usava quarteirões pequenos nos quais começava a caminhar de um lado e, caso o outro militante não o encontrasse no meio da quadra, passava reto, mesmo quando o ponto era com integrante da direção da organização, como Sérgio Rubens Torres. "Só voltava a encontrar por meio de algum outro ponto marcado pela organização, muito tempo depois." Ao mesmo tempo, sentia-se protegido pelos companheiros e acreditava que lhe reservavam os melhores aparelhos. Tornara-se uma espécie de líder das ações armadas do MR-8. Nunca foi preso e uma única vez trocou tiros com militares. Estava com outro militante em um carro na Avenida Nossa Senhora de Copacabana. "Depois, correu a notícia de que era o pessoal da Aeronáutica. Eu não era esperto, porra nenhuma. Eu era disciplinado e usava coisas que eu tinha aprendido na vida militar."

Salgado decidiu se submeter a uma cirurgia plástica. O médico, arranjado por um militante do PCB, advertiu o sargento antes da operação. Disse que não estava fazendo aquilo por simpatizar com a luta contra a ditadura. "Eu estou fazendo porque vocês estão pagando. Devem ter assaltado um banco para me pagar; não importa. Agora, pensa bem. Você vai mudar a cara. Vou te dar dez minutos para pensar. Isso muda a sua personalidade. É ruim." Salgado sorriu. Queria mais era mudar de cara para continuar militando sem ser reconhecido. E recusou o último conselho do médico: "Vá

---

9 Para as ações do MR-8, entrevistas com José Lopes Salgado em 17 e 18 de maio de 2016 e 20 de junho de 2016 e Franklin Martins em 24 de maio de 2016, sem gravar. Ver ainda os processos BNM 36, 74, 76, 296, 603 e 625, AEL-Unicamp, BNM-Digital.

para o Marrocos e, de lá, para a França." O sargento, que ficara com o rosto parecido do humorista Chico Anísio, queria voltar à militância. E assim foi. No dia da final da Copa do Mundo de 1970, liderou os companheiros em mais uma ação: o assalto à casa de um industrial, que assistia ao jogo com amigos. O homem reagiu e avançou em direção de Salgado, que o baleou na perna. "Não tinha o que fazer. Eu cancelei a ação. Esse foi o único que eu feri." A tensão começou a fazer o silicone implantado em seu rosto começar a ser rejeitado pelo corpo. A sucessão de ações para financiar a sobrevivência do grupo parecia não ter fim. E, quanto mais comuns ficavam, mais distante parecia a revolução sonhada pelo grupo. Salgado teve de voltar à clínica e retirar o silicone para, em seguida, retirar-se da espiral de ações armadas e ir se esconder no bairro de Xerém, no Rio de Janeiro, onde se encontrou integrantes do grupo liderado por Avelino Bioen Capitani, ex-dirigente da antiga Associação de Marinheiros e Fuzileiros Navais, responsáveis pela rebelião na Marinha às vésperas do golpe de 1964. Capitani e seus colegas haviam acabado de fugir da Penitenciária Lemos de Brito[10] e estavam refugiados na mesma região escolhida pelo MR-8 para abrigar Salgado e iniciar um trabalho com camponeses. Durante seis meses, o grupo usou antigos contatos do Partido Comunista na região para tentar formar uma base até que detectou a presença, na mesma área, de militantes da VAR-Palmares, que andavam armados pela região. O grupo pretendia construir ali um túnel onde seria mantido o economista Delfim Netto, que seria sequestrado. Tudo somado, começou a se tornar perigosa a permanência do sargento na área. A solução foi enviá-lo à Bahia, na região de Brotas de Macaúbas, onde o MR-8 planejava instalar uma base com a ajuda de José Campos Barreto, metalúrgico de Osasco que liderara uma greve da categoria na cidade, em 1968. Área de garimpo e mineração no médio São Francisco, era ali em meio à caatinga que pretendiam recrutar novos integrantes para a guerrilha que o grupo pretendia montar na então divisa com Goiás, onde se acreditava existirem condições estratégicas melhores para uma "frente armada".

---

10 Para a fuga, ver Tavares, Flávio; *Memórias do esquecimento*, p. 55-65.

A VIAGEM. Em meados de maio de 1971, Muniz, Salgado e Sérgio Landulfo Furtado, dirigentes do MR-8, começaram a pensar sobre como mandar para a Bahia Iara e Lamarca. Caçado pela ditadura, o capitão se tornou seu inimigo público número 1 depois da morte de Marighella.[11] Tinha o rosto estampado em cartazes de procurados espalhados em rodoviárias, bares e bancas de jornal de todo país, carregando o estigma da traição após ter desertado do Exército e passado para a guerrilha. Atrás de prestígio, celebridade e recompensas, policiais e militares disputavam as informações que pudessem levar à sua captura, enquanto Lamarca e Iara permaneciam trancados em imóveis de simpatizantes da organização. Em um deles, ameaçou se matar com uma bala e explodir o lugar com o botijão de gás, caso fosse descoberto.[12]

Para retirá-lo da Guanabara, seus companheiros, primeiro, pensaram em um usar um caminhoneiro baiano, que militava na organização. O grupo comprou um caminhão para transportar cristal de quartzo de Boquira, cidade próxima de Brotas, no interior baiano, até Belford Roxo, no Rio de Janeiro. Salgado usava o esquema em suas viagens até o Rio de Janeiro para contatar a direção do MR-8. O disfarce era perfeito. Mas José Carlos de Souza, o Kid, bateu o veículo em um barranco quando se dirigia para buscar o casal. Quando soube do acidente, Muniz disse que não havia como Lamarca ficar no Rio de Janeiro. A organização já não tinha como guardar o capitão da guerrilha. "O Muniz disse: 'Ele vai ser preso a qualquer hora. Ele tem de ir de qualquer maneira'. E aí montaram um esquema com uma Kombi e um Fusca", afirmou Salgado.

Era começo de junho. A prisão do militante José Gomes Teixeira, apanhado pelo CISA, complicou ainda mais a situação, pois ele sabia onde o casal estava.[13] Muniz e Landulfo chamaram dois simpatizantes do grupo para ajudá-los a tirar Lamarca da cidade do Rio: Ruy Bedford Dias e Waldir Fiock da Silva.[14] Dias era filho de um juiz e era considerado um

---

11 Antônio Pinto, entrevista em 27 de dezembro de 2015.

12 Para o esconderijo de Lamarca, Patarra, Judith Lieblich. *Iara*, p. 461.

13 Teixeira, segundo a versão oficial, foi encontrado enforcado em sua cela no Galeão, em 23 de junho.

14 Para o reconhecimento, mensagem de José Carlos de Souza ao autor em 1º de fevereiro de 2018.

apoio da organização. Ao voltar da Bahia, seria mantido sob vigilância pelo CISA durante meses, mas não foi preso – o Centro o utilizou como montaria, para que levasse a outros militantes do grupo. Ele era o dono do Fusca no qual embarcou com Lamarca e com o professor de história José Carlos de Souza, o Kid, que militava na organização, em Salvador, e fora enviado ao Rio de Janeiro para a missão. Fiock era o dono da Kombi, com placas de Belém do Pará, usada no transporte. Landulfo entregou o casal a Kid, e todos se encontraram em uma lanchonete, na Avenida Brasil, antes de seguirem para a Bahia. As identidades de Fiock e Dias só eram conhecidas até agora em razão do relato colhido pelos militares do Projeto Orvil. A descrição da viagem ocupa a página 677 do documento e tem como fonte as revelações de Fiock. Considerado um "paraquadro do MR-8", ele se ligara à organização por meio de Stuart Angel Jones. Depois, manteve contatos com Landulfo e acabou preso no Rio de Janeiro pelos agentes da Aeronáutica, pouco depois de voltar da Bahia. Fez um acordo, segundo o doutor Pirilo, e concordou em trabalhar para o CISA. Participou de diligências, apontou militantes e provocou quedas na organização. Depois de mais de um ano de serviço como cachorro, foi libertado e autorizado a voltar a sua terra natal, Belém, no Pará, onde se ligaria ao mundo das escolas de samba e do jogo do bicho, sendo investigado pela Polícia Federal nos anos 2000. Sua prisão não constou de um documento sequer – seu nome não aparece nos processos reunidos pelo projeto Brasil Nunca Mais. Em um curto diálogo com o autor deste livro, Fiock confirmou ter sido preso, "coisas que depois a gente procura esquecer". Era conhecido no MR-8 pelo apelido de "Gota Serena" e confirmou ter conhecido Kid e ajudado a transportar Iara e Lamarca para a Bahia.[15] Em 2018, Kid viu uma grande semelhança entre o Gota Serena que conheceu e duas fotografias de Fiock encontradas na internet.[16]

---

15 Waldir Fiock da Silva, entrevista em 16 de junho de 2016. Para o acordo, Antônio Pinto entrevistas de 16, 17, 19 e 27 de dezembro 2015, 16, 17 e 20 de maio de 2016 e 17 de junho de 2016. Para o apelido Gota Serena, entrevistas com Fiock e com Carlos Alberto Muniz e João Lopes Salgado.

16 Para o reconhecimento, mensagem de José Carlos de Souza ao autor em 1º de fevereiro de 2018.

O plano era que Iara ficasse em Salvador, enquanto o ex-capitão seria integrado ao grupo de Salgado. No trajeto para a Bahia, o casal ocupou o banco traseiro do Fusca, enquanto Dias dirigia o carro e Kid sentava ao seu lado. Fiock seguia na frente, para verificar possíveis bloqueios e blitze da polícia. Dirigiram a noite toda, sem parar. Em um ponto da estrada, Kid passou para a Kombi para se revezar com Fiock ao volante. Ao amanhecer, ainda estavam em Minas. Almoçaram perto da divisa com a Bahia, por volta do meio-dia.[17] No meio da tarde, o grupo chegou a Vitória da Conquista. Ali, Dias retornou com o Fusca para o Rio de Janeiro e o casal, Fiock e Kid seguiram para Jequié, aonde chegaram à noite. Dormiram e, na manhã de 26 de junho, os quatro se separaram. Iara seguiu de ônibus com Fiock para Salvador, enquanto Kid e Lamarca foram com a Kombi até a ponte da BR-242 sobre o Rio Paramirim. Os dois apareceram ali cedo, antes da hora marcada para encontrar José Campos Barreto, o Zequinha. Seguiram até Ibotirama, almoçaram e voltaram horas depois para encontrar o homem que Salgado enviara para apanhar o capitão. Dali, os três foram até Brotas de Macaúbas. Para não levantar suspeitas na cidade, disseram que Lamarca era um geólogo. Ao anoitecer, Kid voltou a Salvador com a Kombi, onde ia se encontrar com Iara e Fiock, em frente ao Cine Capri, às 14 horas do dia seguinte.

Iara e Fiock haviam desembarcado na rodoviária e se hospedado no Hotel São Bento, no centro da cidade, uma indicação de Kid. Ela não gostou da companhia e deixou isso claro mais tarde para Kid, com quem os dois se reencontraram, conforme combinado. Almoçaram filé com fritas em um restaurante próximo e montaram na Kombi até Feira de Santana, onde Fiock deixou os dois e voltou ao Rio de Janeiro. Kid então retornou de ônibus a Salvador – a ida até Feira era apenas uma forma de despistar Fiock, por razões de segurança, sobre o destino final de Iara. "Quando estávamos no ônibus tocou *Amada Amante* e ela falou que era uma canção que a fazia lembrar do capitão, que era a música deles dois".[18]Tudo parecia bem, exceto

17 Para os detalhes da viagem, José Carlos de Souza, entrevista em 16 de junho de 2016. Ver ainda *Orvil*, p. 677 a 679 e José, Emiliano e Miranda, Oldack. *Lamarca, o capitão da guerrilha*, p. 115, 116, 122 e 123.

18 José Carlos de Souza, entrevista em 16 de junho de 2016.

pelo fato de Kid saber onde estava o capitão. Ele deveria tê-lo deixado sobre a ponte do Paramirim. Não devia ter jamais acompanhado Lamarca até Brotas e, principalmente, ter conhecimento de que o capitão estava com Zequinha. Por causa disso, Salgado encontrou-se com o chefe do MR-8 no Recôncavo Baiano, César Queiroz Benjamin, e pediu que Kid fosse retirado de Salvador e enviado ao exterior ou mandado a Brotas.

"Aí começaram aquelas coisas típicas de quem não é profissional." Adiaram dia após dia a saída de Kid da capital baiana. Sempre uma tarefa inadiável ou uma missão incompleta esperavam o militante. No dia 6 de agosto, antes que deixasse Salvador, Kid e Benjamin marcaram um encontro em que discutiriam a retirada de Iara da cidade e a ida de Kid para a área de campo, onde estavam Salgado e Lamarca. Iam começar a conversa quando foram surpreendidos por policiais guiados por Carlos Orleans, um militante do MR-8 que passou a colaborar com a polícia e identificou Kid. Saía-se com o detido em direção a lugares na cidade em que o colaborador havia mantido encontros com seus antigos companheiros na esperança de que eles cometessem o erro de marcar novos encontros nos mesmos locais – a mesma estratégia seria usada mais tarde, no Rio de Janeiro, pelo CISA, com igual sucesso. Na confusão, Benjamin conseguiu se desvencilhar dos policiais, sacou uma arma, atirou e fugiu. Kid não teve a mesma sorte. Sob tortura, imaginou que poderia abrir o encontro que teria com Salgado naquela tarde, em Feira de Santana, pois, àquela altura, o companheiro já teria saído da cidade. Mas, em vez de ir embora dali, o ex-sargento resolveu se hospedar em uma pensão para voltar a Brotas no dia seguinte. Ele estava em seu quarto quando ouviu a polícia chegar à noite na portaria. Queriam revistar o lugar. "Não pode, essa hora da noite é lei do silêncio, não podem entrar", disse o filho dono da pensão. O comandante da área rural do MR-8 ouviu os policiais e, para sua surpresa, os tiras obedeceram e deixaram o lugar. Pensou então que seria pior sair dali, o que o tornaria um alvo fácil "de uma batida vagabunda", e escolheu ficar em seu quarto. Salgado, que sempre dormia vestido e com duas armas, encostou-se à cama para esperar amanhecer. Era ainda madrugada quando os tiras voltaram mais bem dispostos. O jovem proprietário foi acordado e retirado da pequena poltrona em que dormia e, debaixo de tapas, foi obrigado a entregar as chaves dos quartos. Salgado abriu a porta e passou ao lado dos policiais, que não perceberam o deslizar do hóspede em direção à saída com uma pistola escondida embaixo da camisa. Cruzou o umbral enquanto outros policiais entravam na pensão e ainda escutou um deles ordenar: "Fecha tudo, não deixa ninguém sair".[19] Salgado caminhou em direção à rodoviária, onde fez sinal para um taxista. Parecia ter passado uma noite com as putas da zona mais próxima. Mandou o motorista rumar para a ponte sobre o Rio Paraguaçu, onde apanharia o ônibus para Brotas. Ainda no caminho, viram o tráfego parado na estrada. Era uma barreira da polícia revistando veículos. Mas os guardas estavam atrás de caminhões, como aquele usado pelo grupo para viajar da Bahia para a Guanabara. O motorista cortou a barreira e ainda xingou, mas nenhum dos policiais lhe deu atenção. Salgado estava com sorte.

O sargento do MR-8 rumou até Seabra, onde tinha um encontro com Zequinha. De lá pegaram um ônibus até Brotas de Macaúba, que ficava a 142 quilômetros em direção ao Vale do São Francisco. Foram avisar Lamarca e seus companheiros sobre a prisão de Kid. Para chegar até o grupo, no Buriti Cristalino, era preciso caminhar cerca de 30 quilômetros. A trilha era feita à noite, no leito seco de um rio, para não despertar a atenção. O ônibus chegava ao entardecer, por volta das 18 horas. "A gente caminhava e não encontrava ninguém a noite inteira." O ex-capitão passava o dia em uma barraca montada na propriedade de José Barreto, pai de Zequinha e de outros cinco filhos: Olderico, Otoniel, Ana, Maria Dolores e Edinalva. Tomava banhos à noite em um dos dois poços formados por um córrego, a poucos metros do acampamento. Ia até lá no meio da escuridão, em companhia de Salgado, com quem gostava de prosear. Escrevia poesias, um diário, uma peça para ser encenada no lugar e cartas para Iara. Um bolo delas seria levado ao Rio de Janeiro pelo ex-sargento, onde se encontraria com César Benjamin, a fim de que chegassem às mãos da companheira de Cirilo. O capitão da guerrilha também iniciara a publicação de um jornal de educação política, o *Luta*

---

19 João Lopes Salgado entrevista em 20 de junho de 2016 e José, Emiliano e Miranda, Oldack de, *Lamarca, o capitão da guerrilha*, p. 121.

Camponesa. Salgado tinha pressa e sentia ser urgente deixar a área, pois temia que Kid pudesse, sob tortura, revelar o segredo aos militares.

Era manhã. Com todos reunidos, foi o ex-sargento quem apresentou a situação ao capitão e aos demais companheiros.[20] Propôs um recuo, que abandonassem a área e rumassem para outra cidade, próximo de Senhor do Bonfim, mais ao norte do Estado. Não dava para ficar. Um a um, todos foram dando a sua opinião, até que chegou a vez de Lamarca, o último a falar. Cirilo esculhambou Salgado. O companheiro não estava acostumado ao lugar; o campo não era como a cidade; não se trocava ali de lugar cada vez que um militante caísse. Era preciso confiar: o companheiro preso não revelaria o lugar. "Essa é uma mágoa que trago comigo, pois nesse momento eu não fui comandante", disse Salgado. Todos votaram com Lamarca. O ex-sargento se sentiu "um merda, querendo fugir." Impôs apenas uma condição: consultar a direção nacional do MR-8, no Rio de Janeiro, que teria a palavra definitiva sobre a permanência ou não na região. E lá foi Salgado com as cartas para Iara. Primeiro, encontrou-se com Muniz e pediu que a direção fizesse uma reunião extraordinária. Durante o encontro, entregou as cartas a César Benjamin, que devia voltar a Salvador, mas, antes, acabou enredado em uma blitz policial e, para escapar da prisão no engarrafamento, abandonou o carro e fugiu a pé, deixando as cartas para trás. Com as informações da correspondência de Lamarca, os órgãos de segurança quebraram a resistência de Kid e obtiveram a confirmação de que o homem mais procurado do país estava no interior baiano.

Na 6ª Região Militar, em Salvador, um major do Exército se preparava para iniciar a grande caçada. Nilton de Albuquerque Cerqueira era o oficial que chefiava a área de informações, a 2ª Seção do Estado-Maior, e comandava o DOI da capital baiana. Ao poucos foi recebendo agentes de todos os centros de informações militares, bem como do Dops de São Paulo, que cuidaria da rede de comunicações e emprestaria à operação a presença de

---

20 Para o jornal e a peça de teatro, ver Codarin Nascimento, Higor, *A arma da crítica e a crítica das armas: a trajetória revolucionária do MR-8*, p. 194 e 195. Ver ainda Gaspari, Elio, *A ditadura escancarada*, p. 350 a 358. Para a reunião, João Lopes Salgado, 20 de junho de 2016. E para os banhos noturnos, Luiz Rodolfo Viveiros de Castro, entrevista em 21 de janeiro de 2021.

um personagem que ao mesmo tempo funcionaria de biombo para a ação dos serviços das Forças Armadas: tratava-se do delegado Sérgio Paranhos Fleury, o homem que fuzilou Marighella, matou Joaquim Câmara Ferreira e se tornara o mais notório e odiado agente da ditadura. Todos se uniram em torno da Operação Pajussara, que traria a Cerqueira a notoriedade com a qual esse oficial alagoano sonhava. Ao todo, 215 homens se deslocaram até o Buriti Cristalino. Logo no começo, no dia 28 de agosto, mataram Otoniel, que tentou fugir de seus captores, com uma rajada de metralhadora. Seu companheiro José Carlos Santa Bárbara, outro militante do MR-8 escondido na área rural, se matou. Olderico resistiu no interior da casa do pai com um revólver calibre 32. Queria provocar o mais intenso dos tiroteios como forma de avisar Lamarca e Zequinha, que estavam acampados a alguns quilômetros dali. Levou um tiro no rosto quando se preparava para disparar mais uma vez nos policiais que o cercavam, mas conseguiu provocar barulho suficiente para que Cirilo e seu irmão abandonassem o acampamento e começassem a fuga até Pintada, a cerca de 20 quilômetros dali. Os militares penduraram o pai de Zequinha de ponta-cabeça. Queriam saber onde estava Cirilo. Patrulhas vasculharam a região, sem encontrar os fugitivos. Lamarca estava exausto e magro. Alimentava-se de rapadura e mal conseguia caminhar. Foi carregado por Zequinha até que resolveram descansar embaixo de uma baraúna. Era 17 de setembro. Havia 20 dias perambulavam pela caatinga; os agentes perderam o rastro da dupla e a maioria decidiu voltar para casa, entre eles Fleury. Ficaram apenas os homens de Cerqueira, que, alertados por guias locais, cada vez mais fechavam o cerco. O major dividiu seus homens em dois grupos e rumou em direção ao lugar em que dois homens haviam sido avistados. O barulho dos galhos despertou Zequinha, que tentou fugir. Acabou metralhado. Lamarca tentou levantar. Foi alvejado por sete tiros, um dos quais atravessou seu coração.

Salgado ainda quis voltar ao sertão da Bahia, mas foi avisado em Milagres, por um militante da organização, a respeito do cerco ao Buriti Cristalino. Levava a decisão da Direção Nacional, que resolvera deixar a cargo dos "companheiros que estavam no campo" a palavra final sobre a retirada. Sem poder entrar na área, o ex-sargento voltou ao Rio de Janeiro. Mas um pensamento o acompanhou para sempre. "Eu não fui um comandante. Se eu digo: vamos sair. O Lamarca ia me obedecer? Ia. Nós vamos sair, queira ou não, nós vamos sair. Ele ia me xingar, ia me ameaçar, mas nós íamos sair. Isso eu tenho certeza. Eu tenho certeza disso. Essa morte, eu não sei, mas eu tenho muito arrependimento de não ter dado a ordem. Nós vamos sair, pô!"[21]

Após a morte do capitão, muitos disputaram os louros pela ação. O brigadeiro Burnier, fundador do CISA, décadas depois ainda fazia questão de afirmar que o órgão que fundara havia sido o responsável de informar ao Exército sobre a ida de Lamarca para a Bahia.[22] O que ele nunca contou foi que, como herança da caçada a Lamarca, o centro obteve seu primeiro colaborador: Waldir Fiock da Silva. Durante interrogatório, o dono da Kombi em que Lamarca e Iara viajaram pelo interior baiano aceitou ser informante de Antônio Pinto, o Doutor Pirilo.[23] "Foi um acordo de cavalheiros. Lembro que, durante uma operação de rua em que ele era acompanhado por uma equipe da Aeronáutica, os agentes perderam-no de vista e ele tomou um ônibus e se apresentou mais tarde ao Galeão, onde estava preso." A colaboração de Fiock, segundo o agente, garantia ao preso "regalias", como caminhar sozinho pelas dependências e pelo pátio da prisão, na Base Aérea do Galeão. Sua cela ficava aberta. Era levado à rua diariamente para tentar encontrar colegas do MR-8 e apontá-los aos homens do CISA. A estratégia era conhecida como "caminho de rato" e consistia em passar por ruas e lugares frequentados por militantes com quem havia mantido contato. O mesmo método era usado por guerrilheiros que tentavam recuperar a ligação perdida com suas organizações. Era acompanhado de perto por três homens da Seção de Operações, que o seguiam a cinco metros de distância. Foi assim que, em 10 de junho de 1972, o Doutor Pascoal e seus colegas viram-no esbarrar, no Rio, em dois integrantes do MR-8: Sérgio Landulfo Furtado e Paulo Costa Ribeiro Bastos.[24]

---

21 João Lopes Salgado, entrevista 20 de junho de 2016.

22 Para Burnier, ver seu depoimento ao CPDoc, p. 137.

23 Antônio Pinto, entrevistas em 16 e 17 de dezembro de 2015.

24 Antônio Pinto, entrevista em 16 de dezembro de 2015. Para os militantes que buscavam recuperar o contato com as organizações dessa forma, Roberto Chagas e Silva, entrevista em 29 de março de 2016.

Landulfo, o Tom, começou a militar na Bahia, aonde chegou a ser preso em 1969. Do movimento estudantil baiano, aderiu ao MR-8 e à luta armada, seguindo para o Rio de Janeiro. Tomou parte em roubos a bancos e assaltos, como o que teve como alvo um carro-forte da empresa Transforte, na Estrada do Portela, em Madureira. Era dezembro de 1971. Tom e seus companheiros usaram um ônibus para fechar o blindado, mas os seguranças reagiram e um deles foi morto sem impedir o roubo de Cr$ 230 mil. A ação foi liderada por James Allen Luz, o Ciro, do comando da VAR-Palmares, que agiu com o MR-8. O dinheiro financiaria aparelhos e esconderijos para as organizações, que não havia mais a perspectiva de fazer a revolução, mas apenas sobreviver e não abandonar a luta contra ditadura.[25] A luta armada havia se esgotado.

Foi ainda em 1971 que Muniz deixou o Brasil. Passou por Chile, Cuba, Argélia e França até voltar ao Chile, em 1972. No Brasil, as reflexões de Juca Ferreira, o Bacalhau, a favor de um recuo começaram a ganhar adeptos na organização. Tratava-se de uma autocrítica que levaria ao abandono das ações armadas. Os integrantes do MR-8 reconheciam que o momento era ainda de fortalecimento da contrarrevolução, daí por que a ofensiva da organização fracassara, tornando necessário o retorno ao trabalho de base para reinserir a organização nas lutas de massa. Tom foi o primeiro companheiro convencido por Bacalhau, que mantinha contato com os integrantes da direção no exílio chileno. Suas teses tinham a oposição dos chamados militaristas, que ainda defendiam derrubar a ditadura pela força. Quem desistia da luta era um desbundado, e foi para evitar esse estigma que Tom se manteve à frente das ações do grupo quando as principais organizações da luta armada já estavam esfaceladas. VAR-Palmares, ALN, PCBR e MR-8 atuavam em conjunto para driblar suas debilidades; dois dos melhores motoristas da guerrilha no Rio de Janeiro eram então do MR-8: Paulo Roberto Jabour e Nélson Rodrigues Filho, o Prancha. Sérgio Landulfo propôs que todos os militantes do MR-8 se encontrassem em Santiago, no Chile, onde

25 Para o carro-forte, ver processo BNM-36, p. 397.

os rumos da organização seriam definidos em uma reunião plenária.[26] Tinha a oposição de Salgado. Ele voltou ao Rio de Janeiro e se integrou às ações do grupo até ser enviado a São Paulo, onde alugou um quarto na casa de uma família no Tatuapé, na zona leste. Dizia ser agrônomo e trabalhar na Cyanamid, conglomerado químico americano que fabricava de remédios a defensivos agrícolas. Fazia as vezes de vendedor dos produtos da empresa. Acreditava então que a ideia de ir para o Chile era uma capitulação.

O ex-sargento permaneceu em São Paulo até que o grupo decidiu pela sua retirada para o Chile. Acabou enquadrado por Sérgio Landulfo. Se continuasse a se recusar a sair do país, deveria deixar a direção e seguir seu caminho. O que restou do comando do MR-8 no Brasil estava reunido no quarto que Salgado alugava – ele permaneceu em São Paulo até a retirada.[27] O ex-sargento tentou dormir, mas um pensamento não o deixava: "O que ia fazer sozinho no Brasil?" Pela manhã, chamou Tom para anunciar sua decisão. Disse que respeitaria a vontade da maioria. "Vamos embora." A luta armada acabou para Salgado, que decidira abandonar a faculdade de medicina e a Força Aérea para seguir os colegas em busca da revolução.

Tom retornou ao Rio de Janeiro para preparar a viagem para o Chile. A operação envolvia uma antiga militante da Polop ligada a uma empresa de turismo, em Foz do Iguaçu, que ajudaria os dirigentes do MR-8 a deixar o país. Além de Salgado, deviam sair Sérgio Rubens Torres, Sérgio Landulfo e Juca Ferreira no dia 12 de junho, uma segunda-feira. Na noite anterior, Tom ia se encontrar com Juca, em São Paulo, para viajarem com o grupo no dia seguinte. Ainda no Rio de Janeiro, na tarde de sábado, encontrou-se com Paulo Bastos. Estudante de engenharia da Universidade Federal do Rio de Janeiro, ele havia sido recrutado para a luta armada por Roberto Chagas e com ele passara da VPR para o MR-8. Era filho do general Othon Ribeiro Bastos e chegou a participar de ações do grupo sem, no entanto,

---

26 Luiz Rodolfo Viveiros de Castro, entrevistas em 28 de janeiro de 2016 e 21 de janeiro de 2021.

27 Para as viagens de Muniz, entrevista Carlos Alberto Muniz; para a presença de Salgado em São Paulo, João Lopes Salgado e para as teses de Bacalhau, Muniz e Salgado, entrevistas em 20 de junho de 2016, Franklin Martins, entrevista em 24 de maio de 2016 e Luiz Rodolfo Viveiros de Castro, entrevista em 28 de janeiro de 2016.

ser detectado pelos órgãos de segurança.[28] Andavam tranquilamente na rua quando foram identificados por Fiock. Tom reagiu e levou um tiro. "O Sérgio Landulfo apenas foi impedido de morrer na rua, em razão do tiro que levou", afirmou Pirilo. Com "autonomia total", os homens da Seção de Operações do CISA mataram Bastos para encobrir o informante, um "patrimônio inestimável". Depois, desapareceram com os dois corpos, assim como haviam feito com Stuart. Mais uma vez, o Doutor Pascoal se encarregou do serviço. Nem mesmo a patente do pai de Bastos foi obstáculo para a ação dos mágicos do CISA. O general ainda tentou encontrar o filho e questionou o DOI do 1º Exército, que negou ter participado da ação. No Chile, onde Tereza, a mulher de Bastos se exilou, a informação que chegou aos militantes do MR-8 era de que desapareceram com os dois para não terem de dar explicações ao general.[29]

O Centro jamais soube onde era os aparelhos deles ou com quem deviam se encontrar. Bacalhau, Salgado e Torres conseguiram deixar o Brasil sem problemas Fiock foi libertado por Pirilo, que cumpriu o acordo – o capitão teve de enfrentar os chefes, que o criticaram por soltar o "subversivo". "Mas eu, que era o seu controlador, achei que ele já tinha dado o que podia dar".[30] O informante voltou ao Pará. A luta armada estava derrotada nas cidades. Enquanto isso, no Chile, os adeptos da autocrítica do militarismo no MR-8 se viram fustigados pelos companheiros que haviam sido banidos do país, depois de serem trocados pelos embaixadores sequestrados pela guerrilha. O grupo rachou. A turma que ficou com as teses de Bacalhau foi acusada de "desbunde". A realidade da organização era que a quase totalidade de seus militantes estava presa ou exilada. O golpe que derrubou Allende em 1973 iria interromper definitivamente os planos dos que pretendiam voltar ao Brasil para retomar a guerra contra a ditadura. Enquanto isso, Bacalhau e seus companheiros, lentamente, começaram a voltar ao país para o trabalho clandestino. O primeiro foi Sérgio Rubens Torres e sua mulher, Norma de Sá Pereira. Queriam participar do processo político, a exemplo

---

28 Antônio Pinto, entrevista em 16 de dezembro de 2015.

29 Roberto Chagas e Silva, entrevista em 30 de março de 2016.

30 Antônio Pinto, entrevista em 16 de dezembro de 2015.

do que faziam o PCB, a APML e outros grupos e partidos clandestinos que não aderiram à luta armada. A mudança de atuação não fez com que os órgãos de segurança abandonassem a estratégia militar de neutralizar essas organizações, decapitando chefes e os indivíduos considerados perigosos, como aqueles com treinamento guerrilheiro em países como Cuba, China e Coreia do Norte, ou os envolvidos na morte de militares ou de policiais. Pirilo pensava que seus colegas e chefes seguiram a lógica da primeira-ministra de Israel, Golda Meir, contra o Setembro Negro: matar os que mataram.[31] Foi assim com Tom e com Bastos.

> Não se podia combater os assaltos, os sequestros de pessoas e de aviões e os justiçamentos com luvas de pelica. Os terroristas foram os primeiros que mataram, em 1967 (*sic*), em Recife, no Aeroporto. Os órgãos de segurança agiram como falou Golda Meir: VAMOS MATAR OS QUE MATARAM. Simples, assim...[32]

A organização, que tivera Lamarca em seus quadros, tentava se reorganizar e mudar o centro de sua atuação, passando-o para São Paulo. Foi lá que se estabeleceu Franklin Martins, que buscou antigos militantes do MR-8 e da VAR-Palmares, entre eles José Roberto Monteiro e Jesus Paredes Soto, que participara do sequestro do embaixador alemão-ocidental Ehrenfried von Holleben, em 1970. Fizeram reuniões para organizar o trabalho partidário e os contatos com organizações operárias e associações de bairros. Planejaram ainda a publicação de jornais até que foram detectados pelo DOI do 2º Exército. As prisões se sucederam em abril de 1974, quando Franklin estava fora do País. Ele fora ao Panamá, onde o general Omar Torrijos havia destacado o coronel Manoel Noriega para cuidar dos exilados vindos do Chile, após o golpe de Pinochet, e mandou dar US$ 100 a cada um que desembarcou na Cidade do Panamá. Entre eles estava Salgado, que

---

31 Antônio Pinto, entrevista em 19 de dezembro de 2015.

32 Antônio Pinto, entrevista em 17 de dezembro de 2015, por escrito. As letras maiúsculas reproduzem o original. Sobre o atentado em Recife, ele ocorreu em 25 de julho de 1966, quando militantes ligados à Ação Popular colocaram uma bomba no Aeroporto de Guararapes, deixando 2 mortos e 14 feridos.

vendia maçãs nas ruas enquanto tentava retomar, ali, seus estudos de medicina, interrompidos após deixar a Força Aérea. Franklin queria convencê-lo a voltar ao Brasil, mas não conseguiu. Informado sobre as quedas em São Paulo, Franklin foi à Suécia, à França e à Argentina, tentando voltar ao Brasil, mas, desaconselhado pelos companheiros, voltou à Europa.

Enquanto isso, os agentes surpreenderam Norma e outros três militantes em uma reunião na Aclimação, no centro de São Paulo.[33] Não sabiam quem ela era até o dia em que Pirilo a identificou na carceragem da Rua Tutóia. O tenente Chico, um policial militar que trabalhava no destacamento, testemunhou a cena.[34] O capitão da Aeronáutica foi ver os presos – os homens do DOI do 2º Exército não tinham familiaridade com o MR-8 – e, ao examinar as mãos de Norma, percebeu a marca do tiro que a feriu durante um assalto no Rio de Janeiro.[35] Sua memória não o traíra. Ele ia a São Paulo de tempos em tempos buscar e levar informações. Tinha ali um grande amigo: o capitão Ênio Pimentel da Silveira, o Doutor Ney, o chefe da Seção de Investigações do DOI e principal mágico do destacamento no Estado, responsável por operações que provocaram centenas de prisões e dezenas de mortes. Ney mantinha uma rede de informantes que aprendeu a criar, conquistar e controlar após fazer um "estágio" com o delegado Fleury. Depois de esfacelar a ALN e o Molipo e ajudar a destruir a VPR e atacar a APML e o PCdoB em parceria com o CIE, o DOI paulista seria o principal instrumento do Exército para o maior ataque que a ditadura fez ao PCB. Os generais queriam limpar a área para que a abertura política de Ernesto Geisel não fosse ameaçada pela volta dos comunistas. A luta armada deixara só

33 Franklin Martins, entrevista em 24 de maio de 2016; João Lopes Salgado, entrevista em 20 de junho de 2016.

34 Tenente Chico (nome fictício), entrevista em fevereiro de 2015. Para os dados sobre a ação do MR-8 em São Paulo, entrevistas de Franklin Martins, em 24 de maio de 2016, Luiz Rodolfo Viveiros de Castro, em 28 de janeiro de 2016 e João Lopes Salgado, em 20 de junho de 2016. Ver ainda AESP Deops-OS264, p. 294 a 305. Para a relação CISA e DOI do 2º Exército, ver AESP Deops-OS264, p. 349.

35 Antônio Pinto, entrevistas em 16 e 27 de dezembro de 2015. Sobre a memória de Pirilo, o coronel Renato Pinho Bittencourt, do CISA, escreveu em seus assentamentos pessoais em 29 de agosto de 1973: "Oficial leal, minucioso possuidor de uma memória fotográfica invejável, responsável, por sua dedicação, de muitos sucessos obtidos pelo CISA."

no DOI do Rio de Janeiro um saldo de 46 mortos, 30 dos quais desaparecidos.[36] Em São Paulo, até 31 de março de 1974, o Destacamento de São Paulo admitia ter prendido 1.884 pessoas e matado outras 47 e desaparecido ou ajudado a desaparecer com mais oito.[37] Até o final da década, as torturas e desaparecimentos de brasileiros seriam substituídos pela vigilância e pelo controle. Era preciso se adaptar aos novos tempos. Mas, antes, os militares iam acertar as contas com o partidão. Para entender esse ataque, é preciso recuar no tempo, até o início da guerra civil ideológica internacional que marcou o século XX.

---

36 Os relatórios finais da Comissão Nacional da Verdade (CNV) e da Comissão Estadual da Verdade do Rio de Janeiro (CEV-RJ) listam 49 vítimas, pois creditam ao DOI do1º Exército as mortes de Sérgio Landulfo Furtado, Paulo Basto, ambas de responsabilidade do CISA, e a de Aloísio Palhano (VPR), ocorrida no DOI do 2º Exército er cuja ossada foi encontrada no cemitério Dom Bosco, em Perus, de acordo com laudo concluído em 2018. Ver relatório CNV, volume 1, p. 731 e relatório CEV-RJ, p. 293.

37 AESP-OS260 (Exército), p. 181; Godoy, Marcelo, *A Casa da Vovó*, p. 558 a 560 e Anexo da Lei 9.140/95.

Parte 2

VINÍCIUS E O PARTIDO

1 A FOICE E A ESPADA
Uma trajetória da rebeldia militar

Um livro anunciou o século XX: *Reforma ou Revolução,* de Rosa Luxemburgo, de 1900, afirmava que a luta pela reforma é o meio, e a revolução social, o fim do movimento dos trabalhadores pela conquista do poder político e pela abolição dos salários. A obra da militante socialista surgira em um momento em que a social-democracia alemã começava a separar o que antes fora indissolúvel em sua tática e estratégia. Os sindicatos, as reformas sociais e a democratização da política do Estado pareciam meios mais concretos para se atingir progressivamente o socialismo diante das incertezas da revolução. E, assim, os meios e o fim eram apresentados de forma autônoma, como duas escolhas reservadas ao movimento revolucionário, uma divisão que se prolongaria pelo século, refletindo parte da mentalidade, do espírito do tempo.[1] Se análise de Rosa Luxemburgo estivesse correta, ela significaria a abertura de um grande período de guerras, conflitos, perseguições, traições e destruição.

Enquanto os líderes operários discutiam os caminhos de sua política, os poderosos da Europa estavam ocupados com o velho jogo dos impérios, dos nacionalismos e guerras de conquista. E fariam sangrar o continente,

---

1 Luxemburgo, Rosa. *Reforma ou Revolução*. Rosa trata das teses de Edouard Bernstein, para quem era possível atingir o socialismo por meio de reformas sociais.

levando o mundo ao abismo da Grande Guerra. Nenhuma chancelaria parecia perceber o quanto aqueles anos marcariam de forma indelével o século. Mesmo Sir Edward Grey, o ministro inglês das relações exteriores, diria em suas memórias depois da guerra não se lembrar da frase que um amigo lhe atribuíra no crepúsculo de 3 de agosto de 1914, diante da janela de seu escritório, enquanto olhava para o Saint James's Park: "As luzes estão se apagando na Europa; nós não as veremos acesas novamente em nossas vidas". Pensava-se em uma catástrofe, como o próprio Grey admitira. E mesmo que fosse a maior que o mundo já testemunhara.[2] Mas não se imaginava que o mundo anterior seria tragado, impérios desfeitos e nem sequer se via o início de uma nova era de revoluções e guerras civis, de lutas de libertação nacional, de povos sublevados contra potências imperialistas, enfim, que ali começara uma era de "gigantescas bancarrotas, de violentas soluções bélicas em massa, de crises".[3] Antes que a guerra acabasse, uma sublevação popular em São Petersburgo, na Rússia, ia derrubar o czar Nicolau II e levar ao poder um grupo de revolucionários conhecido nas primeiras horas como maximalistas. Eram os bolcheviques, liderados por Vladimir Lenin.

Mais do que uma nova era das revoluções, o que se inaugurava era uma imensa "guerra civil ideológica internacional".[4] A Revolução Russa era o principal impulso para a difusão dos partidos comunistas e propagação de suas ideias no mundo, da opção pelo marxismo-leninismo, com sua disciplina, organizações de base, órgãos de imprensa e defesa intransigente da unidade partidária, que buscava recuperar a unidade entre os meios e o fim do movimento revolucionário mundial. Ao mesmo tempo em que os revolucionários viam descortinar uma era de esperança, liberdade e mudança para oprimidos e famintos, intelectuais e trabalhadores braçais, a Revolução de Outubro engendrava seu antípoda, a reação nas mais variadas

---

2 Strachan, Hew. *The First World War*, p. 21. Ver ainda Clark, Christopher. *The sleepwalkers*; Hastings, Max. *Catastrophe. 1914: Europe goes to war* e Strachan, Hew. "How darkness descended over Europe in august 1914", in *The Telegraph*, 2 de agosto de 2014.

3 Lenin, V.I. "Sétimo Congresso Extraordinário do PCR(b), relatório sobre a revisão do programa e a mudança do nome do partido." In: *Obras escolhidas*, vol.2, p. 521-526.

4 Hobsbawn, Eric. *Nações e nacionalismos desde 1870*, p. 174.

formas do anticomunismo. De fato, a revolução despertou forças intensas, o receio da destruição da sociedade e de valores ao pesadelo dos que julgavam ser apenas uma tirania, que emergiriam do caos provocado pela ação subversiva em cada sociedade ainda livre da dominação vermelha. O velho espectro que rondou o mundo no século 19 se tornara mais uma vez real; seu inimigo não pouparia, em seu ódio cego, os reformistas, os radicais e até mesmo os liberais. Enfim, todos os que se opusessem aos regimes no futuro se tornavam suspeitos de subversão ou de defender o comunismo.

No Brasil, a reação começou pouco depois da revolução de 1917. Em 1927, cinco anos depois de sua fundação, em 1922, o PCB foi vítima do primeiro surto anticomunista no país. Declarado ilegal com base na Lei Celerada, o partido viu ainda a proibição do jornal diário que o sustentava: *A Nação*.[5] A rebeldia no país, mais do que associada às classes populares, tinha como símbolo a jovem oficialidade. Desde a Questão Militar, no fim do Império, ela carregava traços de um positivismo instrumental, que buscava a regeneração moral da política. A sua fé no progresso se manifestava em um reformismo modernizador e autoritário.[6] Foi o Exército que fundou a República, abrindo uma sucessão de crises, que se estenderiam desde o século 19 e convulsionariam o país de tempos em tempos. Mais do que assumir o vazio deixado pela extinção do Poder Moderador, reservado ao imperador, as Forças Armadas tomaram para si a tarefa de modernizar o Brasil. Só por meio da criação de uma nova economia seria possível ter aço para canhões e navios e, assim, garantir a soberania do país. Os oficiais que se reuniram em torno da revista *A Defesa Nacional* queriam modernizar o Exército, profissionalizar o ensino dos futuros oficiais e, influenciados pelo exemplo alemão, viam sua instituição como a única verdadeiramente nacional em um país em que o poder era dividido por oligarquias regionais. Só as Forças Armadas podiam levar adiante o projeto, que consolidava fronteiras e esmagava quem se lhe opusessem, fossem os jagunços de Antônio Conselheiro ou os caboclos do Contestado.

5 Motta, Rodrigo Patto Sá. *Em guarda contra o perigo vermelho*, p. 6 a 13.

6 Pinto, Sergio Murillo. *Exército e política no Brasil*, p. 120 e 121.

A mocidade militar, que esteve ao lado de Floriano Peixoto e dos jacobinos, aderiu no começo dos anos 1920 à Reação Republicana, o movimento que contestava a decisão do presidente da República Epitácio Pessoa de indicar Artur Bernardes como seu sucessor, opondo aos políticos paulistas e mineiros, os grupos liderados por Borges de Medeiros, no Rio Grande do Sul, e por Nilo Peçanha, no Rio de Janeiro. Combatiam a política dos governadores e seu sistema de dominação oligárquica, queriam eleições justas e a regeneração dos costumes políticos. Com a derrota de Nilo, anunciada em 8 de junho de 1922, os tenentes concluíram que a situação tinha de mudar.[7] Os ânimos estavam exaltados desde que o *Correio da Manhã* publicara em outubro de 1921 cartas falsas de Bernardes com grosserias contra o marechal Hermes da Fonseca, um dos líderes da Reação Republicana, e à oficialidade. A sessão de 25 de junho do Clube Militar, no Rio de Janeiro, mostrou o clima criado no Exército.[8] O tenente Asdrúbal Gwyer de Azevedo enfrentou duas dezenas de oficiais superiores entre os quais o futuro ministro da guerra, general Fernando Setembrino de Carvalho, e outros dez generais acusando-os de serem indignos e servis ao governo.

"Cretino é Vossa Excelência. Não estando no Contestado onde mandava fuzilar a torto e direito", disse Gwyer ao general Tertuliano de Albuquerque Potyguara, que combatera com Carvalho os caboclos no oeste de Santa Catarina e os alemães, como adido ao exército francês, na 1ª Guerra Mundial. A audácia do tenente despertou reações. "Vossa Excelência está preso!", disse-lhe o coronel H. Moura. "Se eu, dizendo tudo isso, não soubesse que seria preso, seria idiota", respondeu o tenente. Depois de acusar Carvalho de desviar recursos para o abastecimento das tropas no Contestado, concluiu o discurso anunciando aos presentes: "Senhor presidente, estamos às portas da Revolução".[9] Dez dias depois, a revolta de 5 de julho de 1922 termina com a marcha dos rebelados do Forte de Copacabana pela

7 Camargo, Aspásia e Góes, Walder de. *Meio século de combate: diálogo com Cordeiro de Farias*, p. 70 a 80.

8 Silva, Hélio. *1922: Sangue na areia de Copacabana*, p. 43 a 47.

9 Pinto, Sergio Murillo. *Exército e política no Brasil*, p. 127. Ver ainda Sodré, Nelson Werneck. *História militar do Brasil*, p. 259 a 266.

orla carioca – entre os oficiais, só os tenentes Eduardo Gomes e Siqueira Campos sairiam vivos do episódio. Os rebelados não conseguiram derrubar Epitácio Pessoa nem impedir a posse de Bernardes. O presidente governou até o fim do mandato em estado de sítio, processando e prendendo opositores. Abriu-se então a série de revoltas militares que se estenderiam até 1935 – a de 1924 daria origem à coluna liderada pelo capitão Luiz Carlos Prestes, que levaria seu nome e o de seus companheiros para o centro da política brasileira até quase o final do século. Esses movimentos não só iriam enterrar a República Velha como moldariam o programa das Forças Armadas para o país, conforme a doutrina do general Pedro Aurélio de Góes Monteiro. Nela, Exército e Marinha seriam tão fortes quanto possível para apoiar governos também fortes e capazes de dar uma nova estrutura à vida nacional. Para ele, não poderia haver Exército disciplinado em uma Nação indisciplinada.[10] Ao mesmo tempo, Góes tentava isolar os oficiais do Exército das influências políticas que dividiam a sociedade.[11]

Em 1935, o governo apoiado pelos generais envia ao Congresso um projeto de lei definindo os crimes contra a ordem política e social, contra a qual se voltaram alguns oficiais no Clube Militar, para os quais a Lei de Segurança Nacional pretendia amordaçar a consciência da Nação. Principal alvo do governo com a legislação era a Aliança Nacional Libertadora, agrupamento que reunia antifascistas, socialistas e comunistas que lutavam "contra o latifúndio e a miséria no país". Em março, a ANL declarara o capitão Luiz Carlos Prestes seu presidente de honra. Este aproveitou o dia 5 de julho para lançar um manifesto. A data buscava estabelecer um elo entre a política da ANL e as rebeliões dos tenentes dos anos 1920. "Os trabalhadores já não podem suportar o governo em decomposição de Vargas e seus asseclas", dizia o documento.[12] Só um governo popular e revolucionário poderia realizar a unificação nacional. Aqui, Prestes retomava parte do pensamento militar, mas em sua luta contra as oligarquias regionais, não via mais no Exército a única organização nacional capaz de desempenhar

---

10 *Idem*, p. 294 a 300.

11 McCann Frank D. *Soldados da Pátria*, p. 490 e 491.

12 Pinto, Sergio Murillo. *Exército e política no Brasil*, p. 311.

a tarefa. Esse papel agora caberia à ANL. "A situação é de guerra e cada um precisa ocupar o seu posto", concluía o manifesto. Uma semana depois, o governo Vargas usaria a LSN para dissolver a Aliança.

Desde que divulgara o manifesto de maio de 1930, proclamando sua adesão ao marxismo e defendendo "a revolução agrária e anti-imperialista realizada e sustentada pelas grandes massas da nossa população",[13] o líder da coluna, que percorreu o país durante dois anos na década de 1920, rompeu com seus antigos colegas, que aderiram à Aliança Liberal e participaram da Revolução de 1930.[14] Integrava agora o PCB e voltara de Moscou com a missão de chefiar a revolução brasileira. As ideias salvacionistas que moviam seus colegas tenentes na década anterior permaneciam vivas entre os que resolveram segui-lo nos levantes dos militares aliancistas, entre 23 a 27 de novembro de 1935, que deixaram de 60 a 100 mortos e centenas de feridos. A rebeldia dos tenentes de esquerda produziu uma insurreição quase sem respaldo popular, afastando-a do que seria uma revolução e aproximando--a de uma quartelada. E ajudou não só a reforçar o caráter autoritário do governo de Vargas, bem como o anticomunismo na maioria da oficialidade das Forças Armadas.[15]

Góes apresentaria em 3 de dezembro de 1935 aos generais, durante reunião com o ministro da guerra, general João Gomes, seu memorando apreciando a situação do país e do Exército e os cenários criados. Entre as alternativas havia o golpe de estado, a omissão ou a reforma da Constituição de 1934. Esta – escreveu o general – tornara-se inexequível e "nos arrastará

---

13 Ver Prestes, Luiz Carlos. "O manifesto de Luiz Carlos Prestes." *O Estado de S. Paulo*, 30 de maio de 1930, p. 1.

14 Nos anos 1930, uma parte dos tenentes foi cooptada pelo governo e pelas oligarquias, outra se aproximou dos ideais socialistas e a terceira foi atraída pelo fascismo. Para os liberais contrários às oligarquias, Prestes teve nas mãos a oportunidade de mudar o destino do país, mas condenou o movimento reformador de 1930 a ser entregue, na parte civil, ao espírito "caudilhesco" de Vargas e, na militar, ao "espírito torturado e tortuoso do general Pedro Aurélio de Góis Monteiro". Ver "Prestes". *O Estado de S. Paulo*, 8 de março de 1990, p. 3. Ver ainda Gaspari, Elio. *A ditadura derrotada*, p. 42.

15 Vianna, Marly. *Revolucionários de 1935, sonho e realidade*, p. 242. Ver ainda McCann, Frank D. *Soldados da Pátria*, p. 492 e 493. Para os mortos na insurreição de 1935 Motta, Rodrigo Patto Sá. *Em guarda contra o perigo vermelho*, p. 82 e 190.

à perda definitiva". O "partidarismo" se infiltrara no Exército por meio do direito ao voto concedido aos militares e a rebelião comunista mostrava que, sem mudar as leis, seria impossível garantir o Estado brasileiro e a segurança nacional. Não bastariam medidas policialescas ou repressoras. Era preciso alterar a ordem institucional, para a adoção de medidas jurídicas excepcionais exigidas "no caso de salvação pública". Por fim, o general advertia que "todas as questões que afetam os direitos ou interesses das classes armadas devem ser resolvidas dentro delas mesmas, sem nenhuma interferência estranha, ou pelo simples arbítrio da autoridade governamental. A gendarmizá-las seria preferível a dissolução." As três unidades envolvidas na rebelião foram extintas e o presidente passou a ter o direito legal de reformar os oficiais que bem entendesse. Tirava-se uma garantia que os militares tinham de não serem excluídos, a não ser que condenados pela Justiça a mais 2 anos de prisão, para atingir os comunistas e aqueles que não tivessem "boa reputação". A Constituição acabou mantida, mas desfigurada; a repressão se abateu sobre milhares. O anticomunismo mobilizaria as Forças Armadas durante décadas e estaria presente nas crises de 1945, 1955, 1961 e 1964.[16]

Dois anos depois, o memorando de Góes seria lembrado por outro ministro da guerra, o general Eurico Gaspar Dutra, que o leu antes de se decidir pelo apoio a Vargas no golpe de estado de 10 de novembro de 1937, instalando o Estado Novo. Em 1938, o rompimento do governo com o integralismo provocaria o afastamento de filofascistas, como o general Newton Cavalcanti, então comandante da Vila Militar, no Rio. Meses depois, os integralistas tentaram seu putsch e foram esmagados pelas forças leais ao regime, sendo colocados na ilegalidade. Os antípodas da política internacional estavam fora de ação no Brasil. O Exército se tornou, então, um órgão de controle do governo central, deixando de ser uma instituição politicamente neutra para se transformar em parte essencial do governo e instrumento de suas políticas. O intervencionismo conservador aliado ao reforço da disciplina e da hierarquia apostava na doutrinação ideológica como norma do treinamento em

16 D'Araújo, Maria Celina e Castro, Celso (org.); *Ernesto Geisel*, p. 75.

todos os níveis hierárquicos para proteger o Exército "das influências externas perniciosas". A instituição queria unidade e ordem, enquanto a repressão garantia a segurança, e o desenvolvimento econômico do país permitiria o rearmamento da Força para a defesa de sua soberania em um mundo que se encaminhava para a 2ª Guerra Mundial.

Em 1942, com o torpedeamento de navios brasileiros por submarinos do Eixo, a militância comunista saiu dos subterrâneos aonde a repressão a obrigara se esconder. Jacob Gorender estava entre os que foram às ruas do país, exigindo uma reação do governo contra a Alemanha. Filho de um comerciante judeu, Gorender passara a infância usando sapatos com a sola furada. Aos 15 anos, leu *A Origem das Espécies*, de Charles Darwin, e se tornou ateu. Declarada a guerra, o general Demerval Peixoto, comandante da 6ª Região Militar, em Salvador, lançou um desafio: os estudantes que haviam saído às ruas agora se alistassem como voluntários. "Encarei aquilo como um desafio pessoal." O jovem foi ao quartel-general alistar-se em companhia do amigo, o também comunista Mário Alves, que o recrutara para o partido. "Mas ele [*Alves*] não foi incorporado, pois era franzino e não tinha condições físicas." Gorender fez parte do segundo escalão da Força Expedicionária Brasileira (FEB), enviado à Itália. Estava na Companhia de Transmissões do 1º Regimento de Infantaria e lutou em Monte Castelo sob as ordens do então coronel Caiado de Castro. "Eu era um simples soldado." Escreveu artigos para o jornal *O Cruzeiro do Sul*, órgão oficial da FEB, e, setenta anos depois, ainda se via uniformizado em seus sonhos, andando na lama e subindo morros. "A guerra é, sobretudo, sujeira, lama, desconforto, sensação constante de perigo e a perspectiva da morte. Quando acabou a guerra, foi uma tremenda alegria. Nós nos abraçamos e um colega disse: Nós não vamos morrer mais. Tínhamos sobrevivido".[17]

Gorender voltou em agosto de 1945, trazendo uma experiência importante para um partido cuja presença de militares era forte, a começar pelo seu secretário-geral – Prestes –, que fora libertado do cárcere e havia se tornado um ícone, uma figura lendária para os militantes. Três deles

---

17 Jacob Gorender, entrevista em 2 de abril de 2012.

receberam a missão de protegê-lo: Armênio Guedes, Durval Miguel de Barros e Dinarco Reis. Receberam revólveres de João Alberto, ex-companheiro de Prestes na coluna e homem de confiança de Vargas, que o nomeara chefe de polícia do Distrito Federal. Único de origem civil no grupo de seguranças do líder, Guedes não tinha o físico apropriado para a função. Era magro a tal ponto que a arma lhe caiu da cintura em mais de uma oportunidade.[18]

O partido voltou à legalidade em agosto, e o prestígio da União Soviética atraía milhares de trabalhadores e intelectuais, como o tradutor e escritor Boris Schnaiderman. Voluntário na luta contra o nazismo, ele nasceu na Ucrânia e havia chegado ao Brasil com a família em 1924. Foi Schnaiderman quem calculou no Vale do Serchio o primeiro tiro da artilharia brasileira na guerra. "Fui para a guerra porque queria ir. Eu era pacifista, mas eu achava absolutamente indispensável todo mundo lutar contra Alemanha de Hitler." O pracinha viu a terra tremer com o fogo da artilharia brasileira em Montese, escapou da morte duas vezes e combateu até o último dia, quando entrou na cidadezinha de Stradella, na Lombardia. Foi agarrado por um italiano barbudo e bigodudo que lhe deu um beijo na face e disse: "Faz 20 anos que eu te espero. Só agora que você chegou".[19] A comemoração marcava o fim do *ventennio fascista* e da guerra na Itália; era uma festa que se fazia em meio a um sangrento acerto de contas. O jovem tenente Octavio Costa entrou com seu batalhão em Turim, no dia 2 de maio, a primeira tropa aliada a penetrar no polo industrial do noroeste italiano. "Vimos os fascistas pendurados nos postes, mortos pelos *partigiani*, corpos no meio da rua, e o batalhão entrou".[20] O conflito entre a direita e a esquerda era parte da guerra civil que se seguiu à deposição de Benito Mussolini e à assinatura pelo marechal Pietro Badoglio, que substituiu o líder fascista, do armistício com os aliados, que retirara o País da guerra. Mussolini acabaria fuzilado pelos guerrilheiros comunistas e, em 29 de abril, seu corpo seria dependurado de cabeça para baixo na praça Loreto, em Milão. Oito meses

18 Malin, Mauro, *Armênio Guedes, um comunista singular*, p. 64 e 65.

19 Boris Schnaiderman, entrevista em junho de 2012, arquivo 1. Benito Mussolini e seu partido fascista ficaram 20 anos no poder na Itália.

20 Octavio Pereira da Costa, entrevista em 24 de abril de 2012.

antes, os fascistas haviam exposto ali, durante um dia inteiro, os corpos de resistentes italianos que lutavam contra a ocupação alemã, proibindo que as famílias das vítimas os retirassem. A extrema direita italiana, como de resto em toda a Europa, estava em ruínas. A ordem que ela construíra havia desabado. No Brasil, o transformismo político preservou intactos na caserna e na vida pública os antigos expoentes do pensamento autoritário e simpatizantes da Alemanha que sustentaram o Estado Novo. Eram agora todos democratas, ainda que isso significasse proscrever partidos, desrespeitar o voto popular e planejar quarteladas, fraudes e assassinatos em nome da manutenção da ordem e da salvação da República.

Costa, Schnaiderman, Gorender e outros ex-combatentes reencontrariam um Brasil sacudido pela efervescência política. A política partidária ressurgia no interior das Forças Armadas com as candidaturas do brigadeiro Eduardo Gomes (UDN) e do general Dutra (PSD) à sucessão de Vargas, em 1945. Temendo que o presidente manobrasse mais uma vez por entre as divisões dos militares para permanecer no cargo, a cúpula do Exército decidiu depô-lo. Anticomunistas e filofascistas enxergavam nas manobras continuístas do ditador que apoiaram até então o dedo de Prestes, antigo líder tenentista e recém-nomeado secretário-geral do PCB. Disseram depois do golpe que o comunista se entendeu com "pessoas da intimidade de Getúlio" para fazer descer "o pessoal dos morros da cidade com fins subversivos".[21]

O partido florescia e contava com mais de cem mil filiados – dois anos antes, tinha menos de mil. A sede de seu Comitê Central funcionava no centro do Rio, na Rua Conde Lages, em uma casa emprestada pelo arquiteto Oscar Niemeyer.[22] Os comunistas queriam, primeiro, uma Constituinte e, depois, eleições presidenciais, pois entendiam que somente uma nova legislação garantiria eleições justas, um modelo adotado pela Itália, onde a derrota fascista e a violência revolucionária abriram caminho para o

---

21 Coutinho, Lourival. *O general Góes depõe...*, p. 428, 459 e 460. Para Dutra e as simpatias nazistas de Souto e do grupo germanófilo no Exército, ver Gaspari, Elio. *A ditadura derrotada*, p. 50 e 124 a 128; ver ainda Camargo, Aspásia e Góes, Walder de. *Meio século de combate, diálogo com Cordeiro de Farias*, p. 295 e 296.

22 Ver Mello, Severino Theodoro de. *O último de 35*, p. 77.

governo democrata-cristão de Alcide De Gasperi. Mas lá os comunistas e os socialistas estavam na coalizão de governo, algo impensável para o anticomunismo de oficiais germanófilos, como Dutra e o general Álcio Souto, da Divisão Blindada, defensores do Estado Novo que, agora, afirmavam lutar pela democracia.[23] Não era só Getúlio que passou a cortejar Prestes depois que este foi libertado da cadeia, após 11 anos no cárcere. A UDN e até o ministro da guerra, o general Góes Monteiro, tentaram atraí-lo. Mais tarde, o general alegaria velhos laços de camaradagem da época do tenentismo para justificar os encontros com o líder comunista.

Um dos arquitetos do golpe do Estado Novo, Góes preparava outro que lhe permitisse se dissociar tortuosamente de seu passado autoritário. Aproveitou a decisão de Vargas de demitir o chefe da polícia do Distrito Federal, João Alberto, para pôr a tropa na rua. Companheiro da Revolução de 1930, o amigo demitido proibira a realização, no dia 27 de outubro, de um comício favorável à permanência de Getúlio no poder durante a Constituinte. No dia 3, uma multidão cercara o Palácio Guanabara em apoio ao presidente. Pouco depois, o embaixador americano Adolf Berle Junior discursou contra a continuidade de "ditaduras depois da derrota do nazifascismo", o que foi compreendido por trabalhistas e comunistas como uma intervenção em favor das forças em torno da UDN, que também conspirava.[24] Se em 10 de novembro de 1937, Dutra e Góes Monteiro mandaram cercar o regimento comandado pelo então coronel Eduardo Gomes porque temiam que ele se opusesse pelas armas ao Estado Novo, desta vez, eram aliados. Os três decidiram dentro do Ministério do Exército que o presidente do Supremo Tribunal Federal, José Linhares, assumiria o poder no dia 30. "O que se tem que fazer, que se faça logo", disse o general aos colegas.[25] Os militares, a exemplo de 1930 e de 1937, eram novamente os responsáveis pela mudança do poder. Os carros de combate de Souto cercaram o Palácio Guanabara, e Vargas teve de partir no dia seguinte para seu exílio em São Borja. Nada lhe aconteceu. Nenhum amigo

23 Dutra chegou a comemorar a queda de Paris, em 1940, tomada pelas tropas nazistas. Ver Gaspari, Elio. *A ditadura derrotada*, p. 126.

24 Coutinho, Lourival. *O general Góes depõe...*, p. 423.

25 Coutinho, Lourival. *O general Góes depõe...*, p. 460.

foi preso ou familiar molestado. Nem mesmo seu irmão Benjamin Vargas, que ele quis nomear chefe de polícia. Góes impediu que ele fosse preso quando foi se apresentar no dia 29, no Ministério da Guerra. O mesmo não aconteceu com os comunistas. Muitos de seus militantes foram parar na cadeia, suas sedes foram varejadas e seus jornais empastelados. Prestes, que soube um dia antes do movimento para depor Vargas, refugiou-se em uma casa em Ipanema, que lhe fora arranjada pelo secretário de organização do partido, o poderoso Diógenes Arruda Câmara. No dia seguinte, encontrou-se com generais, como Newton Estillac Leal, um antigo amigo dos tempos de tenente. Queria resistir. Enviou ao Palácio Guanabara o embaixador Orlando Leite Ribeiro para saber da disposição de Vargas, mas este o encontrou "estatelado numa cadeia, sem querer saber de nada".[26]

Prestes temeu a volta à clandestinidade. A repressão aos comunistas durou pouco. Desta vez, até a embaixada americana interveio para fazer cessar a repressão. Ao contrário do que os comunistas pensavam então, os militares não precisavam de ninguém vindo de fora para lhes dizer quando lhes descer o porrete. Estes pareciam cada vez mais fortes. O fim da guerra trouxera prestígio às potências vencedoras, e a União Soviética estava entre elas. A URSS era ao mesmo tempo um país devastado, que perdera 30% de sua riqueza nacional, e uma potência, com um novo império no Leste da Europa. Seu povo sentia que os imensos sacrifícios da Grande Guerra Patriótica não podiam ter sido em vão. Anastas Mikoyan e outros membros da liderança em torno de Stalin sonhavam com a volta do sistema político dos anos 1920, antes da coletivização das terras e do Grande Terror, quando as relações democráticas prevaleciam no partido. A camaradagem instilada em milhões de soldados no conflito parecia distanciar o país do arbítrio dos anos 1930. Havia esperança em Moscou. Mas, em pouco tempo, Stalin retomaria o caminho da desconfiança, do controle e da vingança. As experiências no círculo íntimo do ditador tornavam tensas as relações das lideranças soviéticas com os colegas

26 Reis, Daniel Aarão. *Luiz Carlos Prestes, um revolucionário entre dois mundos*, p. 231. Leite Ribeiro também acompanhou Prestes em suas conversas com João Alberto e Góes; ver Coutinho, Lourival. *O general Góes depõe...*, p. 418 e 419 e para a ação conjunta de Dutra, Góes e Eduardo Gomes, ver p. 456. Para os eventos de outubro de 1945, Skidmore, Thomas. *Brasil: de Getulio a Castelo*, p. 76 a 78.

das outras potências vencedoras. Mesmo o poderoso Vyacheslav Molotov, ministro do exterior, tinha medo de negligenciar algum aspecto e cometer erros durante as negociações. Stalin o vigiava. A felicidade com a vitória cederia lugar à desilusão. No outono de 1945, grandes greves e demonstrações sacudiram as fábricas de defesa nos Urais e na Sibéria, e a polícia secreta registrou mais de 500 mil cartas de protesto contra as duras condições de vida. Uma colheita fracassada agravou a fome em um país que convivia com milhares de pessoas que colaboraram com os ocupantes nazistas, enquanto o inimigo capitalista explodia bombas atômicas no Pacífico. O terreno estava pronto para a nova onda de expurgos e execuções que atingira a União Soviética e os países do Leste Europeu.[27]

ELEIÇÕES. No Brasil, o PCB colheu os frutos da influência internacional da URSS e elegeu nas eleições de 2 de dezembro 14 deputados e um senador (Prestes, com 157.397 votos no Distrito Federal).[28] Seu candidato à Presidência, Yedo Fiuza, obteve 10% dos votos (569.818). O partido controlava duas editoras e oito jornais. Entre seus novos militantes estava o jovem Moacir Longo, que saiu de Garça, no interior paulista, onde o pai se filiara ao partido em maio de 1945, e veio com a família para São Paulo, em outubro. Longo assistiu ao comício de Fiuza no Vale do Anhangabaú e distribuiu cédulas dos candidatos da legenda. Ao completar 15 anos, em outubro de 1946, foi a sua vez de se filiar. Trabalhava então em uma fábrica têxtil, no Ipiranga, na zona sul paulistana.[29] O partido saiu das sombras, mas os militares que defenderam o Estado Novo ainda governavam o País. Dutra se elegera presidente, Álcio Souto era o chefe do gabinete militar e Góes Monteiro senador. Queriam cassar o partido e todos os mandatos de seus parlamentares antes mesmo de a Guerra Fria ser exposta pelo bloqueio de Berlim, pela crise que levou os comunistas ao poder na Tchecoslováquia e

---

27 Fitzpatrick, Sheila. *On Stalin's team: the years of living dangerously in soviet politics*, p. 171 a 175. Para a destruição, ver Taubman, William. *Khrushchev, the man and his era*, p. 179. Para as cartas e as greves, Kershaw, Ian. *To hell and back: Europe 1914-1949*, p. 506.

28 Prestes, Anita Leocadia. *Luiz Carlos Prestes: um comunista brasileiro*, p. 260 e 261. Ver ainda Gaspari, Elio. *A ditadura derrotada*, p. 126, Porto, Walter Costa. *O dicionário do voto*, p. 179.

29 Moacir Longo, entrevista em 11 de dezembro de 2013.

a dissolução dos governos de união nacional dos quais participavam os PCs na Itália e na França. O anticomunismo no Brasil passava a ser um veto que se opunha aos governos, um instrumento de desrespeito ao voto nas urnas; uma aflição dos oficiais, que buscavam manter a união da classe; enfim, uma justificativa tortuosa e manobra de espírito antidemocrático para impor uma visão radical, desconfiada da vontade popular – supostamente fraudada pela demagogia. Ou apenas uma simples esperteza.

Só na Câmara de Vereadores do Rio de Janeiro, os comunistas tinham 18 das 50 cadeiras; entre os eleitos estava o ex-capitão Agildo Barata, comandante da rebelião do 3º Regimento de Infantaria (3º RI), na Praia Vermelha, em 1935. A velha mentira inventada na ditadura Vargas de que, durante a revolta, ele e seus companheiros mataram oficiais legalistas que dormiam ainda o perseguia, somando à traição a covardia.[30] A falsidade seria repetida durante cinquenta anos entre militares, ajudando a sedimentar o virulento anticomunismo das casernas ao associar o adversário à figura vil e covarde, violadora da camaradagem, da honra, da disciplina e da hierarquia militar. Quando ainda dispunha de tribuna para se defender, Agildo desafiou durante dez dias o vereador Adauto Lúcio Cardoso, da UDN, a apresentar as provas dos assassinatos no regimento até o desafeto confessar que caíra no embuste da propaganda de Vargas.[31] Nos anos 1990, ela ainda ressoava na voz do general e ex-presidente da República Ernesto Geisel, um amigo de Agildo Barata que, em 1935, era capitão e estivera entre os legalistas que lutaram contra os rebelados na Escola de Aviação para impedir que abrissem os hangares e decolassem com seus aviões.[32]

---

30 O relatório do inquérito da polícia do Distrito Federal feito pelo delegado Eurico Bellens Porto a respeito da insurreição de 27 de novembro de 1935 não menciona nenhuma execução de oficial dormindo no 3º RI. Existe apenas a descrição da execução do tenente legalista Benedicto Lopes Bragança, que estaria desarmado quando foi morto pelo capitão rebelde Agliberto Vieira de Azevedo. Ver Porto, Eurico Bellens. *A insurreição da ANL em 1935, O relatório Bellens Porto*, p. 51, 52 e 127 a 130 e Motta, Rodrigo Patto Sá. *Em guarda contra o perigo vermelho*, p. 79 a 84, 181, 191 e 197.

31 Barata, Agildo. *Vida de um revolucionário: memórias*, p 336 a 344.

32 Ao se referir sobre os insurrectos do 3º RI, Geisel disse: "Os revoltosos mataram inclusive companheiros que estavam dormindo", Ver D'Araujo, Maria Celina e Castro, Celso. *Ernesto Geisel*, p. 74. "Nós éramos como irmãos", disse Geisel in Gaspari, Elio. *A ditadura derrotada*, p. 38.

A repressão aos comunistas se intensificou partir de 1946 com o fechamento de sindicatos e jornais do partido – Prestes contaria 55 companheiros mortos em comícios e manifestações pelo país durante o governo Dutra.[33] Mesmo com seus 200 mil membros, os líderes comunistas tiveram de voltar à clandestinidade depois que, sob pressão do governo, seus mandatos foram cassados pelo Congresso, em 7 de janeiro de 1948 e de suas organizações – como a União da Juventude Comunista (UJC) – serem declaradas ilegais. O partido havia sido posto na ilegalidade pelo Tribunal Superior Eleitoral (TSE), em 7 de maio de 1947, que entendeu por 3 votos a 2 que a agremiação, conforme o raciocínio de um dos juízes, "contrariava a Constituição, pois seu programa seria contrário ao regime democrático, baseado na pluralidade de partidos e na garantia dos direitos fundamentais do homem".[34] Naquele dia, na sede do partido, o deputado federal João Amazonas aguardava em uma sala o telefonema do advogado da legenda. Quando a votação estava 2 a 2, o homem telefonou e tranquilizou a todos. Estava no papo. Não interessaria ao governo cassar o registro do partido. Iludido com Dutra, pensava que o presidente da Corte era voto certo. Ninguém se preparou para o caso de uma volta à clandestinidade. Conseguiram apenas que o TSE publicasse o acórdão 48 horas depois, dando tempo à agremiação para esvaziar sua sede, removendo arquivos e as fichas de todos os filiados – usaram o carro que servia a Prestes, o único da direção partidária. Transcorrido o prazo, um militante – Hilton Vasconcelos, veterano da FEB – postou-se diante da sede do PCB à espera do oficial de Justiça. O prédio foi lacrado e todos foram embora.[35]

A cassação dos comunistas ia marcar a democracia brasileira pelas próximas quatro décadas. As liberdades constitucionais e o direito à livre associação ficariam sempre presos à armadilha do anticomunismo. Seus vetos e suspeitas envenenariam o país, mergulhando-o em uma utopia autoritária,

---

33 Moraes, Dênis de e Viana Francisco. *Prestes: lutas e autocríticas*, p. 120.

34 Voto do ministro Cândido Mesquita da Cunha Lobo, do TSE, que definiu a cassação do partido – ver Magalhães, Mário. *Marighella: o guerrilheiro que incendiou o mundo*, p. 184. Para a UJC, Carvalho, Apolônio de. *Vale a Pena Sonhar*, p. 174 a 176.

35 Mello, Severino Theodoro de. *O último de 1935*, p. 81. Mello estava ao lado de Amazonas.

na qual se pretendia emascular do sistema político uma de suas forças. A democracia só conseguiria se afirmar se conseguisse conviver mesmo com quem quisesse até mesmo mudar o regime. Assim era na França e assim era na Itália e mesmo nos Estados Unidos. É verdade que a Alemanha Federal proibiria nos anos 1950 os partidos de extrema direita e de extrema esquerda, mas a condição para que ela tivesse permanecido um regime constitucional foi agir dentro da lei, sem deixar as mãos livres à polícia. "O regime constitucional é aquele em que, a despeito de tudo, a barreira suprema é um fio de seda – o fio de seda da legalidade. Se o fio de seda da legalidade for rompido, inevitavelmente se perfilará no horizonte o fio da espada".[36] No Brasil, a elite governante exercitava a dubiedade democrática, quando não apostava abertamente na espada. Condenava-se a paranoia, a mania de perseguição que o anticomunismo desencadeara com o início da Guerra Fria, porém, não se negava a legitimidade à "prevenção justa", que não devia ser negligenciada, conforme afirmara Gilberto Freyre em sua palestra na Escola de Estado-Maior do Exército, em 1948. Então deputado federal da UDN, Freyre alertava ao mesmo tempo para o recurso puro e simples ao fuzil. Dirigia-se aos líderes militares e os advertia de que a nação que tivesse apenas o Exército como força organizada correria o risco de ser um simples cenário de paradas ou campo de manobras. "É uma nação socialmente doente por mais atlética que pareça". Freyre, por fim, pedia aos generais e coronéis que se contivessem para não se tornarem sozinhos a nação ou a defesa nacional. "Nunca foi tão grande o risco do militarismo ou do cesarismo de capote".[37] Eis o fantasma que rondaria o Brasil pelas décadas seguintes.

Na Câmara dos Deputados, 162 parlamentares votaram pela expulsão dos comunistas e 74 se opuseram – 30 estavam ausentes. "Consideramos essa medida inconstitucional e, na sua essência, contraproducente nos seus efeitos, representando um inexplicável crime contra a democracia", declarou o deputado paulista Altino Arantes, eleito pelo PR. A bancada paulista da UDN também se opôs à cassação. Jornais como O *Correio da Manhã* e

---

36 Aron, Raymond. *Démocratie et totalitarisme*, p. 239 e 230.

37 Freyre, Gilberto. *Nação e Exército*, p., 28, 34 e 43.

o *Estado de S. Paulo* também eram contrários. Para eles, o comunismo deveria ser combatido dentro da legalidade constitucional, que seria ferida com a proscrição, assim como os princípios democráticos garantidos pela Carta de 1946. Em sentido contrário, um dos próceres udenistas, Juracy Magalhães (BA), disse ao deputado comunista Henrique Cordeiro Oest, que se elegera pelo Distrito Federal: "Hoje não vim aqui para trocar palavras; vim para trocar tiro." Juracy era tenente-coronel e Oest um major que chefiara um batalhão - o 2º, do 6º Regimento de Infantaria - da FEB, na Itália. Foram tenentes rebeldes nos 1920 e participaram da Revolução de 1930. A política os colocara em lados opostos. Ambos chegariam a general e alternariam derrotas e vitórias nas décadas seguintes. Naquele dia, nenhum deles atirou, nem mesmo o deputado mineiro Benedito Valadares (PSD), que exibiu seu revólver no plenário para impedir que o colega Francisco Pereira da Silva (PSD-AM) apanhasse de outro comunista, Gregório Bezerra (PCB-PE), um ex-sargento veterano da revolta de 1935. "Vendido!", gritou Bezerra, que acusava o governo Dutra de comprar votos para cassar seu partido. Pereira da Silva reagiu enfurecido, gesticulando como se fosse sacar uma arma, mas não intimidou o oponente, que partiu para cima, sendo contido por colegas antes que a briga terminasse em morte. Coube a Maurício Grabois (PCB-DF) a tarefa de discursar pela bancada que seria cassada: "Consumou-se o crime contra a democracia", disse o ex-aluno do Colégio Militar. Os comunistas com os punhos cerrados erguidos subiram nas cadeiras e bancadas do plenário e gritavam, em uníssono, aos colegas, que sorriam: "traidores" e "nós voltaremos!".[38] Por fim, Juracy gritou: "Fora, lacaios de Stalin!"

---

38 *O Estado de S. Paulo*, 8 de janeiro de 1948. *O momento político*, p. 3 e *Correio da Manhã*, 8 de janeiro de 1948, *A votação final, na Câmara do Deputados, da cassação dos mandatos comunistas deu ensejo a vários incidentes*, edição 16313. Entre os que votaram a favor dos comunistas estavam os udenistas Afonso Arinos e Nelson Carneiro e o socialista Barbosa Lima Sobrinho. A favor da cassação se manifestaram pessedistas como Juscelino Kubitschek, Carlos Luz e Horácio Lafer. Ver ainda Reis, Daniel Aarão. *Prestes, um revolucionários entre dois mundos*, p. 250 e 251. Para Juracy Magalhães, Gueiros, J.A. *Juracy Magalhães: o último tenente*, p. 245. Quarenta anos depois, o udenista se dizia arrependido da frase dita a Oest, único dos comunistas a voltar para a Câmara, eleito em 1963 pelo PSP, em Alagoas, onde fora secretário da Segurança Pública em 1961. Seu irmão Lincoln, então dirigente do PCdoB, seria assassinado

CLANDESTINO. Três meses antes, o mesmo Congresso havia aprovado a demissão de todos os funcionários públicos suspeitos de pertencer ao PCB. A Justiça negara aos comunistas o acesso às sedes do partido e o registro ao Partido Popular Progressista (PPP) que eles tentaram formar em uma jogada para continuar na política.[39] Grabois e seu partido, que exigira do plenário a renúncia de Dutra, só tardiamente constataram o isolamento em que estavam e a inexistência de qualquer acordo ou garantia que os preservasse na legalidade. Nem a palavra de Dutra, nem a de Adhemar de Barros, governador paulista, seriam cumpridas. Era um tempo de soluções violentas, tempo em que a palavra e a diplomacia, passo a passo, cediam lugar às soluções bélicas. A política se transformava em guerra, e os opositores em inimigos a serem neutralizados. A paranoia do perigo vermelho voltara. A fraude, a tortura e o arbítrio também. Era nesse clima que o Exército vigiava e garantia o poder. Os chefes da instituição, como o ministro da Guerra, general Canrobert Pereira da Costa, apoiaram as ações contra os comunistas, pois viam nelas um elemento essencial para a manutenção da segurança do país, da ordem interna e da unidade das Forças Armadas diante da atividade pública e do prestígio das lideranças comunistas, boa parte delas saída da tropa.[40]

No dia 16 de janeiro, às 19 horas, o ex-deputado federal Gregório Bezerra estava jantando com a família de Prestes quando ouviu a vinheta do *Repórter Esso*, no rádio. Um incêndio criminoso consumia o 22º Batalhão de Caçadores, em João Pessoa, e suas labaredas podiam ser vistas a dezenas de quilômetro. "Trata-se de sabotagem dos comunistas, em represália ao Exército, contra a cassação dos mandatos dos seus parlamentares", anunciava o rádio. Primeiro, quiseram acusar o ex-capitão Agildo Barata de planejar o crime, mas o comandante da unidade, o coronel Armando Batista Gonçalves, recusou-se a envolver seu antigo aluno na trama.[41] Bezerra

sob tortura no DOI do I Exército, em 1973. Ver ainda Magalhães, Mário. *Marighella: o guerrilheiro que incendiou o mundo*, p. 190 e 191 e Bezerra, Gregório. *Memórias*, p. 405.

39 Pandolfi, Dulce. *Camaradas e Companheiros, história e memória do PCB*, p. 168.

40 Skidmore, Thomas. *Brasil: de Getulio a Castelo*, p. 93 e 94.

41 Barata, Agildo, *Vida de um revolucionário: memórias*, p., 332 e 333.

não imaginava que ia substituir o companheiro na farsa montada por um capitão e pelo coronel. Àquela altura, cinco homens já estavam presos e sendo torturados com a conivência do procurador militar. Eles apontavam Bezerra como autor intelectual do crime. O ex-sargento seria cercado no dia seguinte pelos beleguins do Dops do Rio de Janeiro. Escapou por um momento, graças à intervenção de um dos dois deputados comunistas que permaneciam no Congresso – Pedro Pomar – porque foram eleitos por outro partido, o PSP. Pomar se comprometeu a entregá-lo à Polícia Central. Bezerra primeiro foi colocado em um "cofre" e teve de brigar para ser transferido para uma cela onde pudesse respirar. Só então foi informado que sua prisão fora obra do ministro da guerra. Na madrugada seguinte, foi conduzido algemado ao aeroporto Santos Dumont e, de lá, embarcado para João Pessoa. No regimento, trancafiaram-no em um velho xadrez. O inquérito a que foi submetido era presidido por um general. Quando sua defesa mostrou que a ordem para sua prisão havia sido expedida pelo coronel do regimento um dia antes do incêndio e que as principais testemunhas afirmaram ter confessado sob tortura, o caso ruiu – o Conselho de Sentença absolveu os réus por falta de provas. O inquérito foi encerrado antes que a honra de integrantes da unidade se visse em risco – oficiais eram suspeitos de fabricar o incêndio para encobrir a destruição de provas do desvio de verbas do quartel. A mentira, o medo e a fraude criariam ainda outros complôs comunistas e conspirações que justificavam o arbítrio das ações policiais e a constante ameaça à legalidade e à democracia.[42] Jogados na ilegalidade, os comunistas começaram a conspirar e a agir. Hércules Corrêa e três companheiros decidiram que os trabalhadores de uma empresa na Tijuca, no Rio de Janeiro, tinham de entrar em greve. Estudaram os horários, o local e chegaram cedo ao portão. Hércules encostou o cano da arma nas costas do porteiro, que ia abrir a empresa, e ordenou: "Se abrir, morre!" Enquanto o trabalhador atônito ficou imóvel, os comunistas discursaram e, como os trabalhadores pareciam indiferentes à agitação, um dos camaradas sacou outro revólver e começou a atirar para o alto, berrando: "A fábrica está em

42 Bezerra, Gregório. *Memórias.*p. 405 a 423.

greve; todos para casa!". No dia seguinte, o jornal do partido noticiava a misteriosa paralisação.[43]

Longe do Brasil, um personagem central da próxima década acompanhava tudo à distância, cuidando da compra de armamentos do Brasil nos Estados, como adido militar em Washington. Era o coronel Henrique Baptista Duffles Teixeira Lott, que encarnaria o militar legalista e nacionalista, avesso à anarquia e à indisciplina e, por dez anos, adiaria o acerto de contas entre os militares de extrema direita e os antigos rebelados de 1935, que dominavam a direção do PCB. Mas o tempo parecia favorecer soluções radicais. Prestes, que acreditara ser possível salvar os mandatos em 1947, produziria o manifesto de janeiro de 1948, o primeiro em direção da virada do partido, que deixava a aposta nas liberdades democráticas e nas forças progressistas da burguesia para acusar o regime de ser uma mera ditadura das classes dominantes, formado por elites corrompidas, traiçoeiras e por fascistas. A posição seria confirmada e aprofundada no manifesto de agosto de 1950, confirmando a guinada esquerdista da legenda. As massas queriam lutar e aguardavam a orientação dos comunistas para a criação de uma Frente Democrática de Libertação Nacional e a formação de um Exército Popular de Libertação Nacional, respectivamente o órgãos político e militar na guerra que se preparava contra o governo. "É a guerra que nos bate às portas e ameaça a vida de nossos filhos e o futuro da nação", escreveu Prestes. Mais tarde, o secretário-geral espetaria em Diógenes Arruda Câmara a responsabilidade pela retórica bélica. O poderoso secretário de organização voltara da URSS dizendo que os russos consideravam inevitável uma guerra com o Ocidente. Confinado em aparelhos do partido para driblar a polícia, Prestes estava isolado. Arruda falava por ele, pelo PCB e – quando voltava da URSS – por Stalin. A *Voz Operária* dizia então que as condições para um levante eram mais favoráveis do que em 1935. Se, em condições inferiores, o partido fora capaz de mobilizar 15 anos antes tantas forças, o que não seria capaz então? Perguntava o órgão oficial do PCB em 25 de novembro de 1950. A radicalização da agremiação e sua clandestinidade fizeram escoar seus efetivos – quase nove décimos deixaram

---

43 Reis, Daniel Aarão. *Prestes: um revolucionário entre dois mundos*, p. 254.

o PCB. Sob a clandestinidade, comeava um decênio de chumbo, uma segunda noite escura na vida do partido. Seus militantes sentiram o desterro em seu próprio país, banidos de uma sociedade que buscavam integrar. Nos próximos sete anos, Apolônio de Carvalho, o líder da UJC, iria apenas duas vezes ao cinema.[44]

Prestes voltou à clandestinidade pouco antes da cassação dos mandatos, pois o partido temia que fosse preso. No início, ficou no Rio de Janeiro, mas em 2 de janeiro foi levado sob chuva torrencial a São Paulo, onde chegou na manhã do dia seguinte. Completava 50 anos e ficaria em um aparelho secreto, cuja segurança era responsabilidade de João Amazonas. Era procurado pela polícia da capital federal e de outros Estados, ainda que não tivesse nenhuma ordem de prisão contra o líder dos comunistas. Até mesmo a recém-criada CIA estava atrás de seu rastro. A espionagem americana se valia de seus informantes na polícia brasileira para produzir seus informes sobre onde estaria o *gensek*. Em 20 de agosto, seus informantes detectaram Prestes vivendo sob a proteção do governador paulista Adhemar de Barros. Estaria tuberculoso. Em outubro, ele estava em Santa Catarina antes de voltar a São Paulo. Em novembro, havia rumores de sua presença no Uruguai e na Argentina, para, depois, aparecer em Anápolis, em Goiás, antes de rumar para uma fazenda no Araguaia - a mesma fantasia havia ocupado um relatório anterior, que dava conta da presença do líder comunista naquele Estado, em julho, onde teria sido avistado por um policial em uma propriedade rural, de onde o tira recolheu documentos em código. A fantasia policial terminava com Prestes deixando o lugar secretamente em um pequeno avião em direção a Porto Nacional. Por fim, o agente americano dizia que o líder comunista visitaria o Rio de Janeiro para uma reunião partidária entre os dias 26 e 27 de dezembro. Tudo cascata. Nem Prestes pulava de cidade em cidade e de país em país, nem o policial

44 Pandolfi, Dulce. *Camaradas e companheiros. História e memória do PCB*, p. 175; Prestes, Anita Leocadia. *Luis Carlos Prestes: um comunista brasileiro*, p. 286; Reis, Daniel Aarão. *Luiz Carlos Prestes: um revolucionário de dois mundos*, p. 251 a 254; para Lott, William, Wagner. *O soldado absoluto, uma biografia do marechal Henrique Lott*, p. 50 a 52. Para a clandestinidade, Carvalho, Apolônio de. *Vale a pena sonhar*, p. 176 a 178.

apreendeu qualquer coisa relevante sobre o movimento comunista. A CIA e seus informantes estavam completamente perdidos. Prestes jamais deixou a capital paulista depois que lá chegou no começo do ano. Um mês depois de chegar a São Paulo com Prestes, Amazonas e Arruda Câmara delegaram uma missão a um homem pacato, sorridente, de cabelos pretos, com cerca de 1,60 metro de altura. Nascido em 15 de setembro de 1917, pouco antes de Lenin e os bolcheviques chegarem ao poder na Rússia, Severino Theodoro de Mello era um veterano de 1935 – fora preso em Pernambuco e condenado a 6 anos e 6 meses de prisão. Foi Arruda quem o procurou: "Mello, nós precisamos montar uma casa para o Prestes em São Paulo".[45]

45 Mello, Severino Theodoro de. *O último de 1935*, p. 81. Para a CIA, ver FOIA – *CIA-RDP82-00457R001800380011-3 Whereabouts of Luiz Carlos Prestes*, de 20 de agosto, e os relatórios seguintes de 7 de dezembro e de 24 de dezembro de 1948.

2 UM HOMEM PACATO

O partido e a formação de Vinícius

NA FICHA DE 3 páginas que preencheu em 14 de janeiro de 1955, na Escola Superior do Partido Comunista da União Soviética, em Moscou, Severino Theodoro de Mello informou que sabia falar um pouco de inglês, de francês e de russo e trabalhava para o PCB desde 1945. Fazia quase dois anos que estava em segredo na capital soviética com outros 44 integrantes da 2º turma do curso de formação de quadros do partido, de onde sairiam os futuros dirigentes da revolução brasileira.[1] Ele foi oferecido pelos russos à direção da agremiação brasileira, que viu nas aulas uma forma de realizar uma de suas tarefas primordiais: levar a uma legenda leninista a teoria revolucionária, sem a qual não poderia haver movimento revolucionário. Não era Lenin quem havia escrito que "só um partido guiado por uma teoria de vanguarda pode desempenhar o papel de combatente de vanguarda"?[2] Pois era o que os dirigentes comunistas buscavam fazer: conhecer a experiência e os ensinamentos dos soviéticos, da grande Revolução de Outubro, e, assim, abreviar o caminho da inevitável conquista do poder pelo proletariado no Brasil.

---

1 A ficha de Mello era chamada pelos soviéticos de "currículo de controle". Para o dossiê de Severino Theodoro de Mello em Moscou, ver RGANI, Fundo 5, Lista 109, Documento 1.758. Devo a tradução do russo desse e de outros documentos à pesquisadora Polina Minaeva.

2 Lenin, V.I.; *Que fazer?*, in *Obras escolhidas*, volume 1, p. 96 e 97.

Naquele mesmo dia 14, Mello escreveu sua autobiografia, que devia ser feita à mão, também em três páginas. Contou ali aos instrutores: "Em 1938, na prisão, fui admitido no Partido. Posto em liberdade em junho de 1942, fui trabalhar em um posto de abastecimento de automóveis, no Rio de Janeiro, de propriedade de um militante do partido, meu conhecido". O lugar era de Ivan Ribeiro e de seu cunhado, Francisco Antônio Leivas Otero. Orador de sua turma na Escola de Aviação Militar, Ribeiro foi preso por ordem do então ministro da Guerra, o general Góes Monteiro, em razão de um discurso contestador. Otero era chefe da célula comunista no 3º RI. Ambos eram tenentes quando participaram do levante de 1935. Pacato havia deixado a Ilha Grande pouco depois de chegar ao presídio. Passara quase quatro anos em outra ilha, a de Fernando de Noronha, depois de ter participado do levante do 29º Batalhão de Caçadores, no bairro do Socorro, entre Recife e Jaboatão. Atribuiu em suas memórias, ainda inéditas, que foi a vontade do governo Vargas de manter a ele e aos seus amigos por longo tempo no cárcere, o que permitiu ao partido recrutá-los.

Quando se engajou na conspiração, o cabo Mello se imaginava movido pela "lenda da fase heroica do movimento tenentista". Sabia que os tempos eram outros, assim como as lideranças, reunidas na ANL. "Não cheguei a entender a diferença nem a me interessar por ela: o que importava para mim era que à frente da nova revolução estariam Prestes e outras figuras tenentistas, que não se haviam passado para o lado dos políticos carcomidos".[3] O levante iniciou em um domingo, após a oficialidade legalista pôr o quartel de prontidão, em razão da sublevação do 21º Batalhão de Caçadores, em Natal. Eram 7h30, quando o sargento Miguel Elpídio da Silva lhe disse: "Vamos levantar o batalhão às 9 horas". Os tenentes Lamartine Coutinho Correa de Oliveira e Alberto Bomilcar Besouchet comandaram os homens da 1ª Companhia e da Companhia de Metralhadoras na tomada do quartel. Não conseguiram nem mesmo a rendição dos oficiais legalistas, que se esconderam no pavilhão de Comando. Mesmo baleado na perna, Besouchet seguiu até a estação de trem de Jaboatão, onde, da plataforma,

3 Mello, Severino Theodoro de. *O último de 35*, p. 4 e 5.

discursou para os ferroviários na tentativa de convencê-los a seguir até o quartel e empunhar armas em nome da revolução. À noite, com a chegada de reforços legalistas de outros Estados, abandonaram o quartel e tentaram chegar ao sertão para reeditar a coluna de Prestes, mas foram barrados pela Força Pública pernambucana e, perto do município de Moreno, foram aprisionados aos poucos, grupo após grupo.[4]

Enquanto Mello ia para a cadeia, o partido era destroçado pela polícia do Estado Novo. Em 1940, com a captura da direção, o PCB ficou acéfalo - demoraria três anos para que uma nova cúpula nacional aparecesse. Aos poucos, os contatos entre os militantes foram refeitos e surgiram bases regionais na Bahia, em São Paulo e no Rio de Janeiro, enquanto o Distrito Federal via nascerem dois grupos que buscavam reorganizar o partido: a Comissão Nacional de Organização Provisória (CNOP), no Distrito Federal, e o Comitê de Ação, em São Paulo. O movimento se dividia ainda em três posições relacionadas à melhor tática para combater Hitler e seus aliados. A primeira defendia a dissolução do partido, a exemplo do que correra com a Internacional Comunista, em 1943, para facilitar a unidade da luta contra o nazifascismo, como pregava o secretário-geral do PC americano, Earl Browder. No Brasil, Fernando Lacerda e os irmãos Ilvo e Silo Meireles representavam essa corrente, logo estigmatizada como "liquidacionista".[5] Um segundo grupo - o paulista - era contrário a qualquer apoio a Vargas, que consideram desnecessário para combater o Eixo. Viam a luta contra as ditaduras fascistas indissociável do combate ao Estado Novo. Por fim, havia a terceira posição, a do grupo que se formou em torno da CNOP e do comitê baiano, que defendia a União Nacional em torno do governo contra o inimigo externo.

---

4 Em 1936, Besouchet seria o primeiro oficial brasileiro a chegar à Espanha para lutar pela República. Desembarcou em Barcelona e se alistou na milícia do *Partido Obrero de Unificación Marxista* (POUM), onde chegaria ao posto de coronel. Besouchet acabaria preso após os conflitos em 1937 entre o POUM e os anarquistas da CNT-FAI com socialistas e comunistas. Acusado de trotskismo, provavelmente foi fuzilado pelos stalinistas. Ver Fernandez, Jorge Christian, *Voluntários da liberdade: militares brasileiros nas Forças Armadas Republicanas durante a Guerra Civil espanhola (1936-1939)*, p. 303 a 311.

5 Falcão, João. *Giocondo Dias: a vida de um revolucionário*, p. 117.

Mas foi a CNOP, que tinha em seu secretariado Maurício Grabois, José Medina e Arruda Câmara, que se tornou majoritária e, assim, constituiu-se em núcleo dirigente do partido pelos 15 anos seguintes. Entre 27 e 29 de agosto de 1943, provavelmente em Engenheiro Passos, um distrito de Resende, no Rio, nos contrafortes da Serra da Mantiqueira, o PCB reuniu militantes de Minas, Paraná, Rio, São Paulo, Bahia, Pará, Rio Grande do Sul e Distrito Federal para eleger a nova direção.[6] Compareceram 46 militantes – a legenda contava então com um número de integrantes que variava de 830 a 2 mil pessoas.[7] Armênio Guedes era um deles. Ele apanhou um trem até Volta Redonda, no Rio, com os capitães Péricles Vieira de Azevedo e Júlio Sérgio de Oliveira, então responsável pelo chamado trabalho militar no partido. Lá eram esperados pelo motorista de um caminhão com um toldo na carroceria que os levou ao lugar do encontro.[8] Dormiram em um chão forrado de sacos de jornais em uma casa de poucos cômodos e escura.[9] Na reunião, elegeu-se, ainda que ausente, Luiz Carlos Prestes como secretário-geral. Ele estava encarcerado desde 1936 e tinha duas condenações na cabeça: uma de 30 anos como mandante do assassinato de Elvira Cupello Coloni, a Elza Fernandes; outra de 16 anos e 8 meses de prisão pela revolta de 1935. Mais tarde, na reunião conhecida como Pleno da Vitória, em 1945, diria que a política de união

---

6 Malin, Mauro. *Armênio Guedes, um comunista singular*, p. 56 a 63. Para as divisões no partido, ver Malin, Mauro, *Armênio Guedes, um comunista singular*, p. 54 a 66, Barata, Agildo, *Vida de um revolucionário: memórias*, p. 319 a 324; Preste, Anita Leocadia, *Luiz Carlos Prestes, um comunista brasileiro*, p. 231 a 234 e Falcão, João, *Giocondo Dias, a vida de um revolucionário*, p. 115 a 119.

7 Em seu manuscrito, Severino Theodoro de Mello afirma que o partido tinha então 830 pessoas organizadas em todo País; Luiz Carlos Prestes em sua entrevista a Dênis Moraes e Francisco Viana, afirma que eram 2 mil os integrantes; Diógenes Arruda, em sua entrevista para Albino Castro e Iza Freaza afirma ter consigo reunir 1.800 militantes na época da conferência, quase mil a mais do que um ano antes, quando foi iniciado o trabalho de reorganização (980 militantes).

8 Péricles Azevedo era integrante da CNOP, ver entrevista de Diógenes Arruda para Albino Castro e Iza Freaza. Militar da ativa do Exército, ele era do Serviço de Intendência e irmão de Agliberto Azevedo, que fora preso em 1935. Expulso do Exército, ele seria até o fim leal a Prestes e integraria o Comitê Central do partido. Júlio Sérgio morreria de câncer nos anos 1950. Ambos faziam parte, ao lado de Henrique Cordeiro Oest, outro militar ligado ao partido, da Liga de Defesa Nacional.

9 Reis, Dinarco, *A luta de classes no Brasil e o PCB*, volume 1.

nacional em torno do governo e o apoio incondicional à política de guerra decidida na Conferência da Mantiqueira, embora acertada, era inseparável da luta pela democracia no País, com a libertação dos presos políticos, o que só ocorreria em 1945. Prestes cobrava dos companheiros os dois anos a mais que passou no cárcere, enquanto a legenda se reorganizava com a direção de Arruda, Maurício Grabois, José Medina e João Amazonas. Pedro Pomar, na comissão executiva, e Carlos Marighella, eleito para o Comitê Central, também participavam da cúpula do partidão.[10]

Durante as lutas entre os comunistas para definir qual a melhor política na luta contra o nazifascismo, Mello cometeu seu primeiro pecado partidário, registrado em sua autobiografia em Moscou: estivera ao lado dos que desejavam dissolver o partido. Com sua letra clara, Pacato alegava que não foi "capaz de compreender por falta de ideologia proletária e base teórica, que aqueles elementos não eram outra coisa senão desertores da revolução, a serviço do inimigo". Por isso, contou, passou "a aceitar, na prática, as suas teses liquidacionistas". "Embora, já dois ou três meses depois, cortasse relação com os dirigentes desse grupo – Silo Meirelles e outros – por entender que faziam luta pessoal contra os dirigentes da então CNOP e me esforçasse para orientar-me numa situação que a mim parecia confusa e, honestamente, procurasse o Partido, no entanto, só num processo de dois anos é que fui vendo na prática da atividade política que aquele grupo era realmente de desertores e traidores".[11] Sua confissão foi parar na ficha que os soviéticos mantinham de Mello e foi alimentada com novas informações, pelo menos, até meados dos anos 1980. Essa era uma nódoa que tornava Pacato uma presa fácil para os serviços de segurança da URSS no futuro.

Ele começou seu caminho rumo à escola de quadros do PCUS, em Pushkino, a 60 quilômetros de Moscou, em fevereiro de 1948, quando Arruda Câmara o procurou para que assumisse a tarefa de viver com Prestes. Devia cortar totalmente as relações com sua família, exceto com a mulher

10 Ver Malin, Mauro. *Armênio Guedes, um comunista singular*, p. 58 e Diógenes Arruda Câmara, entrevista a Albino Castro e Iza Freaza.

11 Para o dossiê de Severino Theodoro de Mello, RGANI, Fundo 5, Lista 109, Documento 1.758.

e o filho de 5 anos, que o acompanharia. Era necessário dar a impressão de que na casa morava um "casal normal". Passaria os próximos dois anos e oito meses nessa tarefa até se convencer de que Prestes estava cansado de sua companhia. Conhecera o secretário-geral do partido pouco antes de ele sair da cadeia. Acompanhava o ex-tenente André Trifino Corrêa em uma visita ao cárcere. Décadas depois, ao escrever sua autobiografia, Mello reputaria ao encontro com Prestes o fato de se afastar dos liquidacionistas. Na casa em que vivia com o secretário-geral no fim dos anos 1940, nem mesmo Anita, a filha do líder comunista com Olga Benário, podia visitar o *gensek*. O isolamento era absoluto. Arruda e Amazonas, que sabiam da presença do líder no País, passaram mais de um ano sem vê-lo. Mello comprava seis jornais diários para Prestes, entre eles *O Estado de S. Paulo*, a *Folha da Manhã*, *A Gazeta* e o *Diário da Noite*. O Cavaleiro da Esperança estudava e escrevia. A correspondência chegava e saía por meio do dentista Antônio Lemme Junior, irmão do major Kardec Lemme, com quem Mellinho se encontrava. Com a prisão preventiva decretada pela Justiça, foi só em 1949 que o líder passou a receber as visitas de Arruda e de Amazonas. Participou então de duas reuniões da Executiva. "Na primeira, fui com o Amazonas. Na seguinte, o Giocondo Dias substituiu o Amazonas".[12] A última delas aconteceu em julho de 1950, em uma casa alugada por Mello, no Brooklin, na zona sul paulistana, onde foi aprovado o Manifesto de Agosto, a mais radical das viradas políticas do PCB. Ao término da reunião, Arruda pediu a Pacato que fosse comprar "alguma coisa especial" para o almoço de confraternização. Queria comemorar a superação de divergências na Executiva do partido em torno do documento. A radicalidade do manifesto, que pregava a criação de comitês da FDLN para preparar a luta armada contra o governo, era vista por Mello como resultado da polarização do momento, em que o País discutia se enviaria ou não tropas à Guerra da Coreia, como solicitado pelo governo americano. "Diante da violência dos dominadores, a violência das massas é inevitável e necessária; é um direito sagrado e um dever ineludível de todos os patriotas", dizia o manifesto.

12 Mello, Severino Theodoro de, *O último de 35*, p. 83.

A guinada esquerdista do partido começara em janeiro de 1948, após a cassação dos mandatos do PCB e o rompimento das relações diplomáticas do Brasil com a URSS. Ela se somava ao avanço das democracias populares na Tchecoslováquia e na Hungria, à nomeação de um marechal russo – Konstantin Rokossovsky – como ministro da Defesa da Polônia e ao bloqueio de Berlim Ocidental, apenas dois anos após o discurso de Winston Churchill, em Fulton, no Missouri, onde o ex-premiê britânico, que partilhara com Stalin a Europa em um pedaço de papel estabelecendo as áreas de influência no pós-guerra, cunhara a expressão "cortina de ferro" para designar os países satélites da União Soviética na Europa. A confrontação catastrófica entre Ocidente e Oriente parecia inevitável após a vitória da revolução comunista na China, a guerra civil grega, a explosão da bomba atômica soviética e a reação popular após o atentado ao líder comunista italiano Palmiro Togliatti, em 1948. Tudo aumentava a paranoia anticomunista e a reação dos comunistas. Stalin recomeçava a fazer rodar o moedor de carne que consumira 800 mil no Grande Terror entre 1936 e 1938. Seu novo alvo era o cosmopolitismo, o pecado dos comunistas iugoslavos, liderados pelo marechal Josip Tito, que se recusaram a se submeter a Moscou. O titoísmo era a nova heresia soviética, depois do trotskismo, e levaria a processos-farsa na Bulgária, na Romênia, na Hungria e na Tchecoslováquia, deixando vítimas entre antigos combatentes da guerra civil espanhola e comunistas judeus, exibindo o indisfarçável antissemitismo do líder soviético. Mesmo na URSS, Stalin recomeçaria a cortar cabeças, como no processo que ceifou os chefes do PC em Leningrado.[13]

---

13 Para o documento de Churchill, o "percentage agreement", ver Beevor, Antony. *The Second World War*. p. 638 e 639. O papel não citava a Polônia e deixava Iugoslávia e Hungria indefinidas, com 50% de influência para os russos e 50% para os ingleses. Para ascensão das democracias populares na Europa oriental, ver Kershaw, Ian. *To hell and back*, p. 501 a 522, e para os processos stalinistas no Leste Europeu, ver London, Artur. *L'Aveu,* Khlevniuk, Oleg V. *Stalin, new biography of a dictator,* p. 280 a 286 e para o Grande Terror, Khlevniuk, Oleg V. *The history of the Gulag*.

CLANDESTINO. No Brasil, a crescente repressão policial aos movimentos populares, greves e manifestações das forças progressistas empurrava os comunistas à ruptura com a política de união nacional. O primeiro passo à mudança foi o manifesto de janeiro de 1948, assinado por Prestes, que caracterizava o governo Dutra como de "traição nacional, a serviço do imperialismo americano", e apontava para o "ressurgimento do fascismo no país". O documento criticava ainda a política anterior dos comunistas por sua "sistemática contenção das massas proletárias em nome da colaboração operário-patronal e da aliança com a 'burguesia-progressista'".[14] A mudança se completou, em seguida, com a rejeição de todo tipo de aliança ou atuação comum nos sindicatos e nos movimentos populares, colocando o PCB de volta no gueto da clandestinidade. Era uma época de homens partidos. Época em que um comunista não podia ter um amigo que fosse da "canalha trotskista"; se o trotskista fosse um parente, o comunista tinha de sair de casa; se fosse preso, o militante não podia falar nem mesmo o nome ou a profissão à polícia e casar, como os jovens Armênio Guedes e Zuleika Alambert, só depois de o partido abençoar a união. Questionado sobre Carlos Echenique, um intelectual trotskista que frequentava o seu escritório, o arquiteto Oscar Niemeyer respondeu: "Ah, não, ele é só canalha, não é trotskista. Podemos ter relações com ele".[15] Os comunistas viam o governo do marechal Dutra como de traição nacional e pregavam o voto em branco na eleição presidencial daquele ano, que teriam como candidatos Getúlio Vargas (PTB), Cristiano Machado (PSD) e o brigadeiro Eduardo Gomes (UDN). Em Belo Horizonte, o militante Marco Antônio Tavares Coelho experimentava a cadeia pela primeira vez em razão da campanha pelo voto nulo. Mas a legislação proibia a prisão de qualquer pessoa na véspera do pleito. E, assim, o jovem que distribuía o Manifesto de Agosto foi posto em liberdade. Era um tempo em que, não enxergando mal algum em enganar os políticos burgueses em nome da revolução, o Comitê Regional de São Paulo aceitou de 1948 a 1950 pagamentos mensais do equivalente a R$

---

14 Prestes, Anita Leocadia. *Luiz Carlos Prestes, um comunista brasileiro*, p. 279 a 293.

15 Malin, Mauro. *Armênio Guedes, um comunista singular*, p. 65 e 66. E ainda Moraes, Dênis de e Viana, Francisco. *Prestes: lutas e autocríticas*, p. 121.

50 mil para "apoiar" o governador Adhemar de Barros, quantia que passava pelas mãos de Armênio Guedes antes de ser entregue a Carlos Marighella.[16]

Para alguns, o partido se militarizava. O fantasma do anticomunismo alimentava fantasias, como as do informante da CIA que acreditava ter detectado um carregamento de armas para o PCB em um navio polonês que se dirigia a Buenos Aires.[17] A direção assumiu uma política de desprezo pelos quadros intelectuais, o que estimulava a idealização de militantes de origem operária ou camponesa, processo que chegava até a direção. O mandonismo e a intolerância logo provocaram baixas na organização tanto quanto a radicalização, como a decisão de abandonar os sindicatos existentes em busca da criação de entidades puramente comunistas. O período era de vacas magras para a militância, que tinha entre suas principais tarefas a organização de cursos de formação política do partido pelo país. Instalado em Niterói, então capital do Rio de Janeiro, Adalberto Temótio da Silva, trabalhava na secretaria de organização sob as ordens de Arruda e resolveu questioná-lo a respeito das bases que o líder dizia existir em Barra Mansa, Volta Redonda e Campos, no interior fluminense. "Não me chame de Arruda", respondeu o mandachuva. "Você acha que eu estou mentindo?" As bases haviam deixado de existir e o dirigente se recusava a enxergar. Diante do atrevimento do subalterno, decidiu mandá-lo a Sergipe, aonde Adalberto chegou sem dinheiro para voltar e sem contatos para fazer. Recebeu apenas uma recomendação: "Não faça como o macaco quando cai na água, que põe as mãos no ouvido e morre afogado!" Traduzindo: que se virasse. Encontrou um tecelão e a filha de um militante assassinado pela represssão durante a campanha do "Petróleo é Nosso" e daí partiu para reconstruir o partido no estado, esfacelado pela ação da polícia. Dois anos depois, em 1952, a direção lhe deu uma nova tarefa, desta vez, em Alagoas. Tinha de atacar a delegacia onde estava preso o advogado Jayme Miranda e resgatar

---

16 Magalhães, Mário. *Marighella, o guerrilheiro que incendiou o mundo*, ps. 205 e 206. Magalhães credita a Guedes uma informação – a de venda de voto dos comunistas pelo núcleo dirigente – que fizera parte do livro *O Retrato* sem que o autor, Osvaldo Peralva, revelasse os nomes. Para a prisão em Minas Gerais, ver Coelho, Marco Antônio Tavares. *Herança de um sonho*, p. 108 e 109.

17 *Smmugling of arms into Brazil and Argentina*, FOIA-CIA, 11 de julho de 1950.

o dirigente do partido. Planejou explodir uma parede do prédio e retirá-lo da cela. Adalberto foi a Maceió e procurou a família do preso, que se assustou com seus planos. Em vez da dinamite, ela apostava em uma solução mais tradicional: aguardar a decisão judicial sobre o habeas corpus pedido pelo advogado de Miranda, um filho de usineiros chamado Teotônio Vilela. Aliados aos contatos do pai do preso, um dos expoentes da maçonaria local, acreditavam que a ordem de libertação seria dada. E ela saiu rápido. Mas havia uma última condição: o preso seria solto na divisa do estado. Miranda recuperaria a liberdade, mas, para sua segurança, era melhor picar a mula de Alagoas. A polícia o libertou em Barracão, cidade na divisa com a Bahia.[18]

O isolamento e a ilegalidade transformariam em pouco tempo o maior partido comunista das Américas, com seus 200 mil membros, em uma seita, com pouco mais de 20 mil integrantes. Décadas depois, o dirigente comunista Moisés Vinhas afirmava que os comunistas só não desaparecem por completo do cenário político em razão das campanhas pela paz, contra a Guerra da Coreia e a bomba atômica e pelo monopólio estatal do petróleo.[19] O militante sindical Fernando Pereira Christino já não conseguia emprego na indústria têxtil. Participou da greve na fábrica de tecidos Moinho Inglês, no bairro da Gamboa, no Rio de Janeiro, e entrara para a lista negra dos patrões depois de 51 dias de paralisação. Acabou preso, levado para o Dops e solto após a intervenção do ministro do trabalho do governo Vargas, João Goulart. O isolamento era tão grande que a direção proibia as atividades que não fossem clandestinas. Quando os maiores partidos da Câmara de Vereadores de Cariacica, no Espírito Santo, decidiram oferecer a presidência da Casa ao comunista Antônio Ribeiro Granja, o único eleito que acreditavam ser neutro entre o PSD e a UDN, a direção do partido obrigou o parlamentar a recusar o acerto e a votar contra si mesmo na eleição em que foi derrotado com seu próprio voto.[20]

---

18 Temótio da Silva, Adalberto. *Valeu a pena sonhar!*, p. 49 a 56.

19 Vinhas, Moisés. *O Partidão – A luta por um partido de massas (1922-1974)*, p. 95.

20 Gomes, Dino Oliveira. *A práxis do guerreiro, a história de Antônio Ribeiro Granja*, p. 62. Para as greves no Rio de Janeiro, Christino, Fernando Pereira. *Uma Vida de Lutas Dedicada ao Comunismo*, p. 20 e 21.

O gueto em que estavam os comunistas só começaria a se romper em 1952, depois do abandono da política sindical sectária. A nova diretriz pedia a volta dos militantes do partido aos sindicatos oficiais. Um ano depois, o resultado era o primeiro movimento operário que tirava os comunistas do *corner*: a greve dos 300 mil, em São Paulo. Era 18 de março, quando milhares de operários fizeram uma manifestação diante da sede do governo paulista, então no palácio dos Campos Elíseos. Não obtiveram resposta do governador Lucas Nogueira Garcez. No dia 25, os têxteis, liderados pelo operário Antônio Chamorro, entraram em greve. Queriam 60% de reajuste. No dia seguinte foi a vez dos metalúrgicos, onde se destacava Eugênio Chemp. O movimento começou com 60 empresas e 70 mil operários parados. Em 29 dias de paralisação, mais de 2 mil grevistas acabaram detidos pela polícia, que, em 9 de abril, chegou a reprimir a bala uma passeata liderada por Chemp. Ao todo, 270 empresas foram atingidas até que os patrões ofereceram 32% de reajustes dos salários. Os presos foram libertados, o trabalho retomado e os agitadores demitidos. Durante a paralisação, Chemp, Chamorro e a comissão central de greve mantinham contatos com a direção do partido.[21]

A decisão do partido de deflagrar a luta armada por meio da organização de comitês da FDLN caiu no vazio. Armênio Guedes, então membro suplente do Comitê Central, conta que um dia questionou um dos integrantes da Executiva do partido sobre como formar a frente e criar os comitês. "Perguntei ao Grabois: 'Com quem em que condições isso pode ser feito?' Ele respondeu: 'Aluga-se uma casa, por um mês que seja, pendura-se na fachada uma placa escrito Frente Democrática da Libertação Nacional e resiste-se o quanto for possível'".[22]

---

21 Carlos Marighella dirigia o comitê de São Paulo. Para a greve dos 300 mil, ver Magalhães, Mário. *Marighella, o guerrilheiro que incendiou o mundo*, p. 208 a 211; Christino, Fernando Pereira. *Uma vida de lutas dedicada ao comunismo*, p. 24 e 25; Coelho, Marco Antônio Tavares. *Herança de um Sonho*, p. 149 e Prestes, Anita Leocadia. *Luiz Carlos Prestes, um comunista brasileiro*, p. 290 a 293.

22 Malin, Mauro, *Armênio Guedes, um comunista singular*, p. 92.

Em Minas Gerais, o desejo de seguir o exemplo da revolução chinesa levou o secretário político do PCB no Estado, o ex-tenente Ivan Ramos Ribeiro, a apostar em criar uma área livre no Triângulo Mineiro. Dois anos antes, Marco Antônio Coelho tivera a ideia de liderar a marcha dos 2 mil internos do leprosário de Três Corações até a cidade como forma de pressionar o governador, Milton Campos (UDN) a mudar a direção do lugar, que deixava os pacientes à míngua. O estigma da lepra e o medo que a doença provocava levou o pânico à cidade. O governo mandou a polícia barrar o caminho dos doentes, mas também removeu a direção do lugar. Para levar adiante a ideia da área liberada, o partido escolheu um conflito entre meeiros da fazenda dos ingleses, expulsos da terra pelo dono da propriedade que desejava transformá-la em pasto. Orientados pelo partido, os camponeses começaram a arrancar as mudas de capim e acabaram presos. Vinte e três deles foram parar na cadeia de Pouso Alegre. Organizou-se uma caravana à cidade para pedir a libertação do grupo. Os comunistas cercaram a cadeia, mas não conseguiram invadi-la. Os detidos foram mandados a Uberlândia e para lá o governador enviou reforços policiais. O partido não desistiu. Enviou em um carro Coelho, Armando Ziller e Artur de Andrade, um militante procurado pela polícia por ter assassinado um policial. Iam com três fuzis, munição e um equipamento gráfico para a agitação. Deixaram Belo Horizonte de madrugada para a viagem, que deveria durar 14 horas. Perto de Araxá, o carro quebrou. Tiveram de pedir socorro a um militante de Uberlândia, que se recusou a transportar a carga. A ação dos futuros guerrilheiros se reduziu a fazer uma manifestação na porta da delegacia com 20 mulheres, quando uma delas desferiu um golpe de sombrinha que ensanguentou a cara do delegado José Henrique Soares, que tentava dispersá-las.[23]

No período, houve duas oportunidades para o "arrudismo", a radicalização do período identificada com seu secretário de organização, manifestar-se. Foi durante as lutas camponesas de Formoso e Trombas, em Goiás, e em Porecatu, no Paraná, onde os posseiros, ainda que distantes do PCB, tinham no partido uma referência. Em 1954, o PCB enviou para Goiás homens e armas – Ângelo Arroyo teria cuidado de um desses carregamentos.

---

23 Coelho, Marco Antônio Tavares. *Herança de um sonho, memórias de um comunista*, p. 116 a 119.

Foi o ano da batalha de Tataíra, que expulsou da região os jagunços e a polícia do Estado. Mais tarde, o partido mandaria Antônio Granja, recém-retornado da URSS. Ele se valeria do trabalho ali para organizar, em 1957, a primeira célula do partido em Brasília, a capital ainda em construção. O dirigente aproximou os camponeses dos políticos locais e acabou integrando a direção da Associação dos Trabalhadores Agrícolas de Formoso. O resultado das duas revoltas camponesas foi desenvolver em setores do partido a certeza de que as condições regionais e nacionais para a deflagração de uma revolução nos moldes da chinesa, com suas terras liberadas, existiam nas duas áreas, e poderiam se alastrar por todo o país.[24]

A radicalidade do período engendrava separações. Pouco antes da publicação do Manifesto de Agosto, Arruda, então secretário de organização do partido, procurou Lygia Prestes, a irmã do secretário-geral com quem vivia Anita, a filha do Cavaleiro da Esperança. Anita havia sido resgatada pela avó Leocadia e pela tia em 21 de janeiro de 1938, quando tinha apenas 14 meses, da prisão nazista onde nasceu, depois que a mãe Olga fora entregue por Vargas ao regime de Hitler. O dirigente queria comunicar uma decisão do partido: estava decidido que Anita ia morar em Moscou, pois o PCB se preparava para mudar sua orientação e a direção se mudaria para a Serra da Mantiqueira, de onde desencadearia a luta armada contra o regime, o que jamais aconteceu. Ninguém mais poderia cuidar da segurança da filha de Prestes, que estaria exposta às forças da reação. Diante da resistência da tia, Arruda ameaçou mandar Anita, então com 13 anos, para um colégio interno na União Soviética.

Prestes, mais tarde, contou a filha, não tinha condições em seu isolamento de se opor à decisão do secretariado dominado por Arruda. Este obrigou tia e sobrinha a passarem para a clandestinidade e enviou, sem aviso prévio, Pedro Pomar à casa onde moravam. Deviam apanhar uma pequena maleta, documentos e acompanhá-lo. Por dois meses pularam de apartamento em apartamento de militantes legais do partido até passarem pelo imóvel do dentista Lemme Junior. Pouco antes de partir, outro

---

24 Cunha, Paulo Ribeiro. *Aconteceu longe demais: a luta pela terra dos posseiros em Formoso e Trombas e a revolução Brasileira (1950-1964)*, p. 283 a 289; Gomes, Dino Oliveira. *A Práxis do Guerreiro. A história de Antônio Ribeiro Granja*, p. 76 a 84.

hóspede clandestino estava no imóvel, o que fez Arruda ordenar que Lygia e Anita só podiam deixar o quarto que dividiam quando o hóspede se fechava em seu quarto. "Afinal, um dia, Arruda apareceu e resolveu que nada daquilo era necessário: chamou a todos para nos encontrarmos na sala do apartamento. Haveria alguma razão para tal comportamento?"[25] Antes da partida para Moscou, permitiram que Anita se despedisse do pai. "Lygia e eu acompanhamos o mandachuva do partido, sem nada perguntar, numa caminhada pelas ruas de Copacabana. Num lugar escuro estava estacionado um automóvel no qual nos foi dito para entrar." Além do motorista, que não conseguiram identificar, ali estava João Amazonas, com óculos escuro e um chapéu enterrado até os olhos. Aconselhou que as moças cobrissem a cabeça com um lenço para que não fossem identificadas, como nos filmes *noir* de Hollywood. Fazia calor e, quando o carro encrencou – era o segundo veículo que dava problema na viagem – em Bananal, Amazonas disse às duas que olhassem para baixo, enquanto os moradores ajudavam o motorista a sair do lugar. Mais tarde, em Jacareí, quando imaginou que os perseguiam, ordenou ao motorista a meter o pé na tábua. Deixaram para trás os tiras invisíveis e chegaram a São Paulo ao entardecer. E outra vez Anita e a tia tiveram de se submeter à ordem de Amazonas de olhar para baixo e caminhar sem parar, nem mesmo para apanhar o casaco que a adolescente deixou cair no chão. Ao fim de tudo, chegaram ao sobrado onde Mello, a mulher e o filho viviam com Prestes. O pai aconselhou a filha a estudar e narrou episódios da vida de sua mãe, dizendo que estava certo de que a menina saberia seguir o exemplo e ser digna de seu martírio.

ESCOLA EM MOSCOU. Anita e a tia já estavam na URSS havia dois anos quando Moscou começou a receber dezenas de brasileiros. Depois do Manifesto de Agosto, a direção do partido lançara uma campanha de educação de seus quadros para prepará-los para a revolução. Era o "trabalho de educação". O partido selecionou professores e organizou escolas clandestinas no Brasil, para onde os militantes eram levados em carros e só se

---

25 Prestes, Anita Leocadia. *Viver é tomar partido*, memórias, p. 66 a 70.

chegava com os olhos vendados. Alunos e professores dormiam, o mais das vezes, em colchonetes ou esteiras, fossem profissionais do partido na clandestinidade ou militantes de vida normal preservada. Alimentavam-se com o que o partido conseguia reunir e permaneciam trancados e recebendo aulas sobre economia política e marxismo. Jorge Amado participou de um desses. Operários, militares, camponeses e dirigentes passaram pelos cursos Stalin no Estado do Rio de Janeiro, São Paulo, Pernambuco, Minas e Rio Grande do Sul. No Distrito Federal, alugaram um sítio, a Vila dos Confins, onde um pomar garantia laranjas, toranja, caqui, pêssegos, bananas e fruta-do-conde para a alimentação dos alunos. Era quase um hotel clandestino, que recebia até 40 alunos, inclusive dirigentes de partidos comunistas da América do Sul. Em São Paulo, o partido alugou um palacete de dois andares, cinco quartos, vários banheiros, todo mobiliado, na Lapa, onde dois militantes desempenhavam o papel de um rico casal de paulistas, enquanto dirigentes, professores e funcionários da escola viviam em duas habitações nos fundos, destinadas aos serviçais da casa.

Em 1954, em um informe feito ao IV Congresso do partido, Jacob Gorender fez o seguinte balanço desse trabalho: "A partir de 1951 até agora, passaram pelos cursos elementares do partido de quatro dias, 1.960 alunos; pelos cursos médios, de seis a quinze dias, 1.492 alunos e pelo curso superior do Comitê Central, 534 alunos." Mello frequentou em junho de 1953 um dos cursos do CC, que durou 21 dias.[26] Em um deles, enquanto procurava uma citação em *Que fazer?* para usar em um trabalho que estava escrevendo para Arruda, o jornalista Osvaldo Peralva recebeu a notícia de que partiria para a União Soviética. Teve ainda uma missão antes do embarque: providenciar os passaportes para os 45 alunos da turma, uma tarefa difícil, pois parte deles era procurada pela polícia. Nada que o suborno não pudesse resolver. Peralva era secretário de Arruda, o homem que cultivou até o fim da vida um bigode à moda de Stalin, e que escolheu a dedo os participantes da turma que viajaria para a pátria do socialismo. Se no

26 Peralva, Osvaldo. *O retrato*, p. 34 e 35; Coelho, Marco Antônio Tavares. *Herança de um sonho, memórias de um comunista*, p. 141 a 149; dossiê de Severino Theodoro de Mello, RGANI, Fundo 5, Lista 109, Documento 1.758.

Brasil eram formados os cabos e sargentos da futura revolução, na Escola do PCUS seriam forjados os generais e demais oficiais. Pacato estava entre os escolhidos que partiram à União Soviética em um navio italiano como passageiro da terceira classe, enquanto outro grupo, composto por intelectuais do PCB, foi de avião. Nele estavam Peralva e Moacir Werneck de Castro. "Ninguém ia desconfiar deles. Tinham cara de gente acostumada a pegar avião", afirmou Mello.

Todos iam se juntar a João Amazonas e seu secretário, Mário Alves, que partiram 15 dias antes. Um ano antes, outra turma com 12 integrantes, entre os quais Jacob Gorender, Maurício Grabois e Nestor Veras, concluíra o curso. Armênio Guedes, um de seus integrantes, adoeceu e foi internado em um hospital em Moscou. Estava na cama quando ouviu o barulho de blindados nas ruas. Ele se pendurou na janela e viu os tanques passarem. Imaginou que fosse a o começo da 3º Guerra Mundial. Era 5 de março de 1953. Stalin acabava de morrer. O choro encheu os corredores do lugar. A jovem Anita também estava em Moscou naquele dia. Ficou abalada e tentou com a tia ir à Casa dos Sindicatos Soviéticos, onde o líder era velado. Mas a população aglomerada e intransponível na rua atemorizou as duas. Temendo serem esmagadas, voltaram para casa. Dias depois, Anita seria convidada pelo Comitê Central do PCUS a comparecer ao velório e pôde então se despedir do *gensek*. No Brasil, a direção do PCB lançara uma conclamação aos trabalhadores e amigos do partido, demonstrando nas primeiras linhas o culto ao líder morto: "Camaradas e amigos! Perdemos nosso pai querido, nosso mestre amado, o maior amigo de nosso povo, o venerado camarada Stalin. O coração generoso que sempre pulsou pelos trabalhadores e pelos povos oprimidos deixou de bater para sempre." O texto seguia com as expressões "cérebro genial", grande comandante, sábio e mestre na arte de dirigir, porta-estandarte da paz, até concluir: "Perdemos o maior gênio que a humanidade produziu".

Quando era questionado sobre o programa do partido, Arruda costumava dizer. "Não se pode tocar, mudar uma vírgula nesse programa, porque ele foi aprovado pelo camarada Stalin. É perfeito".[27] Para Arruda, não havia

27 Malin, Mauro. *Armênio Guedes, um comunista singular*, p. 99 e 118. Prestes, Anita Leocadia. *Viver é tomar partido*, p. 78 e 79.

espaço entre os comunistas para dúvidas. Expressões como "liberdade de crítica" soavam como atividade antipartido, desvio pequeno-burguês ou veleidade de intelectuais; uma simples desculpa para o abandono da revolução pelo reformismo burguês.[28]

A morte de Stalin abriria um processo de mudanças na liderança soviética que levaria ao poder Nikita Khruschov, um camponês ucraniano que começaria fuzilando Lavrenti Beria, o chefe da KGB, faria as pazes com Tito, defenderia um processo de abertura do regime – o Degelo – e revelaria em uma sessão secreta do 20º Congresso do PCUS os crimes de Stalin. Foi no começo desse lento processo que Armênio encontraria em Moscou os integrantes da segunda turma de alunos da escola de quadros, entre os quais estava Zuleika, sua mulher, que ele não via há mais de um ano. No avião que o conduzia à Europa, Peralva não sabia quanto tempo ficaria na URSS. Arruda uma hora dizia três anos, outra falava em um ano. Ele e os colegas com cara de gente rica chegaram a Praga antes dos 16 que haviam partido antes, em agosto, no navio que transportara Mello e o sindicalista Geraldo Rodrigues dos Santos, um negro que gostava de cantar como tenor, até Gênova. De lá, seguiram de trem para a Tchecoslováquia, onde ficaram duas semanas antes de viajarem de trem para Moscou. Os intelectuais mais uma vez foram de avião. Foram recebidos pelos responsáveis das relações com os partidos comunistas das Américas na Sessão de Relações Internacionais do Comitê Central do PCUS, Vitali Korionov e Andrei Mikhailovich Sivolobov, logo chamado de Silva Lobo pelos brasileiros. Era setembro e fazia frio, assim como fria foi a recepção aos alunos na escola, que ocupava a antiga propriedade de campo dos governadores de Moscou, nos tempos do czar.

O lugar tinha dois pavimentos. Com Pacato, Geraldão e Peralva estavam ainda Pedro Pomar, João Massena e Mário Alves. Todos tiveram de arrumar codinomes. O de Peralva era Ribeiro. O de Armênio, André Victor. A ficha de Mello registra que o dele era Ernesto. Seus instrutores anotaram em seu prontuário que o brasileiro "estudou bem, trabalhou muito e, durante o curso, cresceu bastante". O país começara a se desfazer de Stalin.

28 Lenin, V.I. *Que fazer?*, in *Obras escolhidas*, volume 1, p. 84 a 90.

Nos dias subsequentes à morte do líder, Lavrenti Beria, que tinha sob suas ordens a MVD (depois KGB), mandou soltar 1.181.264 dos 2.526.401 prisioneiros do Gulag. A anistia alcançara então os presos que cumpriam penas de até 5 anos e excluía os 500 mil criminosos políticos. Fez ainda questão de entregar pessoalmente ao poderoso colega de partido Vyecheslav Molotov, a mulher, Polina Zhemchuzhina, que Stalin mandara prender em 21 de janeiro de 1949, em meio de sua campanha antissemita.

Beria foi o primeiro integrante do círculo íntimo de Stalin a pressionar por reformas. Quando um diretor de cinema lhe apresentou o roteiro de um filme que glorificava seu antigo mestre, disse: "Esqueça esse filho da puta. Stalin era um canalha, um selvagem, um tirano!" Meses depois, o próprio Beria seria preso por seus colegas de partido. Ao término de uma reunião, os conspiradores chamaram o marechal Georgy Zhukov, herói da 2ª Guerra Mundial, que irrompeu na sala com uma guarda armada e lhe deu voz de prisão. Beria ainda tentou apanhar sua pasta em cima do parapeito de uma janela, mas teve o braço contido por Khruschov. A exemplo de milhares que mandou executar ou internar nos campos de trabalho durante a liderança de Stalin, ele foi acusado de ser um inimigo do povo e de espionar para o Reino Unido. Seu julgamento durou seis dias e seguiu o ritual stalinista: nenhum advogado na corte e sem direito a apelar da sentença, executada imediatamente. Beria e seis de seus principais auxiliares receberam um tiro na cabeça em 24 de dezembro de 1953. Depois, foram cremados. O acerto de contas na liderança soviética prosseguiria naqueles anos e incluía fechar o débito de sangue que a tirania de Stalin deixara em aberto. Não se tratava apenas de libertar o meio milhão de prisioneiros políticos, mas de decidir o que fazer com a memória dos milhões aniquilados durante os expurgos. Se inocentes estavam presos porque foram torturados para confessar crimes imaginários, a liderança era culpada. Esse peso primeiro caiu sobre Beria e, depois, iria assombrar os demais líderes. A intelligentsia russa começava a fazer perguntas incriminadoras para o sistema político e para o aparato partidário. Começava aquilo que o poeta Ilya Ehrenburg chamaria de Degelo, um movimento que aterrorizava os chefes. "Nós estávamos apavorados – realmente apavorados. Tínhamos medo de que ele libertasse uma torrente à qual nós não seríamos capazes de controlar e que poderia nos derrubar", disse Khruschov mais tarde. No Natal do ano seguinte, Khruschov abriu o Kremlin à visitação pública.[29]

ENFADO. Na escola, nada disso chegava aos alunos. O professor de história do socialismo, que se resumia à história do PCUS, chorou ao se lembrar de Stalin. Os estudantes eram mantidos completamente afastados da população russa pelos muros e pelas regras de segurança e de conduta que fizeram os alunos dar ao lugar o apelido de monastério. João Amazonas - mais até que os soviéticos - era o responsável pelos exageros daquela máquina que atormentava o grupo e transformava o cotidiano uma sucessão enfadonha de horas gastas em aulas e leituras. Música não podia. Bebida alcóolica era vedada. Namorar nem pensar. Mesmo os dois casais que conviviam no lugar eram vigiados e dedurados pelos puxa-sacos de Amazonas, quando vistos caminhando em separado ou de mãos dadas. Um deles chegou a ameaçar - olhando para Armênio e Zuleika - que, no regresso ao país, o casal seria separado, cada um seria enviado a uma região. Os indisciplinados eram convocados a reuniões onde eram submetidos a sessões de autocrítica que os deixavam humilhados e em frangalhos. Prometeram a Mello que ele poderia se corresponder com a família enquanto estivesse em Pushkino. As cartas deviam ser entregues à assessoria de Amazonas, mas ele não recebia nenhuma resposta. Impacientou-se e foi perguntar a um companheiro que voltava do exterior. "Minha responsabilidade com o partido não pode ser posta em risco pela correspondência de vocês. Além do mais, eu não sou carteiro." Se dentro da escola todos eram vigiados pelos representantes do núcleo dirigente, fora dela quem se encarregava da tarefa eram os russos. Depois de uma excursão em que os alunos foram levados pelos russos a Moscou, Stalingrado, Rostov e Leningrado, quando não podiam sair dos hotéis ou se banhar sem autorização do dirigente soviético, o grupo sentiu-se aliviado ao retornar à escola. Armênio passou pelos portões do monastério cantando o hino da República. "Liberdade,

---

29 Ver Fitzpatrick, Sheila. *On Stalin team*, p. 204, e Taubman, William. *Khrushchev: The man and his era*, p. 242, 246 e 263 a 266.

liberdade, abre as asas sobre nós." O gracejo não lhe seria perdoado. Amazonas e Arruda excluiriam-no da suplência do Comitê Central.

Com o tempo, os brasileiros foram descobrindo que as restrições de ordem moral se deviam mais a Amazonas, a Apolônio de Carvalho e aos seus auxiliares do que aos russos. Havia quem achasse, por exemplo, que não era justo os companheiros que estavam com suas mulheres poderem se relacionar com elas enquanto a maioria havia deixado mulheres no Brasil ou era solteira. Um dos alunos, no entanto, o filósofo Antônio Paim conseguiria vencer as resistências e se casou com uma das tradutoras do curso, Galia, que se formara em Letras. Mello, cuja mulher e filho ficaram no Brasil, teve menos sorte. Em sua ficha ficou registrado: "No início do estudo, recebeu punição séria da chefia do grupo pela relação com uma das intérpretes [*Vera Olgina*]. Entendeu corretamente a punição e tirou as conclusões necessárias." Ele e os colegas tinham 33 horas de aulas semanais, de segunda a sábado. Ernesto concluiria o curso com 4 (a nota máxima era 5) de História do PCUS, 5 de Economia Política, 5 de Filosofia, 5 de Geografia, 4 de Língua Russa e com desempenho apenas suficiente para ser aprovado nas disciplinas Construção do partido, história do movimento dos trabalhadores e História da URSS. Foi avaliado pelos russos como um aluno que estudou bem e trabalhou muito. "Cresceu bastante." Qualificaram-no como um "camarada muito recatado". "Tinha autoridade e grande senso de responsabilidade pelo trabalho encarregado." As impressões dos soviéticos não eram em nada diferentes de seus companheiros de partido. Não foi à toa lhe deram o apodo de "Pacato".[30]

---

30 Dossiê de Severino Theodoro de Mello, RGANI, Fundo 5, Lista 109, Documento 1.758; Mello, Severino Theodoro de Mello. *O último de 1935*, p. 91 e 94.; Malin, Mauro. *Armênio Guedes, um comunista singular*, p. 100 a 109 e Peralva, Osvaldo. *O retrato*, p. 34 a 103.

3 O RETRATO
As rupturas em um partido vigiado

Pacato tinha razão em dizer que não se percebia o Degelo na escola. Era difícil senti-lo também fora do prédio em Pushkino. Em 14 de janeiro de 1955, ele deixou sua assinatura na autobiografia arquivada pelos soviéticos. Os alunos do curso da escola de quadros voltaram ao país, exceto um – o jornalista Osvaldo Peralva, que foi deslocado para a sede do Kominform, em Bucareste, na Romênia. Mello voltou ao Brasil, e a ficha soviética do comunista registrou que ele foi deslocado para "fazer trabalho partidário no Estado de São Paulo" antes de se tornar o "primeiro-secretário do Comitê Regional do PC nordestino em São Paulo, depois, no Rio de Janeiro", uma atualização da ficha a cargo dos camaradas Tokarev e E. Koslova, funcionários do Comitê Central do PCUS. Uma vez que tinha agora uma ficha em Moscou, Mello sabia que ela seria atualizada pelos soviéticos até o fim. Naquele ano, aceitou a sugestão de um militante nissei e resolveu fazer uma cartilha em japonês para explicar o programa do partido às comunidades nipônicas do oeste de São Paulo. Antes, teve o cuidado de consultar Arruda. O dirigente se permitia a ter boas relações com subordinado, pois não via nele uma ameaça ao seu poder. Tampouco tinha diante de si um intelectual ou um oficial do Exército, aos quais reservava sua fúria e desprezo. O oráculo do partido elogiou a iniciativa, mas desaconselhou o empreendimento naquele momento. Era preciso aguardar. Mais tarde, Mello entendeu a decisão de Arruda: o chefe sabia que as resoluções stalinistas do partido reproduzidas na cartilha não ficariam em pé por muito mais tempo. Sempre em contato com os russos, Arruda farejava a mudança.[1]

Era óbvio a todos que o partido precisava mudar. A estratégia do manifesto de Agosto levou a legenda a identificar o governo de Vargas como continuidade à traição nacional iniciada por Dutra. Em dezembro de 1953, o Comitê Nacional do PCB aprovou o projeto que seria discutido no seu IV Congresso, no ano seguinte. O informe se distanciava do Manifesto de Agosto em relação ao papel da chamada burguesia nacional na revolução, que o partido via como neutro ou favorável ao povo. Ela passava agora a ser vista como possível integrante de uma frente democrática de libertação nacional. Retornava assim à tese da burguesia progressista – abandonada em janeiro de 1948 –, e o imperialismo americano voltava a ser o principal alvo do partido. Por defender ideia idêntica, o ex-deputado federal José Maria Crispim e seu grupo haviam sido expulsos pela direção um ano antes, após serem acusados de "traição" e "direitismo". As brigas continuaram no ano seguinte. Na primeira página da edição de 8 de agosto de 1954, o jornal *Imprensa Popular*, um dos principais diários mantidos pelo PCB, publicava um informe de Prestes: "A situação de Fernando Lacerda perante o partido", no qual o acusava de ter se negado a denunciar a traição "do renegado Crispim". Lacerda era membro do Comitê Central. Pedira uma reunião com Prestes e, diante do clima interno da legenda, sugeriria a existência de "espiões titoístas na direção". Era o tipo de acusação que levara muita gente ao cadafalso no Leste Europeu. Foi assim na Tchecoslováquia, onde Rudolf Slansky e seu grupo foram enforcados após um julgamento-farsa, em 1952. O Cavaleiro da Esperança respondia ser "muito suspeita" a exigência de um encontro feita por Lacerda, quando a polícia de Vargas e os serviços secretos americanos faziam de tudo para saber onde estava o secretário-geral. E concluía: "É depurando o partido dos elementos 'oportunistas' que avançaremos mais rápido para a vitória de nosso programa, para a vitória de nossa justa causa". O Comitê Central

1 Dossiê de Severino Theodoro de Mello, RGANI, Fundo 5, Lista 109, Documento 1.758. Mello, Severino Theodoro de, *O último de 35*, p. 90.

anunciava ainda a adoção do informe de Prestes como sua resolução, excluindo Lacerda da lista de candidatos ao CC no próximo Congresso, que "discutiria o caso".[2]

Décadas mais tarde, Armênio Guedes afirmou que mais gente no partido discordava do radicalismo do Manifesto de Agosto e listou Jacob Gorender, Mário Alves e até Maurício Grabois. Em sua versão, era Prestes e não Arruda o responsável por aquela política. "O Arruda, quando eu conversava particularmente com ele, discordava um pouco do Prestes, mas sempre se subordinando, porque eles sabiam de algo que o Dias costumava dizer: quando as coisas davam bem no partido, o Prestes era o autor; quando não davam certo, a culpa era de alguém".[3] Apesar das mudanças, o projeto do novo programa do partido mantinha ainda aspectos do manifesto, como considerar a Constituição de 1946 um código de opressão contra o povo, e caracterizava o governo Vargas como de traição nacional e inimigo do povo, ignorando qualquer diferença entre ele e Dutra. "O atual governo brasileiro é um instrumento dos imperialistas americanos." Também mantinha a defesa da "derrubada do governo". No dia do suicídio do presidente, o jornal *Imprensa Popular* estampava pela terceira vez seguida a mesma manchete, tirada de uma entrevista do líder do partido: "Prestes desmascara os golpistas". Nas três edições, o *gensek* dizia que os "imperialistas norte-americanos eram patrões de Vargas e do brigadeiro Eduardo Gomes", que fora derrotado pelo político gaúcho em 1950. Pedia o repúdio a qualquer golpe. "venha de onde vier". No dia 24, ele dizia ser necessário "pôr abaixo o governo Vargas e substituí-lo por um governo de libertação nacional". Anos mais tarde, Anita Prestes contaria que o pai escreveu uma carta à direção dizendo discordar da orientação contra Vargas e alertando que o golpe em preparação contava não só com a UDN e Carlos Lacerda, mas também com a participação de "elementos reacionários das Forças Armadas". "Além disso, afirmara ser necessário mudar a tática, aproximar-se de Getúlio e apelar

---

2 *Imprensa Popular*, 8 de agosto de 1954, p. 1 e 3. Para o caso Slansky, *ver Enforcados onze dirigentes tchecos, Correio da Manhã*, 4 de dezembro de 1952. O processo foi um dos que expôs o antissemitismo da fase final do stalinismo, ao qualificar o grupo como "judeu-burguês-nacionalista".

3 Malin, Mauro. *Armênio Guedes, um comunista singular*, p. 92.

pela organização do contragolpe. Mas o Secretariado Nacional ficou 15 dias discutindo o apelo de Prestes, e nada foi feito nesse sentido!".[4]

Enquanto isso, a realidade cruzava o caminho do partido. O jovem Sérgio Augusto de Moraes vinha de Niterói para trabalhar no Rio de Jnaiero com a edição do *Imprensa Popular* embaixo do braço. Filho de um ex-tenente do Exército que cursou administração pública em Harvard, de onde voltara comunista após se ligar ao grupo de Paul Sweezy, filho caçula de um banqueiro e mais importante economista marxista americano. Sérgio desembarcou no Rio de Janeiro após ouvir a notícia da morte de Vargas. Sentia a tensão no ar e decidiu rumar à Cinelândia, onde a multidão se concentrava bradando contra os "assassinos de Getúlio". Só então se deu conta que começaram a reparar na manchete do jornal. "Pensei que iam me matar." O jovem comunista se desfez do jornal do partido no primeiro bueiro que encontrou.[5] A comoção popular e a carta testamento fariam o partido mudar o alvo. O ataque agora era dirigido ao "imperialismo americano" e à "ditadura de Café Filho".

Em seu relatório de inteligência estimada de número 93-55, de 15 de março de 1955, a CIA listou o que chamou de "prováveis desenvolvimentos no Brasil". Dizia – com o auxílio de analistas das Forças Armadas e do Departamento de Estado – que a eleição do candidato dos trabalhistas e dos esquerdistas, Juscelino Kubitschek, para a Presidência criaria uma situação similar à existente com Vargas: tensão política crônica entre o Executivo e os elementos moderados e conservadores do Congresso, "em especial nas Forças Armadas". Os militares teriam de decidir entre permitir a evolução da esquerda ou impor imediatamente um governo de seu gosto. Os americanos previam um crescimento do PCB, porém, ainda que estimassem o partido ser muito mais forte do que era, na realidade, acreditavam ser improvável, em um futuro próximo, os comunistas adquirirem força suficiente para tomar o poder pelo voto ou pela força. A CIA produziu um mapa no

---

4 As edições de *Imprensa Popular* são de 21, 22 e 24 de agosto de 1954. Sobre Prestes e o suicídio de Vargas, ver Prestes, Anita Leocadia. *Luiz Carlos Prestes, um comunista brasileiro*, p. 293 a 299. Ver ainda APESP Deops-OS1929 (comunismo), p. 395-409.

5 Sérgio Augusto de Moraes, entrevista em 18 de fevereiro de 2017.

qual contava em 120 mil os integrantes da agremiação. O partido teria pelo menos mil membros em 112 cidades de 21 unidades da federação. Mesmo na ilegalidade, dizia a agência, o PCB mantinha uma rede de jornais e de escolas para "doutrinação dos quadros" que permitia influenciar a sociedade, trocando apoio a candidatos de outros partidos por concessões políticas, estimulando e explorando o sentimento antiamericano e nacionalista capaz de neutralizar o papel do Brasil como aliado efetivo dos EUA. Por fim, faziam uma acusação: a indiferença de Vargas em relação aos comunistas havia permitido uma infiltração intensiva nas organizações sindicais e, em uma extensão menor, na burocracia e nas Forças Armadas.[6]

De fato, o partido parecia deixar lentamente o beco sem-saída em que se metera no início dos anos 1950. Na Escola Politécnica de São Paulo, Alberto Goldman, filho de um alfaiate nascido na região de Lublin, na Polônia, que montara uma confecção masculina no Bom Retiro, no centro de São Paulo, e de uma ex-militante do partido comunista polonês, filiava-se ao PCB. Era 1955, o primeiro ano de seu curso de Engenharia Civil. "A base [*do partido na Poli*] era grande", lembrou mais de 50 anos depois.[7] Em Ourinhos, um importante entroncamento ferroviário no interior paulista, após a URSS lançar o Sputnik, um jovem filho de um pai católico e de uma mãe presbiteriana decidiu ir à livraria da cidade comprar dois livros: o *ABC do comunismo*, de Nikolai Bukharin, e uma edição condensada de *O capital*. Atraiu a atenção de José Alves Portela, um comunista de carteirinha, que lhe presentearia depois com outras duas obras de Karl Marx: O *18 de brumário de Luís Bonaparte* e *A ideologia alemã*.[8] O partido sobrevivia.

VIGILÂNCIA. Desde o Estado Novo até 1952 era obrigatório o "atestado ideológico" para admissão no serviço público. Era natural que a polícia política verificasse relações de candidatos para vetar os que constassem em seus arquivos como comunistas. O debate para que esse instrumento

---

6 Para a CIA, FOIA-Cia Validity study of NIE 93-55: Probable developments in Brazil, published 15 march 1955.

7 Alberto Goldman, entrevista em 14 de maio de 2016.

8 Aureliano Gonçalves Cerqueira, entrevista em 26 de julho de 2016.

fosse revogado se iniciou ainda na Constituinte, em 1946. Inserido na Consolidação das Leis do Trabalho, ele vetava o ingresso no serviço público e nas associações de direito público dos "que professassem ideologias incompatíveis com as instituições e com os interesses da Nação". No futuro, a ditadura militar usaria o mesmo princípio para aposentar, cassar e afastar de empregos públicos, de sindicatos e de universidades todos os que fossem enquadrados nas antigas categorias.[9] O anticomunismo, que surgiu como resposta aos desafios criados pela existência do projeto comunista, alimenta-se também das representações contra o comunismo divulgadas na sociedade. Estas ajudavam a ampliar a percepção da presença do perigo, gerando, como notou Rodrigo Patto Sá Motta, "uma relação desproporcional entre a força efetiva dos revolucionários e o medo neles inspirado".[10]

O fenômeno se refletia nos relatórios da CIA e também nos da polícia política. No Dops de São Paulo, trabalhava o investigador Luiz Apolônio. Professor da Escola de Polícia, ele dava cursos aos jovens policiais com base na cartilha que criara: *Manual de Polícia Política e Social*. Nela, Apolônio tratava dos meios de conspiração, da infiltração nos sindicatos, das técnicas de envolvimento da massa, sabotagem e espionagem e outros métodos identificados com a "atuação comunista". O curso tratava ainda do Movimento Comunista, incluindo a história do Partido Comunista da URSS, os demais partidos existentes no mundo, além do PCB, sua estrutura, seus métodos e táticas, sua imprensa e como atuavam seus comitês e células. O programa tinha 34 itens, tratando até das técnicas de insurreição e de "catequização entre militares". No fim, o aluno aprendia quais os deveres do investigador designado para a polícia política, a estrutura do Dops e noções da Lei de Segurança Nacional.[11]

---

9 Para a CIA, FOIA-Cia Validity study of NIE 93-55: Probable developments in Brazil, published 15 march 1955. Para o atestado ideológico, ver Reznik, Luís, *Democracia e segurança nacional, a polícia política no pós-guerra*, p. 153.

10 Motta, Rodrigo Patto Sá. *Comunismo e anticomunismo sob o olhar da polícia política*, in Locus, *Revista de História*, p. 17-27.

11 Apolônio, Luiz. *Manual de polícia política e social.*

O departamento afirmava então que a propaganda comunista se dava "em torno da campanha da paz, da carestia e da reforma agrária". O Dops colecionava relatórios sobre a atividade comunista e a respeito de reuniões de suas células no estado, bem como a distribuição de panfletos, de publicações, jornais e livros. Também vigiava reuniões em sindicatos, os comícios e as campanhas do PCB. Em 2 de julho de 1953, os homens da Central de Polícia do Pátio do Colégio chamaram o Dops para que recolhesse um leitão solto por militantes comunistas no Viaduto do Chá, no centro da capital paulista. Haviam pintado com tinta branca no pelo preto do animal de um lado a palavra "Fora" e do outro "Go home, americanos". A soltura do bicho era parte da campanha do partido contra a assinatura do acordo militar do Brasil com os EUA. Acharam menos arriscado soltar o leitão do que carregar a faixa pelas ruas de São Paulo. Na memória dos comunistas estava vivo o caso de Elisa Branco, militante da Federação das Mulheres que entrou em um desfile militar no Vale do Anhangabaú, no centro, e abriu uma faixa: "Os soldados nossos filhos não irão para a Coreia". Era 7 de setembro de 1950. Acabou presa e condenada pela Justiça Militar a 4 anos e 3 meses de cadeia. O partido se mobilizou pela sua libertação. Em novo julgamento, foi absolvida. Havia então passado 1 ano e 8 meses no Presídio Tiradentes.

Exemplo da vigilância é um relatório sobre o movimento da carestia, de 1º de março de 1955, feito pelo investigador Paschoal Pássaro. O policial detalhou o discurso do líder dos tecelões Antônio Chamorro em um comício em que compareceram cerca de 400 pessoas, no Largo da Penha, na zona leste paulistana. Chamorro e os demais oradores defendiam o congelamento de preços e criticavam a carestia. "Nosso povo não tem dinheiro para comprar alimentos para seus filhos. (...) Hoje dificilmente o trabalhador come carne." O Dops recebia denúncias em seu Serviço Secreto de trabalhadores que se dispunham a dedurar militantes comunistas. Foi assim que, no dia 2 de fevereiro de 1957, os policiais ouviram o funcionário de uma empresa de Santo André, no ABCD, que dizia ter sido constrangido a comprar a *Voz Operária* e o jornal *Notícia de Hoje*, mantido pelo partido, além de participar de reuniões em razão da pressão de seu chefe, que era comunista.[12] O Departamento controlava todas as ações contra o comunismo no estado. Assim como no caso do porco, ele foi informado sobre a prisão em flagrante de um "agitador", em Rancharia, em 3 de janeiro de 1955. Homem era acusado de pichar propaganda comunista nos muros da cidade.[13]

O Dops arquivava ainda o que saía nos jornais sobre fatos relacionados à segurança nacional, como os informes da Cruzada Anticomunista do Brasil, que almirante Carlos Penna Botto fazia publicar nos jornais. Em outubro de 1956, ele denunciou a "infiltração bolchevista no Departamento de Física da Universidade de São Paulo". Acusava seu chefe, o professor Mário Schenberg, de "defender cegamente os interesses de um país estrangeiro, a Rússia soviética, sobrepondo-os ao do nosso Brasil". "Por quanto tempo consentiremos que os destinos e o futuro do Brasil possam ser influenciados por homens como Schenberg?[14]" Ao mesmo tempo, a polícia política lutava pela ampliação de seus direitos. Naquele mesmo ano, ela pediu ao governador Jânio Quadros o direito de aprender livros e revistas que julgasse fazer propaganda comunista, pois eles não estariam protegidos pelo direito constitucional da "liberdade de expressão". Os beleguins haviam acabado de fazer uma incursão na Livraria das Bandeiras, o que provocara o protesto da Câmara Brasileira do Livro à Secretaria de Segurança Pública. E deixaram registrado no relatório do Dops o que pensavam: "Sustentar tese contrária, sob o falso pretexto da liberdade de expressão, seria repetir a estratégia do avestruz diante do perigo atual, vivo, intensamente atuante e interessado no enfraquecimento das defesas do nosso regime".[15] Diretores dos Dops estaduais costumavam trocar informações, e a Divisão de Polícia Política e Social (DPS), do Distrito Federal, as recebia de todo país. Não havia, porém, um órgão federal que centralizasse o combate ao comunismo, como surgiria mais tarde.

---

12 Para os relatórios, ver APESP, arquivo Deops, pasta OS1929 (Comunismo), p. 26 a 64.

13 Para o pichador, ver APESP, arquivo deops, pasta OS1929 (Comunismo), p. 290.

14 *O Estado de S. Paulo*, 24 de outubro de 1956.

15 Ver APESP, arquivo Deops, pasta OS1929 (Comunismo), p. 118.

Com a posse de Juscelino Kubitschek e a manutenção do general Henrique Duffles Teixeira Lott como ministro da Guerra, após a deposição de Carlos Luz e de Café Filho, a polícia política se viu ameaçada. O Dops paulista alertava o governador Jânio Quadros que o PCB passara a exigir sua renúncia e o afastamento do delegado Antônio Ribeiro de Andrade da direção do órgão. "O PCB está procurando aproveitar a oportunidade para afastar os inimigos dos comunistas." Os que se opuseram a Getúlio não conseguiram evitar a posse de Juscelino, a quem acusavam de ter o apoio do PCB. Lott era dos que defendiam a legalidade. Fora assim em 1930, quando era o instrutor-chefe de Infantaria e proibiu seus cadetes de aderirem ao movimento contra Washington Luís, que tomava conta do Rio de Janeiro. No meio do pátio da escola, um aluno lhe apontou o mosquetão para a testa. Com a mão direita Lott afastou a arma e disse: "Eu estou com a lei e a disciplina". Outro legalista, o major Mascarenhas de Moraes também se recusara a participar do movimento, mas não conseguiu impedir que um de seus tenentes - Alcides Etchegoyen - se sublevasse.[16]

O CONGRESSO. Juscelino tomou posse enquanto o partido se preparava para enviar sua delegação ao 20º Congresso do PCUS, o primeiro depois da morte de Stalin. O processo contra Beria e as críticas ao culto à personalidade pareciam ter encerrado as disputas dentro das lideranças soviéticas. Veterano comunista da guerra civil espanhola e da luta antifascista na Itália, Vittorio Vidali liderava o pequeno partido comunista da então cidade autônoma de Trieste, onde se vivia uma situação delicada em razão da proximidade com a Liga dos Comunistas Iugoslavos, liderada por Tito, com a qual teve de romper até que a nova direção do partido reconhecesse que os iugoslavos, traidores de ontem, eram novamente camaradas. Ao chegar, reencontrou no hotel, após 17 anos, Enrique Líster, o antigo comandante do 5º Regimento, na guerra civil espanhola. A temperatura estava "amena": fazia apenas -10 C°. No primeiro dia do Congresso os corredores estavam lotados; os delegados estrangeiros chegavam por uma entrada e os soviéticos

---

16 Para o receio do Dops, ver APESP arquivo Deops, OS1930, p. 96-97.

por outra, enquanto a bandeira vermelha triunfava na cúpula do Kremlin. Vidali reencontrou Dolores Ibarruri, Maurice Thorez, Harry Pollitt, Walter Ulbricht, Victorio Codovilla e Blas Roca, todos velhos companheiros da época da 3ª Internacional. Era também um momento de ausências. Dmitri Manuilski enlouqueceu e gritava à noite que era responsável pelo desaparecimento de tantos camaradas. Codovilla lhe contou que o grupo inteiro do marechal Tukhatchévski fora reabilitado depois de julgado e condenado à morte como espião e sabotador em 1937. Naquele ano, Vidali soube da notícia em Madri, por meio do general Vladimir Górev, que seria depois chamado a Moscou, preso e fuzilado.

Os soviéticos reservaram para Vidali um lugar perto da delegação brasileira. Liderada por Diógenes Arruda, ela contava com Maurício Grabois e com mais um dirigente. Vidali começou a conversar com os brasileiros e pediu notícias de Prestes, que conhecera em Moscou, em 1934. Depois, encontrou as irmãs do secretário-geral em Paris, pouco depois de elas terem resgatado Anita da prisão alemã. Todos se viram novamente no México, onde Vidali se exilou após a guerra civil espanhola e para onde foram a mãe (Leocadia), a irmã (Lygia) e a filha de Prestes (Anita). Vidali vivia então com a fotógrafa Tina Modotti, de quem se separou para o desgosto de Leocadia e Lygia, de que eram suas amigas.

Ele e os brasileiros ainda conversavam quando entraram no salão os membros do *presidium* do PCUS. Todos ficaram de pé e aplaudiram Khruschov, Bulganin, Kaganovich, Voroshilov, Suslov, Malenkov, Mikoyan e outros. Vidali escutou o relatório público de Khruschov com atenção; ele não citava Stalin nenhuma vez, ao contrário do que fizera no congresso anterior. Arruda e Grabois indagaram a mesma coisa a Vidali, que viu as mesmas dúvidas nos rostos dos delegados estrangeiros que conhecia; os soviéticos, ao contrário, pareciam tranquilos, indiferentes e seus rostos não demonstravam emoção ou surpresa. Após duas horas de congresso, o italiano aproveita uma pausa de 30 minutos para conversar com sua amiga Yelena Stasova, antiga secretária de Lenin, entre 1917 e 1921. Após a morte de Lenin, em 1924, e até 1934, ela foi secretária de Stalin e integrante da comissão de controle da Internacional Comunista (IC) e do PCUS. Salvou-se em

1936 após ser acusada de trotskismo depois de apelar diretamente a Stalin. Tinha então 83 anos e estava quase cega. Stasova começou a falar a Vidali sobre antigos companheiros, mais de 40, com os quais Vidali e ela haviam trabalhado na IC, todos esplêndidos camaradas, boas pessoas. A maioria estava morta longe de Moscou. Os poucos que voltaram da Sibéria eram farrapos humanos. Ela contou como eram os interrogatórios: primeiro tentava-se persuadir as pessoas, que elas eram traidoras e admitissem ligações com inimigos do povo; depois, espancamentos; finalmente, a alternativa: se você assinar a confissão, pegará dez anos; se não assinar, pena de morte. Khruschov retomou seu discurso e, no fim, tratou do fortalecimento da democracia soviética e do respeito à legalidade, aos direitos dos cidadãos e à Constituição que, no passado, foram violados por uma "certa pessoa". Toda parte final do relatório do *gensek* foi dedicada à pessoa inominada. A sombra de Stalin parecia estar entre os delegados. Vidali se questionou: "Por que não o mencionam? Só pode ser Stalin." Seu vizinho brasileiro assegurou ao comunista italiano de que se tratava de Beria.[17]

Nos dias seguintes, os discursos se sucederam. Suslov critica "uma certa pessoa". Assim como Mikoyan, enquanto um dos brasileiros cochichou no ouvido de Vidali: "O que aconteceria com Mikoyan e aos outros se o velho Stalin aparecesse em uma dessas grandes janelas?". Só quando Mao Tsé-Tung discursou, finalmente, Stalin foi citado no Congresso, despertando aplausos da audiência. O mesmo só se repetiria com o francês Maurice Thorez, que mencionara o antigo ditador como se desafiasse os soviéticos, e seria também efusivamente aplaudido, com os delegados de pé no fim de sua fala. Arruda discursa no dia 17 de fevereiro, antes do secretário-geral francês. Vidali não o ouviu mencionar Stalin. Já no verão de 1953, após a morte do ditador, os comunistas de todo mundo reproduziam os ventos que vinham da Rússia contra o culto à personalidade no movimento e em

17 Para as relações entre a família Prestes e Tina Modotti, Anita Leocadia Prestes, entrevista 18 de setembro de 2020; para Vidali e o Congresso,Vidali, Vittorio. *Diary of the Twentieth Congress of the Communist Party of the Soviet Union*, p. 5-28. Para o número de delegados no 20º Congresso, ver Anita Leocadia Prestes, entrevista em 18 de maio de 2018. Adalberto Temótio da Silva afirma que eram 3 os representantes brasileiros, mas não os nomeia (Silva, Adalberto Temótio, *Valeu a pena lutar!*, p. 60).

favor da direção colegiada.[18] Arruda e Grabois, assim como a quase totalidade dos delegados estrangeiros, deixaram o Congresso sem tomar conhecimento do segundo documento lido por Khruschov, o relatório secreto, apresentado em 25 de fevereiro de 1956 em sessão reservada aos delegados soviéticos. Enquanto isso, a rádio de Moscou transmitia o discurso do líder italiano Palmiro Togliatti em uma fábrica da cidade. À frente do maior partido comunista do Ocidente, Togliatti também ignorava o que fora dito pelo líder soviético. Mas a notícia se espalhara rapidamente. Em 29 de fevereiro, Vidali deixou Moscou. Apanhou um trem para Kiev e sentou-se ao lado de uma delegada ucraniana que estivera no Congresso. Só então começou a ouvir detalhes do relatório secreto. E também as explicações das razões para que a direção soviética não tivesse agido antes contra Stalin – havia o perigo fascista e a guerra; era necessário unir as fileiras, estar vigilantes e se preparar para a invasão nazista, que veio em 1941, para derrotar o fascismo. Ao chegar a Budapeste, Vidali foi abordado por um companheiro húngaro. Os humores prenunciavam a rebelião de outubro de 1956, esmagada pelos tanques soviéticos. "O que devemos dizer sobre Bela Kun? Nós dissemos que era um traidor, um espião, um trotskista. Mas nós dissemos isso porque nos disseram isso com base em documentos falsos. E (*László*) Rajk? Nós reabilitamos todos porque eles eram inocentes".[19] Em Viena, a mesma conversa. Um camarada austríaco estava a par de tudo e nada o convencia das palavras da direção soviética sobre reestabelecer a democracia interna, a crítica e a autocrítica. Ele disse a Vidali: "Para começar, a direção do PCUS deveria reconhecer que era responsável por boa parte daquilo

---

18 Segundo Vidali, somente Mao e Thorez mencionaram o nome de Stalin no Congresso. Para o combate ao culto à personalidade, Vidali, Vittorio, *Diary of the Twentieth Congress of the Communist Party of the Soviet Union*, p. 20-22. Para o discurso do brasileiro, p. 39.

19 László Rajk, ex-ministro das relações estrangeiras da Hungria, foi sentenciado à morte com outros três companheiros sob a acusação de espionagem titoísta e outros crimes em um julgamento-farsa orquestrado por Stalin e Matyas Rakosi. Foi executado em 15 de outubro de 1949. Bela Kun liderou a revolução húngara de 1919 e era um dos principais dirigentes da Internacional Comunista até que brigas sobre a política a ser adotada pelo partido húngaro em relação à social-democracia levaram-no a ser preso sob a acusação de trotskismo e morto em 1938. Foi reabilitado por Khruschov em 1956.

que se passou, entregar sua demissão e ira para casa. De fato, deveriam ser submetidos a julgamento."

A maioria dos partidos comunistas continuava, no entanto, no escuro e o brasileiro estava entre eles. As notícias que chegavam ao país pareciam invenção da imprensa capitalista e do Departamento de Estado americano. Assim pensavam Severino Theodoro de Mello e Agildo Barata, que chegou a defender em uma reunião partidária que a notícia sobre o relatório secreto era uma farsa. Em 7 de Julho de 1956, o texto de Khruschov seria publicado pelo jornal *O Estado de S. Paulo* sob a supervisão de um trotskista, o jornalista Cláudio Abramo, em um caderno especial de 12 páginas. Era a versão integral do documento obtido pela CIA com um membro do partido comunista polonês - o relatório havia sido distribuído para as células do partido na Polônia, assim como na URSS. O documento afirmava que Stalin mandara matar 98 dos 138 membros do Comitê Central do partido eleito em 1934 e apresentava ao público soviético, pela primeira vez, o testamento de Lenin, no qual ele pedia a destituição de Stalin da secretaria-geral. Barata repelia sua autenticidade em uma reunião do PCB quando entrou na sala um estafeta para convocá-lo a um encontro do Comitê Central. E ouviu do enviado da direção que sua argumentação estava errada, que um dos delegados ao 20º Congresso dissera que o texto publicado no *Estadão* era verdadeiro.

Era difícil acreditar que tal documento existisse. Quando o novo embaixador iugoslavo Veljko Micunovic, parou em Lvov e, depois, em Kiev a caminho de Moscou pôde ver nos aeroportos enormes cartazes de Stalin. Era como se o 20º Congresso e seu discurso secreto não tivessem ocorrido. Ao ser recebido por Khruschov, Micunovic viu o retrato de Stalin ainda decorando a parede do escritório do *gensek*. E escreveu em seu diário: "Se Khruschov ainda não é capaz de retirar Stalin de seu escritório em Moscou, como ele poderia ser removido da Rússia?" Na Itália, ao mesmo tempo em que procurava manter o controle sobre o debate interno, Togliatti respondia a 9 perguntas da revista *Nuovi Argomenti*, fundada por Alberto Moravia e inspirada na *Temps Modernes*, de Sartre. A entrevista afirmava que a "democracia soviética foi limitada, parcialmente sufocada pelo predomínio de métodos de direção burocrática, autoritária e pelas violações da legalidade do regime". Usou 49 vezes a palavra erros – em vez de crimes – para designar a conduta de Stalin. Chamou-os de graves e gravíssimos, mas só incomodou a direção soviética ao concluir: "Das críticas de Stalin resulta um problema geral, comum a todo movimento, os perigos da degenerescência burocrática, de sufocamento da vida democrática, de confusão entre a força revolucionária construtiva e a destruição da legalidade revolucionária, de afastamento da direção econômica e política da vida, da iniciativa, da crítica e da atividade criadora das massas".[20]

ACERTO DE CONTAS. A historiografia registra que o partido brasileiro ficara às cegas sobre o relatório em razão de Arruda ter demorado na volta ao Brasil. Após o Congresso, ele devia ter se encontrado com Armênio Guedes em Praga. Em vez disso, aceitou um convite do partido chinês e foi para Pequim. Retornou meses depois. Peralva, que era então o representante do PCB no Kominform, soube do relatório em uma reunião em Bucareste em que todos os representantes dos partidos comunistas, inclusive os do Ocidente, puderam ouvir a leitura do documento por meio da tradução feita por um francês. Não podiam ter cópias ou tomar notas. Aconselhava-se a manutenção do segredo, pois o documento era ultrassecreto. Àquela altura, jornais do ocidente já haviam publicado trechos dele que coincidiam com o que Peralva escutara. Na escola de quadros em Moscou, os militantes da terceira turma do partido começavam a sentir as mudanças nas aulas dos professores, com a reavaliação crítica do stalinismo. Ao retornar da China, em julho de 1956, Arruda estava encantado com o que vira e ouvira. Comemorava o fato de os chineses terem convidado o PCB a enviar alunos para cursos. Passara a enfrentar e a destratar Sivolobov enquanto imaginava que Pequim seria a nova sede do comunismo mundial. Antes de voltar ao Brasil,

20 Para Mello. *O último de 35*, p. 96; para Agildo Barata, Barata, Agildo. *Agildo Barata, Vida de um revolucionário, memórias*, p, 355; para Claudio Abramo, ver *A Regra do Jogo*, p. 35; para o relatório *O Estado de S. Paulo*, 7 de julho de 1956, p. 45-56; para Velyko Micunovic, Taubman, William. *Khrushchev: The man and his era*, p. 284-285; para Palmiro Togliatti, entrevista a *Nuovi Argumenti, nº 20, maio-junho de 1956, consultada in* https://www.marxists.org/portugues/tematica/livros/pci/01.htm#c111, acesso em 17 de fevereiro de 2021.

parou em Buenos Aires, para onde o partido enviou Armênio para buscá-lo. Arruda contou o que se havia passado e disse que um processo semelhante se abriria na legenda. Deu a impressão aos companheiros que se convertera em antistalinista e antissoviético e procurou aliados. Sabia que cabeças rolariam no processo. E queria salvar a sua.

Havia uma tendência de jogar toda a culpa nas costas de Prestes, como admitiria mais tarde Marco Antônio Tavares Coelho. Na primeira reunião da Executiva do partido, Prestes ouviu o discurso de Arruda e interrompeu subitamente o encontro. Chamou Giocondo Dias, o chefe de seu aparelho clandestino, e disse que era preciso mudar tudo, pois Arruda conhecia todo o partido. Para Prestes, a razão era simples: "Um camarada que fala assim do socialismo e da União Soviética é um traidor!"[21]

Em agosto, ocorreu a primeira reunião do Comitê Central. Nem Prestes, nem Dias compareceram. De início, houve muita emotividade. Amazonas abriu o encontro. Arruda se tornou logo o alvo e era questionado por ter demorado a voltar ao Brasil. Criticava-se o "aventureirismo" no partido quando um ferroviário apontou para Marighella, que o aconselhara a descarrilhar um trem em represália a uma greve fracassada. Um jovem orador afirmou que talvez o relatório fosse falso e foi desmentido por quem vira o documento com os russos. Barata sentiu o mundo pelo qual lutou por 20 anos desmoronar. Atacou Arruda, que imaginou sofrer um infarto, e decidiu: ou se mudavam radicalmente as coisas ou abandonaria o partido. Tinha atrás de si quase toda a redação da *Voz Operária* e a do *Imprensa Popular*, que formavam com intelectuais o que ficou conhecido como Sinédrio. Entre eles estavam Peralva, Aydano do Couto Ferraz e Moacir Werneck de Castro. O grupo publicou, no dia 6 de outubro de 1956, nos dois jornais um artigo de João Batista de Lima Silva com o título: *Não se pode adiar uma*

---

21 Para Armênio em Praga e depois buscando Arruda, ver Malin, Mauro, *Armênio Guedes, um comunista singular*, p. 121. Para o clima na escola de quadros em Moscou, Carvalho, Apolonio de, *Vale a Pena Sonhar*, p. 181-182 e Silva, Adalberto Temótio, *Valeu a Pena Lutar!*, p. 60 e 61; para Arruda em Moscou e a leitura do relatório em Moscou e em Bucareste, Peralva, Osvaldo, *O Retrato*, p. 202-203 e 233-248; para Coelho, Coelho, Marco Antônio Tavares, *Herança de um sonho*, p. 167; para as primeiras reuniões do partido, Falcão, João, *Giocondo Dias, a vida de um revolucionário*, p. 195-198. Para Marighella, Mello, Severino Theodoro de, *O último de 35*, p. 97.

discussão que já se iniciou em todas as cabeças. O texto dizia que ninguém podia negar de que os erros decorrentes do culto à personalidade de Stalin refletiram-se também em grande dose na atividade dos comunistas brasileiros Defendia a exposição ampla e pública do debate e das divergências entre os comunistas e terminava apoiando, a exemplo do partido italiano, um caminho brasileiro para a democracia, a independência nacional e o socialismo".[22] O Sinédrio logo ganhou a adesão de outros intelectuais, como Jorge Amado. Seguiram-se uma série de artigos publicados nos jornais do partido que encurralaram o núcleo dirigente.

Prestes estava perplexo. Anos mais tarde disse que Arruda prometera a Agildo Barata o seu lugar e depois o traiu, levando a romper com o partido. O Cavaleiro da Esperança não compareceu à segunda reunião do CC, ocorrida em outubro, em uma chácara, em São Paulo, onde se decidiu abrir os debates no partido sobre o 20º Congresso, declarando que seriam publicados em sua imprensa os trabalhos de membros do partido, inclusive aqueles que tinham divergências a apresentar".[23]

Nos corredores, entre os grupos "abridistas", em torno de Barata, e os "fechadistas", que apoiavam o núcleo dirigente, começava a se formar uma nova aliança que se imporia na direção da legenda. Giocondo Dias e Dinarco Reis mantinham longas conversas, convencidos ao mesmo tempo da falência da direção e da necessidade de substituí-la. Para tanto, decidiram buscar o apoio de Prestes. E obtiveram-no. A crise ligada ao 20ª Congresso do PCUS chegara às bases do partido. Em 27 de outubro de 1956, um agente infiltrado do Dops em uma célula do PCB na zona leste de São Paulo ouviu a líder comunista Elisa Branco, que ganhara o Prêmio Stalin da Paz após ser presa em 1950, contar aos militantes que a rebelião da Hungria e os tumultos na Polônia estavam alvoroçando a cúpula do partido. "O CC e o *presidium* estão sendo alvo de violentos ataques da minoria que quer abrir

---

22 *Imprensa Popular*, edição de 6 de outubro de 1956, p. 3.

23 Para o projeto de resolução do CC, ver Prestes, Anita Leocadia. *Luiz Carlos Prestes, um comunista brasileiro*, p. 310; para a data de outubro da reunião ver também Peralva, Osvaldo *O retrato*, p. 343. Outros autores fixam a reunião em setembro, mas não faria sentido ela ocorrer antes da publicação do artigo de João Batista de Lima e Silva. Para o acordo entre Arruda e Barata, Moares, Dênis de e Viana, Francisco. *Prestes, lutas e autocríticas*, p. 133.

o partido e defende decisões colegiadas e o combate ao personalismo." O Dops sabia que uma semana antes o núcleo dirigente havia sido alvo de ataques em reunião do Comitê do Ipiranga. Acusavam os chefes de se comportarem como burgueses e aristocratas e exigiam a realização o quanto antes do V Congresso "a fim de escorraçá-los". Os alvos eram nominados: Arruda, Grabois, Pomar, Amazonas e Marighella.[24]

Ao mesmo tempo, a luta deixava de ser apenas interna e se transferia para a imprensa do partido, uma trincheira dominada pelos apoiadores de Barata, que exigira na última reunião o imediato afastamento da direção comprometida com o mandonismo, abusos e erros grosseiros. Os artigos dos renovadores se sucediam até que a direção resolveu retomar o controle. Prestes mandou publicar uma carta, logo apelidada pelos opositores de "carta-rolha", na qual dizia serem inadmissíveis nos jornais do partido ataques à URSS e ao PCUS. O diretor da *Voz Operária* publicou em seguida um artigo no qual dizia que Prestes estava superado. Grabois o repreendeu. Embora afirmasse concordar com a crítica, dizia que ela não podia ter sido feita em público. No dia 18 de fevereiro, Mário Alves foi à redação da *VO* para assumir a direção do jornal, mas os redatores se recusaram a recebê-lo. Dias depois, na gráfica do jornal, o militante Pedro Nepomuceno começou a compor um dos artigos e percebeu entre as frases expressões como "crimes de Stalin" e "o imperialismo soviético opressor dos povos". Nepomuceno levou o artigo ao conhecimento dos demais integrantes da base do partido na gráfica, que decidiram que a *VO* não seria impressa com aquele artigo. No dia 28, Mário Alves voltou. Tinha em mãos uma carta de Grabois que ameaçava Aydano, o diretor. Mandaram que voltasse no dia seguinte para receber a resposta da redação. Naquela noite, um grupo de estivadores ligados ao partido invadiu a redação para expulsar os jornalistas que resistiram. O grupo saiu do lugar e ameaçou voltar no dia seguinte.

---

24 Para a aliança entre Dias e Dinarco, Falcão, João, *Giocondo Dias, a vida de um revolucionário*, p. 195-198; Para Elisa Branco, ver APESP, arquivo Deops, pasta OS1930, p. 189-190. Naquele ano, em 23 de outubro estourou a rebelião húngara, mais tarde esmagada pelos tanques soviéticos. Antes, a direção soviética ameaçou o secretário-geral do PC polonês Wladislaw Gomulka com uma invasão soviética para que contivesse as manifestações populares antissoviéticas no país.

No fim da noite, 27 dos 32 jornalistas assinaram uma carta dizendo que só retornariam ao trabalho quando se garantisse a segurança do grupo.

A direção retomava os jornais, mas sem o dinheiro para publicá-los, pois parte das contribuições eram obtidas por Agildo Barata, o tesoureiro do partido, que se viu isolado e anunciou seu desligamento do PCB e do Comitê Central após 22 anos de militância. Era 17 de maio de 1957. A decisão tinha caráter irrevogável e foi seguida por centenas de outros militantes. O dirigente tornou sua decisão pública em uma entrevista à revista *Manchete*, na qual criticava a dependência do partido brasileiro em relação ao PCUS e o isolamento de Prestes. "Prestes é general que desconhece o terreno", dizia o título. Barata ainda tentou montar um jornal e um partido, mas quando percebeu que ia repetir a experiência do PC, decidiu fechar tudo.

DOPS. O fracasso de Agildo e de seu grupo para atuarem organizadamente em um partido esconde parte do impacto da crise, que ia muito além da perda de nomes como o romancista Jorge Amado ou o jornalista Osvaldo Peralva. Exemplo disso ficou registrado pelo Dops. Os beleguins arquivaram uma circular do Comitê de Santo André em que o secretário político do partido na cidade era apontado como um dos trânsfugas que deixaram o partido com o "grupo liquidacionista, dirigido pelo renegado Agildo Barata". Segundo um "reservado" do Dops – como os policiais designavam então seus agentes infiltrados – no comitê do partido na CMTC, a empresa de transporte pública da cidade, a organização do partido ameaçava se desligar para aderir a Barata. Os agentes temiam que os renovadores se unissem ao PSB para formar uma nova Aliança Libertadora, a fim de pregar a União das Esquerdas Democráticas. Os dirigentes ortodoxos ameaçavam os renovadores com surras e outras medidas para reestabelecer a disciplina. Arruda Câmara manteve encontros e reuniões em São Paulo e tentava convencer a todos que fechassem seus ouvidos para os renegados.[25]

O ataque aos reformistas parecia espelhar o golpe que a velha guarda stalinista preparava na URSS para remover Khruschov do cargo de

25 Ver APESP, arquivo Deops, pasta OS1932, p. 4-15 e 33-37.

secretário-geral. Em 18 de junho, o grupo transformou uma reunião do conselho de ministros em reunião do partido e convocou o *gensek* para o encontro. Era a mesma armadilha usada antes para afastar Beria. Quando chegou, Khruschov ouviu Malenkov, um dos conspiradores, propor que o encontro tratasse do comportamento do secretário-geral. Em minoria, o *gensek* conseguiu adiar o término da reunião para que outros membros do *presidium* pudessem chegar a Moscou. Ele e Mikoyan fizeram mais. Prolongaram ainda mais o encontro e trouxeram os integrantes do Comitê Central, onde tinham a maioria, a Moscou. Às 18 horas do dia 20, um grupo deles foi ao Kremlin entregar ao *presidium* um pedido para uma reunião do pleno do CC no dia seguinte. Voroshilov foi recebê-los e cutucou com o dedo o peito de Aleksandr Shelepin. "Você acha que nós devemos explicações a você, garoto? Antes, você teria de vestir calças longas."

A valentia de Voroshilov e de outros logo se extinguiria. Na comissão do CC estavam os marechais Konev e Moskalenko. Khruschov tinha ao seu lado o marechal Zhukov. O CC se reuniu no dia seguinte. A derrota do chamado "grupo antipartido" foi completa. Suslov fez sua invectiva depois de Khruschov abrir o encontro. Coube a Zhukov apresentar as acusações mais pesadas aos conspiradores. O herói da 2ª Guerra Mundial nomeou Malenkov, Molotov e Kaganovich como os principais culpados pela prisão e execução de quadros do partido e de funcionários do governo. Entre 27 de fevereiro de 1938 e 12 de novembro, Stalin, Molotov e Kaganovich pessoalmente autorizaram 38.679 execuções. Apenas no dia 12 de novembro, Stalin e Molotov despacharam 3.167 como "gado para o abatedouro". Ao negar ter planejado o expurgo da direção do partido em Leningrado, em 1949, Malenkov respondeu sarcasticamente ao secretário-geral: "Somente você é completamente puro, camarada Khruschov". Ele respondeu acreditar nas acusações contra as pessoas e admitiu ter "votado" contra os acusados no Politburo, mas tinha ao seu lado não só a maioria do CC bem como a espada dos líderes do Exército Vermelho. No fim, até Molotov cedeu. Ao dizer que jamais havia negado sua responsabilidade política pelas falhas e erros, alguém o interrompeu: "Erros não. Crimes!" Ele, Malenkov, Kaganovich e Shepilov foram destituídos de seus cargos – Molotov virou embaixador na Mongólia e os demais foram enviados para funções menores nos Urais, no Quirguistão e no Cazaquistão.

No Brasil, outro secretário-geral tentava ultrapassar a tempestade, desvinculando-se da velha guarda stalinista. Para Prestes, Barata havia sido desmascarado, assim como os desvios de direita. Agora era a hora de cuidar do esquerdismo da antiga direção que dominou até então o partido. E quase perdeu. Foi salvo por Giocondo Dias, que foi às bases ouvir o que pensavam para retransmitir ao *gensek* a necessidade de mudanças na Executiva. Depois, levou Jacob Gorender e Mário Alves até o Cavaleiro da Esperança. Coube aos dois novos chefes da imprensa comunista redigir o documento que justificaria as mudanças na direção. Em agosto de 1957, desta vez com a presença de Prestes, o Comitê Central retomou seu acerto de contas iniciado após o 20º Congresso do PCUS. Arruda (por 13 votos e 12), Grabois, Amazonas, Pomar e Sérgio Holmos foram afastados da direção como se fossem o espelho no Brasil do grupo antipartido soviético. Foram substituídos por Giocondo Dias, Mário Alves, Dinarco Reis, Calil Chade e Ramiro Luchesi.[26]

A nova direção foi então chamada de "pântano", por Peralva, uma expressão que seria retomada 20 anos depois pela filha de Prestes, após a ruptura do pai com os novos dirigentes. Fruto do movimento revolucionário dos anos 1930. Prestes era visto por uma parte de seus colegas como alguém que costumava ficar em cima do muro, esperando que as maiorias se formassem no Comitê Central a fim de cavalgar a onda majoritária. Diziam ser raro ele assumir um lado, mas nas horas decisivas nunca ficava contra o partido. Seria assim naquele ano e nos 5º e 6º Congressos.[27] No ano seguinte, o novo grupo dirigente publicaria na *Voz Operária* a chamada Declaração de Março. Afirmava ser indispensável a crítica e a autocrítica e conhecer melhor a realidade brasileira, confessando que a política do PCB

26 Para as críticas de Agildo Barata, a carta-rolha e para as lutas na imprensa partidária, ver Peralva, Osvaldo. *O retrato*, p. 337-339 e 343-355 e Sousa, Raimundo Alves. *Os desconhecidos da história da imprensa comunista*, p. 39-42; Manchete, nº 266, de 25 de maio de 1957, p. 75-79. Para a demissão, Barata, Agildo. *Agildo Barata, vida de um revolucionário*, p. 352. Para Dias, Gorender e Alves, ver Gorender, Jacob. *Combate nas trevas*, p. 31 a 33.

27 José Albuquerque Salles, entrevista em 22 de janeiro de 2016. Arquivo: josé.salles.22.01.2016.f3.

se havia tornado uma adaptação mecânica das fórmulas ou de experiências feitas em outra parte do mundo. Era uma nova fase na vida do partido, iniciando seu acerto de contas com o stalinismo e redefinindo a compreensão que os comunistas tinham do movimento democrático e nacionalista.[28] No mesmo ano, o secretário-geral teria sua prisão preventiva revogada pela Justiça. O partido conheceu o que ficou conhecido como anos de semilegalidade e começava a buscar um meio de reconquistar o registro.

MILITARES E FIDEL. Os militares começaram a se articular para combater o comunismo por meio das seções de informações das organizações militares. Um coronel do Conselho de Segurança Nacional enviou em 31 de março de 1959 ao Dops um documento de quatro páginas onde descrevia o plano soviético de dominar os sindicatos brasileiros, principalmente os ligados aos bancários e, assim, ter acesso às movimentações financeiras dos brasileiros. Listava 22 sindicalistas comunistas ou criptocomunistas.[29] As ações contra o partido eram então de caráter policial e de vigilância. Os agentes produziam muito mais informes do que inquéritos e atuavam para manter os comunistas sob controle. Para tanto, usavam as velhas táticas do trabalho policial: infiltrados, informantes, vigilância, buscas e a manutenção de um arquivo. O partido conseguia manter muitos dos seus segredos, pois os policiais demonstravam não ter acesso à direção, apesar da quase ausência de preocupação entre os comunistas com os arapongas. No Rio, o Comitê da Guanabara vivia às claras. Aluno da Escola Nacional de Engenharia, Sérgio Moraes se reaproximou do partido pelas mãos de um aluno vinculado do PCB que o vira ler o jornal da legenda na faculdade. As reuniões do comitê estadual, cujo secretário era Orestes Timbaúba, eram abertas e pessoas próximas à agremiação eram convidadas a participar. Moraes montou uma base na escola e disputou o diretório acadêmico, dominado então pela direita lacerdista. Tinha entre os colegas um policial que nunca se preocupou em delatar a ação dos comunistas no

---

28 Malin, Mauro. *Armênio Gudes, um comunista singular*, p. 126-130.

29 APESP, Arquivo Deops, pasta OS1934, p. 81-84.

lugar. "No início, omiti que eu era comunista, mas depois de ganhar a terceira vez o diretório, tínhamos muito prestígio pessoal e eu não tinha mais receio de esconder que era comunista. Eu era abertamente comunista e me enquadrava no trabalho do partido de busca da legalidade".[30]

As coisas começaram a mudar nas primeiras horas de 1959, quando um exército guerrilheiro entrou em Havana, após a fuga do ditador cubano Fulgêncio Batista para a República Dominicana. Em 29 de abril daquele ano, o barbudo que chefiara a revolução na ilha caribenha desembarcou às 21h44 no Aeroporto de Congonhas, em São Paulo, 18 minutos depois que o Bristol Britannia, da Compañia Cubana de Aviación, tocar a pista. O voo fora desviado do Rio para São Paulo em razão de um acidente com um Comet IV argentino, que danificou a pista na Guanabara. Apesar do pouso inesperado, quinhentas pessoas aguardavam o cubano com faixas vermelhas e a palavra "*libertad*" pintada em branco. Fidel chegava ao Brasil depois de passar duas semanas nos Estados Unidos, onde foi tratado como um *pop star*. Reuniu-se por três horas com Richard Nixon, então vice do presidente Dwight Eisenhower, e fez um comício para 35 mil pessoas no Central Park. Parou no Brasil a caminho da Argentina, onde participaria de uma reunião do Comitê dos 21 da Operação Panamericana, uma iniciativa defendida pelo presidente Juscelino Kubitschek que via no desenvolvimento regional o antídoto mais eficaz contra as tentações do comunismo.[31] Aos jornalistas que o aguardavam, o cubano disse que as relações com os EUA eram as "melhores possíveis" e afirmou que os princípios democráticos dos revolucionários impediriam a instalação de uma nova ditadura em Cuba. "Lutaremos apenas contra a corrupção na vida pública e privada, contra os vícios na política, contra as tentativas de oligarquias minoritárias de dominar o país, pela justiça social, pelo fim do desemprego, da fome e do analfabetismo, criando uma mentalidade nova e livre, pois a democracia tem de se fundamentar nos princípios do humanismo e da justiça social." Por fim,

---

30 Sérgio Augusto de Moraes, entrevista em 18 de fevereiro de 2017. Na época, Givaldo Siqueira e Salomão Malina cuidavam do comitê universitário.

31 Silvana, Aline Soares Simon. *Juscelino Kubitschek e a operação pan-amaericana (1956-1961)*. Universitas Relações Internacionais v10 n1.ind, p. 139-150.

assegurou que o governo revolucionário não hesitaria "em convocar eleições gerais, das quais participarão todo o povo e todas as correntes políticas que defendam a manutenção do regime democrático". No dia 30, Fidel embarcou para Brasília, ainda em construção, e, depois, foi à Buenos Aires. Retornou em 5 de maio. Desta vez, pousou no Rio de Janeiro e foi recebido por políticos de todos os partidos. Encontrou-se com o presidente Kubitschek e com o vice-presidente, João Goulart, no Palácio das Laranjeiras, onde lhe serviram vatapá. Em seu uniforme militar e com o charuto na mão esquerda, reuniu-se com o jornalista e deputado federal Carlos Lacerda, da UDN. Os comunistas o viam com desconfiança. Pouco tempo depois de sua chegada ao poder, Prestes o qualificara como um "aventureiro pequeno-burguês". A segunda estadia no país incluiu ainda uma visita ao 1º Batalhão de Guardas, onde foi recebido com o desfile de um dispositivo da tropa da unidade. À tarde, foi recepcionado no Palácio Duque de Caxias, a sede do Ministério da Guerra, pelo marechal Teixeira Lott, então titular da pasta. O militar lembrou ao cubano que o povo brasileiro não admitia violências, uma referência aos fuzilamentos ocorridos em Havana, após a vitória da revolução. Fidel justificou, assim, o *paredón*: "Para os grandes males, só os grandes remédios. Não é instinto de vingança; é simplesmente um exemplo para que nunca mais tentem desrespeitar os direitos humanos". Mais tarde, o cubano discursaria na Esplanada do Castelo por duas horas e 20 minutos em um comício organizado pela União Nacional dos Estudantes (UNE). Recebeu a atenção de jornais como *O Globo*, que publicou seu autógrafo na primeira página, e *O Estado de S. Paulo*, que estampou a íntegra de sua entrevista do dia 29. Fidel era tratado como herói. Em pouco tempo, tudo iria mudar. A proximidade com o líder cubano passaria a significar, no melhor dos cenários, leniência com a subversão e, no pior, submissão ao comunismo internacional. À medida que ficava claro o caráter socialista da revolução, de brâmane, ele se tornava um pária.[32]

---

32 Ver edições de *O Globo* e de *O Estado de S. Paulo* dos dias 30 de abril, 1º, 3,5,6 e 7 de maio de 1959. Para a reação de Prestes a Fidel, ver Bandeira, Luiz Alberto Moniz. *De Martí a Fidel, a revolução cubana e a América Latina*, p. 173.

4 O GOLPE E O PCB

Das reuniões em Moscou às cadernetas

A LEITURA de centenas de páginas de relatórios produzidos pela polícia política no fim dos anos 1950 revela a presença de agentes infiltrados no movimento sindical e em organizações de base, demonstrando uma espécie de convivência com o partido. É nítido o objetivo dos policiais. Queriam vigiar e controlar as ações do PCB, adiantar-se às campanhas e movimentos políticos, obter informações úteis aos governantes, dificultar a vida e o trabalho dos comunistas. Nenhum documento mostra a pretensão de se erradicar da política nacional o PCB e seus militantes; essa utopia autoritária jamais moveu os policiais. Talvez porque soubessem que, desde tempos imemoriais, o objetivo da polícia não é acabar com o crime, mas mantê-lo sob controle. E era assim que agiam os policiais do Dops com os comunistas.

A vigilância policial lidava com o PCB olhando os aspectos locais do fenômeno; no máximo, nacional. São em menor número os documentos sobre as relações internacionais de Prestes e de seus companheiros, normalmente restritos a informações sobre viagens para países socialistas ou encontros e eventos públicos em Praga, Moscou ou Pequim. Uma névoa cobria a atividade de formação de quadros ou as conversas sobre as prioridades táticas dos partidos, sua estrutura financeira e de imprensa. O clima de semilegalidade da legenda nos anos JK pode ter contribuído para que a polícia simplesmente acompanhasse as atividades dos comunistas sem fazer das prisões e buscas a sua prioridade. Tem-se a impressão de que, ao mesmo tempo em que isso acontecia, a cúpula do partido conseguia manter seus segredos guardados com sucesso. Nem sempre foi. Ao menos, em relação à seção internacional do PCB.

No dia 31 de março de 1960, uma equipe de analistas da CIA concluiu o documento *Visit of brazilian communist delegation to China, USSR and satellites.*[1] O texto secreto de 31 páginas não devia ser fornecido ou distribuído no exterior para outros serviços de informação; deveria servir apenas ao conhecimento dos agentes, medida tomada para preservar a identidade do informante. Em 1959, o PCUS fizera seu 21º Congresso, no qual Khruschov, após o acerto final de contas com o grupo antipartido, foi aclamado. Yekaterina Furtseva, então secretária do Comitê Central do PCUS e ministra da Cultura, relatou o "profundo excitamento" com que todos ouviram o relatório apresentado pelo camarada secretário-geral. Outros oradores louvaram a "firmeza de espírito, a coragem pessoal e a firme fé" do *gensek* do partido, além de sua "firmeza leninista, devoção aos princípios e enorme capacidade de trabalho e organização".[2] Ninguém ousou contrariá-lo. Os agentes americanos obtiveram uma descrição completa de um encontro entre Luiz Carlos Prestes e os integrantes do Comitê Central do partido que moravam na região de São Paulo. Dezessete pessoas estiveram presentes, segundo o informante dos americanos. Prestes fez um balanço da viagem que ele, Carlos Nicolau Danielli e Ramiro Luchesi fizeram à China, à URSS, à Polônia, à Tchecoslováquia e à Alemanha Oriental entre 29 de setembro e 9 de dezembro de 1959. Mais do que acesso ao relato oral feito por um informante, a CIA recebeu cópia do documento interno do PCB composto a partir das notas tomadas durante as palestras em Pequim e em Xangai, dadas em outubro de 1959 à delegação brasileira.[3] De 83 partidos comunistas

---

1 FOIA - CIA, Visit of brazilian communist delegation to China, USSR and satellites. CIA-RDP80B01676R002700060010-8.

2 Taubman, William. *Khrushchev: The man and his era*, p. 364.

3 Os americanos não sabiam que outras delegações de partidos latino-americanos estavam presentes nas palestras, pois Prestes não revelou essa informação para a sua plateia em São

do mundo, 71 mandaram representantes às comemorações do décimo ano da revolução chinesa. Os brasileiros receberam, segundo Prestes, um tratamento diferenciado, o que demonstraria a importância internacional do partido. Os chineses fizeram o convite para que seus colegas brasileiros enviassem integrantes da legenda à escola criada pelo PCCh para comunistas latino-americanos. Mas, quando a delegação brasileira se encontrou com Mao Tsé-Tung, o líder chinês admoestou Prestes e seus companheiros a direcionar seu trabalho para os camponeses, apesar do crescimento industrial do país nos últimos anos. Como bom stalinista, Mao advertiu que a luta contra os desvios de esquerda não devia significar o abandono da luta contra os desvios de direita, nem a forte ênfase da luta anti-imperialista devia esconder a importância de os trabalhadores e os camponeses contrastarem a exploração dos capitalistas e dos latifundiários.

Era uma referência direta à Declaração de Março de 1958 - aprovada com os votos contrários de Amazonas e Grabois - e ao documento com as teses do partido para o V Congresso, que aconteceria em 1960. Para o PCB, a tarefa política principal era a formação de uma frente única nacionalista para enfrentar o imperialismo americano e seus aliados latifundiários. O documento de 1958 dizia: "A exploração imperialista impõe pesado tributo à nação, transferindo para o exterior considerável parte do valor criado pelos trabalhadores brasileiros, o que reduz, em consequência, a taxa de acumulação capitalista no país, diminui o ritmo do seu progresso e influi no baixo nível de vida da sua população".[4] O partido acreditava que se tornara

Paulo. Ver FOIA - CIA, *Visit of brazilian communist delegation to China, USSR and satellites*, p. 6. In CIA-RDP80B01676R002700060010-8.

4 PCB, Declaração de Março de 1958, Voz Operária, 22 de março de 1958. Dizia o texto: "Como decorrência da exploração imperialista norte-americana e da permanência do monopólio da terra, a sociedade brasileira está submetida, na etapa atual de sua história, a duas contradições fundamentais. A primeira é a contradição entre a nação e o imperialismo norte-americano e seus agentes internos. A segunda é a contradição entre as forças produtivas em desenvolvimento e as relações de produção semifeudais na agricultura. O desenvolvimento econômico e social do Brasil torna necessária a solução destas duas contradições fundamentais (...) A sociedade brasileira encerra também a contradição entre o proletariado e a burguesia, que se expressa nas várias formas da luta de classes entre operários e capitalistas. Mas esta contradição não exige uma solução radical na etapa atual."

real a possibilidade de uma transição pacífica para o socialismo. "O golpe principal das forças nacionais, progressistas e democráticas se dirige, por isto, atualmente, contra o imperialismo norte-americano e os entreguistas que o apoiam." Assim, se revolução houvesse no país, ela não seria "ainda socialista, mas anti-imperialista e antifeudal, nacional e democrática". Mao ainda expôs seu desagrado com os soviéticos em razão dos ataques a Stalin, que o PCUS estava fazendo de maneira abrupta e negativa, rejeitando os méritos do antigo *gensek*. Também defendeu Molotov como um valoroso integrante do partido e criticou a pedra de toque da política internacional de Khruschov, a ideia da coexistência pacífica. "Todos os partidos comunistas do mundo devem estar prontos para lutar", concluiu Mao.[5]

O mesmo informante dos americanos afirmou que Pedro Pomar tinha viajado à Cuba, onde se encontrara com representantes dos PCs de Cuba, Venezuela, Chile e Argentina e creditava a melhora das relações do partido brasileiro com os outros latino-americanos ao fato de Diógenes Arruda Câmara não ser mais o responsável pelos contatos internacionais do PCB. O documento da CIA mostra que seu informante detalhou ainda a visita dos brasileiros a Moscou, onde Prestes e os demais chegaram pouco antes da celebração do 42º aniversário da Revolução. Eles se reuniram rapidamente com Khruschov antes do encontro com uma comissão de dois membros do politburo – Suslov, o ideólogo do partido, e Otto Kuusinen – e outros dois integrantes do Comitê Central do PCUS – Piotr Pospelov, que chefiou a comissão cujo trabalho serviu de base para o relatório secreto do 20º Congresso, e Boris Ponomarev. A CIA soube detalhes do que disseram Suslov e Kuusinen.

O *Izvestia* noticiou no dia 18 de novembro o encontro. Prestes sabia o que o esperava em Moscou. Pouco depois do 21º Congresso do partido russo, Carlos Marighella fora à URSS e se encontrara com Suslov. O soviético chamara a atenção do brasileiro de que a Declaração de Março de 1958 não se ocupava suficientemente das demandas dos trabalhadores e dos camponeses brasileiros e disse temer que o partido brasileiro estivesse perdendo o contato com as massas, pois sem o apoio delas não seria

5 Ver – FOIA – CIA, *Visit of brazilian communist delegation to China, USSR and satellites*, p. 7 e 8. CIA-RDP80B01676R002700060010-8.

possível desempenhar as tarefas revolucionárias. Era necessário prestar atenção à defesa dos interesses materiais dos trabalhadores. O russo falava ainda em luta antifeudal em um tempo em que ninguém fora do partido ainda acreditava na formulação sobre relações feudais de trabalho no campo brasileiro, como se o capitalismo já não estivesse desenvolvido no país. Para Suslov, o PCB havia sido penetrado fortemente pela ideologia burguesa, e o revisionismo, o oportunismo e o reformismo se tornaram o principal problema a ser enfrentado na legenda. "Queremos apenas plantar uma semente de dúvidas em suas cabeças para que vocês examinem cuidadosamente sua posição", concluiu Suslov, como se apenas sugerisse um caminho aos brasileiros. Kuusinen foi além. Disse aos brasileiros não entender como a declaração de Março não fazia nenhuma defesa do confisco dos negócios e do capital norte-americano no país ou como o partido procurava evitar atritos com a burguesia nacional. "O PCB certamente não se opõe às greves", teria dito Kuusinen. De fato, na Declaração de 1958 não havia menção à expropriação dos negócios imperialistas, medida defendida por trabalhistas, como o governador gaúcho Leonel Brizola (PTB) e socialistas, como o vereador paulistano Cid Franco, que fizera campanha nas eleições de 1958 pela expropriação da canadense Light. Logo em seguida, Suslov retomou a palavra para lembrar os brasileiros sobre a importância de se lutar pela hegemonia da classe trabalhadora e alertou que o apoio à candidatura do marechal Lott nas eleições de 1960 não podia acontecer sem que o partido esclarecesse suas posições às massas, do contrário nada ganharia com isso, pois elas não seriam capazes de diferenciar o PCB dos partidos burgueses e pequeno-burgueses. Suslov tocava em um ponto delicado para os comunistas. Sem outra opção do que apoiar o general reconhecidamente conservador ao lado do PSD e do PTB, os dirigentes viam, "em cada enunciado de suas opiniões, um balde de água fria" em suas cabeças. Além da perda de milhares de votos. Lott rejeitava publicamente o voto dos comunistas, a legalização do partido bem como o restabelecimento de relações diplomáticas do Brasil com a URSS, o contrário do que fazia seu adversário, Jânio Quadros, apoiado pela UDN, que venceria a eleição com uma vantagem de mais de 2 milhões de votos. O partido passara a apostar na legalidade e em sua legalização. A nova tática, segundo a CIA, não passou sem comentário dos soviéticos. "Nós acreditamos que seja possível que a Revolução Brasileira seja levada a cabo pacificamente, mas vocês devem estar preparados para outra possibilidade", teria advertido Suslov. Era uma referência à luta armada, à tomada violenta do poder, uma concepção que ganhava cada vez mais adeptos na América Latina após o sucesso de Fidel Castro e pressionava as lideranças comunistas tradicionais. A observação do soviético seria a base do libelo dos que acusaram a direção partidária de não ter se preparado para enfrentar o golpe militar em 1964.

As diferenças entre as críticas chinesa e soviética à linha do PCB relatada pelo informante à CIA ficariam claras no Congresso anterior do partido, o V, realizado no edifício Glória, na Rua Álvaro Alvim, no Rio de Janeiro, em agosto de 1960. O partido somava então 55 mil militantes em todo o país.[6] Severino Theodoro de Mello creditava isso à recuperação de antigos integrantes que haviam deixado o partido após a legenda ter sido posta na ilegalidade e atingir a marca de apenas 15 mil militantes em 1958. A semilegalidade do partido no período ajudou a direção a contatar antigos filiados que a clandestinidade do período anterior não lhe permitia alcançar. Em Salvador, o partido contava com 22 grupos organizados. Mello viajou então pelo Nordeste, conhecendo a estrutura da sigla como assistente político para as organizações da região. Os dirigentes movimentavam-se abertamente e o encerramento de seu congresso aconteceu no auditório da Associação Brasileira de Imprensa (ABI). O PCB reafirmou o caráter nacional e democrático e a visão etapista da revolução, segundo a qual era preciso primeiro eliminar os entraves ao desenvolvimento capitalista pleno do país – o imperialismo e o latifúndio – para só então avançar em direção às transformações socialistas. Para os comunistas, a ideia de uma revolução impulsionada pelos camponeses, como pensavam Francisco Julião e as

6 Mello, Severino Theodoro de. *O último de 35*, p. 102 Para Mário Magalhães, Mello deu números semelhantes, mas em anos diferentes. Assim, em 1961 o PCB teria 15 mil integrantes e em 1964 atingiria os 55 mil. Como em 1961 o partido conseguiu protocolar o pedido de registro na Justiça Eleitoral com 58.714 assinaturas, optou-se aqui pela cronologia que Mello usou em seu manuscrito. Ver Magalhães, Mário. *Marighella: o guerrilheiro que incendiou o mundo*, p. 277.

lideranças das Ligas Camponesas, era perniciosa, não só por negar à classe operária o papel de vanguarda no processo, bem como por avançar além do que permitiram as condições concretas no Brasil. Devia-se lutar por uma frente ampla nacionalista e democrática.[7]

LEGALIDADE. As viagens dos dirigentes comunistas aos países socialistas continuaram a ser alvo da CIA nos anos 1960. E não apenas Prestes tinha seus passos vigiados. Em julho de 1963, a CIA informou à PIDE portuguesa sobre a ida à China dos dirigentes brasileiros Jayme Miranda e Manoel Jover Telles, enviados à Pequim para estudar o conflito entre russos e chineses. A dupla foi recebida por Mao Tsé-Tung e por outros integrantes do Comitê Central do PCCh. De volta ao Brasil, relataram o que viram e ouviram ao partido – Telles se mostrou simpático aos chineses (ele ia aderir mais tarde ao PCdoB) e Miranda se disse chocado com o fato de que a posição chinesa ancorava-se apenas no que o secretário-geral dizia. "Mao Tsé-Tung disse" foi a frase mais ouvida pelo brasileiro em Pequim. Em outro documento, o polícia política do ditador português António de Oliveira Salazar foi informada pelo "serviço brasileiro" sobre a viagem do capa-preta Luiz Ignácio Maranhão à Bulgária, à França e à Itália.[8] Em 9 de setembro de 1963, Maranhão apresentou seu relatório a cinco integrantes da cúpula do partido, entre eles Giocondo Dias, da seção de organização. Os búlgaros queriam detalhes sobre a posição do partido a respeito das Ligas Camponesas de Julião. Eles prestavam atenção ao líder camponês em razão das simpatias do Partido Agrário Búlgaro, que governava o país em coalizão com os comunistas. Maranhão alertou aos búlgaros que Julião estava ligado aos

---

7 Para a disputa com as Ligas, ver Falcão, João. *Giocondo Dias: a vida de um revolucionário*, p. 218 a 220; Gorender, Jacob. *Combate nas trevas*, p. 51 a 53; Prestes, Anita Leocadia. *Luiz Carlos Prestes: um comunista brasileiro*, p. 352 a 355.e Magalhães, Mário. *Marighella: o guerrilheiro que incendiou o mundo*, p. 262 a 266; Gaspari, Elio. *A ditadura envergonhada*, p. 176 a 182.

8 Para a viagem de Jayme Miranda e de Manoel Jover Telles à China, ver Arquivo Nacional da Torre do Tombo – PIDE, PIDE / DSG – SC/SR1/46/2-BG (Partido Comunista Brasileiro), Brazil. Political, *The PCB and de Sino-Soviet Conflic*t, 752/2509, 26 de julho de 1963. Para a viagem de Luiz Ignácio Maranhão Filho, ver no mesmo arquivo e pasta o documento *Relatório de Luís Maranhão referente à sua visita à Bulgária, França e Itália*.

chineses, o que os teria "escandalizado". Na Itália, Maranhão se interessou pelas relações entre o PCI e a Igreja. De volta ao país, o dirigente comunista se tornaria um dos principais interlocutores dos comunistas com a hierarquia católica no Brasil.

A ideia de mapear a geografia do movimento comunista se justificava na época para os órgãos de inteligência em razão de três movimentos que sacudiam o mundo e as relações entre as nações. Na América Latina, as disputas envolviam os PCs e o regime cubano, que declarou o caráter socialista da revolução um dia antes do início da invasão da Baía dos Porcos, quando grupos paramilitares de exilados cubanos treinados e armados pela CIA, desembarcaram em Ilha para tentar derrubar Fidel Castro. Ao mesmo tempo, o distanciamento entre a China e a URSS e as lutas anticoloniais, com o fim dos impérios europeus na Ásia e na África, criaram guerras civis, conspirações, ditadura, golpes de estado e movimentos populares que engolfaram dezenas de nações e milhões de pessoas. Foi no contexto dessa grande guerra civil ideológica internacional, prevista por Lenin em seu relatório ao 7º Congresso Extraordinário dos bolcheviques, em março de 1918,[9] que surgiu entre os militares franceses que combatiam no Vietnã e na Argélia a Doutrina da Guerra Revolucionária. Ao estudar os escritos políticos e militares de autores como Lenin, Mao Tsé-Tung e Che Guevara, os franceses concluíram que o próprio caráter da guerra moderna havia mudado. Ela não seria mais uma continuação da política em busca de um certo tipo de paz, mas a própria política seria apenas a continuação de um estado de guerra. Um panfleto se tornava uma arma assim como um fuzil. O medo hobbesiano recomendava a vigilância e o controle nos momentos de calmaria e o uso das táticas policiais em meio a uma estratégia militar de aniquilamento do inimigo nos conflitos abertos. Os estudos sobre a guerra revolucionária contaram no Brasil com os generais Augusto

9 "Esta violência constituirá um período histórico-universal, toda uma era de guerras com o caráter mais diverso – guerras imperialistas, guerras civis dentro dos países, entrelaçamento de uma e outras, guerras nacionais, de libertação das nacionalidades [...]. Esta época – de gigantescas bancarrotas, de violentas soluções bélicas em massa, de crise – começou." Lenin, V.I. "*Sétimo Congresso Extraordinário do PCR(b), relatório sobre a revisão do programa e a mudança do nome do partido*", in: Obras Escolhidas, vol. 2, p. 521-526.

Fragoso e Aurélio Lyra Tavares como seus primeiros autores já no final dos anos 1950. O primeiro se apoiava em Gabriel Bonnet, Roger Trinquier e Charles Lacheroy e via esse tipo de conflito como "resultado da guerra de partisans e da guerra psicológica". Fragoso dizia haver consenso em torno de cinco fases que permitiriam identificar "o grau de implantação da guerra revolucionária em um país: constituição de núcleos ativos, instituição de organizações urbanas e rurais, constituição de milícias locais, implantação de redes de apoio espalhadas por todo o país com a criação de um território libertado e a última fase, de confrontação armada, combinando operações de guerra de posições com ações de guerrilha".[10] Lyra Tavares estabeleceu ainda como deviam agir as Forças Armadas em cada fase dessa guerra. Quanto mais agudo o conflito, maior a atuação política dos militares, associados à polícia civil, em modelo semelhante ao executado pelo Estado-Maior francês em Argel, sob o comando do general Jacques Massu e sua 10ª Divisão Paraquedista. Entre 1956 e 1958, a administração da repressão à Frente de Libertação Nacional (FLN) ficou sob a autoridade dos paraquedistas e do Détachement Opérationnel de Protection (DOP), órgão que serviria de modelo para o futuro Destacamento de Operações de Informações (DOI), criado quando Tavares era o ministro do Exército. Foi Tavares ainda quem estruturou o CIE, em seu gabinete, após determinar ao Estado-Maior a realização de um estudo sobre a segurança interna. Quando Orlando Geisel assumiu a pasta e chamou o general Milton Tavares, o Miltinho, para chefiar o centro, a estrutura já estava pronta.[11] A doutrina que seria usada para combater a oposição armada e os partidos clandestinos no Brasil após 1968 foi consolidada ao longo de uma década de palestras, publicações de livros, artigos e estudos. O oficial brasileiro viu no combate à revolução a sua guerra. "Ela se tornou uma obsessão, na qual se via em tudo a guerra revolucionária em marcha".[12] E, assim, as Forças Armadas puderam participar

---

10 Araújo, Rodrigo Nabuco. *Repensando a guerra revolucionária no Exército brasileiro (1954-1975)*, p. 87 a 103.

11 D'Araújo, Maria Celina; Soares, Gláucio Ary Dillon e Castro, Celso. *Os anos de chumbo, A memória militar sobre a repressão*, p. 112.

12 Costa, Octavio Pereira Costa, entrevista em 6 de fevereiro de 2014.

da guerra civil ideológica internacional, um conflito fomentado pelo anticomunismo, que enxergava em qualquer movimento social apenas uma peça movida segundo os interesses de uma nação imperialista estrangeira, a União Soviética. "O comunismo nada mais é do que um aríete poderoso das pretensões de domínio mundial por um grupo de nações imperialistas", escreveu o coronel Ferdinando de Carvalho, ao apresentar as conclusões do Inquérito Policial-Militar 709, a investigação com a qual o Exército pretendeu acertar as contas com o partido, após o golpe.[13]

Como o partido era impedido de ter existência legal pela Justiça Eleitoral e a Lei 1.802/1953 tornava a tentativa de reorganizá-lo um crime contra a segurança do Estado, sempre era possível mobilizar a cartada do anticomunismo, ainda mais diante do prestígio de Prestes. Isso ajudou Juscelino a usar o secretário-geral como espantalho em uma reunião com o embaixador americano Ellis O. Briggs. O encontro aconteceu em 10 de junho de 1958 no Palácio das Laranjeiras, então residência oficial da Presidência. O presidente tentou convencer os americanos a aumentar a cooperação com os países latino-americanos, financiando o desenvolvimento econômico da região como forma de conter os comunistas. JK descreveu-se como o único "baluarte real contra o comunismo no Brasil". Mesmo a atuação da Igreja não seria forte o bastante para conter a ameaça. O presidente queixou-se do juiz federal Luiz Monjardim Filho, que revogou a prisão de Prestes. Chamou-o de comunista. "Prestes é o mais perigoso comunista da América do Sul", afirmou JK ao seu interlocutor, a quem tentava convencer de que ele seria capaz de reunir em torno de si mais de cem deputados nacionalistas para usá-los segundo seus propósitos. "E isso é especialmente perigoso em um ano eleitoral como esse." Briggs discorreu sobre as ações dos EUA nesse campo e lembrou a Juscelino a necessidade de cada país desenvolver o máximo possível seus meios e seus recursos humanos. Era uma forma polida de lembrar ao brasileiro os deveres e obrigações de cada um. A iniciativa de JK mostra como a ilegalidade do partido se prestava a diversos objetivos. A direita utilizava a clandestinidade comunista para brandi-la como ameaça

13 Carvalho, Ferdinando, *O comunismo no Brasil, Inquérito Policial Militar nº 709*, p. 3.

e realçar seu alcance e presença. A invisibilidade da legenda lhe permitia moldar o perigo segundo seus interesses. A esquerda e o centro angariavam o apoio da legenda e se valiam de seu prestígio diante da impossibilidade de o partido se apresentar nas eleições. Era todo um sistema político que buscava a moderação não pela criação de consenso, mas pelo veto, pelo tabu, pela desconsideração das ideias em razão de sua origem em vez de buscar o bem comum. O debate político contaminava-se de desconfiança, de perseguição, de arbítrio e de medo. Ao restringir a pluralidade dos partidos, o que se fazia era limitar a legalidade da oposição. E, assim, fragilizavam-se a liberdade e a democracia, pois a proibição condicionava a forma como era exercida a autoridade, segundo critérios legais e de moderação. Manteve-se a polícia na vida partidária e ela teria as mãos livres, segundo as conveniências dos detentores do poder, sem que fosse preciso se importar com a constitucionalidade de seus atos ou com o controle e a fiscalização do Judiciário. A vigilância sufocava a liberdade em vez de garanti-la. Esse vício foi introduzido na República Nova e permaneceria ali até o seu fim, em 1964.[14]

Naquele ano, pouco antes do fim de seu governo, João Goulart revelou a pretensão de legalizar o partido. E explicou seu plano ao embaixador americano, Lincoln Gordon. Para Jango, a medida reduziria a infiltração e a influência comunista em outras legendas e demonstraria seu real – e pequeno – tamanho, em contraste com o grande e organizado barulho de que era capaz de fazer. Ele disse ao diplomata que via a inabilidade política de Prestes como a melhor forma de reduzir seu poder no país, como teria acontecido quando disse que ficaria do lado da Rússia ao ser confrontado sobre como se portaria diante de um conflito que opusesse o Brasil à URSS. Jango disse que pretendia continuar com as reformas planejadas, e os reacionários veriam que ele ia vencer. E concluiu sua argumentação, dizendo: "Eles vão ceder; eles vão ceder!"[15]

---

14 Aron, Raymond. *Démocratie et totalitarisme*, p. 74 a 77. Para Aron, a livre concorrência entre os partidos tenderia a moderar o exercício do poder. Para a reunião de JK com Briggs, *ver Draft of a memorandum of a conversation, president Kubitschek's residence*, Rio de Janeiro, June 10, 1958; *Foreign relations of the United States, 1958-1960, American Republics, Volume V.*

15 O Americano contou os detalhes do encontro aos seus chefes no dia 21 de fevereiro de 1964. *Office of the Historian, foreign relations of the United States, 1964-1968, volume XXXI, South and*

CADERNETAS. Jango citou na conversa a terceira viagem feita por Prestes naqueles anos para a União Soviética. Os detalhes da primeira eram conhecidos da CIA, já os da segunda só vieram à tona depois do golpe que depôs Goulart, quando o delegado José Paulo Bonchristiano e seus homens da Divisão de Ordem Social do Dops paulista chegaram à Rua Nicolau de Souza Queiroz, 153, na Vila Mariana, na zona sul paulistana. "Foi um dos dois mais importantes serviços da história do Dops", contou o policial. O delegado foi designado no dia 4 de abril para presidir o inquérito sobre o PCB, aberto pelo Dops para apurar nove crimes que teriam sido cometidos pela direção do partido. Quatro dias depois de o golpe que derrubou Goulart, os "considerandos" da polícia política paulista para justificar a abertura da investigação usavam a defesa da democracia para a nova ofensiva contra o PCB, pois aquela era "a forma de governo prevista e assegurada na Constituição e que trazia o anseio do povo brasileiro". O documento afirmava que desde a "queda do governo de Jânio Quadros, o país entrara uma fase de "agitação controlada" na qual a conduta e os atos de Goulart demonstrariam sua "tendência contrária à preservação da democracia". O delegado Aldário Tinoco, titular da Divisão de Ordem Social do Dops, afirmava que o PCB, embora na ilegalidade, "trabalhou ativamente para levar o país a uma revolução fraticida e à escravidão de seu povo". Para tanto, se valeu da "dialética dos comunistas para a conquista do poder, onde previam a destruição total da ordem social, com a promoção de greves econômicas e políticas e a tomada concreta do poder num golpe de Estado". Em seguida, o documento descrevia os meios como isso teria sido feito, como a infiltração em sindicatos. E citava como exemplo a greve dos portuários de Santos, dirigida por militantes comunistas, como instrumento para paralisar a economia do Estado. O delegado passava a enumerar seis artigos da Lei de Segurança Nacional, a lei antigreve e dez crimes contra a organização do trabalho previstos no Código Penal Brasileiro para tipificar as condutas dos integrantes da legenda. A repressão adotava a perspectiva policial e não a militar para

---

Central America; Mexico, document 183, *Telegram From the Embassy in Brazil to the Department of State.*

lidar com o partido, ainda que, nos dias que se seguiram ao golpe, centenas de opositores tenham sido alojados no navio Raul Soares, em Santos. A embarcação, que serviu de cárcere durante sete meses, permanecendo ancorada na Ilha Barnabé, recebeu um apelido nos corredores do Dops: navio negreiro.[16] O fato de o golpe não ter conduzido o país a uma guerra civil não significou a ausência do arbítrio, da violência e de morte em sua execução, como afirmava a lenda de uma revolução redentora e pacífica em um país idílico, criada pelo regime. Nas semanas que se sucederam à derrubada de Goulart, as prisões dos "suspeitos de sempre" chegaram a milhares. Havia quem estimasse os detidos entre 3,5 mil e 10 mil.[17] A Comissão Nacional da Verdade estimou em 5 mil, mas a embaixada italiana afirmou que foram 20 mil ao responder a um pedido de informações da poderosa Associação Nacional dos Partisans Italianos (ANPI), a respeito do destino de lideranças de esquerda, como o deputado Francisco Julião, líder das Ligas Camponesas, que atuavam no Nordeste.

Foi ali que surgiram as mais graves denúncias de torturas e sevícias praticadas no período. Elas começaram antes da queda do regime. Em nome da democracia, apreenderam jornais no dia 30 de março em Minas, invadiram as sedes de entidades estudantis, cujos líderes foram presos, e proibiram reuniões. Era já o ensaio para o arbítrio.[18] O símbolo dessa situação foi um antigo combatente comunista de 1935: o ex-sargento Gregório Bezerra. Depois de ser capturado perto da usina Pedrosa, no município de Cortês, no interior de Pernambuco, o dirigente do PCB, desesperado por

---

16 Para o apelido, ver entrevista José Paulo Bonchristiano, em 28 de maio de 2008

17 Ver ofício de 8 de julho de 1964, assinado pelo embaixador italiano, Eugenio Prato, à Farnesina, o Ministério das relações Exteriores do país, in Arquivo Farnesina, Pasta Direzione Affari Politici Ufficio XII - Itália: Anno 1964 - pacco 3 / 4. O documento foi revelado pela jornalista Janaína César em 2019. Ver "Documento Inédito Mostra que número de presos nos primeiros dias do golpe militar de 1964 pode ser quatro vezes maior", in *The Intercept Brasil*. A força da ANPI, que reunia resistentes italianos democrata-cristãos, comunistas e socialistas que lutaram contra a ocupação alemã (1943 a 1945), pode ser medida pela quantidade de sócios em 2010: 110 mil em toda Itália. Para os números de 3,5 mil (diplomacia britânica) e 10 mil (revista *Time*), ver Magalhães, Mário. *Marighella: o guerreiro que incendiou o mundo, p.* 317.

18 A denúncia foi feita pelo deputado José Raimundo (PTB). Ver Silva, Helio, *1964: Golpe ou contragolpe?*, p. 84 e 85.

não ter armas para entregar aos camponeses a fim de resistir, acabou detido por policiais militares. Ali mesmo escapou de uma primeira execução. Acabou conduzido à sede do 4º Exército, no Recife, onde começou seu calvário, símbolo do relato do tenente-coronel Hélio Ibiapina ao bispo d. Helder Câmara, que o procurara para se queixar dos maus-tratos aos presos: "Invoco o seu testemunho para dizer que nunca neguei que as torturas existissem. Elas existem e são o preço que nós, os velhos do Exército, pagamos aos jovens. Caso tivessem os oficiais jovens empalmado o poder os senhores estariam hoje reclamando, não de torturas, mas de fuzilamentos".[19] Um dos casos tratados pelo bispo foi o de Bezerra. Duas décadas mais tarde, o veterano comunista apontou o dedo para o coronel Darcy Villocq. O homem o recebera a golpes de cano de ferro em seu quartel, na fortaleza das cinco pontas. Depois, comandou uma sessão de espancamento, quebrando-lhe os dentes para, finalmente, obrigá-lo a desfilar com cordas em volta do pescoço e das mãos, à maneira que antigos capitães do mato conduziam seus prisioneiros, pelas ruas da cidade, enquanto o oficial incitava a audiência nas ruas a linchar o prisioneiro, "Esse é o bandido comunista Gregório Bezerra. Estava planejando incendiar o bairro e matar todas as crianças! Agora vai ser enforcado na praça!", dizia o coronel. O suplício público despertou a ojeriza de quem testemunhou a cena. Nenhuma novidade. Não foi por outra razão que o Estado francês decidira levar as execuções na guilhotina para o interior dos presídios antes de acabar com a pena capital.[20]

Enquanto Gregório era exibido nas ruas do Recife, em São Paulo, o delegado Tinoco nomeava Bonchristiano, seu adjunto, para levar adiante o inquérito sobre o PCB. A polícia do Estado estava metida até o pescoço na conspiração para o golpe. E não só o Dops. Em outubro de 1963, o coronel Adauto Fernandes de Andrade, comandante do Regimento de Cavalaria 9 de Julho, da Força Pública, chamou ao seu gabinete um de seus tenentes de confiança. Conhecedor de explosivos, Newton Borges Barbosa entrou na sala e foi apresentado ao tenente-coronel-aviador Burnier. Perguntou se

---

19 Gaspari, Elio. *A ditadura envergonhada*, p. 136.

20 Para o suplício de Bezerra, Bezerra, Gregório. *Gregório Bezerra, memórias*, p. 531 a 536. Para a pena de morte na França, Koestller, Arthur e Camus, Albert. *Réflexions sur la peine capitale*.

o subordinado topava participar do movimento e o alertou dos riscos. "A morte para gente não é obstáculo para participar ou não", respondeu o tenente. Barbosa deveria ser o oficial de ligação com os conspiradores cariocas e cuidar dos carregamentos e testes de armas e munições com as quais o coronel pretendia "fazer a revolução". De uma fábrica no Vale do Paraíba, saíram foguetes com ogiva antitanque para que o regimento pudesse enfrentar, caso fosse necessário, os blindados do 2º Regimento de Reconhecimento Mecanizado, do Exército. Os foguetes podiam ser usados para tiro tenso contra carros de combate e tinham alcance de até 4 mil metros. Seriam disparados em plataformas colocadas em cima de Jeeps - quatro desses veículos foram produzidos. Os testes foram feitos no Rio de Janeiro, perto de Macaé. Um dos veículos que seria enviado à Força Pública paulista acabou nas mãos do governador da Guanabara, Carlos Lacerda. Adauto formou um pelotão especial com voluntários do Regimento e do Batalhão Tobias de Aguiar. O grupo treinava continuamente combates rural e urbano. Além disso, o coronel dispunha de uma companhia com metralhadoras leves e pesadas e armazenava armas para a guerra nos fundos do regimento - além dos foguetes e granadas anticarro, havia granadas de mão e munição para os fuzis. Nos cálculos dos conspiradores, a munição era suficiente para aguentar uma semana de combate. "Era a tropa mais bem treinada de São Paulo. Nós trabalhávamos para combate, sabendo o que ia acontecer", contou Barbosa. No dia 31 de março, Adauto reuniu a tropa de sua unidade no pátio e anunciou que o regimento estava com o general Mourão. "Ele disse que quem não quisesse participar podia ir para casa e voltar só depois de a revolução acabar. Mas ninguém saiu de forma", lembrou Plínio Anganuzzi, outro tenente no regimento. A tropa não foi para a rua naquele dia. Outro oficial que participava da conspiração, o capitão Salvador D'Aquino, comandante da companhia de Choque que trabalhava com o Dops, estava na sala do diretor do departamento, o delegado Odilon Ribeiro de Campos, com os olhos grudados na TV, aguardando o pronunciamento do general Amaury Kruel. O grupo se preparava para tomar o quartel da 2ª Região Militar, então na Rua Conselheiro Crispiniano, no centro. Mas não foi necessário. Assim que souberam da adesão do comandante do 2º Exército ao golpe contra Jango, o delegado e o capitão ficaram aliviados. "Não teria cabimento surgir uma guerra civil, lutar contra colegas", contou D'Aquino.

> Aí falamos: Vamos fechar todos os sindicatos. A primeira coisa, conversando com ele. Vamos fechar todos os sindicatos. Aí soltei toda a tropa de choque para rua e os delegados foram junto. E foram fechados todos os sindicatos na época. Fechados e lacrados, com segurança, para depois o Dops começar a vistoriar todos eles, buscando informações.[21]

A decisão de atacar os sindicatos obedecia à lógica que via nos comunistas a principal ameaça à ordem pública na época. Eram eles que estavam por trás de iniciativas como o Pacto de Ação Conjunta, que funcionaria na cúpula do Comando Geral dos Trabalhadores (CGT), como seus representantes legais. Uniram em um dissídio coletivo trabalhadores de dezenas de sindicatos e deflagram o maior movimento da década, a greve dos 700 mil, que paralisou São Paulo em outubro de 1963, coma participação de metalúrgicos, têxteis, químicos, gráficos, marceneiros e operários da área de alimentos. Em assembleia, o metalúrgico Eugênio Chemp, afirmava que os juízes do Tribunal Regional do Trabalho deviam se acautelar. "Os trabalhadores estavam dispostos a dar-lhes uma tremenda surra ou matá-los, se não agirem com justiça".[22] Na Ilha de Mocanguê, na Baía da Guanabara, o domínio do partido era total no estaleiro do Lloyd brasileiro. No começo de 1964, o engenheiro Sérgio Moraes se emocionava ao discursar para até 300 operários navais em um palanque improvisado na oficina da caldeiraria. Ao ver centenas de trabalhadores entre suas máquinas ouvindo os seus discursos sobre a política do PCB, imagina-se na oficina Putilov, a gigantesca indústria de Petrogrado que abrigou uma das maiores organizações de base dos bolcheviques, em 1917. No dia do golpe, Moraes soube da notícia na casa dos pais, em Ipanema, e foi para a Praça XV. Era ali que os operários embarcavam para Mocanguê.

---

21 Salvador D'Aquino, entrevista em 25 de abril de 2004. Ver ainda José Paulo Bonchristiano, entrevista em 28 de maio de 2008; Plínio Anganuzzi, entrevista em 26 de outubro de 2004, e Newton Borges Barbosa, entrevista em junho de 2004.

22 Malin, Mauro. *Armênio Guedes, um comunista singular*, p. 145.

Como o partido decretara greve geral, 200 deles abandonaram o estaleiro e estavam voltando para o Rio de Janeiro. Ao lado do cais do Lloyd, um pelotão de fuzileiros chefiado por um sargento vigiava o lugar e se comprometeu a dar proteção a Moraes, que subiu em um tambor e começou a discursar para os operários. "Não podemos ir para casa, nossa vidas estão sendo decididas, temos de defender a legalidade. Temos de montar a resistência na Escola de Engenharia." O discurso de Moraes convenceu apenas 16 operários que se uniram a um cabo e a cinco soldados que os acompanharam até o prédio da escola, de paredes grossas, onde uma centena de estudantes se preparava para resistir ao golpe. Os fuzileiros subiram até o terceiro andar, onde deram instruções a quem não sabia manejar armas. Horas depois, José Salles, do comitê universitário do partido, apareceu ali com a ordem de desmobilizar. Jango estava derrotado. Era preciso recuar. Não havia como resistir. Depois do golpe, Moraes se escondeu em uma *garçonnière* e se demitiu do Lloyd. Quase dez anos depois, no exílio chileno, viu-se diante de operários que se recusaram a enfrentar o Exército para defender Allende. Dos 2 mil trabalhadores da Madeco, 200 ficaram na fábrica para enfrentar os golpistas. Concluiu, então: "A massa não entra em fria".[23]

A agitação sindical servira para distanciar generais que apoiavam o governo, como Pery Constant Bevilaqua e Amaury Kruel, que comandaram o 2º Exército a partir de 1962. Ela se confundia com a agitação nos quartéis. Em 12 setembro de 1963, Pery deslocou tropas do Vale do Paraíba para Arujá, na Grande São Paulo, ocupou o mirante de Santana, na zona norte, e deixou de prontidão um destacamento de carros de combate em razão da rebelião dos sargentos em Brasília. O general pensava que os praças da Força Pública e da Força Aérea na capital paulista poderiam se unir ao movimento do Distrito Federal e estava disposto "a apertar o gatilho" contra os subversivos. Em um almoço com o ministro do Trabalho, Almino Affonso, e com o governador de Pernambuco, Miguel Arraes, o general repetiu a ameaça e pediu ao ministro que conduzisse os operários pelo "real respeito à legalidade". "Assim Vossa Excelência estará evitando que nós, militares, tenhamos o duro

---

23 Sérgio Augusto de Moraes, entrevista em 18 de fevereiro de 2017. Ver ainda Moraes, Sérgio Augusto de. *Viver e Morrer no Chile*, p. 93.

constrangimento de termos de apertar os gatilhos de nossas armas contra os subversivos." Pery perderia o comando e seria transferido para o Estado-Maior das Forças Armadas, em novembro. Seria substituído por Kruel, outro general que não tolerava a ação "da 'pelegada' e dos comunistas" nos sindicatos, o que o fez participar das conversas para o golpe.[24]

Nos dois anos que se seguiram ao golpe, os militares destituíram os dirigentes de mais de 300 entidades dos trabalhadores no país. O direito de greve praticamente deixou de existir e os conflitos trabalhistas passaram a ser resolvidos no Dops, que mantinha informantes nos sindicatos – um deles chegou à direção da Federação dos Metalúrgicos de São Paulo, nos anos 1970. As intervenções atingiram os sindicatos mais expressivos, fulminando a cúpula de 70% dos que contavam com mais de 5 mil integrantes.[25] Em 31 de março, não houve greve geral em São Paulo. Apenas o jornalista Nelson Gatto tentou resistir, tomando o prédio da companhia telefônica. Nos quartéis da Força Pública e do Exército, nenhum dos sargentos, cabos e soldados mobilizados em 1963 pela posse dos colegas eleitos reagiu. Durante mais de uma década, os oficiais da polícia paulista conviveram com a panfletagem anônima nos quartéis, parte do trabalho do setor militar do PCB. O dirigente Renato de Oliveira Mota era o responsável pelos contatos do partido com os policiais paulistas e cariocas. Muitos temiam a revolução anti-imperialista prometida pelo presidente do Centro Social dos Cabos e Soldados, o soldado Oirasil Werneck. Foi ele quem assinou dois manifestos no dia 1º de abril, conclamando os colegas à resistência. "Unidos aos oficiais patriotas, aos operários e aos estudantes, mostraremos a esses gorilas e golpistas que já sabemos o caminho certo da democracia." O segundo documento era um amontoado de informações falsas que tentava convencer soldados e cabos de que a legalidade estava vencendo mais uma vez.[26]

---

24 Ver AOESP, depoimentos Pery Bevilaqua, tomo 0703739dp e Amaury Kruel, tomo 0703769dk.

25 Para os números de sindicatos atingidos, ver Malin, Mauro. *Armênio Guedes, um comunista singular*, p. 155, e Fausto, Boris. *História do Brasil*, p. 467. Ver APESP; para a infiltração, ver Godoy, Marcelo. *A Casa da Vovó*, p. 414 e 417.

26 Para as conspirações na Polícia de São Paulo, Newton Borges Barbosa, entrevista em 8 de junho de 2004; para a infiltração na Força Pública, ver Mário Fonseca Ventura, entrevista em 8 de agosto de 2004 e com o coronel Salvador D'Aquino em 25 de maio de 2004. Barbosa se

O apelo de Werneck caiu no vazio e seu nome seria incluído na lista das cassações, que atingiram uns poucos soldados e sargentos da Força Pública. Seu caso e o de Gregório, que não conseguiram convencer as pessoas a resistir, não era diferente do que se passou em outras cidades. Ao saber do levante das tropas em Minas Gerais, o deputado federal Marco Antônio Tavares Coelho decidiu agir. Lembrou que os bolcheviques haviam tomado a central telefônica de Petrogrado, em 1917, para derrubar o governo provisório de Kerensky e entrou em contato com os companheiros de partido para tentar organizar a resistência ao golpe em Brasília. Fez da central de telecomunicações da capital o seu QG. Outros foram ao Teatro Nacional à espera da distribuição de armas, o que não ocorreu. Por fim, o chefe do partido no Distrito Federal, Walter Ribeiro, quis levar todo mundo para Trombas e Formoso, em Goiás, para se unir aos camponeses da região e organizar a resistência, caso surgissem outras frentes pelo país. Naquela noite, diversos dirigentes comunistas se esconderam no apartamento do jornalista Renato Guimarães Cupertino, um intelectual que começou a militar no Partido Comunista Francês (PCF), em 1955, quando fora estudar em Paris. Renato voltou em 1956 ao Brasil, e passou a trabalhar no jornal *Imprensa Popular*. Esteve em 1961 em Cuba, com Mário Alves, e era conhecido do Dops carioca. Seu apartamento ficava no Jardim Botânico, no Rio de Janeiro. Terminada a reunião da executiva do PCB para decidir o que fazer diante do levante em Minas Gerais, Giocondo Dias, o secretário de organização, disse no ouvido do companheiro Adalberto Temótio da Silva que aquele golpe ia durar "um bom tempo". Mesmo assim, horas mais tarde, Dias apanhou o telefone no apartamento de Guimarães para falar com o brigadeiro Francisco Teixeira, comandante da 3ª Zona Aérea. Antigo quadro do partido, o brigadeiro tinha sob suas ordens a Base Aérea de Santa Cruz, então comandada pelo coronel Rui Moreira Lima, um veterano da

---

tornaria 20 anos depois no subcomandante-geral da PM durante o governo de Franco Montoro (PMDB). D'Aquino ficaria conhecido por ter sido o fundador das Rondas Ostensivas Tobias de Aguiar (Rota). Para Renato de Oliveira Mota, ver documento *Que Merda é essa?* de Hércules Corrêa, ver ainda AEL-Unicamp BNM 26 (PCB). Para a Associação de Cabos e Soldados, ver Battibugli, Thaís. *Democracia e segurança pública em São Paulo (1946-1964)*, p. 91 a 94.

campanha da Itália, onde combatera com o 1º Grupo de Aviação de Caça. Lima sobrevoara mais cedo a coluna rebelde do general Olympio Mourão Filho. Queria bombardeá-la e tinha a receita para paralisá-la. Bastava acertar o primeiro e último veículo. Mas a ordem não veio. Diante da falta de reação, o dirigente comunista irritou-se. Queria saber por que não saía um avião para bombardear o Palácio Guanabara, onde Lacerda estava. O jornalista Armênio Guedes o ouviu dizer ao brigadeiro: "Bombardeia essa merda!". Mas o oficial afirmou que não era possível. Seus tenentes já se haviam passado para o lado dos conspiradores. Teixeira deu a mesma resposta quando Prestes lhe telefonou indagando o mesmo.[27] O dispositivo militar de Jango ruía. No dia 1º, a vitória do golpe se tornava clara.

Prestes apostou suas fichas e seu prestígio no governo. O secretário-geral ainda acreditava no "caráter e na tradição democrática das Forças Armadas como um fator subjetivo que diferenciava o Brasil dos vizinhos latino-americanos". Democrático não queria dizer obediente à Constituição. Os militares fundaram a República por meio de um golpe, e essa tradição pesou na própria história pessoal de Prestes, como líder de uma coluna rebelde, cuja maioria dos oficiais depois se acomodou no governo Vargas e combateu os comunistas nas décadas de 30, 40, 50 e 60. Ao se identificar com a Nação, o Exército excluía automaticamente desta comunidade todo brasileiro que não se identificasse com a sua ordem. E era esse o caso dos comunistas. A política nacionalista levada a cabo pelo partido não converteu os militares nem os fez perder o medo de serem perseguidos em um governo esquerdista. A origem de classe da oficialidade alegada por Prestes desconhecia outras forças sociais importantes para a compreensão do espírito militar: a forte endogenia entre seus membros – quase a metade de filhos ou parentes de militares – e a força dos marcos referenciais dentro dos quais era moldado o comportamento de cada oficial, de acordo com o

27 Renato Guimarães Cupertino, entrevista em 15 de maio de 2016. Para Trombas e Formoso, ver Coelho, Marco Antônio Tavares. *Herança de um sonho*, p. 266 e 267; para a frase de Giocondo Dias, sobre a duração do golpe, ver Silva, Adalberto Temótio da. *Valeu a Pena Lutar!*, p. 65; para o diálogo com o brigadeiro Teixeira, ver Malin, Mauro. *Armênio Guedes, um comunista singular*, p. 148 e Magalhães, Mário. *Marighella, o guerrilheiro que incendiou o mundo*, p. 306. Para Prestes, ver Aarão Reis, Daniel. *Prestes, um revolucionário entre dois mundos*, p. 323.

esperado pelo grupo. Ao participar do 22º Congresso do PCUS, em outubro de 1961, Prestes discutiu com seus colegas o que fazer com o Exército. O secretário-geral anotou em uma de suas cadernetas não concordar com a "destruição do Exército", mas que a futura revolução brasileira deveria reestruturar a Força e afastar dela "todos os elementos pro-imperialismo e reacionários". Seus inimigos pensavam a mesma coisa. O expurgo pensado por Prestes seria executado com zelo nas Forças Armadas após o golpe, levando à cassação de milhares de militares tidos como esquerdistas.[28]

Ao mesmo tempo, o partido não viu como o apoio aos sargentos e cabos rebeldes alienava a maioria dos oficiais do governo Goulart e os unia contra a "baderna nos quartéis". A defesa do direito ao voto para os praças era vista como forma de se fragilizar as Forças Armadas e um caminho para a infiltração comunista na caserna. As reivindicações dos subordinados só poderiam ser feitas com o conhecimento dos oficiais e por meio da cadeia de comando. Era a defesa da instituição, da hierarquia e da disciplina que se impunha. Quinze dias antes do golpe, Goulart fora advertido pelo general Kruel para se livrar dos comunistas. Em depoimento ao *Jornal da Tarde,* dez anos mais tarde, o oficial ainda acreditava que se Jango o fizesse, seria possível salvar-se. Mas o tiro de misericórdia no governo, após a rebelião dos marujos, contou Kruel, foi a homenagem prestada ao presidente em 30 de Março, no Automóvel Clube do Rio de Janeiro, pelos sargentos do Exército. Naquela noite, o general Olympio Mourão Filho ouviu a transmissão da solenidade pelo rádio e decidiu que era a hora de agir, sublevando suas tropas em Minas Gerais. No dia 31, o chefe do Estado-Maior das Forças Armadas, general Pery Bevilaqua, ainda acreditava que era possível salvar o governo. Não sabia ainda do levante de Mourão quando chegou ao Palácio das Laranjeiras com uma proposta que era um ultimato acordado com os demais chefes de Estado-Maior das três Forças: Jango devia fazer um pronunciamento à Nação no qual diria que ia governar com os partidos políticos e não com os sindicatos e se apoiar exclusivamente nas Forças Armadas. "General Pery, e os sindicatos?", perguntou Jango. "Eles terão de

---

28 Para as anotações de Prestes sobre o 22º Congresso, ver AEL-Unicamp, BNM 255, caixa 1, vol. 1, folha 6.

volver ao leito normal de suas atividades legais". Pery tinha entre seus alvos os sindicalistas Dante Pellacani, Luiz Tenório de Lima, Oswaldo Pacheco e Hércules Côrrea. O presidente então perguntou: "General Pery, o senhor acha que eu sou comunista?". "Respondi: Não, senhor presidente. Vossa Excelência não é comunista; Vossa Excelência é companheiro de viagem dos comunistas". E saiu do encontro com a impressão de que Jango nada faria, que se julgava perdido. À noite, Pery foi procurado pelo senador Juscelino Kubitschek, que lhe contou que estivera com Jango para também propor a dissolução do ministério. Pery tinha certeza de que poderia convencer Mourão a desistir do golpe, caso João Goulart aceitasse sua sugestão e contava com um trunfo: as famílias de Mourão e de Kubitschek eram de Diamantina, em Minas Gerais, e se conheciam.[29] No dia seguinte, Jango partiria do Rio de Janeiro.

O partido não compreendeu que fora em defesa da ordem e da disciplina nos quartéis que Teixeira Lott se unira ao Movimento Militar Constitucionalista (MMC) e depusera dois presidentes em 1955, passando por cima da Constituição.[30] Insistiram na imagem do general democrata enquanto estavam diante de um líder conservador. Entre ficar com o partido militar, que promovia a baderna – como no caso Bizarria Mamede[31] – e o partido da ordem, Lott ficou com a ordem. Nem Prestes, nem Marighella entenderam isso. Este último telefonou para o tenente-coronel Kardec Lemme durante a crise que opôs os marinheiros e sua associação e o comando da Armada e perguntou por que o coronel, um quadro do PCB, não estava no Sindicato dos Metalúrgicos, onde 3 mil marinheiros se reuniram para comemorar o segundo aniversário de sua associação e se rebelaram contra a prisão de seus líderes. Tinham o apoio de Oswaldo Pacheco e Hércules Corrêa, dois sindicalistas do PCB. O jornal *Novos Rumos*, uma das publicações do

29 Ver AOESP, depoimentos Pery Bevilaqua, tomo 0703739dp.

30 Os praças só obtiveram o direito ao voto e a serem votados com a Constituição de 1988. Para o papel de Lott na crise de 1955 e para o MMC, ver William, Wagner. *O soldado absoluto*, p. 100 a 150 e Ferreira, Oliveiros S. *Elos partidos*, p. 413 a 446.

31 O coronel Jurandir Bizario Mamede fez um discurso contrário à posse de Juscelino Kubitschek no enterro do general Canrobert Pereira da Costa, iniciando a cadeia de acontecimentos que levariam à deposição de Carlos Luz e de Café Filho.

partido, anunciava que a nação inteira estava ao lado dos marinheiros e dos fuzileiros navais amotinados. Na redação, o jornalista Luiz Mário Gazzaneo testemunhou quando Giocondo Dias viu a primeira página e disse: "Dessa vez ou nós vamos para o poder ou para a cadeia". Marighella pensava que ali no sindicato se decidiria o destino do Brasil. O coronel Lemme respondeu ao dirigente comunista: "Se você ainda fosse marinheiro, eu poderia perder um minuto. Mas como você é uma pessoa informada politicamente, não vou te dar uma aula por telefone. Vou descer, tomar uma coca-cola e depois dormir".[32] Os nomes de Prestes, Pacheco, Corrêa, Francisco Teixeira, Rui Moreira Lima, Kardec Lemme e de Marighella estariam na primeira lista de proscrições feitas pelo regime. Dias tinha razão: quem não se escondeu foi parar na cadeia. Às ilusões armadas, os críticos da direção no partido diziam que se juntavam às ilusões de classe.

Durante todo o governo Goulart, o PCB continuava sua política de enviar quadros para formação na URSS, mesmo depois das revelações de Osvaldo Peralva em seu livro, *O Retrato*, cujos capítulos começaram a ser publicados em 1960. Fernando Pereira Christino, então membro suplente do Comitê Central, foi enviado a Moscou em 1961. Conviveu com colegas da América Latina, estudando economia e política e a história do movimento operário e da URSS. A disciplina enfrentada pelas turmas do início dos anos 1950 já não era mais a mesma. Christino conta que um colega de curso chegou a se embebedar com vodka e foi encontrado nu no meio da neve pelo pessoal da escola, o que o salvou de morrer congelado. Ele estava na URSS quando Khruschov discursou no 22º Congresso do partido. O líder soviético retomou os ataques a Stalin, desta vez, publicamente, a quem acusou de ter tramado a morte de Sergei Kirov, em 1934, crime usado para iniciar o Grande Terror. Molotov e seus colegas do grupo antipartido foram retratados como "criaturas do pântano, habituadas ao lodo e à sujeita". Acabaram expulsos do PCUS. Poucos dias antes do fim do congresso, os delegados

32 Para Kardec Lemme, ver Gaspari, Elio. *A ditadura envergonhada*, p. 56 e Magalhães, Mário. *Marighella: o guerrilheiro que incendiou o mundo*, p. 297 e 298. Ver ainda *Tensão no País com a crise na Marinha,* Última Hora (Rio), de 27 de março de 1964, p, 1 a 4. Para a frase de Dias na redação do Novos Rumos, ver Falcão, João. *Giocondo Dias, a vida de um revolucionário*, p. 233.

aprovaram a remoção do corpo de Stalin do mausoléu, no Kremlin, onde o antigo déspota repousava ao lado de Lenin. A delegação brasileira ao Congresso incluiu Prestes, Geraldo Rodrigues dos Santos, o Geraldão, Ivan Ramos Ribeiro e Pedro Mota Lima. O secretário-geral deu palestras e guardou recordações dos encontros, como o cartão do cosmonauta Gherman Titov, que se tornara o segundo homem, após Yuri Gagarin, a entrar na órbita da Terra.[33] Em 18 de novembro, o brasileiro se encontrou com Khruschov e com Suslov. Estava presente ainda Kuusinen, recém-promovido a secretário do Comitê Central, e Ponomarev. Para Suslov, o ideólogo do partido russo, a situação no Brasil se havia modificado seriamente. Era necessário usar todas as possibilidades das ações de massa e ao mesmo tempo se preparar para a luta armada. "No Brasil, o potencial revolucionário é grande. Se pega fogo nessa fogueira, ninguém poderá apagá-la", afirmou o russo, antes de concluir que a reação dos imperialistas no Brasil "será muito mais desesperada" do que foi em Cuba. Khruschov falou em seguida. Precisou que, quando falavam em luta armada, se referiam à "luta de massas e não de ações sectárias de alguns comunistas", o que "seria uma aventura". E concluiu: "Realizar o trabalho de massas é a melhor forma de preparar a insurreição. Não se chega à luta armada sem se passar pelas lutas de massas". Suslov voltou a falar para afirmar que era essencial que o partido se mantivesse à frente dos acontecimentos. "Seria errôneo pensar que só se deve iniciar o movimento armado quando já se tenha 51% da classe operária." Mantinha-se, por conselho dos soviéticos, uma posição dúbia em relação à luta armada. Prestes escreveu em suas cadernetas que o caminho armado para o socialismo seria inevitável na Colômbia, na Venezuela e em Honduras. Mas o caminho pacífico poderia ser trilhado pelos comunistas brasileiros e chilenos. Na década seguinte, a posição soviética seria desafiada pelos acontecimentos na Tchecoslováquia e no Chile e pela crítica ao partido soviético, liderada pelo secretário-geral do PCI, Enrico Berlinguer, com a defesa da democracia como valor universal e com a conclusão de que

---

33 Para Christino, ver Christino, Fernando Pereira. *Uma vida de lutas dedicada ao comunismo*, p. 33. Para o documento de Titov, ver APESP, Fundo Deops, pasta OS1949, p. 167. Para "criaturas do pântano", ver Taubman, William, *Khrushchev, the man, his era*, p. 514.

51% dos votos não bastavam para a esquerda pôr em prática seu programa; seria necessário um apoio mais amplo a fim de não repetir a tragédia de Allende. Por isso, defendia uma alternativa democrática e não de esquerda, como tática para o partido na Itália.[34]

As conversas tiveram efeitos práticos. Prestes anotou em sua caderneta após o encontrou com o *gensek* soviético: "Curso Mil. 10 alunos".[35] Seria uma referência ao envio de quadros do partido à URSS para preparação militar na URSS. Dois homens no partido cuidavam discretamente para que isso fosse feito: Salomão Malina e Almir Neves. Ambos tinham um passado militar. Neves trabalhava com o chamado setor militar do partido, uma área em que os contatos de Prestes e sua figura eram determinantes para atrair novos quadros para a legenda, além de permitir a interlocução com antigos tenentes. Já Malina era o responsável pelo chamado trabalho especial, a preparação militar dos quadros e a manutenção do arsenal de armas leves do partido em esconderijos urbanos e rurais. Veterano da Força Expedicionária Brasileira (FEB), o tenente Malina participou da tomada de Montese, na Itália, e deixou amigos no Exército.[36] A preparação era voltada, sobretudo, para garantir a segurança das ações do partido, seus comícios e reuniões, e para conflitos de rua com a polícia. Um dos militantes que ajudavam Malina nessa tarefa era Manoel Batista Sampaio Neto, que militava na Tijuca, no Rio de Janeiro, e frequentava o sítio de Maricá usado pelo grupo. Seu filho Armando Sampaio era um adolescente e se lembra, além da presença do pai, da participação de um sargento do Exército, de um funcionário da Petrobrás e de um militante do PCB chamado José Cordeiro nos treinamentos. "Nosso objetivo era autodefesa. Não era guerrilha, nada disso", disse. Usavam rifles de repetição, revólveres e coquetéis molotov e alvos em forma de homem para tiro ao alvo.[37] A jovem estudante Marly

---

34 Para Berlinguer, ver Fiori, Giuseppe. *Vita di Enrico Berlinguer*, p. 222 e 223.

35 Para a anotação, ver AEL-Unicamp, BNM 255, caixa 1, vol. 1, folha 14.

36 Um deles era o futuro general Hugo Abreu, que se tornaria chefe da Casa Militar de Ernesto Geisel e, depois, uma pedra no sapato do presidente João Baptista Figueiredo. Entrevista com Luiz Carlos Azedo, 8 de fevereiro de 2020.

37 Armando Sampaio, entrevista em 17 de fevereiro de 2017.

Vianna, que entrara no partido em 1961 e passara a compor o comitê universitário do PCB, esteve no sítio. Ela contou que desconhecia as tarefas clandestinas até ser convocada por um "português muito simpático" para estar na Central do Brasil, às 5 horas. Foi acompanhada de outro quadro que marcaria a história do partido: o estudante José de Albuquerque Salles. Os dois perderam o horário do trem, mas foram salvos pelo português que os levou ao imóvel, onde fizeram treinamento de tiro ao alvo e aprenderam a lidar com coquetéis molotov. O lugar nunca foi descoberto pela polícia. "Eu sou um fracasso em tiro ao alvo porque não acertei nenhuma e em coquetel molotov eu sou um desastre porque não acertei direito a rolha e quando eu joguei a gasolina espalhou", lembrou Marly.[38] Em outra oportunidade, ela participou do transporte de armas. "Quando nós íamos entrar na casa, o Malina abre a mala do carro e me disse assim: 'Pega essa pacote para mim'. E, quando peguei o pacote, caíram não sei quantas granadas no chão. Ele queria ver a minha reação. Aí entramos. Eu me lembro que a gente escondeu muita coisa no forro da casa e voltamos ao Rio de Janeiro." Anos mais tarde, em 1967, Malina perderia parte da mão direita na explosão de uma granada caseira enquanto testava o dispositivo de segurança do VI Congresso do partido. Seu trabalho foi considerado insuficiente por uma parte da Executiva do partido, a maioria dos críticos romperia com o PCB nos anos seguintes, aderindo ao projeto da ALN de Marighella e Joaquim Câmara Ferreira, ao PCBR de Mário Alves, Jacob Gorender e Apolônio de Carvalho ou ao PCdoB, como Jover Telles. Prestes apostava tanto no governo que seria acusado no partido de pôr a hegemonia do processo nas mãos de Goulart, depois de seu discurso na ABI, em 17 de março, sobre o comício da Central do Brasil, ocorrido no dia 13. "O povo veio à rua para perguntar ao presidente da República se está disposto a colocar-se à frente do processo democrático e revolucionário que avança".[39]

---

38 Marly Vianna, entrevista em 27 de janeiro de 2016. Para Malina e o trabalho especial, ver ainda Magalhães, Mário. *Marighella: o guerrilheiro que incendiou o mundo,* p. 268 e 285.

39 Para a acusação e o discurso na ABI, Gorender, Jacob. *Combate nas trevas*, p. 68. Foi nesse discurso que Prestes disse que o partido não estava no poder, mas já estava no governo, declaração mais tarde explorada pela direita. "Ele disse o mesmo aos soviéticos", afirmou José Salles, que testemunhou o discurso na ABI; ver entrevista em 22 de janeiro de 2016. Para

Outros no partido veriam a posição de Prestes meramente como golpista, por apoiar a permanência de Jango na Presidência, apesar do veto legal à reeleição. Era o caso de Orestes Timbaúba, de Armênio Guedes e do próprio Malina. Armênio ouvira Prestes expor sua teoria do laço húngaro, manobra que empregara na coluna para escapar das tropas legalistas que tentaram cercá-lo no sul da Bahia, em uma reunião com intelectuais no escritório do arquiteto Oscar Niemeyer. Segundo sua teoria, enquanto Lacerda e Jango brigavam, os comunistas passariam pelo meio. "Mas, como Prestes?", indagou Armênio, que lembrou ao *gensek* que os comunistas faziam parte de um desses dois grupos, o de Jango. Já Timbaúba estava com Prestes em Moscou em fevereiro de 1964 quando ouviu o secretário-geral dizer aos russos que ia apoiar a permanência de Goulart na presidência. O brasileiro fora recebido por Khruschov e almoçou com parte da cúpula do partido: Mikoyan, Suslov, Yuri Andropov, Leonid Brejnev e Dmitri Ustinov. Em palestra aos quadros do Departamento de Relações Internacionais do partido soviético, Prestes se mostrou otimista em relação à legalização do partido – na mesma época, Goulart confessava essa intenção ao embaixador americano – e disse que o PCB estava preparado – como queria Suslov – para todas as hipóteses: a chegada ao poder pela via pacífica e para a necessidade da luta armada. "Nós comunistas não desejamos, mas não tememos a guerra civil. (...) Se a reação levantar a cabeça, nós a cortaremos de imediato." Quando voltou ao Brasil, Timbaúba informou Dias e Malina. Para Anita Leocadia, a reeleição de Jango era apenas uma das hipóteses com as quais Prestes trabalhava. O *gensek* brasileiro acreditava que, entre os candidatos das forças progressistas, Goulart ainda era o melhor "se a Constituição permitir". Golpista ou não, a desenvoltura com que o partido se movimentava em 1964 refletia o otimismo de muitos de seus integrantes. Duas décadas mais tarde, Jacob Gorender escreveu: "Nos primeiros meses

---

o acidente com Malina, ver *Aspectos das atividades clandestinas do partido comunista*, p. 14 e 15. O Setor do Trabalho Especial do partido produzira as granadas e Malina foi testá-las. A segunda que ele atirou, explodiu, após lançada, a quase um metro de distância. "Algumas pessoas que estavam lá souberam da coisa, mas não houve pânico. Na minha opinião, valeu o meu sacrifício", escreveu.

de 1964 esboçou-se uma situação pré-revolucionária e o golpe direitista se definiu, por isso mesmo, pelo caráter contrarrevolucionário preventivo". Para ele, a esquerda desperdiçou a oportunidade de vencer, de maneira desmoralizante por ter deixado a liderança nas mãos de Jango, pela falta de unidade em suas fileiras e pelas incontinências retóricas. O que Gorender não viu é que a conta da carestia que consumia a renda do povo era colocada no prato de Jango, o mesmo no qual o partido apostava para aumentar sua força e influência. Ainda que Jango fosse o favorito para as eleições de 1965, em razão da divisão da oposição, a verdade é que os trabalhistas e os comunistas não dispunham de apoio suficiente para levar adiante seu programa. No dia 1º de abril, Marco Antônio Tavares Coelho foi ao Congresso para retirar o dinheiro disponível em sua conta corrente e submergir. Nas dependências da Câmara, encontrou o colega Plínio de Arruda Sampaio (PDC). A conversa que se seguiu reflete o espírito do tempo: "Temo que agora Goulart, após vencer os generais golpistas, fique com tanta força que não sei como poderemos enfrentá-lo", disse Plínio. Fosse quem fosse vitorioso, ele tinha certeza de que seria devorado pela história. Estava certo. Seu nome fazia companhia ao de Marco Antônio na lista dos políticos cassados do primeiro Ato Institucional da ditadura.[40] Ao todo, 441 civis e militares foram punidos durante os 60 dias de vigência do AI-1, o primeiro do regime. Nas 11 listas de proscrições havia três ex-presidentes da República, seis ex-ministros, seis governadores, dois senadores, 63 deputados federais, 60 deputados estaduais, 122 oficiais das Forças Armadas, dos quais 18 oficiais generais, sendo 12 do Exército, 3 da Marinha e 3 da Força Aérea. A última lista incluía o diplomata e filólogo Antônio Houaiss e três dirigentes comunistas: Armando Ziller, Elson Costa e Nestor Veras. Era só o começo.

---

40 Para Armênio e Prestes, ver Malin, Mauro. *Armênio Guedes, um comunista singular*, p. 147 e 148; para Timbaúba, entrevistas com Luiz Carlos Azedo, em 15 de janeiro de 2022 e 10 de setembro de 2023; para a viagem de Prestes à URSS, Aarão Reis, Daniel. *Prestes, um revolucionário entre dois mundos*, p. 316; para a posição de Prestes, ver Prestes, Anita Leocadia. *Prestes, um comunista brasileiro*, p. 372 e 373, para a opinião de Gorender, Gorender, Jacob. *Combate nas trevas*, p. 72 e 73 e para Plínio de Arruda Sampaio, Coelho, Marco Antônio Tavares. *Herança de um sonho*, p. 268. Ainda segundo Azedo, Salomão Malina uma vez lhe confidenciou: "Eles (os militares) deram o golpe antes de nós".

Dez anos depois, Veras e Costa conheceriam a ignomínia da tortura, a ferramenta com a qual a utopia autoritária dos "mágicos" dos órgãos de segurança tentava controlar o dissenso. A neutralização dos comunistas era o sonho dos guerreiros ideológicos da ditadura. Eles ganharam a guerra, mas esqueceram que a vitória era apenas um objetivo tático, não político. Se o verdadeiro propósito de um conflito bélico é a gênero de paz que ele cria, que tipo de paz seria possível construir por meio do uso do terror e da mentira? Veras e Costa foram presos em 1975. Os dois nunca mais foram vistos.[41]

41 Para o número de cassados, ver *Balanço do expurgo exclui 441 civis e militares da vida pública*, in *Correio da Manhã*, edição 21.841, de 18 de junho de 1964, p. 8. Para as prisões de Veras e Costa, ver Procedimento Investigatório Criminal Nº 1.34.001.007779/2011-10, do Ministério Público Federal de São Paulo e denúncia apresentada em 2021 na 1ª Vara Federal do Júri, pelo procurador Andrey Borges de Mendonça.

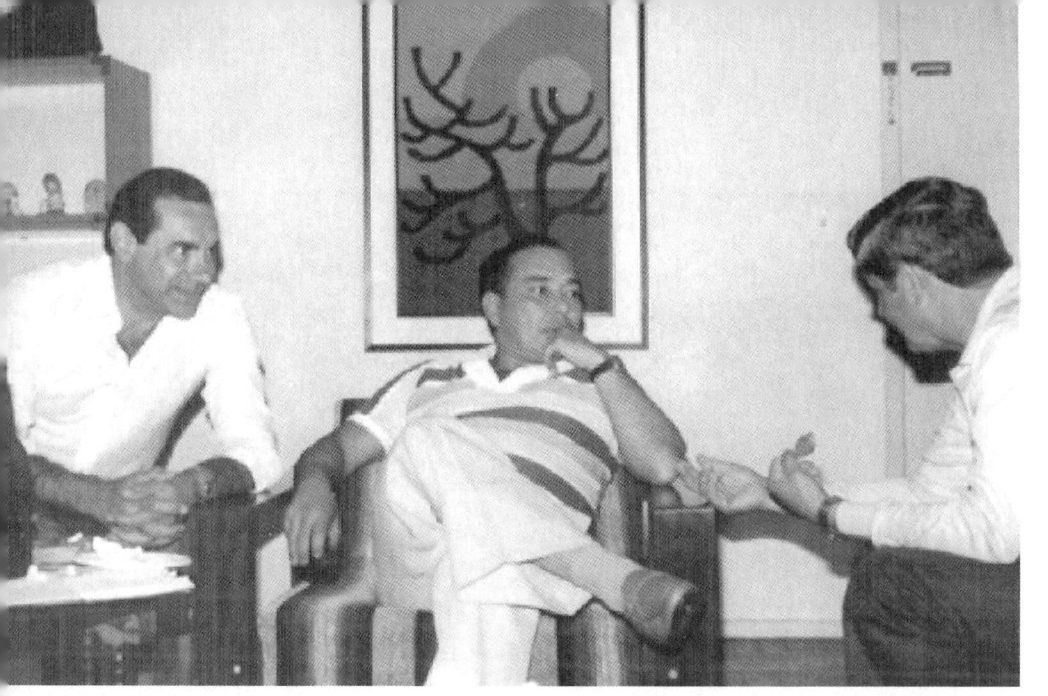

Da esq. para a dir.: Carlos Alberto Brilhante Ustra, na sala da chefia do DOI do 2º Exército, em São Paulo, com o tor Edgar (André Leite Pereira Filho) e o Doutor Pablo, o então major Paulo Malhães. CRÉDITO: Arquivo pessoal.

Da esq. para a dir. O major Dalmo, subcomandante do DOI, o doutor Ney, chefe da Investigação e responsável por cooptar o agente Vinícius, e o delegado Fleury, do Dops. CRÉDITO: Arquivo pessoal.

Cerimônia de entrega da medalha do Pacificador no pátio do DOI do 2º Exército em 1973, a tenente Beatriz Martins, a agente Neuza é a segunda da esq. p/ a dir. na primeira fila. CRÉDITO: Arquivo pessoal.

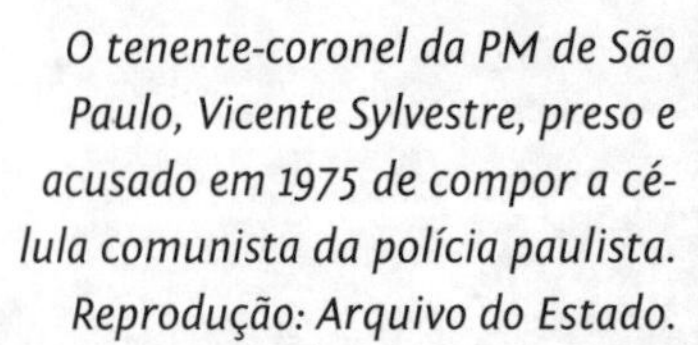

O tenente-coronel da PM de São Paulo, Vicente Sylvestre, preso e acusado em 1975 de compor a célula comunista da polícia paulista. Reprodução: Arquivo do Estado.

z Tenório de Lima abraça Gregório Bezerra na volta dos exilados – Foto do CISA.
ÉDITO: Reprodução / CISA.

Na volta de Gregório Bezerra (4), vão esperá-lo no Galeão os dirigentes comunistas Luiz Tenório (3), Hércules Corrêa (agachado embaixo de Tenório) e Lindolfo Silva (2), fotografados pelos agentes do CISA. CRÉDITO: Reprodução / CISA.

1) Sobre o Congresso do KONSOMOL não houve novidades. O importante foi que o PCUS colocou à disposição do PCB, através da linha da juventude, 3 vagas nas Universidades de LENINGRADO e KIEV.

2) LUIZ CARLOS AZEDO manteve um encontro com DIMITRI, elemento do PCUS encarregado das ligações com o PCB. Ele queria saber como estavam as coisas no BRASIL. Ficou claro que ele estava sendo informado através da Embaixada Russa, porque abordou certos dados que a direção do PCB não tinha dado ciência ao PCUS. Assim, DIMITRI indagou o que ocorrera na Conferência do CE/RJ entre HÉRCULES e GIVALDO. Na verdade não houve nada, o caso é que GIVALDO estava certo que seria eleito Secretário-Político do CE/RJ e antecipou isso para várias pessoas, no entanto o CE elegeu HÉRCULES.

A CEx acha que o ANTONIO MODESTO DA SILVEIRA tem ligações com a Embaixada Russa, porque quando os soviéticos levantaram o "caso" que GIVALDO SIQUEIRA era da polícia, ficou patente para a direção do PCB que só poderia ser o MODESTO DA SILVEIRA o autor da informação, já que na ocasião ele havia falado à respeito disso para diversas pessoas.

LUIZ CARLOS AZEDO falou também que o DIMITRI estava preocupado com a realização do VII Congresso, achando que deveria ser adiado, com o que a direção do PCB não concorda.

3) Sobre a EMJD

Fac-símile de documento do CISA feito por Pirilo com base em informações de Mello com carimbo: Vedada a Difusão. CRÉDITO: Reprodução / CISA.

LUIZ EDSON FACHIN

Advogado, designado para a função de Procurador Geral da Procuradoria Jurídica do Ministério da Reforma e do Desenvolvimento Agrário. (DO-83 de 06 MAI 85).

MAI 78 - Aluno da Faculdade de Direito da *Universidade Federal do Paraná*. Presidiu, em Curitiba, uma *Assembléia Extraordinária do Partido Acadêmico Progressista*, criado dentro da Faculdade de Direito da UFP e voltado para os interesses do movimento estudantil.

NOV 81 - Procurador do *Instituto de Terras e Catografia do Paraná*. Participou, como conferencista, do *III Ciclo de Estudos de Direito Agrário*, patrocinado pelo *Departamento de Direito Público do Centro de Estudos Sociais Aplicados da Fundação Universidade Estadual de Londrina /PR*.

Trecho de relatório do CISA de 1985 que trata de infiltração comunista no governo Sarney e que aponta para Luiz Fachin, futuro ministro do STF. CRÉDITO: Reprodução / CISA.

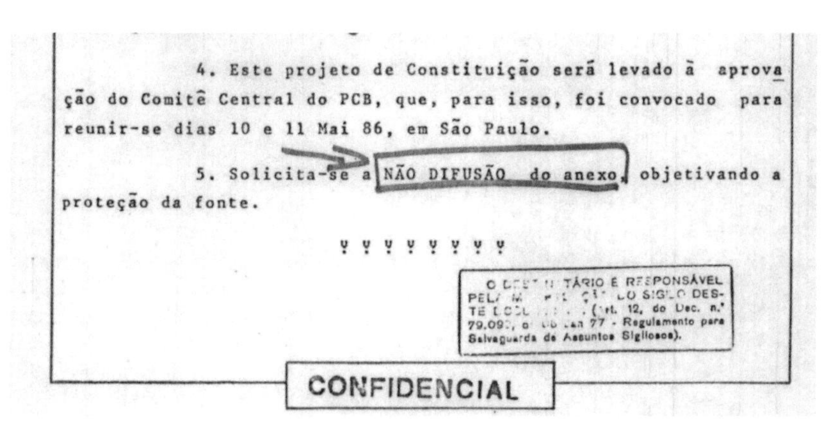

4. Este projeto de Constituição será levado à aprovação do Comitê Central do PCB, que, para isso, foi convocado para reunir-se dias 10 e 11 Mai 86, em São Paulo.

5. Solicita-se a NÃO DIFUSÃO do anexo, objetivando a proteção da fonte.

Y Y Y Y Y Y Y Y

O [illegible] TÁRIO É RESPONSÁVEL PEL[illegible] [illegible] DO SIGILO DESTE [illegible] (Art. 12, do Dec. n.º 79.09[illegible], [illegible] 77 - Regulamento para Salvaguarda de Assuntos Sigilosos).

CONFIDENCIAL

Trecho de documento do CISA feito com base em informações de Mello no qual Pirilo proibiu a difusão para proteger a fonte. CRÉDITO: Reprodução / CISA.

Relatório do CISA que mostra direcionamento do centro nos anos 1980: Guerra ideológica. CRÉDITO: Reprodução / CISA.

RELATÓRIO ESPECIAL DE INFORMAÇÕES Nº 10/CISA/86

S I N T E S E

1 - A TEOLOGIA DA LIBERTAÇÃO MARXISTA 01
2 - FRASES DO MÊS 02
3 - BRIZOLA SEGUNDO BRIZOLA: O MELHOR GOVERNADOR DO BRASIL 05
4 - A *BAIXARIA* NA CAMPANHA ELEITORAL 06
5 - OS PARTIDOS DE *OPOSIÇÃO* NA POLÔNIA 07
6 - A *AUTONOMIA* DO PARTIDO COMUNISTA BRASILEIRO 09
7 - A DIREÇÃO DA CUT ESTÁ INFILTRADA POR COMUNISTAS? ... 19
8 - A CUT DENUNCIA A *"CRISE DO CAPITALISMO"* 21
9 - TERRORISMO NUNCA MAIS - HÁ 20 ANOS DA BOMBA DE GUARARAPES 23
10 - LUIZ INACIO DA SILVA QUER TOMAR O PODER *"NA MARRA"*.. 26
11 - EDUARDO SUPLICY - NOTA DEZ EM AMBIGUIDADE 27
12 - CUBA - RESOLUÇÃO DO III CONGRESSO DO PC CUBANO SOBRE POLÍTICA INTERNACIONAL 28
13 - O MARXISMO, A GRANDE FALÁCIA 33
14 - ENGENHEIROS CUBANOS: *"UM MONTÃO DE IMBECÍS* 36
15 - XXV CONGRESSO DA UNIÃO BRASILEIRA DE ESTUDANTES SECUNDARISTAS 37
16 - PCdoB - PROPOSTAS À CONSTITUINTE SOBRE AS FFAA 41
17 - UNIÃO DEMOCRÁTICA RURALISTA 44
18 - O TERRORISMO 54

O ÚNICO OBSTÁCULO À PAZ MUNDIAL É A RESISTÊNCIA DO OCIDENTE AO COMUNISMO.

R E S E R V A D O

Lista de temas da guerra ideológica adotada pelo CISA contra os comunistas nos 1980. CRÉDITO: Reprodução / CISA.

VAZ.108.80,p.7/7

CONFIDENCIAL

CENTRO DE INFORMAÇÕES CISA

Fl 07

(Continuação do INFE Nº 0042/88/220/AGINT-RJ (INTERNO)

Agregue-se a tudo isso que a Campanha Extraordinária de Finanças do PCB em todo o país, equacionada para render 20 milhões de cruzados, rendeu apenas 100 mil cruzados.

ROBERTO FREIRE, caso julgue viável sua ausência da Assembléia Nacional Constituinte, participará dessa delegação em lugar de ALMIR DE OLIVEIRA NEVES.

7. Solicita-se que este documento NÃO SEJA DIFUNDIDO objetivando a PROTEÇÃO DA FONTE.

VEDADA A DIFUSÃO

O DESTINATÁRIO É RESPONSÁVEL PELA MANUTENÇÃO DO SIGILO DESTE DOCUMENTO. (Art. 12, do Dec. n.º 79.099, de 06 Jan 77 - Regulamento para Salvaguarda de Assuntos Sigilosos).

Relatório confidencial da Aeronáutica, 1987, feito com base em informações de Mello no qual Pirilo registrou que os dados não deviam ser difundidos para a proteção de sua fonte. CRÉDITO: Reprodução / Arquivo nacional.

КОПИЯ

№ 14

Эрнесто Мед

Форма № 2 2

ый листок по учёту руководящих кадров

илия Theodoro de Mello

everino отчество

H 3. Год и м-ц рождения IX-1917 4. Место рождения:
существовавшему в то время адм. делению cidade
ages, Estado do Rio Grande do Norte, Brasil
существующему в настоящее время адм. делению
esmo

ональность Brasileiro 6. Соц. происхождение:
шее сословие (звание) родителей empregado
вное занятие родителей до Октябрьской революции
gado , после Октябрьской революции
7. Основная профессия (занятие) * trabalhador do Partido
боты по этой профессии 9 anos 8. Соц. положение * empregado 9. Партийность membro
й организацией принят в КПСС (Partido Comunista do Brasil)
11. Партстаж 1938 (м-ц, год) № партбилета или к/карточки
пребывания в ВЛКСМ с — по — 13. Состоял ли в других партиях (каких,
кого и по какое время) — não
14. Состоял ли ранее в КПСС não (да, нет) с какого и по какое

a de Severino Teodoro de Mello no arquivo do PCUS, em Moscou CRÉDITO: Reprodução / RGANI.

Перевод с португальского

АНКЕТА

ля Международной Ленинской школы
лия и имя (настоящие) — ЖИВАЛДО
ПЕРЕЙРА ДЕ СИКЕЙРА
орту) ЖЕРАЛДО ЛИМА ВАЛОЭС

е) НЕЙ ФЕРРЕЙРА
мужск. 3. Год, месяц и число рождения 22.XII.1934
о рождения Серра Тальада-Пернамбуно
ональность бразилец 6. Подданство Бразильское
альное происхождение из мелкой буржуазии
йная принадлежность Член Бразильской Коммунистической партии
(с какого года член компартии)
с 1955 г.

Ficha de Givaldo Siqueira no arquivo do PCUS, em Moscou. CRÉDITO: Reprodução / RGANI.

CONFIDENCIAL

Via Pacífica ou Luta Armada?

"No quadro político atual, nosso partido tem uma posição cômoda. Nós somos, simultaneamente, uma força comprometida com o socialismo, de forma clara e inequívoca, mas ao mesmo tempo lutamos por uma solução positiva para os problemas nacionais pela via democrática, que é por onde se vem dando, *preferencialmente*, a nossa atividade.".

Assim se expressa Salomão Malina, presidente do PCB, em um documento interno do partido, ao analisar o quadro político e econômico do País, face às eleições presidenciais de 15 Nov 89.

Ao afirmar que o PCB vem atuando, preferencialmente, pela via eleitoral, Salomão Malina deixa claro que, para seu partido, existe outra forma de se chegar ao Socialismo, no momento com menor prioridade, a violência revolucionária que, em seu estágio mais avançado, deságua na **Luta Armada**.

À primeira vista essa conclusão pode parecer estranha para o leitor, diante da insistente proposta do candidato do PCB à Presidência da República, Roberto Freire, visando ao estabelecimento de um "Pacto Antiterror". Para os comunistas, entretanto, tal proposta é normal, pois, segundo eles, a forma de luta a ser empregada para a tomada do poder — Via Pacífica ou Luta Armada — depende do "momento histórico", ou seja: quando a conjuntura lhes for favorável.

Salomão Malina.

Texto do Centro de Informações do Exército sobre o PCB em relatório do general Sérgio Avellar Coutinho, de 1989. CRÉDITO: Reprodução / Estado-Maior do Exército.

VII — A SEÇÃO DE RELAÇÕES EXTERIORES DO COMITÊ CENTRAL DO PCB À ÉPOCA DO SEU ESFACELAMENTO EM AGOSTO DE 1972

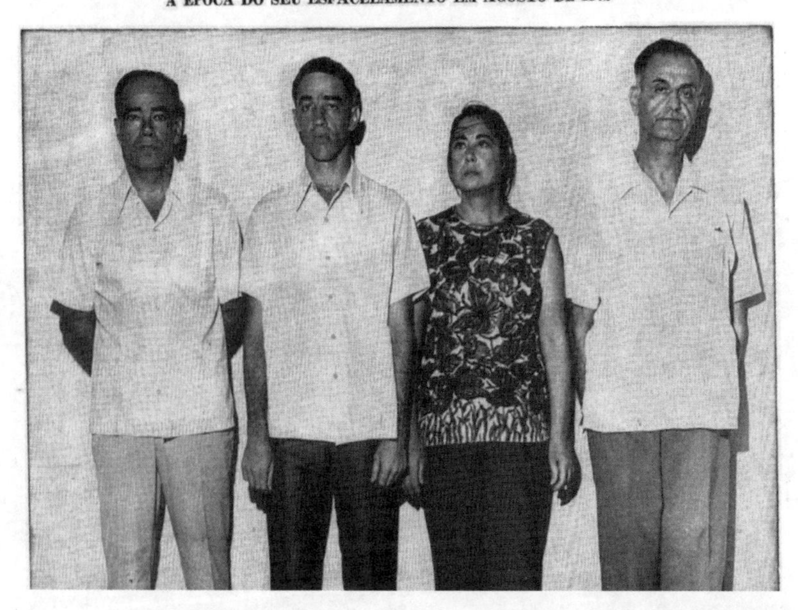

Operação Master: Maqrinha prende integrantes da seção de relações exteriores do PCB, 1972; à dir, Fued Saad. CRÉDITO: Reprodução / Cenimar.

Adalto Alves dos Santos, o Senhor Sombra, o Agente Carlos. CRÉDITO: Reprodução / Cenimar.

João Lucas Alves, o ex-sargento da Aeronáutica; Pirilo confirmou as unhas arrancadas. CRÉDITO: Reprodução / Cenimar.

Elson Costa foi sequestrado em São Paulo e levado à boate, onde foi assassinado, em 1975. CRÉDITO: Reprodução / Cenimar.

Para Dinarco Reis, a situação era de cerco e aniquilamento. CRÉDITO; Reprodução / Cenimar.

Jayme Amorim voltou ao Brasil, acabou sequestrado no Rio de Janeiro e assassinado em São Paulo. CRÉDITO; Reprodução / Cenimar.

Chico Pinote, o policial que trabalhou para o Cenimar; esta era a foto que ficava na mesa do Doutor Pimenta.
CRÉDITO: Acervo pessoal / Cenimar.

A tenente Beatriz Martins, a agente Neuza, em sua casa, no interior de São Paulo; ela capturou Mello em 1974.
CRÉDITO: Marcelo Godoy.

Escola das Américas, em Forte Gullick, no Panamá, em 1967, a primeira turma de agentes da Aeronáutica faz um churrasco; da esq. p/ dir. (todos sem camisa), coronel Francisco Renato Melo, brigadeiro João Paulo Moreira Burnier, capitão Antônio Pinto e o futuro brigadeiro Sidney Obino Azambuja. CRÉDITO: Acervo Pessoal/CISA.

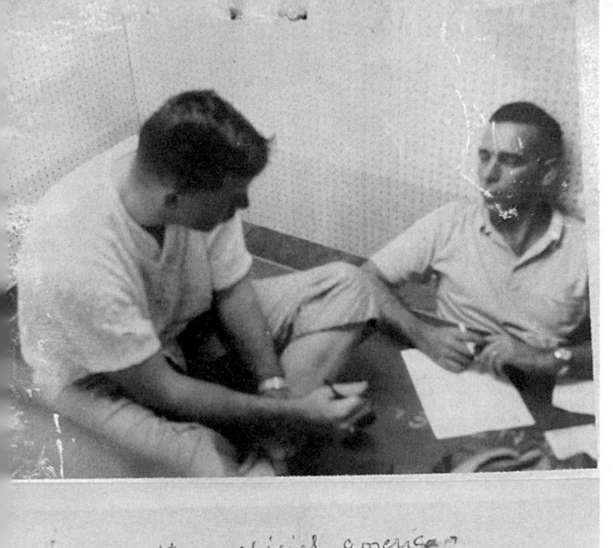

O instrutor americano Mc Carthy dá uma aula de interrogatório para Antônio Pinto, em Forte Gullick, na Escola das Américas, no Panamá, em 1967. O bilhete foi escrito por Pirilo. Crédito: Acervo Pessoal / CISA.

O agente Walter Lang, o Alemão, é condecorado no DOI com a Medalha do Pacificador, em 1973: Lang participou do estouro das gráficas. CRÉDITO: Arquivo pessoal Walter Lang.

Em Moscou antes do golpe: Da esq. p/dir., Boris Ponomarev, Luiz Carlos Prestes e Nikita Khruschov. CRÉDITO: Tass/V.Savostyanov.

Luiz Carlos Prestes e Mao Tsé-Tung em Pequim: CIA obteve detalhes da viag
CRÉDITO: Divulgação /

Neuza é condecorada pelo general Humberto Souza Mello, comandante do 2º Exército; ela capturou Mello.

O Doutor Ney (2º da esq. p/ dir.) e o legista Shibata (3º da esq. p/ a dir.) na sede do DOI com outros integrantes do destacamento.

Severino Theodoro de Mello em seu apartamento em Copacabana.
CRÉDITO: Marcelo Godoy.

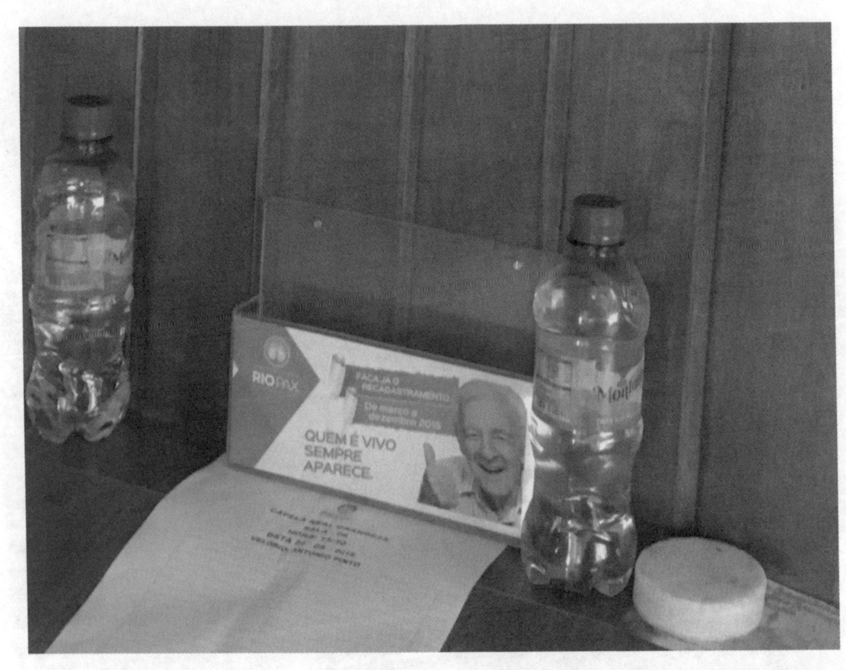

Enterro de Antônio Pinto no cemitério São João Batista, no Rio de Janeiro; ninguém assinou a lista de presença. CRÉDITO: Marcelo Godoy.

O coronel Romeu Antônio Ferreira, do DOI/I Ex e do CIE: ultrapassado no Riocentro, conseguiu cooptar o agente VIP. CRÉDITO: Arquivo pessoal.

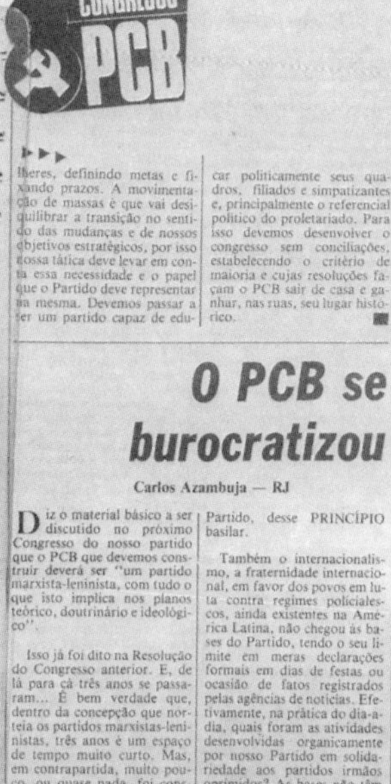

13 a 19/03/87

VOZ DEBATE

CONGRESSO PCB

▶▶▶

lideres, definindo metas e fixando prazos. A movimentação de massas é que vai desiquilibrar a transição no sentido das mudanças e de nossos objetivos estratégicos, por isso nossa tática deve levar em conta essa necessidade e o papel que o Partido deve representar na mesma. Devemos passar a ser um partido capaz de educar politicamente seus quadros, filiados e simpatizantes e, principalmente o referencial político do proletariado. Para isso devemos desenvolver o congresso sem conciliações, estabelecendo o critério de maioria e cujas resoluções façam o PCB sair de casa e ganhar, nas ruas, seu lugar histórico. ■

O PCB se burocratizou

Carlos Azambuja — RJ

Diz o material básico a ser discutido no próximo Congresso do nosso partido que o PCB que devemos construir deverá ser "um partido marxista-leninista, com tudo o que isto implica nos planos teórico, doutrinário e ideológico".

Isso já foi dito na Resolução do Congresso anterior. E, de lá para cá três anos se passaram... É bem verdade que, dentro da concepção que norteia os partidos marxistas-leninistas, três anos é um espaço de tempo muito curto. Mas, em contrapartida, muito pouco, ou quase nada, foi construído desde que o nosso partido passou a atuar legalmente, para situá-lo como um verdadeiro partido marxista-leninista. Os traços gerais que identificam um partido desse tipo e que nos foram legados por LENIN, estão ausentes do dia-a-dia de nossa organização.

Senão, vejamos. O centralismo democrático livremente aceito por todos os membros e condição fundamental para o triunfo sobre a reação e para a ultrapassagem do regime que aí está, foi, por ocasião das últimas eleições, relegado às calendas e substituído, por determinados membros do partido — e até dirigentes — pelo mais escancarado oportunismo, na ânsia da obtenção de votos ao parlamento burguês, que a revolução não preservará.

Deve ser recordado, que dirigente houve que alegou, de público, em entrevista à imprensa burguesa, desconhecer a existência, no Estatuto do Partido, desse PRINCÍPIO basilar.

Também o internacionalismo, a fraternidade internacional, em favor dos povos em luta contra regimes policialescos, ainda existentes na América Latina, não chegou às bases do Partido, tendo o seu limite em meras declarações formais em dias de festas ou ocasião de fatos registrados pelas agências de notícias. Efetivamente, na prática do dia-a-dia, quais foram as atividades desenvolvidas organicamente por nosso Partido em solidariedade aos partidos irmãos oprimidos? As bases não têm como responder.

Também o PRINCÍPIO da luta de classes entre o capital e o trabalho foi esquecido pelo nosso partido, que no ano de 86 foi conduzido à reboque de todas as importantes decisões adotadas pelas duas mais importantes centrais sindicais e, tem, ainda (?) pequena inserção no movimento sindical, como afirmou recentemente o dirigente nacional responsável por esse trabalho.

Duas questões básicas, como, aliás, consta do documento ao VIII Congresso, sem o concurso das quais nenhum partido conseqüente com os postulados do marxismo-leninismo jamais conseguirá desenvolver-se, foram relegadas a um plano inferior, sendo responsáveis pelo quase nulo desenvolvimento político-ideológico das bases. Foram esses os setores de educação e organização. Diz o documento ao VIII Congresso: "a direção não se revelou capaz para deflagrar minimamente programas elementares de educação". Eu diria, sendo mais específico, que "programas elementares de educação" seriam da responsabilidade das direções intermediárias, que têm que ter essa iniciativa, e não devem ficar na dependência de "ordens" e decisões do reduzido grupo de companheiros da direção nacional, que não são onipresentes.

E a luta contra o latifúndio, contra o imperialismo e contra o monopólio, que são a característica do Partido na etapa atual? Onde ficou? Em que consistiu? As bases querem saber.

Finalmente, como o próprio documento ao Congresso diz, as exigências legais não devem implicar no abandono de métodos, princípios e critérios leninistas na vida do Partido. Mas, infelizmente implicaram. O PCB, numa palavra, se burocratizou.

A integração com a África

Oswaldo Evandro Carneiro Martins — CE

A declaração de 30/12/86, da Comissão Diretora Nacional Provisória, "Proposta do PCB de pacto político-social", inscreve o seguinte no seu ponto 12:

"Ampliar os esquemas de integração econômica internacional com os países do Terceiro Mundo e **em especial** da América Latina" (grifo meu).

Trata-se aí de um ponto para pactuar e de uma especificação do que antes já fora estabelecido nos dias 5-6-7/12/1986 para o VIII Congresso, então convocado, em cujo documento convocatório relativo à transição democrática consta o item 4.2 ou seja, "A proposta de um pacto político-social".

Infelizmente, sem a mínima remissão expressa ao que estaria implícito e seria como que regulamentado, esse item 4.2 omite ou esquece a referida integração econômica internacional. Acredito, porém, que esta deva ser levada ao VIII Congresso e, porisso, dela vou tratar nesta contribuição à Tribuna de Debates. É que os países da África merecem a menção **em especial** que o Partido concede aos da América Latina.

A verdade é que estão no ar perguntas pertinentes com essa lacuna. Por que se subestima a África, a partir da Nova República? Por que os comunistas brasileiros a subestimamos durante a chamada "Revolução", que, ao contrário, o valorizou? Por que continuamos nessa postura, já no próprio período de transição democrática?

A resposta é uma só: por dogmatismo. Laboramos num equívoco, que é admitir a existência de um imperialismo brasileiro, reflexo do imperialismo verdadeiro, este que nos explora diretamente e que nos parasitaria nas nossas relações econômicas e políticas com a África.

Ora, existe um capitalismo brasileiro, que economicamente se extravasa de nossas fronteiras e concorre lá fora. Se o justificamos, como vimos, para com a América Latina (e o Caribe), por que não fazer o mesmo em relação à África?

As nossas relações com a África não são invenção "revolucionária", nem tão pouco projeção do imperialismo. O tema não é novo no pensamento brasileiro. Existem muitas obras sobre o assunto, incluída a clássica **Brasil e África — Outro Horizonte**, de José Honório Rodrigues, que dizia, no prefácio da primeira edição, em 1961: "Queremos fabricar história universal e só a fabricaremos em outro horizonte. O outro horizonte **começa** na África, mas não se esgota nele; num grande mapa já vemos os grandes caminhos sem latitudes ou longitudes fixas marcadas por sujeições estrangeiras ou pressões de grupos internos" (grifo meu).

Hoje, forcejando diplomática e comercialmente as vias de relações internacionais, o Brasil chegou à África, à revelia das subestimações ou incompreensões em que incorremos. Nesse sentido, firmas brasileiras, principalmente para prestação de serviços, têm obtido vitórias, incluídas entre elas empresas como a Petrobrás e a Embraer. Com respaldo de várias instituições brasileiras votadas às nossas relações com a África, algumas específicas, vencemos ali, na forma de concorrência e contratos, em pé de igualdade com outros países que disputam mercado na África.

Tal fenômeno não acontece gratuitamente. Há todo um condicionamento histórico-cultural que nos favorece. Quase um terço da população brasileira é de origem africana, o que nos torna mais receptivos na África do que as antigas metrópoles colonialistas, não importa que se trate de país anglo, franco ou lusófono. A África nos qualifica inconfundivelmente não só em termos raciais, mas nos costumes, na música, na religião, na linguagem etc.

Politicamente, o Brasil é visto na África como um protagonista da história posterior à decomposição do colonialismo. É considerado como uma nação que irrompeu no concerto dos países industrializados, desfazendo privilégios de imperialismo, pois fala em termos de igualdade e sem atitudes hegemônicas.

Economicamente, o Brasil renuncia à auferição de uma mais — valia de capitalismo transnacional. As nossas relações com a África, na medida do possível, se baseiam na compensação, na troca equivalente, no "barter". Isto para como nações tremendamente sujeitas ao empréstimo externo e carentes de dólar, acerca-se de justiça econômica, que inexiste na chamada troca desigual que nos tem endividado com nação.

Acontece que a África tem países que escolheram a via socialista de desenvolvimento, numa quantidade incomparavelmente maior que a de qualquer outro continente, inclusive a América Latina. Ali estão Angola, Moçambique e Etiópia, ou Zimbabue e Tanganica, ou Argélia e Líbia, ou Congo etc. É isto razão sobrada para o Brasil integrar-se com a África. E não são somente essas nações que o justificam, mas todas as demais, exceção feita da África do Sul, que tem já definição oficial pelo Brasil, em função de reverter os regimes da Namíbia e do "apartheid".

Calarmos ou atenuarmos isso é um erro muito sério, porque esvazia a posição brasileira na questão do Atlântico Sul, particularmente quanto às Malvinas e a desnuclearização da região, e sabota a decisão do Brasil nas citadas questões da Namíbia e do "apartheid". Temos reiteradamente aprovado, nessas políticas, o governo brasileiro, e seria incoerência enfraquecê-las, concedendo apenas à América Latina o tratamento em especial.

Na América Latina e Caribe somente dois países elegeram o socialismo: Cuba e Nicarágua. Os restantes, em diferentes graus de intensidade, são dependentes dos Estados Unidos. Já a África, partilhada que fora pela Inglaterra, França, Alemanha, Bélgica, Portugal, Espanha e até a Itália fascista, não deu vaza a que os Estados Unidos nela diretamente se estabelecessem, e isto a tal ponto que só recentemente conseguissem, na Somália e no Egito, atingir situação dominante. ▶▶▶

Reprodução da Tribuna de Debates do 8º Congresso do PCB, na qual Pirilo escreveu artigo com o pseudônimo Carlos Azambuja, 1987. CRÉDITO – VITOR VOGEL – VOZ- DEBATE-003.

Comitê Central do PCB reunido em Paris em setembro de 1979: Em cima, da esquerda para a direita: Luiz Tenório Lima, Giocondo Dias, Severino Theodoro de Mello, Gregório Bezerra, Salomão Malina, Lindolfo Silva, Agliberto Veira de Azevedo, Almir Neves, Orestes Timbaúba. Sentados, na mesma direção: Hércules Corrêa, Givaldo Siqueira, Armênio Guedes e José Albuquerque Salles.
CRÉDITO: Arquivo Voz da Unidade.

Giocondo Dias em seu apartamento em Paris.
CRÉDITO: Arquivo pessoal Sérgio Moraes.

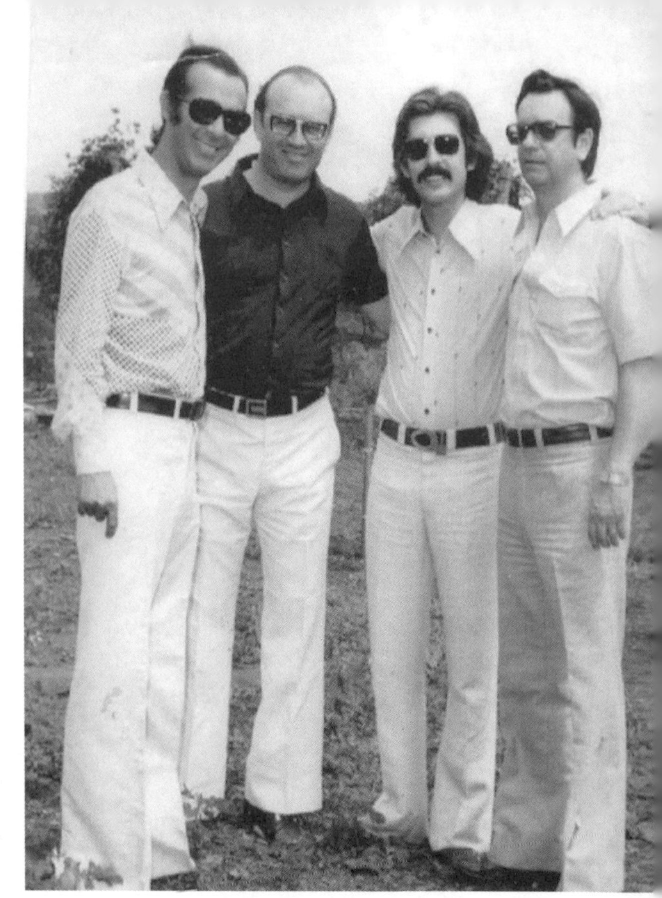

Armação do CISA: Marco Tito (2º da esq. p/ dir) com o colega e futuro presidente Itamar Franco (4º da esq. p/ dir). CRÉDITO: Arquivo pessoal / Marcos Tito.

Apreendido pelo Dops: Porco solto pelos comunistas no viaduto do Chá com protesto contra a acordo militar entre o Brasil e os EUA. Reprodução / Arquivo do Estado de Sâo Paulo.

Parte 3

PIRILO, VINÍCIUS E A GUERRA

1 ENTRE A CIA E A KGB
Informantes, americanos e russos no Brasil

CINCO DIAS DEPOIS do golpe, Bonchristiano assinou a ordem de busca mais importante de sua carreira, aquela que ia autorizar seus homens a colocar de ponta-cabeça a casa de Prestes. Nada mostra mais a desorientação do partido naquele momento do que o fato de ninguém ter apanhado os documentos deixados ali, no dia 29 de março, antes da viagem ao Rio de Janeiro. Após a catástrofe, o secretário apontou em reunião do Comitê Central para dois militantes que deveriam ter retirado os papéis do imóvel: Ramiro Luchesi e Antonio Chamorro. O padrão de abandono dos documentos repetia outras histórias de partido, em 1935, quando Johnny de Graaf devia ter se providenciado o dispositivo explosivo que impedisse a queda dos segredos dos comunistas nas mãos da Policia Especial de Vargas. Luchesi também estava na viagem à URSS e à China em 1959, cujos relatos e documentos foram parar nas mãos da CIA.[1] As desconfianças nascidas das falhas na vida clandestina atravessaram décadas no partido, envenenaram relações e afetaram reputações, quase sempre sem que fosse possível encontrar os verdadeiros responsáveis pelas prisões, mortes e desaparecimentos de companheiros. Pistas sólidas foram deixadas de lado e a luta interna impediu,

1 Para a traição de Johnny de Graaf, ver Rose, R. S., Scott, Gordon D. *Johnny, a vida do espião que delatou a rebelião de 1935*. A presença de Ramiro nos dois episódios poderia levantar suspeitas de que ele fosse o responsável pela queda das cadernetas, mas isso nunca foi discutido pelo partido.

muitas vezes, que os verdadeiros responsáveis pelas falhas de segurança e pelas traições fossem responsabilizados.

Durante esse tempo, a sigla tentou encontrar quem seria o informante no CC que conversava com os americanos. O seu desaparecimento provavelmente levou a CIA a buscar alguém que pudesse se tornar interlocutor da agência nos anos 1960, abordando uma dezena de dirigentes partidários. O traidor de então não causava quedas, prisões, torturas e mortes de seus companheiros; apenas contava o que o partido ouvia nos centros do comunismo mundial. Aos americanos interessava mais as informações sobre as relações internacionais do que desarticular o partido no Brasil. Qualquer tipo de operação que levasse à prisão de quadros com base em dados de seu informante podia fazê-los perder uma fonte, algo mais importante do que a detenção momentânea de uns integrantes da legenda. O Dops pensava da mesma forma. "O departamento era uma potência. Ninguém se metia com o Dops", lembrou, nostálgico, o delegado Bonchristiano, sentado em uma poltrona de sua casa ao lado da parede em que exibia uma condecoração inglesa por ter chefiado a segurança da rainha Elizabeth II, em sua visita a São Paulo, em 1968. "Tínhamos informantes na Argentina, no Uruguai, no Chile, no Peru, no Paraguai e na França." Não foi este, em todo o caso, o caminho usado pelo Dops para chegar ao arquivo de Prestes. O endereço do secretário-geral era conhecido. Prestes se comportava como o chefe de um partido legal, mantendo um arquivo incompatível com o fato de a legenda estar proscrita. Era preciso confiar muito no desenlace favorável do governo Goulart para construir um acervo como o que foi parar nas mãos de Bonchristiano. Os tiras do Dops encontraram na casa do líder comunista 20 cadernetas – uma delas se extraviou, a de número 17 – com anotações sobre as reuniões às quais ele compareceu. Cada uma continha em média 150 páginas. Ao todo, ali estavam 3.426 páginas com nomes de dirigentes locais, regionais, nacionais e internacionais, o que disseram em suas avaliações políticas, além de reflexões sobre o cenário internacional. A polícia identificou 82 integrantes do PCB citados; só um parecia ser totalmente desconhecido. Tratava-se de um médico de Ribeirão Preto, que, ao ser interrogado, negou ter participado de uma conferência regional da agremiação. Prestes mantinha ainda em sua casa 60 pastas com documentos e mais de 500 publicações estrangeiras, além de cópias de centenas de documentos internos do partido, como relatórios, cartas, contabilidade e fotos, tudo organizado com sua caligrafia, o que facilitaria o trabalho da polícia para montar o inquérito. Ao fim, a acusação era sustentada nos documentos apreendidos e nas fichas de antecedentes dos "suspeitos". O material levaria ao indiciamento de 74 acusados. Bonchristiano ouviu mais de uma dezena de políticos, advogados, intelectuais e dirigentes sindicais citados nas anotações. O relatório final, assinado pelo delegado Aldário Tinoco, foi concluído em 30 de setembro de 1964.

A denúncia seria apresentada quase dois meses depois, em 24 de novembro, pelo promotor Durval Moura de Araújo, na 2ª Auditoria da Justiça Militar de São Paulo. Dizia o documento: "Os elementos apreendidos e, particularmente, as cadernetas demonstram de maneira irretorquível a existência do Partido Comunista no país e o desenvolvimento de suas atividades com o *desideratum* de mudar a ordem política e social do país através do auxílio e subsídio de potências estrangeiras (Rússia, Cuba etc) e fundada na organização internacional". O documento afirmava ainda que, no período entre 1961 e 1963, os "comunistas se infiltraram no governo", dominando postos-chave em razão da "íntima ligação do partido com o PTB". A agitação chegara ao máximo com o comício da Central do Brasil, em 13 de março de 1964, com a agitação de bandeiras e "palavras de ordem comunistas". "Nessa altura, as Forças Armadas já haviam sido infiltradas, com a doutrinação, principalmente, dos graduados." O processo se arrastaria por um ano e meio. Prestes foi defendido mais uma vez por Heráclito Fontoura Sobral Pinto. Em 5 de junho de 1966, o veterano advogado subiu à tribuna da audiência. Seu desempenho impressionou o juiz auditor José Tinoco Barreto, que o descreveu como uma "oração vibrante, de amor ao Direito e fé na Justiça". Mas, quando o advogado alegou a insuficiência de provas contra seu cliente, que tudo o que estava anotado eram meras discussões político-filosóficas, o juiz-auditor sacou o livro *A Prova Judicial no Direito Soviético*, de Andrei Vichinski, o procurador dos processos de Moscou, com os quais Stalin se livrou da velha guarda bolchevique. "Não se pode exigir nos casos de conspiração, de *complot* contra a segurança do Estado, atas, decisões, carteiras de filiados e o número destes. Não se pode exigir que os conspiradores tenham certificadas por um notário suas atividades conspirativas".[2] A sessão teve de ser interrompida às 22 horas e foi retomada no dia seguinte, às 9h50. Após 21 horas de julgamento a portas fechadas, o conselho formado pelo auditor e quatro oficiais do Exército – um tenente-coronel, dois capitães e um tenente – proferiu, às 23 horas de 6 de junho de 1966, a sentença de 372 páginas, que condenou 53 dos 61 réus a penas que somavam 272 anos de prisão. Quatorze deles foram reservados a Prestes, a maior punição entre os réus. As outras penas foram de 10, 7, 5, 3, 2 e 1 ano de cadeia. Com a prisão decretada desde 1964, Prestes, como a maioria dos outros acusados, foi julgado à revelia.[3]

O diretor do Dops do Rio de Janeiro, delegado Cecil Borer, recebeu cópias das cadernetas ainda em 1964. No dia 9 de maio, seus homens balearam Marighella em um cinema, após o dirigente resistir à prisão. Um mês antes, ele aparecera no esconderijo de Apolônio de Carvalho para lhe contar um plano: sublevar dois esquadrões de tanques na Vila Militar, que bombardeariam o Palácio Caxias, sede do 1º Exército, no dia 8 de abril, data da posse do general Castelo Branco. No dia marcado, o contato que devia buscar Apolônio não apareceu. Havia sido preso. A rebelião falhara. Dias antes, os integrantes do Comitê Universitário do partido foram convocados de madrugada para lutar de armas nas mãos contra os golpistas. Anita Leocadia Prestes foi a um ponto em uma esquina de Botafogo e voltou desolada para casa depois que um companheiro a encontrou com o recado de que toda resistência fracassara. Não haveria revanche ou qualquer outro plano tão cedo. O golpe apanhou os comunistas desprevenidos. Em São Paulo, uma casa chegou a abrigar 55 deles por cerca de dois meses. A legenda contava então com 3,5 mil militantes ativos na cidade, segundo Moacir

---

2 Para o uso de Vichinsky pelo juiz, ver e Brasil Nunca Mais Digital, processo BNM255, p. 3586.

3 Para as cadernetas e o processo, APESP, Fundo Deops, pasta OS1949 e Brasil Nunca Mais Digital, processo BNM255, p. 1 a 3.580 (até a sentença da 1ª instância), em AEL-Unicamp, Fundo BNM 255, caixa 1, volume 1, folhas 24 a 760. Também ver "Arquivos guardam cadernetas de Prestes", *Folha de de S. Paulo*, 8 de abril de 2001 e ainda "Quatorze anos para Prestes". *O Estado de S. Paulo*, 7 de junho de 1966, p. 19.

Longo, que aos 34 anos era um dos três vereadores do partido na capital e secretário político do Comitê Municipal.[4] Veterano das lutas camponesas em Goiás, Antônio Ribeiro Granja cortou o bigode e os cabelos e vestiu uniforme de cobrador de ônibus para aguardar os companheiros que chegavam à rodoviária, antes de despachá-los para Salomão Malina, encarregado de abrigá-los. Integrante da direção estadual do partido, Malina alertou os colegas, dias antes do golpe, para a possibilidade de uma vitória da direita. Ele montou um esconderijo com radioamador. O equipamento devia compor uma rede que seria construída para evitar o isolamento do partido, que ocorrera em 1961, quando os ministros militares tentaram impedir a posse de João Goulart e bloquearam as comunicações do Rio de Janeiro e de Brasília com o restante do país. O veterano da FEB ajudou ainda meia dúzia de companheiros a se refugiar naqueles dias. Foi um salve-se quem puder. Ou nas palavras de João Guilherme Vargas Netto, então dirigente do Comitê Universitário do partido, "houve uma *débâcle*".

> Quando há o golpe, o que a gente chama aparelho desmorona. O CC nos primeiros dias não tinha aparelho para reproduzir suas decisões. Não tinha máquina de escrever. O primeiro documento do Comitê Central foi difundido a partir de uma máquina de escrever privada, de um indivíduo que datilografou e tirou a cópia. Logo em abril. (...) Nessa época, o Rio estava chuvoso e frio. E uma das primeiras tarefas foi arranjar casas para alojar pessoas perseguidas nos locais de trabalho. Não tinha.[5]

O sindicalista Hércules Corrêa perambulou cinco dias sem um teto para dormir no Rio de Janeiro. Timbaúba, o secretário político da Guanabara, estava em um ônibus, circulando sem destino, quando encontrou, por acaso, o engenheiro Sérgio Moraes. Saiu do coletivo para a *garçonnière* que Moraes mantinha na zona sul carioca. Era para ser temporário. Mas Timbaúba ficou dois anos no imóvel do amigo. Mello foi encarregado de

---

4 Moacir Longo, entrevista em 11 de dezembro de 2013.

5 João Guilherme Vargas Netto, entrevista em 20 de janeiro de 2016.

montar uma casa para Prestes um dia antes do golpe. Pegou o *gensek* em Ipanema e foram para um imóvel alugado em meio a um temporal. Quando bateram na porta do aparelho, ele estava fechado. A militante responsável pelo lugar no Engenho Novo saíra pela amanhã para visitar uma amiga no subúrbio e não pôde voltar em razão da paralisação do transporte público decretada pelos comunistas contra o golpe. A solução foi levar Prestes à casa do general reformado Vitor César da Cunha Cruz, um veterano do tenentismo. As relações pessoais de Prestes mais uma vez o salvaram. No dia seguinte, Vinícius o buscou e o levou ao esconderijo alugado pelo partido. Com o fracasso da reação ao golpe, os trens voltaram a circular, e a mulher já havia retornado.[6] De lá, Prestes sairia ainda para a casa com o radioamador e, depois, ainda para outra, adquirida com a ajuda de um engenheiro militar da reserva.

SEMICHASTNY. Mello se valeu nessa época de seus contatos com as delegações comerciais dos países socialistas. A missão comercial soviética se encarregou de correr a sacolinha e conseguiu US$ 10 mil (US$ 100 mil, em valores atuais) para cobrir as despesas mais urgentes da cúpula do PCB. Havia um motivo para que Pacato assumisse essa missão. Antes e depois do golpe ele teve a tarefa de manter contatos com os soviéticos no Rio de Janeiro. Recebia deles dinheiro do agente Orel (águia, em russo). Eram dólares. A ajuda anual dos russos aos comunistas brasileiros – o ouro de Moscou – era estimada, em valores atualizados, em US$ 750 mil/US$ 1 milhão por ano. Havia ainda o apoio logístico com passagens aéreas, hospedagem na URSS, centros de formação e quadros, comissões nos negócios com países socialistas e refúgio para militantes perseguidos no Brasil. O dinheiro

---

6 Para o plano de Marighella, ver Carvalho, Apolônio. *Vale a pena sonhar*, p. 191; para o comitê universitário, Prestes, Anita Leocadia. *Viver é tomar partido*, p. 120 a 121; para o salve-se quem puder, ver Magalhães, Mário. *Marighella: o guerrilheiro que incendiou o mundo*, p. 292, 314 e 315, Mello, Severino Theodoro de. *O último sobrevivente de 35*, p. 108 e 109 e entrevista com Severino Theodoro de Mello, entrevista em 9 de dezembro de 2015. Para a situação de Granja, ver Gomes, Dino Oliveira. *A práxis do guerreiro*. p. 92. Na primeira reunião da executiva do partido, um médico de Niterói lhe arrumou 75 documentos de mortos para serem usados pelo partido. O material ficou com Marighella.

de Moscou ajudava a manter as sedes do partido, os aparelhos clandestinos para os dirigentes, despesas com viagens e com encontros e a imprensa partidária, com sua rede clandestina de distribuição no país. Mello encontrou-se com Orel quatro vezes. O Águia não era o único agente russo a procurar Pacato. Os encontros eram marcados por meio de riscos feitos com giz em um poste na Rua do Catete, perto do Largo do Machado, no Rio de Janeiro. Mello tinha a obrigação de passar lá diariamente. A presença da marca de giz significava que ele devia comparecer ao ponto combinado para um novo encontro. Uma vez, deixou de passar por três dias seguidos. No quarto dia, achou três marcas de giz no posto e um agente russo furioso com a falta de profissionalismo do brasileiro. "Você me pôs em risco", disse o russo. Pacato tinha certeza de que o russo era da KGB.

Há pelo menos um documento nos arquivos de Moscou que confirma a proximidade de Mello com a segurança soviética. Os russos acompanhavam a vida do partido. Em 9 de outubro de 1960, Mário Alves disse aos soviéticos que Vinícius havia sido eleito suplente do Comitê Central, durante o 5º Congresso. Um ano depois, o camarada Storyalov, do "setor territorial", registrou na ficha de Mello que ele se tornara membro do secretariado do PCB, no lugar de Marighella. Em 1965, o diretor-geral da KGB, Vladimir Semichastny, produziu o documento 1.366, de 29 de abril, no qual apontava Mello como sua fonte de informação sobre uma disputa interna do PCB que sacudia o partido em São Paulo. Trata-se de um documento raro entre os perfis dos dirigentes comunistas, em razão da citação ao chefe da segurança estatal soviética. Semichastny testemunhou o silêncio do 20º Congresso do PCUS quando Khruschov denunciava os crimes de Stalin. Era integrante da Juventude Comunista, o Komsomol. Dois anos mais tarde, atenderia a ordem de Khruschov para atacar Boris Pasternak diante de uma audiência de 1.400 pessoas, em razão do escândalo da publicação do romance *Doutor Jivago*, na Itália, após ter sido recusado pelo editor do jornal *Novyi Mir* por causa de suas transgressões ideológicas. A obra, que o escritor imaginou ser o *Guerra e Paz* da revolução, valeu a Pasternak o prêmio Nobel de Literatura. Pasternak recusou o prêmio, mas de nada adiantou. Semichastny comparou-o "desfavoravelmente com os porcos, que não fazem bagunça onde comem e dormem" e concluiu: "Esse emigrante interno deveria se tornar um imigrante real e ir para o paraíso capitalista".[7] Em 1961, o acusador de Pasternak se tornou o mais jovem diretor da KGB da história. Tinha 37 anos. Seus relatórios advertiam Khruschov sobre o descontentamento popular em razão da carestia na União Soviética. Três anos mais tarde, ele participaria do complô que levou à queda do chefe. Permaneceu na direção da KGB até 1967, quando Brejnev o trocou por Yuri Andropov. Em 1965, produziu o documento em que citava as informações fornecidas por Mello. Pacato contou à KGB que a conferência do partido em São Paulo elegeu uma direção que tomou posições de direita. E acusou os eleitos de serem "reformistas". A conferência recusara eleger Geraldo Rodrigues dos Santos, Ramiro Luchesi e Moisés Vinhas, escolhendo Marco Antônio Tavares Coelho, Moacir Longo e Joaquim Câmara Ferreira. Vinícius informou ainda aos soviéticos as atividades de Pedro Pomar, descrito como liderança "pró-chineses". Disse aos homens de Semichastny que o PCdoB começara a atuar no Estado, principalmente, entre os estudantes e estava fazendo panfletagens em fábricas, além de distribuir um boletim mimeografado. "O grupo de Pomar defende a criação de grupos armados para uma insurreição imediata, além de criticar o PCB por sua aliança com a burguesia." Por fim, Pacato citou que João Amazonas, no Rio de Janeiro, e Grabois, no Rio Grande do Sul, uniram-se aos partidários de Leonel Brizola. O ex-governador gaúcho se aproximara de Fidel Castro e tentava criar um foco guerrilheiro na Serra do Caparaó, entre Minas Gerais e Espírito Santo. A informação de Mello foi registrada em sua ficha por um assistente do departamento internacional do CC do PCUS, identificado no documento como E. Koslova.

---

7 Para o ouro de Moscou, ver gravação com Severino Theodoro de Mello, entrevista em 9 de dezembro de 2015 e em 10 de dezembro de 2015. Ver ainda Magalhães, Mário. *Marighella*, p. 270 e 271 e Gaspari, Elio, *A ditadura envergonhada*, p. 248. Para Semichastny, ver Taubman, William. *Khrushchev: the man and his era*, p. 273, 385 e 524. Para o document de Semichastny, ver Dossiê de Severino Theodoro de Mello, RGANI, Fundo 5, Lista 109, Documento 1.758, p. 16 e 17. O documento original de Semichastny encontra-se no arquivo da FSB, o serviço secreto sucessor de KGB.

O informe de Mello à segurança soviética trazia informações corretas. Se no momento após o golpe de 1964, Prestes teve de lidar com o grupo no partido dos que, como Marighella e Mário Alves, defendiam a luta armada contra o regime, no ano seguinte, outra crise havia surgido na legenda. Em São Paulo, o partido fora tomado por um grupo que pregava a tese do "poder local", a conquista do governo paulista por forças nacionalistas e democráticas para "acumular forças e mudar sua correlação pela via pacífica nos quadros do atual regime". Para Prestes, aquilo era demais. A turma de São Paulo estava contaminada por "ideologia burguesa"; os comunistas do Estado se colocavam a reboque dos mesmos empresários que haviam apoiado o golpe militar, satisfazendo-se com o *status quo* em vez de constituir uma vanguarda revolucionária. A tese do poder local era classificada como "exclusivamente eleitoreira". "Raramente o oportunismo de direita poderia ir tão longe", fulminou o Cavaleiro da Esperança. Para Anita Leocadia, o pai fazia então a autocrítica de sua posição antes do golpe, que não construíra o "bloco histórico capaz de garantir o sucesso das reformas de base". A direção reformista paulista, que contava ainda com o ex-vereador paulistano Odon Pereira, teria vida curta. Em 1966, ela seria derrotada pela onda esquerdista liderada no Estado por Marighella, eleito então secretário do Comitê Estadual.[8]

Mello dizia não ser o único no partido a manter contato com os agentes russos – além da KGB, o serviço militar russo, GRU também operava no Brasil. Disse ter visto uma vez um colega aguardando alguém, em Bonsucesso, até que Orel apareceu em um carro e apanhou o brasileiro. A segurança estatal soviética costumava ainda conversar com militantes que chegavam a Moscou, ainda que indicados por Prestes. Assim foi em 1975, depois de José Luiz Del Roio, futuro senador italiano, abandonar a luta armada e voltar ao partido. A convite de Prestes, ele deixou a Itália, onde mantinha contatos com o bispo de Ivrea, d. Luigi Bettazzi, um dos secretários do papa Paulo VI, no Concílio Vaticano II. Del Roio foi a Moscou e, "gentilmente", a segurança estatal pediu uma entrevista. Foi indagado sobre Cuba e sua

8 Para a luta interna em São Paulo, ver Prestes, Anita Leocadia. *Prestes, um comunista brasileiro*, p. 396 a 400.

inserção na América Latina e ainda sobre a Tendência Leninista (fração interna da ALN), a cisão no PCB entre os partidários da luta armada e os contrários em 1967 e 1968 e como isso afetara o movimento revolucionário na região. Tinham uma especial atenção para os cargos ocupados por Del Roio. Três agentes entrevistaram-no, uma das quais falava português com acento brasileiro e servia de intérprete aos demais.[9]

A KGB se preocupava mais com a manutenção da hegemonia soviética na esquerda mundial do que com a segurança dos partidos comunistas, evitando se expor em operações arriscadas, como o resgate de Giocondo Dias, em 1976, no Brasil. "Os soviéticos disseram que podíamos contar com eles, mas afirmaram: 'O que a gente não vai fazer é mandar um submarino'. Eles achavam que não ia dar certo", contou José Salles.[10] Mello tinha uma vantagem em relação aos colegas de partido nessa atividade: era desconhecido do público. Sempre fora um homem da máquina e nunca se candidatara a nada, direção de sindicato, associação ou mandato político. Recomendaram que tomasse cuidado quando seu nome apareceu nas cadernetas de Prestes. Ele era citado em 13 delas. Ao todo, 31 vezes, cinco delas na caderneta 18, bem menos do que as 120 vezes de Ramiro Luchesi e as 115 de Giocondo Dias, conforme a contagem do escrivão Luiz Apolônio, que interrompera sua aposentadoria e se apresentara voluntariamente para trabalhar no inquérito.

Apolônio era conhecido entre os policiais como "professor" pelos conhecimentos que uma vida inteira no Dops lhe proporcionaram sobre o comunismo. Escrevera uma apostila usada pelos policiais até o começo dos anos 1980. Mesmo assim, ao término das investigações, a polícia não havia conseguido saber quem era o Mello citado nos manuscritos. Em um deles, o comunista se queixava do método de direção de Marighella em razão "da paixão como colocou os problemas". Para ele, o CC subestimava o partido, que "não era ouvido" antes das decisões. Era a velha crítica ao mandonismo da cúpula. A filha de Prestes o conhecera quando tinha 14 anos, quando o pai vivia

---

9 José Luiz Del Roio, entrevista em 22 de janeiro de 2016.

10 José Salles, entrevista em 22 de janeiro de 2015.

clandestino em São Paulo. “Quando a gente ia encontrar o Prestes, quem apanhava a gente era o Mello. Ele é que nos levava para encontrar o Velho”.[II]

O despreparo e a confusão da polícia depois do golpe explicam como Mello pôde continuar a se mover pelo Rio de Janeiro sem ser importunado. Depois do fracasso da resistência, Anita Prestes temia ser presa. Ela vivia com a tia em Botafogo, um endereço manjado pelos órgãos de segurança. Escondeu-se na residência de um colega do pai dos tempos da coluna, o coronel Aristides Correa Leal, e lá permaneceu durante uma semana; voltou para casa no dia 9, pensando em continuar a faculdade de química, pois lhe faltavam poucos meses para concluir o curso. Naquela mesma noite, o Dops bateu em sua porta. Assustados com a quantidade de livros na casa, os agentes pediram aos chefes autorização para deixar a biblioteca de lado e a obtiveram depois de receberem a garantia de Lygia Prestes de que não havia ali nenhum material subversivo. Perguntaram por Anita, e a filha de Prestes logo disse que estava viajando. Nem sequer verificaram quem era a jovem que acompanhava as irmãs do secretário-geral. Um mês depois, foi a vez do serviço reservado do Exército invadir o apartamento. Durante nove horas ninguém pôde deixar o imóvel. Às 23 horas, os militares foram embora. Não prenderam Anita nem as tias. A falta de ações e informações centralizadas em um único órgão para combater a “subversão” seria mais tarde apontada pelos idealizadores do sistema Codi-DOI como uma das necessidades para garantir a eficiência do aparelho repressivo. Para neutralizar o inimigo os meios jurídicos e legais não bastariam. Era preciso ir além. Um exemplo era Marighella. Após ser baleado, foi solto. Como ele, outros se valeram de habeas corpus para recuperar a liberdade antes da expedição de novos decretos de prisão, o que exasperava os militares estudiosos da guerra revolucionária. Eles acreditavam na necessidade de separar a cabeça do corpo, para que as organizações parassem de caminhar. Marighella era um exemplo. O partido arrumou-lhe uma clínica nas Laranjeiras, cujos donos

---

II Anita Leocadia Prestes, entrevista em 27 de janeiro de 2016. Para as anotações das cadernetas, ver AEL-Unicamp, BNM 255 e BNM-digital, processo 255, p. 1800 a 1.813 e 2.420.

eram simpáticos ao PCB, para que se recuperasse das três perfurações de bala deixadas em seu corpo pelo Dops. Anita foi visitá-lo com a tia Lygia, após um recado de Prestes à irmã a fim de que prestassem solidariedade ao companheiro.

> Nós saímos impressionadas com o desespero do Marighella. Ele falava pelos cotovelos, desesperado, considerando-se um grande herói. Era um negócio, um exagero, só falava dele. A gente ficou assustada. A partir dali, ele estava disposto a fazer qualquer coisa contra a ditadura. As intenções eram boas, mas perdeu ali qualquer capacidade de lucidez, de pensar e ver as coisas como eram. O povo brasileiro, ninguém estava a fim da luta armada. Nos primeiros assaltos a banco as pessoas nas ruas pensavam que era assalto de ladrão.[12]

Além de assistir aos seus integrantes, o partido começava a refazer sua estrutura, a começar pela Comissão Executiva. Malina propôs a Manoel Sampaio Neto se toparia ficar em uma casa na Avenida Camões, 127, na Penha Circular, no Rio de Janeiro, que serviria para os encontros dos dirigentes comunistas. Sampaio se mudou para lá com a mulher, a filha Ângela, de 9 anos, e Armando, de 14. O imóvel tinha uma casa na frente e outra nos fundos com muitas camas, cuidada por uma militante – Julia Arcoverde –, onde os capas-pretas dormiam. O jovem Armando veria Prestes, Mário Alves, Marighella, Jayme Miranda, Hércules Corrêa, Geraldo Rodrigues, Antônio Ribeiro Granja e Giocondo Dias. Ficou ali até 1965, quando começou a militar na seção juvenil do PCB; seu pai sairia do aparelho em 1967, repassando a tarefa ao dentista Leonardo Moreira, um ex-vereador na Paraíba. A casa nunca foi encontrada pela polícia.

A perseguição ao partidão e a seus militantes se extendia por todo país. O jornalista Francisco Inácio de Almeida estava em um congresso da categoria, no Rio de Janeiro, quando Goulart foi deposto. Telefonou para a família e disse que ia demorar um tempo para voltar à Fortaleza, onde trabalhava na redação de *O Povo*. Quando retornou, recebeu no jornal a visita de policiais

---

12 Anita Leocadia Prestes, entrevista em 27 de janeiro de 2016.

do Dops. Almeida foi levado à sede do 23º Batalhão de Caçadores, onde 200 comunistas estavam detidos em um grande galpão. Ali, os companheiros pediram que ele falasse sobre Cuba, onde estivera em 1961, o que lhe renderia um tempo na "solitária". Motivo: pregar a subversão dentro do quartel. E assim se passaram mais de 20 dias antes de o jornalista ser libertado.[13]

Enquanto imóveis eram varejados e dirigentes caçados pela polícia, a luta interna na sigla se tornava cada vez mais aguda. As entidades e as organizações controladas pelo PCB estavam em frangalhos; Marighella e outros afirmavam que a direção levara o partido a uma derrota inglória, sem luta. Foi nesse ambiente que a agremiação discutiu o caso das cadernetas. O conselho da 2ª Auditoria Militar de São Paulo, sob a presidência do coronel do Exército Sílvio Cabral Jucá, decretara em novembro de 1964 a prisão preventiva de 62 dos acusados. Em maio de 1965, o Comitê Central se reuniu. Foram feitas mudanças na Executiva. Acusado pelo grupo de Prestes e de Dias de defender a luta armada segundo o modelo cubano, Mário Alves foi afastado. Ele havia sido o primeiro dirigente a visitar a Ilha oficialmente, em 1961, com o jornalista Renato Guimarães, a convite das Ligas Camponesas de Francisco Julião. Sobre as relações com Cuba, as cadernetas registravam as discordâncias do partido com Julião a respeito da luta armada e da aposta no campo como motor da revolução. Prestes anotou a informação sobre a intenção das Ligas: "Vamos começar pelo Maranhão as guerrilhas, em seguida, passamos para os outros Estados." E diziam ter armas e dinheiro para a empreitada.[14]

Prestes explicou-se sobre o descuido com as cadernetas. Voltou a afirmar que orientara "companheiros de São Paulo" a retirar a documentação da casa após sua mulher, Maria do Carmo Ribeiro, deixar o imóvel. Os responsáveis pela tarefa – Chamorro e Luchesi, um antigo maquinista da Companhia Paulista de Trens – disseram que foram à casa, mas não viram nem sabiam das cadernetas. A polícia mantinha o endereço sob vigilância desde 31 de março, mas a busca só ocorreu dias depois. Alguém, portanto,

13 Francisco Inácio de Almeida, entrevista em 26 de agosto de 2016.

14 Sobre a guerrilha rural Ver e Brasil Nunca Mais Digital, processo BNM255, p. 3.506, 3523 e 3524.

não fez seu serviço direito. Na reunião da sigla, Prestes tentou minimizar o caso, afirmando que as cadernetas "registravam acontecimentos públicos, de atividade legal de direção do PCB". O problema é que essa atividade, antes tolerada pelo governo, era então tratada como crime pela ditadura. Gorender censurava sua "vocação de arquivista".[15] Prestes ia às reuniões com uma caderneta; enquanto os outros falavam, anotava com a caneta tinteiro nas folhas de papel, com letra legível. "Ele tinha a mania de anotar tudo. O partido foi adquirindo uma legalidade de fato, e ele passou a pôr o nome real das pessoas", contou Moacir Longo, um dos acusados no caso.[16] Mesmo que se diga que nenhuma estrutura do partido ou pessoa foi identificada com base nas cadernetas, o que a própria denúncia reconhece - ou mesmo que tudo o que Prestes fez foi registrar encontros políticos legais, o impacto da apreensão dos documentos foi enorme. Não se deve examinar o caso só do ponto de vista policial-judiciário - no fim, o STF absolveu os réus que recorreram à Suprema Corte. A guerra contra o comunismo estava mudando de estratégia no Brasil, incluindo as ações psicológicas, antes de sua militarização completa, ocorrida a partir de 1968. O arquivo de Prestes forneceu aos militares, logo depois do golpe, a "prova material" para a propaganda anticomunista sobre a infiltração e o funcionamento do partido clandestino, além das ligações com Cuba, China e URSS, que fariam do PCB um mero instrumento de potências estrangeiras interessadas em submeter o Brasil ao "controle do MCI". Para os militares, a guerra revolucionária não se restringia mais às ações da polícia política, de vigilância e punição. Era preciso ir além. A propaganda era peça fundamental para conquistar o terreno próprio dessa guerra: o apoio popular. O PCB era identificado como um braço do Movimento Comunista Internacional e o antípoda do projeto de Nação dos militares; era o adversário estratégico a ser combatido, o elemento que desestabilizava o País, o obstáculo à paz e à segurança necessárias ao desenvolvimento e à realização dos objetivos nacionais, à ambição de um Brasil potência. É dentro dessa perspectiva que

---

15 Para a justificativa de Prestes, ver Prestes, Anita Leocadia. *Luiz Carlos Prestes: um comunista brasileiro*, p. 394. Para a afirmação de Gorender, Gorender, Jacob. *Combate nas trevas*, p. 94.

16 Moacir Longo, entrevista em 11 de dezembro de 2013.

deve ser compreendido o maior de todos os inquéritos abertos depois do golpe: o Inquérito Policial-Militar 709 (IPM 709), presidido pelo coronel Ferdinando de Carvalho.

IPMs. "O Exército recebeu cópia de tudo. No IPM, tem todas as cadernetas", contou o delegado Bonchristiano.[17] As cadernetas foram o coração da investigação do IPM 709, cujas implicações não foram totalmente compreendidas na época. Ela mostra a transição entre uma perspectiva policial para a estratégia militar no combate à oposição ao governo. Carvalho usou o inquérito como uma operação psicológica própria da guerra revolucionária. Seu objetivo principal não foi obter a condenação dos réus, prender os comunistas de sempre, mas - como escreveu o jornalista Elio Gaspari -, com o uso da tortura nos interrogatórios, combater a corrupção e a subversão. Ele era o meio escolhido por um governo que se atribuía a "megalomaníaca tarefa de acabar com ambas". Ao mesmo tempo, os IPMs foram instrumentos de propaganda para o regime a fim de esclarecer a população sobre o comunismo. Uma Justiça na qual a obra de Vichinski, o acusador dos processos de Moscou, era citada como argumento de autoridade jurídica, acabava de dar o primeiro passo para transformar as investigações de crimes em espetáculos públicos. Interessava mais convencer a audiência comum do que os julgadores, pois estes de antemão já estariam comprometidos com as sentenças esperadas pelos guerreiros ideológicos das Forças Armadas. Não é por outra razão que o inquérito contava com uma "introdução", um trabalho que seria publicado em quatro volumes pela Biblioteca do Exército com o objetivo confesso de "ambientar os julgadores, as autoridades e os leitores em geral, no problema comunista brasileiro, em sua vinculação internacional e nos principais aspectos de suas correlações atentatórias às leis e às bases do sistema político e social vigente". O livro dizia que foram "impressos para conhecimento público os volumes considerados fundamentais para uma apreciação ampla do problema".

---

17 José Paulo Bonchristiano, entrevista em 28 de maio de 2008.

Desconsiderar as 1.738 páginas de seus quatro volumes como obra de pouco valor ou confusa, dificulta a percepção da evolução da estratégia da repressão no país. Os militares estavam usando uma nova arma - o livro, o panfleto e a palavra de ordem - para enfrentar seus inimigos, muito além da antiga função dos IPMs de peça jurídica montada, segundo normas da Justiça Militar. Foi o general Hugo Panasco Alvim quem delegou ao coronel Carvalho a tarefa de montar o IPM 709, em 7 de agosto de 1964. O objeto da apuração era ambicioso: "apurar os fatos e as devidas responsabilidades de todos aqueles que, no país, tenham desenvolvido ou estejam desenvolvendo atividades capituláveis nas Leis que definem os crimes militares e os crimes contra o Estado e a Ordem Política e Social". Não havia limite de jurisdição, de fato ou de prevenção que impedisse o coronel e sua equipe de agir. O Comando Supremo da Revolução rasgava todas as garantias do devido processo legal ao definir que a atuação do coronel deveria obedecer apenas, "no que for aplicável, as normas atinentes nos inquéritos, fixadas no Código de Justiça Militar". A Justiça dos militares estava acima de todas as leis. Ao mesmo tempo, o general determinava que o inquérito devia ser de conhecimento exclusivo dele, não devendo ser remetido à Justiça antes "da autorização deste encarregado de IPM". Ao todo, 21 militares e um civil foram mobilizados para a força-tarefa do caso. Eles se dividiram em quatro grupos: o menor era o de Justiça, que tinha dois homens - um major e um sargento - e devia cuidar da relação da investigação com os órgãos judiciais. O maior, com dez integrantes, era o responsável pelos "estudos e investigações", ou seja, aquele que ia produzir o material para a operação de propaganda do regime. A seção de administração tinha cinco integrantes, todos militares - um capitão e quatro sargentos. E, por fim, a de interrogatório contava com três pessoas: o capitão Darci Carmen de David, o 3º sargento Roberto Telles da Silva e o único civil do grupo, Francisco de Assis Lima, o Chico Pinote, um veterano policial civil, conhecido entre os comunistas desde que se infiltrou nos anos 1950 na sigla e conseguiu informações que levaram a inúmeras prisões em Pernambuco. Depois do IPM, ele seria cooptado pelo Cenimar, que fez de Pinote um funcionário civil por quase duas décadas, onde trabalhou como especialista em partidão e mantinha uma rede de informantes invejada pelos colegas e temida pelos comunistas. Seu Chico visitava parentes de dirigentes do PCB para saber notícias. Trabalhava ao lado de outros analistas, como os comandantes Feijó e Aldir Bellotti da Silva, um fuzileiro naval que dominava dez idiomas. "Seu Chico ganhava muita gente no interrogatório", contou o Doutor Pimenta. Também fuzileiro naval, Pimenta manteve até morrer, em agosto de 2020, uma foto do "Seu Chico" em sua mesa de trabalho, no Cenimar. No serviço contavam histórias de quando Pinote teria ajudado a trazer da Suíça para o Brasil parte do dinheiro desviado por Jorge Medeiros Valle, o Bom Burguês. Valle era um funcionário de carreira do Banco do Brasil que passou a mão em NCr$ 2 milhões para o PCBR, uma dissidência do PCB que aderiu à luta armada. Preso em 1969, passou pela Ilha das Flores e cumpriria seis anos da pena no presídio da Marinha, na Ilha das Cobras.[18]

Durante o IPM 709, Pinote testemunhou seu chefe afirmar que o esforço da repressão tinha o objetivo "propiciar ao povo aquilo que o comunismo oferece apenas para enganá-lo". O coronel Carvalho tentava convencer as pessoas que não subestimassem o perigo, assim como ele não o exagerava. O comunismo, segundo o militar, não era produto da miséria ou da ignorância. "Existe o fenômeno fabuloso de intelectuais comunistas. Pode-se afirmar, inclusive, que a compreensão do comunismo exige um estágio intelectual superior." O inimigo se "implantava em seus adeptos como verdadeira religião, com todos os seus dogmas, preconceitos e rituais". Ao coronel, o que lhe parecia inacessível pelo intelecto, só poderia ser explicado e aceito como os mistérios da religião, ainda que laica. Carvalho via as atividades dos diferentes grupos, os rachas e as disputas entre os comunistas como partes de um todo, concedendo uma unidade às esquerdas que elas nunca tiveram de fato, mas que explicará a indistinção feita pela repressão mais tarde, quando a opção da neutralização do inimigo foi

18 Capitão-de-mar-e-guerra Mário Sérgio Pacheco de Souza, entrevista em 30 de abril de 2019. A prisão da Ilha das Flores ficava em uma base do Corpo de Fuzileiros Navais. Ali ocorriam interrogatórios. Na Ilha das Cobras, ficava o presídio da Marinha, onde os presos cumpriam pena.

aplicada a todos os grupos e partidos clandestinos que se opunham ao regime, tivessem ou não pegado em armas.[19]

Não foi apenas o uso da violência nos primeiros dias do regime, durante aquilo que se convencionou entre os militares chamar de "calor da luta" que pavimentou o caminho para o uso da tortura, do assassinato e do desaparecimento como armas nos anos que se seguiram. Para os serviços secretos militares, o PCB devia ser combatido em razão de suas atividades nos campos político, econômico e psicossocial. Sua ação era dividida em cinco ramos: a construção do partido, a infiltração das instituições, a agitação e propaganda, os movimentos de massas e a ação violenta, cuja definição era: "Estágio final das possibilidades partidárias para a solução de situações em que o partido encara como fator de sucesso o argumento da força". Nos IPMs, a prioridade era expor a subversão comunista, sua propaganda e seus meios de disseminação. Eles reuniam informações sobre o movimento e sua lógica de funcionamento em uma busca de dados em jornais, publicações, livros e documentos. Era necessário mostrar a articulação entre a propaganda e a agitação e a infiltração das instituições, contaminando a vida social do país por meio da difusão de suas ideias. Queriam mostrar o comunismo como um fenômeno amplo.[20]

O coronel tratou em sua obra do que chamava de "auxiliares do PC". Era aqui, nesse balaio geral, que entravam quaisquer atividades que prejudicassem o governo ou contestassem as crenças de Carvalho e de seus pares. Os primeiros auxiliares eram os criptocomunistas, espécie de inimigo disfarçado que não demonstrava sua ideologia a fim de manter sua posição. Esse seria o caso do "juiz que absolve ou concede 'habeas corpus' sistematicamente aos comunistas que são acusados ou presos por atividades subversivas". Também era criptocomunista o "secretário de Segurança que permite a realização de comícios e reuniões ilegais de comunistas ou

19 Ver Carvalho, Ferdinando de, *Inquérito Policial-Militar 709, O comunismo no Brasil*, vol. 1, p. 5 a 80.

20 Czajka, Rodrigo, "Esses chamados intelectuais de esquerda: o IPM do PCB e o fenômeno do comunismo na produção cultural do pós-golpe", in *Revista Antíteses*, v. 8, n. 15, p. 219-242. Para a assistência inglesa, ver Martins Filho, João Roberto. *Segredos de Estado, o governo britânico e a tortura no Brasil (1969-1976)*.

relaxava a vigilância contra os mesmos". O militar que participasse de "movimentos legais e pseudolegais nos quais os comunistas procuram explorar determinados motivos para a propaganda" também era. E, por fim, estavam no mesmo cesto "governadores que nomeiam secretários comunistas, de cuja ideologia e atividades têm conhecimento ou finge desconhecer". Os 'criptos' eram identificáveis por meio de seus atos ou de "referências de correligionários", os dedos-duros.

Diferentemente deles, mas igualmente danosos, seriam os "simpatizantes". O coronel explicava: "São pessoas que, ainda que não comunistas, são condescendentes ou parcialmente adeptas da causa comunista, de seus objetivos ou de seus defensores." Formavam o grupo mais numeroso dos auxiliares do partido, cooperando nas campanhas da legenda, com seu trabalho e ajuda financeira. O simpatizante, dizia Carvalho, "adorava viajar e almoçar no jóquei". Eles seriam de dois tipos: os oportunistas, encontrados entre os políticos profissionais que se aliavam aos comunistas para obter mais votos ou prestígio, e os inocentes úteis, que se prestavam a manipulações do inimigo por vaidade, desconhecimento ou inconsciência. Por fim, Carvalho trata dos "companheiros de viagem" ou aliados e os descreve como os que buscam objetivos comuns aos comunistas. Seriam os políticos que formam frentes-populares ou frentes-únicas. Ora, foi assim que o general Pery Bevilaqua tratou João Goulart no dia 31 de março, demonstrando a popularidade da expressão.

No quadro pintado pelo coronel, toda força política e organização que não estivesse com o governo poderia ser enquadrada em uma das categorias e, se fosse conveniente para o regime, tratada como traidora, sofrendo as consequências de seus atos. A proibição do comunismo e da sigla era a pedra de toque de uma utopia autoritária que se realizava com o banimento do dissenso da sociedade. Até porque, quem conseguiria se opor aos militares sem ser enquadrado como criptocomunista, simpatizante, oportunista, inocente útil ou companheiro de viagem? Completando o clima de desconfiança e medo que paralisava a política, usurpava a soberania popular, calava a cidadania, garroteava as liberdades e aterrorizava o espírito crítico estava a busca incessante das infiltrações comunistas. Seriam nove as áreas onde os comunistas agiam de forma sorrateira: sindical, juvenil, intelectual, camponês, parlamentar, militar, religioso, feminino e na administração pública. Todas deviam ser submetidas à vigilância e controle. "É imenso o número de frentes comunistas existentes em todos os países do mundo", conclui o coronel, como para realçar a importância e o significado de seu trabalho.[21] Em seus colegas, ele deixaria a impressão de que a investigação colocara o PCB fora de combate no país.

> **Qual a importância dos IPMs feitos pós-64, até 65?**
> Quase que a neutralização do PCB. Veja: o PCB ficou acuado. Muitos, particularmente jovens e radicais, como Marighella, não aceitaram a passividade. Foi aí que apareceram os polos. Um deles foi Cuba. Houve uma grande ida de pessoal do PCB para Cuba. Aí começou o foquismo, o Regis Debray, o Guevara e o Fidel. Aí começaram as organizações militaristas.[22]

Os IPMs, como o do coronel Carvalho, multiplicaram-se em todos os Estados. Eram, no início, submetidos à Comissão Geral de Investigações (CGI). Estima-se que de 100 a 200 foram abertos entre 1964 e 1966, com cerca de 2 mil pessoas processadas. Anita Leocadia conta que sua formatura, em julho de 1964, aconteceu em meio às perseguições. A filha do secretário-geral conseguiu uma bolsa na Capes para pesquisar o comportamento fotoquímico de benzoínas e constatou entre os documentos de seu prontuário no órgão uma ficha do SNI, que atestava seu perfil "subversivo". Dois anos depois, foi intimada por edital do Ministério da Educação para depor no IPM da Faculdade Nacional de Filosofia ao lado de uma centena de estudantes em razão de dois documentos assinados por ela nos quais confirmava o recebimento de contribuições para a base do PCB. Anita, que era a secretária de finanças do Comitê Universitário da legenda, reconheceu o erro como revelador do "despreparo para uma situação de grande repressão, como aquela advinda do golpe de 1º de abril". Ao depor,

---

21 Carvalho, Ferdinando. *Inquérito Policial Militar nº 709, O comunismo no Brasil*, 2º vol., p. 126 a 167.

22 Romeu Antônio Ferreira, entrevista 21 de abril de 2018.

ela afirmou que os recibos eram falsos e disse desconhecer as atividades do comitê. Os militares riram. No fim, sem perspectiva de arrumar emprego no Brasil e diante do risco de ser condenada e presa, Anita atendeu ao conselho do pai e foi para Moscou para fazer o curso de marxismo-leninismo de dois anos de duração na escola de formação de quadros estrangeiros, o então Instituto de Ciências Sociais.[23]

Os IPMs foram especialmente duros com os militares, principalmente, os graduados. Só o inquérito dos marinheiros terminou com o indiciamento de 839 militares, provocando a condenação de 249, todos a mais de 5 anos de prisão. Outros profissionais eram submetidos às prisões de praxe, mas logo foram soltos. O médico sanitarista Valério Konder, cassado ainda no AI-1, foi detido para depor mais de uma dezena de vezes até ser preso em 1967. Não perdia a oportunidade de esculhambar os militares. Uma vez, questionou seus interrogadores: "Mas como é que vocês fazem essas perguntas sobre comunismo? Se tem pátrio poder na União Soviético? Você são pais de família, alguns são avós, que cultura vocês têm para transmitir?"

A estudante Marly Vianna militava no mesmo comitê de Anita. Foi detida duas vezes em 1964: uma vez em 11 de outubro e outra em 27 de novembro. Quatro meses depois, ela passaria para a clandestinidade, depois de promover a primeira passeata contra o governo de Castelo Branco. Queriam prendê-la de novo. Cinquenta anos depois, Marly ainda se recordava do delegado do Dops que a salvou: Jorge Marques. "Vão lhe mandar para a (*Polícia do Exército*) PE. Mostra a carteira militar", disse à Marly, que, como filha de militar, tinha direito à identificação. Acabou interrogada por um coronel. Acareada com duas pessoas, acabou liberada. "Continuei trabalhando, mas, quando foi março de 65, recebi pelo (*Luiz* Mário) Gazzaneo o recado: 'Olha, o delegado Jorge Marques falou para você sumir, que agora a barra está pesada.'". Seu retrato saiu na primeira página de *O Globo*.[24] Marly foi deslocada pelo partido para São Paulo, onde não era conhecida pela polícia.

---

23 Para o número de IPMs e de indiciados, ver Gaspari, Elio. *A ditadura envergonhada*, p. 134 e 135. Para o Comitê Universitário e o IPM da Faculdade Filosofia, ver Prestes, Anita Leocadia. *Viver é tomar partido*, p. 123 a 128.

24 Marly Vianna, entrevista em 27 de janeiro de 2016.

As ações da CGI terminaram em novembro de 1964. Seu chefe, o marechal Estevão Taurino Rezende, concluiu que a corrupção era uma chaga maior do que o comunismo, que só poderia ser combatida com esvaziamento do país. Havia terminado 1.110 investigações, envolvendo 2.176 pessoas. Recomendou a punição de 635. O período dos IPMs foi determinante para a formação do ambiente no qual floresceu a linha dura do regime, os militares que passaram a usar a repressão para a manutenção de um poder que, em condições normais da vida pública, jamais teria existido. Foi ele que permitiu ao coronel Ferdinando de Carvalho tentar impedir a posse do governador eleito da Guanabara, Negrão de Lima, pedindo sua prisão logo após a eleição em 1965. A manobra ficou registrada no habeas corpus 28.096, do Superior Tribunal Militar. Por sugestão de Pery Bevilaqua, que deixara o Emfa e assumira uma cadeira no STM, o tribunal avocou o caso e negou por unanimidade a prisão, desarmando a armadilha montada por Carvalho.[25]

Nesse clima de desconfianças e perseguições vicejou outro tipo de personagem: o agente secreto. Valendo-se do anticomunismo, seu negócio era conseguir informações. Partia-se do pressuposto de que, se era impossível acabar com o inimigo, ao menos se poderia acompanhar seus passos e neutralizar suas ações, adiantando-se aos acontecimentos. Os agentes deviam buscar dados onde quer que eles estivessem: fossem nas delegacias do Dops ou no próprio partido. Emulavam o que faziam os serviços estrangeiros. O delegado Bonchristiano contou que os militares do Exército não eram os únicos que apanharam cópias das cadernetas de Prestes. "O serviço secreto americano também. Veio a São Paulo e pediu cópia de tudo".[26]

CIA. Desde os anos 1940 a CIA vigiava as ações de Prestes e do PCB. E os militares sabiam disso. A Marinha registrou tudo em um relatório feito depois do golpe. O PCB havia sido apanhado "inteiramente de surpresa" e teria depositado suas esperanças na cisão do chamado grupo revolucionário, formado pelos governadores Lacerda e Adhemar de Barros e pelo ex-presidente

---

25 Lemos, Renato. *Justiça Fardada, o general Pery Bevilaqua no Superior Tribunal Militar*, p 77 a 80 e AOESP, depoimento de Pery Bevilaqua, tomo 0703739dp.

26 José Paulo Bonchristiano, entrevista em 28 de maio de 2008.

JK. Também avaliava que qualquer levante após o golpe somente favoreceria o governo da extrema-direita, mas se deveria preparar para apoiar qualquer ação que significasse o "fracionamento" do dispositivo militar. Para a Marinha, essa possibilidade impunha aos comunistas o "trabalho especial do partido", com a confecção de coquetéis molotov e treinos com armas, ainda que a tarefa principal continuasse a ser reunir as organizações de base dispersadas pelo golpe e planejar o trabalho de massas.

O informante da Força Naval participava do Comitê dos Secundaristas, os estudantes do ensino médio da época. Ele era subordinado ao Comitê Universitário, dirigido por José Salles. O cachorro contou aos agentes que as instruções de Salles eram repassadas diariamente, às 13 horas, na Igreja da Lagoa. O dirigente usava um Fusca de propriedade do partido em seus deslocamentos. Quem normalmente comparecia aos pontos era o espião do Cenimar, o estudante Manoel Santos Guerra Junior. Segundo o documento guardado no Secretinho, o arquivo mais sigiloso do centro, Guerra Junior ligou-se ao PCB em razão de o pai ter trabalhado no jornal *Imprensa Popular*. Foi recrutado para espionar para o Conselho de Segurança Nacional por 8 mil cruzeiros velhos, reajustados depois para 10 mil, pouco mais de um salário mínimo.[27] "Em determinada época, passou a trabalhar para o Lima, da rede do serviço secreto da Marinha, que lhe pagava Cr$ 20 mil", informava o Cenimar. Em março de 1963, Guerra recebeu a visita de um estrangeiro em sua casa, que se identificou como agente da CIA. O estudante, a princípio, relutou, mas, como o agente conhecia suas atividades, resolveu consultar os chefes no Conselho, que disseram a ele que tratasse com o americano de informações apenas sobre o comunismo, a fim de que sua ação não fosse considerada como espionagem para um país estrangeiro. A CIA chegava a Guerra Junior com uma oferta três vezes maior do que a da Marinha: salário de Cr$ 60 mil, pagamento do aluguel do apartamento em que vivia com a mulher na Rua Barata Ribeiro, em Copacabana, e um emprego. O estudante se desligou da rede do Conselho e passou a servir aos

27 Entre janeiro de 1959 e setembro de 1961, o salário mínimo esteve entre Cr$ 6 mil a Cr$ 9,6 mil. Ver site Diário das Leis. De outro de 1961 a janeiro de 1964, os valores passaram para Cr$ 13.440 e Cr$ 21 mil.

americanos. Mais tarde, ele contaria à Marinha que o emprego prometido pela CIA ficou na promessa. Guerra Junior forneceu ao Cenimar informações sobre infiltração na Escola Naval e no Colégio Militar do Rio de Janeiro e sobre a participação de militantes do PCB e da AP no Plano Nacional de Alfabetização. O informante reportou ainda uma reunião de militares próximos ao partido na qual discutiram um levantamento aerofotográfico da região da Serra da Mantiqueira, onde pensavam criar uma guerrilha. Na avaliação dos oficiais da Marinha, o cachorro devia permanecer com seus contatos com os americanos. Deram-lhe a garantia de cobertura caso fosse preso pela polícia. O documento de 1967, que foi classificado como ultrassecreto, não revela até quando o agente trabalhou para a CIA.[28]

A tarefa de achar comunistas pelas ruas do Rio de Janeiro não era difícil. Guerra não foi o primeiro e certamente não foi o último que aceitou colaborar. Enquanto os órgãos de informação operavam separados da polícia, a traição parecia não trazer maiores consequências, como a morte de companheiros. Esse cenário mudaria no fim da década, quando a repressão passou para o comando dos militares. Não foram todos os comunistas que perceberam essa mudança. Poucos se precaviam ou se preocupavam com a segurança. Muitos mantinham encontros nos mesmos lugares.

> Quem nos passava dinheiro era o Marcos Jaimovich, e o nosso encontro era na Praça 14 Bis, em São Paulo. Sempre foi. Até 68, a gente chamava de refrigério. Porque eles (*os militares*) não estavam atrás de estudante, professor, intelectual. Estavam trucidando soldado, operário.[29]

Era fácil encontrar os comunistas do PCB. Eles estavam até nos proclamas de casamento da imprensa oficial. Foi lá que o brigadeiro Eduardo Gomes encontrou em 1970 a informação de que sua sobrinha ia se casar. Na verdade, José Salles e Marly Vianna precisavam de documentos quentes e um amigo do partido ligado a um cartório arrumou as identidades de

---

28 Ver AN, Fundo Informações da Marinha – Br RJANRIO L2, documento br_rjanrio_l2_0_0_0020_d0001de0001.

29 Marly Vianna, entrevista em 27 de janeiro de 2016.

Vicente Cervázio e Maria Celina Saboia Gomes. Pensavam que os dois estivessem mortos. Não estavam. O brigadeiro, que acordava cedo e lia o *Diário Oficial* de cabo a rabo encontrou ali a informação sobre a sobrinha. Diante da notícia, chamou a polícia, que ficou esperando o casal buscar a certidão na Igreja da Paz. Um aguaceiro salvou Marly de ser detida. Mas outros não escaparam, como Leandro Konder. A polícia foi atrás dele porque o endereço dos noivos era o de sua casa. Acabou preso e torturado.

Quatro anos antes, na Rua Barata Ribeiro, Severino Theodoro de Mello fora parado por um homem que se dizia do SNI. Era 10 de maio de 1966. O agente o alcançou pelas costas depois de o comunista deixar o prédio onde morava. Não dera mais do que dez passos quando ouviu. "Mello!" Pacato virou e imaginou se tratar de José Gorender, irmão de Jacob. Estendeu-lhe a mão para cumprimentá-lo. "Você me conhece?", indagou o homem. "Pensei que fosse um companheiro meu, mas você deve me conhecer para estar me procurando", respondeu o comunista. "É, Mello, eu sou do SNI e queria falar com você." Pensou que era brincadeira. Depois, imaginou que seria preso ou sequestrado, quando o homem pediu que ele o acompanhasse até o Fusca, estacionado a três quarteirões dali, que Mello usava em seus deslocamentos. Conseguiu convencê-lo só a acompanhá-lo até a Rua Toneleros. No caminho, perguntou o que o SNI queria com ele, alguém sem importância. "Nós não pensamos assim. Queria conversar com você porque sei que você é amigo do Prestes", explicou o agente. No dia anterior, Vinícius havia levado o Velho a um encontro com o editor Ênio Silveira, a mulher do líder e dois dos filhos do casal. O agente explicou que estava atrás de informações. Não era "da polícia" nem estava ali para prendê-lo. E passou a tentar convencê-lo a colaborar. Contou que outro dirigente - Orlando Bonfim - estava com o telefone grampeado. Mello desconfiou da história. No fim, o agente o questionou sobre quem mantinha contatos com a embaixada soviética. "Ele sabia que era eu, é claro. Aliás, meu contato era com a legação comercial." De acordo com o relato de Pacato, ele não precisou responder à pergunta: o agente pediu que só lhe desse a resposta no próximo encontro. Observou que Mello era uma "pessoa calma" e marcou a nova conversa para dali a três dias. Após a abordagem, Vinícius manteve seus planos: foi ao mercado fazer compras, fez o almoço e esperou o filho voltar da escola. Começou a rasgar papéis e a jogar na privada. Escondeu outros. Esperou anoitecer e saiu. Foi à escola da mulher, Zirlanda, e, de lá, seguiu para a casa de Prestes, na Estrada do Tanque, em Jacarepaguá. Deu algumas voltas até se certificar que não fora seguido. E parou. Entrou na casa que Prestes usava para manter encontros. O secretário-geral pediu a Pacato que fosse até onde morava, retirasse duas pastas com documentos e voltasse ali para que abandonassem os dois imóveis. Mello cumpriu o pedido e ainda levou o chefe a um novo esconderijo, em Parada de Lucas. Só no dia seguinte avisou a mulher sobre o SNI. O partido decidiu que ele devia deixar o Rio de Janeiro. E assim foi. Mello rumou a São Paulo, onde foi recebido por Dinarco Reis, que o abrigou até a poeira baixar. Dali, foi enviado a Pernambuco, onde seria surpreendido pelo AI-5.[30]

Nos anos seguintes, outros comunistas foram abordados no Rio de Janeiro pela CIA e pelo SNI. Orestes Timbaúba recebeu a visita do serviço brasileiro e o jornalista Jarbas de Holanda, dos americanos. Timbaúba acabou transferido para Minas. Holanda era suplente do Comitê Central e foi abordado duas vezes por um homem que disse representar a embaixada americana. Ofereceu-lhe US$ 500 por informações que indicassem os caminhos, as táticas e a estratégia do PCB. O homem afirmou que sabia que ele estava em contato com outros dirigentes, como Giocondo Dias, Dinarco e Hércules Corrêa. Ao se despedir, deixou um número de telefone. O jornalista avisou a direção e afirmou que estava cortando os contatos, pois o partido estava descoberto e não havia segurança.[31] Por fim, a corrida em busca de informantes no partido bateu em 1971 na porta do jornalista Armênio Guedes. O homem que se dizia da CIA o aguardava na entrada do prédio. Armênio voltava do cinema, onde fora ver um filme sobre Pelé. O agente contou saber de suas discordâncias com Prestes e afirmou que seu objetivo era buscar informações sobre o "terrorismo no Brasil". A exemplo

30 Ver Mello, Severino Theodoro de. *O último de 1935*, p. 115 a 118 e entrevista Severino Theodoro de Mello em 22 de maio de 2018.

31 Ver Corrêa, Hércules. *Que merda é essa?* p. 8, versão em poder de João Guilherme Vargas Netto.

de Mello, Armênio pediu um tempo para pensar na proposta. O espião – um tipo latino – tirou um cartão do bolso com um endereço em Berlim Ocidental. E explicou que ele podia escrever para a CIA de qualquer lugar do mundo para aquele endereço que a agência iria encontrá-lo. Por fim, marcou um novo encontro no dia seguinte. Armênio apanhou documentos, saiu de casa e não mais voltou. Foi dormir naquele dia na casa do cineasta Zelito Vianna e, depois, foi levado a São Paulo por Renato Guimarães. De lá, partiu para o Chile. O partido decidiu tirá-lo de circulação.

Em São Paulo, Anita Leocadia soube das abordagens por meio do relato de seu pai. A repressão começara a fechar o cerco, mas quase ninguém percebeu. A filha do secretário-geral criticava a atitude de alguns companheiros. Havia quem marcasse encontros na mesma esquina, como a da frente de um restaurante na Avenida Santo Amaro, na zona sul. "Volta e meia eu passava ali e via a pessoa fazendo ponto naquele lugar visível, com carros e ônibus passando ali, de tal forma que, se alguém perdesse contato com ele, bastava passar ali para encontrá-lo. Era aquela burocracia, os pontos nos mesmos lugares. Quando a polícia resolveu ir atrás, não foi difícil encontrar".[32]

Derrotado em 1964 e acossado pelos IPMs, o partido buscava se reerguer à espera da redemocratização. Para muitos de seus dirigentes, não foi o despreparo para a luta clandestina o motivo da *débâcle* após o golpe, mas o fato de a legenda não ter ousado aprofundar a legalidade, deixando a carta da democracia e da defesa da Constituição nas mãos da direita.[33] Existia ainda no PCB quem o visse subestimar a força dos movimentos sociais, cedendo ao continuísmo de Jango. "Se tivéssemos saído na época com a ideia de Juscelino em 65, não teria havia golpe. Em vez disso, entramos em ações desequilibradas e bobas como as dos sargentos. Depois daquela assembleia no Automóvel Clube (*30 de abril*) não havia oficial que não estivesse apoiando (*o golpe*), pois, para o militar, aquilo era o fim do mundo", contou Salles.[34] Havia a dualidade da luta armada e do caminho pacífico para a revolução. E também a crítica que dizia que se ela houvesse no país,

32 Anita Leocadia Prestes, entrevista em 27 de janeiro de 2016.

33 João Guilherme Vargas Netto, entrevista em 20 de janeiro de 2016.

34 José Salles, entrevista de 22 de janeiro de 2015.

seria socialista e não mais democrático-burguesa, como defendia a legenda, pois o capitalismo se modernizara de tal forma que seria mera ilusão de classe confiar em uma aliança com a burguesia progressista. O que prevaleceu nos primeiros dias após o golpe foi a posição que defendia a resistência armada. A discussão ia balançar o partido, com o centro recuperando seu controle e com o surgimento de novas divisões, expulsões, rupturas e a criação de grupos, como a ALN, o PCBR e o MR-8. Eles pretendiam criar a guerrilha rural, a exemplo de grupos originários de outras esquerdas, mas acabaram todos derrotados, sem empolgar a população. Marighella, Mario Alves, Apolônio, Gorender, Câmara Ferreira, Del Roio, Jover Telles e mais uns poucos milhares deixariam a sigla.

As primeiras ações armadas foram seguidas da reação do regime. Com a criação da OBAN, e, depois, do DOI – replicado em outros comandos militares do País – a repressão deixou os Dops para marchar para o interior dos quartéis. Um pouco disso já havia ocorrido após o golpe, com os IPMs. O que acontecia agora era um fenômeno de outro tipo. Mudava a qualidade do aparelho repressivo e sua concepção. Não importava mais investigar crimes e prender comunistas. Não era mais uma operação psicológica, mas uma ação em que importava neutralizar o inimigo, desbaratar organizações. E, nesse conflito, que os militares pensavam combater, a tortura era uma arma assim como a propaganda. Por meio dela se extraíam informações, a munição para destruir o inimigo. O terror dirigido aos bandidos, exercido pelos esquadrões da morte no Rio de Janeiro e em São Paulo, seria mobilizado contra outro tipo de "bandido". Contra ele também se usaria a vingança e a execução sumária. A ordem era matar os que mataram, eliminar quem tivesse recebido treinamento no exterior, os banidos que voltassem ao país e, principalmente, os chefes. Ou como explicaria o Doutor Pirilo: "Corpo sem cabeça, não anda. E ainda restava o acerto de contas do que fizeram em 1935".[35] A máquina mobilizada para neutralizar a luta armada se voltaria contra o partidão para surpresa até mesmo dos que aderiram à guerrilha.[36]

---

35 Antônio Pinto, entrevista em 27 de dezembro de 2015, AA. Ver ainda Godoy, Marcelo. *A Casa da Vovó*, p. 279 a 295.

36 José Genoino, entrevista em 25 de abril de 2017.

3 AS COBRAS E AS FLORES

A Marinha inicia o cerco ao PCB

O JOVEM Roberto Freire militava no partido quando veio o golpe de 1964. Estudante de direito, ele assessorava sindicatos rurais de trabalhadores da zona da mata pernambucana. Viu a maioria das lideranças partidárias presas ou dispersadas na clandestinidade; o exemplo de como os militares trataram Gregório Bezerra marcara a memória dos comunistas. Dois anos mais tarde, Freire estava entre os 101 que assinaram a criação do MDB no estado, o partido da oposição consentida pela ditadura. Tinha o escritor e promotor de Justiça Paulo Cavalcanti como referência. Ex-deputado federal, Cavalcanti fora cassado após o golpe e agora levava aos delegados pernambucanos ao VI Congresso a decisão de cancelar a ida de todos a São Paulo após receber um alerta de outro companheiro: Antônio Ribeiro Granja. "Eu vinha como delegado, como estudante e, na última hora, foi cancelada minha ida. E quem foi representar Pernambuco nesse congresso foi Jarbas de Holanda e o Abelardo Caminha, que estava aqui São Paulo".[1] A razão era simples: um dos dirigentes do partido fora alcançado por Chico Pinote. O veterano policial civil que servia ao Cenimar fez uma proposta a

---

1 Roberto Freire, entrevista em 2 de agosto de 2018. Ver ainda Gomes, Dino Oliveira. *A práxis do guerreiro. A história de Antônio Ribeiro Granja*, p. 94 a 96.

um ex-vereador ligado ao PCB: se revelasse onde ficaria hospedado no Rio de Janeiro, não seria mais incomodado pela polícia.

O Cenimar mobilizara seus cachorros em todo país. Os comandantes Feijó, Bellotti e Seu Chico cuidavam do canil do serviço. O mais importante comunista aliciado pela Marinha, segundo os documentos descobertos em 2011 pelo jornalista Leonel Rocha, foi Álvaro Bandarra, dirigente do comitê estadual de São Paulo. Era o Nicolau, ou agente KT-67. Quem o controlava era o então capitão-de-corveta José Maria Feijó, um dos principais analistas do PCB no centro. Bandarra começara a militar em 1947, em Santos, onde foi candidato a vereador. Eleito delegado para o IV Congresso, ele atuaria na Petrobrás nos anos 1950. Depois do golpe, chegou à direção estadual. Em 9 de outubro de 1968, foi cooptado - de acordo com os documentos - para trabalhar para os militares. Tinha 42 anos e ganhou uma ficha no Secretinho 15 dias depois de concordar em espionar para a Marinha.[2] O ex--vereador chegou a ser preso mais tarde pelo Exército - e não seria o único agente da Força Naval a sofrer nas mãos da Força Terrestre.

Segundo o Doutor Pimenta, as ações do Cenimar sobre o PCB eram feitas dentro da chamada Operação Master. Ela começara nos anos 1960, quando os futuros quadros das ações armadas estavam deixando o partido. Marighella e seus aliados seriam excluídos da legenda no VI Congresso, depois de terem vencido a luta interna e tomado a direção da agremiação em três Estados: Rio de Janeiro, Rio Grande do Sul e São Paulo. Neste último, ele debateu suas teses com Luiz Carlos Prestes e saiu vitorioso na Conferência Estadual, feita em Campinas. Recebeu 33 votos contra 4. Moacir Longo - um dos 4 - contesta o placar. "Na verdade, tivemos um terço dos votos".[3] Longo retornaria à direção paulista do partido após a cúpula dissolver a que fora eleita em Campinas. Excluídos do PCB, os dissidentes favoráveis à luta armada se dividiram em três grupos: ALN, PCBR e MR-8. Marighella (ALN)

2 Os documentos revelados pela revista Época faziam parte do material que fora digitalizado durante as Operações Registro e Netuno, ver Figueiredo, Lucas, *Lugar Nenhum, militares e civis na ocultação dos documentos da ditadura*, p. 38. Para o recrutamento de Bandarra, ver AN, Fundo Informações da Marinha - Br RJANRIO L2, documento br_rjanrio_l2_0_0_0023_d0001de0001.

3 Moacir Longo, entrevista em 11 de dezembro de 2013.

e Apolônio de Carvalho (PCBR) recriminavam Prestes por ter se unido à direita e ao chamado pântano – o grupo de Dias – para derrotá-los. O jovem Frederico Pessoa da Silva testemunhara Marighella soltar os cachorros em cima do Cavaleiro da Esperança ao encontrar Hércules Corrêa em uma padaria, na Rua da Consolação, em São Paulo.[4] Era 1968.

Sem a participação de sua ala esquerda, o 6º Congresso decidira pela política de frente única em defesa das liberdades democráticas e pela luta contra a desnacionalização da economia. Por fim, o PCB se manifestava contra a luta armada. A exclusão dos esquerdistas e as resoluções do congresso não encerrariam a briga interna, apenas deslocaria o seu centro, opondo pouco a pouco nos próximos anos os grupos liderados por Prestes e por Giocondo Dias, até o racha definitivo, na década seguinte. Eleito para o Comitê Central, coube a Marco Antônio Tavares Coelho a tarefa de explicar aos jornalistas as decisões do congresso e a expulsão dos defensores da luta armada. Fernando Pedreira, então chefe da sucursal de *O Estado de S. Paulo* no Rio de Janeiro, disse ao deputado cassado: "Agora tenho receio do que tentarão fazer, pois escaparam do controle do partido."

Os assaltos a banco para financiar a guerrilha logo se transformaram em uma coqueluche entre os revolucionários. No Rio de Janeiro, o ex-sargento da Aeronáutica João Lopes Salgado aguardava dois colegas dentro de uma agência darem o sinal para o comando do MR-8 entrar no lugar, quando viu chegar um grupo da ALN, que resolvera assaltar o mesmo banco, no mesmo dia e horário, em São Cristóvão. Ao perceber o que estava acontecendo, Salgado entrou na agência, resgatou o casal do MR-8 que estava ali e suspendeu a ação. "Os outros companheiros não entenderam por que eu estava cancelando tudo. Só fui falar quando chegamos ao aparelho. Foi um alívio".[5] Depois vieram os sequestros dos embaixadores. E, com eles, a reação da repressão.

---

4 Frederico Pessoa da Silva, entrevista em 11 de maio de 2016.

5 Ver Homenagem a Sérgio Rubens Torres, entrevista de João Lopes Salgado, ao site *Tutaméia*.

Marighella era procurado pelo delegado Fleury com a ajuda do Cenimar. Em 4 de novembro de 1969 a caçada chegou ao fim. O Dops montara uma armadilha com dois frades dominicanos, usados como isca, na Alameda Casa Branca, nos Jardins, na zona sul paulistana. Ao entrar no carro, o inimigo público número 1 da ditadura foi fuzilado. "Quem matou o Marighella foi o Tralli (*o investigador José Carlos Tralli*), disse o delegado José Roberto Arruda, então um jovem investigador do Serviço Informações (SI) do Dops. Arruda infiltrara-se no movimento estudantil antes de ser convocado pela direção do departamento para auxiliar Fleury na caçada ao líder da ALN. Além de Marighella, ele contou que a polícia matou naquela noite duas pessoas por engano – na época, a culpa foi colocada em fantasiosos seguranças do líder comunista. Tudo aconteceu quando o protético Friedrich Adolf Rohmann não respeitou o bloqueio do Dops e entrou com seu Buick na Alameda Casa Branca. Os policiais dispararam dezenas de vezes na direção do carro, matando o motorista e a investigadora Estela Morato, que estava dentro de um Chevrolet Bel Air, que pertencia ao delegado Romeu Tuma, então chefe do Serviço de Informações. O carro do policial foi usado de última hora, porque outro veículo do Dops, um Aero Willys, quebrou. Eram todos automóveis descaracterizados. "O problema é que nem todo mundo da operação sabia do Bel Air. E o pessoal atirou. Teve gente que descarregou mais de um pente de metralhadora. Foi fogo amigo (*a morte de Estela*) assim como o Tucunduva (*delegado Rubens Tucunduva, também ferido*). Eu estava lá com meu parceiro, o Celso Cipriani. A Estela trabalhava no SI, como eu." Arruda estava a um quarteirão de onde Tralli, com uma espingarda winchester, calibre 44, matou o líder da ALN. Para o policial, o colega "se apavorou". "Marighella era um mito. Achavam que estaria com uma baita segurança. O nome dele era tão forte quanto o do Fleury. Ninguém achou que ele ia dar a moleza de andar sozinho." Durante anos, construiu-se a certeza de que o delegado emboscara o comunista para liquidá-lo. Não só o histórico do policial, bem como os atos posteriores da ditadura demonstram que o destino de figuras como Marighella era determinado de antemão. Mesmo em 1969, quando a decisão de matar determinadas categorias de inimigos ainda não se havia consolidado nas ações dos militares, é pouco provável que alguém como o líder da ALN escapasse com vida de um cerco. Apesar disso, Arruda afirmou que a intenção dos policiais não era matá-lo. E disse por quê:

> Ele seria um baita troféu vivo, não morto. O objetivo era 'encanar' o homem. Era uma guerra, mas esse não era o objetivo, tanto é que o Joaquim Câmara Ferreira (*substituto de Marighella na ALN, preso e morto sob tortura*) foi preso. Dava para prender, mas deu tudo errado.[6]

FRAGILIDADES. Depois das mortes de Marighella, de Câmara Ferreira e de Lamarca, sobrava só um grande alvo para os militares: Prestes. Em uma reunião do Comitê Central do partido, Hércules Corrêa contou aos colegas que um pequeno industrial, simpatizante do PCB, disse ter ouvido em uma festa o delegado Bonchristiano dizer que o cerco policial em torno de Marighella tinha o objetivo de matá-lo. "Eu pessoalmente avisei o Marighella em um ponto na Rua Frei Caneca, às 22 horas. Sabe do que ele me chamou? Ele me chamou de covarde, que eu estava tentando assustá-lo." Hércules afirmou que, em seguida, avisou Joaquim Câmara Ferreira e o resultado foi o mesmo. "Pensavam que a gente queria reconquistar para o partido o pessoal que havia ido para a luta armada".[7] Era março de 1971, quando Hércules levou o caso aos companheiros de CC. Contou que, pressionado pelos empresários, que cobravam o fim dos assaltos a banco e atentados, o delegado disse que a determinação do governo era eliminar o líder da ALN e o capitão Lamarca, o que já havia ocorrido, e Prestes. Faltava acertar as contas apenas com o secretário-geral. No partido, disseminava-se a ideia de que, depois de "neutralizar" a luta armada, a comunidade de segurança do regime se voltaria contra a legenda; só não se imaginava o tamanho da tempestade que envolveria o PCB. E havia razões para isso. Duas delas tinham origem na forma como a sigla se organizava na clandestinidade: a distribuição do jornal a *Voz Operária* e o

---

6 José Roberto Arruda, entrevista em 6 de outubro de 2016. Ver ainda '*O plano não era matar, mas deu tudo errado*', em *O Estado de S. Paulo*, 9 de outubro de 2016. Câmara Ferreira foi levado por Fleury para um centro clandestino de torturas, onde morreu.

7 Ver Hércules Corrêa, entrevista em 11 de fevereiro de 2006. Ver ainda Falcão, João. *Giocondo Dias, a vida de um revolucionário*, p. 287 a 289.

recolhimento das contribuições dos militantes e simpatizantes. Os dois trabalhos deixavam expostas a estrutura da agremiação à ação policial. Em 1972, o partido designou Hércules para fazer uma análise sobre as quedas sofridas até então e avaliar falhas de segurança. Impressiona a sequência de prisões descrita no documento *Que Merda É Essa?* pelo dirigente. Em comum, seis delas tinham ligação com o trabalho de distribuição do jornal. Há três casos de esquecimentos de documentos, um de roubo de veículos, dois de pontos de encontro abertos e outros dois de prisões relacionadas à manutenção no trabalho partidário de militantes já conhecidos pela polícia. Em *O Que fazer?*, Lenin mostrara a importância da imprensa para conectar o centro, a direção do partido no exílio, com as organizações de base clandestinas na Rússia czarista. O jornal era descrito como o "mito máximo de um partido comunista". "Na prática, se não tem jornal, você não é partido comunista", contou José Luiz Del Roio. Nos anos 1960, ele militava em São Paulo. Sob as ordens de Joaquim Câmara Ferreira, ainda dirigente do PCB, Del Roio cuidou da gráfica da sigla.

> Os únicos que sabiam o endereço eram o Câmara, eu, o Dario Canale e a Isis (*Dias de Oliveira*). Aí começa uma situação difícil e que os portugueses resolveram bem. Só usavam quadros não fichados e sem outra tarefa. Se é operário, não vai pro sindicato, tem de ter 30, 40 pessoas só para fazer isso. Quem distribuía o jornal em São Paulo era o Chamorro, que já estava condenado por ter sido do CGT. Como vai dar essa função a ele?[8]

Em Pernambuco, as quedas ligadas ao Comitê Regional em outubro de 1967 foram anunciadas pela polícia como consequência das investigações sobre a impressão do jornal *Combate* e sobre a distribuição de panfletos.[9]

---

8 José Luiz Del Roio, entrevista em 22 de janeiro de 2016. Mais tarde, quando ele e outros companheiros discordaram do excesso de ações armadas da ALN sob o argumento de que os trabalhadores não viam nos assaltos a banco uma ação revolucionária, Del Roio seria admoestado por Marighella por meio do documento que ficou célebre nos anos 1960: *Quem samba, fica, quem não samba vai embora*.

9 Ver *Polícia desarticulou comitê estadual do PCB em Pernambuco, Diário de Pernambuco*, 1º de novembro de 1967.

Hércules registrou em seu relatório que um "companheiro" que transportava do Rio de Janeiro para o Recife a *Voz Operária* foi preso na rodoviária. A prisão desencadeou outras, pois o militante trazia escrito no bolso o endereço de um ponto para encontrar o Comitê Central. Tratava-se da casa de Adalberto Temótio da Silva, que fora à Hungria encontrar Marcos Jaimovich para, em seguida, rumar a Paris, onde se reuniram com Miguel Arraes para discutir a formação de uma frente ampla contra a ditadura. A conversa empacou quando Arraes soube que Lacerda participaria do movimento. Para o ex-governador de Pernambuco, o colega da Guanabara não podia integrar a frente. As cicatrizes do golpe não haviam fechado. Temótio voltou ao país no dia em que sua mulher foi presa, consequência das quedas em Pernambuco.[10] No ano seguinte, foi a vez de Paulo Elisiário, outro dirigente do partido, ter de deixar Recife às pressas. Haviam-no localizado, seguindo o rastro da distribuição da *Voz*. Temporariamente deslocado para o Estado, Mello lembrou assim o problema: "Era um problema difícil a distribuição da *Voz*. Seguindo sua trilha, você ia a todo partido. E nós tínhamos um cuidado tremendo com isso".[11] O jornal chegava ali depois de impresso no Ceará. De lá, seguia para a Paraíba, de onde era despachado de ônibus em malas para Recife, onde um militante retirava a encomenda.

Em 1969, foi a vez de o Paraná ser sacudido por uma sequência de prisões que se iniciou com um descuido envolvendo o transporte da *Voz*. Era uma remessa feita por Hiran de Lima Pereira, ex-secretário da Prefeitura do Recife, que passara à clandestinidade após o golpe. No ano seguinte, a Marinha estourou o Comitê Regional da Guanabara. O partido mandou Geraldo Rodrigues, o Geraldão, assumir os trabalhos no Estado. Ele se tornaria um dos únicos dirigentes a escapar dos militares sem passar pelo exílio. Armando Sampaio era um estudante recém-retornado de Moscou, onde cursara a escola de quadros, quando testemunhou as transformações impostas por Geraldão em meio à desconfiança generalizada de infiltração na estrutura partidária. Parecia que "todo mundo era polícia". Ninguém

10 Para o caso, ver Corrêa, Hércules. *Que merda é essa?* e Temótio da Silva, Adalberto. *Valeu a pena sonhar!*, p. 72 a 77.

11 Ver Mello, Severino Theodoro de. *O último de 35*, p. 120.

queria se comprometer. Para assumir a tarefa, ele impôs uma condição: indicar todos os nomes com quem ia trabalhar. Eram três pessoas, as únicas com quem se reuniria. Uma delas, o bancário José Raimundo da Silva, acabaria presa. "O Marcelo Cerqueira foi ao DOI do 1º Exército e conseguiu a soltura do Zé Raimundo, mas quando ele foi lá não tinha Zé Raimundo, pois ele não admitiu nem o nome verdadeiro dele".[12]

Não era apenas a imprensa partidária que levava os militares ao PCB. As relações pessoais de militantes com seus antigos companheiros que aderiram à luta armada era outro caminho. O tenente Francisco Profício, da Força Pública de São Paulo, misturava-se aos manifestantes, em 1968, para orientar os colegas da tropa de choque sobre o itinerário das passeatas. Uma vez, o jovem José Dirceu, dirigente da União Estadual dos Estudantes (UEE) subiu no para-choque de seu carro para discursar.[13] A polícia aprendera a se misturar aos opositores do regime. O Dops-SP plantou um agente entre os estudantes que foram ao 20º Congresso da UNE. E trabalhava com outros dois infiltrados no movimento. "Era o Arruda e o Egípcio, mas quem estava em Ibiúna era o Cavalcanti", contou o delegado Bonchristiano.[14] O congresso clandestino da UNE foi feito em Ibiúna, apesar de o diretor da seção juvenil do PCB, Hércules Corrêa, ter tentado obter com o governador Abreu Sodré uma autorização para fazê-lo na USP. Na versão do comunista, o governador concordou, desde que os estudantes limitassem suas reivindicações à legalização da entidade, com o que as demais organizações da esquerda não aceitavam.[15] Acabaram todos presos. Além do movimento estudantil e sindicatos, a presença de policiais também era largamente discutida e pressentida no partido. O desafio para os comunistas era claro: como proteger o PCB se a repressão ia bater na guerrilha? "Não enclausura. Como? Se saiu tudo do PCB? A repressão batendo na luta armada ia bater no PCB".[16]

---

12 Armando Sampaio, entrevista em 17 de fevereiro de 2017.

13 Francisco Profício, entrevista em 1º de junho de 2004.

14 José Paulo Bonchristiano, entrevista em 28 de maio de 2008.

15 Francisco Inácio de Almeida, entrevista em 26 de agosto de 2016.

16 João Guilherme Vargas Netto, entrevista 20 de janeiro de 2016.

REORGANIZAÇÃO. O partido retomava sua vida e tentava se reorganizar depois de ser revirado pelos IPMs e dividido pela luta armada. Nas eleições de 1970, elegera apenas um deputado estadual: Alberto Goldman, por São Paulo, que um ano antes fora procurado por Moacir Longo e por Hércules Corrêa em seu escritório de engenharia. "Em nome do Comitê Central, eles me comunicaram que o partido queria que eu fosse candidato." Goldman resistiu durante meses. "Era uma loucura entrar na política na época." Enfrentou a resistência do pai, mas acabou aceitando porque achava que não seria eleito. Foi o oitavo mais bem votado deputado do MDB, com 17.226 votos. A campanha feita sob os olhares dos tiras do Dops contava com um Fusca para se deslocar e discursar na porta das fábricas. Os espaços de uma institucionalidade controlada pelo regime produziam não só um novo representante parlamentar, mas também novos militantes, sem que a polícia conseguisse deter a renovação: a utopia autoritária se esvaía entre os dedos dos militares.

Nascido em Presidente Venceslau, o estudante Álvaro Egea havia se mudado com a família para São Paulo em 1970. Tinha 16 anos. Ninguém de sua casa tinha militância política, mas o jovem *office boy* do escritório do ex-ministro da Justiça Benedito Costa Neto, na Rua 15 de Novembro, no centro de São Paulo, gostava de ler. Acostumou-se aos jornais e, entre eles, o *Portugal Democrático*, semanário dirigido pelo editorialista do *Estadão* e militante do Partido Comunista Português (PCP) Miguel Urbano Rodrigues. Um dia descobriu que sua redação ficava na Rua Líbero Badaró e resolveu visitá-la. Recebeu do jornalista Alexandre Pereira vários livros, entre eles, obras de Jorge Amado e *Os 10 dias que abalaram o mundo*, de John Reed. Terminada a leitura, Pereira disse ao jovem que ele estava pronto para entrar para o partido comunista e o conduziu a um encontro no Cine Marabá, na Avenida Ipiranga. Em pouco tempo, Egea estaria em contato com José Montenegro Lima. Dois anos depois, foi a Moscou para fazer um curso.[17] Ali encontraria Prestes, que chegara à URSS três anos antes.

17 Álvaro Egea, entrevista em 15 de agosto de 2016.

O exílio do secretário-geral foi uma decisão partidária. Na reunião em que Hércules relatou o que seu informante escutara do delegado Bonchristiano, Giocondo Dias defendeu a necessidade de se preservar o *gensek*, enviando-o para o exterior. Dez integrantes do Comitê Central deviam acompanhá-lo. Tomava-se como exemplo o que as direções de partidos comunistas, como o espanhol e o português, faziam para se proteger da ação policial em seus países. Prestes acreditou que o objetivo da medida era outro: a luta interna pelo controle da legenda. Desde o fim dos anos 1960 o Cavaleiro da Esperança questionava a política da maioria do Comitê Central; aos poucos se afastava da ideia da aliança com uma burguesia nacional progressista até enxergar na maioria do CC "o pântano" e, na futura revolução no País, um caráter socialista. Além de Prestes, Dinarco Reis saiu do Brasil. Sete dirigentes que já estavam no exterior foram mantidos ali. O secretário-geral rumou para Buenos Aires em um comboio de três carros. Ia ao lado do médico Fued Saad, um dos integrantes da Comissão de Relações Exteriores do PCB, montada após o VI Congresso. Era nela que atuava um personagem que se ligara a Prestes nos anos 1960: Adauto Alves dos Santos, o agente Carlos. Por um erro do partido, o avião em que o líder embarcou em Buenos Aires para Paris fez uma escala no Rio de Janeiro. Apesar disso, Prestes não foi descoberto. Desceu em Paris e, de lá, seguiu para Moscou, onde se hospedou em um imóvel do PCUS, na Rua Gorki, nº 9, construído por prisioneiros de guerra alemães para abrigar dirigentes comunistas. O apartamento ficava a pouco mais de 300 metros da Praça Vermelha. O exílio de Prestes era mais um exemplo da proteção dos dirigentes. Cada vez que um deles era descoberto ou abordado, a primeira medida era afastá-lo de suas funções e transferi-lo para outro Estado. Quem era preso, quando deixava a prisão, normalmente, passava um tempo na geladeira. Foi assim que Mello veio parar em São Paulo, em 1967. Ele fez parte do grupo que substituiu Marighella na direção paulista. Depois, foi deslocado para Pernambuco, onde permaneceu dois anos, antes de retornar ao Rio de Janeiro para acompanhar sua mulher, que adoecera. Recebeu então a missão de cuidar do chamado "trabalho especial", no lugar de Malina. O partido já não treinava tiro ao alvo. O trabalho incluía a tarefa de se desfazer de uma garagem e da frota de carros adquirida para o deslocamento dos chefes no Rio de Janeiro e cuidar da documentação falsa e da entrada e da saída clandestina pela fronteira do País. Era um setor que, se exposto, podia cortar o fluxo de recursos externos recebidos pela agremiação, além de provocar a queda de seus mais importantes líderes. Em suas contas, durante os dois anos em que cuidou desse setor, Mello atravessou 18 dirigentes pela fronteira com o Uruguai. "Não caiu ninguém", escreveria mais tarde. Ele foi morar em São Paulo, onde o DOI e o Dops desferiram quase ao mesmo tempo dois grandes golpes que atingiram o partido. O próprio Pacato relatou as circunstâncias em que isso aconteceu ao Comitê Central, na reunião de janeiro de 1976, em Moscou, a primeira feita no exterior.

Até então, a Marinha observava os movimentos do partido sem derrubar sua estrutura em São Paulo, por meio de Bandarra, o Machado, que mantinha contato direto com o chefe da legenda no Estado, Walter de Souza Ribeiro. O informante chegou a contar ao partido que fora advertido por um delegado de polícia de que a "vez do partido chegara".[18] Ribeiro contou o caso a Hércules, reforçando sua convicção de que a tempestade se aproximava. É possível questionar as razões de Bandarra para alertar os companheiros. Talvez tenha ouvido da boca de um dos analistas do Cenimar a informação. Nenhuma das prisões até então indicava uma ação coordenada, a partir de um centro diretor, para desarticular o PCB. Tratava-se de uma época em que a prioridade era outra. O Doutor Pirilo lembrou: "O Molipo era, na época, a maior ameaça, pois as demais organizações já tinham sido dizimadas, inclusive a ALN".[19] É quase unânime entre os militares que participaram dos órgãos de segurança a ideia de que o objetivo das operações entre 1969 e 1973 era os grupos da esquerda armada. Essa conjuntura não impedia aos Dops e aos DOIs de executar ações contra o partido, situação que começaria a mudar em 1972. Na época, um capitão do Exército - Ênio Pimentel da Silveira, o Doutor Ney - estava aprendendo a lidar com os cachorros recrutados nas organizações clandestinas. Ney acompanhava no

---

18 Ver Mello, Severino Theodoro de. *O último de 35*, p. 121 a 123, Corrêa, Hércules. *Que merda é essa?* e Hércules Corrêa, entrevista de 11 de fevereiro de 2006.

19 Ver Antônio Pinto, entrevista em 15 de janeiro de 2015.

Dops paulista a ação do agente Kimble, o marinheiro José Anselmo dos Santos, o cabo Anselmo, o maior infiltrado da luta armada. Exército e Marinha estavam a um passo de iniciar o ataque ao partidão, quando o acaso balançou a legenda em São Paulo.

Havia quase três anos a sigla decidira priorizar sua atuação entre os trabalhadores fora das diretorias dos sindicatos oficiais, estabelecendo-se na base das grandes empresas. Era o chamado Plano de Construção e Consolidação do Partido nas Grandes Empresas (Placconpe), adotado a partir de maio de 1970.[20] Pensava-se que o protagonismo da ação revolucionária seria da base operária e não de sua aristocracia, identificada com os sindicalistas. A criação de organizações nas fábricas era fundamental para a reconstrução do PCB. Assim foi no Rio de Janeiro, onde o jovem universitário Frederico Pessoa da Silva foi deslocado para trabalhar com os operários da Companhia Nacional de Álcalis e da Refinaria Nacional de Sal. Depois, teve de cuidar da ação no Estaleiro Mauá e na Companhia Siderúrgica Nacional. "Mas como não tínhamos quadros, na prática, em pouco tempo eu estava envolvido com o movimento estudantil - eu era assistente no movimento universitário - e na base de bairro da Ilha da Conceição. Eu era um faz tudo." Frederico lembrou o risco que a situação engendrava, pois uma queda sua "derrubava o partido inteiro". "Você joga nas costas de um jovem de 22 anos... Eu tinha necessidade de conter minhas indisciplinas, ir a ensaio de escola de samba, ir a barzinho e namorar as meninas, entendeu? Então a segurança virava uma piada".[21] Era o tipo de falha que fazia a alegria dos tiras e dos gansos. Foi ela que permitiu ao Dops paulista avançar sobre a mais bem sucedida organização do partido durante o Placconpe: a base da Volkswagen.

Na fábrica de São Bernardo do Campo o número de militantes teria chegado a 30 e o de simpatizantes, a mais de 200. A empresa tinha 24 mil trabalhadores e era a maior do setor automobilístico do país, fazendo seu carro-chefe, o Fusca, tornar-se onipresente nas ruas brasileiras. Os

---

20 O plano foi proposto por Aristeu Nogueira e adotado pelo Comitê Central, segundo José Salles. Ver entrevista José Albuquerque Salles, em 22 de janeiro de 2016.

21 Frederico Pessoa da Silva, entrevista em 9 de maio de 2016.

militares e seus esbirros farejaram os comunistas ainda em 1970. Em 30 de junho, o Dops recebeu a informação de que o PCB constituíra uma sólida organização na Volks, com 270 militantes, fazendo circular um jornal com 1.200 exemplares. Os números da polícia eram próximos da conta do secretário da base da empresa, o ferramenteiro Lúcio Antônio Bellentani, que calculava o número de militantes ou simpatizantes do partido pela quantidade de exemplares da *Voz Operária* que distribuía aos colegas, organizados em grupos de cinco ou seis operários, no máximo.[22] A polícia detectara na fábrica outro jornal editado por comunistas: o *Fato Novo*. Era uma publicação que mostrava o quanto o partido ainda alimentava ilusões armadas, acreditando que um espírito democrático de origem nas Forças Armadas pudesse levar o regime a uma solução de cúpula, com a ascensão de um nacionalista, como os dos generais Velasco Alvarado, no Peru, e Juan José Torres, na Bolívia. Editado por Jarbas de Holanda, com a participação de Luiz Ignácio Maranhão, membro do Comitê Central, a publicação se dizia nacionalista e defendia abertamente o general Albuquerque Lima, como candidato a se tornar líder de um golpe salvador. Em seu flerte com os militares, a publicação chegou – segundo a denúncia encaminhada ao CC por Anita Prestes e publicada pela *V.O.* –, a defender o AI-5 e a cassação de parlamentares, colocando-se ao lado do ditador Médici. A pista acabaria descartada pela polícia, já que o jornal era vendido em banca e não parecia incomodar o regime.

Em dezembro de 1970, foi a vez de o Cenimar fazer um relatório sobre panfletos distribuídos na montadora, que atestariam a presença comunista na Volks, um segredo de polichinelo. Em 21 de julho de 1971 o Dops registrava conhecer o artigo *Como construir o partido nas grandes empresas* e contava haver 32 militantes do partido na montadora. Meses depois, o secretário de organização do PCB no Estado, João Guilherme Vargas Netto, chegou à conclusão de que o próprio partido aguçou o olfato dos tiras ao se vangloriar em artigo de possuir uma organização cada vez maior "na maior

---

22 Lúcio Antônio Bellentani, entrevista em 15 de agosto de 2016. Ver ainda Lima, Ricardo Rodrigues Alves de. *O PCB vive e atua: Da crise do stalinismo a um novo ciclo de luta clandestina contra a ditadura (1956-1976)*.

empresa brasileira".[23] Bellentani ia mais longe. Acreditava que alguém estava dedurando os comunistas à polícia e, 45 anos depois, ainda apontava sua desconfiança para Paulo Vidal, o presidente do sindicato dos Metalúrgicos de São Bernardo do Campo, algo nunca comprovado. Para ele, a base foi denunciada porque os comunistas resolveram montar uma chapa para disputar a direção do sindicato, em 1972. Amauri Danhone, o candidato do partido, foi o primeiro trabalhador preso pelo Dops dentro da fábrica, em 27 de julho de 1972. Torturado, levou os investigadores a Bellentani. Cinco dirigentes se encontravam com ele e com seus colegas, entre os quais Anita Leocadia. "(*Dia 28 de julho*) eu fui para a Volks às 23h30. Os policiais me buscaram na seção de manutenção das prensas e me levaram ao Departamento Pessoal. Perguntei o que estava acontecendo e já começaram a me dar porrada, socos e tapas. E me algemaram e me levaram ao Dops, onde começou a sessão de palmatória." O operário seria mais tarde apresentado a Fleury. Deixaram-no de pé, diante da mesa do policial durante 15 minutos até que o delegado se levantou:

> **-Escuta. Você sabe quem foi o garçom da Santa Ceia?**
> - Não.
> **- Então... Aqui, você vai dizer pra nós quem foi.**

Seguiram-se vinte dias de pau-de-arara e outras torturas. No fim, os policiais prenderam 12 operários na empresa.[24]

Dias antes das quedas na Volks, um grupo ligado ao Comitê da Sé do partido foi abordado por policiais quando deixava um bar, no centro. O relato que se segue foi feito por Severino Theodoro de Mello na reunião do CC, em janeiro de 1976. Vinícius era naqueles tempos o secretário político do Comitê Municipal de São Paulo. Ele contou que seis ou sete integrantes

---

23 João Guilherme Vargas Netto, entrevista em 20 de janeiro de 2016. Para o jornal Fato Novo, ver Prestes, Anita Leocadia, *Viver é tomar partido*, p. 151 e 152 e Lima, Ricardo Rodrigues Alves de, *O PCB vive e atua: Da crise do stalinismo a um novo ciclo de luta clandestina contra a ditadura (1956-1976)*, p. 162 a 171. Em 1992, Jarbas Holanda defenderia na eleição municipal o voto no candidato da direita, Paulo Maluf (PDS), contra a candidatura da esquerda de Eduardo Suplicy (PT).

24 Lúcio Antônio Bellentani, entrevista 15 de agosto de 2016.

da base estiveram reunidos à noite e, ao fim do encontro, dois deles pararam em um bar para comprar cigarros. Acabaram abordados por policiais, que pediram seus documentos e um deles, o secretário político da Sé, Daguzan Cardoso Dias, apresentou a carteira de trabalho. "Um dos companheiros estava com carteira de trabalho adulterada e o cara (*o policial*) percebeu que era adulterada e – era o Daguzan", contou Mello. Em seu relato, os policiais encontraram ainda no bolso do militante um cheque de Cr$ 8 mil, emitido pelo tesoureiro do Comitê Municipal. "Aí levam eles para a polícia política e logo identificaram e pegaram esse tesoureiro, que acabou preso".[25] Começava a série de quedas que quase paralisou o partido em São Paulo. O vereador cassado Moacir Longo era o secretário de organização do partido e recolhia contribuições de alguns militantes e simpatizantes. No dia 19 de julho, foi à casa de uma dessas pessoas, um comerciante em Ermelino Matarazzo, na zona leste, para apanhar o dinheiro "para a área de solidariedade". Quem o aguardava era uma equipe do DOI do II Exército. "Consegui resistir e sair com vida de lá".[26] Na sequência, integrantes das organizações da Lapa e dos comitês municipal e estadual foram detidos. Em 15 de agosto, os agentes do DOI prenderam no plenário da Câmara Municipal o vereador Ephraim Campos, que o partido elegera pelo MDB, em 1968. Aplicaram-lhe pentotal sódico para que confessasse. Após os interrogatórios no DOI, todos foram mandados ao Dops, onde o delegado Alcides Singillo os indiciou em inquérito. Era 28 de setembro quando o caso foi relatado – onze acusados foram denunciados à Justiça Militar, enquanto o inquérito da Volks contou com 22 réus, dos quais 12 foram condenados e dez absolvidos. Entre os primeiros estava Alice, a mulher que dava assistência aos operários em São Bernardo do Campo. Tratava-se de Anita Leocadia. Ela teria a prisão decretada em 5 de dezembro de 1972 e seria condenada a 4 anos de prisão em 26 de junho de 1973.[27] Três anos depois, contaria ao CC

25 Ver AA, pasta Reuniões do CC do PCB, arquivo áudio 1975_Fita 11_C.

26 Moacir Longo, entrevista em 11 de dezembro de 2013.

27 Além dele, também foram condenados os dirigentes Dinarco Reis e Oswaldo Pacheco a 4 anos e 6 meses de prisão. Ver BNM-Digital, processo BNM 021 p 4 a 103 e p. 480 a 494 e APESP, fichas Dops-SP, arquivo BR_SPAPESPDEOPSSSPOSFEXSN003139.pdf, acesso em 11

que Longo mandava, por meio da mulher, "recados alarmistas de dentro da prisão" de que havia quatro "companheiros que a polícia estava atrás". "Que (*eles*) se mandassem urgente, que estava tudo liquidado e não se podia fazer mais nada em São Paulo." Anita era um dos quatro ameaçados. A filha de Prestes queria que tudo fosse mudado no partido no Estado, mas foi voto vencido. Pediu à direção que fosse retirada dali e seguiu para novo exílio em Moscou. Antes se despediu do secretário político do Comitê Estadual, Walter Ribeiro, o Beto. "Beto, você vai cair". "Ah, sai azar, você está brincando", respondeu o colega.[28] A filha de Prestes rumou para Uruguaiana, onde atravessou a fronteira no Simca Chambord de Samuel Dib, um comunista deslocado à cidade para auxiliar na entrada e saída do país.

As preocupações de Anita espalharam-se para outros militantes do partido. Com receio de ser preso, Goldman aceitou um convite do Departamento de Estado americano para acompanhar as eleições entre o republicano Richard Nixon e o democrata George McGovern. Ficou 20 dias fora do país. Quando voltou, tudo parecia mais calmo. Goldman sabia que era vigiado. Foi avisado pelo colega de Assembleia Legislativa, Ivahir Rodrigues Garcia – um delegado de polícia eleito pela Arena – que seus passos eram controlados. "Sou teu colega aqui. Você tem duas funcionárias. Uma delas é agente do Dops", disse o delegado. Longo podia tê-lo denunciado, mas não o fez. Torturado, teve duas costelas quebradas. Passou 44 dias no DOI. "Vamos pegar vocês, pois vocês são os mais perigosos", lhe disse um torturador. Quando saiu do destacamento, estava isolado, sem nenhum contato com os companheiros, mas o Partido permanecera de pé. "Se ele (*Longo*) falasse, caía todo o partido em São Paulo", reconheceria mais tarde Hércules Corrêa.[29]

---

de janeiro de 2022. Ephraim Campos seria impedido pela Justiça de se recandidatar em 1972: ver *Médico dos ricos, voz dos pobres*, entrevista Apartes, nº 22.

28 Ver AA, pasta Reuniões do CC do PCB, arquivo áudio 1975_fita 14_B. Anita afirmava na reunião que foi em razão dos depoimentos dos presos que sua identidade foi descoberta pela polícia e cobrava providências do partido. Para a despedida, ver AA, pasta Reuniões do CC do PCB, áudio 1975_Fita 11_B.

29 Hércules Corrêa, entrevista em 11 de fevereiro de 2006.

AMERICANO. Mal haviam começado as quedas em São Paulo, quando um movimento muito maior iniciou no Rio de Janeiro. O Cenimar queria cortar a fonte de recursos externos que abastecia o partido e foi atrás da seção internacional do PCB. O comandante Mário Sérgio revelou a história que ouviu no centro, onde foi trabalhar pela primeira vez em 1977. "Caiu um 'americano' que foi depois tirado de dentro do CIM, do Cenimar. Foi tirado, foi nessa corrida." Desde os anos 1960, a Marinha se dedicava a acompanhar os passos do partido. Chico Pinote orgulhava-se de conhecer os dirigentes comunistas pelos nomes verdadeiros e pelos seus apelidos e usava seu conhecimento para quebrar a resistência dos que se recusavam a falar. Visitava familiares dos chefes da legenda em busca de informações. Mantinha uma vigilância especial sobre Givaldo Siqueira. E tinha lá suas razões. Depois do golpe, o capa-preta usava a identidade do cunhado, o oficial médico da Marinha Ernesto Nesi. Casado com Clea Siqueira, irmã de Givaldo, Ernesto acabaria expulso da Marinha por ter agredido um superior. Por duas vezes, o documento deixou o comunista em apuros, quando vizinhos foram bater na porta de sua casa em busca de ajuda do "doutor" – em uma delas, aconselhou chamar a ambulância para o paciente.

Outro oficial da Marinha era casado com sua prima Cacilda. Ele era conhecido na família de Givaldo como Mangueira e costumava perguntar sobre o parente. Suspeitavam que ele tivesse se apoderado de uma fotografia do comunista, e o pai de Givaldo teve de pedir que não mais comparecesse a sua residência para evitar constrangimentos. Mangueira frequentava a casa de Clea, no Outeiro da Glória. Aparecia no meio da tarde, de improviso, como se quisesse surpreender Givaldo com a irmã. Para ela, ele era do Cenimar. "Não tinha nenhum Mangueira no Cenimar", disse o comandante Mário Sérgio. O centro mantinha sob vigilância tanto Clea quanto Neide, a outra irmã de Givaldo, casada com um americano. Uma vez, Givaldo apareceu na casa de Clea e lhe disse que a casa dela estava queimada, que o lugar era conhecido da polícia e, por isso, ninguém mais da sigla devia usá-la. Tudo ia bem até que José Salles descarregou uma Kombi com jornais do partido no imóvel. A movimentação atraiu a atenção do Cenimar e Clea foi detida. "Foi o (*Roberto Mello de*) Carvalho Rocha, que era oficial da Marinha, que me prendeu", contou. Clea disse desconhecer as atividades do partido. Acabou solta. De tempos em tempos, passou a receber a visita de Chico Pinote, o que a dispensava de assinar o livro de presença na Justiça Militar, enquanto aguardava em liberdade o fim da apuração.

Na época, o Doutor Pirilo, do Cisa, também ouviu histórias sobre a proximidade do Cenimar com Givaldo. O centro da Marinha era o mais arredio dos serviços para "trocar figurinhas", mas o homem da Aeronáutica tinha nele um antigo colega de Colégio Militar. Era o comandante Feijó. Analista de PCB, Feijó chamava Givaldo de "Mestre Giva". Uma vez, Pinote revelou que obtinha informações sobre o comunista por meio da vigilância das irmãs e do oficial casado com a prima Cacilda. "Soube dessa história por meio do Seu Chico (*Pinote*), que era meu amigo", disse Pirilo.[30] Poucos sabiam disso. As informações da Marinha sobre Givaldo levantavam suspeitas no Exército e na FAB. Havia quem pensasse que ele fosse informante Cenimar. Givaldo ia pagar um preço alto por essa desconfiança quando tentaram queimá-lo.

A Marinha abriu três inquéritos para investigar as atividades dos comunistas no país. Foram as maiores investigações contra o partido desde o IPM 709. Resultado das prisões após o AI-5, eles começaram em 1969. Dois foram concluídos no mesmo ano, com 43 indiciados, atingindo os Comitês Universitário e Secundarista. A apuração prosseguiu, voltando-se contra a estrutura do partido na Guanabara e os integrantes do Comitê Central. Ela levaria à expulsão do PCB do secretário político no Espírito Santo, Octacílio Nunes Gomes, a quem a cúpula comunista acusou de se colocar na cadeia à serviço da repressão – pouco importava se ele fora submetido ou não à tortura, pois se pensava, então, que o dever de todo revolucionário era ter o fim dos mártires e não a vergonha dos que "falavam". Os militares listaram 16 condutas para provar a militância de Gomes, todas teriam sido admitidas pelo preso. Gomes tinha 23 anos de partido. A prisão lhe tirou tudo, o respeito dos amigos, a dignidade e a saúde. Era o redator-chefe da

---

30 Para Chico Pinote e Givaldo, ver Antônio Pinto, entrevistas em 31 de janeiro de 2016 e 29 de abril de 2016. Para as informações sobre Clea Siqueira, sua família e prisão, ver Clea Siqueira, entrevista em 1º de maio de 2016.

Folha Capixaba, jornal ligado ao PCB que fora empastelado após o golpe de 1964. Ele fora preso pela Polícia Federal após o AI-5 e torturado. Permaneceu encarcerado em Vitória por dois meses, antes de ser transferido para o presídio da Marinha, na Ilha das Flores, no Rio de Janeiro. Um dia, Antônio Granja recebeu um aviso de Octacílio: precisava lhe entregar documentos. Granja chegou mais cedo ao lugar marcado e observou de longe. Farejou a armadilha dos agentes e se retirou. Desde então, Octacílio passou a ser tratado no partidão como delator.[31]

Foi durante essa investigação que os militares prenderam Clea, a irmã de Givaldo, ouvida como testemunha. O relatório do caso listava ainda como presos outros dez comunistas, entre os quais Elson Costa e João Massena Melo, que integravam o CC, e o ex-vereador carioca Antenor Marques. Costa foi preso em 30 de junho de 1970. Em sua casa, os militares apreenderam documentos. Foi a ele que a Marinha imputou a propriedade do material gráfico encontrado com Clea. A Força Naval registrou a prisão de Massena no mesmo dia 30 e o manteve no presídio da Ilha das Cobras, em razão da condenação a 7 anos de prisão no IPM das cadernetas de Prestes. Por fim, com Antenor Marques, os militares fecharam um acordo de colaboração. O 1º Distrito Nacional registrou seus termos:

> O indiciado Antenor Marques responde o presente IPM sobre (sic) o regime de liberdade controlada, por ter feito seu depoimento em total colaboração com a autoridade.[32]

Ao todo, 66 pessoas foram indiciadas – 40 apontadas como integrantes do CC e 16 por serem do Comitê Regional da Guanabara. Vinícius, que se safara do IPM das cadernetas, desta vez, foi identificado com o nome completo. Era o 36º indiciado do relatório do capitão-de-corveta Roberto Mello de Carvalho Rocha, que começava seu texto explicando aos leitores que "a subversão sempre foi e será uma constante entre os homens". O militar era

---

31 Para o caso de Granja e Octacílio, Gomes, Dino Oliveira. *A práxis do guerreiro, a história de Antônio Ribeiro Granja*, p. 96.

32 O relatório e a solução do inquérito somavam 62 páginas. Ver AN Fundo: SNI – BR DFANBSB V8, documento br_dfanbsb_v8_mic_gnc_aaa_71033980_d0001de0001.pdf.

mais um que via no PCB a organização clandestina mais perigosa do país. O documento dizia que o partido, "obedecendo às palavras da internacional comunista, continua adotando uma linha política pacífica, contrária ao radicalismo, sendo, todavia, de maior periculosidade, visto pregar que, para se chegar ao poder Constitucional da República, somente poderá ser a longo prazo e com a comunização das massas operárias, estudantis, intelectuais, o clero e o povo em geral". O receio maior do comandante não era o risco proporcionado pelo apelo às armas, feito por Marighella, mas os perigos da atuação política de seus antigos companheiros e, consequentemente, de uma democracia sem a tutela militar. O medo proporcionado pelo anticomunismo sustentava o reacionarismo e sua luta contra tudo o que fosse novo e moderno, dos costumes às reivindicações sociais, mesmo as justas e inadiáveis. O relatório do inquérito foi enviado ao contra-almirante Octávio José Sampaio Fernandes, comandante do 1º Distrito Naval, que o encaminhou à Justiça Militar em 13 de janeiro de 1971. Um mês depois, a Marinha abriu outra investigação. Desta vez, foi atrás de radialistas, professores e intelectuais da Guanabara.[33] Os dados obtidos nesse IPM e nos outros dois, além da vigilância mantida por meio da Operação Master, que fizeram a fama da Marinha, no início dos anos 1970, de ser o centro da repressão ao partido, enquanto Exército e FAB se concentravam no desbaratamento da luta armada. Foram as informações de seu arquivo que permitiram ao Cenimar dar o próximo passo nessa guerra: a Operação Sombra, um desenvolvimento da Master, que levou ao desmantelamento da Comissão de Relações Exteriores do PCB.

Trata-se de uma história nebulosa, que deixou um rastro de prisões e morte. Ela instaurou uma caça às bruxas entre os comunistas e fomentou décadas de intrigas e acusações de traição, fornecendo munição aos que se digladiavam pelo controle da legenda. Há muitas versões sobre como tudo começou. Se a informação do comandante Mário Sérgio estiver correta, ela confirmaria uma antiga suspeita: o ponto de partida foi a prisão

33 Para os IPMs da Marinha, ver AN Fundo: SNI – BR DFANBSB V8, documentos br_dfanbsb_v8_mic_gnc_aaa_72051503_d0001de0012,br_dfanbsb_v8_mic_gnc_aaa_70018928_d0001de002.pdf e br_dfanbsb_v8_mic_gnc_aaa_71033980_d0001de0001.pdf.

do "americano", depois retirado do Cenimar e solto. Era ele o Senhor Sombra, que dera o nome à operação, mais tarde apresentado ao país como o agente Carlos, um agente da CIA. O verdadeiro nome do "americano" era Adauto Alves dos Santos, chamado dessa forma porque trabalhava para os EUA. Mário Sérgio não sabia como seus colegas chegaram a Adauto, mas revelou qual era o objetivo deles ao prender o médico Fued Saad, chefe da Comissão de Relações Exteriores (CRE), do PCB. "Essa jogada em cima do Fued foi para saber de onde vinha a grana. A grande pergunta era de onde vinha o dinheiro".[34] Podia ser essa a razão imediata da Marinha. O governo dos generais aproveitou a oportunidade também para acertar dois outros alvos: desmoralizar o clero e as denúncias feitas no exterior sobre crimes praticados pelos agentes da ditadura. Já a CIA queria garantir a proteção de seu agente. E obter o maior número de dados que a ação dos militares brasileiros pudesse lhe trazer sobre a atuação dos soviéticos em outros países ocidentais. Por fim, o que seria apenas mais um conjunto de prisões de comunistas foi concluído com uma campanha de propaganda do regime, o tipo de ação psicológica prevista na doutrina da guerra revolucionária.

A informação do comandante Mário Sérgio sobre a prisão do "americano" é compatível com os documentos secretos da Marinha. Primeiro porque, se Adauto fosse preso, certamente revelaria sua ligação com a CIA, e o serviço da Marinha teria de contatar o SNI, que era o responsável pela relação com os serviços estrangeiros. Pois foi exatamente esse o condomínio que atuou na operação. Um dos documentos que mostram o trabalho conjunto é um memorando enviado à Força Naval em papel timbrado do gabinete do chefe do SNI, o general Carlos Alberto da Fontoura. O relatório buscava organizar as missões dos três serviços de informações na operação: o SNI, o Cenimar e a CIA. Foram criados dois grupos de trabalho: um em Brasília e outro no Rio de Janeiro, cuja primeira tarefa era "montar um dispositivo para ouvir com toda segurança e o máximo de sigilo o elemento infiltrado pela CIA no MCI". Cada grupo de trabalho seria formado por três pessoas, que atuariam como representantes de cada um dos sócios da

---

34 Mário Sérgio Pacheco de Souza, entrevista em 30 de abril de 2019.

empreitada. Em Brasília, a CIA estaria presente por meio de "Mr. Laser" e, no Rio de Janeiro, por "Mr. Joseph". O memorando afirmava que os agentes deviam explorar ao máximo o informante sobre "elementos do PC existentes no Brasil, a organização do movimento, suas diretrizes e planos, em particular, no que tange à segurança nacional". Também dizia que se deveria complementar os dados sobre comunistas na América Latina, a fim de repassá-los aos serviços de informação da região e estudar a possibilidade de se recrutar "agentes do MCI, novos agentes duplos por indicação" do cachorro. O documento é o único papel conhecido da época em que a prática de abordagem de integrantes do PCB para o recrutamento de espiões é descrito. Até aquele momento, a ditadura ou a CIA já haviam abordado cinco dirigentes do partido, dos quais três haviam sido retirados do País. Por fim, o SNI estabelecia que os agentes deveriam preparar "uma futura entrevista do informante aos jornais e à televisão, denunciando os membros do MCI e suas infiltrações nos diversos países". O serviço foi repartido entre os grupos de trabalho com a recomendação de que os futuros encontros com o entrevistado acontecessem em um lugar com "absoluta segurança". Quando tudo terminasse, preconizava-se que o "Sr. Sombra", e seus familiares deveriam ser afastados do Brasil, recebendo os documentos e os recursos.[35]

O memorando não tem assinatura, mas sua letra é idêntica à do coronel do Exército Jayme Miranda Mariath, então chefe de gabinete do general Fontoura.[36] O documento foi arquivado com outros da operação enviados ao contra-almirante Joaquim Januário de Araújo Coutinho Netto, então comandante do Cenimar. O manuscrito não tem data, mas quase certamente é de agosto de 1972, pois a primeira série de entrevistas gravadas com Adauto começou em 2 de setembro e se estendeu até o dia 14 daquele mês, segundo relatava outro documento enviado ao almirante Coutinho. As gravações começaram um mês após a primeira prisão admitida pela Marinha de um

35 Para o memorando do SNI ver UFMG, Projeto República, Brasil DOC, Operação Sombra, documento: documentocenimar-operacaosombra6.

36 Para as grafias, ver UFMG, Projeto República, Brasil DOC, Operação Sombra, documento: documentocenimar-operacaosombra6 e AN, Fundo: SNI – BR DFANBSB V8, br_dfanbsb_v8_mic_gnc_aaa_72051503_d0001de0012.pdf, p. 3.

integrante da Comissão de Relações Exteriores (CRE) do PCB, na Operação Sombra: o jornalista do *JB* Aloysio Santos Filho, detido em 2 de agosto com sua mulher, Maria Laura Bastos Santos. No apartamento do casal, na Rua Conde de Bonfim, na Tijuca, foram apreendidos documentos da sigla e da Frente Brasileira de Informações (FBI), que divulgava no exterior notícias sobre violações dos direitos humanos cometidas pelo governo brasileiro. Em relato ao SNI, a Marinha afirmou que foram policiais do Dops da Guanabara os responsáveis pela captura do casal, como se a prisão tivesse surgido por acaso – o Cenimar apenas recebera as informações e instaurara um novo IPM. Há razões para se ter cautela com essa informação: a primeira é que era comum os órgãos militares usarem os Dops para encobrir ações. O mesmo ocorreu na Operação Lotus, em 1978, que apanhou os trotskistas da Convergência Socialista. A segunda tem relação com o papel de Adauto. O Senhor Sombra estava com seu segredo ameaçado. Sua mulher procurara o partido para denunciá-lo como agente da polícia. A briga do casal começara depois de ele conhecer uma estudante de enfermagem. Marly Vianna dividia-se entre São Paulo e Rio de Janeiro, onde ficava em um apartamento de quarto e sala em Santa Tereza, com Nemésio Salles, um dirigente da sigla na Bahia muito ligado a Giocondo Dias. Ela testemunhou ali o dia em que Dias foi abordado por Nemésio: "Rapaz, você viu a denúncia contra o Adauto feita pela mulher dele?" Com a saída de Prestes do Brasil, Dias se tornara o secretário-geral de fato do partido, controlando as atividades no Brasil da Executiva e do Secretariado. Ao ser interpelado, ele respondeu; "Briga de marido e mulher." E repetiu para o amigo: "Briga de marido e mulher. Isso não tem nada a ver". Adauto estava se separando e disputava a partilha de bens, quando a mulher resolveu escrever uma carta à Executiva, contando que o marido era há muito tempo informante da polícia. "Ela dava detalhes e isso quase um ano antes de ele aparecer como Agente Carlos", afirmou Marly.[37] A carta de mulher não teria sido o único aviso que

---

37 Marly Vianna, entrevista em 27 de janeiro de 2016. Givaldo Siqueira relatou a mesma história sobre a mulher de Adauto, ver Gaspari, Elio. *A ditadura derrotada,* p. 394. Quatro anos depois, o SNI fez uma operação para vigiar a rotina da estudante de enfermagem em Belo Horizonte, onde ela receberia a visita do Senhor Sombra, ver Fundo: SNI – BR DFANBSB

o partido recebeu. João Falcão registrou em seu livro sobre Giocondo Dias que o próprio Prestes teria mandado ao seu biografado um aviso para que não confiasse em Adauto, pois a KGB desconfiava de sua ligação com a CIA. Fora Adauto quem transportara até Paris os documentos de Prestes, quando o secretário partiu para o exílio em Moscou. O Senhor Sombra insistiu então na necessidade de ir até a URSS para entregar os papéis em mãos. Sua postura chamou a atenção do Velho. A informação, desta vez, vinha logo de Prestes, o responsável por trazer o Senhor Sombra da estrutura do partido em Minas Gerais para o Rio de Janeiro e mantê-lo na CRE. Apesar disso, a suspeita foi deixada de lado.[38] A versão de que Adauto seria informante há anos é corroborada pela entrevista do ex-diretor do Dops-GB Cecil Borer ao repórter Mário Magalhães e por uma suspeita levantada por Mello na reunião do Comitê Central, em 1979, em Moscou, que recordou uma acusação feita contra Adauto em 1966, em Minas, por um militante que foi preso e ouvira um comentário sobre o Senhor Sombra feito por um coronel, em Juiz de Fora.[39]

Há apenas um porém na versão do policial: como explicar ao longo de anos que Adauto não tenha provocado nenhuma queda no partido? A única resposta plausível é que trabalhasse apenas para os americanos e tivesse sido recrutado pouco antes ou pouco depois de se empregar na Câmara de Comércio Brasil-EUA, como representante da Esso. Documentos da própria Marinha mostram que a CIA tinha por hábito oferecer emprego aos seus agentes mais qualificados. Como Adauto trabalhava em um setor responsável pelas relações do PCB com os partidos comunistas de outros países e com a segurança estatal soviética, era evidente aos americanos a sua utilidade. E, quanto mais desconhecido ele se mantivesse, tanto melhor. Ao ver a identidade revelada por sua mulher – ainda que parte dos dirigentes

---

V8, documentos br_dfanbsb_v8_mic_gnc_aaa_76099285_an_01_d0001de0001.pdf e br_dfanbsb_v8_mic_gnc_aaa_76099285_d0001de0001.pdf.

38 Ver Prestes, Anita Leocadia. *Viver é tomar partido*, p. 159 e Falcão, João, *Giocondo Dias, a vida de um revolucionário* p. 294 e 295.

39 Para o relato de Mello, ver AA, pasta Reuniões do CC do PCB, arquivo áudio 1979_Fita 15_A. Para Borer, ver Magalhães, Mário, *Marighella, o guerrilheiro que incendiou o mundo*, p. 437.

não tenha dado crédito à denúncia –, Adauto se sentiu ameaçado de ser interpelado pela KGB em alguma futura viagem ao mundo socialista. Era um risco grande demais para se correr.

Na revista da casa de Aloysio Santos Filho a polícia apreendera documentos que mostravam as discussões do partido sobre as Forças Armadas, além dos endereços de correspondência dos comunistas em dezenas de países. Oito dias depois, tudo já havia sido repassado pelo SNI à CIA e aos serviços de informação do Reino Unido e da Alemanha Ocidental. Parte das informações foi compartilhada ainda com a França, a Itália e Israel.[40] Os agentes acharam ainda uma carta que mostrava que um dirigente do partido viria do exterior, desembarcando em Buenos Aires e entrando no Brasil com o passaporte em nome de Carlos Arbex. A Marinha avisou todos os postos policiais da fronteira e, assim, a Brigada Militar deteve em Jaguarão (RS), vindos do Uruguai, dois homens. Um deles tinha o passaporte procurado e o outro usava a identidade de Daniel Monteiro da Silva. Tratava-se de Célio Guedes e do médico Fued Saad, que o primeiro – eenviado pela direção do partido – fora buscar, apesar de o CC ter conhecimento da prisão de Aloysio e da busca feita pela Marinha no apartamento do médico, no Rio de Janeiro. A captura aconteceu às 21h30. Com eles apreenderam chaveiros e cinzeiros com a fotografia de Prestes, papéis sobre a União Soviética e a China e US$ 51 mil (US$ 340 mil em valores atuais) enviados pelos soviéticos para o PCB. O dinheiro, os documentos, materiais e os presos foram levados pela Brigada até o 33º Batalhão de Infantaria, em Jaguarão – o dinheiro nunca mais apareceu. Dali os presos foram mandados ao Cenimar. A Marinha os transportou de avião. Chegaram ao Galeão em 15 de agosto. Na pista do aeroporto, Célio disse a Fued. “Não diremos nada, não é?” Foram levados ao prédio do 1º Distrito Naval. Célio estava ali ainda com a identidade falsa quando foi visto por Chico Pinote. “Ele já estava escrevendo fazia cinco horas – vou te contar o que me contaram – e o seu Chico chegou e disseram: ‘Tem um cara aí do partido preso ali’. Aí o seu Chico virou e disse: ‘Ô Célio, o que você está fazendo aqui?’”, contou o comandante Mário Sérgio, o Doutor Pimenta. Pinote relatou então

40 Ver AN, Fundo: SNI - BR DFANBSB V8, br_dfanbsb_v8_mic_gnc_aaa_72049538_d0001de0006.pdf.

aos colegas de centro a verdadeira identidade do preso. Na versão de Pimenta, foi nesse momento que Célio correu e se jogou da janela do prédio, caindo nos fundos do edifício. A CNV concluiu que Célio morreu sob tortura – as mesmas denunciadas depois por Fued, que disse ter sido salvo do suplício por uma crise de acidose.[41]

O RABO E O CACHORRO. Concluídas as prisões, começou a fase de preparar o Senhor Sombra. A decisão de expô-lo em uma entrevista aproveitaria o agente queimado em um último serviço. O SNI queria usar as revelações de Carlos para emparedar a Igreja e a oposição ao regime, vinculando-as aos comunistas. Relatório parcial das gravações feitas pelo SNI, pela CIA e pelo Cenimar endereçado ao almirante Coutinho mostra que todas as declarações do "Senhor Sombra" foram feitas na "presença permanente de um representante da CIA". Os americanos sabiam do uso da tortura pelo governo brasileiro, como mostravam as comunicações da embaixada e dos consulados americanos com o Departamento de Estado. Era natural que, além de novas informações, os agentes da CIA quisessem certificar-se de que nada aconteceria ao seu informante, a quem prometeram proteção. As transcrições das entrevistas ficaram a cargo da Agência Rio de Janeiro do SNI, mas os homens do Cenimar tomaram notas. Adauto contou como funcionava a Comissão de Relações Exteriores do PCB e suas relações com o mundo comunista, cumprindo tarefas dadas pela Comissão Executiva do CC. Seus integrantes faziam até seis viagens anuais pela Europa e América Latina levando correspondência partidária e denúncias de tortura contra ditadura. Eles também eram responsáveis pela obtenção de recursos na URSS ou por meio de integrantes da missão comercial soviética na Guanabara. Para tanto, Fued Saad contataria Nikolai Blagushin e Victor Yemellin, além de outros agentes da KGB e do GRU.[42] Havia segredos

41 Ver Malin, Mauro. *Armênio Guedes, um comunista singular*, p. 243 a 247. Fued foi obrigado a escrever uma nota em que negava ter sido torturado, documento publicado pela revista *Manchete*.

42 Os dois nomes dos russos constariam depois na "entrevista" de Adauto publicada pelo JB, em 3 de dezembro de 1972. Ver *Jornal do Brasil*, p. 5, edição 00227, disponível em BNDigital, Hemeroteca Digital.

de polichinelo, como o uso de entidades culturais soviéticas como fachada para a seleção de novos quadros brasileiros e sua formação na URSS ou que material confidencial seria transportado por meio da mala diplomática dos soviéticos. Mas havia também uma novidade: o tamanho da briga com a Igreja que a comunidade de informações queria que o governo comprasse. Primeiro acusavam os quadros médios da hierarquia católica de servirem de pombos-correio para os comunistas. Depois, diziam que o PCB usava a Igreja como "fonte principal para deformação da imagem de nosso governo no exterior". Diziam que o partido exercia influência em cerca de 80 bispos brasileiros (dez deles classificados como militantes) e cerca de 2 mil padres. Tudo para provar que os comunistas brasileiros não estavam "em retração", mas exerceriam "um apreciável trabalho de aglutinação de forças". Era a velha conversa furada de usar o perigo vermelho para deslegitimar a oposição ao governo. Os agentes perguntavam ao almirante quem se encarregaria da apresentação do Senhor Sombra à imprensa, se ele seria ou não envolvido no IPM e como sairia do país. Diziam ainda que muitas das declarações de Adauto tinham como base o material apreendido com Fued e questionavam que medidas seriam tomadas pelo governo brasileiro contra a representação comercial da URSS no Brasil e a Igreja Católica. Não deixa de ser curioso agentes de um órgão de segurança quererem emparedar o presidente Médici, justo o homem que destruíra a luta armada. "Essas denúncias feitas em público, isoladamente, pelo Sr. Sombra serão suficientes para uma tomada de posição do governo federal?", perguntou o subordinado ao almirante Coutinho, do Cenimar. Era o rabo querendo abanar o cachorro.[43]

Os agentes aproveitavam uma situação que sabiam incomodar o governo. Ela ficou documentada em centenas de documentos sobre o que a ditadura chamava de "campanha difamatória contra o País no exterior". Eles se diziam injuriados com as denúncias sobre torturas e assasinatos.

43 Para o documento manuscrito, ver UFMG, Projeto República, Brasil Doc., Operação Sombra, documento: documentocenimar-operacaosombra6; para as declarações sobre a Igreja, ver também Ver AN, Fundo: SNI, documento br_dfanbsb_v8_mic_gnc_aaa_73066994_d0001de0001; para o desejo dos ministros de agirem contra Instituto Cultural Brasil Rússia (ICBR), ver documento AN, Fundo: SNI - BR DFANBSB V8, documento br_dfanbsb_v8_mic_gnc_aaa_72052618_d0001de0001.pdf.

Era como se tivessem o direito de prender, bater e matar sem que ninguém pudesse reclamar. Pura empulhação, de quem, surpreendido na cena do crime, nega o que fez e culpa a vítima, novo ardil para submetê-la aos seus caprichos. Generais tentavam justificar crimes como uma necessidade política. Valiam-se da Guerra Fria para não reconhecer a desumanidade dos atos. E foi no terreno em que a política presta contas ao indivíduo, que o regime trançou os pés. Impulsionada pelo Concílio Vaticano 2º e pela encíclica *Populorum Progressio*, a Igreja deixava de apenas orar para se empenhar na luta contra o subdesenvolvimento na América Latina. A verdadeira caridade devia descobrir as causas da miséria e encontrar os meios de combatê-la e vencê-la. A modernização conservadora do país retirava dos bispos o seu grande rebanho rural para dispersá-lo, atomizado, nas grandes cidades, ao mesmo tempo em que modernizava o País, capilarizando o Estado e criando novas relações e atores. A República deixara de ser o "campo de manobras", antevisto por Gilberto Freyre em 1947.[44] O embate entre os generais e os bispos era também o conflito entre donos do poder por um mundo que lhes escapava debaixo dos pés. Em sua disputa com a Igreja, o Exército mobilizava mais uma vez a soberania para afirmar o interesse nacional diante do estrangeiro. A manobra tentava desqualificar o clero, exibindo-o como um instrumento contaminado pelo movimento comunista para fazer da denúncia contra o regime mera propaganda soviética. A preocupação com a imagem internacional dos generais era uma obsessão. Mobiliza-se o corpo diplomático para não só defender a ditadura, mas para espionar e vigiar os exilados. Até um serviço secreto foi criado no Itamaraty – o Centro de Informações Exteriores (CIEx), gerido por diplomatas – como braço do aparelho policial com o qual se buscava controlar o país.

Houve quem farejou – no estardalhaço com que a comunidade de informações tentou tratar o caso – a manobra para aumentar-lhe o poder e influir na sucessão de Médici ou na continuidade do general na Presidência. Para o senador Vitorino Freire (Arena), conhecido por sua proximidade ao candidato *in pectore* de Médici para sua sucessão, o general Ernesto Geisel, expor

---

44 Freyre, Gilberto, *Nação e Exército*, p. 28. Trata-se de conferência do sociólogo na Escola de Comando e Estado-Maior do Exército, em 1947.

uma infiltração comunista desenfreada no país era o caminho mais fácil para justificar a manutenção de uma guerra cujos únicos vitoriosos seriam os oficiais envolvidos nesse combate, que teriam poder e prestígio assegurados.[45] A resposta do governo ao barulho dos agentes do Cenimar foi dada pelos canais diplomáticos. O Itamaraty encaminhou em julho de 1973 ao Núncio Apostólico no Brasil duas cópias do relatório *Comunismo Internacional - Sumário Informativo*. Ele trazia um capítulo que tratava do "movimento religioso" com os nomes de bispos e padres "vermelhos" que incomodavam o regime. O relatório de 425 páginas abrangia as atividades da Igreja latino-americana de fevereiro de 1971 a março de 1973. Mais de uma centena de páginas tratava das ações de d. Helder Câmara, de d. Pedro Casaldáliga e de Frei Betto. A diplomacia incluiu no documento um trecho do depoimento do Senhor Sombra para nominar outros três bispos e dois arcebispos: os poderosos chefes da Igreja em São Paulo, d. Paulo Evaristo Arns, e o no Rio de Janeiro, d. Eugênio Salles. A informação ficara de fora do material do Agente Carlos divulgado pelos jornais e pela TV. O recado ao Núncio Apostólico mostrava a intenção de tratar o caso de Estado para Estado, do Brasil para o do Vaticano, longe dos holofotes. O rabo não abanou o cachorro nem a batina. Em 30 de agosto daquele ano, d. Paulo rezou a primeira missa em memória de um preso morto pelos agentes: o estudante Alexandre Vannucchi Leme. Ligado à ALN, ele morrera em meio a torturas no DOI de São Paulo. O ato levou o Dops a abrir uma ficha para o sacerdote em seu arquivo.[46]

Para os militares, não era para menos. O barulho feito pela Igreja rodava o mundo. As queixas de d. Paulo contra o regime estavam no memorando encaminhado pelo assessor do Conselho de Segurança Nacional Arnold Nachmanoff ao então conselheiro Henry Kissinger, de 11 de fevereiro de 1971, que descrevia informações sobre as torturas de padres e freiras presos em São Paulo e dizia que o arcebispo recebera o apoio de seu colega do Rio de

45 Freire fez a confidência ao jornalista João Antônio Mesplé, Antônio Mesplé, entrevista em 29 de outubro de 2022.

46 Para o Núncio Apostólico, ver AA, Fundo: Divisão de Segurança e Informações do Ministério das Relações Exteriores - documento br_dfanbsb_z4_sna_avu_0002_d0001de0001.pdf; para o documento do Dops, AA, Fundo: SNI, documento br_dfanbsb_v8_mic_gnc_aaa_79003313_d0001de0001.pdf.

Janeiro. No mês seguinte, ao tratar do governo Médici, a CIA informava que os "militares e os civis das forças de segurança haviam declarado guerra aos terroristas e estavam determinados a extirpá-los". Isso explicava o frequente tratamento brutal a qualquer suspeito de envolvimento com o terror ou que se relacionasse com pessoas envolvidas. "Particularmente no Rio de Janeiro e em São Paulo, a tortura é amplamente utilizada para obter informações. Em muitos casos, espancamentos e torturas resultaram na morte de pessoas sob interrogatório." A agência conhecia até os alvos preferenciais do militares: "As forças de segurança geralmente consideram indivíduos que foram banidos para outros países em troca da libertação de diplomatas estrangeiros sujeitos à liquidação em caso de volta ao Brasil; ao menos dois tiveram esse destino." Um ano antes, aos americanos haviam registrado as queixas dos militares brasileiros em relação à Igreja, afirmando que o PCB ajudava o clero progressista a disseminar denúncias de tortura contra o regime. Um número crescente de padres acusava o governo brasileiro de abusos. O quadro piorou no governo Médici, que enxergava cada vez mais uma crescente influência comunista na Igreja. Para a agência americana, a intolerância dos militares com a oposição às suas táticas para "lidar com a subversão" podia agravar seriamente as diferenças entre a hierarquia católica e a do Estado, levando a uma polarização perigosa à sociedade brasileira, pois eles estavam inclinados a considerar qualquer crítica ao governo como subversiva. A agência reconhecia que, com o tempo, as pressões na sociedade por uma maior abertura política iam crescer, enquanto o regime alienava grandes setores sociais, o que o faria se tornar alvo "de mais críticas e demandas", tornando os militares cada vez mais "isolados e impopulares".[47]

---

47 Para as queixas de d. Paulo, *Memorandum Brazil – More Torture Reports May Complicate Medici Visit*, in FOIA – CIA. Para a repressão no governo Médici, ver *Weekly Summary, special report, Brasil under Medici*, 5 march 1971, CIA-RDP85T00875R001500030010-8 para as queixas da ação do PCB junto ao clero, ver FOIA – CIA Weekly summary, special report: The Brazilian 'Revolution': Stage Three., 6 de march 1970. CIA-RDP85T00875R0015000200013-6, p. 7; Ver ainda Memorandum The Succession Issue in Brazil, 14 december 1972, CIA-RDP79R00967A000500030008-9 e Memorandum The Deterioration of Church/State Relations in Brazil, de 2 de february 1971, CIA-RDP85T00875R002000110008-5.

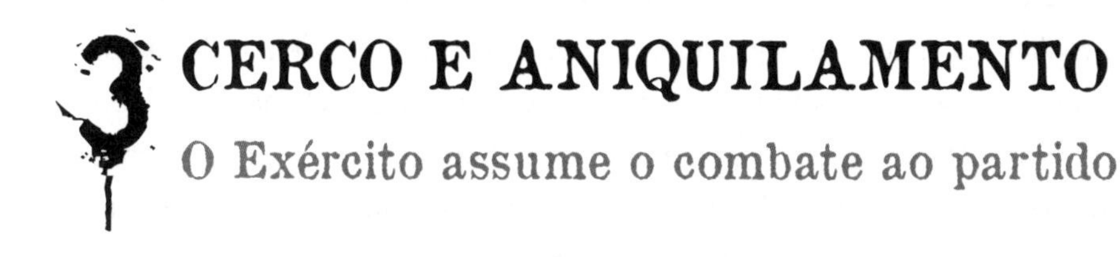

3 CERCO E ANIQUILAMENTO

O Exército assume o combate ao partido

Com seus olhos castanhos, orelhas grandes e pescoço curto, Francisco de Assis Lima, o "Seu Chico", tinha uma careca que tornava mais evidente a forma elíptica do rosto. Sempre de terno e gravata no trabalho, era figurinha carimbada do sistema de informações. Caçava comunista há décadas e guardava segredos do partido que despertaram a atenção de uma estrela em ascensão da repressão em São Paulo: o capitão do Exército Ênio Pimentel da Silveira, o Doutor Ney. Se Chico Pinote se transformara em sinônimo de "cana" para os comunistas do Rio de Janeiro, o Doutor Ney pouco a pouco ocupava silenciosamente no mundo da repressão o espaço que um dia fora do delegado Sérgio Paranhos Fleury em São Paulo. Baixo, de cabelos longos e roupas esporte, o capitão mantinha um quadro em sua sala com a frase: "Aos inimigos não se mandam flores". Era chamado de Neyzinho pelos subordinados e usava um Corcel vermelho. Pelo rádio se identificava com um nome código: a Clínica Geral. Chefiava a Seção de Investigações do DOI do II Exército e controlava as ações clandestinas do destacamento, com sua rede de casas onde o futuro candidato a informante, sequestrado pelos agentes, era convencido a cooperar e a entregar os companheiros em troca do direito de permanecer vivo. Também mantinha imóveis onde os presos marcados para morrer eram interrogados antes da execução: os pacientes de sua clínica desapareciam ou se tornavam cachorros. Ney começara no DOI em 1970. Pouco tempo depois, passou uma temporada no Dops, observando Fleury manejar o cabo Anselmo. Detido em 1971, o marinheiro foi torturado por Fleury até aceitar a colaborar. Viajou ao Chile, dedurou a mulher, Soledad Barret Viedma, que estava grávida, provocou o massacre dela e de outros companheiros em Pernambuco e a morte de quase uma dezena de dirigentes da VPR. Ney e a tenente Beatriz Martins, a agente Neuza, foram acompanhar o cachorro e aprender como a traição podia ajudar a desmantelar a subversão. Anselmo era seguido nos encontros que mantinha com camaradas e com outras organizações. Transformara-se em exemplo de cachorro, o maior de todos. Ney aprendeu rápido. Em pouco tempo, controlaria um dos maiores canis do país. "Ele realmente era 'um dos quadros mais preparados do DOI'. Era um líder natural, liderava pelo exemplo, inteligente e corajoso.", disse o seu comandante de então, o coronel do Exército Carlos Alberto Brilhante Ustra.[1] Após aprender com Fleury a importância de um informante, Ney se aproximou de Chico Pinote, para conhecer seu próximo alvo: o PCB. O homem do Cenimar tivera pouco antes a foto publicada na *Voz Operária*, de agosto de 1973, com o título: "Identificados alguns torturadores na Guanabara".[2] O Doutor Pimenta contou a história:

> Aí é o negócio. Por confiança, 'nego' passa coisa para o Exército. Uma vez o Chico (*Pinote*) foi a São Paulo, passou algumas coisas para os nossos companheiros que eram esses que já tinham sido daqui (*Freddie Perdigão*). Era pessoal de lá (*São Paulo*), que levou para o CIE e começaram. Seu Chico era zangado com isso. Um pouco aborrecido.
>
> **Você quer dizer que a origem e parte dessa operação foi...**
>
> ...Conhecimento trocado entre órgãos, particularmente com a gente. Eles (*Exército*) não eram bons de partidão. (...)Seu Chico

---

1 Carlos Alberto Brilhante Ustra, entrevista em 15 de março de 2005. Para o quadro na sala de Ney, tenente Chico (nome fictício), entrevista em 31 de janeiro de 2009. Para a presença de Ney no Dops, tenente Beatriz Martins, entrevista em 11 de março de 2005. Para o maior informante de todos, entrevista João de Sá Cavalcanti Netto, 20 de setembro de 2005, sem gravar.

2 *Voz Operária*, nº 102, p. 2. Na edição, Pinote foi erroneamente identificado como o general Adyr Fiúza de Castro. Na edição de setembro, a foto foi republicada com a correção.

> era assim com o Nei *(junta os dedos indicadores das mãos, indicando união)*. O Nei era uma figura. Era uma figura. Se você olhasse ele na rua, como o Bellotti, jamais diria que estava diante de um oficial de inteligência. Eram de uma discrição... Seu Chico era muito amigo do Nei e ele adorava o Seu Chico. Eu conheci o Nei. (...) A questão era pessoal do Nei com o Seu Chico. Com o Nei, passou a haver essa mesma inter-relação que existia entre eu o Fábio (*CIE*), o Agenor (*Cisa*) e o Feitosa (*Cenimar*) nessa época.[3]

O DOI de São Paulo recebera em 1973 o capitão Freddie Perdigão Pereira, antigo frequentador da Casa da Morte, de Petrópolis. Ele era visto pelos colegas como um homem de operações. "Depois que levou um tiro em uma das pernas e passou o resto da vida mancando, notei que ficou transtornado e a não ter a mínima tolerância com comunistas", contou Pirilo, do Cisa. Romeu, o Doutor Fábio, que o conheceu quando trabalhava no DOI do Rio, afirmou que o colega era "um *bon vivant*, sorridente, de fácil trato". "Morava perto do Maracanã. Quem olhasse não ia dizer que era um cara durão, mas ele tinha posições radicais".[4] Alguns subordinados questionavam sua honestidade e violência.

> O Perdigão não era muito honesto não. Ele era ruim. Tinha hora que ele se entregava ao ódio, principalmente, pela morte de companheiro. (...) Você sentia que ele fazia a coisa com ódio além do normal.[5]

Perdigão e Ney formariam a dupla de oficiais responsáveis pela maioria das operações que mudariam, definitivamente, a qualidade da repressão contra o PCB. Já abalados pelas prisões em 1972, os comunistas foram surpreendidos pelo lance final da Operação Sombra: a publicação da entrevista

---

3 Mário Sérgio Pacheco de Souza, o Doutor Pimenta, entrevista em 30 de abril de 2019. Fábio era Romeu Antônio Ferreira.

4 Antônio Pinto, o Doutor Pirilo, entrevista em 11 de dezembro de 2015 e Romeu Antônio Ferreira, entrevista em 21 de abril de 2018.

5 Tenente Chico, entrevista em setembro de 2004. Ver ainda entrevista tenente Beatriz Martins, a agente Neuza, em 12 de maio de 2005.

de Adauto Alves dos Santos no *JB*. O estudante Armando Sampaio estava chegando à faculdade, quando viu todos os amigos lendo a primeira página do *Jornal do Brasil*. "Era o agente Carlos e todo mundo apavorado com aquilo, se ia dar repercussão e aumentar a repressão".[6]

Um dos dirigentes do partido investigava o caso. Hércules Corrêa passaria os próximos 20 anos recolhendo informações, suspeitas e intrigas. A luta armada se aproximava do fim. Na reunião do Comitê Central de novembro de 1973, Dinarco Reis defendeu a saída do país de todos os integrantes do órgão. Descreveu a situação do partido com duas palavras: "cerco e aniquilamento". Hércules lhe deu razão, mas Giocondo Dias se opôs. Acabou em minoria, perdendo apoio.[7] Decidiu-se por uma solução de compromisso: um terço do CC devia rumar para o exterior a fim de preservar parte da direção. O PCB acabara de caracterizar a ditadura brasileira como fascista. Todos os partidos comunistas que lutaram contra esse tipo de regime no passado mantiveram parte de suas cúpulas longe do alcance dos esbirros do regime. Assim foi na Espanha, na Alemanha e na Itália. Mas as coisas eram mais complexas do que em 1971, quando Prestes deixara o país. "Levávamos meses para retirar tantos companheiros", contou Mello. Todas as movimentações haviam sido suspensas após a prisão de Fued – o esquema da passagem da fronteira estava exposto. No passado, Moisés Vinhas, da Seção de Organização do PCB, responsável pela segurança das atividades partidárias, acreditava que a repressão não iria atrás da legenda, pois os diferenciavam dos opositores que aderiram à luta armada. "Era a mais pura ilusão", escreveu Mello.[8]

Vinícius sabia do que estava falando. Ele se tornaria a peça-chave no desmantelamento da direção do PCB no país. Ao fazer um acordo que o permitiu conservar sua vida, Pacato se tornou o caminho por meio do qual

6 Armando Sampaio, entrevista em 17 de fevereiro de 2017.

7 O secretariado, composto por Dias, Jayme Miranda e Marco Antônio Tavares Coelho se viu em minoria diante da oposição de Salomão Malina, Walter Ribeiro, Hércules Corrêa e Almir Guimarães, segundo José Albuquerque Salles, que preparou o documento político para a reunião do CC. Ver entrevista José Albuquerque Salles, em 26 de janeiro de 2016.

8 Mello, Severino Theodoro de. *O último de 35*, p. 123 a 125.

os agentes da ditadura mapearam o trabalho de fronteira, a confecção de documentos e as relações entre os integrantes do CC, localizando a gráfica onde era impressa a *Voz Operária*. Toda tentativa de reavivar a impressão do jornal dentro do Brasil foi sufocada com o sequestro e mortes dos envolvidos. Era um recado da ditadura ao partido.

> Quando me refiro que 'as ordens vinham mais de cima' (*do Ney, do Ustra ou do Brandt*), eu quis dizer que essas ordens partiam do verdadeiro 'comandante' da repressão. Essa política veio de cima. O Brandt, como todos os demais integrantes do CIE, cumpria ordens.[9]

O "verdadeiro comandante da repressão" eram os chefes dos serviços secretos, os ministros e os presidentes do período. A obsessão deles em relação à imprensa partidária pode ser medida pela *Informação 314*, de 14 de setembro de 1973, compartilhada pelo Cenimar com os outros serviços. O centro analisou quatro edições do jornal do PCB para encontrar indícios que levassem à localização da gráfica e seu fechamento. Chegou à conclusão de que os comunistas compravam o papel para imprimir a publicação a quente em máquinas de linotipo. O corpo 8 das letras levava a crer que a composição demandava dez horas contínuas de trabalho e outras oito para que a edição fosse montada e impressa por dois gráficos – um linotipista e um paginador. Os agentes diziam que o jornal tinha boa qualidade, era rodado em impressoras das marcas Mercedes, Frankental ou Sport-Gala e com o uso de força elétrica. O regime – assim como partido – considerava a *Voz Operária* o mais importante instrumento político de orientação dos comunistas, permitindo o vínculo do CC com as células clandestinas. Aprenderam a importância da imprensa partidária lendo *Que fazer?*, de Lenin. O revolucionário russo, ao tratar da criação e manutenção de um partido

9 Antônio Pinto, entrevistas em 25 de fevereiro de 2017. Ney é o tenente-coronel do Exército Ênio Pimentel da Silveira, Ustra é o coronel Carlos Alberto Brilhante Ustra e Brandt é o major José Brandt Teixeira. Ver ainda Colby, William. *Memorandum from director of Central Intelligence Agency Colby to secretary of State Kissinger*. In Office of Historian, Foreign Relations of the United States, 1969-1976, volume E-11, Part 2, Documents on South America, 1973-1976.

revolucionário para enfrentar a autocracia czarista, escreveu: "Não existe outro meio para educar fortes organizações políticas senão um jornal para toda a Rússia". O periódico seria o fio visível por meio do qual os bolcheviques poderiam se guiar. A união de todas as esferas partidárias na clandestinidade só poderia ser obtida por meio dele, instigando os militantes a seguir no caminho da revolução.[10] Exemplo disso foi a carta manuscrita por Prestes em agosto de 1973 e publicada em outubro na *Voz*, pedindo a todos contribuições financeiras para o partido.[11]

Os militares conheciam a tática de Lenin. Em 10 de dezembro de 1973, a Marinha concluiu: "Apesar de todas as medidas tomadas pelos órgãos de segurança, a circulação sistemática da *V.O.*, que o partido vem conseguindo manter, é prova inequívoca de que, pelo menos nesse setor, a ação comunista constituiu uma vitória." Em 1972, o regime havia descoberto a gráfica do PCB em Fortaleza. Para lá eram levadas as páginas prontas – o chamado clichê – apenas para a rodagem do jornal, que seria distribuído no Norte e no Nordeste. As quedas que se seguiram não foram suficientes para que os serviços de informação descobrissem a gráfica central no Rio de Janeiro. Em janeiro de 1974, o SNI recomendou a todo a comunidade de informações do regime que fosse atrás de gráficas que tivessem máquinas semelhantes às usadas para fazer o jornal dos comunistas. Também se devia localizar toda instalação nova de energia em local suspeito, fiscalizar a venda de clichês, tintas para impressão, papel e o despacho de volumes com grande peso por meio de ônibus e de trens em todo país.

Diante do pedido do SNI, a Marinha respondeu que seria melhor formar uma força especial para o caso, pois tudo o que fora descoberto até então era obra do acaso. Mais uma vez, quem cuidava da apuração era o coronel Mariath, do gabinete do general Fontoura, diretor do SNI, o mesmo que arquitetara a Operação Sombra. Os arquivos do órgão registraram apenas respostas das agências regionais e da Marinha aos pedidos de busca do serviço, mas o Exército também se empenhou na tarefa e, nos meses

---

10 Lenin, V.I., *Que fazer?*, in obras escolhidas, 3ª edição, p. 192 a 200.

11 *Voz Operária*, nº 104, p. 1.

seguintes, tomou a dianteira do trabalho.[12] O documento do SNI mostra o movimento do governo Médici, na véspera da posse de Geisel. Antes de iniciar a abertura do regime, havia quem planejasse acertar as contas com o partido. Era uma decisão que enfrentava críticas nos serviços. O Doutor Pirilo, do Cisa, pensava que a prática de "matar os que mataram" era compreensível quando se tratava daqueles que fizeram parte das organizações armadas. Mas isso não se aplicava à direção do PCB. Apesar de saber que "corpo sem cabeça não anda", Pinto acreditava que os agentes do regime esqueceram que, em uma guerra, deve-se verificar a sua natureza - e no Brasil ela não era mais armada - e a sua conjuntura - a abertura política - para, enfim, determinar como conduzi-la. Faltou adaptar os meios aos fins que buscavam alcançar.

"Algumas vezes a função de chefia caiu em mãos erradas, incompetente e sem visão de futuro. Eu conheci pelo menos um dos chefes do CIE partidário do 'vamos matar os que mataram' e também 'matar os que não mataram'. 'Eu quero limpar a área', ouvi ele falar", contou. "Jamais vou dizer quem foi." Pinto cumpriu a promessa. Mas, como as informações do capitão sempre puderam ser verificadas e confirmadas por outras fontes orais e documentos nesta pesquisa, não há por que duvidar de sua afirmação.[13] Um ano antes da publicação do memorando da CIA para o secretário de Estado Herry Kissinger, em 2018, o Doutor Pirilo contou que o extermínio da cúpula do partido foi uma política que "veio de cima", não era apenas uma cultura de linha de frente; os agentes do CIE "cumpriam ordens".[14] Outros agentes disseram o mesmo.

---

12 Para as análises da Marinha e os pedidos do SNI, ver AN, Fundo: SNI - BR DFANBSB V8, documento br_dfanbsb_v8_mic_gnc_aaa_73081822_d0002de0002.pdf. Para o empenho do Exército, ver, APESP Dops-SP/50.Z.09.192, informação 169, comando do 2º Exército e Relatório Especial de Informações, de maio de 1974, do CIE, em AN Fundo: SNI - BR DFANBSB V8, documento br_dfanbsb_v8_mic_gnc_rrr_83004616_d0001de0001.

13 Pinto morreu sem dizer quem foi o general. Mas no período em que as mortes e desaparecimentos atingiram o PCB, o CIE foi comandado pelos generais Milton Tavares e Confúcio Danton de Paula Avelino. Antônio Pinto, entrevista em 27 de dezembro de 2015.

14 Antônio Pinto, Doutor Pirilo, entrevista em 25 de fevereiro de 2017.

INFILTRADOS. O interesse em acertar o coração do partido não era só do SNI. O CIE se movimentou para ocupar o espaço que fora do Cenimar. Tinha em seus quadros o então major Vítor de Castro Gomes, especialista em PCB que havia retornado do Chile, onde fora ajudar a interrogar os presos detidos no Estádio Nacional. O centro mobilizaria seu aparelho clandestino em Petrópolis e o DOI do 2º Exército. Queriam passar a régua nos comunistas. A operação teria dois momentos cruciais na política de extermínio de sua cúpula. O primeiro foi no começo de 1974 e o segundo, iniciado no final do ano, estendeu-se por 1975. Em sua primeira fase, os dirigentes marcados para morrer foram levados ao Rio de Janeiro, onde foram esquartejados na Casa da Morte, após serem interrogados. Contava-se com o apoio do DOI do 2º Exército, onde foi centralizada a segunda fase da ação, com seus centros clandestinos de prisão e morte: a Boate e o Sítio. "A ordem veio de cima. O (*Audir Santos*) Maciel não tinha capacidade e precisava de dinheiro para manter a operação na rua. Essa verba vinha do Exército", contou o tenente Chico, agente que trabalhou no DOI de 1970 até 1991. Ele explicou a razão para a ofensiva. "A *Voz Operária* ia fazer dez anos. Aí algum imbecil resolveu que não ia deixar fazer dez anos".[15] As fragilidades de segurança do partido seriam aproveitadas pelos agentes: as investigações começaram em torno da arrecadação de recursos e da distribuição da *V.O.* Era assim que a tortura no DOI ia descobrir os laços entre cada organização de base dos comunistas, revelando seus integrantes, a fim de expugnar a legenda palmo a palmo, até a completa neutralização do inimigo.

Em São Paulo, a chefia do DOI tinha mudado de mãos. Deixava o Destacamento o coronel Ustra, o homem dos teatrinhos que simulavam tiroteios e atropelamentos para justificar a morte de presos, e assumia o órgão o tenente-coronel Maciel, o Doutor Silva. Com ele, os desaparecimentos se tornariam regra. "Era ríspido, não admitia mi-mi-mi. Foi um bom comandante do DOI. Estive aí várias vezes e sempre fui bem recebido", lembrou Pirilo. Maciel significava uma ruptura. Contou o homem do Cisa que eram notórias as divergências do Doutor Silva com o Cenimar. "Ele tinha ojeriza ao Cenimar e

---

15 Tenente Chico, entrevistas 27 de outubro e 10 de novembro de 2004.

nunca deixou nenhum de seus integrantes entrar no DOI sequer (...) Assisti a um oficial do Cenimar ser impedido pelo Maciel de entrar lá".[16]

Enquanto os homens do Cenimar preenchiam relatórios para o SNI dizendo que já estavam fazendo o possível contra o partido, o CIE passava por um lento rearranjo. A Seção de Operações, que se envolveu com as operações contra a guerrilha do PCdoB no Araguaia e contra o Molipo, em Goiás, passou a usar o DOI do II Exército como um braço. Enquanto no Rio de Janeiro o centro agia de forma autônoma, com seu destacamento recuado, dono dos aparelhos clandestinos na Serra de Petrópolis e de uma sala no DOI do I Exército, em São Paulo, a centralização do combate à repressão, desde a criação da OBAN, fazia com que necessariamente o órgão buscasse a parceria com a Seção de Investigações do DOI. Prova disso é que o Doutor Ney foi o único oficial de um destacamento de área selecionado para viajar ao Chile, na missão, chefiada pelo coronel Sebastião Ramos de Castro, para interrogar presos no Estádio Nacional.

Ney usou o que aprendera com Fleury para destruir o Molipo, uma dissidência da ALN. Treinados em Cuba, a maioria de seus integrantes que retornou ao Brasil foi assassinada pelo DOI ou pelo CIE - em pelo menos uma das operações - em Goiás -, eles agiram em conjunto. Para tanto, o destacamento contou com um cachorro. Era Camilo. Segundo o sargento João de Sá Cavalcanti Neto, um dos homens de confiança de Perdigão e de Ney, o infiltrado provocou as principais quedas do grupo no Estado. Além de Sá, outro agente do DOI afirmou ter recebido ordens para retirar dos depoimentos de presos o nome de Camilo quando este aparecia em interrogatórios, o que era um índice de que tratava de um informante.[17]

Um dia, Camilo foi a um ponto com João Carlos Cavalcanti Reis. Era, segundo o tenente Sá, mais uma armadilha para entregar um colega. A equipe do DOI, comandada pelo delegado Antônio Vilela, matou Reis e acabou baleando Camilo, que, naquela noite, telefonou para o destacamento. Estava furioso e pediu explicações ao capitão Perdigão. Em seguida, foi

16 Antônio Pinto, entrevistas em 17 de janeiro de 2015 e 27 de dezembro de 2015.

17 Tenente Chico, entrevista 31 de janeiro de 2009.

ajudado a partir para o Chile. José Dirceu tinha "certeza absoluta" de que a história de Camilo era "muito inconsistente e contraditória". O companheiro queria viajar para Cuba – assim fora orientado pelos militares –, mas seu relato revelava discrepâncias. Dirceu contou a solução dada ao caso: "A única coisa que eu nunca permiti foi que se tomassem outras medidas, a não ser de isolamento e, depois, liberar. Liberamos todo mundo porque, alguns casos, você fazia o *check-up* e comprovava que a pessoa estava atrás de informações." Dirceu permaneceu quase dois anos no país. Escapou dos esbirros do regime porque era preservado pela direção do Molipo. "Tanto é que eles me mandaram embora. Eles nem pensaram duas vezes em me mandar para a zona rural. Eles falaram: você vai embora, você vai voltar para o exterior; não há condições nenhuma nem recursos para te manter. Eu me mantinha, eu não pedia recurso para eles, mas era impossível, pois o custo era muito alto." Dirceu era por demais conhecido como líder estudantil e o risco de ser localizado era enorme. "Eles não permitiam que eu participasse de ações armadas. Então, o que estava fazendo aqui? Era uma coisa meio estranha, fazer levantamento, né, guardar pessoas, era uma coisa..." Dirceu foi para o exterior e seria um dos poucos do grupo a sobreviver. Camilo também sobreviveu à ditadura. Nunca foi confrontado enquanto esteve vivo com a revelação dos militares ou as suspeitas de seus ex-companheiros, como Ricardo Zarattini, que também desconfiava dele. Dezoito militantes do grupo morreram ou desapareceram, pelos menos 13 dos quais em operações que contaram com participação de agentes do DOI de São Paulo.[18]

O modelo aplicado contra o Molipo serviu para produzir traidores também na ALN. Foi por meio de outro cachorro, João Henrique Pereira de Carvalho, o Jota, que o destacamento paulista destruiu o que sobrava da organização de Marighella. Jota era um estudante de medicina, magro, de cabelos negros e pardos. Morava em uma casa na Vila Mariana. Colocaram-no debaixo de vigilância cerrada. Oito a dez agentes revezavam-se para

18 Godoy, Marcelo. *A Casa da Vovó*, p. 279 a 317. José Dirceu, entrevista em 12 de dezembro de 2018, e Comissão da Verdade do Estado de São Paulo, mortos e desaparecidos. Para as suspeitas, Ricardo Zarattini, entrevista em junho de 2015.

segui-lo; uma tarefa difícil, pois o alvo desconfiava da sombra. Transformaram-no primeiro em uma montaria, como eram chamados os militantes acompanhados a fim de que levassem os agentes aos peixes grandes da luta armada. Normalmente, as montarias não eram detidas ou processadas, eram pedaços de uma investigação que conduziam inconscientemente os policiais às organizações clandestinas. E assim foi com Jota, até que ele se encontrou em um Fusca com Iuri Xavier Pereira, o Big, um dos comandantes da ALN. Iuri estava mais magro e quase não foi reconhecido pelos agentes que tentaram, sem sucesso, seguir seu carro. A partir daquele momento, os homens do DOI descobriram que tinham uma ponta, uma pista importante em mãos e, diante da possibilidade de Jota manter novos encontros com a cúpula da ALN, a operação cresceu. A tenente Beatriz Martins, a agente Neuza, juntou-se à equipe Cúria, da Seção de Investigação, uma das destacadas para vigiar o estudante. O desfecho da caçada aos guerrilheiros seria no dia 14 de junho de 1972, quando os agentes localizaram Iuri, Ana Maria Nacinovic Correa, Marcos Nonato da Fonseca e Antonio Carlos Bicalho Lana em um restaurante na Mooca. "Nós seguimos o Jota até a Mooca, onde ele teve esse ponto", contou o agente Alemão. Investigador de polícia, Alemão trabalhara no Dops antes de ir parar no DOI.

O estudante se encontrou com Big e com Lana. A "Clínica Geral" ordenou que Alemão continuasse no encalço de Jota quando os três se separaram, enquanto os demais agentes foram atrás dos outros dois, que entraram no restaurante. Quando saíram dali, a emboscada os esperava. O Doutor Ney gritou para seus homens: "Crema!", Lana salvou-se porque, nesse momento, havia entrado em seu Fusca bege e se abaixado para abrir a porta do passageiro para os companheiros. A fuzilaria que se seguiu terminou com Iuri, Nonato e Ana Maria, mortalmente feridos. Mesmo baleado, Lana se levantou e escapuliu por entre os agentes atônitos. Dois dos homens do DOI foram baleados. Um dos agentes contou que, quando tudo acabou, suas pernas começaram a tremer. "Tem de ter medo, porra, se não você não vive muito", disse o cabo do Exército Jonas, o Melancia.[19] Após

19 Jonas, o Melancia, é oficial reformado do Exército. Pediu que a pesquisa mencionasse apenas seus apelidos enquanto estivesse vivo. Entrevista em 15 de junho de 2005. Alemão era

as mortes de parte do comando da ALN, os agentes do DOI mantiveram a vigilância sobre a casa de Jota. O estudante retirou a barba e quase enganou o destacamento. Dois dias depois, os militares resolveram agir. O alvo voltava ao seu aparelho. Não sabia que estava sendo seguido por uma equipe da Investigação. O agente Sá estava entre eles.[20]

> Quando ele estava na calçada, chegando, o pessoal fez a invasão do aparelho com muito estardalhaço. O Jota passou por nós e seguiu pela calçada. Ele não sabia, mas continuou sendo seguido até que o Ney, eu e o Artoni 'viramos' ele. Foi tudo dentro do carro do Ney.[21]

Jota, que se sentira aliviado ao passar pela casa sem ser importunado pelos tiras, ficou lívido. Os agentes perceberam que ele poderia ser transformado em informante e convenceram-no a trabalhar para o destacamento. Não precisaram de muitos argumentos. Não havia alternativa para o estudante. Ana Maria estava morta, assim como Big e Nonato, e a guerra, perdida. "O Jota era o Radar, a Operação Radar foi montada em cima da ALN", contou o sargento Sá,[22] que entrara no DOI em 1969, quando o destacamento atendia ainda pelo nome de OBAN. Na guerra que os militares moviam à esquerda, Sá era o agente Fábio, mesmo nome que dera ao filho, que mais tarde

---

o investigador Walter Lang. Esta entrevista, sem gravar, foi feita em 30 de agosto de 2005. Ambos foram ouvidos em 2016 pelo Ministério Público Federal em apurações abertas sobre outros casos.

20 Para a ação na Mooca, Godoy, Marcelo. *A Casa da Vovó*, p. 33 a 55. Ver ainda Beatriz Martins, entrevista em 12 de maio de 2005.

21 João de Sá Cavalcanti Netto, entrevista em 20 de setembro de 2005.

22 Durante anos, desde que o agente Marival Chaves concedeu sua primeira entrevista à *Veja*, o nome Radar é associado à operação feita contra o partido. Sá corrige Chaves. Ele e Artoni eram os dois principais amigos de Chaves no destacamento e responsáveis pelas operações com os informantes. Chaves saberia dos fatos, segundo seu relato, por ouvir dizer, enquanto os dois amigos eram participantes diretos da operações contra a ALN e o PCB. Durante 15 anos de pesquisa em arquivos este autor nunca achou um documento que associasse o nome Radar à ação contra o PCB. As únicas exceções são aqueles que têm como fonte o relato de Chaves. Sendo assim, passo a adotar o nome Operação Radar para a ação que teve Jota como principal instrumento, segundo os depoimentos dos agentes Sá e de Artoni. Ver João de Sá Cavalcanti Netto, entrevista em 20 de setembro de 2005 e Roberto Artoni, entrevista em 16 de fevereiro de 2013.

se aproximaria do PCB, assim como o cunhado comunista, que ele livrara da cadeia em 1975. A operação se chamava Radar, porque este era o nome da equipe do sargento – no DOI todas as equipes formadas por dois ou três agentes tinham um nome. O sargento era um homem branco, forte e de 1,75 metro de altura, que frequentou prisões clandestinas e contava ter sido baleado duas vezes em operações. Acusava Percival Maricato, da ALN, de quase arrancar sua orelha com um tiro que o feriu de raspão, e o sargento Moacir Piffer, também do DOI, de tê-lo baleado na perna durante a prisão e morte de Joelson Crispim, um militante da VPR. Era um homem perturbado pelo passado. "Vi muito sangue da esquerda. Eram jovens, como eu... Não falo sobre isso com ninguém, nem com a minha família", contou.[23]

Sá disse que abrigou Jota em sua casa e permaneceu nos dois anos seguintes usando o estudante em ações que resultaram na prisão, sequestro e morte de uma dezena de militantes da ALN. Uma das vítimas do informante foi o estudante Jurandir Godoy Duarte, seu colega na Faculdade de Medicina. Filho de comunistas e ligado à ALN, Jurandir compareceu a um encontro com Jota e acabou preso pelo Doutor Ney e seus homens. Diziam ser policiais e o levaram a uma delegacia no Morumbi, na zona oeste. Ali o colocaram dentro de uma cela, onde começaram a espancá-lo. "Eu queria ter uma chance", pediu o estudante, que contou ter usado o que aprendera nas aulas de teatro para lidar com seus captores. "Você vai ter sua chance", respondeu Ney, enquanto seus homens aplicavam choques elétricos e espancavam o jovem. Jurandir assinou um contrato apresentado pelos doutores Ney e Flávio. O agente Valdir, do DOI, assinava o papel em nome do destacamento. No documento havia a previsão de pagamento de um salário. Também gravou um texto no qual confessava ter se tornado um colaborador. "Se alguém contatar você, avisa a gente", disse Ney. Jurandir morava no Paraíso, na zona sul, e por alguns meses recebeu o salário do DOI. Disse que contou a um colega que os militares estavam atrás dele, traindo os novos chefes, e afirmou jamais ter fornecido informação relevante ao Doutor Ney. "Os contatos se tornaram esporádicos. Ele me perguntava

23 João de Sá Cavalcanti Netto, entrevista em 13 de outubro de 2005.

quem era de esquerda na faculdade, informações que, certamente, tinha por outras fontes. Quando me casei, em fevereiro de 1975, disse que não queria mais continuar com aquele trabalho e me dispensaram".[24] Foi durante a Operação Radar que o DOI encontraria o homem apontado pelos agentes como o maior responsável pelo desastre que se abateria sobre no comando do PCB: Vinícius.

A HORA OBSCURA. Severino Theodoro de Mello participara das reuniões do CC que determinaram o envio de Prestes e de parte da direção para o exterior. Era então um dos responsáveis pelo chamado trabalho especial, que incluía a tarefa de cuidar da passagem pela fronteira dos militantes. "A repressão que se abateu então sobre o partido tem várias causas. Primeiramente, obedecia a uma estratégia da repressão de liquidar o PCB antes de todo e qualquer processo de abertura política", refletiu Mello em suas memórias.[25] Pacato fora designado em outubro de 1972 para dirigir, como secretário político, o Comitê Municipal de São Paulo. Mudou-se para a capital paulista, onde boa parte da direção da legenda passara a viver, em 1973, depois das prisões e buscas que infernizaram a vida do grupo no Rio de Janeiro. Montou sua casa com os móveis que recebeu do jornalista Francisco Inácio Almeida. Recém-condenado a 3 anos e meio de prisão em um processo contra o partido no Ceará, Almeida estava escondido na cidade havia quatro anos e se preparava para viajar e cursar a escola de quadros do partido, em Moscou. Ali reencontraria Mello dois anos depois.[26]

Um dos contatos do novo secretário do partido em São Paulo era o jornalista Frederico Pessoa, filho do sindicalista José Raimundo da Silva, dirigente do partidão na Guanabara. Fred entrara ainda menino no PCB e tinha 20 anos quando se desligara da agremiação, onde atuava no antigo estado do Rio de Janeiro. Uma crise de ciúmes de um chefe foi o motivo. O

---

24 Jurandir Godoy Duarte, entrevista em 29 de setembro de 2023. Ver ainda depoimento de Jurandir ao procurador da República Sérgio Suiama em 7 de fevereiro de 2013, no PIC nº 1.34.001.007764/2011-43, de São Paulo.

25 Mello, Severino Theodoro de. *O último de 35*, p. 124.

26 Francisco Inácio de Almeida, entrevista em 26 de agosto de 2016.

capa-preta o acusava de ter um caso com sua mulher, o que fez a direção propor ao jovem a ida à Budapeste, na Hungria, para atuar na Federação Internacional da Juventude. Fred se recusou e disse que se mudaria para São Paulo, onde passaria a ter uma vida legal como jornalista. E assim foi.

Mesmo afastado do partido, seu imóvel na Bela Vista, no centro, tornara-se ponto de encontro de dirigentes, pois ficava no mesmo prédio usado para reuniões pelo secretariado da legenda. Recebia ali seu amigo de adolescência José Montenegro Lima, da Seção Juvenil, assim como Givaldo Siqueira. Eram companheiros de "tomar birita". Também se reunia com Itair Veloso e com Luiz Maranhão. Um dia foi localizado por Mello. "Não sei se foi casual ou se ele pediu. A partir daí, ele passou a se encontrar comigo." A situação perdurou por alguns meses, até que a curiosidade levou Fred a perguntar a Givaldo: "Vem cá, o que o Melinho quer comigo? Qual a tarefa do Melinho?" A clandestinidade favorecia o surgimento de suspeitas e intrigas. O companheiro explicou-lhe que Vinícius estava no "Municipal". E Fred contou o que lhe incomodava em suas conversas com Pacato. "Ele tem saído comigo como amigo e fica querendo saber muito lá do estado do Rio, das coisas que eu fazia. Aí falei pro Givaldo que não estava a fim de alimentar essa conversa (*com Mello*)".[27] Depois das quedas na Guanabara, em 1970, Geraldo Rodrigues assumiu a direção do partido no estado, que a mantinha protegida por meio de normas rígidas de segurança. No vizinho Rio de Janeiro, Antônio Ribeiro Granja e Sebastião Paixão controlavam a legenda. Foi com eles que Fred militara antes de se mudar para São Paulo.[28] As perguntas de Mello levantavam suspeitas em quem estava acostumado à clandestinidade da vida partidária. Com menos integrantes do CC no país, as atividades do grupo foram se concentrando nas mãos das mesmas pessoas, o que aumentava o risco de as novas prisões serem devastadoras para a sigla. Todas as atividades precisavam ser sigilosas para que a manutenção dos militantes fosse possível, pois era impossível trabalhar de forma legal debaixo de um "regime fascista" – o PCB considerava a ditadura militar

27 Frederico Pessoa da Silva, entrevista em 9 de maio de 2016.

28 A Guanabara – antigo Distrito Federal – existiu até março de 1975, quando houve a fusão com o Rio de Janeiro.

como um. Era conhecido o exemplo do jornal *L'Ordine Nuovo,* em Turim. Em dezembro de 1922, o periódico foi atacado por fascistas, que invadiram a *Camera del Lavoro* e a sede do jornal fundado por Antonio Gramsci e Palmiro Togliatti e mataram 22 pessoas.

Aqui também a entrega e a impressão do jornal expunha o partido à polícia. Não menos arriscado era recolher fundos, como contou José Luiz del Roio. "Outra debilidade absurda era o conceito de militância nos partidos comunistas, uma visão de que você tem de pagar sua mensalidade. Não era só uma questão de dinheiro." O secretário de finanças de cada organização de base recolhia o dinheiro dos demais membros. Ficava com uma parte e repassava o restante ao Comitê Municipal, que, por sua vez, enviava outra parte ao Estadual e este, ao Central, criando uma rede de contatos perigosa, diante da tortura. Mas, apesar dos riscos, nenhum partido comunista ficava sem esse dinheiro ou sua propaganda.[29]

Seguindo qualquer uma dessas duas pistas ou observando os contatos entre integrantes de grupos da luta armada e antigos companheiros do PCB, o DOI do 2º Exército poderia cumprir a ordem da chefia do CIE, de Brasília: neutralizar o partido. Coisas estranhas começaram a acontecer, então, com os comunistas escondidos em São Paulo. Era a véspera de um feriado em 1974, quando Melinho, com seus cabelos bem arrumados, decidiu visitar uma jovem namorada, na Vila Formosa, na zona leste. Caminhava pela calçada quando foi parado por dois homens negros. Um deles lhe pediu fogo para acender um cigarro. O comunista levava um guarda-chuva na mão. Parou e foi abruptamente agarrado pelos braços. Uma mulher de 1,7 metro de altura, magra e com uma mecha branca no cabelo surgiu e o puxou por uma das pernas. Mello reagiu. Desferiu um pontapé, mas recebeu uma coronhada e um soco na barriga. Foi colocado dentro do Fusca e deitado no assoalho do banco traseiro. "Mandei ele ficar com os olhos fechados", disse a agente Neuza. "Podemos conversar sobre qualquer coisa, menos por que você foi preso. Sobre isso você vai saber depois", disse a tenente. Pacato se manteve quieto. Neuza lembrou que pôs os pés em cima do preso enquanto seus colegas, os

29 José Luiz del Roio, entrevista em 22 de janeiro de 2016.

agentes Dutra e Raposinha, iam na frente. Levaram-no à Represa Billings, em uma região com eucaliptos e aguardaram cerca de quatro horas até a chegada de Ney. Mello confirmou a prisão.

> Parece que trocaram de placa só. Pararam em algum lugar para fazer isso. Eu me lembro também que lá, em um certo momento, pediram para ela (*Neuza*) ver como eu estava de coração etc. Ela (*Neuza*) respondeu assim (*faz o gesto de pôr a mão no peito*): 'Ele está calmo'.[30]

Naquele dia, Ney estava com o sargento Roberto Artoni, o agente Pedro Aldeia, e o capitão Perdigão, o Doutor Flávio. Apanharam o preso e o levaram para a Boate, uma casa em Itapevi onde quem entrava, segundo Neuza, ou "viajava (*morria*) ou virava informante". O lugar era frequentado sobretudo por militares do Exército. Mas sua existência era conhecida por outros agentes da Seção de Investigação do DOI, como Alemão. O tenente José contou que foi convidado a dar "serão" no lugar, mas disse ter declinado o convite. "Eu fui convidado a fazer certos tipos de serviço lá. Eu falei: 'A coisa funciona assim comigo: no calor, se a pessoa tiver armada e reagir, eu vou atirar pra matar; não vou atirar pra imobilizar. Não vou enfrentar esse tipo de serviço porque no calor é uma coisa, mas quando pessoa está presa, está detida, cessou minha ação".[31] Mello entrou na casa e saiu dali como mais um cachorro do DOI, mantendo em sua nova função o codinome que usava no partido: Vinícius.

É ele quem conta como foi essa transformação. "Eles (*os militares*) não estavam querendo, naquele momento, o sujeito que desse o que sabia. Eles estavam querendo um sujeito que fosse, ficasse a serviço deles de qualquer forma. E começaram a me quebrar. Eu aguentei um bocado de tempo".[32] Um

---

30 Severino Theodoro de Mello, entrevista em 10 de dezembro de 2015.

31 Tenente José, entrevista em 9 de janeiro de 2007.

32 Severino Theodoro de Mello, entrevista em 22 de maio de 2018. Ver ainda João de Sá Cavalcanti Netto, entrevista de 20 de setembro de 2005. Além dele, Artoni também confirmou a condição de informante de Mello, entrevista em 16 de fevereiro de 2013. Marival Chaves, em entrevista ao repórter Expedito Filho (ver Filho, Expedito, *Autópsia da Sombra*, Veja, 18 de novembro de 1992, p. 20—32) foi o primeiro a revelar a identidade de Vinícius. Além deles e

dia, disse, Ney e Perdigão mudaram a conversa e lhe fizeram a ameaça que se repetiria em outras ocasiões a outros presos. "Vamos trazer aqui sua mulher e seu filho. Sabemos que eles não têm nada a ver com o partido, mas vamos liquidá-los na porrada, na sua frente." Mello conhecia histórias de presos que desapareceram e de outros que haviam morrido na prisão ou nas ruas. Cedeu à tentação de viver. Em troca, permitiu que sequestrassem toda uma vida dedicada ao partido. Traiu e não foi morto. Também não tocaram em sua família. Os militares conseguiram penetrar na alma de um integrante do Comitê Central, próximo da Executiva e do secretariado. Alguém que contava com a confiança tanto de Prestes quanto de Giocondo Dias. O partido não estava preparado para aquilo. Os integrantes do CC se conheciam havia décadas. Muitos, a exemplo de Pacato, estiveram presos após 1935. Tinham desenvolvido uma repulsa à ideia stalinista de que o partido devia ser uma espécie de desconfiança organizada. Sabiam de histórias de traição no movimento revolucionário mundial, mas tratavam aquilo como uma hipótese que não os atingiria. Não a eles, que tinham entre si, muitas vezes, além de tudo, laços familiares. Ademais, acreditavam que um militante do partido que chegasse ao CC, se preso e torturado, devia morrer, mas não falar. Ou nas palavras de Prestes: "Morria, mas não falava".[33] Eis uma ideia que permanecia viva, décadas depois.[34] Trinta anos depois de passar pelo martírio das torturas, Renato Guimarães lembrava do exemplo de Julius Fucik, o resistente tcheco e redator do *Rude Pravo* que não se dobrou diante da Gestapo e foi executado em 1943. "Você não pode suplantar o coletivo ao qual é comprometido. Se você esquece isso, você não vai se reconhecer, vai virar um crápula para si mesmo. Você morre internamente. Não morre de um jeito, morre de outro. É pior morrer moralmente do que fisicamente", disse Guimarães.[35]

---

da tenente Beatriz (Neuza), o tenente Chico, o tenente Sá (Fábio), o capitão Pinto e o coronel Romeu Ferreira também conformaram a condição de informante de Mello.

33 Moraes, Denis; Viana, Francisco. *Prestes: lutas e autocríticas*, p. 209.

34 "O dirigente do comitê central de um partido revolucionário, clandestino ele tem, se for o caso, de morrer, mas não falar. E a maioria não falou", disse José Salles, entrevista em 26 de janeiro de 2016; ver: arquivo josé.salles.22.01.2016.f3.

35 Renato Guimarães Cupertino, entrevista em 15 de maio de 2016. Para Fucik, ver Fucik, Julius; Alleg, Henri e Serge, Victor. *A hora obscura - testemunhos da repressão política*.

Mas a realidade foi diferente, Mello decidiu ficar vivo. O comunista contou aos capitães do DOI como imaginava que o plano deles poderia funcionar. Disse que conhecia a todos no partido e todos sabiam que ele não era de arrumar briga.

> 'Para isso dar certo, tenho de me comportar defendendo meu partido e defendendo as posições do partido.' Foi assim que eu disse. E os caras disseram: 'Tá bem'. Aí disseram que tinham de tratar de uma coisa: remuneração. (...) Eu digo: 'Por favor, eu não queria que tivesse isso'.[36]

Mas os militares disseram que não. E acertaram uma remuneração para o informante. Tiraram fotografias de Mello apanhando o dinheiro. E obrigaram-no a assinar um contrato. Mera formalidade imposta aos que entregavam o caráter, os amigos e tudo o mais pelo que haviam lutado. A transformação se consumou em 15 dias. O veterano de 1935 ainda passou por mais um imóvel clandestino, uma casa na Mooca, na zona leste de São Paulo, emprestada ao DOI pelo dono de uma transportadora, antes de ser posto para trabalhar para a repressão. Sua ação foi tanto mais eficiente quanto mais explorava o clima entre os dirigentes do partido, descrito por seu colega de CC José Salles como uma "confiança desorganizada".[37]

A incredulidade em relação a sua traição durou décadas, mesmo depois de seu nome ser revelado pela primeira vez pelo ex-agente do DOI Marival Chaves, em 1992, em entrevista ao repórter Expedito Filho, da *Veja*. Em seu tempo de militância, Melinho ocupou cargos importantes, sempre se mantendo do lado da maioria, dos que controlavam a legenda. Não se via como um traidor, nem como um criminoso. Acordava e encarava o espelho apenas para arrumar os cabelos. Nenhum traço do que fizera parecia atormentar sua consciência. Continuou a viver. Os militares não lhe contaram o que faziam com as informações que descobriram por meio de suas andanças e encontros, nem ele lhes perguntava.[38]

36 Severino Theodoro de Mello, entrevista em 22 de maio de 2018.

37 José Albuquerque Salles, entrevista em 26 de janeiro de 2016.

38 Severino Theodoro de Mello, em 8 de dezembro de 2015.

> O Severino (*Mello*) podia sumir. Se ele não quer trair, soltou o cara, some. (...) A equipe que vigiava partidão aqui no DOI era o Fábio (*João de Sá Cavalcanti Netto*). O Fábio e o Artoni tinham tanta importância para a investigação quanto o Ney.[39]

Quando soltaram Mello para refazer seus contatos com o partido, os agentes não esperavam que o cachorro fosse tão eficiente. Pensaram, no começo, que o dirigente tentaria enganá-los, mas aos poucos o agente Vinícius foi conquistando a confiança de seus captores. Começaram a segui-lo e, assim, foram mapeando o PCB. Mello contou quem era quem no Comitê Central, revelou identidades e quem fazia o quê para que os militares pudessem conhecer seus alvos. "A atividade clandestina implica riscos permanentes. Não tem saída. É preciso enfrentar a situação e ponto final", escreveu no livro que ele produzia quando o PPS ainda acreditava em sua inocência.[40] O partido queria publicar as memórias do último sobrevivente da rebelião de 1935, e Pacato se pôs a contar sua história. Confrontar o texto com seu depoimento, com a sua entrevista e conversas e, por fim, com o que revelaram militares e policiais permite determinar as consequências de sua traição. O próprio Vinícius forneceu pistas em suas memórias do que mais tarde confessaria parcialmente a colegas da legenda. Era preciso esmagar os líderes e desbaratar as finanças e a propaganda partidária.

CADEIA DE COMANDO. O agente Chico presenciou o começo da caçada final ao PCB. "Quem era fudido pra fazer uma coisa assim era o (*general*) Humberto Souza Melo, era o (*general*) Dale Coutinho e o Miltinho (*Milton Tavares de Souza*). O Ednardo (*D'Ávila Mello*) tinha conhecimento. Não se podia fazer sem conhecimento dele, mas será que ele aprovava todas de coração ou a coisa vinha de cima e ele tinha de fazer?"[41] Naquele início de 1974, Miltinho, o poderoso chefe do CIE, estava entregando o cargo ao sucessor, o general Confúcio Danton de Paula Avelino, que chefiara a PM

---

39 Tenente Chico, entrevista em 21 de janeiro de 2016.

40 Mello, Severino Theodoro de. *O último de 35*, p. 124.

41 Tenente Chico, entrevista em 27 de outubro de 2004.

paulista. Na seção de operações do órgão estava o tenente-coronel Pedro Correia Bruni. O CIE pertencia ao gabinete do general Dale Coutinho, recém-nomeado ministro do Exército pelo presidente Ernesto Geisel. Abaixo dele, estava Ednardo, comandante do 2º Exército (São Paulo), que tinha como chefe da 2ª Seção (Informações) o coronel José Barros Paes e como chefe do DOI o tenente-coronel Audir Santos Maciel – Ustra, o antigo comandante do destacamento fora deslocado para a Escola Nacional de Informações (EsNI), em Brasília. O DOI paulista se adaptava às necessidades operacionais ditadas pelo processo de abertura política desejada pelo presidente Geisel: a partir de então, a execuções teriam de ser autorizadas por Brasília, conforme o documento que a CIA enviara a Kissinger,[42] e feitas em sigilo. Não se admitiria mais a autonomia operacional que havia marcado a repressão e o trabalho da comunidade até então. A mudança veio após o que se considerava ser a fase final da "limpeza da área", o aniquilamento do que restava dos guerrilheiros do PCdoB no Araguaia e dos recalcitrantes da guerrilha urbana. Essas ações atingiram no fim de 1973 e no começo de 1974 a APML e os remanescentes da ALN em São Paulo e no Rio de Janeiro.

Só então o Exército voltou suas armas contra o PCB. Era fevereiro de 1974 quando Davi Capistrano, outro veterano de 1935, decidiu pedir ao partido que o enviasse de volta ao Brasil. Capistrano estava em Praga desde 1971, para onde fora enviado em razão da política de se preservar no exterior parte da cúpula. Entre os militares, era visto como alguém que tinha contas a pagar: Capistrano era apontado como um dos responsáveis pela morte do capitão Armando de Souza e Mello, durante os combates na Escola de Aviação, na sublevação aliancista de 1935. Armando era irmão do ex-ministro da Aeronáutica, Márcio de Souza e Mello, expoente da linha dura do regime. O sargento Capistrano liderara um grupo de combate no ataque ao regimento de Aviação, comandado pelo então tenente-coronel Eduardo Gomes.[43] Mais tarde, o comunista lutou na Guerra Civil Espanhola e

---

42 Ver ainda Colby, William. *Memorandum from director of Central Intelligence Agency Colby to secretary of State Kissinger*. In Office of Historian, Foreign Relations of the United States, 1969-1976, volume E-11, Part 2, Documents on South America, 1973-1976.

43 Porto. Bellens. *A insurreição da ANL em 1935: O relatório Bellens Porto*, p. 52 e 280.

na resistência francesa. Escapou do cativeiro alemão e voltou ao Brasil em 1942, elegendo-se deputado estadual em Pernambuco, em 1946. No começo de março de 1974 chegou a Buenos Aires, onde se encontrou com Armando Ziller e Agliberto Azevedo. Trazia malas com documentos em uma quantidade que não passaria despercebida na fronteira de Paso de los Libres. Mesmo desaconselhado, resolver seguir. Obtivera o aval do secretariado e rumou, após alguns dias na capital argentina, para a fronteira em companhia de Azevedo, outro veterano da revolta de 1935. Em Uruguaiana, o partido mantinha Samuel Dib, um militante que se instalara ali como taxista. O relato sobre o imbróglio na fronteira foi descrito por Hércules Corrêa no documento *Que merda é essa?*. Os dados compilados circularam internamente no partido em 1978. Uma segunda versão seria feita em 1998 por Hércules, mantendo a mesma narrativa: diante do tamanho da bagagem, Dib se recusou a transportar Capistrano. Com o impasse, o motorista procurou o secretariado, em São Paulo. Givaldo Siqueira não só autorizou a viagem de Capistrano, como enviou à Uruguaiana com Dib um carro com Orlando Bonfim e o motorista José Roman. Responsável pela seção de agitação e propaganda do partido, ao qual estava subordinada a produção da *Voz*, Bonfim deixou o Brasil para fazer um tratamento médico na União Soviética. Ele atravessou para a Argentina enquanto Capistrano e Roman cruzaram a fronteira de volta, no dia 15 de março. Há dois relatos sobre o que aconteceu depois. Um deles foi feito pelo agente Marival Chaves, que trabalhava no DOI paulista. O outro é uma história nebulosa que envolveria o agente Joaquim Arthur, o Ivan, um dos homens do CIE. Em comum, ambas têm o destino de Capistrano e Roman: presos por militares, foram levados ao Dops, em São Paulo, onde passaram antes de serem conduzidos pelo major José Brandt Teixeira à Casa da Morte, em Petrópolis. O Dops do delegado Fleury, servia de apoio aos mágicos do CIE, providenciando documentos falsos, abastecendo carros e esquentando inquéritos para justificar prisões.[44] Brandt viajou com seus prisioneiros para a Serra de Petrópolis,

44 Beatriz Martins, entrevista em 3 de maio de 2005. Para Marival, ver Marival Chaves, entrevista em 17 de maio de 2013.

onde foram interrogados e, depois, esquartejados como em um açougue,[45] um destino que aguardava outros integrantes do CC.

Em São Paulo, os comunistas continuavam a marcar seus encontros sem saber o que os ameaçava. Nos dias seguintes, os chefes do partido foram perseguidos pelos homens do DOI paulista. O primeiro episódio aconteceu depois de um encontro na Praça da Bandeira. José Salles saiu com sua Variant e foi apanhar Aristeu Nogueira. Dali, rumaram para a praça, onde os aguardavam Givaldo Siqueira e Orestes Timbaúba, a fim de todos se encontrarem com Giocondo Dias, na zona norte da cidade. Dias então morava em uma casa no Tucuruvi. Ao chegar à praça, Salles viu o que chamou de "comício do partido". Além dos dois dirigentes com quem marcara encontro, ali estavam ainda três chefes do Comitê Regional do Estado, Walter Ribeiro, João Massena e Luiz Maranhão. Preocupado com o desaparecimento de Roman, Givaldo passara na casa do companheiro em busca de notícias, antes de ir ao seu novo encontro. É muito provável que a residência do motorista estivesse sob vigilância. Os agentes poderiam ter aproveitado a situação para segui-lo até a praça. A outra hipótese seria a de que os militares aproveitaram Mello para localizar os comunistas. Os homens do DOI alegaram que todas as quedas no partido naquele período estavam ligadas à traição de Vinícius. Mas não explicam a razão de o ataque ao partido ter sido feito em duas ondas: uma no começo de 1974 e outra só no final do ano. É que essa informação estava acima do vível tático-operacional no qual operavam. Uma coisa é certa: se Pacato foi o responsável por essas quedas – como alegaram seus captores –, ele não podia prever a coincidência – e a irresponsabilidade – de tantos dirigentes marcarem diferentes encontros na mesma hora e local. Se soubessem que isso seria possível, certamente, os militares teriam se preparado para deter de uma só vez metade da cúpula comunista em atividade no país. Não foi o que aconteceu. Nenhum dos três dirigentes paulistas do PCB saiu dali preso. Depois que Timbaúba e

---

45 Sobre a Casa da Morte e o esquartejamento de detidos, além dos depoimentos e entrevistas de Marival Chaves, como a reportagens de Expedito Filho, existem o depoimento do coronel Paulo Malhães ao jornalista Chico Otávio, de *O Globo*, e à Comissão Estadual da Verdade, do Rio. Ver ainda Morais, Taís, *Sem vestígios*, p. 172 a 177. Para a data da entrada de Capistrano no Brasil, ver depoimento de Samuel Dib, AN-Fundo SNI BR_DFANBSB_V8_MIC_GNC_GGG_83007609_d0001de0002.

Givaldo entraram no carro de Salles, o grupo rumou à zona norte. O ocaso revelou aos comunistas que alguém os seguia. Em vez de apanhar a Avenida Prestes Maia, em direção à zona norte, Salles errou a entrada e apanhou o caminho em direção à zona sul. Quando foi fazer o retorno, Givaldo percebeu algo estranho. "Não quero fazer alarde, mas estamos sendo seguidos", afirmou. Salles continuou em frente até parar perto de uma bifurcação. Um dos dois Fuscas dos agentes passou reto e o outro parou pouco depois. Salles desceu da Variant, como se fosse verificar algum defeito. Olhou, olhou e entrou no carro rápido e saiu, passando perto de um dos carros dos militares, que se abaixaram, pensando que os comunistas iam mandar bala. Salles seguiu adiante e sumiu. Dois dias depois, foi a vez de Hércules Corrêa, o Macedo, marcar um encontro com Aristeu Nogueira, da Seção de Organização, em um café no mesmo lugar do "comício". Ao deixar o ponto, um Fusca freou de forma brusca na frente de Hércules, que se preparava para atravessar a praça. Quem dirigia o carro era o cabo José Rodrigues Gonçalves, o Junior ou Caruncho. O comunista viu que entre os agentes havia uma mulher de mecha branca nos cabelos, uma descrição próxima da tenente Beatriz Martins, a Neuza. A policial negou que fosse a mulher que estava sentada no banco traseiro do carro com um revólver na mão. Seria a agente Magali, que costumava andar empunhando acintosamente sua arma. O terceiro agente era o soldado Irineu Albuquerque, um PM que trabalhava no DOI. Foi ele quem pôs a arma nas costas de Hércules e o mandou entrar no carro. O dirigente da Seção Juvenil deu uma cotovelada no policial e correu em meio à praça, gritando "pega ladrão, ladrão! Estou sendo assaltado!" A confusão que se criou permitiu a Macedo fugir em meio às centenas de pessoas que se aglomeravam no lugar para apanhar os ônibus que partiam para a zona oeste.[46]

As duas ações na mesma praça foram seguidas de prisões. Tudo estava relacionado à captura de Roman, o motorista sequestrado com Capistrano. No dia 28, foi a vez de Luiz Ignácio Maranhão Filho desaparecer. Integrante do Comitê Central e responsável pelos contatos com a Igreja Católica,

---

46 Para a tentativa de sequestro de Hércules, ver Corrêa, Hércules. *Que merda é essa?*, p. 12; entrevista Hércules Corrêa dos Reis em 11 de fevereiro de 2006 e Beatriz Martins, entrevista em 18 de fevereiro de 2006.

Maranhão foi visto por testemunhas sendo algemado em uma praça e levado preso por homens que se identificaram como policiais. Como os agentes perceberam depois, fazer desaparecer um ex-deputado com ligações com a Igreja e com parlamentares era muito diferente de prender, matar e sumir com a turma da luta armada. Os próprios agentes relatam. Aqui o depoimento do tenente José, o agente Augusto, da equipe Coral do DOI:

> A política é quem diz quem é bandido e quem não é. O DOI venceu o combate, mas perdeu a batalha política. Perdeu porque se preocupou com muita bobagem e começou a perseguição em pessoas que recebiam jornal, a *Voz Operária*. (...) Ideologia é difícil de ser combatida. Já os assaltos, os sequestros, aquilo tinha de ser combatido. (...) A sociedade estava de acordo com isso e batia palma.[47]

O secretário-geral do MDB, deputado federal Thales Ramalho, foi à tribuna da Câmara para falar sobre o sumiço de Maranhão, seu amigo de infância, em Natal (RN). Chamou o delegado Sérgio Fleury, símbolo da repressão, de facínora e leu uma carta de Odete Roseli Maranhão, a mulher do comunista. Disse ter vergonha de que uma carta como aquela pudesse ser escrita no Brasil. "Quero fazer um apelo ao presidente Ernesto Geisel: mande apurar este caso." Os leitores do jornal *O Estado de S. Paulo* viram no alto da página 14 do jornal o Canto 10º de *Os Lusíadas*, de Luís de Camões. No espaço que estava a notícia censurada pelo governo, com o título: *Líder governista diz que tortura será investigada*. O texto cortado afirmava que, após a denúncia de Thales Ramalho, o líder da Arena, o deputado Garcia Neto, afirmara que o presidente Geisel em hipótese alguma deixaria de tomar providências. No mesmo dia, o *Jornal do Brasil* furou a censura e publicou a notícia. Informava ainda que uma cópia da carta de Roseli seria enviada ao ministro da Justiça, Armando Falcão.[48] A sequência de prisões de líderes notoriamente contrários à luta armada iria galvanizar a oposição ao regime.

---

47 Tenente Leite (Augusto, da equipe Coral), entrevista em 9 de janeiro de 2007.

48 Ver *O Estado de S. Paulo*, de 15 de maio de 1975, p. 14 (publicada) e p. 14 (censurada) e Jornal do Brasil, 15 de maio de 1974, p. 4.

Maranhão tinha uma reunião no dia 3 com outros dois dirigentes do Comitê Regional do PCB: Walter Ribeiro, o secretário político e de finanças, e João Massena, um ex-deputado que fora transferido 15 dias antes para São Paulo. Ao sair de uma reunião em uma casa, Ribeiro viu pessoas consertando a fiação de um poste. Desconfiava que o seguiam. Mesmo assim foi encontrar Massena e Maranhão. Nunca mais foi visto. Massena, Ribeiro e Maranhão foram presos pelos homens de Ney e de Perdigão e levados à Casa da Morte de Petrópolis, onde foram esquartejados pela equipe do major Brandt. Um deles tinha um nome estranho: agente Boa Morte, o sargento Rubens Gomes Laecato.[49] Cortavam-se as falanges dos dedos e se destruía a arcada dentária dos mortos em Petrópolis para dificultar qualquer possibilidade de identificação. Depois, separavam-se as pernas e os braços do tronco e, por fim, as partes eram atiradas em rios da região. Um detalhe unia ainda o desaparecimento dos três dirigentes: todos mantinham contato com Mello. Pelo comportamento em outras oportunidades em que foi confrontado com as consequências de seus atos após decidir ficar vivo, o relato que Vinícius escreveu 40 anos depois, quando ainda escondia de todos a sua traição, soa como a confissão de uma culpa, ou o peso da consciência que o tempo não consegue apagar: é que ele sabia que fora seguido pelos agentes em todos os encontros que manteve após ser solto por seus captores:

> Tive contato com os três dirigentes (*desaparecidos*) e me pergunto se eu não podia estar sendo seguido naquele tempo e, sem que eu soubesse, a repressão passasse a segui-los também por meu intermédio.[50]

---

49 Em 1992, segundo Veja, Marival disse que Maranhão e Massena foram mortos em Itapevi, em um sítio com uma injeção para matar cavalos. Em 2013, Marival disse à CNV que a revista se enganou, que, na verdade, ele sempre dissera que os três foram mortos em Petrópolis. Esta versão se encaixa com o relato dos demais agentes. Para Laecato, Marival Chaves, entrevista de 17 de maio de 2017 e seu depoimento à CNV, em AN, Fundo CNV - BR RJANRIO CNV, BR_RJANRIO_CNV_0_DPO_00092_000585_2013_17 e o depoimento de Inês Etienne Romeu à CNV. Para o major Brandt e as mortes em Petrópolis, ver a reportagem de Expedito Filho "Autopsia da Sombra", *Veja,* 18 de novembro de 1992, e o depoimento do coronel Paulo Malhães em *O Globo*, p. 3, em 21 de março de 2014.

50 Mello, Severino Teodoro. *O último de 35*. P. 125

ANTISSEMITISMO. As informações reunidas pelo CIE com o interrogatório dos presos foi a base do Relatório Especial de Informações (REI), de maio de 1974, distribuído pelo general Confúcio, comandante do serviço, ao Alto Comando do Exército. O documento de 61 páginas trazia dados sobre a cúpula do partido, com a divisão de funções entre seus dirigentes e detalhava a organização de São Paulo. Para o tenente Chico, só quem tivesse interrogado algum dos dirigentes da legenda no estado poderia obter informações tão precisas sobre as ações clandestinas do PCB. O documento demonstrava ainda um aspecto pouco conhecido da repressão: seu antissemitismo. Como os militares argentinos, os homens do DOI também pareciam querer associar o "judeu apátrida" ao marxismo e ao comunismo.[51] Diz o documento: "A arrecadação global no estado de São Paulo, incluindo municípios, setores, seções e empresas deverá atingir mensalmente em 1974 a importância de Cr$ 27,8 mil e subir para o CE/SP cerca de Cr$ 15,3 mil." O relatório prossegue, afirmando que os setores arrecadavam Cr$ 6 mil, "sendo que o da COLÔNIA (judeus) apresenta a melhor arrecadação: Cr$ 2,4 mil. O Setor de Arquitetos apresenta a segunda arrecadação: Cr$ 1,5 mil. No MNF (*Mês Nacional de Finanças*) foram recolhidos ao CE/SP Cr$ 66.323,00. Em consequência, subiram ao CC Cr$ 19.897,00 (30%)." O original registra em letras maiúsculas a menção aos judeus. Esse antissemitismo seria exposto ainda mais claramente, após o assassinato do jornalista Vladimir Herzog, em 1975. Meses antes, em uma audiência com o cardeal d. Paulo Evaristo Arns, o comandante do 2º Exército, general Ednardo D'Ávila Mello, propôs um pacto contra a pornografia. Para ele, a multiplicação de revistas desse tipo tinha origem nas editoras controladas por judeus. "A Igreja lutará com os meios a sua disposição, mas jamais

---

51 Para o antissemitismo na ditadura Argentina (1976-1983), ver Centro de Estudios Sociales de Delegación de Asociaciones e Israelitas Argentinas (DAIA), *Informe sobre la situación de los detenidos-desaparecidos judíos durante el genocídio perpetrado em Argentina*. Para o antissemitismo no DOI, e o uso do termo "COLÔNIA" ver *Relatório Especial de Informações*, de maio de 1974, do CIE, em AN Fundo: SNI - BR DFANBSB V8, documento br_dfanbsb_v8_mic_gnc_rrr_83004616_d0001de0001. Para as declarações de Audir Santos Maciel, ver *História Oral do Exército - 1964, 31 de março*, tomo 11, p. 152. Para o DOI, ver AN Fundo SNI, BR_DFANBSB_V8_MIC_GNC_EEE_82010659_d0001de0001.pdf.

participará de qualquer campanha que possa ferir judeus ou lembrar o antissemitismo, de todo inaceitável", respondeu o clérigo.[52] Vinte e cinco anos depois do assassinato do jornalista nas dependências do DOI, seu então comandante, o coronel Maciel, o Doutor Silva, disse em entrevista à *Biblioteca do Exército*: "Hoje ninguém sabe que ele era um jornalista como outro qualquer. Associou-se a sua pessoa uma figura de grande renome. Prêmio Vladimir Herzog – para um judeu, apátrida, que nem brasileiro era." Maciel procurou negar a Herzog a condição de brasileiro. Lembrou que sua vítima nasceu na Iugoslávia. Acabou denunciado pelo Ministério Público Federal em 2020 pelo assassinato do jornalista. Quase um mês depois da morte do operário Manoel Fiel Filho, no destacamento paulista, seus agentes produziram a informação 303/1976, enviada ao CIE e ao SNI. A turma do porão revela que os oficiais do DOI eram "reiteradas vezes interpelados por companheiros de farda sobre a presença de judeus em organizações comunistas". O documento diz que os tais oficiais "argumentam que os judeus, mundialmente conhecidos como elementos voltados exclusivamente para as finanças, em busca de lucro ávido e incessante, seriam a última pessoa a esposar a ideologia marxista". O porão reclamava que tal questionamento visava desacreditar a ação da repressão, pois não levava em consideração o fato de que os meios de comunicação do Ocidente estavam nas mãos de organizações judaicas, "interferindo em todas as comunidades e no processo cultural de cada país". O antissemitismo do DOI levantava contra os judeus velhas acusações, vistas no passado no Integralismo e outros movimentos fascistas. "Para atingir seus objetivos, todos os meios justificam os fins – ontem alguns de seus membros se aliaram à Rússia para vencerem o nazismo, hoje, em escala mais ampla, o Comunismo Internacional continua sendo o grande aliado para quebrar a unidade dos que se opõem a seus desígnios". Alfred Rosenberg teria assinado esse texto e o feito publicar no *Völkischen Beobachter*. O documento terminava com uma lista de 56 judeus comunistas e advertia que não se podia menosprezar a suposição de que agiam "como espiões em benefício de países da Cortina de Ferro". Ao expor

52 Markun, Paulo. *Meu querido Vlado*: a história de Vladimir Herzog e do sonho de uma geração, p. 142 a 143.

que os judeus podiam ser comunistas, os agentes recorriam a categorias e a discursos manipulados durante séculos pelo antissemitismo europeu.

A ação do porão citava nomes como Ruth Simis, identificada como uma das responsáveis pelas finanças do partido, Marcos Jaimovich, que cuidava de contribuições financeiras e outros integrantes do partido, como o deputado estadual Alberto Goldman (MDB). Após as primeiras prisões em 1972, Goldman, que se elegera em 1970, pensara que seria logo detido. "Por algum fator que não sei explicar, nunca fui cassado." O parlamentar se encontrava com dirigentes do PCB, mas nunca manteve nada arquivado; guardava nomes e endereços na memória. "Sabia que era vigiado e que a qualquer momento podia ser apanhado".[53] Não só ele. A vigilância sobre o partido atingia outras figuras importantes da legenda. Malina teria sido seguido pelo agente Sá, do DOI. No começo de junho de 1974, as casas de dois outros líderes foram invadidas. Hércules Corrêa conta que chegou às 22 horas e achou a porta aberta. O suposto ladrão revirou o imóvel e levou apenas a televisão, deixando o dinheiro que estava no bolso de um casaco. Ele decidiu que devia se mudar. Antes, ficou observando as cercanias do imóvel para tentar flagrar alguma movimentação estranha. E, assim, encontrou, por acaso, um vizinho. Era Giocondo Dias. Contou-lhe o que havia acontecido e ouviu do companheiro que ele também tivera a casa invadida. Desconfiado, deixara tudo para trás e se preparava para voltar ao Rio de Janeiro. Hércules ainda voltou ao imóvel. Apanhou algumas roupas e apagou as luzes, como se fosse dormir. Permaneceu acordado durante a madrugada e saiu na manhã seguinte, uma quarta-feira, aproveitando a feira que se armava na rua. Levava uma sacola de compras. Entrou entre as barracas e nunca mais voltou. Ainda se encontrou com um companheiro para sair do país por meio do esquema oficial do partido, mas, ressabiado, desistiu da ajuda e foi buscar na Seção Juvenil o apoio para chegar à Argentina. De ônibus em ônibus, desembarcou em Buenos Aires. Dias demoraria mais tempo para escapar da tempestade.[54]

---

53 Alberto Goldman, entrevista em 14 de maio de 2016.

54 Corrêa, Hércules, Hércules. *Que merda é essa?* Mimeo, 1998. Ver ainda Hércules Corrêa, entrevista em 11 de fevereiro de 2006, e Falcão, João. *Giocondo Dias, a vida de um revolucionário*, p. 304.

PARALISAÇÃO. O que fez com que a campanha secreta de extermínio da cúpula do PCB fosse interrompida em maio de 1974 foi a morte repentina do ministro do Exército, o general Dale Coutinho. Escolhido por Geisel para chefiar a Força Terrestre, ele testemunhara, em 1969, a deserção de Carlos Lamarca. Era respeitado no porão. Encobrira assassinatos em São Paulo e no Nordeste. Era o preferido por Orlando Geisel para substituí-lo no Ministério. E levou consigo o general Confúcio, que comandou a PM paulista quando passou pelo 2º Exército. Em 16 de fevereiro de 1974, Dale se reuniu com Geisel e disse: "E eu que fui para São Paulo logo em 1969, o que eu vi naquela época para hoje... Ah, o negócio melhorou muito. Agora, melhorou, aqui entre nós, foi quando nós começamos a matar. Começamos a matar." O futuro presidente, que gravava a conversa, respondeu. "Ô Coutinho, esse troço de matar é uma barbaridade, mas eu acho que tem de ser".[55] O diálogo prosseguiu, e o ministro relatou como acobertou um assassinato ao comandar o 4º Exército (Nordeste). Geisel via problemas na manutenção da política de extermínio durante a abertura e queria controlar e limitar os assassinatos aos casos de subversivos perigosos. Que se matasse em sigilo, pois não haveria mais espaço para mortes em público. O presidente era pressionado por comandantes de área descontentes com a autonomia das ações do CIE, que prendia e matava sem se preocupar em prestar contas aos generais que controlavam os DOIs instalados pelo país. Reynaldo Mello de Almeida era um desses. Filho do romancista José Américo de Almeida, o militar assumira o comando do 1º Exército (Rio de Janeiro) e queria controlar todas as ações da repressão na sua área. Tratava-se de pôr ordem na balbúrdia que vinha desde o fim dos anos 1960. Na Guanabara e no Rio de Janeiro, os centros de informações militares mantinham "escalões recuados". Foi ali que o CIE montou a Casa da Morte e passou a executar dirigentes da VPR, da VAR-Palmares e da ALN, antes de passar a usar a estrutura para neutralizar a cúpula do PCB. A proliferação e atuação simultânea dos serviços militares na área tornava quase impossível saber quem fazia o quê. Reynaldo procurou o general Dale Coutinho e apresentou seu pedido, mas o ministro não lhe deu ouvidos.[56]

---

55 Gaspari, Elio, *A ditadura derrotada*, p. 324.

56 Godoy, Marcelo. *A Casa da Vovó*, p. 434 e 435.

A estrutura de Petrópolis era fundamental para "passar a régua" na subversão. E as mortes se sucederam, atingindo não só o PCB, como também os remanescentes da ALN. Assim foi com Wilson Silva e Ana Rosa Kucinski, sequestrados em 22 de abril de 1974, no centro de São Paulo pelos agentes do DOI, entre eles o tenente José, o investigador Candel e os sargentos Sá e Pedro Aldeia. O casal foi conduzido ao Dops, onde aguardou antes de ser levado em dois carros até o Rio de Janeiro – um Opala, onde estava o Doutor Ney, Fleury e Wilson no porta-malas, e um Corcel, no qual iam o cabo Junior, Perdigão e Ana.[57] Silva foi um dos presos que o médico Amílcar Lobo disse ter visto em Petrópolis. Oficial do Exército, Lobo e um outro médico davam assistência às equipes de torturadores da Casa da Morte. No fim dos anos 1980, resolveu contar quais presos vira no lugar à revista *Isto É*.[58]

Mais dois integrantes da ALN foram presos em maio e levados para Petrópolis – Tomaz Antônio da Silva Meirelles Netto e Issami Nakamura Okano. O último foi apanhado pela equipe Cúria, da Seção de Investigação do DOI, após se encontrar com Jota, o informante da Operação Radar. Alemão ainda se lembrava 30 anos depois que, no momento da prisão, sobrou até para Jota: para não levantar suspeitas, Jota apanhou e teve os óculos quebrados.[59] Depois de Okano, ninguém mais foi morto em Petrópolis. No dia 24 de maio, Dale Coutinho teve um ataque cardíaco, em Brasília. A morte do ministro levou o presidente a escolher o general Sylvio Frota para substituí-lo. O comandante do 1º Exército aproveitou o momento para voltar à carga. Queria o fechamento do destacamento do CIE no Rio de Janeiro e controlar tudo que o se passava em sua área. Reynaldo já havia ordenado ao seu chefe do Estado-Maior, Leônidas Pires Gonçalves, que o trabalho no DOI fosse reestruturado. Sabendo da ligação entre o general do Rio de Janeiro e o presidente, Frota concordou. Era o fim do esquema

---

57 Godoy, Marcelo. *A Casa da Vovó*. P. 400 a 403. Bernardo Kucinski, entrevista em 20 de agosto de 2019. Irmão de Ana Rosa, Kucinski recebeu as informações sobre a presença de Ney na operação e no transporte dos presos após Junior procurar a jornalista Mônica Bergamo e lhe contar, em 1993, os detalhes do crime, após Marival Chaves ter relatado que o casal fora assassinado em Petrópolis.

58 "Longe do ponto final". *IstoÉ*, 8 de abril de 1987.

59 Walter Lang, o Alemão, entrevista em 15 de maio de 2005, sem gravar.

que funcionou durante cinco anos. Sem Petrópolis e sem a possibilidade de simular tiroteios nas ruas, os assassinatos de presos pararam na cidade. A máquina de extermínio mantinha-se ativa apenas no Araguaia, onde faria dali em diante uma dezena de vítimas, quase todos guerrilheiros maltrapilhos e famélicos, traídos por camponeses e entregues ao Exército, que se encarregou de eliminá-los na selva. No Pelotão de Investigações Criminais, em Brasília, os presos começaram a notar que ninguém mais do PCdoB era trazido da área de guerrilha desde o fim de 1972. A ausência de novos prisioneiros despertou a percepção nos detidos de que algo novo estava acontecendo na repressão. "A gente começou a se perguntar: cadê os outros? Eu fui interrogado sobre tal pessoa, mas ela não aparecia presa. Aí começaram as notícias de que estavam sumindo com as pessoas".[60] No restante do país, agora, para matar, era preciso mostrar o perigo representado pelo subversivo e obter a ordem de cima, como descrita no memorando da CIA. Foi isso o que aconteceu em Medianeira, no Paraná, em 13 de julho de 1974, quando um grupo liderado pelo ex-sargento Onofre Pinto foi emboscado pelos militares do CIE e do DOI do 2º Exército, que os aguardavam em uma estrada rural. O tenente Sá contou que participou da operação com o Doutor Ney. Onofre era um velho conhecido do agente, com quem servira no 4º Regimento de Infantaria, em Osasco, até 1964. Capturado e convencido a colaborar com o CIE, Onofre aguardou. O contrato foi submetido à Brasília. Dois dias depois veio a resposta: o acordo foi recusado; Onofre devia morrer. Deram-lhe uma injeção de veneno.[61] Até dezembro, ninguém mais foi assassinado. A repressão parecia ter mudado. Mas o porão ia aproveitar um evento inesperado para voltar a assassinar no país: a derrota nas eleições legislativas do governo, em novembro de 1974, e a euforia que tomou conta dos comunistas com a vitória do MDB. A reação do governo ia não só levar centenas às prisões e ao exílio. Também acentuaria a luta interna no partido, que seria decisiva para a história posterior do PCB, bem como abriria espaço para o surgimento de novas forças políticas na esquerda que

60 José Genoino, entrevista em 25 de abril de 2017.

61 Para a participação de Ney, além da entrevista de João de Sá Cavalcanti Netto, em 20 de setembro de 2005 (sem gravar), ver a de Marival Chaves, em 17 de maio de 2013.

disputariam com a legenda a hegemonia nos sindicatos, movimentos sociais e na intelectualidade progressista, marcando profundamente a política na Nova República.

> A direção acabou aqui. Foi uma débâcle completa, geral, imensa. Da direção do partido e das organizações de base. Quando voltamos do exterior - que o partido tinha continuado sem a direção, os comunistas estavam trabalhando -, surgiu a possibilidade maior de aparecer um partido como o PT, explicitamente não comunista. Esse tipo de partido era mais palatável para alguém como o Golbery. (...) Eu acho que as quedas foram grandes porque nós não percebemos plenamente a evolução do sistema de repressão; não entendemos o salto de qualidade que eles (*os militares*) deram na década de 1970.[62]

Três agentes - Marival, Neuza e Sá - responsabilizaram Vinícius por todas as quedas ocorridas no partidão, sem fornecer detalhes sobre as ações do primeiro semestre de 1974, ao contrário da fase seguinte. Mello alega ter tido conhecimento da volta de Capistrano e da confusão causada pelo tamanho de sua bagagem por meio de Samuel Dib. Ele mantinha contato com José Roman e com Dib, pois cuidara até pouco tempo antes do trabalho da fronteira e ainda desempenhava tarefas no setor, como providenciar passaportes para quem precisava deixar o país. Esse teria sido o caminho que levou os militares a Capistrano e aos demais. Na segunda fase de ataques ao PCB até a transformação do partido em PPS, o que torna suas digitais uma verdade incontestável são dezenas de documentos do CISA e os depoimentos de sete militares - o coronel Ferreira, o capitão Pinto, os tenentes Sá, Artoni e Beatriz e o ex-sargento Marival Chaves e um policial civil - o investigador Alemão - ouvidos para essa pesquisa, bem como as memórias de seis antigos companheiros do partido - Frederico Pessoa, Hércules Corrêa, Luiz Carlos Azedo, Régis Frati, Armando Sampaio e Dyonari Régis Sarmento. E, sobretudo, as confissões gravadas de Pacato, além

---

62 General Golbery do Couro e Silva, ministro-chefe da Casa Civil do governo de Ernesto Geisel. José de Albuquerque Salles, entrevista em 26 de janeiro de 2016.

da coincidência entre as prisões e os contatos mantidos por ele, de acordo com o que Pacato mesmo descreveu no manuscrito de suas memórias. O veterano enfrentou ainda as desconfianças e recriminações de companheiros como Anita Leocadia, que criticava seu liberalismo e irresponsabilidade nas tarefas clandestinas. Havia mesmo quem antipatizasse com Vinícius, mas, absolutamente, ninguém no partido estava preparado para admitir a possibilidade de sua traição, nem mesmo Hércules Corrêa, que, corretamente, farejara a presença de um traidor dentro da cúpula do PCB e acabou confrontado por Luiz Carlos Prestes em Moscou, em 1976, em uma das mais dramáticas reuniões do Comitê Central da legenda no exterior.[63]

63 Para a reunião do CC, ver AA, pasta Reuniões do CC, Fita 1974-5_FITA1_B.

4 A DÉBÂCLE

A direção do PCB no país é esmagada

Com uma voz firme, Macedo começou seu diagnóstico sobre a situação do PCB. "Somos um partido estruturado na base do caudilhismo, cada um de nós é um caudilho" A luta interna dividia até o ar da sala onde se reunia em segredo o Comitê Central, em Moscou. O veterano chefe da seção juvenil afirmava: "Somos um partido envelhecido" que vivia "rachado por dentro", em que faltava "unidade na própria estrutura" partidária. Lançou então o anátema: "Vamos ter de promover mais e mais os camaradas que tiveram comportamento revolucionário nas mãos da reação, mas há um problema novo que vamos ter de enfrentar como direção: é que a auréola de que comunista não falava caiu." Começava, assim, o "Processo de Moscou" do PCB. Hércules trazia o tema do comportamento diante da tortura e das técnicas da repressão porque pressentira que a *débâcle* no Brasil seria usada para responsabilizar os dirigentes que estavam no país pelas falhas de segurança, como se tivessem jogado os colegas nas mãos da polícia para morrer. "Há os erros nossos, dos falsos métodos, há o aperfeiçoamento do aparelho repressivo e tem também – e ninguém precisa concordar comigo, tem também problema de infiltração policial. E muitos entre nós não gostam de falar disso." O diálogo que seguiu mostra o quanto a hipótese de Hércules, o Macedo, eletrizou o ambiente. Uma voz o interrompeu. Era a do camarada Alfredo, como se identificava perante os gravadores da reunião o secretário-geral do partido, Luiz Carlos Prestes.

> **Alfredo** – Posso?
> **Macedo** – Pois não.
> **Alfredo** – Há diferença entre estar preocupado com isso e dizer que há infiltração no Comitê Central do partido.
> **Macedo** – Camarada Alfredo, se nós quisermos fazer um debate...
> **Alfredo** – Para dizer que há infiltração tem de dizer claramente onde está.
> **Macedo** – Também. Se nós quisermos, vamos marcar um debate. Fiz uma cronologia de todas as quedas e de todas as discussões havidas entre nós a respeito desse problema, entendeu?(...) Faço uma proposta para se instituir, para se designar um camarada, se não querem um camarada, designem uma comissão para começar a levantar isso. Eu não sei qual vai ser o resultado.
> **Alfredo** – E a quais resultados chegaria?
> **Macedo** – Eu não sei. O dever de uma direção é apurar. Então há problemas e há acontecimentos que a meu ver não ocorreram por acaso. Vou dar só um fato para raciocinar. Se diz que descobrimos o agente Carlos. É falso. Nós não descobrimos o agente Carlos. O agente Carlos se descobriu. Era um agente da polícia infiltrado em nosso meio? Era. Ao nível da direção? Era. Por que ele se descobriu? Todo mundo passou a justificar (*imputar*) tudo o que houve depois, ao agente Carlos, tudo. Como agora há pouco de se explicar tudo com a conduta do Marco Antônio (*Tavares Coelho*). Acho que são acontecimentos, particularmente, esse do agente Carlos, uma atitude diversionista do aparelho policial. Por que iam descobrir o cidadão, se ele não tinha sido descoberto por nós? (...) A partir daí tudo passou a ser explicado pelo agente Carlos, e o volume de quedas e de assassinatos aumentaram. Esse é um assunto. Podemos partir daí.[1]

Os deuses tinham sede e devoravam os filhos da revolução brasileira antes mesmo de ela nascer. Um a um os comunistas presos e torturados

1 Ver AA, pasta Reuniões do CC no Exterior, fita 1974-5_FITA 1_B.

por carrascos eram avaliados por seus companheiros segundo a capacidade inumana de resistir à dor. Deviam morrer; falar, jamais. Mas falaram. Às dezenas. E não só. Vinícius não foi o único que negociou sua vida segundo os termos impostos pelos seus captores. A reunião em Moscou dos capas-preta acontecia depois que uma dezena de integrantes do Comitê Central foi trucidada no pau, queimada, envenenada e esquartejada nos centros clandestinos, nos "açougues" – como os agentes chamavam o lugar em que trabalhavam – montados pelos homens do CIE.[2] Aturdidos, discutir o que houve era tão importante quanto determinar o que fazer. O primeiro registro da reunião, conservado em um conjunto de fitas cassete, mostra Anita Leocadia Prestes, a companheira Tânia, filha de Prestes e Olga Benário, perguntando por que não foram tomadas medidas a tempo para evitar as quedas. "Ainda mais quando houve militantes que avisaram? Por que o Comitê Central não viu isso? Será que é uma fatalidade histórica que nós sofressemos esse golpe?" Sua conclusão condicionou o debate. Muitos viram ali o acirramento da luta interna que dividia o partido entre o grupo de Prestes, o *gensek*, e o de Giocondo Dias, que comandava o PCB no Brasil:

> Então eu acredito, camaradas, que as responsabilidades vão ter de ser apuradas. As responsabilidades coletivas e individuais. Eu não digo que só o CC tem responsabilidade, acho que todos nós temos, o partido em seu conjunto, mas todos acho que concordarão que a primeira responsabilidade é da direção, do CC e da Comissão Executiva.[3]

O dedo de Anita tinha uma direção. Ele apontava para Giocondo Dias, o homem que conduziu o partido na clandestinidade no Brasil, enquanto Prestes permanecia exilado em Moscou. "Pelo que o camarada Caio (*Orestes Timbaúba*) informa, os camaradas lá, a mais alta direção, o camarada Neves (*Dias*) e o camarada (*Orlando*) Bonfim, continuavam atuando do mesmo jeito, com pequenas mudanças." A acusação era de que, apesar das quedas que o partido sofrera, seus dirigentes mantiveram os mesmos

2 Para o uso do termo açougue, ver Godoy, Marcelo. *A Casa da Vovó*, p. 154.

3 Ver AA, pasta Reuniões do CC no exterior, fita 1974-1975 fita 1-A.

métodos de trabalho quando o "inimigo já tinha localizado toda a nossa organização". Anita pôs no colo dos companheiros a morte de quadros do partido e citou nominalmente uma das vítimas: José Montenegro Lima. "Por que o camarada Lima, o Liminha, ligado à juventude, não saiu do país quando é sabido que é um dos camaradas mais perseguidos pela polícia há vários anos? (...) Por que permaneceu no país e, provavelmente, a essa altura se encontra assassinado?"

Fazia frio em Moscou. Em um intervalo, a companheira Sônia leu as manchetes de um jornal: o 4º gabinete liderado pelo democrata-cristão Aldo Moro havia caído na Itália e o líder comunista chinês Chu En-lai morrido. Era 9 de janeiro de 1976. O segundo dia do encontro do CC no exterior registrava -18 C°.[4] Foi após Anita falar que Hércules lançou a hipótese da infiltração policial. O camarada Joaquim (Salomão Malina) retomou o debate e afirmou que entre as falhas mais evidentes do trabalho feito no Brasil estava a "ligação do trabalho legal com o ilegal". Muitos dos dirigentes clandestinos acumulavam funções ao mesmo tempo em que mantinham contatos com políticos do MDB, bispos católicos ou exerciam atividades empresariais lícitas, como gráficas, imobiliárias e outros empreendimentos que serviam às finanças do PCB. "Parece muito claro que não tínhamos condições de segurança para proteger a estrutura existente, mesmo que tivéssemos cumprido as normas de segurança do trabalho conspirativo", concluiu Joaquim. Marcos (José Salles) disse que os comunistas não podiam dissolver as "responsabilidades individuais na responsabilidade coletiva", pois esta seria uma forma de "se estimular mais liberalismo". Zuleika Alambert, única mulher eleita para o CC em 1967, lembrou que o partido tinha ciência de que um dia seria alvo da repressão. "Nós dizíamos: 'Hoje estão em cima da esquerdinha (*como os pecebistas tratavam os grupos da luta armada*), mas depois eles virão atrás de nós, pois somos a única força capaz de dar uma consequência à revolução brasileira.'" Anita retomou a palavra. E tratou das quedas em São Paulo "O único membro do Comitê Estadual que saiu porque achou que devia sair fui eu. Os outros companheiros saíram a muque, esperneando, alegando que queriam

4 Para a data e a temperatura, ver AA, arquivos 1975_Fita 3_B e 1975_Fita 4_A.

acabar com a carreira dos camaradas." Alguns aceitavam mudar para o Rio de Janeiro ou de lá para São Paulo. E só. "Fora disso, era melhor morrer, mas não sair." O carreirismo, a disputa por cargos, era característica, segundo Anita, dos que se opunham ao seu grupo. Eles materializavam um fenômeno que afligiria toda organização revolucionária: "o pântano". "Eu me recordo bem que a última vez que estive com o camarada Beto (*Walter Ribeiro*), há três anos, eu ainda – lamentavelmente isso se confirmou depois – me despedi e disse: 'Beto, você vai cair'. (*Ele disse*) 'Ah... sai azar, você está brincando'. Eu à época não calculava que o companheiro fosse assassinado; pensava que ele seria só preso. Mas a realidade aí está. Não fui só eu que avisei." As suspeitas de Anita não paravam aí.[5]

Em um determinado momento, após o embate entre Prestes e Hércules sobre a presença ou não de infiltração policial no partido, Mello começou a tratar das quedas. Iniciou seu relato apontando o dedo para os outros. Chamou a atenção para a irresponsabilidade de companheiros do comitê municipal de São Paulo que pararam em um bar às 23 horas para comprar cigarros, após deixarem uma reunião do partido, citou a adulteração falha de documentos ou o vacilo de um camarada preso com um cheque de Cr$ 8 mil emitido pelo tesoureiro do comitê municipal. Vinícius procurou imputar a culpa pelas quedas em 1972 à mulher de um dirigente. O revolucionário de 1935 reproduzia o roteiro de suspeitas que envenenara o partido nos anos 1930 e levara à morte de Elza Fernandes, a Garota, executada pelos comunistas porque suspeitaram que ela fosse informante da polícia. Mello afirmou que só passou a andar com Walter Ribeiro, o Beto, em janeiro de 1974, como se quisesse se desvencilhar do roteiro de quedas que o colocavam no olho do furacão. Repetia o padrão de colocar nas vítimas da ditadura a culpa pela prisão e desaparecimento.[6]

A reunião seguiu com o traidor plantado pelo Exército no coração do partido em Moscou impassível. Seu relato seguia para sugerir que Ribeiro fora irresponsável por não dar ouvidos à advertência que recebera de que a

---

5 Para as falas de Malina e Salles, ver AA, arquivos 1974-75_Fita 1_B, 1975_Fita 3_B, 1975-Fita 2ª, 1975_Fita 2_B e 1975_Fita 11_B.

6 Para Mello, ver AA, 1975_Fita 11_C.

polícia o havia identificado e estava em seu pé. “Diz o Machado (Álvaro Bandarra, *que havia sido detido*) que ele (*Bandarra*) desconversou e terminou (*ouvindo do delegado*) o negócio seguinte: ‘Você pode ir embora, não tem nenhuma outra ordem, só para ouvir isso. Mas quero dizer uma coisa ao senhor: tome cuidado, que nós já liquidamos o partido no Nordeste e agora vamos liquidar o partido em São Paulo e no Rio’. Isso em janeiro de 74. O Beto (*Ribeiro*) foi comunicado e, nessa época, o Beto me falou.” Vinícius prosseguiu, afirmando que, depois disso, o camarada Coutinho (Cláudio José Ribeiro), que era do Comitê Estadual e secretário de organização do Comitê Municipal de São Paulo, encontrou uma casa segura para Beto, em Barueri, na Grande São Paulo, mas Beto a recusou. Depois, Mello passou a questionar a Seção de Organização do PCB, órgão encarregado pelo CC de cumprir as determinações e “com regularidade não as cumpre”. “É aí que devemos nos concentrar.” A maledicência tinha um alvo certo: Givaldo Siqueira, o camarada Rocha. Mais tarde, Pacato ia se encarregar de aprofundar as suspeitas contra o companheiro, cuja família era vigiada pelo Cenimar.

Só então Vinícius resolveu enfrentar o tema da infiltração. Foi audacioso. Começou com uma pergunta retórica “Possível infiltração? Possível. Eu não afirmo que haja, mas é possível.” Era só o começo de uma manobra para desviar a atenção do partido e colocá-la em outro canto. “Em 1970, eu estive em Santa Catarina e lá me informaram em Criciúma que, depois das eleições, baixaram lá a Polícia Federal e o SNI e fizeram a ficha de 122 pessoas, gente do PTB, e fizeram a ficha até de um chofer que foi contratado para fazer propaganda eleitoral.” Mello apontava o dedo para o trabalho legal do partido e suas fragilidades, por estar mais exposto à ação da polícia. “Em São Paulo, houve, após as eleições, duas coisas: a primeira foi chamar todo mundo para formar direção do MDB e a segunda foi pegar dirigentes sindicais nossos e metermos no departamento sindical do MDB. Você travava o partido. E se eles (*os militares*) não prenderam mais é porque eles não estão interessados em massa.”

Loquaz na arte de se proteger, Pacato continuou seu relato espalhando suspeitas e críticas antes de tratar do episódio que levou à desconfiança de Anita: a pasta com documentos que Mello dizia ter esquecido em um táxi em São Paulo. Para tanto, reforçou as acusações que a filha do *gensek* havia feito à direção no país e aos colegas. Seu alvo? Justamente um dos atingidos por sua ação: o camarada Coutinho, que foi preso após Vinícius "esquecer" os documentos. "E aí a gente é informado que o Coutinho vai ser mandado para a União Soviética, mas ele manda dizer que só sairia se pagassem a ajuda de custo à família dele, que ela não tem dinheiro para se manter sem a ajuda de custo." Mello dizia que seu comitê tinha de cortar gastos, pois deixara de arrecadar dinheiro em razão da vigilância policial. "Coutinho, que era um homem perigosíssimo em São Paulo, ficou mais um ano." Mello seguiu afirmando que expôs o caso à direção do partido, no Rio de Janeiro, que acusou de adiar a saída do camarada até junho. Queria envolver Dias e Marco Antônio Tavares Coelho na história. Disse que se encontrou com este último no dia 1º de novembro, mas só recebeu o passaporte frio para Coutinho no dia 13. Ao mesmo tempo em que se defendia, Vinícius revelava seus passos e os encontros mantidos no Rio de Janeiro, os mesmos aos quais comparecera acompanhado pelos militares com quem decidira colaborar.

Depois de atacar os companheiros, Mello voltou ao caso dos documentos esquecidos no táxi. Disse que, a pedido de Zé Gordo (Amaro Marques de Carvalho) se encontrou com Coutinho e apanhou um táxi com o camarada. Levava uma pasta e uma sacola plástica com o passaporte do companheiro e outros documentos, como sua carteira de trabalho, onde havia seu registro como funcionário da gráfica Isbra, que pertencia ao partido. Estavam atrasados. Era meio-dia. O calor estava forte. O banco do motorista estava recuado e apertava as pernas de Pacato. Ao seu lado, ia Coutinho, que também era gordo – o Fusca não tinha banco do passageiro. Ao descer do carro com o companheiro, Mello disse que apanhou o paletó, mas esqueceu a sacola e a pasta. "Na minha sacola tinha um recibo de um dinheiro que eu havia depositado no banco, na véspera, com o nome que eu estava usando, que era o nome em que estava alugado o apartamento." Para alugar o imóvel, Vinícius precisava comprovar renda. O "emprego" foi arrumado por Elson Costa. Tratava-se da gráfica controlada por José David Dib, militante do partido e irmão de Samuel Dib, o homem que se recusara a apanhar Capistrano, em março de 1974, em Paso de los Libres. Costa o levou até Dib que "fez que não me conhecia e disse que ia pensar". "Eu registro você (*na gráfica*) e, depois, dou baixa quando você conseguir alugar o apartamento." Mello disse que só foi se lembrar desse detalhe em dezembro, um mês depois da perda dos documentos. Afirmou que acreditava que a polícia havia chegado à gráfica após fazer um levantamento na ficha da imobiliária que mostrava que ele, na época da assinatura do contrato de aluguel, era empregado de Dib. Este e Zé Gordo acabariam presos. O segundo foi levado ao cárcere clandestino de Itapevi, a Boate, de onde saiu vivo e foi levado ao DOI. Foi o primeiro. Não estava marcado para morrer.[7]

ELEIÇÕES. O episódio dos documentos foi a forma como os militares encontraram para a puxar o fio das relações entre os militantes comunistas e prender pessoas ligadas a Mello sem despertar desconfianças contra o informante. Estava começando a segunda fase da campanha secreta de extermínio da direção do partido. A ordem era silenciar a *Voz Operária*, um objetivo perseguido havia anos pela repressão. Após a mudança de comando no ministério do Exército, a operação contra o PCB, da qual participava mais uma vez o agente Sá, da equipe Radar, do DOI, hibernara por alguns meses.[8] De tempos em tempos, os agentes recomeçavam a mapear o partido sem novas mortes. Não só Hércules e Dias foram alvos da vigilância. Envolvidos com a operação das gráficas e com a distribuição da *V.O.*, Raimundo Alves de Sousa e Hiran de Lima Pereira passaram a ter os encontros fotografados pelo DOI.[9] Sousa cuidava do aparelho onde o jornal era impresso no Rio de Janeiro e vinha uma vez por mês a São Paulo para receber o pagamento pelo serviço. É sobre ele que o DOI pretendia depositar a culpa pela origem das informações obtidas.[10] Na nova campanha, todo comunista que desapareceu era alguém que o regime ligava diretamente à manutenção do jornal.

O que fez com que o CIE e o DOI recebessem uma nova autorização do Ministério do Exército para prender e matar foi o surpreendente

7 Marival Chaves, depoimento à CNV, em 7 de fevereiro de 2014, p. 34.

8 Marival Chaves, entrevista em 13 de maio de 2013.

9 Sousa, Raimundo Alves de. *Os desconhecidos da história da imprensa comunista*, p. 103.

10 Para a acusação do DOI, ver APESP Deops-SP/50-Z-9-194-39306 a 39309.

desempenho do MDB nas eleições e a consequente eleição de deputados e senadores apoiados pelo partido. Em São Paulo, o PC elegeu dois deputados estaduais - Nelson Fabiano Sobrinho e Alberto Goldman - e um federal - Marcelo Gato. Hércules, Walter Ribeiro e outros dirigentes comunistas mantinham contato com o MDB. Parte da estratégia da legenda passava por reativar as associações de bairro e as atividades da seção juvenil, por meio da organização de grupos de estudo e de atividades culturais na periferia, como a montagem de peças de teatro. Também incluía a filiação no MDB, por meio da Juventude Emedebista. Os novos militantes ganhavam uma fachada legal para atuar e sustentar candidatos apoiados pelo PCB. No Rio de Janeiro, o produtor cultural Idivarcy Martins - após militar no Espírito Santo no PCBR, organização armada destroçada pela ditadura - refluiu para o partidão e, em 1973, se tornou um dos fundadores do MDB em Caxias, na Baixada Fluminense. Em 1974, coordenou a campanha a deputado estadual José Alves de Brito, um líder metalúrgico da indústria naval. Trabalhou ainda pela eleição para a Câmara de Wellington Moreira Franco (MDB), herdeiro político de Amaral Peixoto. E assim chegou à Juventude do partido na Baixada.[11] Outro jovem comunista que entrara para o MDB foi o estudante Genivaldo Matias da Silva. Filho de uma pernambucana que veio com seus três filhos pequenos viver na zona norte de São Paulo, Genivaldo começara a trabalhar aos 12 anos. Diante da fiscalização do Ministério do Trabalho, a mãe foi aconselhada pelo patrão a providenciar uma certidão de nascimento na qual o menino tivesse 14 anos. E assim foi. Incentivado por uma professora, participou da montagem de *Morte e Vida Severina* na escola. Uma menina do elenco apresentou-lhe o namorado, integrante do comitê universitário do partido. Em seguida, conheceu Magrão, José Montenegro Lima, da seção juvenil. "A primeira Juventude do MDB criada foi a de São Paulo. Eu era diretor cultural. A tarefa dela e das associações de bairro era recomeçar o partido de baixo para cima e isso desaguou na campanha de 1974." Quase todos no grupo de Genivaldo trabalhavam de dia e estudavam à noite. Aos sábados se reuniam na casa de um deles e discutiam

---

11 Martins, Idivarcy, entrevista em 30 de maio de 2016.

livros, como *A História da Riqueza do Homem*, de Leo Huberman, e *Que fazer?*, de Lenin.[12]

No dia 15 de novembro, as urnas mostraram que a ditadura podia ser derrotada, não pelas armas, mas pelo voto. O regime de crise não podia se manter indefinidamente em uma República. As contradições políticas, sociais e econômicas se avolumavam. A ditadura não mais conseguia se legitimar por meios de eleições, ainda que feitas sob a censura, com a limitação dos direitos civis e de organização. Nem mesmo a porrada era capaz de conter o ímpeto do descontentamento popular. As ameaças não impediram que a oposição elegesse 16 de 22 vagas em disputa do Senado e por pouco não obtivesse a maioria na Câmara, conquistando 161 das 364 cadeiras, ou 44% do total. Para o CIE, após a reunião do CC de novembro de 1973, quando se falou em cerco e aniquilamento, o partido apostara suas fichas na vitória da oposição em 1974 em razão da insatisfação popular com o governo para obter a extinção do AI-5 e do decreto-lei 477 (que expulsava de universidades estudantes por razões políticas), além do fim da censura. Em razão disso, agiu para ajudar a vitória de candidatos democratas, que defendessem a anistia aos perseguidos pelo regime. Marco Antônio Tavares Coelho e Luiz Ignácio Maranhão Filho eram apontados como os homens que mantinham contatos com Ulysses Guimarães e outros emedebistas, como Orestes Quércia, Franco Montoro, Amaral Peixoto, Tancredo Neves e Thales Ramalho. Os agentes do Cisa listaram 22 candidatos do MDB apoiados pelo PCB nas eleições em São Paulo, no Rio de Janeiro, Minas Gerais, Rio Grande do Sul, Pernambuco e Guanabara. Como exemplo do apoio comunista, citavam que o partido mobilizara 300 cabos eleitorais na cidade de São Paulo no dia 15 de novembro para o trabalho de boca de urna para seus candidatos e dizia que o estudante de medicina Davi Capistrano da Costa Filho, cujo pai fora sequestrado e morto pelos militares meses antes, discursou em um dos comícios de Quércia, candidato a senador do MDB, em São Paulo. Os militares relacionavam ainda os interlocutores dos comunistas brasileiros na Igreja Católica. Eram oito cardeais, bispos e

12 Genivaldo Matias da Silva, entrevista em 12 de julho de 2016.

frades: d. Eugênio Salles, d. Paulo Evaristo Arns, d. Helder Câmara, d. Avelar Brandão Vilela e d. José Maria Pires. Frei Thimóteo de Azevedo Anastácio, d. José Alberto Lopes de Castro Pinto e d. Jorge Marcos de Oliveira.

O porão do regime se preparava para enfrentar a abertura política desenhada pelo presidente Geisel e pelo seu ministro-chefe da Casa Civil, general Golbery do Couto e Silva. A *Voz Operária* de dezembro de 1974 publicou um editorial escrito por Marco Antônio Tavares Coelho com o título: "Apertar o Cerco". Embalado pelo sucesso do MDB, o texto começava com a informação que arrepiou os cabelos dos militares: "Esse 15 de novembro marcou uma mudança de qualidade no quadro político brasileiro. A luta contra o fascismo entra em nova fase - uma fase de ascensão." Ele prosseguia afirmando que o resultado eleitoral mostrava "um sentimento profundo da opinião pública, amplamente majoritário, que reivindica as liberdades democráticas e condena a política entreguista e antioperária seguida nesses dez anos de ditadura". E isso era só o começo. A vitória da oposição demonstrava a "importância da unidade de ação de todas as forças antifascistas". Era, segundo o jornal do partido, a primeira vez que isso ocorria. O texto fazia uma advertência contra a euforia: "O regime fascista ficou cercado, repudiado por dois terços do eleitorado. Mas seus instrumentos de poder ditatorial e sua máquina repressiva estão intactos, assim como nada se altera em sua intenção de utilizar esses meios para continuar oprimindo o povo." Dizia que se devia ativar todas as formas de luta que apertem o cerco ao regime, que ficou isolado e desmoralizado. A expressão "todas as formas de luta" deixava aos militares espaço suficiente para imaginar greves, protestos e até ações armadas. O texto concluía: "Os comunistas têm grande responsabilidade na luta pela consolidação dessa vitória alcançada contra o opressor fascista para que dela floresçam mais vitórias. Nosso partido saiu prestigiado e fortalecido da batalha, porque nela se confirmou a justeza de nossa orientação e porque dela participamos".[13] Não era preciso prender ninguém e torturar para saber o que o próprio partido confessou em seu jornal. O problema dos militares, portanto, não era obter

---

13 *Voz Operária*, nº 118, dezembro de 1974, p. 1 e 3.

informações, mas como neutralizar o PCB para o governo prosseguir o seu plano de abertura do regime sem precisar temer que a legenda dele se aproveitasse para ser uma peça relevante na política nacional.

Mas uma coisa era desarticular a agremiação financiada por Moscou; outra era comprometer a oposição com Moscou ou Pequim. Se Geisel queria a abertura com segurança, a linha dura do regime parecia não querer abertura nenhuma. Esta era a forma dela emparedar o presidente e mostrar a irresponsabilidade de sua política, que, ao afrouxar a repressão e o controle social, entregaria o país aos comunistas, que se infiltravam em todas as áreas da sociedade para, no momento oportuno, tomarem o poder. Para desentocá-los, milhares de prisões foram feitas em que a tortura foi o instrumento para arrancar informações, impor sofrimento, medo e morte. Um dos documentos do CIE e do DOI do 2º Exército produzido entre 1975 e 1978 lista os políticos emedebistas contatados por Coelho, Pedro Celestino da Silva Filho, Paulo Cavalcanti, Walter Ribeiro, Luiz Ignácio Maranhão Filho e Nilson Miranda. Sem o confessar, o CIE mostrava que a fonte daquelas informações eram os interrogatórios de cada um dos citados, mas o Exército só admitia a prisão dos três primeiros. Ribeiro e Maranhão estavam desaparecidos e Miranda tinha sido transformado em informante, a exemplo de Mello, mas com uma diferença: ao ser posto em liberdade, deixou de dar informações aos seus captores. Os homens do DOI desistiram dele, pois o consideraram uma fonte de baixa qualidade.[14] Tinham em mãos outro informante mais eficaz e mortal: Vinícius. Foi nesse contexto que o advogado Marcelo Cerqueira contou ter ouvido de Célio Borja, então presidente da Câmara, o que considerou ser um recado. Borja relatou uma conversa que tivera com Golbery, segundo a qual o ministro lhe disse que fora voto vencido no Conselho de Segurança Nacional, que determinara a repressão ao PCB, após a vitória do MDB. Cerqueira repassou a informação

---

14 Para o caso de Miranda, ver os depoimentos de Marival Chaves; João de Sá Cavalcanti Netto, em 20 de setembro de 2005, e Roberto Artoni, entrevista em 16 de fevereiro de 2013. Para os contatos com emedebistas, ver AN Fundo SNI, documentos do DOI do 2º Exército BR_DFANBSB_V8_MIC_GNC_AAA_76095104_d0001de0002 e do CISA BR_DFANBSB_V8_MIC_GNC_AAA_76095104_d0001de0002. Para o documento do CIE, ver no site Arquivos da Ditadura.

a Hércules. Era o regime que agora decidia apertar o cerco. A ordem veio de Brasília e chegou ao DOI do 2º Exército. É o que contou o coronel José Barros Paes, o todo-poderoso chefe da 2ª Seção do Estado-Maior, do 2º Exército.[15]

> Essa ação vinha do Frota, que era ministro. A ordem era levantar o partido comunista em todo o País e fazer a campanha anticomunista.[16]

A campanha de extermínio recomeçou após a *débâcle* eleitoral da Arena. Desta vez, os presos não seriam mais levados a aparelhos secretos no Rio de Janeiro para serem mortos ou transformados em informantes. Uma rede de imóveis em São Paulo foi mobilizada pelo Exército como cárceres clandestinos. Havia uma casa no Ipiranga, na zona sul, e outra na Mooca, na zona leste. Para elas iam normalmente os que aceitavam voltar às ruas como infiltrados do regime. Eram ainda uma escala antes de um preso ir para o DOI. Fora da capital, existia o imóvel que abrigara a Boate Querosene, em Itapevi, na Grande São Paulo, palco de execuções. No fim da campanha de extermínio, outro imóvel foi usado: uma fazenda em Araçariguama, perto da Rodovia Castelo Branco. Nos dois últimos, as vítimas tinham os pés e as mãos presas em argolas nas paredes e eram submetidas a espancamentos, choques e podiam ser chicoteadas ou penduradas no pau de arara. Poucos prisioneiros sobreviveram à boate. Um deles foi Pacato. Outros dois foram Aristeu Nogueira e Renato de Oliveira Mota. Estes porque seus depoimentos eram necessários para demonstrar a infiltração comunista no MDB e na PM paulista. Mota ainda passou pela casa da Mooca antes de ser finalmente enviado ao DOI do 2º Exército, oficializando a sua prisão. O método foi descrito pela tenente Beatriz Martins, a Neuza, uma das agentes da Casa da Vovó, o DOI paulista:

---

15 Para Cerqueira, ver Malin, Mauro. *Armênio Guedes, um comunista singular*, p. 275.

16 José Barros Paes, entrevistas em 23 de julho de 2004 e 7 de outubro de 2005, sem gravar. A simples menção de seu nome era suficiente para fazer o sangue do ex-governador de São Paulo Paulo Egydio Martins ferver e chamá-lo de "filho da puta" e "grande responsável pela tortura" em São Paulo. Ver entrevista de Paulo Egydio Martins, em agosto de 2004.

> O que também virou informante (*Mello*), que você já está sabendo que eles iam para outro local, que era uma boate, e a gente ficava com ele fora, a gente não entrava (*com o preso*) na Casa da Vovó. Aí a gente ficava com o cara até aparecer o Ney ou quem quer que seja que levava o cara embora. E aí a gente podia voltar. (*O preso*) Ficava um tempo em Itapevi. Ou viajava (*morria*) ou virava informante. E esse senhor (*Mello*), que era do partidão, que virou informante, também ia pro Rio, que a gente ia atrás, ia cobrir ponto com ele. Ele estava lá na hora do ponto. Aí o Perdigão já estava com a gente. Lá no Rio teve de fazer o serviço e entregar para o 1º Exército... Era o secretário do partidão...[17]

Os depoimentos de Neuza e de outros agentes mostram como agia a Seção de Investigação do DOI, o equivalente da Seção de Operações do CIE. O trabalho era compartimentado. Todos os agentes podiam participar da vigilância e da prisão dos suspeitos, mas poucos eram os que frequentavam os centros clandestinos de prisão, seus interrogatórios, as execuções e o desaparecimento dos corpos. Em São Paulo, quase sempre esses trabalhos ficavam a cargo dos militares do Exército, como Pedro Aldeia, Sá, Cartucheira, Setembrino e os doutores Flávio, Ney e Edgar.[18] Ao colocarem Mello em liberdade, foi o agente Sá que passou a acompanhá-lo. Sá controlava outros informantes, como Wilson Muller, o Fritz, um militante do PCB que se ligara à ALN. Também manteve em casa Jota, o homem que destruiu a ALN. Ele era "o menino" que Pacato conheceu no cativeiro. Seus relatórios com as informações extraídas dos prisioneiros nos cárceres clandestinos eram enviados a Marival Chaves.

Nas conversas gravadas que manteve com o autor desta pesquisa a pedido do último militar que o controlou – Pirilo –, Vinícius disse que só soube dos detalhes do desaparecimento de Capistrano tempos depois. Também disse que Perdigão e Ney não lhe contavam o que faziam com as informações que ele lhes transmitia. Mello trabalhou na Seção de Trabalho Especial instituída pelo 6º Congresso do PCB. Conforme documento

---

17 Beatriz Martins, entrevista em 3 de maio de 2005.

18 Flávio era o capitão Freddie Perdigão Pereira e Edgar, o capitão André Leite Pereira Filho.

elaborado por ele e por Malina para a reunião do CC de 1972, a seção cuidava do trabalho de fronteira, a entrada e saída de militantes do país, bem como da documentação, instrução e planejamento do trabalho. O trabalho também incluía cursos sobre luta armada, além de planos e estudos sobre a evolução do processo de luta armada no Brasil. Ou seja, o partido, apesar da política adotada no 6º Congresso, não podia descartar para sempre, como pensara Engels, a possibilidade de um dia a luta política se manifestar também pelas armas. E devia, em todo caso, estar preparado para isso.[19] Quarenta anos depois, Vinícius contou que acreditava ter passado aos seus controladores as informações sobre esse trabalho.

> **Mas você havia contado tanto para o Ney quanto para o Perdigão o esquema de saída pela fronteira, correto?**
> Eu devia ter falado sobre isso.
> **Inclusive sobre os documentos que você providenciava.**
> Sim. Eu devia ter falado. Eu devo ter falado, porque eu não posso me lembrar de tudo o quanto disse.[20]

Por meio do controle da emissão de documentos e da entrada e saída do país, os militares tinham dois instrumentos poderosos para neutralizar o PCB, além das andanças de Mello. Seu comportamento logo despertou desconfianças. O jornalista Frederico Pessoa estava voltando de Campinas quando foi abordado pelo porteiro da editora em que trabalhava. "Seu tio esteve aí três vezes apavorado atrás do senhor!" Pessoa entrou no prédio e foi direto à sala do chefe: "Vou ser preso hoje, que essa história de tio é cana." Não demorou muito e o "tio" apareceu pela quarta vez. Era Melinho. Contou a história dos documentos esquecidos no táxi – um Fusca –, entre os quais o passaporte de Coutinho, que devia viajar à União Soviética. Disse que não podia voltar para casa, pois entre os documentos esquecidos no carro havia um com seu endereço. Não só. Segundo Hércules Corrêa, a descoberta da gráfica Isbra interligava as seções de Agitação e Propaganda com

---

19 Ver AN, Fundo SNI, documento BR_DFANBSB_V8_MIC_GNC_AAA_79000226_d0002de0002.

20 Severino Teodoro de Mello, em 21 de outubro de 2016, Fita 7.

a de Documentação e a de Finanças, então dirigida por Marco Antônio Coelho. "Eu nunca tinha trabalhado com o serviço de passaporte, mas havia uma ligação desse serviço com o Trabalho Especial e eu sabia como preparar passaportes, até por conta das viagens que tinha feito como passageiro pelas nossas fronteiras", escreveu Mello. Zé Gordo, que o acompanhava no táxi, também saiu de casa. Em seguida, foi preso. Uma vez mais Vinícius culpou a liberalidade do camarada pelo seu infortúnio. "Essa companheiro, o Zé Gordo, que já estava preocupado ou desconfiado com a vigilância da polícia em cima dele, acabou saindo de casa. Mas, depois, cometeu a imprudência – muito comum até em quem vive na clandestinidade – de ir visitar a família e, então, a repressão o pegou".[21]

Mello queria dinheiro para sair de São Paulo. Fred concordou. Foi a uma agência bancária na Rua Anhaia, no Bom Retiro, e fez o saque. Tomaram um café. Pacato disse que ia comprar "umas roupas e partir para o Rio". "Aí ele veio de novo com a conversa que eu estranhei: ele queria que eu desse para ele contatos no Rio para ele encontrar o partido no estado." Fred respondeu que não tinha o telefone de ninguém. "Achei estranho um homem, herói de 35, precisar de mim, um menino, para se ligar ao partido no Rio, pois eu, você podia me colocar em qualquer lugar, que eu me ligaria ao partido em 24 horas." Mello estava particularmente interessado em Geraldão e em Granja, os chefes do PCB na Guanabara e no Rio de Janeiro. E também em Sebastião Paixão, secretário político no Rio de Janeiro. "Disse que o único telefone que tinha era o do Davizinho (*Davi Capistrano da Costa Filho*), que morava em uma República na Marquês de Abrantes. Eu liguei para o Davizinho e falei: 'Olha, aconteceu isso e você é um cara público, mas fique esperto.' Ele nunca procurou o Davizinho." Mas procurou outros dirigentes. E fez um estrago.[22]

Em São Paulo, Pacato disse que ficou até o fim de janeiro, mantendo contato com apenas três pessoas, depois de levar os militares até o grande objetivo do Exército: as gráficas envolvidas na produção da *VO*. Meses

---

21 Mello, Severino Teodoro de. *O último de 35*, p. 123.

22 Mello confirma os contatos com Fred, *O último de 35*, p. 125. Ver ainda Frederico Pessoa da Silva, entrevista em 9 de maio de 2016.

antes, em abril de 1974, os homens do CIE sabiam apenas que o setor era controlado por Orlando Rosa Bonfim, o homem que deixou o país quando Capistrano entrou, foi sequestrado e assassinado. Acreditavam ainda que Jayme Amorim Miranda estivesse ligado à atividade.[23] Desde então, os militares foram pouco a pouco mapeando o PCB em meio a outras operações desenvolvidas pelo DOI do 2º Exército. Nas palavras de Marival:

> O DOI descobriu (*a gráfica*) também por causa de infiltração, só por causa de infiltração. Infiltração que deu origem a prisão, que deu origem a interrogatório e que... nos interrogatórios saiu... e muito trabalho... (...) Essa Seção de Investigação chefiada pelo Ney na época, pelo Ênio Pimentel da Silveira, trabalhou muito tempo para conseguir localizar essa gráfica lá em Campo Grande, porque era ponto de honra desmantelar a gráfica, destruir a estrutura da gráfica.[24]

Foi em um dia frio na capital paulista, que a turma do Doutor Ney fotografou no canteiro central da Avenida Ibirapuera, na zona sul, um encontro entre dois velhos comunistas. Um deles estava com um casaco e um boné cinza claro. Depois da reunião, o homem foi seguido até a casa onde morava, na Casa Verde, na zona norte. Tratava-se de Hiran de Lima Pereira, o companheiro Arthur, um ex-deputado estadual do partido, cassado em 1948. Ele havia sido depois secretário do ex-governador Miguel Arraes, em Pernambuco e, no começo dos anos 1970, foi a São Paulo, onde recebeu do PCB a tarefa de distribuir a *Voz Operária* no Estado. O outro homem fotografado pelos agentes era Raimundo Alves de Sousa. Gráfico, era ele que cuidava da impressão do jornal em Campo Grande, no Rio de Janeiro, além de ser o responsável por entregar os exemplares para Hiran. A rapidez com que o DOI descobriu o esquema da *V.O.* após dez anos de tentativas fracassados do regime de interromper a impressão do periódico só foi possível graças à ação de Mello. Diz a agente Neuza:

---

23 Ver AN SIAN Fundo SNI, documento BR_DFANBSB_V8_MIC_GNC_QQQ_82001026_d0001de0001.

24 Marival Chaves, depoimento à CNV, em 7 de fevereiro de 2014, p. 54 e 55.

– Ele ajudou a encontrar o Hiran de Lima Pereira?

– Do partidão quem deu a saída foi esse moço. Toda informação do partidão veio desse moço.

– Inclusive sobre o Hiran?

– Mas esse morreu, não quis participar... Quem não queria participar viajava (*morria*).

– Quem fosse pra boate e não quisesse participar, viajava?

– Viajava. Não entrava na Casa da Vovó (*a sede do DOI*).[25]

Hiran não podia ser preso antes para não levantar suspeitas contra Mello. Os agentes das equipes Cúria e Coral do DOI passaram a vigiá-lo. "Durou tempo. Foi difícil. Foi alugada uma casa perto dele. A gente permanecia 24 horas.(...) Ele (*Hiran*) que levou a gente. Foi muito tempo. Ele estava perto da Avenida Casa Verde. Era um coitado, uma pessoa muito velha. Não entendo por que a pressão em cima de uma pessoa dessas", disse o tenente José.[26] Hiran tinha 61 anos. Estava ligado às pessoas que cuidavam de outro segredo do partido: a construção de uma gráfica em São Paulo, no imóvel da Rua Gonçalves Figueira, 80, na Casa Verde. Ele contou à mulher que desconfiava estar sendo seguido. "Se eu for preso, sou um homem morto, pois não aguento tortura e não tenho nada a declarar", disse às suas filhas.

Os agentes testemunharam quando o comunista saía de casa com uma mala cheia de exemplares da *Voz* e trocava a bagagem com o companheiro, que levava mala com os jornais e entregava outra vazia a Hiran, que voltava para casa. Um dos que o vigiavam no Jardim das Laranjeiras era José, um sargento que trabalhara nas Rondas Ostensivas Tobias de Aguiar (Rota) e na segurança de empresários antes de ir parar no DOI por indicação de um delegado do Dops. Ele contou que Hiran foi seguido até levar a Sousa, o que conduziu os militares às gráficas. Mas a ação dos agentes não passou despercebida de seus alvos. Segundo Sousa, ele e Hiran perceberam que estavam sendo seguidos. O gráfico contou que informou suas suspeitas a

25 Beatriz Martins, entrevista em 22 de maio de 2005.

26 Tenente José, agente da equipe Coral, entrevista em 9 de janeiro de 2007. Ver ainda para as funções de Hiran no PCB as entrevistas de Hércules Corrêa (11 de fevereiro de 20006), de Moacir Longo (11 de dezembro de 2013) e Marco Antônio Tavares Coelho (17 de fevereiro de 2005).

Marco Antônio Coelho, que, desde a partida de Orlando Bonfim do país, havia sido obrigado a acumular os trabalhos de finanças e o da agitação e propaganda. Em 18 de outubro, em uma esquina do Engenho Novo, no Rio de Janeiro, Sousa fez mais do que revelar as suspeitas: pediu a Coelho que não mais marcasse encontros com ele ou com Hiran.[27]

Quase dois meses e meio depois, começaram as prisões. Era um domingo. Após almoçar na casa de parentes, Sousa apanhou dois ônibus até chegar ao seu apartamento, na Avenida Vitor Manzini, uma continuação da Avenida Washington Luís, em Santo Amaro. De um posto de gasolina próximo, telefonou para um cunhado. Queria avisar a mulher, no Rio de Janeiro, que chegaria de São Paulo por volta das 23 horas. Tomou um táxi e seguiu para o Aeroporto de Congonhas. Ao descer em frente aos engraxates, foi cercado, algemado, encapuzado e colocado no assoalho de um carro. Pegaram uma estrada de terra até um imóvel rústico, com chão de cimento iluminado por um candeeiro. Ali retiraram as algemas do preso, despiram-no e acorrentaram seus pés e mãos a grilhões chumbados na parede do imóvel. Estava na Boate.

Deram socos e pontapés até o gráfico desmaiar. Cinco minutos de pausa. A agressão recomeçou. "Seu comunista, filho da puta!" Choques. Muitos. Prenderam-no com os braços para cima, na parede. Deixaram-no suspenso, na ponta dos pés. Era uma invenção do Capitão Ubirajara, o delegado que chefiava uma equipe do Interrogatório do DOI de São Paulo. Ele incorporou o suplício para ser usado com os "velhos do PCB".[28] Se Sousa não era um dirigente, por que não falava? Por que não colaborava? Resolveram lhe mostrar fotografias de seus encontros com Hiran. Em meio à tortura, o gráfico ouviu um de seus captores comentar que ex-deputado não havia "aguentado nada". Hiran fora levado para a Boate logo depois de ser preso. Célia, sua mulher, foi detida no dia 15 e conduzida ao DOI, onde foi interrogada e torturada até ser liberada no dia 17. Nunca mais teve notícias do marido. Ele foi capturado pela equipe Cúria, da Seção de Investigação.

---

27 Sousa, Raimundo José de. *Os desconhecidos da história da imprensa comunista*, p. 112 e 113.

28 Para Ubirajara, Tenente Chico, entrevista em 26 de fevereiro de 2005.

Estavam ali Neuza, Alemão e Melancia.[29] Os três entregaram o preso ao Doutor Ney para que fosse levado à Boate. "Ele contou o que tinha de contar e depois viajou (*foi morto*)", afirmou Neuza.

> **Quem ia para a Boate?**
> Os chefes lá iam, o Perdigão. Às vezes vinha o Edgar, o cabo de panela. Não ia o Ney sozinho. Quando o Ney foi fazer o curso, o Perdigão já estava aqui. Tinha ainda o Carlão, o Setembrino, ele não saía de lá. E com certeza ia mais alguém da equipe de Busca. O Setembrino era do interrogatório e ele tinha arrumado isso. De vez em quando o (*Roberto*) Artoni ia, pois o elemento de confiança do Ney era o Artoni.[30]

O DOI usou a tortura e as prisões para esconder a ação de Mello. Naqueles dias, o cachorro partiu para o Rio de Janeiro. Sua tarefa era manter o máximo de contatos para levar os militares à gráfica do partido. E, assim, mais um dirigente do PCB foi capturado: tratava-se de Elson Costa. Para os militares, era ele quem enviava ao senador Franco Montoro (MDB) cópias da *Voz Operária*.[31] Costa vivia com a identidade de Manoel de Souza Gomes, em uma casa em Santo Amaro, quando foi sequestrado pelos agentes do DOI, às 6h30 de 15 de janeiro de 1975. Apanharam-no de bermuda e chinelo ao lado de sua casa. Ele ia tomar café no bar vizinho. Filho do dono do boteco, Eduardo José Augusto pensava que Costa era um contrabandista. Ele morava havia um ano e meio no lugar. Era um tipo fechado, de pouca conversa. Um dia antes do sequestro, por volta das 17 horas, dois agentes em um Fusca azul claro pararam em frente ao bar. Um homem branco e alto desceu com um embrulho na mão e foi tomar um aperitivo. Augusto contaria mais tarde que viu dentro do embrulho o que pensou ser um rádio de comunicação, aparelho que tinha cerca de 20 centímetros de comprimento por até oito de largura. Naquele dia, Costa chegou a casa após as 19 horas. Pegou no boteco

29 Beatriz Martins, agente Neuza, entrevista em 3 de maio de 2005.

30 Beatriz Martins, agente Neuza, entrevista em 3 de maio de 2005. Carlão era o agentes Carlos Setembrino, denunciado pelo Ministério Público Federal pela morte do dirigente comunista Jayme Amorim Miranda, integrante da cúpula do partido que desapareceu em 1975.

31 Ver AN SIAN Fundo SNI BR_DFANBSB_V8_MIC_GNC_AAA_75082920_d0001de0004.

um lanche e só reapareceu no dia seguinte, quando foi tomar café. Foi seguido por quatro homens. Nenhum deles exibia armas ostensivamente. Outros três agentes ficaram na porta do bar depois que estacionaram dois Fuscas. "Isso não é nada, é só um caso de contrabando", afirmou um deles antes de levarem Costa. Desconfiados daqueles "policiais", Augusto e um vizinho foram bater na casa do comunista, às 19 horas. Encontraram dinheiro e recortes de jornais estrangeiros, além de livros e anotações de papéis em código. A irmã de Costa, Zailda, e sua mulher, Aglaé Costa, foram ao DOI no mesmo dia procurá-lo. Um coronel as recebeu e disse que o Exército também buscava Costa, mas não tinha nenhuma relação com seu sequestro.[32] A exemplo do que acontecera com a prisão de Maranhão, a de Costa começou a preocupar a repressão. O DOI teve de exercitar seu cinismo. A viúva mandou uma carta a Geisel. "Como mulher tenho o direito de saber onde ele está." Não obteve resposta. Mostraram-lhe um revólver quando foi ao DOI em busca de informações sobre o marido. Não contente, a polícia tentou divulgar a versão de que ele era um agente da CIA a fim de pôr a culpa por seu desaparecimento nos camaradas de partido. Para o DOI, a ação da viúva levava a "crer" que se procurava "fazer exposição política desse desaparecimento, configurada na campanha para denegrir as autoridades". O embuste do destacamento buscava se livrar do constrangimento de dar explicações sobre o sequestro. O comunista estava na Boate.

Sousa acreditava ter sido retirado dali entre 14 e 15 de janeiro e transferido ao 1º Exército, no Rio de Janeiro. Por isso, não teria visto ou ouvido Costa no cárcere. Hiran morreu no pau enquanto ele ainda estava na Boate. O ex-deputado foi esquartejado e teve as partes de seu corpo atadas a blocos de concreto e colocadas no porta-malas de um carro, antes de serem atiradas de cima de uma ponte na região de Avaré, no interior paulista. A transferência do gráfico obedecia a uma "necessidade operacional" do DOI do 2º Exército.[33] É que os homens da Seção de Investigação, cumprindo as

---

32 Para os dados sobre a prisão de Costa, ver APESP, 50.Z.09.194-39306 a 39309.

33 João de Sá Cavalcanti Netto, entrevista em 20 de setembro de 2005, sem gravar. Beatriz Martins confirmou o uso de mourões de concreto nas desovas em entrevista em 14 de abril de 2006, sem gravar, em sua casa, em Cafelândia, no interior paulista.

ordens do general Confúcio, do CIE, montaram uma operação para vigiar Mello em suas andanças no Rio de Janeiro.[34] Dela tomaram parte Alemão, Junior, Melancia, Neuza e Perdigão. Acompanharam o informante em um ônibus em que subiram dois agentes, entre eles Perdigão. Eles eram seguidos pelos outros em um carro. Além de seguir o Vinícius, o grupo pretendia usar Sousa para chegar à gráfica do PCB e para apanhar o camarada Jacques (Marco Antônio Coelho), com quem ele teria um ponto. Ex-deputado federal – fora cassado em 1964 –, Coelho era identificado com a direita do partido. Inteligente e grande organizador, pelas mãos de Dias acumulara funções na clandestinidade que o expunham à repressão. Eram 11h30 de 18 de janeiro de 1975, quando parou o carro na esquina das vias Adolfo Bergamini e Dias da Cruz, em Engenho de Dentro, zona norte. Coelho devia desaparecer. O que o manteve vivo não foram – como pensou por décadas – seus gritos: "Estão prendendo o deputado Marco Antônio Coelho". Seu escândalo não fora maior do que de outros presos pela repressão. O que determinou que o ex-parlamentar ficasse vivo foi um incidente entre duas unidades militares: a decisão do DOI de atuar na jurisdição do 1º Exército sem comunicar o comandante da área. Ela opôs um general alinhado a Geisel (Reynaldo, do 1º Exército) a outro (Ednardo, do 2º Exército) que resolvera apoiar o novo ministro do Exército, Sylvio Frota, um oficial que fora picado pela mosca azul e passara a sonhar em ser presidente da República. Fazer a campanha anticomunista era a forma que os centros de informação encontraram para manter o poder. Aos poucos, Frota embarcou no movimento que parecia levá-lo à chefia do Executivo.

Como braço do CIE, o DOI paulista enviou os integrantes da equipe Cúria ao Rio de Janeiro, pouco antes da prisão da Costa, efetuada por outros membros da Investigação. Todos acabaram detidos pelo 1º Exército, que interceptara suas comunicações. Os homens do Doutor Ney foram conduzidos ao quartel da Polícia do Exército, na Rua Barão de Mesquita. Estavam ali Alemão, Melancia e Perdigão. Neuza e Junior – o mesmo

---

34 No livro *A Casa da Vovó*, ainda não estava claro o mês que o Exército enviara Mello. Com a continuidade da pesquisa após 2014, ficou claro que isso aconteceu em janeiro de 1975 e não antes, conforme escrevi na p. 442 de *A Casa da Vovó*. Fica aqui a retificação.

agente que ajudara a levar Wilson Silva e Rosa Kucinski à Casa da Morte – chegaram pouco depois, pois ela precisara terminar de transcrever fitas de grampos telefônicos executados pelo destacamento antes de partir. Ao entrarem em contato com os colegas pelo rádio, acabaram presos com os demais. Ney foi obrigado a pegar um avião no dia seguinte para prestar esclarecimentos no Rio de Janeiro. Teve de contar o que seus homens pretendiam fazer ali: descobrir as gráficas do partido e prender seus responsáveis. Trouxeram Sousa e o entregaram ao 1º Exército. Seguiram com a operação, acompanhando Mello, mas ela não era mais secreta. Os presos não mais podiam desaparecer. Marco Antônio Coelho estava salvo. "Ele caiu aberto, né".[35]

Coelho carregava um envelope onde trazia o futuro editorial da *Voz Operária*, que ia entregar a Sousa, seu contato com o aparelho clandestino da gráfica. Acabou cercado por meia dúzia de agentes. Seus gritos chamaram a atenção dos transeuntes. O trânsito parou. Colocaram-no em um Fusca. Em vez de ser levado para um centro clandestino de tortura, Marco Antônio foi parar em uma cela no DOI do 1º Exército. Mandaram que se despisse e retiraram óculos, anel e até as pontes móveis entre os dentes. Um torturador lhe perguntou: "Seu filho da puta, conhece a lei dos direitos humanos?" Coelho respondeu que sim. "Então esquece dela." O espancamento com chutes, socos e golpes de cassetete o fez cair. Os choques começaram com o dirigente comunista no chão. Perto dele, Sousa tinha as mãos atadas a argolas na parede, onde aguardava a vez para apanhar. Um oficial passou perto do preso e questionou um colega quem estava ali. "É o Batista", disse o agente. "Tira o Batista e põe o Ricardo e, depois, tira o Ricardo e põe o Tanaka", respondeu o oficial, fazendo piada com a série de codinomes usados por Sousa na clandestinidade.[36]

---

35 Marival Chaves, entrevista em 13 de maio de 2013.

36 Sousa, José Raimundo de. *Os desconhecidos na história da imprensa comunista*, p. 116 e 117. Ver ainda para a prisão de Coelho, as fontes são Falcão, João. *Giocondo Dias: a vida de um revolucionário*, p. 306 e seguintes; Gaspari, Elio. *A ditadura derrotada*, p. 24 a 44; Coelho, Marco Antônio Tavares. *Herança de um sonho: as memórias de um comunista*, p. 371 a 399; Agente Chico, entrevista em setembro de 2004 e em 27 de outubro de 2004 e Marival Chaves, entrevista em 13 de maio de 2013.

Coelho tinha naquele dia um encontro marcado com sua mulher, Terezinha, e um casal de amigos. O sumiço repentino levantou suspeitas no partido. No mesmo dia, outro integrante do Comitê Central fora preso: Dimas Perrin. Giocondo Dias foi avisado pelo casal de amigos de Coelho sobre o sumiço do camarada. E sua mulher procurou a imprensa e políticos do MDB para denunciar o sequestro do marido. Deputados da oposição tentaram articular a instauração de uma Comissão Parlamentar de Inquérito para apurar os desaparecimentos. Dois dias depois, Coelho foi transferido para o DOI de São Paulo, na Rua Tutóia. Naquele mesmo dia, ele devia ter encontrado os outros quatro integrantes do secretariado do partido no país – Aristeu Nogueira Campos, Jayme Miranda, Giocondo Dias e Itair José Veloso. Todos escaparam.

O que o Exército conseguiu naqueles dias foi um choque para o PCB. Em pouco tempo os agentes desmantelaram não só a gráfica que imprimia a *Voz*, em Campo Grande, no Rio de Janeiro, bem como a que era preparada para a mesma tarefa, na Casa Verde, em São Paulo. Também atingiram outras três estruturas regionais, em Brasília, Porto Alegre e Formoso (GO), onde o jornal era impresso a partir de matrizes enviadas do Rio de Janeiro. Os fornecedores de insumos para o periódico foram igualmente atingidos. Em São Paulo, o imóvel usado pelo partido havia sido alugado havia um ano. Uma parede falsa escondia o equipamento que deveria em breve imprimir a *V.O.*: uma máquina Rex-Rotari-2202, um mimeógrafo e um aquecedor. Para entrar naquele ambiente era preciso girar o registro no banheiro que abria uma parede de concreto em um dos quartos da casa. Era ainda preciso afastar uma prateleira e girar um prego grande, que funcionava como trinco. A terra retirada na construção da câmara secreta foi depositada após a parede de concreto de 50 centímetros, para isolar acusticamente o lugar. No Rio de Janeiro, a gráfica ficava a 59 quilômetros do centro da cidade. Estava instalada ali havia dez anos. Com alarmes e alçapões, embaixo da garagem do imóvel estava o salão de 54 m² ela funcionava. O primeiro grande objetivo da operação fora alcançado – o governo comemorava a façanha com um pronunciamento do ministro da Justiça, Armando Falcão, no dia 31 de janeiro.

Agora era necessário impedir que a legenda voltasse a editar o jornal. E conter a reação da oposição em razão das denúncias de tortura. Fazia quase um mês que Mello circulava pelo Rio de Janeiro, onde restabelecera a ligação com o Comitê Central. Ficou em uma casa em Niterói e mantinha encontros com dois dirigentes do partido no Estado: Sebastião Paixão e Francisco Gomes Filho, o Chiquinho. Ambos lhe abasteciam com dinheiro e contatos, enquanto o PCB decidia como retirá-lo do país, após o episódio dos documentos "perdidos" em São Paulo. Não demorou muito para que a agremiação fosse atacada no Rio de Janeiro. Quem pôde, se mandou do país. Em Duque de Caxias, o jovem Idivarcy Martins conversava a cada 15 dias com um dirigente do Comitê Estadual. Chegava sempre adiantado ao ponto. Quando se dirigia a um desses encontros, foi abordado por acidente na rua por uma companheira, que lhe alertou sobre a prisão de seu contato. "Estão vindo atrás de você." Martins ainda pôde ver de cima de um viaduto o esquema montado pela polícia, que o aguardava. Recebeu a ordem de voltar ao Espírito Santo. Um mês depois, Paixão conseguiu organizar sua saída para Moscou, onde foi cursar a escola de quadros.[37] Logo, em 4 de fevereiro, os homens do DOI capturam outro peixe grande do partido: Jayme Amorim. Ele foi sequestrado depois de sair de casa, no Catumbi e levado para a Boate. O lugar já estava vazio depois do assassinato de Elson Costa. Acorrentaram-no aos grilhões chumbados na parede. Para fazê-lo falar, jogaram álcool em seu corpo e, como se recusasse, atearam fogo. Mataram-no após 20 dias de suplícios com uma injeção para sacrificar cavalos. "Foi uma barbaridade", contou em pé, diante da garagem de sua casa, na zona oeste de São Paulo, o agente Sá, um dos frequentadores da Boate. Amorim havia retornado da União Soviética. Em nome do partido, ele se encontrara com Mao Tsé-Tung e Che Guevara. Era apontado pelo CIE como um dos envolvidos no esquema da *Voz Operária*, conforme relatório de 22 de maio de 1974, distribuído ao Alto Comando do Exército. Unia, assim, duas coisas detestadas pelos militares: a suposta proximidade com as gráficas e com líderes de países comunistas. Acabou esquartejado. As partes de seu corpo

37 Idivarcy Martins, entrevista em 30 de maio de 2006.

foram espalhadas na região de Avaré. Enquanto era seviciado secretamente, seu colega Marco Antônio Coelho era espancado diariamente no DOI paulista. Fizeram constar em seu depoimento uma lista de 22 políticos do MDB apoiados pelos comunistas em seis estados, um segredo de polichinelo. O pau-de-arara, os choques e os espancamentos dia após dia, além da privação da comida e da água, quebraram o ex-deputado federal, que se viu enfurnado em um cubículo escuro, deitado ao lado de fezes e mijo, tratamento que lhe fora imposto pelos Doutores Edgar e Homero, os capitães do Exército André Leite Pereira Filho, chefe da Seção de Interrogatório do DOI, e Otoniel Eugênio Aranha Filho, que prescreveu uma dieta de duas canecas de água por dia ao preso. Sempre com um pouco de sal. Como o odor de sua cela ficou insuportável até para os carcereiros, decidiram lhe dar um banho. "Lavem esse porco!", ordenou Homero. E deram a Coelho jatos de água fria com uma mangueira no pátio, enquanto faziam o mesmo no cubículo em que o mantinham. "Defrontei bestas com aparência humana, nada mais. E delas fui pasto", escreveu Coelho.

A ação do DOI mais uma vez despertou reações. Quando prendeu outro ex-deputado federal, no dia 14 de fevereiro, os agentes o levaram diretamente para o destacamento e não mais para Boate. Tratava-se do ex-constituinte de 1946 e sindicalista Oswaldo Pacheco. Ele morava na zona norte paulistana e saiu de casa para se encontrar com Salomão Malina, outro dirigente do PCB. Apanhou um ônibus e, quando ia descer do coletivo na Praça Oswaldo Cruz, no Paraíso, foi empurrado pelo tenente José em cima do agente Jonas, que o aguardavam na calçada.[38] Submetido à tortura e acareações com Coelho, Pacheco começou a demonstrar sinais de loucura. Foi o primeiro dirigente do PCB transferido para o presídio onde estavam os detidos dos grupos da luta armada. "Ele chegou muito arrebentado", contou um dos presos.[39]

A pressão sobre o governo em razão da tortura crescia. E ele teve de se explicar. Em 20 de fevereiro, um mês depois da prisão de seu marido, Terezinha

---

38 Tenente José, entrevista em 10 de janeiro de 2007 e AEL-Unicamp, processo BNM 643 (PCB), p. 376.

39 José Genoíno, entrevista em 25 de abril de 2017.

Coelho pôde vê-lo por dez minutos no DOI. Estava vivo, mas destruído. Após 19 sessões de interrogatório, perdera 25 quilos. Ela saiu do destacamento e foi procurar o jornalista Ruy Mesquita, de *O Estado de S. Paulo*. Contou-lhe o que vira e ouvira. Doutor Ruy apanhou o telefone e ligou para o ministro da Justiça. No dia seguinte, o ministro do Exército, Sylvio Frota, levou à Geisel uma nota que seu ministério distribuiria à imprensa sobre o caso e um laudo do médico legista Henry Shibata: o preso estava com sua integridade física preservada. O *Estadão* publicou a nota de Frota ao lado da carta de Terezinha com um apelo dramático aos militares: "Matem meu marido, mas não o torturem! Não o aviltem, pelo amor de Deus".[40]

Os militares dispunham agora de informações que expunham o partido em quase todas as seções de seu trabalho. Sabiam, por exemplo, da ação de Ruth Simis no setor de finanças desde maio de 1974, mas só a detiveram após a prisão de Marco Antônio Coelho para destruí-lo moralmente, diante da vergonha de se imaginar responsável pelo infortúnio de sua amiga. Havia ainda um outro objetivo inconfessável nessa detenção: o saque, a obtenção de butim. Ruth escondia milhares de dólares que foram roubados pelos oficiais do DOI, dinheiro proveniente da URSS e de empreendimentos mantidos pela Seção de Finanças do PCB.[41] O partido entrou em crise financeira. Perdeu suas gráficas e mais de uma dúzia de militantes envolvidos no setor, entre eles Alberto Aleixo, de 72 anos, irmão do ex-vice-presidente da República, Pedro Aleixo – Alberto morreria em decorrência dos maus-tratos na prisão. Tinha agora a necessidade imediata de obter R$ 212 mil às pressas para fechar suas contas, tarefa que ficou a cargo do secretário de organização, Aristeu Nogueira.

Além de encher os bolsos com dólares roubados, o porão do regime também colecionava informações sobre o esquema de obtenção de documentos falsos para os dirigentes e militantes, um caminho aberto por Mello que

---

40 Para a reunião de Geisel, Gaspari, Elio. *A ditadura derrotada*, p. 41. Para a carta de Terezinha, *O Estado de S. Paulo*, 28 de fevereiro de 1975, p. 15.

41 Marival Chaves, entrevista em 13 de maio de 2013. No relatório do CIE de maio de 1974, aparecem os nomes de dezenas de comunistas, entre eles o do jornalista Rodolfo Konder, que só seria preso em outubro de 1975, na investigação que levaria à morte de Vladimir Herzog.

sempre trazia novos frutos. Foi assim que a repressão encontrou o editor Renato Guimarães Cupertino. Integrante do CC e denunciado publicamente pelo agente Carlos, em 1972, ele decidiu que era chegada a hora de sair do Brasil. Pensava em voltar à França, mas precisava de um passaporte. E procurou um esquema do partido com um despachante em Curitiba, no Paraná. Ia usar uma identidade falsa em nome de Milton Nogueira, que lhe fora fornecida por Walter Ribeiro, que desaparecera um ano antes. Esse descuido ia custar caro. Renato estava escondido em São Paulo, onde aguardava os documentos. Marcara um encontro na rodoviária, no centro da cidade, mas o despachante chegou acompanhado de policiais do Paraná. Detido, o comunista foi encaminhado ao Dops de São Paulo, onde os zelosos policiais paranaenses o deixaram mediante a assinatura de um recibo de entrega do prisioneiro. A burocracia evitou que o comunista desaparecesse, mas não conseguiu livrá-lo das torturas no DOI, onde seu irmão Fausto, militante do partido em São Paulo, já estava preso e apanhava noite após dia.

Um telefonema anônimo avisou Olavo Cupertino, então diretor da Dersa, que seu irmão Fausto estava no cárcere. A estatal tinha na diretoria um oficial da reserva da Força Aérea, que servia de ligação com os órgãos de segurança. Orlando se socorreu dele e conseguiu conversar com o coronel Paes, que lhe permitiu visitar o irmão. Ele não sabia ainda que Renato também estava no DOI. Soube disso por meio de um militante do PCB e foi apurar. E lá encontrou os dois. "Ao nos despedirmos, o Renato me abraçou e disse: 'estão querendo me matar'." A intenção dos agentes foi confirmada pelo oficial da FAB que lhe aconselhou a fazer o que pudesse porque "estavam a fim de matar o Renato". Olavo telefonou ao coronel Paes, que fez um discurso sobre os perigos da juventude diante a pregação comunista e sobre os métodos científicos de interrogatórios. "Disse a ele que acreditava nas providências que ia tomar, mas que tinha certeza das informações sobre o que estava sendo infligido ao Renato".[42] Seu irmão decidiu que não valia a pena falar o que os torturadores queriam arrancar dele sob tortura. Não valeria a pena viver com a lembrança de que cedera aos captores. Denunciou as sevícias ao ser

42 Olavo Guimarães Cupertino, entrevista em 27 de abril de 2016, por escrito.

interrogado na Justiça e disse que ainda trazia as marcas no corpo. Entregou uma declaração escrita em duas páginas com detalhes dos suplícios durante os 70 dias em que esteve incomunicável no destacamento. "Estive dezenas de vezes, centenas de horas, com aplicações de descargas elétrica em diversas partes do corpo, espancamentos, pau-de-arara (...), regime de fome e sede e obrigado a ficar de pé durante dias seguidos ou em posições estáticas penosas durante várias horas".[43] Enquanto o interrogatório tentava quebrar sua resistência, a investigação tinha um novo trabalho: acompanhar Mello até a Argentina, onde Vinícius embarcaria para Moscou. O Exército conseguira plantar um informante atrás da Cortina de Ferro.

GÖTTERDÄMMERUNG. Determinar a trajetória de Pacato nas semanas finais de sua permanência no Brasil e revelar seus contatos esclarece em parte a sequência de quedas importantes impostas pelo militares à direção comunista no Brasil. As coincidências são muitas, a ponto de mostrar as digitais do informante em operações que continuaram mesmo depois de sua saída do país. É que os militares nunca prendiam todos com quem o traidor mantinha contato. Antes de tudo era preciso preservar a fonte. Depois, manter caminhos abertos para que a investigação sobre o partido pudesse sempre ser retomada. Por fim, as prisões podiam ser adiadas a fim de se reunir o máximo de informações possíveis, o que facilitaria não só a captura dos alvos e a destruição da estrutura da organização, mas também os interrogatórios dos prisioneiros. E assim foi. Sebastião Paixão e Francisco Gomes Filho só seriam presos meses depois que Mello deixou o país. No seu caminho para o Rio Grande do Sul, o infiltrado derrubou outros comunistas, entre eles o jornalista Nilson Amorim de Miranda, irmão de Jayme Amorim. Como seu principal informante no PCB ia para o exterior, o DOI logo procurou um substituto. Três agentes ouvidos confirmaram que Nilson fora sequestrado em Porto Alegre e trazido a São Paulo. Ficou escondido na casa do Ipiranga, onde teria concordado em colaborar – assim como Vinícius.

---

43 O manuscrito de Renato está em AEL-Unicamp, BNM 643, p. 376. Renato foi uma das vítimas das maledicências promovidas por Hércules Corrêa por meio do manuscrito *Que merda é essa?*

Uma vez, Sá se gabou de que em uma reunião em Moscou, ele tinha dois informantes ao lado de Luiz Carlos Prestes – Mello e Nilson. O vaidoso Pedro Aldeia, homem de confiança do Doutor Ney, confirmou a condição de informante de Nilson. "Ele passou informação, mas chegou um ponto em que nós sabíamos mais do que ele." No relato de Marival Chaves, a cooptação de Nilson teria acontecido entre fevereiro e março de 1975, quando o irmão Jayme estava sendo torturado na Boate. Não se sabe se antes ou depois da ida de Mello para o sul, no dia 6 de março. "Os dois (*Jayme e Nilson*) estavam presos e um não sabia do outro, e eu sabia que os dois estavam presos porque estava recebendo documentos de interrogatórios dos dois em duas casas diferentes, na Casa do Ipiranga, e o outro estava na casa da... Lá na Estrada de Itapevi. Um morreu e o outro sobreviveu. Agora, também só sobreviveu porque aceitou trabalhar e traiu, né? Mas tem... O Exército tem fotografia dele recebendo dinheiro e tudo mais, porque isso era praxe".[44]

Antes de partir do Rio de Janeiro, Pacato contatou uma sobrinha, que avisou Zirlanda, sua mulher, e Marcos, o filho do casal, que ele estava de partida. Disse que os aguardaria no dia seguinte, em um restaurante em Friburgo. Só a mulher apareceu, pois o filho estava trabalhando. Em suas memórias, Mello contou ter sido ele quem decidiu a maneira de sair do Brasil. Afirmou ter procurado em Porto Alegre um companheiro – Miranda – após comprar as passagens de ônibus para São Paulo e, de lá, para a capital gaúcha. Tudo mentira.[45] Há duas hipóteses para essa história: ou Pacato foi orientado a pôr Miranda na história pelos próprios militares ou estes usaram Vinícius para chegar até ao colega. Em entrevista gravada em 2018, em sua casa, após ser desligado do PPS, Mello admitiu pela primeira vez não só que fora preso pelo DOI em 1974 como havia sido levado para o

44 Para o caso Nilson Miranda, ver os depoimentos de João de Sá Cavalcanti Netto, em 20 de setembro de 2005, Roberto Artoni, 16 de fevereiro de 2013 e Marival Chaves, depoimento à CNV, p. 56. Não há no relato dos militares nenhum nome de militante que tenha sido preso com base nas informações de Miranda, o que o diferencia de Mello.

45 Em entrevista ao UOL, Miranda negou que tivesse sido preso e disse não acreditar que Mello fosse informante. Segundo ele, entre a palavra de Mello e a de militares, ele ficava com a de Mello. Mas ao contrário de Mello, Miranda não continuou no "serviço", deixando de informar os militares, sem, no entanto, nunca admitir para o partido o que lhe havia acontecido.

Sul pelos agentes. "Fui sim (*levado pelos militares*). Me disseram o seguinte: 'Você vai viajar acompanhado porque disseram assim, tá cheio de serviço aí atrás de comunista e pode um outro serviço te pegar'. Então, eles atravessaram comigo, a coisa né", contou. Não citou Miranda, mas disse que cruzou a fronteira no carro de uma professora, como relatara antes nas memórias que escrevera para o partido. Quem o acompanhou em um Fusca foram os agentes Pedro Aldeia e o Doutor Raul (Marival Chaves). No Sul, Mello permaneceu até o dia 30 março, domingo de Páscoa. Enquanto estava em Porto Alegre, o Comitê Regional do PCB sofreu com novas prisões.[46] Na versão de Mello para o partido, Miranda teria providenciado seu último esconderijo antes de atravessar a fronteira no carro da professora. Para os militares, tudo era uma mentirada para esconder do partido a traição de Vinícius. O Doutor Raul presenciou quando Artoni tirou fotos do cachorro no Uruguai. De Colônia Sacramento, Mello embarcou para Buenos Aires, onde se encontrou com Armando Ziller, o representante do Comitê Central no país vizinho, que recebia os comunistas de passagem para a Europa. Ziller pôs Pacato em contato com o PC Argentino, que avisou os soviéticos e estes a Prestes. Foi o secretário-geral do partido que autorizou os argentinos a entregarem o passaporte que Vinícius usou para chegar a Moscou. Antes, porém, o brasileiro se reuniu em Buenos Aires com o Doutor Ney e outro militar, um jovem que dissera trabalhar como adido da embaixada brasileira. Tinha uma pinta no rosto e parecia mancar. Combinaram as normas e regras para que se mantivessem em contato: um número de telefone e uma caixa postal.[47]

No Brasil, as prisões prosseguiam com base no que tinha sido descoberto a partir do trabalho de Mello. Renato de Oliveira Mota, o homem que controlava parte do trabalho militar do PCB, foi sequestrado no Tatuapé, na zona leste de São Paulo, a caminho do trabalho – ele era vendedor de

---

46 Domingos Todero, entrevista em 3 de dezembro de 2017. Na época, Todero soube apenas que Nilson Miranda conseguira escapar da polícia e fugira para o exílio em Moscou.

47 Para o encontro em Buenos Aires, ver Severino Theodoro de Melo, entrevistas em 8 de dezembro de 2015, 9 de dezembro de 2015 e 22 de maio de 2018. Ver Roberto Artoni, entrevista em 16 de fevereiro de 2013 e João de Sá Cavalcanti Netto, entrevista em 20 de setembro de 2005.

uma fábrica de móveis. Às 8 horas, dois homens o jogaram dentro de um carro. Pensou que fosse um assalto e ficou tranquilo. Levaram-no para um ponto de encontro, onde o encapuzaram. O lugar era rústico e iluminado com lampiões a gás. "É melhor você começar a falar." O tratamento que se seguiu foi o de praxe: choque, palmatória e pau-de-arara até desfalecer. Submeteram-no ainda a distensões brutais de sua coluna vertebral e a chicotadas, além de ameaçarem prisão e tortura na sua frente sua mulher e seu filho. Foram cinco dias de suplício. Levaram-no para outro cárcere, onde teve de escrever sua declaração de próprio punho e, só depois, foi conduzido ao DOI. Mota era quem mantinha contato com a célula do partido na Polícia Militar de São Paulo. Com cerca de 70 integrantes entre homens da reserva e da ativa, o grupo passara incólume até então. Seu estouro serviria para emparedar o governador de São Paulo, Paulo Egydio Martins, um desafeto público do comandante do 2º Exército, o general Ednardo.

Enquanto isso, a Seção de Operações do CIE – então comandada pelo Doutor Tibiriçá, o coronel Ustra, o antigo chefe do DOI do 2º Exército e amigo do Doutor Ney – voltou a atuar contra o partido. Primeiro, sequestrou Nestor Veras, responsável pelo trabalho de campo do PCB e pelos contatos da legenda em Minas. Os militares apuravam a hipótese de o partido aderir à guerrilha rural. Era comum entre eles confundir comunistas do PCB e do PCdoB. No caso, a dubiedade do PCB sobre a luta armada permanecia à medida que o partido se recusava a abandonar todas as formas de luta. Veras foi apanhado em 1º de abril de 1975, na Rua Olegário Maciel, no centro de Belo Horizonte, após encontrar dois companheiros de Minas. Marival Chaves acredita que ele também foi parar na Boate.

Naquele momento, a maior preocupação dos militares ainda era a *Voz Operária*. Apesar da ação em janeiro, o jornal foi impresso em fevereiro. Os agentes não sabiam, mas tinham nas mãos um dos responsáveis pela impressão do periódico após o estouro das gráficas. Renato Guimarães passara o carnaval de 1975 ajudando a rodar a publicação em Jacarepaguá, em um mimeógrafo. Quando foi preso, tinha um exemplar da edição no porta-luvas de seu carro, um Opala 1972. Seu editorial principal tinha o título: "Venceremos" e comemorava os dez anos de impressão clandestina do jornal. Outras duas edições da *V.O.* foram feitas no Brasil. Naquele fevereiro, Régis Frati, um militante da Seção Juvenil do partido, recebera de Itair Veloso um ponto para se encontrar com um dirigente do PCB em Parada de Lucas, no Rio de Janeiro. Régis não sabia que ia conhecer Giocondo Dias. E receber a tarefa de continuar a impressão do jornal. Ela ficaria a cargo de sua seção e da área da agitação e propaganda. Dias lhe disse: "O Itair (*Veloso*) está trabalhando contigo, o (*Orlando*) Bonfim está trabalhando contigo e você é uma peça-chave em São Paulo para fazer, distribuir o jornal. Você tem de ter muito cuidado." Em seguida, deu a Régis orientação política e um panorama geral sobre a vida no partido. "Ali nos despedimos." Mas Régis não ficaria muito tempo no país. Com a polícia em seu encalço, ainda naquele mês foi à Buenos Aires se encontrar com José Montenegro Lima, o Magrão, colega da seção juvenil que trazia US$ 60 mil em dólares e marcos para reorganizar a impressão do jornal clandestino no Brasil. O dinheiro vinha da União Soviética, assim como Lima, um jovem em ascensão no PCB.

Pouco antes, voltara de Moscou outro militante: Genivaldo Matias da Silva, que fora levado por Magrão para Moscou no fim de 1974. Os dois iam se estabelecer em São Paulo, no olho do furacão. Em abril e em maio, depois da terceira edição da *V.O.*, o CIE reagiu. O ataque que se seguiu atingiu o que restava da Comissão Executiva do PCB.[48] Foi nele que prenderam Aristeu Nogueira, o homem que ficara responsável pelas finanças após a queda de Marco Antônio Coelho. Sequestraram-no em 17 de maio, no Rio de Janeiro, e levaram-no a um cárcere clandestino, onde ficou até 2 de junho. Viveu acorrentado, pendurado no pau-de-arara e submetido a choques elétricos, espancamentos e humilhações antes de ser entregue ao DOI do 1º Exército.

Cinco dias depois foi a vez de Itair Veloso ser capturado após deixar sua casa, às 7h30, no Rio de Janeiro. Dizia que tinha um encontro às 8 horas e voltaria às 12 horas para ir ao médico com a mulher. Veloso acabou na Boate. Deram-lhe um banho de água fria durante um dos mais rigorosos invernos

---

48 Ver Renato Guimarães Cupertino, entrevista em 15 de maio de 2016; Para Régis Frati, ver depoimento para o documentário *Giocondo, um ilustre clandestino*, no arquivo MVI_5478. MOV, cedido por Caetano Pereira, da Fundação Astrojildo Pereira.

documentados do século passado – houve neve até em Curitiba. O choque térmico o matou. Veloso foi mais um a ter o corpo esquartejado antes de ser desovado nas águas de Avaré. Em 28 de maio, outro integrante do secretariado foi preso. Fernando Pereira Christino tinha um encontro marcado com Aristeu em Osvaldo Cruz, na zona norte do Rio de Janeiro. A equipe que o prendeu era chefiada pelo Doutor Tibiriçá. Pereira foi posto em uma Veraneio. Levaram-no para uma casa, onde o torturaram. Queriam saber de Giocondo Dias. Christino teria um encontro com o líder comunista no dia 30 e contou aos captores, o que fez a tortura cessar, pois era preciso que o preso estivesse inteiro para ir ao ponto. Dias não apareceu. Em suas memórias, Christino contou que ele lhe havia confidenciado que, por um tempo, não compareceria mais a encontros com os camaradas.[49] O antigo chefe do DOI de São Paulo assumira a Seção de Operações do CIE em maio de 1975 e manteve a parceria com o destacamento que comandara durante mais de três anos. Ustra ainda chefiaria outras operações contra o partido, como a Acarajé, na Bahia.

Christino sempre pensou que sua queda se devesse a Aristeu. O que ele não podia suspeitar é que seu outro encontro no dia 28 foi com uma montaria, um militante que os militares não prendiam e o seguiam sem que este soubesse de nada. Tratava-se de Francisco Gomes Filho, o Chiquinho, a quem devia entregar o salário de Cr$ 1,5 mil que o partido lhe devia.[50] Ao apanhá-lo durante um ponto com Aristeu, os agentes, além de esconder como realmente chegaram à Christino, ainda espalhavam a discórdia dentro do partido, uma situação ideal. No dia 3 de junho, outro dirigente seria preso. Tratava-se de Sebastião Rodrigues Paixão, detido na Rua Garcia D'Avila, em Ipanema, zona sul carioca. Dias antes, ele foi visto em Santa Isabel, no município de São Gonçalo, dirigindo um Fusca. Procurava Antônio

49 Christino, Fernando Pereira. *Uma vida de lutas dedicada ao comunismo*, p. 56 e 57. Para Itair, ver entrevistas de Marival Chaves.

50 Silva, Eumano. *Longa jornada até a democracia: os cem anos do partidão*. Ver Nogueira, Aristeu, declaração à Justiça Militar, in AN, Fundo SNI, br_dfanbsb_v8_mic_gnc_aaa_75087600_d0001de0001. A denúncia de tortura feita por Aristeu e por Christino levou á produção da informação pela Seção de Informações CIE número 1792/S-102-A5-CIE, em 23 de setembro de 1975.

Ribeiro Granja sem saber que era seguido por três militares em um Fusca – dois homens e uma mulher. Granja morava na Serra com sua mulher e seus dois filhos de dez e quatro anos. Era ali o "Seu Luiz", um dos alvos de Mello quando se transferiu de São Paulo para o Rio de Janeiro. O ocaso e a desconfiança inata de Granja salvaram sua pele. Logo depois da passagem dos carros, ele soube que um dos Fuscas havia sido parado por policiais da cidade e que um de seus ocupantes se identificou como oficial do Exército. Eles também usaram Paixão, a exemplo de Chiquinho, como uma montaria, após os encontros com Pacato. Naquela mesma noite, Granja fugiu pela mata, sem dinheiro ou documento. À distância, observou sua casa sendo cercada por homens armados com submetralhadoras.[51] Maltrapilho, Granja viveria em um tugúrio até a anistia.

As últimas quedas clandestinas do PCB aconteceriam em setembro e em outubro e, mais uma vez, estavam ligadas à *Voz Operária*. O primeiro a ser preso foi Francisco Gomes Filho, que atuou na Seção de Organização do partido com Aristeu Nogueira. O homem que se encontrara com Mello no começo do ano estava sendo seguido. No dia 16 de setembro, saiu do Rio de Janeiro, em direção a Goiás. Foi acompanhado por homens do DOI do 1º Exército, que o vigiaram até o dia 22 de setembro, data de sua prisão. Os agentes viram quando passou por Uberlândia, em Minas Gerais, antes de chegar ao seu destino: a casa de Isaac Thomé. Deixaram-no circular quatro dias por Goiânia para mapear seus contatos. Além de Gomes, outras 22 pessoas foram presas e acusadas de tentar reorganizar o PCB no Estado. A operação foi coordenada pelo CIE e os presos levados ao 42º Batalhão de Infantaria Motorizada. Os interrogatórios ficaram a cargo do DOI do Comando Militar do Planalto (CMP), que registrou em cada folha de depoimento a presença nas prisões dos agentes vindos do Rio de Janeiro. Uma semana depois do arrastão em Goiás, o CIE ia agir em São Paulo. O Doutor Tibiriçá contou com a ajuda dos Doutores Silva e Ney. O alvo era Montenegro, o Magrão, que dividia com Genivaldo um apartamento na Rua Brigadeiro Galvão, na Barra Funda, após a ida de Frati a Moscou. O partido preparava

51 Granja, Antônio Ribeiro. *A práxis do guerreiro, a história de Antônio Ribeiro Granja*, p. 100 a 101.

Genivaldo para atuar como militante profissional. Ele começou a estudar para os exames de motorista do Departamento Estadual de Trânsito para dirigir um táxi com o qual transportaria os chefes. Faltava uma última etapa nesse processo quando tudo desmoronou.

Antes de voltar ao Brasil, Montenegro passou em Paris e conversou com Armênio Guedes, integrante do CC que viva na capital francesa. "Você não pode retornar porque vão lhe pegar", disse Guedes. Magrão respondeu que tinha de cumprir a tarefa.[52] E cumpriu. Ele e Orlando Bonfim conseguiram imprimir mais duas edições da *Voz*, em março e em abril de 1974. Ambas mimeografadas. O dinheiro que Magrão trouxe ao Brasil ficava escondido em uma caixa de sapato, ao lado de sua cama, no apartamento da Barra Funda. O imóvel tinha cerca de 70 m² no último andar de um prédio de três andares. Ele e Genivaldo não costumavam levar ninguém mais ao lugar. Quebraram essa regra uma única vez, quando voltavam de uma festa com uma amiga.[53] Os militares localizaram o apartamento e o colocaram sob vigilância. O tenente José estava entre os agentes mobilizados. "Ele ia viajar, me falaram, mas não sei para onde", disse. Montenegro planejava partir para o Rio de Janeiro e levaria consigo o dinheiro recebido no exterior. Em 29 de setembro de 1975, o Doutor Ney deu a ordem para encerrar a "paquera" e prender o "cliente". Estava frio. Naquela madrugada, viram três pessoas chegarem ao imóvel. "Ele (*Magrão*) entrou no apartamento e nós recebemos a ordem: permanecer até a saída deles." Pela manhã, a mulher deixou o prédio sem ser incomodada. Em seguida, saíram Genivaldo e Montenegro, cada um para um lado. Ney foi consultado pelos agentes sobre Genivaldo. "Deixa esse aí ir embora." Magrão foi preso ao passar em frente ao antigo quartel da 2ª Região Militar.

> Fui pra cima dele. No momento da prisão, o cara de um bar tentou defender, mas a gente falou que era polícia e ele voltou. Colocamos ele no Fusca. Ele meteu o pé no motorista, prensando ele contra o volante. Pus a arma na cabeça dele

---

52 Dianezi Filho, Vicente. *Magrão, exemplo de militante*. Obtive os manuscritos de Dianezi antes que seu livro póstumo sobre Magrão fosse publicado.

53 Genivaldo Matias da Silva, entrevista em 12 de junho de 2016.

> e disse: 'Para, porque se não...' O Fábio [*João de Sá Cavalcanti Netto*] estava no carro. Ele [*Montenegro*] parou. Recebemos ordem de entregar para o setor de inteligência.[54]

O tal setor era a área secreta da investigação, com seus cárceres clandestinos. Ney, que acompanhara a ação pelo rádio, logo apanhou o preso e, com Pedro Aldeia, o levou para o sítio de Araçariguama, o último dos cárceres clandestinos usados pelo CIE em São Paulo. Ali também apareceu o Doutor Silva. Montenegro havia combinado se encontrar com Genivaldo às 17 horas, na galeria Metrópole, no centro. Como o amigo não apareceu, seu colega decidiu não voltar ao apartamento. Buscou refúgio na zona norte. Dez dias depois, combinou com Jaime Rodrigues Estrela, o Cebola, um esquema para se aproximar do imóvel, pegar o dinheiro, que ele sabia que Montenegro escondia no imóvel, e se mandar para Buenos Aires. Não sabia que Jonas, o Melancia da Equipe Cúria já havia varejado o apartamento e apanhado a grana, dividida entre oficiais do DOI. Disse a um companheiro que ficaria em um bar próximo enquanto o colega passaria em frente ao apartamento. Se na volta o camarada não parasse é porque notara algo estranho. "Ele passou e não olhou para mim. Aí eu pensei: 'Tô fodido'." Genivaldo olhou pelos lados e viu que estava sendo vigiado. Decidiu comer e tomar uma cerveja. Ao sair do bar, foi preso.[55] Jogaram-no no assoalho do banco traseiro de um Fusca. E enfiaram um capuz em sua cabeça. O carro saiu e deu algumas voltas com os agentes com os pés em cima do preso antes de voltarem ao apartamento. Os choques começaram ali. Arrancaram um fio e o colocaram na tomada. O espancamento prosseguiu na Casa da Vovó, onde o mantiveram preso por 20 dias sob constante interrogatório. "O tempo todo eles diziam: ele está morto. E, se você não nos der as coisas, vamos fazer a mesma coisa com você." Em Araçariguama, Montenegro foi torturado. Queriam arrancar informações que levassem a novas prisões.

---

54 Tenente José, entrevistas em 10 de janeiro de 2007 e 27 de dezembro de 2007.

55 A tenente Neuza nas entrevistas de 12 e 22 de maio de 2005 confirmou a existência do dinheiro e sua partilha pela cúpula do DOI, assim como Marival Chaves, em entrevista de 17 de maio de 2013 e o tenente José, em entrevista de 27 de dezembro de 2007. Ver ainda Genivaldo Matias da Silva, entrevista em 12 de junho de 2016.

Mataram-no com uma injeção de curare aplicada pelo Doutor Silva. Seu corpo foi retalhado e as partes atiradas no Rio Avaré. No trajeto, os mágicos do DOI de São Paulo foram parados na estrada pela Polícia Rodoviária Estadual. Não sabiam que no porta-malas viajava Montenegro. O Doutor Silva resolveu o inconveniente exibindo a sua carteira de coronel do Exército. Estava em companhia do Doutor Edgard.[56]

No dia 8 de outubro, a família de Orlando da Rosa Bonfim Junior – ele tinha mulher e seis filhos – recebeu um telefonema anônimo, informando que ele havia sido preso. O comunista havia saído pela manhã com um motorista – Dedé – e disse a ele que se não voltasse até meio-dia, era porque havia sido detido. Dedé se encarregou de contar tudo a Giocondo Dias, que tomou a decisão de se esconder e cortar os laços com o partido.[57] Bonfim foi apanhado pelos doutores do CIE e do DOI em Vila Isabel e levado ao sítio de Araçariguama. Ali foi torturado e executado com uma injeção de curare. "Nós íamos para lá e ficávamos uma semana, dez dias. Não tenho ideia de quantas pessoas (*iam*)", contou a tenente Beatriz Martins. O cardeal-arcebispo do Rio de Janeiro, d. Eugênio Salles fez um apelo ao comandante do 1º Exército, general Reynaldo Almeida, para que fosse revelado o paradeiro do preso. Mais uma vez os homens do CIE e do destacamento paulista teriam agido em sua área sem lhe prestar contas. A situação se modificara. Frota, que antes concordara em pôr ordem no porão, fechando o escalão avançado do CIE no Rio, agora apostava em levar o moedor de carne contra os comunistas até o fim. Uma vez liberado, após a vitória do MDB, ele agora ameaçava se voltar contra a própria Presidência da República.

---

56 Beatriz Martins, entrevista em fevereiro de 2006, em sua casa, em Cafelândia. Os tenentes José e Chico confirmaram os nomes dos frequentadores da Boate e do Sítio. Ver ainda depoimento de Marival Chaves ao MPF, denúncia de nº 0015754-19.2015.4.03.6181 (caso Montenegro).

57 Luiz Carlos Azedo, entrevista em 5 de janeiro de 2024.

5 O ESPIÃO EM MOSCOU

A ação de um infiltrado no Leste Europeu

O TELEFONE DE Ênio Pimentel da Silveira tocou. O militar que o atendeu pediu que a pessoa esperasse um momento. Passados alguns instantes, o Doutor Ney apanhou a ligação. Era de Paris, na França. Do outro lado da linha estava o agente Vinícius. Ele tinha uma informação importante para o doutor: "O vice-diretor da empresa chegou aqui e vai passar uma temporada grande aqui." Era a primeira vez que o chefe da Seção de Investigação recebia uma informação sólida sobre o paradeiro de Giocondo Dias, que chefiava o partido no Brasil, enquanto Prestes vivia no exílio em Moscou. Dias era um dirigente à moda da Era Brejnev. Em comum com o russo, apostava na atmosfera política de segurança e confiança entre os camaradas e em um jeito familiar nas relações privadas, portando-se mais como porta-voz da coletividade em benefício do partido, sem submeter ninguém aos rigores do stalinismo ou às humilhações dos tempos de Khruschov, como se tornara regra então na URSS. A KGB, segundo seu diretor Vladimir Semichastny, preocupava-se mais em encobrir flertes e puladas de cerca do secretário-geral do que com a segurança estatal.[1] Não que Dias tivesse o gosto pelas caçadas, pelos ternos bem cortados, carros velozes e mulheres bonitas que eletrizavam o *gensek* do PCUS. Pelo contrário, era frugal como

1 Schattenberg, Susanne. *Brezhnev, the making of a statesman.* p. 199 a 202.

convinha a velhos comunistas, principalmente, os de partidos que dependiam financeiramente da "solidariedade soviética", conhecida no Ocidente como o "ouro de Moscou".

Era um tempo em que a prosperidade do povo se tornava um indicador de desenvolvimento socialista – tema do décimo plano quinquenal (1976-1980). O secretário-geral advertia seus companheiros de partido que o destino do regime dependia do fato de o povo ter o que comer. "Estamos atravessando um tempo crítico. Se nós não garantirmos o suprimento normal de comida à população, dúvidas surgirão sobre a nossa política. O povo poderá confundir a nossa política com os erros na prática. E eu penso que nossa política interna é correta, apesar, infelizmente, dos erros na prática." Antes de Brejnev, dizia-se que os camponeses dos kolkhozes não trabalhavam porque não tinham esperança de serem pagos. Agora, nos anos 1970, dizia-se que não trabalhavam justamente porque recebiam salários. O aumento da renda dos trabalhadores soviéticos pressionava a demanda por bens e alimentos sem que a produção conseguisse acompanhar. O consumo médio de carne cresceu de 16 para 57 quilos por ano de 1965 para 1977 e a previsão era que chegasse a 70 quilos em 1990. A conta do sistema não fechava. Em 1980, Brejnev nomearia no pleno do CC o jovem Mikhail Gorbachov, secretário para negócios agrícolas, substituindo o sempre embriagado Fedor Kulakov. Era um tempo em que Brejnev recusara deixar a sobrinha ir morar com o namorado na Alemanha sob a alegação de que, se o permitisse, abriria um precedente que o faria ficar na URSS sozinho com o primeiro-ministro Alexei Kossyguin. E este aproveitaria a primeira oportunidade para deixá-lo. Apesar disso, a liderança soviética mantinha a esperança. O homem que substituiu Semichastny na KGB, Yuri Andropov, confidenciou que, em 15 ou 20 anos, quando o regime conseguisse elevar os padrões de vida do povo, seria possível o país experimentar uma maior liberdade de opinião e de informação, bem como uma grande diversidade social e artística. Tudo o que era impossível naquele final dos 1970 na União Soviética.[2]

Mello chegou à URSS em maio de 1975, depois de passar 51 dias na Argentina à espera dos documentos para seguir para a França, por meio

2 Schattenberg, Susanne. *Brezhnev, the making os a statesman*, p. 205 a 240.

da rota do Pacífico, passando pelo Paraguai e pelo Peru, onde apanhou, em Lima, um avião para Paris. Instalou-se em Moscou em um apartamento no Hotel Oktiabrskaia, no centro da cidade. O lugar servia de escritório para Luiz Carlos Prestes, a quem o agente Vinícius passou a servir como uma espécie de secretário particular. O clima começava a melhorar e, no verão, Pacato recebeu do partido um prêmio: férias em Sochi, na costa do Mar Negro.[3] O veterano de 1935 foi descansar em um dos balneários preferidos da nomenklatura. De volta a Moscou, encontrou o partido dilacerado pela luta interna, pela desconfiança e pelo desejo de acerto de contas em razão das quedas, prisões e desaparecimentos de seus dirigentes. Parecia que a ditadura conseguira destruir uma organização de base após outra, multiplicando as prisões com a tortura e a delação, sem que normas de segurança tivessem sido cumpridas pelos militantes. O alvo do processo de Moscou que ocupou parte das discussões dos dirigentes do partido era não apenas os colegas que, presos, tiveram de assinar depoimentos em que brotavam dezenas de nomes e situações, expondo segredos do partido e destruindo a tradição de que se devia morrer, mas jamais "falar". O acerto de contas mirava também o trabalho feito pela direção do PCB no Brasil e, principalmente, o camarada Dias.

Mello acabou na comissão montada pelos exilados para coordenar o partido no exterior e refazer os contatos com o Brasil. Além dele, estavam nesse grupo Prestes, Hércules Corrêa, Orestes Timbaúba e Salomão Malina, que foi integrado a ele depois de escapar do Brasil em companhia de Givaldo Siqueira. Uma de suas primeiras atividades foi investigar o Compadre Giva. Uma acusação terrível o ameaçava. De São Paulo, um militante preso em 2 de abril de 1974 – Miguel Batista – dizia ter identificado, ainda que estivesse encapuzado, Siqueira entre seus torturadores. Era provavelmente a primeira armação feita pelo DOI para proteger Vinícius. Ao chegar na Europa, Givaldo foi posto na geladeira, em Milão, sob os cuidados de José Luiz del Roio, que deixara a ALN e voltara a militar no PCB. Del Roio era um dos dois "clandestinos" que o democrata-cristão Luigi Gui, então ministro do Interior do

3 Severino Theodoro de Mello, em 10 de dezembro de 2015.

governo Aldo Moro, concordou em manter na Itália a pedido dos senadores Giancarlo Pajetta (PCI) e Lelio Basso (PSI). O outro era o almirante Cândido Aragão. Mesmo depois da queda do governo Moro, o substituto de Gui no ministério do Interior, o futuro presidente da República italiana Francesco Cossiga, manteve o acordo.[4] Enquanto Givaldo ficava guardado em Milão, o partido investigava as suspeitas. E designou Mello para integrar a comissão. A raposa ia cuidar do galinheiro. Ele foi – ao lado de Zuleika Alambert – à Paris interrogar um dos poucos integrantes do Comitê Regional de São Paulo a escapar do país: João Guilherme Vargas Netto.

Vargas Netto saíra do Brasil por meio de um esquema pessoal, fora do partido, pois já não confiava em ninguém e temia ser preso. Pacato logo lhe perguntou o que achava. "Falei que achava que tinha muitos problemas de infiltração. Havia a repressão, e o principal era isso, a ideia de que era preciso uma apuração para começar o trabalho. Para dizer a verdade, ele me descreveu o Givaldo. Ele não falou o nome e eu tirei a conclusão." A conversa durou um dia inteiro na casa de um companheiro de partido na presença de Zuleika.

> **Por que você pediu a reunião?**
> Porque eu saí daqui com o partido destroçado e, além das preocupações policiais, tem a preocupação com a rigidez do sistema, que aqui eu já tinha um pouco de preocupação com esse tema e uma que foi muito sedimentada por causa das opiniões do Bonfante Demaria, por uma série de razões, ele tinha uma opinião muito negativa sobre o Givaldo.
> **Concluíram que o Givaldo era só irresponsável?**
> Eu não sei qual conclusão, mas fiquei muito agastado depois da descrição que o Mello fez, e o companheiro assumiu todos

4 José Luiz del Roio, entrevista em 18 de dezembro de 2015. De Roio era ainda o homem que mantinha contato com a Igreja por meio de um dos colaboradores do papa São Paulo VI, o bispo de Ivrea, d. Luigi Bettazzi, um dos relatores do Concílio Vaticano 2.º e com bispos brasileiros, como d. Moacyr Grechi e d. Tomás Balduíno. Em 2006. Del Roio foi eleito senador na Itália pela Rifondazione Comunista. Ao encontrar Cossiga no plenário do Senado, o ex-presidente lhe confidenciou que sempre quis conhecer um dos " clandestinos" que ele mantinha na Itália e brincou, dizendo que pensou em mandar prendê-lo só para que fosse levado à sua presença para "um jantar".

> os cargos e posições. Foi uma das coisas que me levou a não me vincular com o PCB. Eu fui um dos únicos que não quis. Me vinculei ao PCF e só voltei ao PCB com o Davizinho (*Capistrano*) aqui, quando eu voltei.[5]

Ou seja, pelo depoimento de Vargas Netto, Melinho, assim como nas reuniões do partido, procurava robustecer desconfianças e críticas aos colegas para afastar de si qualquer suspeita. Em Paris, ele aproveitou o camarada, conhecido no partido como um antigo desafeto de Givaldo, induzindo-o a compartilhar os supostos indícios contra o suspeito, reforçando a ideia do Exército de queimar o homem que a Força considerava ser informante da Marinha. Naquele mesmo ano, o DOI paulista prendeu em Santos Álvaro Bandarra, que também ocupava um assento na direção regional da legenda e há quase uma década era um dos informantes do capitão-de-mar-e-guerra Feijó, do Cenimar, sem que o partido tivesse suspeitado de nada. A desconfiança desorganizada entre os comunistas manteria Givaldo quase dois anos distante de Moscou. E a intriga chegou à KGB. "Então, volta e meia, o Prestes recebia essa informação sobre desconfiança em relação ao Givaldo. Diversas vezes veio essa informação pelos soviéticos", contou Anita Leocadia Prestes.[6]

> **Pelos soviéticos?**
> Sim. E tinha gente que informava aqui no Brasil. Tinha gente que informava aqui no Brasil, mas muito precário. Tinham informantes, mas, na maioria das vezes, não batiam na realidade. Diante disso, o Comitê Central, ou comissão executiva, resolveu mandar uma comissão, uma delegação a Paris para conversar com o João Guilherme e deixou o Givaldo em quarentena em Milão. E, de fato, o Mello fazia parte dessa delegação. Essa comissão não chegou à conclusão alguma, tanto é que o Givaldo foi reintegrado porque (...) as informações do João Guilherme eram inconclusivas.

---

5 João Guilherme Vargas Netto, entrevista em 10 de janeiro de 2016. Bonfante Demaria era o chefe do partido em São Bernardo do Campo e foi responsável pelo contato que o PCB quis estabelecer com Luiz Inácio Lula da Silva, em 1974.

6 Anita Leocadia Prestes, entrevista em 27 de janeiro de 2016.

Essas informações eram do João Guilherme ou, como você me disse agora, tinham outras fontes.
Tinham outras fontes, os soviéticos e os que informavam eles. Esse negócio corria aqui no Brasil. Como o Givaldo era bastante antipatizado, havia terreno fértil para isso.[7]

Integrante do secretariado do partido em Moscou, Marly Vianna conta que Mello pode estar por trás da informação que circulava no partido de que as quedas de 1974 no Comitê Central aconteceram porque "Givaldo foi até a casa de José Roman e, depois, foi se encontrar na Praça da Bandeira, que era Givaldo que devia ter levado (*os militares*), o que era uma irresponsabilidade". As suspeitas aparecem ao mesmo tempo em que Hércules traçou a hipótese da existência de uma "organização paralela no partido", que seria uma organização da repressão dentro do PCB. "O que para mim (*Marly*) revela mais a dificuldade de compreensão de como a ditadura agia para reprimir o partido." O PCB também buscava respostas. E Mello se esquivava entre elas.

Transformado mais tarde em coordenador geral do partido e apoiado pelos soviéticos para assumir o lugar de Prestes, José Salles confirmou ter sido abordado pela segurança estatal soviética sobre o tema: queriam saber sobre infiltração no partido.[8] Os soviéticos sentiam o cheiro de queimado. "A KGB tinha convicção da existência de uma infiltração no partido brasileiro. Talvez o Dias ou o Dinarco me disseram isso", contou José Luiz Del Roio. Uma vez, a segurança estatal soviética o entrevistou em Moscou de forma ampla. "Perguntaram se eu poderia conversar com eles de forma elegante." A entrevista foi feita por três agentes, entre eles uma mulher, a tradutora. "Sabia tudo sobre a ALN. Era russa." Tinham interesse em Cuba, em informações sobre a Tendência Leninista, grupo ao qual Del Roio se ligara no começo dos anos 1970. Queriam saber ainda os cargos que ele ocupou na ALN e no PCB, e sobre a luta armada e as ligações dela com o comunismo internacional. Talvez farejassem nas lutas internas e no

7 Anita Leocadia Prestes, entrevista em 27 de janeiro de 2016.

8 José Salles, entrevista em 22 de janeiro de 2015.

faccionismo possíveis fragilidades e traições. Mas não fizeram a Del Roio nenhuma pergunta sobre Mello ou qualquer outro.[9]

A KGB guardava para si as suspeitas e não as compartilhava com a seção internacional do Comitê Central do PCUS. Nos arquivos do partido em Moscou, está a autobiografia preenchida por Givaldo Siqueira com quatro folhas escritas à mão, em letra miúda, com a qual o brasileiro contava a sua história e a da sua família até 1969, quando fez sua ficha na escola de quadros, em Moscou. Nas páginas seguintes, estão registrados cargos e funções desempenhadas por Givaldo no partido e suas posições em disputas internas. E umas poucas linhas sobre os processos a que respondeu no Brasil. Sua pasta não registrava nenhuma informação sobre as suspeitas lançadas contra ele. O mesmo acontecia com o homem dos militares em Moscou. Depois da colaboração com a KGB nos anos 1960, a ficha de Mello no PCUS registrava que ele esteve em Budapeste como integrante da delegação do partido em um encontro de partidos comunistas, entre 26 de fevereiro e 5 de março de 1968. A anotação fora feita por E. Kozlova. E nada mais. Até que, em março de 1976, os agentes notaram a presença de Pacato no encontro dos comunistas da Alemanha Oriental. O partido soviético estava às cegas sobre ele.[10] Nunca se soube que tivessem conversado com Prestes sobre Vinícius. "Não havia nenhuma desconfiança em relação ao Mello. Ele era um companheiro antigo – ele era de 35 – e, depois, sempre foi de toda confiança da direção e sempre esteve ligado aos aparelhos do partido", afirmou Anita.[11]

RESGATE. Foi nessa mesma época que surgiu em Moscou a ideia de se resgatar Giocondo Dias. A ideia foi discutida por Salles em uma reunião do partido em novembro de 1975. Consultados, os soviéticos desaconselharam a ação, pois acreditavam que ela fosse muito arriscada. Havia não só a possibilidade de os emissários do partido serem presos ou mortos, bem

---

9 José Luiz Del Roio, entrevista em 22 de janeiro de 2016.

10 Para Severino Theodoro de Mello, RGANI, Fundo 5, Lista 109, Documento 1.758, p 18 a 20. Para GIvaldo Siqueira, ver RGANI, Fundo 5, lista 109, documento 1949.

11 Anita Leocadia Prestes, entrevista em 27 de janeiro de 2016.

como Dias poderia ser localizado ao deixar seu esconderijo. Deixaram, no entanto, a decisão final para os brasileiros, afirmando que apoiariam a ação financeiramente, além de documentos e contatos com outros partidos. Só não enviariam um submarino à costa brasileira para o resgate. Dias era então um dos homens mais procurados do país, rivalizando com João Amazonas, o chefe do outro partido comunista, o PCdoB, responsável pela Guerrilha do Araguaia. Mello sabia que qualquer informação a respeito de Dias interessava – e muito – ao Doutor Ney. Para a sorte de toda a operação e de seus participantes, Salles decidiu usar no resgate pessoas de sua confiança, todas fora do aparato da legenda. O dirigente enviou emissários ao país com uma pista e uma carta endereçada a Dias. Nela constavam dados que só Salles sabia para dar a certeza ao dirigente de que o contato não era uma armadilha. E o questionava se ele desejava sair do país. A estratégia deu certo e a resposta foi sim. Salles e seus emissários contavam ainda com o apoio do Partido Comunista Argentino (PCA), cujo chefe do trabalho de fronteiras, Héctor Santarém, providenciou um casal de militantes – o empresário Mario Sergio Clar e a camarada Marta – para entrar no Brasil e apanhar Dias e uma amiga do dirigente, como se fossem dois casais de turistas argentinos. Com um Ford Falcon comprado por Salles com dinheiro dos russos, Mario e Martha buscaram Dias e Zulma Guimarães, que usaram passaportes argentinos. Era abril de 1976. Na noite de 17 para 18 de maio de 1977, Mario Sergio, que militava no partido argentino, atendeu a um chamado do filho Sergio Andrés e foi ao seu apartamento em Buenos Aires. Os homens da ditadura argentina que mantinham seu filho detido no imóvel apanharam o pai e deixaram o lugar dias depois, após saquear os bens do rapaz. Os dois desapareceram.

Ao retornar à Argentina, em outras missões secretas do PCB, Salles recebeu a informação dos colegas de lá que Mario Sergio havia sido assassinado pelos militares argentinos por causa de sua participação no resgate de Dias,[12] uma operação que o Doutor Ney tomou conhecimento por meio de Mello. Ney e seus colegas de CIE, como os coronéis Paulo

---

12 José Salles, entrevistas em 22 de janeiro de 2015 e 24 de fevereiro de 2023.

Malhães e José Brandt, mantinham ligações com os oficiais argentinos do Batalhão 601. Em pelos menos cinco oportunidades, no fim dos anos 1970 e começo dos anos 1980, trabalharam em conjunto com os argentinos para sequestrar militantes montoneros e do Ejercito Revolucionario del Pueblo (ERP), durante ações como as Operações Gringo e Congonhas, que fizeram parte da Operação Condor. Ao menos dez argentinos foram procurados, vigiados ou sequestrados pelos brasileiros e entregues aos colegas do país vizinho, que os mataram. Dois no Rio de Janeiro, quatro no Rio Grande do Sul, um em São Paulo e três em Buenos Aires.[13] "A gente não matava. Prendia e entregava. Não há crime nisso", disse o general Agnaldo Del Nero Augusto, que chefiou a 2ª seção do 2º Exército e a antiga Seção 102 (Informações), do CIE, na época em que, nas palavras do general, não havia crime sendo cometido. Puro cinismo. Relatório de Informações Externas da 2.ª Seção do Estado-Maior do Exército brasileiro, de 15 de agosto de 1976, que trata da Argentina dizia: "Os responsáveis pelo combate à subversão consideram que a liquidação física do terrorista é medida necessária". É improvável que só o general Del Nero não soubesse que os presos sequestrados seriam executados.[14]

Além de usar suas estadias em Paris para comprar frango congelado para despachar para Moscou e passar informações aos militares brasileiros pelo telefone, Mello também usava o correio para enviar mensagens

13 O único nome não identificado foi o preso em São Paulo (ver Marival Chaves, entrevista em 13 de maio de 2013). Para as operações Gringo e Congonhas ver os documentos apreendidos pelo MPF na casa de Malhães e o depoimento do coronel na CNV. Além disso, os depoimentos do tenente Chico e de Marival sobre as operações e o treinamento de militares estrangeiros no DOI paulista. Ver ainda Godoy, Marcelo, *A Casa da Vovó*, p. 490 a 494. E "Cia diz que Brasil tentou liderar operação Condor", "Itália usa papéis do Brasil para julgar operação Condor" in *Estado de S. Paulo*, dias 28 de abril de 2019, p. A4 e A6 e 31 de janeiro de 2021, p. A10. O DOI e o CIE estiveram atrás do soldado do Exército argentino Mario Antonio Eugenio Pettigiani. Militante do ERP, ele desapareceu após ser sequestrado em Buenos Aires, em 1978. Sequestrou e entregou os montoneros Horácio Domingos Campiglia, Lorenzo Ismael Viñas e Monica Suzana Pinus de Binstock. Vigiou no Brasil e repassou informações sobre os montoneros Federico Frías Rodrigues e Gastón Dillón, ambos sequestrados e mortos em Buenos Aires. E prendeu os montoneros Mario Firmenich e Fernando Vaca Narvaja. Estes após a redemocratização da Argentina.

14 Ver AN, Fundo DSI MRE, documento br_dfanbsb_z4_rex_ips_0518_d001de000.

ao Doutor Ney. Dizia telefonar para a família, que ficara no Brasil. "Eu só telefonava de países capitalistas." O agente Roberto Artoni se recorda do dia em que recebeu uma carta enviada da Tchecoslováquia por Vinícius. Pacato contou como era difícil a comunicação da Europa para o Brasil naquela época. Justificou a manutenção de poucos contatos de lá com seus controladores em razão de acreditar que era constantemente vigiado pela KGB. Impossível enviar informações da URSS. Por isso, os contatos eram feitos nas raras vezes em que se dirigia a Paris. A precariedade das comunicações com o Brasil foi confirmada pelos militares.[15] Mello lembrou que contou a eles a crise interna que tomava conta do PCB, com a divisão entre o grupo que apoiava Prestes e o que se reunia em torno de Dias, a maioria do Comitê Central. E retomou esse tema em suas conversas com Ney e com Pirilo ao voltar ao Brasil em 1979.[16]

Pacato era o único comunista, além de Prestes, que não estava matriculado em nenhuma escola em Moscou. Nos primeiros dez meses na cidade, ele viveu em um apartamento que servia de escritório ao Velho. Era um imóvel central. E ali ficou até o momento em que Dias apareceu na cidade. "Estava reunido o secretariado: o Dias, o Prestes, o Mello e eu. E eu me lembro – o Prestes era uma pessoa doce, afável, mas, por outro lado, era um general dando ordens aos seus subordinados –, vamos começar a reunião e sentamos, quando o Prestes se dirigiu ao Mello: 'Faça o favor de se retirar, que você não é mais do secretariado'. E o Mello saiu", contou Marly Vianna. Vinícius passou a morar em outro apartamento, de um cômodo apenas, mas grande, perto de uma estação de metrô. Marly frequentava o lugar.

> "Só uma coisa me chamava a atenção: era não sei se ódio, que é uma palavra forte, que ele tinha pelo Prestes. Ele demonstrava isso. Eu ficava espantada que, quando o Mello falava do Prestes, era com muita raiva".[17]

---

15 Antônio Pinto, entrevista em 11 de dezembro de 2015.

16 Para a frase de Mello, ver Mello, Severino Theodoro de. *O último de 35*, p. 131. Para a carta da Tchecoslováquia, ver Roberto Artoni, 16 de fevereiro de 2013.

17 Marly Vianna, entrevista em 27 de janeiro de 2016.

A raiva sentida por Marly não transparecia para Prestes. Segundo Anita, a fama de Vinícius com seu pai era outra. "O Prestes dizia que o Mello era esquecido. Ele era o Pacato, mas, às vezes, quando pisavam no calo dele no Comitê Central, ele ficava bastante irritado." Uma das últimas vezes em que reagiu assim em uma reunião foi justamente com Prestes, em 1979. Mello podia ter seus caprichos e sofrer críticas em razão da desatenção, mas os seus descuidos nunca o fizeram suspeito de traição. "A imagem que ele passava – porque nunca passou pela minha cabeça que ele fosse um agente infiltrado, e a Marly também não, aliás, eu acho que nunca passou pela cabeça de ninguém – era de uma 'pacatice' muito grande. O cara não queria nada com nada", concluiu Anita. O partido estava às cegas. Segundo ela, certo comodismo também explicava a situação. "As pessoas se acomodam. Os anos vão passando e não acontece nada e você vai sobrevivendo. Tende a se acomodar. Isso é muito forte, e essa acomodação significa burocratização. Ela apaga o espírito de luta".[18]

PROCESSO EM PRAGA. Em seu novo apartamento em Moscou, Vinícius começou a produzir com Francisco Almeida a publicação *Brasil Mês a Mês*, que reunia notícias de periódicos brasileiros recebidos por Prestes. Familiares do secretário-geral lhe enviavam do Brasil o *Jornal do Brasil*, *O Globo* e *o Estado de S. Paulo*. Depois de lidos pelo líder, as notícias eram selecionadas por Mello e por Almeida e impressas em um boletim despachado aos exilados do PCB ao redor do mundo. Em 1978, quando a ditadura havia encerrado a campanha de assassinatos, Pacato foi designado por Prestes para cuidar dos contatos logísticos do partido com a KGB. Era ele quem apanhava passaportes e outros documentos falsos usados pelos comunistas para entrar no Brasil e viajar pelo mundo. Salles, Frati, Anita e outros receberam documentos falsos entregues à Mello antes de irem parar nas mãos de Prestes ou de Salles. Os três fizeram viagens secretas para a Argentina, Brasil, Bolívia e Moçambique. Para Frati, isso mostraria que Vinícius não contou tudo o que sabia aos militares. Resta saber se isso aconteceu por

---

18 Anita Leocadia Prestes, entrevista em 27 de janeiro de 2016.

uma decisão de Mello ou se se tratou mais de um problema de logística, a dificuldade de se contatar o Brasil a partir dos países do Bloco Socialista, o que fazia com que informações operacionais perdessem rapidamente o seu valor, enquanto aquelas menos perecíveis, sobre questões internas do partido – como a luta pelo controle do Comitê Central –, parecessem mais interessantes para os controladores do informante. Em todo caso, parece existir uma exceção ao raciocínio de Frati: ela envolveria o passaporte de Zuleika Alambert, descoberto pelos militares.[19] Em suas confissões, Mello tinha um estranho esquecimento sobre temas tratados com os doutores Ney e Pirilo, o que contrastava com uma memória viva e fresca a respeito de eventos dos anos 1930, 1960 e sobre fatos recentes.[20]

No começo de 1978, Prestes tentava retomar o controle do CC. Segundo seus adversários, queria criar uma nova legenda, por considerar que o PCB era um caso perdido para a revolução. Salles era uma estrela em ascensão. Entre 23 e 31 de maio de 1978, ele e Armênio Guedes estiveram com Prestes na delegação do partidão que visitou a Itália, recebida pelo presidente do PCI, Luigi Longo, e por Enrico Berlinguer, seu secretário-geral. Prestes não gostava da posição crítica dos italianos em relação ao PCUS ou de suas teses sobre a democracia como valor universal. A representação italiana contava ainda com Giancarlo Pajetta e Luca Pavolini, membros do secretariado. Prestes ainda tinha prestígio internacional – embora, muito menor – apesar do fracasso em 1964. "Quem foi recebê-lo foi o Luigi Longo, que o levou para uma casa de campo e jantaram juntos", contou José Luiz Del Roio, que serviu de tradutor para o secretário-geral. "Luigi Longo não dava essa colher de chá para qualquer

19 O passaporte falso usado por Zuleika Alambert foi descoberto pelos militares em 1977. Documento do CISA, de 8 de junho daquele ano, mostra que ela usava documento em nome de Lea Gomes Benevides, com o qual viajara de Paris para Moscou em 5 de janeiro de 1977. Mello viajou em companhia de Zuleika para Paris a fim de ouvir Vargas Netto durante a apuração sobre a conduta de Givaldo Siqueira. Ver AN, Fundo CISA, documento br_dfanbsb_vaz_0_0_22759_d0001de0001. Ver ainda João Guilherme Vargas Netto, entrevista em 10 de janeiro de 2016.

20 Para Régis Frati, ver o documentário *Giocondo, um Ilustre Clandestino*, no arquivo MVI_5484.MOV, cedido por Caetano Pereira, da Fundação Astrojildo Pereira.

secretário de partido. Também me recordo que foi encontrá-lo o Vittorio Vidali, o comandante do 5º Regimento, na Guerra Civil espanhola. Isso não acontecia com qualquer um. Prestes tinha essa atração".[21] O partido recebia a solidariedade italiana na luta contra os regimes "autoritários e repressivos" da América Latina. Divulgaram uma declaração em que os partidos reprovavam "ações de grupos subversivos e terroristas, direcionados em cada país contra os interesses do movimento dos trabalhadores, a democracia e o progresso". Também concordavam que os comunistas deviam colaborar com os socialistas e as grandes massas católicas "pela renovação da sociedade".[22]

Ainda naquele ano, Salles passaria pela Argentina e entraria no Brasil para encontrar políticos do MDB em São Paulo e no Rio de Janeiro. Seu colega Frati foi cuidar de negócios na Argentina e na Bolívia e chegou a levar ao Brasil dinheiro para a campanha de Alberto Goldman para deputado federal em 1978, enquanto Anita Leocadia esteve em uma missão sigilosa em Moçambique, que despertou a ira do grupo ligado a Dias. Mello e outros acusavam Prestes de fomentar uma direção paralela. O anátema começou a ser lançado também contra Salles. Aos poucos os soviéticos pareciam elegê-lo como futuro secretário-geral e a tratá-lo como tal, despertando intrigas e fofocas. Em sua viagem ao Rio de Janeiro, ele teria se encontrado clandestinamente no Hotel Nacional com Dmitri Pastukhov, veterano de guerra contra o nazifascismo que chegara ao Comitê Central do PCUS e era o responsável pelos contatos do PCUS com os PCs das Américas. O encontro teria sido considerado uma afronta por Prestes.[23]

Nada disso, aparentemente, chegou ao conhecimento dos militares. Mas o mesmo não aconteceu com o polêmico caso Salles, que levaria à destituição dele do cargo de coordenador-geral na reunião extraordinária do CC em Praga, entre 30 de janeiro e 3 de fevereiro de 1979. Ao voltar para o Brasil com a anistia, Mello fez um relato verbal sobre a história para o Doutor Pirilo, que o registrou na informação 0258/CISA-Rio, de 12 de maio

21 José Luiz del Roio, entrevista em 22 de janeiro de 2016.

22 Para Salles, RGANI, José Salles, fundo 5, lista 109, documento 1.746.

23 Luiz Carlos Azedo, entrevista em 5 de janeiro de 2024.

de 1980. O documento de uma página resume todo o imbróglio. Sua difusão foi vedada pelo controlador de Vinícius para preservar sua fonte.[24] Salles conhecera uma bela jovem argentina, filha de pais búlgaros, Victoria Manovski, em Buenos Aires, e se encantou pela moça. Frati testemunhou tudo, pois acompanhava Salles na festa em que tudo aconteceu. O pai era um empresário que fazia negócios com o Leste Europeu: exportava grãos para a União Soviética em uma época em que a escassez de soja e de milho prejudicava a produtividade do rebanho russo. Salles enxergou ali uma oportunidade de intermediar negócios e destinar a comissão para o PCB. Orientou Frati a ir à Bolívia para falar com o pai da jovem e Marly Vianna, em Paris, a atender Victoria, na França. Voou então para o México, onde foi encontrar sua família. Foi quando a jovem procurou Marly. Parecia alterada e pediu US$ 4 mil e um passaporte soviético, alegando que perdera a bolsa em Paris. Desconfiada de que a moça estivesse envolvida com tráfico de drogas, Marly levou o caso à Comissão de Organização do CC, que iniciou uma apuração contra Salles com o apoio de Anita Leocadia e do secretário-geral do partido.

Durante o encontro, Prestes confirmou que o camarada Marcelo (Salles) "falou sobre os negócios, que ia mais tarde expor os detalhes à Comissão Executiva, mas que nada disso aconteceu. E refutou a inexistência de recursos no orçamento do partido para as atividades de organização. Contou que a partir de março de 1978, a seção de organização recebera US$ 58 mil, a de propaganda US$ 22 mil, a feminina US$ 16 mil, a sindical US$ 9,5 mil, o secretariado US$ 14 mil. Foram gastos ainda US$ 30 mil com viagens para Cuba e Europa. Os gastos totais chegavam a US$ 155 mil. Em seguida, o secretário-geral partiu para o ataque: "A causa principal do acontecimento que hoje examinamos está nesse sistema de direção, de métodos de direção errôneos que adotamos. E que sistema é esse? É um sistema de caráter personalista. Em que não damos nenhuma atenção à planificação do trabalho e ao indispensável controle das tarefas a realizar e ao exame da responsabilidade de cada um." Prestes prosseguiu:

24 Ver AN, Fundo CISA, documento br_dfanbsb_vaz_0_0_37709_d0001de0001.

Prestes – Vocês sabem como se sucederam à frente de nosso partido os homens de confiança, (*Diógenes*) Arruda, Neves (*Giocondo Dias*) e agora Marcelo (*José Salles*). Cada caso é diferente um do outro, mas todos levaram a insucessos sumamente prejudiciais ao partido. Sabemos a que extremos chegou o mandonismo sob a direção de Arruda por dez anos à frente do partido, por isso eu tenho insistido pela necessidade de uma autocrítica desde 1945, quando, na prática, assumi a secretaria-geral do partido. A partir de 56, com a grave crise ideológica porque passou o partido, o camarada Neves virou homem de confiança. O método não mudou. Em 1971, a pretexto de colocar uma parte do CC no estrangeiro, fui praticamente afastado da direção. Na verdade, a maioria do CC pensou que, com meu afastamento, seriam resolvidas as dificuldades de direção que enfrentávamos; acentuou-se a concentração de poderes e tarefas, como aconteceu com Marco Antônio (*Tavares Coelho*) e deram-se as dolorosas quedas de 74 e 75. Finalmente tivemos, agora, com a aprovação unânime do CC, Marcelo como novo homem de confiança. É evidente que como já afirmei cada um dos três cometeram erros diferentes, mas todos mantiveram o mesmo sistema de métodos de direção que se baseia na concepção errônea da negação da direção coletiva e da planificação e que leva inevitavelmente à falta de controle coletivo e individual a todas as tarefas atribuídas a cada organização, a cada órgão e membro do partido. Esse sistema leva tanto ao liberalismo de um lado quanto ao mandonismo, características que cada vez mais se acentuam na direção do partido. De minha parte me sinto responsável por uma série de erros, os quais não examinei com profundidade as suas causas, como é o caso da queda das cadernetas nas mãos da reação, fato que muito abalou o prestígio da direção do partido. Mas já fizemos por acaso exame de responsabilidades coletivas e individuais de fatos que já se passaram há quatro ou cinco anos? Fatos tão graves quanto os das quedas de 74 e 75? Demos a indispensável satisfação ao partido e já definimos quais as responsabilidades pela queda e assassinato do camarada Célio Guedes? E que medidas tomamos diante do esquecimento do camarada Vinícius, deixando em um táxi uma pasta com documentos que levaram à prisão de tanta gente?

> **Salles** – Peço um aparte.
> **Prestes** – Não lhe dou aparte agora. Você vai intervir e poderá se explicar. São todos casos graves cujo exame, até agora, não levamos até o fim e às consequências necessárias.[25]

Segundo Frati, Salles teria se tornado um incômodo para Prestes, pois caíra na graça dos soviéticos. Estes ameaçaram até retirar de Prestes o apartamento que ele ocupava em Moscou para repassá-lo a Salles. E passaram a convidar o então coordenador-geral, espécie de sucessor designado de Prestes, para solenidades sem avisar o secretário-geral. Frati era então apontado como um dos homens desse esquema, chamado pelos colegas de "o bando dos quatro"[26] em uma referência ao grupo que tomou conta do PC chinês, preso após a morte de Mao. Ele justificou o fato de muitas das informações sobre contatos e viagens não serem repassadas ao Comitê Central por razões de segurança. E tinha razão. Havia um problema de segurança, mas admitiu que aquilo era uma forma de manipular os fatos, pois "quem não tem informações não dirige". Prestes se defendeu, citando o fundador da Tcheka, a polícia política bolchevique, antecessora da KGB, Felix Dzerjinsky: "Pode desprestigiar-se somente a quem oculta seus defeitos, quem não deseja combater o mal. É justamente esse que deve ser desprestigiado". E defendeu a realização de uma conferência com poderes de Congresso para expor a situação do partido a todos, além de que se instituísse a substituição periódica do secretário-geral do partido, cargo que ele ocupava desde 1943.[27] Prestes e seu grupo ainda propuseram a deposição e expulsão de Salles pela irresponsabilidade de ter exposto a pessoas de fora do partido atividades secretas, como o dinheiro e os documentos fornecidos pelos russos. Não havia prova - exceto suspeitas - de envolvimento da jovem com o tráfico de drogas.

---

25 Para o balanço de Prestes, ver AA, pasta Reuniões do CC no Exterior, áudio 1979_Fita 6_B.

26 Régis Frati, Anita Prestes, José Salles e Marly Vianna.

27 Para as intervenções de Frati, ver AA pasta Reuniões do CC no Exterior, arquivos 1979_Fita 13_C e 1979_Fita 15_A. Para a de Prestes, a mesma pasta, mas o arquivo 1979_Fita 6_C. Para a nomeação de Prestes secretário-geral, ver Prestes, Anita Leocadia. *Luiz Carlos Prestes, um comunista brasileiro*, p. 243.

Depois do pai, a filha partiu para o ataque: "Eu já falei aqui várias vezes na reunião do Comitê Central da morte de diversos camaradas do CC e de militantes do partido. E quem respondeu por isso? Ou ninguém teve responsabilidade por isso? Dissolve-se a responsabilidade; morreram, paciência! Eu já perguntei em algumas reuniões anteriores do CC. Será que será preciso morrerem mais dez, mais 20 para se tomar alguma providência?" Anita ligava ao descontrole e à falta de responsabilização pelo destino de presos e mortos à degradação do partido. E então anunciou: "A gravidade de tudo o que aconteceu me fez levar minha autocrítica às últimas consequências. Por isso, nessa reunião apresento minha demissão do Comitê Central". Logo em seguida, ela apontou o dedo corretamente para Vinícius, ainda que o fizesse em razão da luta que travava contra o grupo de Dias, ao qual Mello se ligara. Sem saber, a filha de Prestes seguia a pista certa sobre o traidor que ajudara a destruir o partido ao entregar segredos e contatos em troca de sua vida.

> E o caso do camarada Célio? Foi investigado? Que providências foram tomadas? Já faz sete anos que o camarada morreu. E o caderno do Gordo (*Hércules Corrêa*), que resposta foi dada ao caderno que ele levantou. Levantou um caderno dessa grossura de fatos. Alguém respondeu? (...) E a pasta do camarada Vinícius? Que é perdida e desencadeia toda uma série de quedas e tudo continua como dantes, camaradas! Vinícius continua no Comitê Central. E até na Comissão Executiva ele está![28]

Pisara no calo de Vinícius e ele resolveu se defender. Voltou ao caso da pasta e da sacola esquecidos no táxi. Deu mais alguns detalhes. Na sacola, além do passaporte de Coutinho estavam os apetrechos para a falsificação do documento. Já a pasta guardava dois ou três exemplares da *Voz Operária*, cinco teses manuscritas por Mello após discutir com a "fração dos metalúrgicos de São Paulo, e o recibo do depósito que ele fez no banco do dinheiro recebido do partido – Cr$ 1,3 mil –, por meio do qual, segundo

28 O caderno a que Anita se refere é o documento *Que merda é essa?* cuja primeira versão foi apresentada por Hércules Corrêa aos integrantes do Comitê Central em 1978. Para a fala de Anita na reunião, ver AA, pasta Reuniões doCC no exterior, arquivo 1979_Fita 6_C.

Pacato, a polícia descobriu sua casa, alugada com nome falso e para a qual o fiador fora José Dib, preso em razão disso. "Quero dizer que nenhum de nós, membro da direção central, que vive na clandestinidade, que tenha de fugir de sua casa, que caia preso evita que, alguém que tenha alugado a casa para ele, tenha sido fiador ou qualquer coisa parecida seja preso. Ninguém. Não sou culpado disso." Negou ainda que tivesse sido responsável pela queda de Coutinho e concluiu: "Então é uma falsificação dos fatos vir aqui dizer que, em consequência de eu ter esquecido uma pasta no carro, houve numerosas, houve quedas no Comitê Central".[29]

Pouco depois, atacou Prestes. Se em 1975, quem o pôs em risco foi a intervenção de Hércules, agora era a insistência do grupo do *gensek* que o ameaçava. Colocou então o dedo na ferida do caso do agente Carlos, antigo colaborador de Prestes, que se revelara em 1972 um agente da CIA. "Podemos lembrar de outro caso em que se trabalhou com pessoa que se devia desconfiar ao menos que essa pessoa estava ligada ao aparelho do inimigo. Acho que o caso do Carlos se enquadra aí. No entanto, agimos com absoluta falta de vigilância com relação ao Adauto (*Carlos*)." E foi além, afirmou que já em 1966 o CC havia recebido uma denúncia contra Carlos. Ao ser preso em Minas, Elson Costa teria ouvido de um coronel que Adauto estava "jogando com o pau de dois bicos". "O comitê se manifestou em não pegar um cristo para justificar nossos erros de trabalho de direção." E continuou a atacar Prestes, imputando-lhe os erros cometidos pelo grupo de Salles, por meio do qual o secretário-geral teria montado uma "direção paralela no partido". E concluiu:

> O camarada Prestes tinha e parece que ainda mantém uma conceituação teórica do Brasil e da América Latina errada; a prática mostrou que estava errada. (...) Ele defendeu isso claramente na conferência dos partidos na América Latina. É uma concepção de que há uma situação objetivamente revolucionária na América Latina, mas subjetivamente ainda não há as condições revolucionárias e que, para o capitalismo, sobretudo para os monopólios, não há outra saída que

29 AA, pasta Reuniões do CC no exterior, arquivo 1979_Fita 10_A.

> o fascismo. Isso é errado, pois o capitalismo nunca teve a necessidade absoluta e inevitável, fatal, do fascismo. A vida está mostrando o contrário.[30]

Mello conseguiu a proeza de unir a sua defesa pessoal à da tese política da maioria do CC, guiada por Dias: a ditadura seria derrotada pela atuação de uma ampla frente democrática, como pregava o 6º Congresso do PCB. No fim, venceu a proposta de Dias: Salles foi afastado de suas funções, mas mantido no CC – votou-se contra sua expulsão – e o cargo de coordenador-geral foi extinto. Em protesto, além de Anita Leocadia, Marly Vianna também renunciou ao Comitê Central, permanecendo ambas como militantes do partido. Derrotado e isolado, Prestes nunca mais compareceria a uma reunião do CC. Ainda era o secretário-geral, mas não mais mandava no partido. Dias, que comemorara na reunião a votação expressiva de candidatos do MDB apoiados pelo partido nas eleições de 1978, assumia de fato a direção da legenda.[31]

Vinícius sabia o risco que correu. Quando pedia providências, Anita Leocadia tinha não só Mello como alvo, mas outros dirigentes que já haviam sido punidos, como Marco Antônio Coelho, Moacir Longo e Osvaldo Pacheco, todos expulsos do PCB em razão do que haviam "falado à polícia" em seus interrogatórios. Uma coisa era um militante de base "falar", outra um dirigente do Comitê Central, que eram pessoas que conheciam tudo e podiam falar a respeito de tudo, pois "a compartimentação de tarefas não funcionava" no partido. Anita lembrou em 2016:

> Prestes, quando foi preso em 36, disse: eu não assino documento nenhum, nem digo nada. Assumo a responsabilidade por tudo e ponto final. Nunca deu uma declaração. E o (*Arthur*) Ewert a mesma coisa. E ele tinha o princípio, resultado de experiência de muitos anos de prisão. Quando começa a falar é um precipício, pois quanto mais apanha, quanto mais é torturado, mais você fala. Então, havia um grupo no Comitê Central, do qual eu me orgulho de fazer parte, né,

30 AA, pasta Reuniões do CC no exterior, arquivo 1979_Fita 15_A.

31 AA, pasta Reuniões do CC no exterior, arquivo 1979_Fita 15_C.

> e combatemos esse tipo de postura. Eu achava e continuo achando que não tinha desculpa; não tinha justificativa um dirigente do partido falar, independentemente de qual fosse a tática ou estratégia da polícia. Falar como o Marco Antônio (*Tavares Coelho*) falou, falar como o (*Moacir*) Longo falou não tinha desculpa.[32]

O grupo ligado a Prestes não era o único a pensar assim. Havia orgulho e idealização ao se reafirmar a resistência à tortura, como se se tratasse de mera escolha. "Fui preso, torturado. Minha vida teve momentos bons e momentos muito difíceis. Eu acho que atravessei essa trajetória honradamente. Não tenho nada do que me envergonhar. Não delatei. Não coloquei ninguém em perigo. Pra mim, isso é honroso. Nem todo mundo pode dizer isso", disse Jacob Gorender, que deixou o partido nos anos 1960 e se integrou ao PCBR.[33] Na discussão em Praga, Salomão Malina, da Seção de Organização, resolveu intervir sobre o caso dos "camaradas que falaram". "Pelo que eu sei da história verdadeira - e não o oba-oba - da Gestapo, na França, aqueles homens que foram torturados até a morte foram sempre exceções; a maioria não resistia a isso. E, no nosso caso, nós não podemos nos apoiar na direção central apenas no fato de um certo número de camaradas ter fraquejado, sofrendo terríveis torturas; nós devemos levar isso em conta." Malina tocava em uma ferida que sangrava o partido com a mistura de acerto de contas com a luta política interna. O homem que dirigiria o partido no fim dos anos 1980 concluiu que, apesar de tudo, "um número elevado de camaradas que sofreram essas torturas até a morte e ficaram com o partido". Ou seja, não o traíram. "Eu não tenho nenhuma vergonha de estar nesse partido, não para fugir dos erros, dos quais eu sou efetivamente responsável, mas eu me sinto orgulhoso dessa parte aqui." O que Malina fazia era se recusar a culpar os torturados e ofendidos por atos que tinham um único responsável: quem os havia triturado e humilhado.

---

32 Anita Leocadia Prestes, entrevista em 27 de janeiro de 2016.

33 Entrevista Jacob Gorender, 20 de maio de 2012. Ver ainda Godoy, Marcelo e Veiga, Edison. *Um companheiro disse: 'Não vou morrer mais'. Tínhamos sobrevivido*, publicado no site do Estadão.

No fim, coube a Malina ler a resolução aprovada pelo CC. Ela instituía duas comissões: uma para analisar todo o caso Salles e outra para apurar os atos da direção do partido a partir de 1973. Ninguém mais foi punido.[34]

Mas as cobranças e críticas surgidas no exterior eram reflexos não apenas da luta interna no partido. Elas eram também consequência direta da guerra movida pelos serviços de informações militares ao partido e aos comunistas em geral. Buscava-se justificar o anticomunismo pelo apoio externo recebido pelos grupos da esquerda armada – VPR, VAR-Palmares. ALN e Molipo – e ao PCdoB vindo dos governos de Cuba, Coreia do Norte, Argélia, Albânia, China e pelo partidão, vindo da URSS, RDA, Tchecoslováquia e da solidariedade dos partidos comunistas da França e da Itália para a impressão da *Voz Operária.*[35] José Barros Paes era o coronel que coordenou em São Paulo a campanha anticomunista. Tinha sob suas ordens o DOI e cumprira a determinação do CIE para desentocar todas as células comunistas no Estado "para ter a ideia da extensão do partido", ao mesmo tempo em que o centro terminava de executar a segunda parte da estratégia *Nacht und Nebel*, aplicada aos dirigentes envolvidos – ou supostamente envolvidos – com a confecção da *Voz*. Bonfim e Montenegro foram os últimos atingidos.[36] Outros dirigentes também poderiam ter sido assassinados. Alguns só não o foram por terem sido presos de forma aberta ou por esquemas diferentes daquele que envolvia os Doutores do DOI e do CIE. A repressão, no entanto, não se contentou apenas em apanhar a cúpula. Também quis destruir cada organização de base do partido, em uma ação bem diferente daquela levada a cabo clandestinamente contra a direção partidária e seu jornal.

---

34 AA, pasta Reuniões do CC no exterior, arquivos 1979_Fita 12_B e 1979_Fita 24_A.

35 Dois números especiais da *Voz* – um em italiano e outro em francês – foram impressos pelo PCI em agosto de 1975 e em setembro de 1975 pelo PCF para serem vendidos durante a festa de *L'Unità* e a festa de *L'Humanité*. Foram os únicos números impresso entre abril de 1975 e abril de 1976.

36 Para José Barros Paes, entrevista em 23 de julho de 2004.

6 PUNIR E VIGIAR

A repressão aos comunistas até a anistia

COISA DIVERSA era o trabalho oficial de desmonte do partido, por meio da prisão, tortura e indiciamento de todos os militantes identificados do PCB. Ações se sucederam no Paraná, Santa Catarina, Minas, Espírito Santo, Goiás, Rio Grande do Sul, Bahia, Sergipe, Ceará, Pernambuco, Distrito Federal, Rio de Janeiro e São Paulo. A Justiça Militar registrou pelo menos 66 processos com 783 réus denunciados e 1.271 indiciados em inquéritos durante o regime militar. Essa ainda é só uma pequena parte, já que um número não muito diferente de militantes foi preso e libertado após dias de encarceramento sem que nenhuma acusação formal tivesse sido feita.[1] Paes tentou cumprir a risca à ordem que recebeu em São Paulo.

> O partido comunista tinha uma ligação internacional; então, o trabalho dele estava em vários estados. O perigo era que eles crescessem e conquistassem as posições que hoje a esquerda conquistou. O que está acontecendo com o país hoje (*2004*), todo o pessoal alijado em 64, porque eram inimigos em potencial. (...) O PCB é permanente. Como ele não era adepto da violência, você tem de ver quem está querendo

1 Ver Arquidiocese de São Paulo, *Brasil Nunca Mais*, p. 91. De acordo com ao dados reunidos pelo jornalista Luiz Carlos Azedo, entre 1974 e 1976 foram presas 632 pessoas acusadas de pertencer ao PCB, ver Malin, Mauro. *Armênio Guedes, um comunista singular*, p. 269.

> prejudicar o regime, quem está querendo perturbar o país; e esses elementos não fizeram porque não tinham efetivos.[2]

Paes e seu chefe, o general Ednardo D'Ávila Mello, logo bateriam de frente com o governador Paulo Egydio Martins, da Arena. Se no Rio de Janeiro o problema para o CIE estava na resistência do 1º Exército em permitir que a bagunça do porão continuasse, em São Paulo o desafio vinha do mundo civil. Egydio estava havia três dias no Palácio dos Bandeirantes quando foi procurado pela filha de um amigo. Era Maria Helena Queiroz, a Mané, cujo pai era o general Adalberto de Queiroz e o tio o marechal Adhemar de Queiroz. A moça estava apavorada, pois seu marido, Eurico Prado Lopes, presidente do Instituto dos Arquitetos do Brasil, fora intimado a comparecer ao DOI. O governador ligou para o marechal e contou o que estava acontecendo. Queiroz fora ministro do Exército no fim do governo de Castelo Branco. O governador ainda procurou o ministro-chefe da Casa Civil de Geisel, o general Golbery. E assim obteve o cancelamento da convocação do arquiteto, despertando a fúria do general D'Ávila Mello, que viu no governador um empecilho à segurança nacional, pois impedia que seus homens mapeassem os comunistas no estado. "A tônica hoje em dia é dizer que o terrorismo foi dominado, que não há mais subversão, que tudo está em calmo e, como consequência, precisamos fazer uma distensão. Eu digo que isso é uma balela", discursou o general, no dia 31 de Março de 1975.[3] D'Ávila gostava de sugerir que a solução para o Brasil seria a Operação Jacarta, uma referência ao massacre de comunistas na Indonésia, nos anos 1960. Não evitou a prisão nem mesmo de uma sobrinha, Sarita D'Ávila Mello, que, detida, conheceu os rigores da Casa da Vovó. Mas, para o coronel Paes, o problema era "o fato" de o governador e o cardeal-arcebispo de São Paulo, d. Paulo Evaristo Arns, terem envenenado o general com o presidente. "Foi o dom Evaristo, que é um safado, né? E o governador. Os dois tinham acesso direto ao Golbery. Telefonavam qualquer coisa que não concordavam." Para o coronel, se seus homens não tentassem destruir cada

---

2 José Barros Paes, entrevista em 23 de julho de 2004.

3 Dantas, Audálio. *As duas guerras de Vlado Herzog*, p. 73.

célula do partido no estado, "eles iam chegar ao poder". "Essa é a meta do partido da Rússia, assumir o poder pelo voto e não pela violência. Eles tranquilamente assumiriam".[4] Era por essa determinação anticomunista que Paulo Egydio considerava mais de 30 anos depois o coronel Paes como o responsável por toda a tortura no estado. Sua postura não tinha o apoio nem mesmo de todos os colegas, como o futuro general Del Nero.

> **Houve uma análise muito crítica em relação** às ações contra **o partidão em 74, 75 e 76?**
> Eu também sou contrário. Eu sou contra. Porque é difícil. Vou fazer uma crítica. Ocorreu o seguinte, tinha acabado a guerra e aquelas posições ali eram posições de prestígio. Aí o cara inventa. Foi um erro. Se tivesse a cabeça, o CIE mandasse para os DOI e fosse consultado, não convém.
> **Eu ouvi que tudo isso havia tido autorização do general Confúcio Danton de Paula Avelino...**
> Era.
> (...)**Essas pessoas dizem que interessava pegar o CC do PCB, mas não o cara que lia a 'Voz Operária' embaixo da ponte.**
> Não tinha sentido e não tinha significado. E era a conjuntura também. O perigo já tinha passado. Esses caras não representavam, não ofereciam perigo de curto prazo; podia ser que eles começassem e ia demorar anos para fazer; (*diferente*) dos elementos que estavam na luta armada.[5]

PMs. Com a prisão de Renato de Oliveira Mota, o DOI obteve um trunfo para espicaçar o governador Paulo Egydio. É que Mota era o homem que há mais de uma década cuidava dos contatos do partido com um grupo de policiais de São Paulo. A maioria era da antiga Guarda Civil, que se unira à Força Pública em 1969, dando origem à Polícia Militar paulista, a maior do país. Entre eles havia três coronéis - um da ativa e dois da reserva. E um velho conhecido do Dops, o soldado Oirasil Werneck, cassado em 1964. Ao lado de Carmin Sabadin, fundador do Clube de Cabos e Soldados da

---

4 José Barros Paes, entrevista em 23 de julho de 2004.

5 Agnaldo Del Nero Augusto, entrevista em 9 de abril de 2006.

Força Pública, Werneck representava a efervescência que tomara conta dos praças no fim dos anos 1950 e começo dos anos 1960, que produzira personagens como o sargento Pedro Lobo de Oliveira. Também cassado em 1965, Lobo aderiu à VPR e participou do atentado com um carro-bomba ao quartel-general do 2º Exército, que matou o sargento Mário Kozel Filho, e do assassinato do capitão americano Charles Chandler, em 1968. Preso e trocado pelo embaixador alemão em 1970, Pedro foi para Cuba, treinou guerrilha, escapou do golpe de Pinochet no Chile e terminou o regime militar como operário em uma fábrica na RDA. Teve mais sorte do que seu amigo, o capitão da PMESP Wânio José de Mattos, que aderiu à luta armada, deu aulas de tiro a exilados no Chile e morreu quando era prisioneiro no Estádio Nacional, em Santiago, em 16 de outubro de 1973.[6] Os comunistas e socialistas que permaneceram na PM paulista eram leitores da *Voz Operária* sem nenhuma pretensão de seguir o exemplo dos que aderiram ao sonho guevarista de criar um, dois Vietnãs na América Latina. Muitos davam contribuições ao partido, que eram recolhidas por Mota desde os anos 1960. Era o caso dos coronéis da reserva Carlos Gomes Machado, ex-vereador da capital, e José Maximino de Andrade Netto, que comandara o 8º Batalhão de Polícia, em Campinas. O outro coronel envolvido com Mota era Vicente Sylvestre, então chefe do Estado-Maior do Comando de Policiamento do Interior. O serviço reservado da PM tinha conhecimento da existência dos "filósofos" – como os designava o coronel Newton Borges Barbosa, o Mineiro – havia muito tempo. Barbosa fez carreira no serviço, que ajudou a estruturar. Cursou a Escola Nacional de Informações (EsNI) em uma de suas primeiras turmas e foi convidado pelo coronel Ustra para trabalhar no DOI. Recusou. Preferia a conversa à violência e se manteve na PM. Seu chefe, o coronel Bruno Éboli, mantinha informado o coronel Moacir Teixeira Braga, secretário da Casa Militar do governo paulista e homem de confiança de Paulo Egydio.

"Quando se fala que Herzog foi a primeira vítima, não é verdade. Isso nunca ninguém abordou, o preço que esse (grupo) da PM pagou. Quem me

6 Para Lobo e Wânio, ver Pedro Lobo de Oliveira, entrevista em 5 de junho de 2004, bem como os documentos da pasta APESP Deops-SP/OS-245.

relatou isso em detalhes foi meu chefe da Casa Militar, o coronel Braga. Inclusive de como esse pessoal saiu do DOI-Codi - eu não sei por qual razão que, para mim, é de uma estupidez homérica - eles foram reintegrados à tropa, no pátio do quartel-general, com sinais evidentes de tortura, marcas na cara, coisas desse gênero", lembrou o governador. Quem comandava a PM então era o general Francisco Batista Torres de Mello, uma indicação feita pelo Exército, que teve o aval de seu amigo, o coronel Paes.

A presença da célula do PCB na PM paulista era um tema explosivo. Mostraria a leniência do governo com os comunistas. A descoberta feita com chicote e choque elétrico pelo Doutor Ney foi parar na mesa do ministro do Exército, general Sylvio Frota. E, de lá, veio a ordem cumprida à risca. "(*A ordem*) Veio do CIE. Não foi iniciativa minha. Nós estávamos subordinados ao CIE. Então, para tomar uma atitude dessas, tinha de ser com autorização do centro", disse Paes. No centro estava o general Confúcio. Ele, D'Ávila Mello e Frota esperavam emparedar não só o governador, mas atingir o próprio presidente. Já os mágicos queriam garantir a sua sobrevivência - e poder. "O problema era com o Geisel, era impedir a abertura", afirmou Paulo Egydio.

Renato de Oliveira Mota deixou os cárceres clandestinos do CIE-DOI e foi levado à sede do destacamento, na Rua Tutoia. Precisavam dele vivo para a ofensiva contra a PM. Durante o tempo em que foi vigiado, antes de ser preso, os agentes haviam flagrado um encontro seu com o 2º sargento João Buonome, um de seus contatos na polícia, perto do complexo administrativo da corporação, na Avenida Cruzeiro do Sul, no Canindé, no centro de São Paulo. Enquanto Mota era mantido preso, a Seção de Investigação do DOI infiltrou no Centro Social de Cabos e Soldados da PM um de seus homens, o sargento Ovídio Carneiro de Almeida, o agente Everaldo. A operação se expandiu. Uma dezena de suspeitos foi colocada sob vigilância - a paquera - durante um mês até que começaram as prisões, em 2 de julho de 1975. "Era um bando de gente que se reunia debaixo da ponte para ler a *Voz Operária*", reafirmou o coronel Éboli Bello.[7] O primeiro policial

7 Paulo Egydio Martins, entrevista em agosto de 2004; José Barros Paes, entrevista em 23 de julho de 2004; Bruno Éboli Bello, entrevistas em 7 e 14 de julho de 2004; Newton Borges

levado ao DOI foi o sargento Buonome. Ele havia sido candidato a deputado estadual em 1966 e era ligado ao Clube de Sargentos e Subtenentes. Na sequência, o DOI foi atrás de outro "político": o cabo Luiz Gonzaga de Oliveira, que fora eleito vereador em São Paulo pelo PTN, em 1963, quando o PCB emplacara ainda dois outros nomes na Câmara: Moacir Longo (PSB) e Odon Pereira da Silva (PTB). Além de Mota, quase ninguém conhecia no partido a ligação de Luiz Gonzaga com a legenda, nem mesmo Longo. Em 1972, ele havia sido novamente candidato e conseguira a segunda suplência do MDB. Quando foi posto no pau-de-arara no DOI ocupava a 1ª secretaria do Centro Social de Cabos e Soldados. Na sequência, detiveram o tenente da ativa Osnir Geraldo Santa Rosa, que já havia estado preso antes sob a suspeita de manter ligações com a Rede, um minúsculo grupo armado chefiado por Eduardo Collen Leite, o Bacuri, assassinado pelo DOI em 1970. Após a redemocratização, Santa Rosa, um antigo guarda civil, foi anistiado e voltou à ativa, atingindo o posto de tenente-coronel da Polícia Militar.[8]

As prisões suscitaram reações na PM, cujos chefes criticavam a deslealdade do DOI de as executar sem o conhecimento da corporação. Viam nelas um exemplo de exagero desnecessário contra os policiais, meros "filósofos". Em razão disso, o coronel Bruno Éboli e o então capitão Newton Borges, da Seção de Informações do Estado-Maior da PM, montaram um grupo. "Montei uma equipe para evitar que alguém dissesse que o Exército estava prendendo nosso pessoal", contou o capitão. E, assim, passou a executar as prisões e a entregar os detidos ao destacamento. Houve uma exceção. Ela pôs diante de Bruno Éboli a tarefa de prender o tenente-coronel Sylvestre. Em 9 de julho de 1975, data da Revolução Constitucionalista de 1932, Éboli bateu na porta de sua casa para levá-lo detido ao quartel-general da PM,

---

Barbosa, entrevista em 8 de julho de 2004; coronel Erasmo Dias, entrevista em julho de 2004 e coronel Vicente Sylvestre, entrevistas de junho e julho 2004. Ver ainda AEL-UNicamp, BNM 26, caixa 1, volume 1; caixa 1, volume 3, p. 429 e caixa 2, volume 4, p. 815 a 820 e também APESP Deops-SP/30-C-23.602 a 23.608, Relatório Periódico de Informações nº 8/75, do 2º Exército e pasta OS1879 (Vicente Sylvestre).

8 A antiga Guarda Civil foi extinta em 8 de abril de 1970 pelo decreto-lei 217/70. Para Werneck e Santa Rosa, Osnir Geraldo Santa Rosa, entrevista em 3 de agosto de 2004 e AEL-Unicamp, BNM 162 (REDE).

na Praça Coronel Fernando Prestes, no centro. Ali Sylvestre ficou dois dias, até que, na manhã do dia 11, encenou-se uma armadilha, que acrescentou o escárnio à ignomínia da tortura. Sylvestre era oficial benquisto na corporação e coronel da ativa. De origem humilde - vinha de uma família operária da Vila Anastácio, na zona oeste -, entusiasmara-se pela campanha O Petróleo é Nosso, antes de entrar para a Guarda Civil, nos anos 1950. Ele negava o que o coronel Carlos Gomes Machado, então detido no DOI, dissera. E, diante da sugestão de um oficial do Exército de que aceitasse uma acareação com o colega da reserva, Sylvestre não hesitou. Assinou um requerimento, endereçado ao general D'Ávila Mello, onde dizia concordar com a medida. O ardil serviu para conduzir o tenente-coronel ao DOI, sem despertar reações na PM. Ali mesmo, ele foi obrigado a vestir o macacão verde-oliva usado, então, pelos prisioneiros do destacamento. "Nunca imaginava que seria torturado. Imaginava que iam me levar para conversar. (...) Militar comunista era traidor. (*Os interrogadores*) Admitiam tudo: o estudante, o intelectual, menos o militar, que era traidor".[9]

Ao chegar à Rua Tutoia, foi bruscamente encapuzado e levado para o pau. Exibiram-no o coronel Machado. Estava um farrapo. Pediu a Sylvestre que confirmasse tudo. Conduziram-no depois a uma cela escura, onde foi deixado. Na quinta noite foi retirado da pocilga. "Hoje você fala, seu filho da puta!" Despiram-no. Colocaram-no na cadeira do dragão, onde teve mãos e pés amarrados e foi submetido, encapuzado, a descargas elétricas "Gritava com todas as minhas forças, sentia a garganta completamente seca e uma horrível sensação de asfixia." Tapas, socos e novas descargas. Dizia falar a verdade. Os torturadores riam. E desferiam novos socos e tapas. Torturaram seus subordinados ao seu lado. A sessão durou três horas. Nas noites seguintes, foi conduzido ao corredor, onde tinha de aguardar a vez para ser torturado, ouvindo os gritos dos outros policiais. No dia 23 de julho, devolveram o coronel ao QG da PM. As pressões do governador começaram a dar resultado. A ação do DOI pisava também no calo de Erasmo Dias, coronel do Exército e secretário da Segurança Pública. "Para mim, houve excesso de

9 Vicente Sylvestre, entrevista em 12 de julho de 2004.

zelo. Acharam que tinham o direito de pegar qualquer um, o cara na rua, e eu nunca gostei disso. Eles quiseram fazer com esse pessoal o mesmo que fizeram com gente da ALN, da VPR e do MR-8, mas não era a mesma coisa. E passar por cima de mim e do Torres de Melo não era recomendado, pois não dividiram a responsabilidade com a gente. Não gostamos." Erasmo reclamava da deslealdade do comandante do DOI, apesar da colaboração que recebia de sua polícia. "Nós que, na hora H, nós é que quebrávamos o galho, pois quando morria alguém (*sob tortura*), quem ia fazer a perícia era o nosso pessoal." Sylvestre e seus colegas foram entregues à PM para o cumprimento de uma formalidade militar: a expulsão dos quadros da polícia. Em dez dias, estava tudo acabado. O coronel foi levado ao gabinete do comandante-geral e, na presença dos demais oficiais do Estado-Maior, ouviu o general Torres de Mello vociferar: 'Traíste a tua Pátria. Eu nunca pensei que o senhor fosse trair o teu comandante, um militar não trai o outro!" Parecia tudo acabado. Mas o DOI resolveu dobrar a aposta.

Apanharam o tenente-coronel e levaram-no de volta ao DOI no dia 5 de agosto. Encapuzaram-no e puseram-no no pau-de-arara e aplicaram-lhe choques elétricos. Um dos torturadores segurava o capuz e enrolava a boca do pano no pescoço do coronel, provocando-lhe asfixia. Bateram na sola de seu pé esquerdo com uma palmatória e, quando o desceram do cavalete, um dos torturadores, com um sapato com sola de borracha, passou a chutar a sua cabeça como se fosse uma bola. Erguerem-no do chão, e acorrentaram seus punhos a argolas chumbadas na parede, acima de sua cabeça. Apoiado na ponta dos pés, era esmurrado enquanto assistia outro colega ser espancado. Os torturadores não queriam mais saber de soldados, cabos ou sargentos que liam a *Voz Operária*, mas incriminar quatro coronéis da ativa e três da reserva, entre eles o chefe do Estado-Maior da PM, Hélio Guaicurus de Carvalho. Sylvestre resistiu. Erasmo Dias procurou o governador. Disse que o comandante do 2º Exército queria fazer mais prisões na PM. "Não admito! Em hipótese alguma isso vai acontecer!" E desferiu um murro na mesa que fez o coronel exclamar: "Calma, general." O governador ligou para seus contatos em Brasília. Enquanto isso, outro oficial da PM foi levado de volta ao DOI: era o tenente reformado José Ferreira de Almeida, o Piracaia, de 63 anos, espécie de assistente de Renato de Oliveira Mota. Em 28 de julho, ele havia sido ouvido no Dops pelo delegado Alcides Singillo. Contou ter mantido contatos com Mota, com Hiran e com Dinarco Reis. Disse que o PCB visava a formação de um governo democrático e à marcha pelo socialismo e não à tomada de poder para a implantação do comunismo. Naquele dia, o advogado dos policiais, Luiz Eduardo Greenhalgh, parecia ter obtido uma vitória: conseguiu quebrar a incomunicabilidade dos presos. Às 14 horas, no 4º andar do Dops, ele pôde conversar com Luiz Gonzaga, com Carlos Gomes, com Buonome, com o tenente Armando Lopes e com Piracaia. "Lembro do Piracaia sentar comigo e dizer: 'Agora eu estou no céu; nós todos saímos do inferno." À noite, quando o advogado deixou o prédio, levaram seu cliente de volta ao DOI. Foi lá que Sylvestre o viu pela última vez.

Os torturadores queriam matar o sargento Zaqueu Alves de Oliveira, um dos presos. Ele trabalhara no DOI no começo dos anos 1970 e fora implicado no caso da célula comunista. Diziam que ele vazava os nomes dos detidos e informações que ameaçavam a segurança dos militares. Foi nesse clima que um dos presos contou que Piracaia manteria encontros com oficiais do Exército. O agente Sá bateu na porta de um dos suspeitos – um capitão do Exército – e se apresentou como funcionário da companhia telefônica. O oficial teve o telefone grampeado. Na noite de 7 para 8 de agosto de 1975, integrantes do CIE estiveram no DOI para interrogar Piracaia. Queriam os nomes do setor militar do PCB no Exército. O tenente reformado que distribuía a *Voz Operária* aos colegas e recolhia modestas contribuições para o partido não aguentou a tortura. Pela primeira vez, a perícia técnica teve de entrar no DOI para fazer um "exame de local de suicídio". Colocaram o militar na mesma posição que se tornaria célebre, meses depois, com a morte do jornalista Vladimir Herzog, para simular um enforcamento. As pernas da vítima dobradas no chão mostravam que não havia altura suficiente para o preso se matar. Quatro dias depois, a perícia, corroborada pelo exame do legista Harry Shibata, atestava a versão de suicídio. A farsa tinha um objetivo: evitar a repercussão na PM e a reação do governador.

Três dias depois da morte de Piracaia, chegou ao DOI o coronel Maximino de Andrade, que se aposentara após um acidente deixar um de seus braços paralisado. Tinha ideias socialistas e foi levado à sala onde Sylvestre estava sendo torturado. "Ele me viu daquele jeito e perguntou se eu era da ativa. Disse que era tenente-coronel da ativa." Maximino respondeu: "Se você, que é da ativa, está nessa situação, eu, que sou da reserva, vou sair daqui morto." A situação do coronel chegou aos gabinetes do Palácio do Planalto por meio do governador Paulo Egydio. Em seu livro de memórias, o ministro do Exército, Sylvio Frota, revelou que chamou o comandante do 2º Exército, general D'Ávila Mello, ao seu gabinete. "Ednardo, você está contra mim?" "Que é isso, Frota? Por que eu estaria contra você?" O ministro contou então a confusão que se criara em torno do caso de Sylvestre e concluiu: "Não é possível, Ednardo, que isso aconteça! Você deve tomar enérgicas providências." O ministro afirmou que D'Ávila Mello admitiu que "houve algum excesso no interrogatório" e Frota sugeriu o afastamento dos envolvidos. Precisava dar satisfação ao presidente sobre a ação de seus homens em São Paulo. Frota fez constar em documento apresentado aos generais do Alto Comando um relato sobre o caso Sylvestre. Trata-se de um documento único. Nele, o ministro do Exército admite a tortura imposta ao preso. Mas não toma nenhuma providência para punir os torturadores, como forma de parar a barbárie. No dia 13 de agosto, a porta da cela do tenente-coronel se abriu. Ali estava o coronel Paes. Disse ao prisioneiro que fora vê-lo por ordem do comandante do 2º Exército. Fazia uma semana que a cabeça de Sylvestre servira de bola para um torturador. Ao constatar o rosto desfigurado, Paes determinou a sua remoção para o Hospital das Clínicas. Não por humanidade, mas para encobrir o crime que ali se praticara. Juntava-se à indignidade do tratamento, o escárnio da preocupação com as aparências.

> O coronel havia sido preso e estava conosco... Em um dado momento, você tem de devolver o coronel à polícia e não pode mandar de volta o oficial com o olho da maneira que está. Então, quando cheguei – e vi –, eu mandei imediatamente para o hospital fazer tratamento.[10]

10 José Barros Paes, entrevista em 23 de julho de 2004. O documento é de 22 de janeiro de 1976. Ele trata da crise que levara à demissão de D'Ávila Mello e rememora os antecedentes, como a morte de Piracaia e diz que Sylvestre foi esmurrado por um sargento do DOI. Para o documento apresentado ao Alto Comando, ver Frota, Sylvio. *Ideais traídos*, p 251 a 254.

No HC, os médicos determinaram a transferência de Sylvestre para o Hospital dos Defeitos da Face. Enquanto isso, a saúde do coronel Maximino parecia criar um novo problema para o DOI. Para se livrarem dele, os agentes tiveram a ideia de soltar o coronel reformado. Colocaram-no em um táxi e mandaram-no para casa, em Campinas. Sua família o recebeu e o levou a um hospital, onde ele morreu no dia seguinte. Era 18 de agosto. Em 24 horas, o DOI recebeu a ordem para devolver todos os policiais presos à PM. A investigação sobre a célula comunista da PM tinha de chegar ao fim. Pela primeira vez, uma operação contra os comunistas era interrompida por ordens superiores. A repressão começava a conhecer limites dentro do próprio regime. Ao todo, 63 PMs foram indiciados como integrantes do grupo – 9 oficiais e 37 praças da ativa e 12 oficiais e 5 praças da reserva. Outra dúzia foi detida e dispensada, depois de ser ouvida preliminarmente pelo DOI. Muitos nem mesmo prestaram depoimentos, como os demais coronéis que d'Avila Melo queria prender.

ACARAJÉ. As dificuldades do CIE e do DOI não se restringiam à ação em São Paulo. Na Operação Acarajé, o coronel Ustra, que chefiou pessoalmente o arrastão e o interrogatórios dos 42 comunistas detidos, foi preciso lidar com a reação de intelectuais como Jorge Amado, do movimento estudantil e dos professores da Universidade Federal da Bahia em razão da prisão do professor de física Roberto Max Argolo. O MDB do Estado também protestou contra a detenção do vereador Sérgio Veiga Santana, que integrava a ala jovem do partido. Até o cardeal primaz do Brasil, d. Avelar Brandão Vilela se manifestou, em 12 de julho. “O que quer que se faça, seja dentro das leis vigentes no país e que os direitos das pessoas sejam respeitados.” Ganhava a cada dia mais força uma expressão que seria repetida como mantra pelo professor Goffredo da Silva Telles Junior, da Faculdade de Direito do Largo São Francisco: “Estado de Direito”. No pátio da tradicional escola, Goffredo afirmaria, em 1977, que Estado de Direito é o Estado Constitucional. Argumentou que só ele é legítimo, pois não bastavam leis para garantir a legitimidade do agente estatal. Esta só acontecia com uma Constituição feita pelos representantes do povo e não com uma Carta imposta pela força, que criava apenas Estados de Exceção. "O binômio segurança e desenvolvimento não tem o condão de transformar a ditadura numa democracia", afirmava o jurista.

Ustra planejara a Operação Acarajé para neutralizar o partido na Bahia. Seria a primeira ação de grande envergadura contra o PCB que o Doutor Pirilo participaria. Convidado pelo comandante da Seção de Operações do CIE, o CISA destacou o capitão Antônio Pinto para acompanhar os interrogatórios em um centro clandestino de detenção, a Fazendinha, em Alagoinhas, perto de Salvador. Oficialmente, as prisões começaram em 4 de julho, após quase um mês de vigilância sobre os alvos. É o que conta o documento que a 6ª Região Militar encaminhou ao Alto Comando do Exército. Segundo ele, a vigilância executada entre os dias 16 de junho e 3 de julho tinha como alvo a casa de um militante de base: Alírio Feliciano Pimenta, usada como ponto de entrada no Estado pela direção da legenda. O lugar teria sido descoberto nas operações do CIE, em São Paulo e no Rio de Janeiro.

Às 18 horas do dia 4, 110 agentes saíram às ruas e começaram as detenções. Ao meio-dia seguinte, todos os sete integrantes da direção regional da Bahia e seus três suplentes, além de outros sete comunistas, haviam sido capturados. Após quase uma semana de interrogatórios e maus-tratos, o coronel reuniu todos os detidos – mantidos ao relento e amarrados em uma corda como caranguejos – e anunciou: "Essa será a noite de São Bartolomeu". Tanta eficiência tinha um motivo secreto. A razão da eficiência de Ustra foi revelada 40 anos depois pelo Doutor Pirilo. Ele contou ter testemunhado o desespero de um dirigente do partido que teve o filho – também militante do PCB – detido. Ustra lhe apresentou então uma espécie de escolha de Sofia: soltava o filho, desde que ele entregasse todo o partido no Estado.

> Ele caiu e resolveu não abrir a boca. Acontece que prendemos o filho dele, que era um militante da base. Colocamos os dois frente a frente e falamos para o tal secretário: 'Se você resolver falar, nós soltamos teu filho'. Ele aquiesceu e nós soltamos o filho dele que, para todos os efeitos, nunca esteve preso. (...) Ele desmontou o partido na Bahia em troca da libertação do

> filho, também preso, como lhe foi proposto. Eu estava lá e vi. O Ustra estava presente. Da FAB, só eu.[11]

De fato, o nome do filho do dirigente não consta entre os presos listados no documento assinado pelo general Adyr Fiúza de Castro, então comandante da 6ª Região Militar. Depois do arrastão na Bahia e do fim da investigação sobre os PMs, o DOI e o CIE iriam agir novamente em São Paulo. Desta vez, estavam atrás de intelectuais, dos arquitetos, da base universitária do partido e dos jornalistas. "Naquele tempo era muito difícil ser democrata. Hoje todo mundo é. Naquele tempo era um ato de coragem", contou Fernando Henrique Cardoso, à época pesquisador do Cebrap. O futuro presidente, que fora próximo do partido nos anos 1950, era um social-democrata. Mesmo assim foi convocado a depor. Chegou às 14 horas e encapuzaram-no. Permaneceu ali até a meia-noite, antes de ser liberado. Queriam saber o que era o Cebrap. Os agentes pareciam achar que Geisel "fazia parte da conspiração internacional contra o Brasil". Cardoso foi outro que relatou tudo ao governador Paulo Egydio e ao ministro Golbery, que o encaminhou para a porta errada: o ministro Armando Falcão, que nada fez. Nem poderia. O DOI era assunto do Exército e este não se subordinava à autoridade de um civil.

Enquanto isso, o destacamento continuava em sua cruzada anticomunista até chegar a vez dos jornalistas. Um nome já era conhecido desde o primeiro ataque mortal ao partido, nos primeiros meses de 1974. Tratava-se de Rodolfo Konder. Em um novo arrastão, iniciado em outubro, 36 pessoas foram parar na carceragem da Rua Tutoia. Os presos trabalhavam na revista *Visão* e na TV Cultura, do governo do Estado. Eram disciplinados e cultos e estavam sendo despidos e torturados como qualquer comunista. No dia

11 Antônio Pinto, entrevista por escrito em 26 de dezembro de 1975. Pinto voltou ao tema em duas oportunidades – em 25 de fevereiro de 2017 e 1º de março de 2017, ambos por escrito. Forneceu o nome do dirigente comunista, que realmente constou entre os 42 presos da Operação Acarajé. Importa aqui saber o método usado pelo CIE e pelo Cisa e não o nome do dirigente. Por isso e pela falta de uma segunda confirmação, este livro omitirá o seu nome. Para a reação de d. Avelar Brandão Vilela e para os dados da Operação Acarajé, ver AN, Fundo SNI, br_dfanbsb_v8_mic_gnc_ppp_82004253_d0001de0001. Ver ainda 'Ex-presos dizem que Ustra chefiou ação com tortura na Bahia', in *Folha de São Paulo*,8 de fevereiro de 2009.

17, uma Veraneio de uma equipe da Seção de Busca do DOI estacionou na frente da casa do chefe de reportagem da TV Cultura, o jornalista Paulo Markun. Antes que o levassem com sua mulher, Dilea Frate, pediu à irmã, que o visitava, que avisasse seu chefe, o diretor de jornalismo da emissora, Vladimir Herzog, que os estavam conduzindo ao Açougue.[12] Herzog havia sido nomeado diretor de jornalismo em 1º de setembro e passara a enfrentar uma campanha anticomunista movida por políticos e pelo jornalista Claudio Marques, colunista do jornal *Shopping News*. Na noite do dia 23 de outubro, Herzog telefonou ao amigo Marco Antônio Rocha, o Marquito, jornalista do *Estadão*. Disse que ele e Marquito seriam presos. Herzog decidiu continuar em São Paulo, trabalhando; Marquito se escondeu em uma fazenda, no interior do Estado. Dias depois, procuram Herzog em casa com uma história furada de que desejavam contratá-lo para fotografar um casamento. Sua mulher Clarice foi avisá-lo na TV. E lá encontrou os homens da Busca do DOI, entre os quais o sargento Paulo Bordini. A direção da emissora se mobilizou e o jornalista Paulo Nunes conversou por telefone com o coronel Paes, que autorizou que Herzog se apresentasse no dia seguinte. "Marquei local e hora no dia seguinte: apresenta (*Herzog*) às 8 horas da manhã, no DOI. E ele (*Nunes*) levou lá. O Herzog chegou. E qual o procedimento do DOI? Identifica e vai ser interrogado".[13] Ao chegar ao destacamento, deram um macacão a Herzog igual ao de Sylvestre e de Piracaia. Dois jornalistas eram mantidos no corredor enquanto o torturador Pedro Mira Grancieri, o Pedro Âncora, começou a "trabalhar com o cliente". Ouviam-se gritos. "Fala! Fala!" Naquele dia, também estava na Casa da Vovó o Doutor Paulo e o capitão Ubirajara. Levaram os jornalistas até Herzog. Depois, começaram os choques. Pareciam ter amordaçado a vítima para abafar os gritos. Às 15 horas do dia 25 de outubro, Herzog estava morto. Os agentes avisaram Paes e Maciel. Em duas horas, a perícia chegou ao DOI para constatar a morte como suicídio. Naquela noite, Sylvio Frota deu uma

---

12 Cardoso, Fernando Henrique. *Um intelectual na política: memórias*, p. 150 e 151 e Ex-presidente Fernando Henrique presta depoimento à CNV, no site da comissão. Ver ainda Markun, Paulo. *Meu querido Vlado: a história de Vladimir Herzog e o sonho de uma geração*, p. 118 a 122.

13 José Barros Paes, entrevista em 23 de julho de 2004.

festa em Brasília e foi brindado como futuro presidente. No dia seguinte, o jornalista Mino Carta conseguiu conversar com Golbery, que aos berros desmentia a versão do suicídio. E afirmava que tudo não passava de um golpe da linha dura, cujos alvos eram Geisel e seu governo.[14] O desafio lançado pela comunidade de segurança se voltou contra ela e em pouco tempo sua ação se tornou insustentável. "O Herzog foi um divisor de águas. Depois dele, mudou nossa forma de agir. Você, que era herói até aquela data, passou a ser bandido, apesar de ter agido dentro das normas e diretrizes do Exército", afirmou o coronel Paes. Analista do DOI e braço-direito do Doutor Edgar, o tenente Dirceu Antônio, achava o caso estranho. "O que posso dizer é que não foi trabalho normal do órgão, fugiu à normalidade".[15]

Paes manteve por décadas a versão de que o jornalista se matara. O DOI tentara torpedear a abertura, mas era seu barco que afundava. Nos dias seguintes, 30 mil estudantes entraram em greve na USP. O Exército soltou nota, afirmando que as prisões dos jornalistas aconteceram "dentro dos preceitos legais" para "salvaguardar a ordem constituída e a segurança nacional". Não convenceu ninguém. Mais de mil jornalistas assinaram uma petição cobrando a verdade dos fatos. Herzog foi enterrado fora da área reservada aos suicidas, no cemitério judaico. Nem mesmo as 385 barreiras policiais da Operação Terço espalhadas pela cidade ou os tiras do doutor Fleury e sua Operação Gutemberg conseguiram intimidar as 8 mil pessoas que compareceram ao ato ecumênico na Catedral da Sé para ouvir o cardeal d. Paulo Evaristo Arns bradar: "Não matarás! Quem mata se entrega a si próprio nas mãos do Senhor da História e não será apenas maldito na memória dos homens, mas também no julgamento de Deus".[16] O julgamento dos homens também não perdoou os mágicos do CIE e do DOI. O comandante do 2º Exército contou a Paes que o presidente não queria mais mortes no destacamento. A campanha anticomunista estava em xeque.

---

14 Markun, Paulo. *Meu querido Vlado: a história de Vladimir Herzog e o sonho de uma geração*, p. 146 e 147.

15 Dirceu Antônio, entrevista em 30 de janeiro de 2006, sem gravar.

16 Jordão, Fernando Pacheco. *Dossiê Herzog*, p. 88. Para as Operações Terço e Gutemberg, ver Godoy, Marcelo. *A Casa da Vovó*, p. 468 e 469.

Não fazia um mês que os homens haviam liquidado Montenegro e Bonfim e agora tinham de enfrentar a proibição de Geisel. Para Paes, "a esquerda aproveitou aquilo porque ela queria um cadáver, queria uma bandeira, um mártir." A opinião do presidente era diferente: "Aquilo foi um verdadeiro assassinato." A história, porém, não havia acabado.

MISSÃO. No começo de novembro, o major Romeu Antônio Ferreira recebeu uma missão de seu comandante, o general Reynaldo Mello de Almeida: ir a São Paulo explicar aos oficiais do DOI que as coisas haviam mudado. Ferreira havia deixado a EsNI, onde dera aulas durante os anos 1970 para formar agentes do sistema de inteligência, e assumido um cargo no DOI do 1º Exército. Era amigo de analistas do CISA, como os Doutores Pirilo e Agenor. Na EsNI conhecera ainda o comandante Feijó, da Marinha, que instruía os alunos sobre o PCB. "A Marinha era a dona do canil", contou Ferreira, que seria conhecido em sua nova função como Doutor Fábio. O chefe da 2º Seção no Rio de Janeiro era o coronel Mário Sérgio Pasquale, que recebeu o major em agosto e o manteve na seção até outubro, fazendo um estágio para aprender o trabalho. Só então, após a morte sob tortura do secretário de organização do Comitê Regional do Rio de Janeiro do PCdoB, Armando Frutuoso, dentro do DOI do 1º Exército, Pasquale chamou o subordinado e o informou:

> 'Você vai se apresentar amanhã no DOI, mas a missão que eu vou lhe passar é a seguinte'. Palavras dele. ' A luta armada está acabada'. Na verdade, não tinha acabado. 'Daqui a pouco, não vamos mais prender, a missão de prender vai terminar e você está indo lá com a missão de reformular pari passo, gradativamente, o DOI do 1º Exército para um órgão exclusivamente de informações. Não vai chegar lá e mudar; vai devagar'. E foi o que fiz.[17]

No DOI, Romeu contou que fez modificações internas ao chefiar a análise, o interrogatório e o arquivo. As operações estavam a cargo do

---

17 Romeu Antônio Ferreira, entrevista em 21 de abril de 2018.

Doutor Luís. Determinou que ele devia ser o primeiro agente a interrogar os presos. Queria "a análise para produzir documentos". "Produzimos documentos sobre trotskismo e socialismo, coisas que o DOI nunca pensou, pois ele era 'pé na porta'. Eu nada mais fui do que um instrumento da política do Geisel, de distensão lenta, gradual e segura. E uma delas era acabar com esse componente de segurança do DOI." Em dezembro, após a morte de Herzog, ele recebeu a determinação do chefe "para ir lá, na OBAN (DOI do 2º Exército)". "A OBAN sempre foi policialesca: ponto e aparelho." Romeu assumiu a missão de levar a ideia de mudança aos oficiais do DOI paulista. Conversou com os Doutores Ney e Edgar e com o capitão Ubirajara. Não foi mal recebido, mas "solenemente ignorado". Levaram-no para comer na Camelo, uma das mais tradicionais pizzarias da cidade. Também os acompanhava o subcomandante do DOI paulista, o major Dalmo Lúcio Muniz Cirillo. "Conversamos, comemos, conheci todos eles. O que aconteceu? Dois meses depois morreu, depois do Herzog, o Manoel Fiel Filho e aí caiu general, caiu tudo." O aparelho da repressão se dividia. Os analistas começavam a tomar o lugar dos homens de operações. O teatro de operações deixava as ações armadas e passava a se concentrar no controle, na vigilância e nas ações psicológicas de um conflito cultural. Assassinos e esquartejadores, como o Doutor Magno, da Casa da Morte, perdiam espaço, assim como seus chefes, como os Doutores Cesar e Flávio. Uma nova comunidade começava a se formar para a guerra ideológica. As atenções dos militares, lentamente, abandonavam os escritos sobre a guerrilha de Che Guevara e sobre a Guerra Popular Prolongada, de Mao Tsé-Tung, para se concentrar na obra do pensador italiano Antonio Gramsci, em um processo que só se tornaria conhecido décadas depois, com a ascensão de Jair Bolsonaro à Presidência.

Era nesse contexto que personagens como os Doutores Fábio, Pirilo e Pimenta assumiram a tarefa de manter a guerra contra o comunismo, com outras armas e em outro terreno. A ditadura ainda era ditadura. Mas se aproximava do fim. Quem parecia não querer saber disso era o comandante do 2º Exército e seu DOI. Depois da morte de Herzog, a campanha *Nacht und Nebel* contra o partido comunista foi suspensa. Não houve mais cárceres secretos nem desaparecimentos. Mas as prisões continuavam. No dia 15 de janeiro de 1976, dois homens de uma equipe de Busca do DOI bateram na porta do vendedor de bilhetes de loteria Sebastião Almeida, o Deco. Ele distribuía a *Voz Operária* na fábrica da Metal Arte, na Mooca, na zona leste. Foi parar no DOI, onde recebeu o tratamento de costume. No dia seguinte, os agentes foram buscar o operário Manoel Fiel Filho, que trabalhava havia 19 anos na Metal Arte. Queriam saber quem mais recebia o jornal na empresa. "Pelo amor de Deus, não judiem tanto de mim que vocês me matam." Colocaram-no erguido com os pulsos atados à argola acima de sua cabeça e, assim, estava quando o delegado Demétrio passou. Ele trabalhava com o delegado Calandra, então deslocado para cuidar da seção que fazia a ligação com as autoridades civis. Demétrio passou por acaso no Interrogatório, quando resolveu esmurrar o operário. Sua ação pegou de surpresa Pedro Mira Grancieri, o Âncora.

> Quem me falou que foi ele foi o Pedro Mira: 'O filha da puta aqui entrou e deu um soco na barriga do Fiel; entrou no interrogatório falou umas bobagens e deu um soco no fígado do Fiel e matou o Fiel. Não tinha nada a ver com nada. Sabe, entrou lá e 'é esse o cara e pooh'. Aí o Fiel começou a passar mal e morreu. Tem muita bosta feita e aí fica pagando o resto da vida por um negócio que não tinha que acontecer. Quer pegar o Iuri (*Xavier Pereira*), ele ia morrer, é um negócio que você paga, mas é uma coisa que você paga, porque você tem de pagar. Mas pegar o coitado do Fiel e dar um murro no fígado dele e o cara morrer... Os caras ficam até hoje cobrando o Fiel: 'Mataram o Fiel'. Mataram mesmo.[18]

De acordo com o tenente Chico, um veterano que entrara no DOI em 1970 e permaneceu no destacamento até o fim do consórcio entre a polícia

---

18 Tenente Chico (nome fictício), entrevistas em 19 de abril de 2016 e 25 de abril de 2016. Chico foi uma das mais profícuas fontes deste trabalho de pesquisa, iniciado em 2004, e que já rendeu o livro *A Casa da Vovó*. Suas informações foram confirmadas por dezenas de outras testemunhas e documentos. O delegado Massilon José Bernardes, veterano do Dops e do SNI, confirmou que o doutor Demétrio trabalhou no DOI. Ver Massilon José Bernardes, entrevista em 19 de abril de 2016. Iuri Xavier Pereira era um dos líderes da ALN, morto em uma emboscada, em 14 de junho de 1972.

e o Exército, em 1991, após a morte de Herzog os agentes haviam recebido uma ordem: "não machucar os velhos, não apertar os velhos". Naquela tarde, telefonaram do 2º Exército para o coronel Erasmo Dias. "Vivi aquele clima horroroso criado por uma certa inconsequência, ineficiência e negligência dos subordinados do general Ednardo." Era preciso fazer uma nova perícia no DOI. O secretário da Segurança chamou os peritos e foi para o destacamento. Encontrou Fiel Filho dependurado pelo pescoço, posição idêntica à de Piracaia e à de Herzog. Pediu ao perito que desse uma olhada e perguntou se havia "um por cento de chance de ele ter se suicidado". "Não sei, precisa fazer autópsia", respondeu o perito. Erasmo insistiu e o perito respondeu: "Um por cento existe".[19] O coronel avisou o governador e ele o presidente. Geisel chamou o ministro Frota e ordenou a demissão do comandante do 2º Exército. Também foram afastados o comandante do DOI, o Doutor Silva, e o seu subcomandante, o major Dalmo, um dos homens que ignoraram o conselho do Doutor Fábio. Um mês depois, foi a vez do general Confúcio Danton de Paula Avelino perder sua cadeira no CIE. Era o primeiro grande passo dado pelo presidente para restabelecer a disciplina no serviço secreto do Exército. Era preciso acabar com a autonomia operacional que criara a baderna no setor, como era desejado desde 1974. "Após 1976, quem chegou lá (*no DOI*), não viu mais nada. Foi subestimado o PCB. Eles tinham vontade e ideologia. Não tinha nenhum bobo ali. Quem acabou com o DOI foram as organizações armadas? Não. Foi o PCB, com os três caras deles que morreram", afirmou o agente Augusto, da Equipe Coral do DOI.[20]

A última ação em massa contra o partido aconteceria em 20 de fevereiro daquele ano, em Sergipe: a Operação Cajueiro, que levou para a cadeia 25 comunistas. Sob a direção do general Fiúza de Castro, um veterano do DOI do Rio de Janeiro, ela foi feita sem que nenhuma nota fosse distribuída à imprensa. Castro conversava diretamente com o ministro Frota. Um mês depois do caso Fiel Filho, o ministro estava preocupado com a possibilidade de "novos suicídios". "Sob meu comando será impossível a ocorrência de

---

19 Erasmo Dias, entrevista em julho de 2004.

20 Tenente José, entrevista em 10 de janeiro de 2006.

tais fatos. Ninguém conseguirá suicidar-se, pois todos os presos estão acompanhados de sentinelas", garantiu o comandante da 6ª Região Militar, em documento enviado ao SNI. Com a suspensão da operação secreta contra a cúpula do partidão, ninguém mais estava autorizado a matar.[21] Em 16 de setembro, a embaixada americana em Brasília mandou um telegrama para o Departamento de Estado, informando o interesse da inteligência do Exército dos Estados Unidos em convidar o general Antônio da Silva Campos, o chefe do CIE, para uma visita aos EUA. O embaixador John Hugh Crimmins afirmava que Campos era a aposta de Geisel para estreitar o controle sobre o centro que atuara no passado com considerável autonomia e se ligara a violações dos direitos humanos. O diplomata alertava que, apesar dos esforços de Geisel, o CIE ainda não se dissociara aos olhos do público de seu passado de abusos. Ele advertia seu governo sobre o convite, ainda mais em razão da suspeita de envolvimento brasileiro com a Operação Condor e da "firme oposição americana a certos aspectos da Condor", pois seria difícil manter em segredo tal visita.[22] Parecia adivinhar que os militares ainda tinham ainda contas a acertar...

VIP. O Doutor Fábio estava no DOI do Rio de Janeiro quando recebeu um relatório de busca feito pela Seção de Operações, que contava o encontro na Vila Valqueire, na zona oeste do Rio de Janeiro, de um integrante do 2º escalão do PCdoB com um homem alto, branco e de cabelos brancos. Conversaram por cinco minutos. Os dois agentes do destacamento continuaram seguindo o alvo – deixaram de lado o seu contato. Fábio mandou chamar os subordinados e buscou mais detalhes. Quando um deles lhe disse ter visto o que parecia ser uma ordem dada pelo idoso, apontando o dedo para o interlocutor, determinou que a vigilância voltasse ao bairro para tentar localizar o homem de cabelos brancos. "Vocês vão fazer o caminho do rato." Alguns dias depois, o alvo foi preso. Tinha o hábito de marcar encontros no mesmo bairro e, assim, foi localizado.

---

21 Ver AN, Fundo SNI, documento br_dfanbsb_v8_mic_gnc_ppp_82003802_d0001de0002.

22 Ver Telegram 8010 from Embassy in Brazil to the Department of State, in Foreign relations of the United States, 1969-1976, Volume E-11, Part 2.

Logicamente, quem vai interrogar o cara sou eu. Ele sentou. Para proteger a minha identidade, colocava capuz no cara. Eu era o Doutor Fábio. (...) E eu falei... E era gravado, eu implantei isso lá: era gravado. Quero tudo gravado, os interrogatórios gravados; e o pessoal ficava olhando do vidro manjador. Eu implantei isso também. Eu determinei que todos os interrogatórios fossem gravados e que tivessem outras pessoas olhando para evitar tortura, que, às vezes, você não pode ficar o tempo inteiro lá, então determinei. Eu falei uma meia hora (...) Não vou me lembrar de tudo o que eu falei, mas o tom sim, que eu falava isso para todos: que ele havia perdido a guerra, que tinha perdido a guerra. Ah... Um detalhe, ele foi preso sozinho. Nós sabíamos que ele era um alto dirigente do Partido Comunista do Brasil. O ideal seria que ele falasse, se não nós teríamos de pressioná-lo para falar – eu nunca falei em tortura – e falei, falei, falei, falei, muita gente ficou de saco cheio do que eu falei. Daí, ele chegou e falou: 'Doutor, eu posso falar agora?' Sim. 'Eu quero fazer uma proposta para o senhor.' Pois não. 'Eu entrego o partido em troca da minha vida e da minha mulher.' Foi na lata, assim. Ele não sabia que, no Rio, ninguém estava mais tirando a vida de ninguém; São Paulo eu não sabia. Em 76, eu acho que não havia mais isso em São Paulo.[23]

Diante de Romeu estava Manoel Jover Telles, ex-integrante do Comitê Central do PCB, que passara ao PCBR e, depois, se ligara ao PCdoB. Romeu apresentou um documento com a transcrição dessa primeira conversa, de 3 de outubro de 1976. Eis o trecho final.

Eu não sei se me torno importuno, mas eu podia fumar um outro cigarro?
Pode. Qual o cigarro que você fuma?
Em geral, fumo minister, mas, não tendo, fumo qualquer um.

23 Romeu Antônio Ferreira, entrevista em 21 de abril de 2018. Ver ainda Morais, Taís e Silva, Eumano. *Operação Araguaia*, p. 526. O documento citado mostra dois momentos do interrogatório de Telles no DOI. Um é classificado como depoimento e o outro como degravação, confirmando o que o coronel disse sobre as gravações.

> **Eu não tenho minister aqui. Você quer mandar comprar um cigarro minister e deixar aqui para mim?** (dou dinheiro aos observadores)
> O que eu gostaria dos senhores é o seguinte: é que nós pudéssemos sentar frente a frente, numa mesa, sem capuz, sem coisa nenhuma. Vamos discutir, vamos ver o que é. Qual é o problema? O meu problema é o seguinte: eu estou convencido disso.
> **Não, agora não. Tem muita gente aqui. Você não vai poder ver, para efeito de segurança, e você conhece segurança melhor do que nós.**
> Se pudéssemos... Não sei se podia ser ou não. Não sei quem é o senhor, nem nada. Eu digo uma pessoa de alto nível, aí dos senhores, compreende? De alto nível, no sentido de cargo, no sentido de que a gente pudesse conversar melhor, quem sabe. Pode ser o senhor mesmo. Eu estou aqui. Não estou sabendo quem é o senhor, para ver o que se pode fazer.[24]

Romeu parou a gravação e mandou todo mundo sair da sessão. Jover fez então a proposta: entregaraia a reunião do CC do PCdoB em troca de sua vida e a da sua companheira. Perguntou ao preso quem era sua mulher. Ele respondeu: "A Helena Boaventura." Fábio perguntou onde ela estava morando. "Mas vocês não vão fazer nada, não?". "Você vai entregar, mas não vai acontecer nada com ela." Helena foi presa, segundo Romeu. Não foi interrogada. O militar deu uma ordem aos subordinados: "Ninguém mais toca, que o preso é meu". Os dois foram transferidos do interrogatório para outras celas, chamadas de "prisão VIP". "Até o nome código dele ficou VIP. Só falava comigo, com mais ninguém". Os dois se encontraram no cárcere. Romeu resolveu perguntar quais os futuros pontos de VIP.

> Com aquela ideia antiga de ponto e aparelho, perguntei: qual o seu ponto? E aí foi o grande problema que enfrentei. Devo ter contado isso na minha vida uma ou duas vezes. Ele começou a contar os pontos que teria com o Comitê Central do PCdoB. Não eram muitos. Contou aí, e eu escrevendo tudo, uns cinco ou seis pontos. O Comitê Central tal dia, tal lugar

24 Documento MJT – INTERRO 1 – 03 OUT 1976, (cópia cedida por Romeu Antônio Ferreira).

> com tal fulano. Aí falei com meu comandante do DOI e fui à 2ª Seção do CML (*1º Exército*): tá aqui. 'Que bacana, parabéns! Agora nós vamos continuar a operação e prender o Comitê Central em contato com ele.' Aí começou a minha tortura, a minha via-crúcis. Furaram todos os pontos. Todos. Furou um, dois ou três. Eram três, quatro. Furaram todos.

Começaram a duvidar que VIP estivesse falando a verdade e estivesse enganando Romeu. "Eu fui chamado na 2ª Seção. 'O cara tá te enganando, tá sendo enganado.' E eu entrei naquele conflito. E várias vezes eu acordava de madrugada. Eles estavam querendo que eu apertasse o cara. 'Enquanto eu estiver aqui, não vai apertar não'." E pensava se não estava deixando escapar uma oportunidade. Quando acabaram os pontos, ele foi à prisão e questionou VIP. "Será que você não está mentindo para mim?" "Não estou." Jover Telles disse que só tinha mais um ponto, um encontro alternativo, que era um ponto passado pelo secretário de organização do partido, Pedro Pomar. Ele seria na Rua Dias da Cruz, no Méier. Os Doutores Fábio e Luís foram com os agentes acompanhar o encontro e viram quando um jovem se aproximou de VIP. Os dois conversaram alguns minutos e o jovem partiu – Fábio ordenou aos agentes que o deixassem ir. A exemplo de Mello, Telles teve a tentação de ficar vivo. Cansara-se da promessa da revolução que não vinha e acabou por concordar com o Doutor Fábio, que a sua era uma guerra perdida.

> 'Ô doutor, o senhor acreditou em mim.' Nós dois nos abraçamos. 'Eu sei que o senhor sofreu no caso, mas olha aqui'. Aí eu perguntei: 'Você já tem um ponto de entrada no Comitê Central'?'. 'Tenho, vai ser no dia tal, com a velha Maria, a Elza de Lima Monnerat, lá em São Paulo, perto da Avenida Paulista.' Eu conhecia bem a região, pois estudei ali no Colégio Dante Alighieri.[25]

Fábio se aproveitou da fama do destacamento de prender e matar para prometer a Jover Telles o que lhe parecia um favor excepcional: a manutenção

25 Romeu Antônio Ferreira, entrevista em 21 de abril de 2018.

de sua vida e a de sua companheira. O encontro de VIP seria dali 15 dias. Os pontos anteriores haviam furado porque João Amazonas, o secretário-geral do PCdoB, determinara o cancelamento de todos eles. Ficaram só os encontros marcados por Pomar. "Então passamos a operação para São Paulo." A reunião seria lá, portanto, a operação tinha de ser feita pelo 2º Exército, comandado pelo general Dilermando Gomes Monteiro. A Seção de Operações do Rio de Janeiro mandou alguns de seus homens a São Paulo. Primeiro, foram cobrir o ponto na Avenida Paulista. Romeu chegou depois. Assim como o Doutor Pirilo. Reencontraram em São Paulo os Doutores Ney e Edgar. Também veio à cidade acompanhar o estouro do PCdoB o coronel Ustra. Os agentes viram que Jover Telles entrou em um carro na Avenida Paulista, mas perderam o Fusca de vista. Reencontraram-no quase por acidente, três ou quatro minutos depois, e o seguiram até a casa da Rua Pio XI, na Lapa. Os militares ficaram vigiando o lugar até que os primeiros dirigentes começaram a deixar o local. Dois por vez. Escaparam poucos. Um dos últimos a "ser pego" foi Jover Telles. Levaram-no para um imóvel reservado a encontros com informantes e lhe deram cerca de R$ 50 mil para que recomeçasse a vida no Sul. Os agentes também soltaram Helena Boaventura. Quando Jover saiu da casa, Fabio lhe perguntou quem ficou lá. "Ficou lá o Ângelo Arroyo e o Pedro Pomar." Foi quando o destacamento de São Paulo decidiu estourar o aparelho. "A maior arma que eles estavam devia ser um lápis", disse o coronel Erasmo Dias. O Doutor Fleury chegou pouco depois da invasão e se encarregou de encenar o tiroteio. Romeu e o Doutor Pirilo receberam a tarefa de ir à Lapa. "Quando nós chegamos lá, nós vimos o Pedro Pomar e o Ângelo Arroyo caídos numa poça de sangue. Cada um tinha uma arma pequena, não era fuzil, pulamos o sangue e fomos lá pro local do encontro. Aí nós pegamos todos os documentos do Araguaia, tudo lá conosco. Era tanta coisa que tivemos de fazer uma divisão nas análises que foram feitas do PCdoB. Conseguimos levantar todos do Comitê Central, doutrina, tudo." A partir deste ponto, as informações de Romeu são confirmadas pelos outros agentes. O tenente José prendeu Haroldo Lima, na Avenida Pompeia. "Eu arrebentei a cabeça dele (*com a coronha de uma submetralhadora*). Ele havia se atracado com o Artoni. Com o golpe, ele apagou." João Baptista Franco Drummond – outro preso

– teve a morte encenada pelos militares como um atropelamento, durante uma fuga. Na verdade, ele morreu no DOI. Segundo a versão de Romeu, do tenente Chico e do coronel Erasmo Dias, o preso tentou fugir e caiu de uma torre de rádio, quando procurava escapar da tortura. Convocado pelo comandante do 2º Exército para dar um jeito, Erasmo confessou: "Aí nós fizemos lá um acidente. Caiu, quebrou a cabeça".[26]

Um ano depois, quando os agentes tentaram um novo acerto de contas, mas com Ricardo Zarattini Filho, em São Paulo, o comandante do DOI, o coronel Paulo Rufino Alves, abortou a operação. Outros planos dos mágicos foram contidos pelos oficiais comprometidos com a política de abertura do regime. Novos atores sociais surgiram naquele final dos anos 1970: o movimento contra a carestia, as Comunidades Eclesiais de Base da Igreja Católica e o novo sindicalismo no ABC, que daria origem ao Partido dos Trabalhadores. Ao mesmo tempo, pela primeira vez, grupos trotskistas ganhavam força e passavam a disputar a direção de sindicatos de trabalhadores e do movimento estudantil no país. Fábio e Pirilo se envolveram na Operação Lotus, promovida pelo Doutor Ney, então no CIE, para combater um desses grupos, a Convergência Socialista (CS), que procurava organizar o Partido Socialista dos Trabalhadores. "Tínhamos uma informante, a agente 'W1'. Ela foi recrutada no movimento estudantil e foi gradativamente entrando, por nossa orientação, na Convergência Socialista", contou Romeu. A operação capturou o pensador argentino Nahuel Moreno e toda a cúpula da CS. A Lotus e a operação contra o Movimento de Emancipação do Proletariado (MEP) foram as primeiras da fase em que o CIE atuou de forma dissimulada por meio da Polícia Federal ou das polícias estaduais, convocadas para fazer prisões, interrogatórios e inquéritos, prática que se manteria após o fim do AI-5 e a aprovação da Lei de Anistia.

O PCB aos poucos começou a se reestruturar. Na União Soviética desde 1975, o jovem Álvaro Egea mantinha-se em contato com Prestes, que

26 Pomar, Pedro Estevam da Rocha. *Massacre na Lapa*. p. 20, 21 e de 109 a 120. Ver Romeu Antônio Ferreira, entrevista em 21 de abril de 2018. Ver ainda Tenente José, entrevista em 10 de janeiro de 2006; Erasmo Dias, entrevista em julho de 2004; Tenente Chico, entrevista em 27 de outubro de 2004 e 14 de setembro de 2009; Marival Chaves, entrevista em 7 de maio de 2013.

decidiu que ele devia fazer um curso de gráfico, pois o partido ia montar uma gráfica no exterior. Ele estudou com vietnamitas, angolanos e bissau-guineenses. Aprendeu russo. Ligou-se ainda ao companheiro Jonas, o futuro líder sindical Luiz Antônio Medeiros, que se preparava em Leningrado. Por meio das conversas com Khalil Dib, que trabalhava no setor de fronteiras, tomou conhecimento das quedas ocorridas no partido. Em 1977, Egea disse a Prestes que queria voltar ao Brasil, que não ficaria no exterior para trabalhar na futura gráfica. E assim foi. Salles organizou sua volta. Quando chegou a São Paulo, o jovem encontrou um partido que se reorganizava. Procurou Gildo Marçal Brandão, que trabalhava na *Folha de S. Paulo*, e este lhe indicou o vereador Antonio Resk. Ele se candidataria a deputado, em 1978, depois que o partido teve de amargar as cassações – ainda durante a vigência do AI-5 – dos deputados Marcelo Gato e Nelson Fabiano Sobrinho, pouco antes do assassinato de Fiel Filho, no DOI paulista. Um mês depois, Prestes dava entrevista à France Presse, afirmando aquilo que a linha dura usava para denunciar a abertura: "O PC levou o MDB à vitória em 1974".[27]

A última vez que a ditadura usou o poder arbitrário de cassar mandatos de deputados federais, com base no AI-5, foi como desfecho de uma conspiração de integrantes do CISA. O objetivo era decapitar Marcos Tito, deputado do MDB mineiro que denunciara a ação da extrema direita, que se reunira em torno do ministro Frota, que sonhava com a Presidência. A trama era do conhecimento do Doutor Pirilo. Ele contou que a ação da comunidade de informações atendia ainda a outro motivo: provar que a infiltração comunista aumentava com a abertura e, assim, reforçar a "necessidade" de Frota ser o candidato do regime à sucessão de Geisel. O que se seguiu foi descrito pelo coronel L.W.B.G., o Lúcio. "Realizamos algumas operações, fundamentalmente, de contrainteligência, muito produtivas. Nenhuma com violência, mas foram operações que você faz para expor o inimigo a uma situação tão ridícula, que ele não contribuiu para aquilo, para desmoralizá-lo e acabar com ele." Entre elas estava aquela que levou à punição de Tito, eleito em 1974 com 61.386 votos. Desde 1964, 171 parlamentares haviam sido cassados. A armadilha contra o deputado consistiu

27 Ver "PC levou o MDB à vitória em 1974, afirma Prestes", in *O Estado de S. Paulo*, 10 de fevereiro de 1976.

em reescrever um editorial publicado em abril de 1977 pela *Voz Operária* – o jornal voltara a circular, a partir de abril de 1976, sendo impresso na Bélgica e enviado pelo correio ao Brasil –, suprimindo algumas palavras e trechos. O texto afirmava: "No momento em que o Brasil atravessa uma crise cujas consequências e alcance são reconhecidos por todas as correntes políticas nacionais, os comunistas dirigem-se à nação com o objetivo de, ao lado de todos aqueles interessados na conquista da democracia, propor uma alternativa para a situação político-institucional em que o regime resultante do golpe de 1964 colocou o país". Reescrito pelos militares, o texto perderia a palavra "comunistas" e teria "golpe" substituída por "movimento".

Dos 24 parágrafos, cinco foram suprimidos. As alterações, porém, ainda deixavam clara a origem do texto sem, no entanto, alertar o alvo da armadilha. Levaram-no ao gabinete do deputado. "Levamos como se fosse coisa de estudantes inconformados, pedindo para ele ler no Plenário da Câmara. E ele caiu. E leu." O papel foi recebido por um assessor, que o repassou ao deputado. Em 24 de maio o parlamentar subiu à tribuna e fez o discurso, sem saber que era quase uma cópia do editorial do jornal comunista. Acusava o regime de ter como métodos o "medo e o arbítrio". Sua fala atraiu a resposta do deputado Cantídio Sampaio (Arena-SP), que o chamou de "atrevido". Tudo parecia se encerrar ali. Dois dias após o discurso, os militares fizeram chegar ao deputado Sinval Boaventura (Arena-MG) a informação de que Tito lera da tribuna o manifesto do PCB. Sinval denunciou o colega. Estava aberta a crise. "E acabou levando uma ferroada, acabou cassado e posto na rua", conta o coronel. De fato, 21 dias depois, Geisel anunciou a cassação de Tito. "Na época, não havia desconfiança de que o texto tivesse sido plantado. Pareceu o plágio de um assessor. As forças mais radicais do regime criaram uma crise artificial", disse o deputado Miro Teixeira, então no MDB. Ao reagir à cassação do colega, o líder do MDB na Câmara, Alencar Furtado (PR), protestou contra o regime e denunciou a chaga dos desaparecidos, entre eles o dos PCB. "Para que não haja esposas que enviúvem com maridos vivos, talvez; ou mortos, quem sabe? Viúvas do quem sabe ou do talvez." Furtado seria o 173º – e último – parlamentar cassado pelo regime.[28]

---

28 L.W.B.G., entrevista em 27 de setembro de 2017. Marcos Tito, entrevista em 29 de janeiro de 2018. Para Miro Teixeira, entrevista em 12 de maio de 2018. Ver ainda as edições dos dias 27

A situação do PCB ainda era vista no exterior como a de uma *débâcle*. Em uma reunião em Praga, onde se discutia o funcionamento da revista *Problemas da Paz e do Socialismo*, Salles reconhecia, diante dos dirigentes comunistas de outros países, "as dificuldades que o nosso partido enfrenta na atual etapa de recuperação e restabelecimento de suas estruturas". Em janeiro do mesmo ano, o jornalista Frederico Pessoa deixou a cadeia, após ser aprovado no vestibular de jornalismo da Escola de Comunicação e Artes (ECA), da Universidade de São Paulo. Preso em 15 de outubro de 1975, no arrastão que apanhou então o partido, Pessoa fora condenado a 30 meses de prisão. A aprovação no vestibular lhe permitiu a liberdade condicional. Encontrou a política estudantil tomada pela Liberdade e Luta, a Libelu, o braço universitário de uma das correntes internacionais do trotskismo. Primeiro, conquistou o centro acadêmico da ECA para o PCB e, depois, o próprio DCE da USP. Em 1979, estava no congresso realizado em Salvador para recriar a UNE. Aos poucos, o partido se reorganizava. Um ano antes, o Sindicato dos Bancários ganhara um novo presidente: era Ivan Pinheiro. Nascido em 1945, ele estudara na unidade do Colégio Pedro 2°, do Engenho Novo, no Rio de Janeiro, e começou a ter contato com o PCB ainda como secundarista. Nos anos 1960, quando cursava a Faculdade de Direito da Universidade Estadual da Guanabara, aderiu ao MR-8. "Li o livro do Regis Debray três vezes".[29] Mantinha uma gráfica em casa para a organização e planejou ações armadas até que, em 1974, deixou o grupo. Um ano depois, voltou a procurar a velha sigla, mas só foi aceito em 1976. Pinheiro trabalhava no Banco do Brasil e foi lá que se reintegrou à legenda. "A base antiga do partido ficou separada dos novos por razões de segurança, pois os 12 companheiros estavam no processo da Marinha. Criaram uma nova base, ligada diretamente ao Comitê Municipal e ao Geraldão." O governo ia levantar a intervenção no sindicato, que faria eleições para a sua direção. "E aí resolveram me propor como candidato à presidência", contou.[30] Em 29 de

e 31 de maio de 1977 e 2, 3, 4, e 15 de junho de 1977 do jornal *O Estado de S. Paulo* e as edições dos dias 28 de maio e 15 de junho de 1977 do *JB*.

29 Trata-se *de Révolution dans la* révolution? Escrito pelo jornalista francês Régis Debray.

30 Ivan Pinheiro, entrevista em 26 de janeiro de 2016.

agosto de 1979, Fernando Pereira Christino deixou a Penitenciária Esmeraldino Bandeira, em Bangu, no Rio, onde ficara quatro anos encarcerado. Era aguardado na porta pelo senador Teotônio Vilela, por familiares e seus advogados. A reportagem da TV Globo registrou tudo. Era o último preso político a ser libertado. Foi trabalhar no Iate Clube Jardim Guanabara, na Ilha do Governador, para sustentar a mulher e os oito filhos.[31] No mesmo ano, ainda antes da anistia, um dos únicos integrantes do CC que permaneceram o tempo todo no Brasil, Geraldão deixou seu refúgio na Favela da Maré e começou a aproveitar os novos tempos. Quem conta é Armando Sampaio. Em agosto, quando foi visitar a mãe, encontrou duas pessoas que queriam almoçar com ele: eram Geraldão e Giocondo Dias. "Eu preciso muito de você. Sei que você está ajudando, mas preciso mais. Vocês precisam remontar o partido aqui (*no Rio de Janeiro*)." Já no fim de 1978 a maioria dos comunistas havia feito as malas e deixado Moscou. Partiram para Paris, enquanto aguardavam a hora de voltar. Foi na capital francesa que, depois de quatro anos separados, Mello finalmente pôde rever Zirlanda, em abril de 1979. Enquanto isso, o partido enviava Régis Frati em segredo ao Brasil para alugar apartamentos e casas para os que chegavam. Vinícius estaria entre eles.[32]

31 Christino, Fernando Pereira. *Uma vida de lutas dedicada ao comunismo*, p. 61 a 66.

32 Álvaro Egea, entrevista em 15 de agosto de 2016. Para José Salles em Praga, ver RGANI, José Salles, fundo 5, lista 109, documento 1.746; Frederico Pessoa da Silva, entrevista em 9 de maio de 2016; Armando Sampaio, entrevista em 17 de fevereiro de 2017.

7 OPERAÇÃO PÃO DE AÇÚCAR

Espionagem até a Nova República

ENQUANTO MELLO, cooptado pelo CIE, passava seus anos no exílio em Moscou, o capitão Antônio Pinto aprofundava seus conhecimentos sobre como lidar com informantes. Transformar um preso em um cachorro requeria muita "habilidade do interrogador". Não havia um perfil pré-determinado ou um planejamento para cooptar este ou aquele detido. Normalmente, o prisioneiro recebia algum tipo de vantagem, um tipo de salário, e assinava um contrato, que, mais tarde, podia ser usado para chantageá-lo, diante da ameaça de seu papel ser revelado, caso se comportasse mal. O capitão dizia que o militar dono de um canil devia, sobretudo, aprender a cumprir os acordos para obter a confiança e a lealdade de seus cachorros, sem as quais não se poderia manter o trabalho de pé. Era uma relação mútua, que surgia com o tempo e dependia do faro do agente.

"Sei de informantes que foram perdidos por inabilidade e 'grossura' do controlador, que os tratava como se permanecessem inimigos", contou Pinto. A reação ao comportamento inadequado do militar aparecia rápido: o informante, repentinamente, parava de comparecer aos pontos de encontro e sumia. Pirilo contava que o canil da repressão fora essencial para o trabalho do Sistema Nacional de Inteligência. "Sem as informações em primeira mão, 'lá de dentro', como trabalhar? Adivinhar é proibido." E se orgulhava do fato de todos os seus informantes terem se tornado seus amigos, "os amigos do Pirilo". "Até certo ponto, no entanto." Um cachorro jamais conhecia o nome de seu controlador. Foi assim com Vinícius, para quem, até o fim, Antônio Pinto era apenas o Pirilo. Mello nunca soube nem sequer a organização à qual ele pertencia. Imaginava ser um órgão que tudo podia. A periodicidade dos encontros era estabelecida pelo militar. Pinto os marcava por telefone, sempre que necessitava de assessoria sobre algo. "Os únicos pontos pré-determinados eram após as reuniões do CC ou da Executiva do partido."

Os informantes eram mantidos ativos enquanto a organização existisse, como o PCB. Pirilo adquiriu uma certeza: nenhum de seus cachorros continuava comunista. "Que permanecera comunista não conheço", afirmou. Todos os que ele controlava militavam apenas "para a sua segurança, perante seus companheiros, alguns militando mais do que antes de serem cooptados". Esse também teria sido o caso de Mello. "Como analista de PCB, na minha opinião, ele era a organização mais deletéria, que deu origem a todas as demais. Eu controlava os informantes dela, que eram raros, pois quase todos os possíveis candidatos não se tornavam viáveis, porque não tinham acesso àquilo que buscávamos. Em resumo: para se tornar um informante era preciso ter pedigree... E acesso".[1] Pinto produziu cerca de três centenas de documentos sigilosos com base em encontros e informações de Mello. Todos ficaram arquivados no CISA. Desses, 60 foram localizados e consultados durante esta pesquisa. A exemplo do que a CIA fizera no documento sobre as viagens da direção do PCB ao mundo socialista, o Doutor Pirilo também vedava a difusão desses relatórios para outras agências. E, em mais de uma oportunidade, advertiu por escrito, que fazia isso para proteger a fonte. Era o nome de Pacato que ele buscava esconder.

UM ESPIÃO EM PORTUGAL. Quatro anos antes de receber o agente Vinícius das mãos do Doutor Ney, Pirilo viveu outro processo de conquista de um informante. A oportunidade para ampliar o canil surgiu ao analisar

1 Antônio Pinto, entrevista em 11 de dezembro de 2015.

um documento enviado pelo Centro de Informações do Ministério das Relações Exteriores (CIEx), que tratava da chegada ao Equador de um jovem recém-saído de Cuba. O rapaz fora à embaixada brasileira para obter um passaporte, pois só tinha a carteira de identidade. Deixou dados para que fosse localizado na cidade e um nome: Claudio Augusto de Alencar Cunha. Pirilo lembrava-se dele: era acusado do sequestro do Caravelle PP-PDX, em 8 de outubro de 1969 – dia da morte de Che Guevara – com outros três companheiros. Eles pegaram o avião da companhia Cruzeiro do Sul, no Rio de Janeiro, onde moravam – Cláudio Alencar vivia em um quarto alugado, em Copacabana. A aeronave seguiria para Belém e, depois, para Manaus. No meio do trajeto, pouco depois das 3h30, desviaram-na para Georgetown, na Guiana. Os jovens dominaram o Caravelle com 42 passageiros e obrigaram o comandante a seguir para Porto Rico e, de lá, para Cuba, onde pousaram às 19h34.[2] Era o primeiro sequestro de aeronave no país. Os quatro não foram bem recebidos pelos cubanos. Quiseram que fossem treinar guerrilha, mas Cunha não aceitou. Mandaram-no, então, trabalhar em uma fazenda, o que ele também recusou. Um mês depois, ele e seu colega Elmar Soares de Oliveira foram identificados pela Aeronáutica. Nascido em Fortaleza, em 1943, Cunha não se ajustou à Ilha e pediu que o deixassem sair. Um dia colocaram-no em um voo que fazia a rota Havana-Quito-Lima-Santiago e São Paulo. Era 13 de março de 1976.

Quando deixaram o Brasil no Caravelle, Cunha e seus amigos se anunciaram como integrantes do MR-8, o que surpreendeu a organização. O jornalista Franklin Martins, um de seus dirigentes, encontrou um dos três sequestradores em Cuba. "Era o Elmar, o Balinha, estudante de odontologia. Para mim, foi uma surpresa monumental. Eles não tinham nada com nada; não eram de organização nenhuma. Os cubanos mantinham-no na geladeira, pois não sabiam como lidar com ele." Cunha também ficou "na geladeira". Os sequestros de aviões mobilizaram os Estados Unidos e outros países, que pressionavam o governo de Cuba. Só nos dois primeiros

2 Para o sequestro do Caravelle, ver *Correio da Manhã*, p. 10, 9 de outubro de 1969 e p. 28 de 9 e 10 de novembro de 1969. Ver ainda entrevista Pirilo, 22 de janeiro de 2015 e 14 de dezembro de 2015.

meses de 1969, nove aviões comerciais americanos e três de outros países haviam sido sequestrados e desviados para a Ilha.[3] Como os sequestradores se diziam do MR-8, Pirilo foi à casa de Elmar. "Ele residia com os pais, já idosos, em um apartamento na Avenida Atlântica, de frente para o mar. Os caras diziam que eram do MR-8. Era mentira. Nunca foram do MR-8".[4] No dia 15 de maio de 1976, Cunha escreveu uma carta ao presidente Geisel. Em uma linguagem empolada, dizia ter sido vítima, em sua mocidade, da doutrinação comunista:

> Caí na armadilha e na armadilha fiquei até que o destino inexorável em lição de inteligente castigo, qual deus sábio e magnânimo, paciente, sublime, tolerante e justo fez-me a própria dor do pecado que fui erro!... E lá em Cuba não havia manso Pastor que a pobre diabo enfeitado não pode o comunismo dar mais que terror! Desgraça ou felicidade, vivi a dura e crua realidade do comunismo totalitário, que tão ingenuamente julguei ser uma solução aos complexos problemas nacionais.[5]

E ofereceu ao presidente a sua ajuda "dentro ou fora do Brasil". Requereu um passaporte para poder regularizar sua situação no Equador, ao lado da mulher, que estava grávida. No dia 25 de junho, o consulado de Guayaquil relatou à Brasília o comparecimento de Cunha ao escritório, onde fizera seu pedido. Condenado a 20 anos de prisão pelo sequestro do avião, Cunha se pôs mais uma vez à disposição do governo em outra mensagem. O consulado informou ao Itamaraty que a embaixada em Quito ia conceder o passaporte e informaria o dia e a data de sua chegada ao Brasil. Um dia antes, a carta pousou na mesa do coronel Danilo Venturini, então chefe de gabinete do ministro-chefe do SNI, o general João Figueiredo. Seu parecer: o caso devia ser "estudado". A resposta do serviço a Cunha ia demorar

---

3 Ver "Memorandum from the president's assistant for national security affairs (Kissinger), to president Nixon", in *Foreign relations os the United States, 1969-1972, Volume E-1, documents on Global issues, 1969-19762.*

4 Antônio Pinto, entrevista em 22 de janeiro de 2015.

5 Ver AN, Fundo SNI, documento BR_DFANBSB_V8_MIC_GNC_AAA_76095125_d0001de0001.

quase um ano. A Agência Central do órgão se manifestaria favoravelmente à concessão do passaporte e à volta do sequestrador, que se demonstrava arrependido. Esperava dele uma retratação pública para, então, recorrer da condenação a 20 anos de prisão.

Pinto soube da história do jovem e propôs ao chefe que o mandasse a Quito. "Imaginei que ele estivesse na merda, sem dinheiro e sem conhecer ninguém na cidade. Uma situação propícia para conseguir um cachorro. O meu chefe não acreditou muito na minha história, mas, no fim, autorizou, dizendo que o que eu queria era passear..." Pirilo embarcou. Seus planos para conquistar Cunha eram bem diferentes do SNI. Primeiro, disse ao informante o óbvio: ele não podia entrar no Brasil, pois seria preso. Sugeriu que fosse para o Paraguai. Arranjou dinheiro com os chefes e entregou ao cachorro, que deveria mandar um telegrama para sua caixa postal, no Rio de Janeiro, com o endereço do hotel onde se hospedaria em Assunção. "O tempo passou, passou, passou. O meu chefe todos os dias me gozava, que eu havia sido um otário ao ir negociar com um terrorista que, com o dinheiro na mão, me deu tchau, tchau. Até que um dia, o tal telegrama chegou." Pinto foi ao Paraguai, onde um amigo empresário lhe cedeu uma casa com piscina para ficar. Ali combinou a nova missão de Cunha: ele iria a Lisboa, infiltrar-se na comunidade de exilados brasileiros que se formara em Portugal após a Revolução dos Cravos, em 1974. Pirilo dispunha do serviço de passagens gratuitas da Varig, mas o cachorro se recusava a pegar um avião que passasse pelo Rio de Janeiro. A solução foi embarcá-lo em um voo da Ibéria, em Buenos Aires, direto para Portugal. Todo mês, Pinto recebia os informes de Lisboa, onde seu homem se hospedara em uma pensão. O militar esteve lá várias vezes para conversar com o cachorro e com o chefe da unidade antiterror da polícia portuguesa, o coronel Antonio Delfim de Oliveira Marques, um veterano da guerra de Angola. Os dois tinham um amigo em comum: o major português Álvaro Alves Cardoso, que se desligou do Exército português e foi lutar com seus homens ao lado do FNLA, de Holden Roberto, na guerra civil angolana. Roberto recebeu o apoio secreto dos EUA e do Brasil, que lhe enviou uma dezena de especialistas em explosivos chefiados pelo policial carioca José Paulo Boneschi, durante a ofensiva contra Luanda, em 1975. O FNLA foi derrotado às portas da capital, após a chegada de foguetes russos trazidos por cubanos. Cardoso então se abrigou no Rio de Janeiro, onde virou mais um amigo do Pirilo.[6]

Com o cachorro e com Oliveira Marques, Pinto levantava informações sobre os exilados. O português possuía uma relação dos brasileiros, atualizada de próprio punho pelo amigo brasileiro, que lhe dizia quem era quem. O capitão não se interessava pelos políticos, como Leonel Brizola, ou pelos militares, como o almirante Cândido Aragão, pois estes já eram monitorados com "muita eficiência" pelo serviço de informações do Itamaraty. Pinto vigiava os veteranos da luta armada e os dirigentes do PCB. Em dezembro de 1976, enviou ao CISA informações sobre a passagem do escritor Jorge Amado por Lisboa, onde encontrou o diretor do *Diário de Notícias*. Pirilo pensava que o escritor ia editar em Portugal *O Cavaleiro da Esperança*, seu livro sobre a Prestes. O esquema em Lisboa durou até 1979, quando Cunha voltou ao Brasil, após a anistia, com uma proposta para Antônio Pinto: "E agora? Onde vamos operar?". O capitão respondeu que a operação havia acabado. "Ele deveria voltar ao Ceará, para a sua família, e assim foi." Pinto ainda lhe arrumou um emprego e se correspondeu com o antigo colaborador por algum tempo, até tudo terminar.[7]

VOLTA. A volta dos exilados encerrou o trabalho de Cunha, mas ia significar o começo, para Pirilo, do trabalho com Mello. O CIE, que ainda controlava Vinícius, produzira por meio de seu escritório do Rio de Janeiro, um relatório de 79 páginas sobre a Operação Gringo/CACO no qual avaliava

6 Para o apoio do Brasil à FNLA, ver Lobato, Gisele Christini de Sousa Lobato, "O Brasil e a FNLA no processo de descolonização de Angola (1975)", in *Revista Brasileira de História Militar*, p. 46 a 71, e Godoy, Marcelo, "Brasil atuou na guerra civil de Angola", in *O Estado de S. Paulo*, 2 de junho de 2019. Gisele é a responsável por descobrir essa história, que reescreve um capítulo de nossa diplomacia.

7 Antônio Pinto, entrevistas em 19,20,21 e 22 de janeiro de 2015 e 13, 14 e 17 de dezembro de 2015. Para Jorge Amado, ver AN, Fundo CISA, documento: br_dfanbsb_vaz_0_0_06160_d0001de0001. Cunha perderia o emprego logo em seguida, pois o empresário – um amigo de Pirilo – descobriu o passado do antigo cachorro e o despediu. Em seguida, telefonou para Pirilo, reclamando que ele lhe havia indicado um perigoso sequestrador. "Tive de ouvir e ficar calado", disse o capitão.

a atuação das "organizações subversivas". O anexo 1 era sobre o PCB. Ele dizia sobre o partido: "Subordina-se inteiramente ao PCUS, sendo dirigido, na prática, por sua seção de relações internacionais". Por isso, o CIE sentenciara que a legenda era "a longo prazo, a organização subversiva que proporcionava maior perigo às instituições democráticas brasileiras", pois contava com os quadros mais capazes e com experiência na clandestinidade. E revelava que o Exército montara a Operação Melancia para estudar com profundidade a ação dos comunistas para aliciar militares.[8] Um ano antes do exército, o CISA fez advertências ao governo Geisel, afirmando que políticas liberais, como a abertura, não tinham o objetivo, como apregoavam os ingênuos e os desinformados, a "liberalização", e sim a desestabilização e a derrubada de governos não comunistas.[9] O alerta acontecia no momento em que os Estados Unidos pressionavam o Brasil em razão do desrespeito aos direitos humanos, cuja defesa se tornou uma arma contra os países do Bloco Socialista, acusados de calar, prender e exilar dissidentes, quase todos ativistas que defendiam os mesmos direitos humanos. Para os americanos, desde que "Geisel havia ordenado, em 1976, que as forças de segurança parassem com os abusos contra prisioneiros", a frequência e a gravidade dos casos relatados diminuíram.[10] Quase na mesma época, o presidente brasileiro expusera suas discordâncias ao colega dos EUA, Jimmy Carter. Era 7 de junho de 1977. O americano tentou convencê-lo de que mais liberdade não traria riscos à segurança do Brasil. Disse que a União Soviética e o comunismo perderam importância e não mais provocavam "fobia" nos EUA; o poder deles estava diminuindo. Geisel respondeu que a visão de Carter podia ser correta para os Estados Unidos, um país desenvolvido, mas não para o Brasil, onde as estruturas econômicas e sociais eram deficientes e muitas áreas estavam sujeitas à infiltração comunista,

8 AA, Operação Gringo - Operação Caco - rel.11-1979.

9 Figueiredo, Lucas. *Ministério do silêncio*, p. 271.

10 Ver "Memorandum from the acting assistant secretary of State for Human Rights and Humanitarian Affairs (Schneider) and the acting assistant Secretary of State for Inter-American Affairs (Stedman) to the deputy secretary of State (Christopher)", Washington, November 25, 1977, in in *Foreign relations os the United States, 1977-1980 volume XXIV, South America.*

em razão do solo fértil. "As fraquezas sociais e econômicas criam vulnerabilidades para a subversão", disse o brasileiro.[11] O general condicionava a democracia à segurança e ao desenvolvimento. Parecia ecoar Yuri Andropov, o chefe da KGB, para quem, na URSS, a democracia só poderia chegar quando o povo não corresse mais o risco de contestar o sistema em razão de suas carências. Nenhum deles parecia preparado para admitir a democracia como um valor universal.

A discussão sobre a democracia dividia então o mundo comunista. O chamado eurocomunismo dos partidos espanhol, italiano e francês ganhara adeptos no PCB, identificados com o grupo que gravitava em torno de Armênio Guedes e da *Voz Operária*, editada em Paris e impressa na Bélgica. Tinham a oposição de Prestes e, durante um breve período, foram aliados de Dias e da maioria do CC. Os comunistas, assim divididos, começaram a voltar ao Brasil, em 1979. Em 27 de outubro, Severino Theodoro de Mello desembarcou no aeroporto do Galeão. O CISA registrou seu retorno em um documento de uma página. Ali constava que o exilado chegou em voo procedente de Paris. O integrante do CC foi recebido por manifestantes com faixas pedindo "anistia ampla, geral e irrestrita". No saguão, estavam dirigentes do partidão que foram recebê-lo, como Giocondo Dias, José Salles e Hércules Corrêa, além de outras lideranças de esquerda, como Vladimir Palmeira.[12] A família de sua mulher também o aguardava. Todos festejaram a volta na casa de um sobrinho de Vinícius. O Brasil estava mudado. As novas bases do partido não sabiam dos detalhes da intensa luta interna no exterior.[13] Naqueles dias, Ivan Pinheiro recebeu uma ordem de Geraldão. "Ele me procura e diz: 'O Comitê Central, que era ele, decidiu que você não pode ir ao Galeão ver o Prestes'". A justificativa era o fato de Pinheiro ser presidente do Sindicato dos Bancários. "A repressão não pode saber que você é do partido." A ordem foi obedecida. Pinheiro levou a mulher Tereza

11 Ver "Telegram from the embassy in Brazil to the Department of State and the White House, Brasilia, June 10, 1977, 1300Z 4709. Subject: Report of conversation between mrs. Carter and president Geisel", in *Foreign relations os the United States, 1977-1980 volume XXIV, South America.*

12 Ver AN, Fundo CISA, br_dfanbsb_vaz_0_0_23240_d0001de0001.

13 Ivan Pinheiro, entrevista em 26 de janeiro de 2016.

e duas amigas ao aeroporto, mas as aguardou no estacionamento. "Aí chega o Prestes e, para nossa decepção, descobrimos que havia a divisão, a luta interna." Cumprindo determinação da Executiva da legenda, Pacato e Malina foram destacados para manter contatos com o Velho. O Cavaleiro da Esperança retornara ao Brasil por conta própria. Giocondo Dias se tornara o secretário-geral de fato do partido, que ainda buscava manter as aparências de uma inexistente unidade entre seus líderes.[14]

Foi por pouco tempo. Dias, Hércules e Malina desautorizaram publicamente Prestes, afirmando, em fevereiro de 1980, que o antigo secretário-geral não mais falava em nome do PCB. No dia 10 de abril, Dmitri A. Pastukhov registrou a seguinte informação na ficha de Mello no Comitê Central do PCUS: "Ontem foi distribuída a declaração do grupo de membros do CC do PCB, assinada por Giocondo Dias, Salomão Malina, Hércules Corrêa, Theodoro de Mello e Armênio Guedes, em que consta a resposta à carta do secretário-geral do CC do PCB, Luiz Carlos Prestes, publicada, anteriormente, na qual ele critica atividades do CC. A declaração com cinco páginas é composta de seis partes. (...) O camarada Prestes considera inativa e imprestável a atual liderança do PCB e convoca os comunistas e as organizações de base do partido a dissolvê-la. Assim, querendo ou não, ele ameaça o PCB. (...) Para nós, é evidente que a forma da discussão que o camarada Prestes está começando a fazer é reflexo não da democracia, mas da anarquia". Os soviéticos acompanharam todo o desenrolar da luta interna. Mas o relato de Pastukhov mostrava que a disputa era uma conta fechada. Não foi nenhuma surpresa quando Prestes publicou, em março de 1980, sua *Carta aos Comunistas*, documento em que tornara pública sua divergência com a maioria do CC, provocando a resposta registrada na ficha de Mello.[15] Pacato reconheceria em suas memórias que a saída de Prestes fora a maior dificuldade encontrada pelo partidão na volta ao Brasil. "Alguns companheiros mais tradicionais reagiram mal àquilo. Eu era favorável a aprofundar a discussão sobre o trabalho paralelo dentro do PCB, apurar melhor o que tinha havido em Moçambique

14 Ivan Pinheiro, entrevista em 26 de janeiro de 2016.

15 Severino Theodoro de Mello, RGANI, Fundo 5, Lista 109, Documento 1.758.

e em Cuba. Estava sentindo cheiro de guerrilha no ar. Meu medo era que Prestes estivesse embarcando nisso." Vinícius tratou do tema com Malina para depois concluir que, no fundo, o partido estava desatualizado. Mas não havia jeito: o PCB tinha de prosseguir sem Prestes, "um nome que valia mais do que os nossos todos reunidos".[16]

Enquanto acertava suas contas com o Cavaleiro da Esperança, a cúpula preparava o relançamento do periódico do PCB: a *Voz Operária*, cuja tentativa de silenciamento levou à morte vários dirigentes. Ele voltaria a ser impresso no Brasil. Desta vez, em São Paulo, e com o nome adaptado aos novos tempos: *Voz da Unidade*. A publicação teria três coordenadores: Armênio, Lindolfo Silva e Mello. Parte da direção do partido se deslocou para o Estado mais industrializado do país, onde se jogavam ao mesmo tempo duas partidas importantes para o futuro da legenda. A primeira era a disputa pelo controle da imprensa e do comitê regional paulista, onde o grupo de Dias começava a se impor aos renovadores, reunidos em torno de Armênio Guedes e Davi Capistrano Filho. A segunda era a luta pela hegemonia no movimento sindical, onde o partido se aliou ao conservador Joaquim dos Santos Andrade, o Joaquinzão, presidente do sindicato dos Metalúrgicos de São Paulo, para conter o ímpeto do novo sindicalismo, reunido em torno de Luiz Inácio Lula da Silva e das oposições sindicais. A velha guarda buscava o controle de um partido que se reorganizara no país de forma quase autônoma. Tinha o trunfo financeiro, além do carisma de contar com o apoio dos soviéticos e de outros partidos do Bloco Socialista.

O homem que cooptara Mello na Boate de Itapevi era agora o chefe da Seção de Operações do CIE. Vivia em Brasília e só se deslocava para São Paulo durante operações importantes. Não tinha mais como manter o contato cotidiano com os cachorros de seu canil. E, como a manutenção do aparato era ainda necessária para os serviços militares terem sob controle os movimentos sociais e os partidos de esquerda, Ney teve de encontrar uma solução. Lembrou-se de um amigo que tinha o perfil ideal para assumir a tarefa: Antônio Pinto. Ele contava com uma vantagem sobre os demais candidatos: não seria obrigado a passar adiante o informante em

16 Mello, Severino Theodoro de. *O último de 1935*, p. 132 e 136.

razão da sequência de sua carreira militar. Casado e pai de dois filhos, o capitão estava baseado no Rio de Janeiro e de lá não sairia tão fácil, pois tinha seu tempo de serviço limitado pelo fato de ter entrado na FAB como praça. Pinto teria de passar para a reserva em breve – em dezembro de 1979. Ainda assim seria mantido no centro como um prestador de serviço, a exemplo do que a Marinha fizera com Chico Pinote ou do que faria mais tarde com o Doutor Pimenta, até sua morte. Além disso, o veterano do CISA havia participado com o CIE de operações em São Paulo, no Chile e na Bahia. Ia receber agora o maior de todos os informantes do Doutor Ney.

O encontro entre eles aconteceu no Rio de Janeiro, em frente ao Hotel Copacabana Palace. Ney apareceu com um colega, o major André Leite Filho, o Doutor Edgar, um veterano do DOI paulista, e com Pinto. Coube a ele apresentar ao agente Vinícius o Doutor Pirilo. As conversas entre os quatro se repetiram até que um dia Ney apareceu apenas com o capitão da Aeronáutica, com quem Mello passaria a se encontrar.

Logo no começo, Pacato relatou as disputas no partido nos anos de exílio e como a legenda pretendia se reorganizar. Suas informações ficaram registradas nos documentos criados por Pinto e armazenados no CISA. Ainda que o nome do informante não apareça neles, todos têm ou o carimbo "vedada a difusão" ou a menção de que o sigilo servia para proteger a identidade da fonte. A maioria foi classificada pelo seu autor na categoria A1, o que, na linguagem da comunidade de informações, significava que continham dados fidedignos de origem igualmente confiável. O primeiro documento produzido por Pirilo com a ajuda de Vinícius e localizado por esta pesquisa foi o que identificou Ramon Peña Castro, um comunista espanhol que dava aulas em Moscou e se casara com historiadora Marly Vianna, ex-integrante do CC do partido. O relatório dizia que ele esteve no Brasil em março de 1979 para manter contatos com militantes no país. Também afirmava que, antes de desembarcar no Brasil, o casal vivera em Madri, na Espanha. No fim, o analista militar registrava o pedido: "Este assunto continua em processamento, pelo que solicitamos a sua não difusão".[17]

17 Ver AN, Fundo CISA – BR DFANBSB VAZ, documento br_dfanbsb_vaz_0_0_37256_d0001de0001.

Pirilo e Mello se encontraram novamente em maio. O informante deixou seu apartamento, na Rua Barata Ribeiro, e levou cerca de dez minutos para percorrer os 600 metros que o separavam do Copacabana Palace. Atravessou a Avenida Atlântica e foi até o banco, no calçadão, ao lado da praia, onde era aguardado pelo militar. Pirilo produziu dois documentos com base nas informações daquele dia, ambos datados do dia 12 de maio. O primeiro tratava das atividades de José Albuquerque Salles. Mais uma vez, sua difusão para outros órgãos foi vedada pelo analista, que fez, em uma página, um resumo do Caso Salles. Era a investigação da Comissão Executiva do CC sobre o possível envolvimento com o tráfico de drogas do dirigente. O relatório trazia detalhes sobre Victoria, a moça argentina, filha de búlgaros, que se relacionara com Salles, e revela a razão para Marly ter desconfiado dela quando esta a procurou em Paris. "Ela comentou, inadvertidamente, na frente de Marly Vianna, que tinha de viajar logo a fim de 'buscar a carga'. Essa expressão fez com que Marly interrogasse Salles, julgando que ele estivesse envolvido com tóxicos", dizia o documento. O relato concluía que os membros da comissão julgaram que Salles não se envolveria "com tráfico de tóxicos" por saberem de suas "ambições e pretensões no Partido".[18] No outro documento daquele dia, Pirilo descrevia as atividades do PCB no exterior. O agente Vinícius contou que esteve em novembro de 1975 no congresso Hindu Contra o Fascismo, patrocinado pelo Partido do Congresso Nacional Indiano. Também revelou sua ida em março de 1976 ao congresso do PC argentino e, em maio do mesmo ano, a um encontro em Lisboa: era uma semana de solidariedade ao Brasil e outros países do Cone Sul, dominados por ditaduras militares. O evento contou com a participação de Prestes. O elenco de datas e lugares não parou aí. A lista das viagens internacionais de Mello incluía congresso em Budapeste, na Hungria, em Ulan Bator, na Mongólia e, por fim, dois na África – o da Frente de Libertação de Moçambique (Frelimo), em Maputo, e o último, em fevereiro de 1977, em Adis Abeba, na Etiópia. Ou seja, o informante relatou

18 Ver AN, Fundo CISA – BR DFANBSB VAZ, documento br_dfanbsb_vaz_0_0_37709_d0001de0001 para o caso Salles. Ver ainda entrevista com Antônio Pinto, em 31 de janeiro de 2016.

parte das relações internacionais da legenda com grupos revolucionários e comunistas de todo o mundo. O cachorro entregou ainda ao controlador as participações de Salomão Malina, Armênio Guedes, Zuleika Alambert em congressos dos PCs polonês, francês, belga e italiano, além de reuniões sindicais na Grécia, México e Tchecoslováquia mantidas por Luiz Tenório de Lima, bem como a ida de Prestes à Havana e o trabalho de Agliberto Azevedo em Praga. Nem mesmo Lindolfo Silva, que cuidava da questão agrária, escapou das inconfidências que expuseram a rede de contatos do PCB e alguns de seus segredos, como o acordo fechado com a Frelimo.

O financiamento das atividades partidárias era obsessão dos comunistas. Dependentes de Moscou, o que envenenava os rumos das discussões internas, os dirigentes buscavam receitas próprias fundamentais para vencer o cerco da ditadura e o minguar do dinheiro obtido com doações no Brasil. Até 1979, Prestes era quem controlava as principais fontes de renda do partido. Não só a soviética – que ele abriu mão ao se afastar da secretaria-geral – bem como daquelas garantidas pelas velhas lealdades e simpatias no Brasil e no exterior. No relato feito por Mello, Prestes e Armênio estavam na delegação que foi a Moçambique estabelecer o envio de técnicos do PCB ao país africano e a permissão para que o partido intermediasse negócios de importação e exportação da ex-colônia portuguesa com o Brasil, pelos quais a legenda receberia comissões. O CISA desconfiava que, nesse negócio, estaria envolvida a empresa Brasil Leste Corretores, que funcionava na Rua da Quitanda, no Rio de Janeiro, e seria de propriedade do jornalista Nelson de Souza Alves, a quem acusavam de manter contatos com o agente soviético da KGB Feliks Ivanov.[19]

Os primeiros documentos produzidos pela traição de Mello mostram logo de cara as pretensões dos militares com a manutenção de um informante no coração do PCB durante a abertura e a Nova República. Não se tratava mais de localizar, sequestrar e matar os integrantes da cúpula ou mandar para a cadeia os membros das organizações de base. O que se buscava era vigiar e controlar os movimentos da agremiação para evitar que

---

19 Para o documento de 12 de maio sobre as relações exteriores do PCB, ver AN, Fundo CISA – BR DFANBSB VAZ, documento br_dfanbsb_vaz_0_0_35648_d0001de0001.

ela voltasse a ocupar um lugar na cena da política nacional, tolhendo-lhe os movimentos, desarticulando ações e contrastando-lhe o discurso. Antes de tudo, o que se queria era a manutenção de um clima que vedasse aos comunistas a legalização da legenda, por meio de provas de seu financiamento externo e da dependência de potências estrangeiras. Pirilo foi um dos primeiros agentes da comunidade de informações a refletir sobre a mudança de atuação dos comunistas, após o abandono da luta armada pelos grupos dissidentes do PCB. Após trabalhar na Operação Lotus, em companhia do CIE, contra os trotskistas da Convergência Socialista, Pirilo passou a estudar Antonio Gramsci. Foi, pouco a pouco, ajudando a construir entre os militares a concepção de guerra cultural, que se tornaria predominante no meio nos anos 1980 e 1990, segundo a ideia de que a guerra revolucionária mudara de armas, mas os fins permaneceriam os mesmos: a tomada do poder e a instauração de um regime comunista no país. Em 1985, Pinto começou a escrever a obra *A hidra vermelha*, que publicaria 30 anos depois, sob o pseudônimo de Carlos Ilich Santos Azambuja. Nos estertores da ditadura, os documentos dele chegavam às mesas dos companheiros do sistema, homens como o coronel Romeu, que iria propor o Projeto Orvil, ou como o general Sérgio Avellar Coutinho, que comandava o CIE e seria uma das fontes que o escritor Olavo de Carvalho encontrou para aprofundar sua visão sobre a obra do fundador do PCI, influenciando toda uma geração de militantes da extrema direita, antes e depois da presidência de Bolsonaro.

Essa turma não via apenas no PCB o desenvolvimento dessa nova fase da guerra revolucionária. Sobre o PT, identificado como um partido "marxista, mas não operário", os serviços das Forças mantiveram durante toda a década uma vigilância cerrada, principalmente, em razão dos contatos de seus militantes com dirigentes cubanos e sandinistas. O partido que agrupava sindicalistas, a esquerda católica, intelectuais progressistas e antigos integrantes de organizações armadas da esquerda receberia ainda dissidentes de novos rachas do PCB nos anos 1980. No dia de sua fundação (10 de fevereiro de 1980), a legenda reuniu 400 delegados e 800 convidados no Colégio Sion, em São Paulo, a maioria estudantes, intelectuais e líderes de movimentos populares. Não defendia o socialismo em seu manifesto, mas se colocava radicalmente na defesa dos interesses dos trabalhadores. Era um partido difícil de entender: nascia fora da órbita do comunismo soviético, criticava o populismo trabalhista e se negava a se assumir como social-democrata. Afirmava um socialismo distante em um “programa para a democracia”. Uma fórmula se tornaria dominante na legenda: “nem socialismo real, nem social-democracia”.[20] O PT tinha então um líder que galvanizava o momento: Luiz Inácio Lula da Silva esteve à frente das greves do ABC, entre 1978 e 1980, e acabou preso pelo Dops. Seu novo partido seria legal, ao contrário das agremiações comunistas, ainda obrigadas a viver sob o guarda-chuva do PMDB. Seus sindicalistas viam espaço para pressionar o governo e organizar a base dos trabalhadores por fora do esquema tradicional, controlado pelo Ministério do Trabalho, sem precisar temer que as greves colocassem em risco a estratégia política da cúpula da legenda, como acontecia com os comunistas, que buscavam a moderação a fim de obter o objetivo maior, a legalização da sigla. Naqueles anos, havia espaço para ir além nas reivindicações. Entre 21 e 23 de agosto de 1981, seria realizada em Praia Grande, no litoral paulista, sob os olhares do tenente Chico, representando o Sindicato da Construção Civil, e de outros agentes do DOI, a primeira Conferência Nacional da Classe Trabalhadora (Conclat). As oposições sindicais ligadas ao PT, a esquerda católica e os trotskistas se uniram em bloco e a Unidade Sindical, onde conviviam o PCB, o PCdoB, o MR-8 e sindicalistas moderados, seguiram na estratégia de apoiar o PMDB, ao mesmo tempo em que tentavam adiar a criação da Central Única dos Trabalhadores (CUT). Esta sairia do papel em agosto de 1983. “Lula queria criar o partido, a central sindical e a fazer a greve geral. E o partido (*PCB*) foi contra as três porque achava que não tinha acúmulo de forças para criar a central e fazer a greve geral”, afirmou Pinheiro. Os sindicalistas eram então, normalmente, alvo de vigilância dos policiais civis do Dops.

20 Para o surgimento e caracterização do PT, ver Secco, Lincoln. *História do PT*, p. 35 a 49; para as forças dominantes no partido ver Barros, Celso Rocha de. *PT, uma hist*ória, p. 104 a 109. Um grupo de brasileiros lutou na Revolução Sandinista, em 1979, depois de ser treinado em Cuba. Ele tinha como chefe militar o sargento Darcy Rodrigues – ver entrevista Darcy Rodrigues em 26 de abril de 2019. Rodrigues voltou ao Brasil nos anos 1980, filiou-se ao PT e morreu em 2022.

A clandestinidade dos comunistas era uma desvantagem em relação aos petistas. O partidão ficaria de fora da CUT e da greve geral no mesmo ano. Temia-se pôr em risco a redemocratização, naquilo que, décadas depois, seria considerado um erro pelo presidente do sindicato dos Bancários do Rio de Janeiro.

> Essa política foi pior para o partido do que a própria repressão. Nós sentimos esse erro da década de 1980 até hoje. Perdemos espaço no movimento sindical no momento em que nós éramos muito fortes, a principal força individual no movimento sindical brasileiro. A tática correta da frente democrática dos anos 1970 se mostrou insuficiente a partir de 1980. O raciocínio era que não poderíamos radicalizar na luta sindical, pois se não a ditadura recrudesceria. Na verdade, era o contrário. Havia espaço para ir além.[21]

Os sindicalistas comunistas estavam empolgados com a criação da central única. Pinheiro era o secretário-geral da comissão pró-CUT. Mas a direção pensava o contrário. Ele acabou fornecendo aos petistas cópias das fichas dos delegados que mantinha e não foi ao encontro que criou a central. Três anos depois, os comunistas fundariam, ao lado dos moderados de Joaquinzão, a Central Geral dos Trabalhadores (CGT) – só em 1990 a seção sindical do PCB acabaria se filiando à CUT, apesar da oposição da direção do partidão.[22]

Era tarde. O PT aos poucos se tornaria hegemônico na esquerda. Não em razão de costuras pelo alto, mas pela forma como a legenda se organizara na base dos movimentos sociais. Seus antigos integrantes dos grupos armados mantinham uma posição esquerdista, crítica da política de frente democrática assumida pelo partidão. Ainda que isso pudesse levar ao isolamento na política institucional, ao mesmo tempo a nova legenda desfrutava de um trunfo, a liderança de Lula, enquanto o PCB perdera, no momento da redemocratização, a sua figura mais popular: Luiz Carlos Prestes. Para Roberto Freire, se não tivesse havido "o problema com Prestes a nossa

---

21 Ivan Pinheiro, entrevista em 26 de janeiro de 2016.

22 PCB resolve sair da CGT e vai para a CUT, *in Jornal da Tarde*, 22 de outubro de 1990.

débâcle teria demorado um pouco mais".[23] Petistas, como José Genoino, concordam que a perda do Cavaleiro da Esperança retirou da agremiação um rosto conhecido. O prestismo sempre fora uma força enorme dentro do partido, assim como o lulismo no PT.[24] "Após a abertura, houve um período muito traumático na esquerda. Havia uma discussão enorme sobre as causas da derrota (*na ditadura*), qual a tática mais adequada. O debate era intenso. As concepções de uma parte da esquerda, que era um movimento de vanguarda, são postas à prova. Uma nova unidade vai sendo construída, sem pactuação. Havia a questão sobre as duas camisas no PT e o debate se ele era um partido estratégico ou tático. Isso representava uma grande mudança para os padrões da esquerda. A democracia interna no PT facilitou a agregação para ele se tornar hegemônico", analisa Genoino. Discutia-se o projeto político, mas a legenda de Lula não abdicava da radicalidade. O primeiro lema do PT foi "um, dois, três o resto é burguês". No começo dos anos 1980, o guerrilheiro que havia passado dois anos no Araguaia e cinco outros na prisão ainda tinha medo de andar sozinho na rua. Até que foi aconselhado por um amigo médico a ir a um estádio de futebol. E lá foi ele assistir a um jogo do Corinthians. "Depois das passeatas de 1968, a primeira grande manifestação foi o jogo do Corinthians. Foi o Corinthians que me libertou. Virei corintiano".[25] O PT já era acompanhado pelos militares assim como os partidos comunistas. A transição para a democracia no Brasil foi pactuada por cima e manteve intacto o aparato repressivo do Estado, tanto o militar quanto o policial. Genoino e seus companheiros pressentiam essa presença viva. Estavam certos.

No partidão, tinha-se a mesma impressão. Pinheiro teve de expulsar um agente do Dops, que o vigiava, de uma assembleia dos bancários no Rio de Janeiro.[26] Em São Paulo, a comunidade estadual de informações se reunia

---

23 Roberto Freire, entrevista em 22 de agosto de 2016. "Mas também não sei se a gente faria o movimento que a gente fez se Prestes estivesse lá. Ao sair, Prestes viabilizou esse movimento de aprofundamento democrático, com Gorbachov, eurocomunismo", disse Freire.

24 José Genoino, entrevista em 25 de abril de 2017, e Ivan Pinheiro, entrevista em 26 de janeiro de 2016. José Dirceu e Armando Sampaio também concordaram com a importância de Prestes.

25 José Genoino, entrevista em 25 de abril de 2017.

26 Ivan Pinheiro, entrevista em 26 de janeiro de 2016.

semanalmente no comando do Exército e ouvia as exposições feitas pelo coronel Newton Borges Barbosa, chefe da inteligência da PM paulista sobre o PCB. Representantes de grandes empresas, como as montadoras do ABC, participavam das reuniões. Barbosa dizia saber identificar as publicações do partido pela qualidade dos papéis onde os panfletos eram impressos.[27] A face visível do controle da segurança estatal no movimento sindical era a dos policiais militares, tiras e delegados, que serviam de biombo para as ações das Forças Armadas, como no caso da derrubada do VII Congresso do PCB, que seria realizado em 1982. A direção da legenda procurava levar o partidão para uma legalidade de fato, como a que ele experimentara no fim dos anos 1950. Ela planejava montar uma sucursal carioca da *Voz da Unidade*. O registro disso ficou no documento que Pirilo preparou no dia 16 de julho de 1980. Contava que Nemésio Leal Salles e Armando Marques Sampaio estiveram reunidos com Mello em 18 de junho na casa de Ivan Otero Ribeiro para decidir quem chefiaria a redação do jornal no Rio, mas, diante das divergências, o jornal continuaria sob o comando da jornalista Tereza Ottoni. Quarenta anos depois, Sampaio se lembrou da reunião: "O Ivan era o assessor do Marcos Freire (*senador do PMDB-PE*). Era aniversário do Ivan, ele era filho do Ivan Ribeiro (*antigo dirigente do PCB*). Nós estávamos lá. E o Mello não falou nada na reunião. Foi um negócio estranho. Ficou calado o tempo todo. Nós queríamos ter ação na *Voz*. (...) Fizemos todos os preparativos para ele falar. Só pode ter sido o Mello quem deu essa informação".[28] Em entrevista ao jornal, registrada pelo CISA em 10 de setembro, Vinícius se manifestava em nome do coletivo de dirigentes comunistas, como a cúpula do partido então se apresentava para fugir das limitações da Lei de Segurança Nacional. Ninguém na sigla imaginava a sua traição. O mesmo acontecia no partido da União Soviética. Nada em sua ficha, ou na de Givaldo Siqueira, ou na José Salles – guardadas nos arquivos do PCUS – mostrava qualquer desconfiança dos soviéticos dessa infiltração no PCB.[29]

27 Newton Borges Barbosa, entrevista em 8 de julho de 2004. Para as empresas, ver entrevista coronel Francisco Profício, em 29 de julho de 2004.

28 Armando Sampaio, entrevista em 14 de abril de 2018.

29 Para Mello, RGANI, Fundo 5, Lista 109, Documento 1.758. Para Salles, ver RGANI, fundo 5, lista 109, documento 1.746, para Givaldo, RGANI fundo 5, lista 109, documento 1949.

CONSPIRAÇÃO. Dias antes, o sargento Magno Cantarino Motta, do DOI do 1º Exército, apareceu no 4.º andar do prédio da sede da Ordem dos Advogados do Brasil (OAB), no Rio de Janeiro, com uma carta para o presidente da entidade, Eduardo Seabra Fagundes. Quando a secretária Lyda Monteiro da Silva, de 60 anos, abriu o envelope, uma bomba explodiu. Preparada por outro sargento - Guilherme Pereira do Rosário, especialista nesse tipo de ação - a armadilha matou a secretária e causou um terremoto político. Era um marco de uma escalada terrorista patrocinada por veteranos do aparato repressivo, que tentavam fazer o rabo balançar o cachorro. Queriam obrigar os chefes a parar a abertura. Havia entre eles ainda os que caíram nas três tentações de Brasília: poder, dinheiro e privilégio, tudo o que o fim do regime ameaçava retirar de suas mãos. Entre os artífices da bomba estava o agora tenente-coronel Freddie Perdigão, que passara a procurar antigos companheiros do CIE na tentativa de desestabilizar o governo. Seu grupo pretenderia obter a nomeação, como ministro do Exército, do general Milton Tavares, antigo chefe do centro sob Médici. Freddie violou então uma das normas do trabalho com informantes e procurou Mello, a quem conhecera antes de o dirigente embarcar para Moscou. Queria informações sobre o partido. E revelou que estava chateado com os superiores. Sentia-se desprestigiado, pois foi à Inglaterra "fazer um curso" e, quando voltou, não tinha sido "aproveitado".

> Ele me disse o seguinte: 'Vamos organizar uma coisa melhor e a gente vai dominar e não sei o quê.' Aí me disse o seguinte: 'Eu acho que o Pirilo vai com a gente, mas não diga nada a ele'. Eu fiquei naquela situação, que o Pirilo era com quem eu tinha meus encontros. E eu não ia falar para o Pirilo porque ele disse que ia conversar com o Pirilo.[30]

O Doutor Pirilo afirmou que nunca soube dos passos de Perdigão. "Na época em que veio transferido de Brasília para o Rio de Janeiro, ele não pertencia mais ao CIE, mas ao SNI, tratando com informantes da área política;

30 Severino Theodoro de Mello, 1º de dezembro de 2015. Para a presença dos sargentos e o envolvimento de Perdigão com a bomba na OAB, "Secretária da OAB morta em 1980 foi vítima de agentes do Exército, diz comissão", *Agência Brasil*, em 11 de setembro de 2015.

o principal deles, vim a saber, por acaso, o codinome: Besouro." Perdigão não conspirava sozinho. Tinha ao seu lado o coronel Cyro Guedes Etchegoyen. Pirilo o conhecia. "Tive uma péssima impressão (*dele*). Certa vez, fui chamado à presença dele e instado a colaborar em uma operação – não me lembro qual. Parecia ter o rei na barriga, dando-me ordens e dizendo como eu devia trabalhar, como se eu fosse seu subordinado".[31] A confiar no relato do coronel Paulo Malhães à Comissão Estadual da Verdade do Rio de Janeiro, a conspiração de Perdigão e Etchegoyen aconteceu após a explosão da bomba na sede da OAB. O segundo teria exposto a Malhães o plano: deveriam matar Inês Etienne Romeu, antiga militante da VPR, cujas denúncias sobre a existência da Casa da Morte de Petrópolis haviam levado a OAB a cobrar respostas do governo. O coronel Malhães era um peixe grande da repressão. Quando a VPR tentou sequestrar o cônsul americano Curtis Cutter, em abril de 1970, em Porto Alegre, foi ele quem foi à capital gaúcha para arrancar informações de um dos presos, o estudante Fernando Pimentel, futuro governador de Minas Gerais. "Malhães era frio, dizia que era científico. Com ele não era pau-de-arara, era choque e afogamento", lembrou. Na reunião, Perdigão estava presente, mas a missão de matar Inês Etienne tocou a Malhães, que fez o levantamento para preparar o crime. Antes de levar a cabo a ação, o coronel desconfiou de tudo e procurou o chefe da Seção de Operações do CIE. Pego de surpresa, este providenciou a ida do subordinado a Brasília para expor o que sabia ao ministro do Exército e ao chefe do centro. Ali Malhães soube que Etchegoyen conspirava fora da hierarquia e pretendia usá-lo para derrubar o ministro, general Walter Pires, a fim de obter a nomeação de Tavares, que estancaria a abertura e promoveria a general os mágicos do porão.[32] "Era um grupo de porra-loucas 'chefiado' por um porra-louca... Essa é a minha impressão", concluiu Pirilo.

A bomba na OAB movimentou outros atores. No dia 23 de setembro, Antônio Pinto fez novo relatório. Revelava o que fora debatido em reunião

---

31 Antônio Pinto, entrevistas em 11 e 21 de dezembro de 2015 e 16 de janeiro de 2016.

32 Paulo Malhães, depoimento à CEV-RJ, publicado em 30 de maio de 2014 em anexo-28-cev--rj-malhaes-divulgacao-publica-29-05-14. Para Pimentel, ver Fernando Pimentel, entrevistas em 12 e 18 de janeiro de 2021.

da Comissão Executiva do PCB, no escritório do deputado estadual José Alves de Brito, na Rua Miguel Couto, no Rio de Janeiro: o registro da legenda e do Centro de Estudo Astrojildo Pereira, além da decisão da Volkswagen de admitir uma representação dos trabalhadores ao lado da direção da montadora, em São Bernardo do Campo. Estavam ali Dias, Malina, Tenório, Givaldo, Almir Neves, Hércules e... Pacato. O grupo decidiu que ninguém tomaria nota do que seria discutido em razão do "agravamento da situação política". No encontro, os chefes do partido descartaram ainda criar uma nova empresa de exportações para "fazer finanças". Iam continuar a usar uma cooperativa agrícola gaúcha, além da Brasil Leste Corretora, no Rio de Janeiro, que mantinha negócios com Moçambique. O fluxo das informações de Mello era constante. Duas semanas depois, ele ia revelar um fato surpreendente: o presidente do PDS, o partido do governo, senador José Sarney (MA), enviou em segredo dois emissários de Brasília para conversar com Giocondo Dias. Tudo aconteceu pouco depois do atentado no Rio de Janeiro. No registro de Pirilo, o sindicalista Adelino Ramos Cassis e o advogado Jose Oscar Pellucio Pereira - ambos militantes comunistas - levaram a Dias com a ajuda de Renato Guimarães, à época dirigente do Centro Brasil Democrático (Cebrade), a mensagem de Sarney. O líder do PDS pedia ao secretário-geral respaldo do partido ao compromisso do presidente João Figueiredo com a abertura e contra a escalada terrorista que buscava "desestabilizar o regime". Dias concordou em apoiar o general, desde que a abertura política não fosse afetada, bem como o caminho para a Assembleia Constituinte. Após receber as informações de Mello, Pinto e os agentes do CISA descobriram que Cassis e Pereira viajaram de Brasília ao Rio de Janeiro no voo 403, às 11h30 do dia 30 de agosto. Seus bilhetes haviam sido, originalmente, emitidos em nome do deputado pelo Maranhão João Alberto Souza (PDS) e transferidos para os dois no balcão da companhia aérea, na presença dos três. Sarney havia já feito consultas a Ulysses Guimarães, a Tancredo Neves, a Brizola e a Lula. Os agentes descobriram mais um fato: embora as passagens tivessem sido retiradas no dia 27 de agosto e a viagem feita no dia 30, a emissão dos bilhetes ocorreu no dia 23, "portanto, antes do atentado", o que descartaria que o objetivo do encontro fosse o "respaldo contra o terrorismo". "É inadmissível, imaginar que o senador, na condição indissociável de presidente do partido do governo, venha a concertar um 'acordo de cavalheiros' com dirigentes de uma instituição proscrita e clandestina, cuja meta é a derrubada desse governo", escreveu Pinto. A criação de uma frente democrática que enquadrasse toda a sociedade civil era um "projeto tático do PCB". Pinto e seus colegas não viam benefício nesse tipo de contato, pois o PDS continuaria sendo chamado de "partido do sim senhor" e o governo, de "ditadura militar fascista". Pelo contrário, acreditavam que a ação entre as cúpulas partidárias apenas daria alento ao PCB, diante da necessidade de sobrevivência da legenda na luta interna que mantinha com Prestes. O escrito de Pinto alcançara poucos olhos e terminava com a frase: "Objetivando a preservação da fonte, solicitamos a não difusão deste documento a outro órgão".[33]

No ano seguinte, a turma que pôs a bomba na OAB faria mais uma ação: o atentado no Riocentro. "Todo dia 30 de abril era festa para arrecadar dinheiro para o partido comunista. E ali os artistas não recebiam cachê", lembrou o coronel Romeu Antônio Ferreira. Em abril de 1980, ele era o subcomandante do DOI do 1º Exército quando um subordinado lhe entregou um papel com um croqui, pedindo autorização para explodir uma bomba onde ocorreria o espetáculo. "E era na caixa de força. O objetivo era apagar a luz e acabar com o show. Eu proibi. Não era para ser feito e não foi feito." Em janeiro de 1981, Romeu deixou o DOI para cursar a Escola de Comando e Estado-Maior do Exército. O caminho ficou, assim, livre para mais uma magia da turma. Na 2ª Seção (Informações) do 1º exército estava o coronel Leo Frederico Cinelli, veterano do combate à guerrilha do Araguaia. O mesmo cargo em São Paulo era ocupado por Cyro Etchegoyen, ex-chefe da contrainteligência do CIE e frequentador da Casa da Morte de Petrópolis. Seu irmão, o general de brigada Leo Etchegoyen comandava o Estado-Maior do 2º Exército, a tropa do general Milton Tavares. Em 30 de

33 AN, Fundo CISA - BR DFANBSB VAZ, documentos: br_dfanbsb_vaz_0_0_32264_d0001de0001 (entrevista), br_dfanbsb_vaz_0_0_38610_d0001de0001 (Voz), br_dfanbsb_vaz_0_0_32934_d0001de0001 (Sarney) e br_dfanbsb_vaz_0_0_35647_d0001de0001 (reunião).

abril de 1981, foi desferido o ataque ao show do Dia do Trabalho, organizado pelo Cebrade, que Romeu impedira um ano antes. Um acidente, porém, expôs os mágicos. Eram 21h20. A primeira bomba explodiu no estacionamento do Riocentro, durante a apresentação da cantora Elba Ramalho. Ela eviscerou o sargento Rosário, o agente Wagner do DOI, que a carregava no colo, sentado ao lado do chefe, o capitão Wilson Dias Machado, o Doutor Marcos, que dirigia um Puma. Trinta minutos depois, outra bomba explodiu na casa de força, no lugar marcado no croqui deixado com Romeu.

> **O senhor comunicou isso (o plano de 1980) ao Cinelli?**
> Comuniquei para ninguém. Eu não ia dedurar ninguém. Proibi e acabou. E não foi feito. Só foi feito quando saí. Em 30 de abril, houve a explosão de bomba com duas únicas vítimas: um sargento que estava com a bomba no colo e o capitão do Exército, que era do DOI. Com que carro? Um Puma. De quem era o Puma? Era dele, do capitão. Você imagina, eu falo para os policiais: alguém aqui foi fazer uma operação de prisão de bandido com o próprio carro? Se alguém pede para você fazer uma operação clandestina de jogar uma bomba, você iria com o próprio carro? Pois é, mas ele foi com o carro dele.[34]

Romeu conta que o Doutor Marcos recebeu ordens para ir ao Riocentro. A primeira suspeita recaiu sobre José Barros Paes, o coronel deixara São Paulo em 1976 e trabalhava então com o comandante do 1º Exército, general Gentil Marcondes. "Foi uma operação mal planejada, porque o que eles queriam era perturbar a reunião dos estudantes e dos jornalistas e lançar a bomba. Uma maneira estúpida de fazer aquilo", disse Paes. Ele, Romeu e Malhães não tinham dúvidas sobre a origem da bomba: seus colegas do Exército. Paes acreditava que quem mandou fazê-la era "alguém que tinha acesso ao DOI, pois não podia fazer aquilo fora da cadeia de comando". Os dois últimos, assim como Pirilo, apontaram para Perdigão, à época no SNI, e para o DOI, chefiado pelo tenente-coronel Júlio Molina Dias.[35] Romeu

34 Romeu Antônio Ferreira, entrevista em 21 de abril de 2018.

35 José Barros Paes, entrevista em 23 de julho de 2004, fita 2, lado B. Para Malhães, ver depoimento à CEV-RJ.

contou, por fim, que fora procurado, duas décadas depois, por um subordinado com revelações sobre o DOI.

> **Deram um by-pass no senhor?**
> Sim. Ele falou que o pessoal do SNI ia lá. Eu sabia que eles iam lá conversar comigo, principalmente, o Perdigão. E eles recrutaram o pessoal de operações para executar esse tipo de ação. Eu fui ultrapassado. Fiquei com aquilo: então aquela ideia de soltar a bomba um ano antes não foi do meu pessoal que estava lá; vinha do SNI. O problema é que eu proibi. Ficou um ano sem ação e, quando saí, aconteceu. (...) Sai em janeiro. Em abril, soltam essa merda aí. E, quando me disseram que eu havia sido ultrapassado, concluí que só podia ter sido pelo pessoal do SNI. Agora, você estava me dizendo que o (*Doutor*) Pablo (*Malhães*) disse que o Perdigão estava aprontando. É possível. Minha teoria é que parece isso aí: o pessoal do DOI foi usado. Tinha um cara que fazia bomba, isso eu sei. O SNI tinha um cara que era o tal do Carpinteiro. Já ouviu falar? Um tal de carpinteiro (*Hilário José Corrales*), que estava com o pessoal do SNI, sabia fazer bomba. Já morreu.
> **Isso era um grupo mais fechado do SNI que era do...**
> Do Careca, o coronel, que era o chefe de operações. Era um careca. O Perdigão trabalhava lá, o Luciano era outro. Se eu não me engano, o Luciano é que tinha o contato com o carpinteiro. Luciano, não sei o nome dele, já morreu também. O carpinteiro é que fazia bomba e estava com o pessoal do SNI. Aí você começa a entender. Esperaram eu sair e, quando eu saí, fizeram o troço.[36]

Seria preciso esperar até 2014 para que o Ministério Público Federal apresentasse denúncia contra quatro generais, oito coronéis, um major, um sargento e o marceneiro Corrales de envolvimento com atentado e com seu acobertamento. Dois deles eram chefes do SNI –os generais Octávio de Medeiros e Newton Cruz – e um terceiro era Perdigão. No ano da bomba, o operação de Mello virava rotina no CISA. Em 20 de fevereiro, Pirilo fez um relatório de sete páginas sobre a segunda reunião do Comitê Central do

36 Romeu Antônio Ferreira, entrevista em 21 de abril de 2018.

PCB desde o regresso do exílio. O encontro em São Paulo durou três dias, entre 13 e 15 de fevereiro, na Praça Dom José Gaspar, no centro, e na casa de Jaime Rodrigues Estrela, o Cebola, em São Vicente, no litoral. Ao todo, vinte dirigentes foram dedurados por Mello, que entregou detalhes, como o fato de Moisés Vinhas não ter participado da segunda reunião por ter passado mal na casa de Régis Frati, quando era preparada a resolução com as teses do encontro – elas seriam publicadas na *Voz da Unidade* e tiveram a oposição no CC apenas de Armênio Guedes.

A Comissão de Controle do partido fechou, então, o capítulo aberto pelas quedas de 1974 e 1975. Ao todo, ela investigou a conduta de sete dirigentes presos pelo Exército e pela Marinha. Votou-se pela expulsão de Renato de Oliveira Mota em razão da queda da célula do partido na PM de São Paulo. Optou-se por deixar fora da legenda Renato Guimarães, que pedira demissão do CC. Outros cinco foram readmitidos, entre eles Fued Saad. Os comunistas usaram os depoimentos prestados à Justiça Militar obtidos pelo advogado Humberto Jansen Machado a fim de analisar a conduta de da um. Cinco outros dirigentes expulsos entre 1976 e 1979 poderiam apelar da decisão para o CC ou para o futuro Congresso do partido, o sétimo, que seria feito em 1982.[37] Um mês depois, Mello contou que ele e Almir Neves iriam viajar para Maputo, com passagens pagas pelo governo moçambicano, enquanto Dias e Frati partiriam para Moscou, acompanhados por Paulo Santana Machado, para esclarecer os soviéticos sobre a situação de Prestes. Dias se tornara secretário-geral interino até que o novo congresso formalizasse sua nomeação. Na mesma época, o Velho viajou a Moscou, mas, ao contrário de Dias, não foi recebido pelos chefes do PCUS.

Ao voltar de Maputo, Vinícius encontrou Pirilo. Em 24 de julho, Pirilo preparou um novo documento sobre o PCB. Desta vez, sobre o que fora discutido clandestinamente pela Comissão Executiva da legenda. Sete dirigentes, entre eles Pacato, estiveram presentes. Malina suspeitava que as reuniões estivessem sendo gravadas e decidiu levar todos a um restaurante, onde poderiam conversar. Ali contou que montou um aparelho clandestino para reuniões em São

37 Ver AN, FUNDO Centro de Informações de Segurança da Aeronáutica – BR DFANBSB VAZ, documento br_dfanbsb_vaz_0_0_31838_d0001de0001.

Paulo. Justificou a iniciativa porque se sentia vigiado – sua mulher vira dois homens com radiotransmissores dentro de um Fusca parado perto de sua casa –, assim como outros dirigentes, como David Capistrano Filho e Régis Frati. Capistrano procurara José Gregori, secretário da Comissão de Justiça e Paz da Arquidiocese de São Paulo, para entender o que estava acontecendo. Recebeu como resposta que "as ordens vinham de cima", pois, ao procurar o diretor do Dops, delegado Romeu Tuma, para saber de algo, Gregori não conseguiu encontrá-lo. Acreditava que aquilo devia servir de alerta para os comunistas evitarem qualquer atividade que pudesse ser interpretada como uma provocação ao regime. E assim foi adiada a conferência estadual do partido em São Paulo.

Os dirigentes também trataram da luta interna com os simpatizantes de Prestes. Mello contou que Malina estivera no Sul para demover os apoiadores do Velho e conquistá-los, enquanto Almir Neves fazia o mesmo no Nordeste e Tenório, em Minas Gerais e Goiás. Descreveu a ida de Hércules Corrêa a um encontro da Federação Sindical Mundial (FSM), em Budapeste, que enviou US$ 56 mil para a realização da Conclat. Ali, os representantes dos PCs latino-americanos apresentaram posições esquerdistas, próximas da linha política de Fidel Castro, como o secretário-geral do PC do Uruguai. E Hércules foi surpreendido quando dirigentes sindicais soviéticos questionaram se Oscar Niemeyer representaria o partido na próxima reunião do Conselho Mundial da Paz. O arquiteto era aliado de Prestes, e a consulta dos russos foi encarada como um indício de que o Velho ainda mantinha influência sobre parte do aparelho estatal da URSS. Por fim, Mello pôs os militares a par de outro drama dos comunistas: a *Voz da Unidade*. Brigas na redação envolviam Capistrano, Marco Aurélio Nogueira, Gildo Marçal Brandão, que se demitira do cargo de editor, de um lado, e Givaldo Siqueira e Noé Gertel, de outro. No relato de Vinícius, o jornalista Luiz Carlos Azedo substituiria Brandão.[38] O jornal consumia por mês a cota de Cr$ 600 mil e recebera mais Cr$ 300 mil em julho de 1981, o que fez o prejuízo chegar a Cr$ 900 mil (R$ 172,4 mil), coberto pela Seção

38 Luiz Carlos Azedo, entrevista em 5 de janeiro de 2024. Curiosamente, o relatório traz um erro no item 39. Azedo conta que Valeria Ghioldi era o pseudônimo usado por Rodolfo Kinder para escrever na *Voz* e não a sobrinha do dirigente comunista argentino Orestes Ghioldi.

de Finanças. A situação levou a Executiva a discutir a transformação do semanal em quinzenal, o que reduziria pela metade os custos, que poderiam ser cobertos com recursos de políticos da legenda e publicidade. Um dos citados – Marco Aurélio Nogueira – analisou assim o documento.

> O relato sobre o jornal está globalmente correto (*o documento*). Mas com ênfase erradas: a saída de Gildo Marçal Brandão da direção do jornal não foi provocada por uma 'briga com David Capistrano e Marco Aurélio', mas sim por um desentendimento político provocado por divergências entre o Comitê Estadual e o CC. Gildo era mais conciliador e os dirigentes paulistas, mais "inflamados": queríamos, no fundo, afastar o CC e substituí-lo. Outra informação equivocada é a que apresenta Luiz Carlos Azedo como substituto de Gildo. Isso pode ter ocorrido como um plano do CC, mas de fato quem substituiu Gildo fui eu. Azedo só se tornou diretor do jornal depois que nós (os paulistas "inflamados") rompemos com o partido e nos afastamos no início de 1983. Depois desta ruptura, afastei-me completamente da vida partidária, de qualquer partido. O pessoal mais ligado a David Capistrano derivou em massa para o PT.[39]

O que Nogueira não sabia é que Azedo fora convidado pela direção a assumir a sessão política da *Voz*, mas declinou por duas razões: não se sentia preparado para a função e não conhecia ninguém em São Paulo para formar uma equipe na redação. O jornalista, que também leu o documento, contou ter dito isso em reunião posterior à da Executiva, em um restaurante, à qual Pacato não compareceu. E, como Vinícius não tinha ciência desse desdobramento, o CISA também não soube da recusa.[40]

Nos anos seguintes, mesmo após a legalização do partido, o padrão da relação de Mello com Pirilo se manteve. O CISA tentou ainda cooptar Marlene da Silva Kliegerman, secretária do deputado estadual José Alves de Brito, cujo escritório era usado pela Executiva do partido. Por meio de Pacato, o centro pôde saber que o PCB fora informado por Marlene da abordagem

39 Marco Aurélio Nogueira, entrevista em 5 de janeiro de 2024.

40 Luiz Carlos Azedo, entrevista em 5 de janeiro de 2024.

por "um elemento da polícia". A secretária aceitou marcar um segundo encontro, mas não compareceu. O caso enfureceu os dirigentes da legenda. O cerco parecia não ter fim. Em 27 de agosto, Pirilo registrou em relatório: "OBS: Quem abordou foi o Cisa". O centro recebia detalhes da vida interna da agremiação: de pessoas que procuravam a direção em busca de emprego aos nomes de quem era selecionado para fazer cursos em Moscou ou do divórcio de militantes às reuniões com diplomatas do Bloco Socialista.[41] Bastava Pirilo ligar, que Mello logo comparecia ao ponto em frente ao Copacabana Palace ou ao Largo da Carioca, quando rumava com o capitão até o edifício Santos Vahlis, na Rua Senador Dantas, onde o CIE e o CISA mantinham aparelhos clandestinos. Foi assim que, em setembro, Vinícius entregou os detalhes da negociação entre o PCB e o ministro do Comércio Exterior de Moçambique, José Dias Marques. Foram assinados contratos de US$ 8 milhões entre estatais do país africano e a empresa Tropic Representações, constituída em dezembro de 1980 por três pessoas, entre elas Nelson de Souza Alves, que depois se retirou dela. Dois meses depois, os agentes registraram a chegada no aeroporto do Galeão de outro operador do partido em Maputo: Jayme Helio Dick, que flertara nos anos 1960 com a ALN e a luta armada. Ele fazia parte da base do PCB naquele país, onde ajudou a criar a empresa estatal de importação e exportação.

CONGRESSO. O ano de 1982 seria decisivo para a estratégia do partido de obter a legalização. Parte da legenda ainda temia a luta política às claras e, na conferência municipal de São Paulo, as visões distintas se chocaram: por 37 votos a 33 decidiu-se que os delegados tinham de usar codinomes na reunião e nos documentos. O plano de Dias que pretendia tirar o PCB da sombra foi derrotado, mas seu grupo, contando com o apoio da esquerda, conseguiu se impor aos eurocomunistas que dominavam o partido no Estado e ungiram Luiz Tenório de Lima como o candidato a vereador da sigla nas eleições de 1982. Armênio Guedes, principal expoente da corrente derrotada, deixaria o partido em seguida. Em 31 de agosto de 1983, foi a vez

---

41 Ver AN, Fundo CISA - BR DFANBSB VAZ, documento br_dfanbsb_vaz_0_0_35602_d0001de0001.

de a esquerda, abrigada no coletivo estadual de São Paulo, romper com a executiva. No ano seguinte, ela deixaria a legenda e a maior parte de seus integrantes migraria para o PT. Mello esteve na reunião e, como de praxe, forneceu a Pirilo um relato detalhado. O partido se preparava para o VII Congresso. Outro encontro conturbado ocorreu no Rio de Janeiro, no sítio de Sérgio Moraes, em Nova Friburgo, e contou com 34 delegados para definir os candidatos às eleições no estado. Logo surgiram presenças suspeitas na região. Um homem, que todos pensaram se tratar de um policial, foi detido por moradores do local, que o acusavam de ser um ladrão de gado. Os comunistas tiveram de salvá-lo. "Os caras estavam com foice e machado e queriam matar o cara", contou Armando Sampaio. O encontro foi feito no sítio porque ali também prevaleceu a ideia de se fazer uma reunião clandestina, diante das dificuldades para encontrar quem se dispusesse a alugar um espaço para o evento dos comunistas no Rio de Janeiro. Geraldão era quem liderava os que desconfiavam da conveniência de um encontro às claras. "Temos de fritar o peixe de olho no gato (*a polícia*)".[42]

Tinha razão. Havia um tubarão à espreita dos comunistas. Em 28 de junho, o predador escreveu sobre a reunião da executiva, ocorrida dez dias antes, em um escritório da Rua Álvaro Alvim. Faltaram ao encontro Givaldo Siqueira e Malina, que estava na Bulgária, mas participaram dele Frati e José Paulo Neto, que informou como estava a constituição do Instituto Astrojildo Pereira (IAP). Mello era então chefe da Seção de Relações Exteriores do PCB, responsável pelos contatos com partidos comunistas de outros países, ao lado de Dias, o secretário-geral. Naquele mês, um grupo de militantes havia sido preso no Rio de Janeiro fazendo panfletagem. A executiva pensava que a polícia os havia detectado por meio de escuta telefônica. Tinha razão. Só não sabia o que Pirilo registrou no documento: "OBS: detectado pelo CISA-RJ". Em seguida, escreveu sobre o que seriam os negócios do partido. Ali estava a informação de que Frati contara à Executiva ter sido procurado por um empresário da área de Defesa interessado em vender para Moçambique. Os comunistas tentavam adivinhar os humores

42 Para o encontro no Rio, ver Moraes, Sergio Augusto de. *Viver e morrer no Chile*, p. 151 a 174, e Armando Sampaio, entrevista em 14 de junho de 2021.

dos militares e dos diversos grupos dentro das Forças Armadas em relação aos rumos da abertura política e do governo de Figueiredo. E o CISA fazia o mesmo com o partido. Ele soube que o jornalista Luiz Carlos Azedo se encontrara com Dmitri Pastukhov, encarregado no PCUS das ligações com o PCB. O jornalista foi a Moscou a um Congresso do Komsomol levando uma carta de Giocondo Dias, que o apresentava ao soviético. Queriam evitar uma manobra do PC chileno para tirar uma vaga dos brasileiros na direção da Federação Mundial da Juventude. Azedo sabia que seria questionado sobre o futuro congresso do partido brasileiro e pediu a Dias orientação. "Diga o que você acha que deve dizer." Carregava feijão preto na bagagem e marcou o encontro com o russo no apartamento de Khalil Dib e Maria Sala, em Moscou. A conversa, regada a vodka e feijoada, terminou com o apoio de Pastukhov às pretensões brasileiras. O soviético recebia informações também da embaixada russa por meio de informantes no Brasil. Pirilo registrou que um desses seria o advogado Antônio Modesto da Silveira. Isso porque Pastukhov tratou novamente do caso Givaldo, a suspeita de que ele fosse "polícia", informação que seria usada mais tarde pelos militares. Por fim, Azedo relatara que Giocondo Dias seria o futuro secretário-geral do partido e ouviu dos soviéticos o conselho de que o VII Congresso devia ser adiado. "Com o que a direção do PCB não concorda", registrou Pinto.[43] O contato de Azedo com o Pastukhov abriu uma crise no partido, escaldado pelas intrigas do exílio. Ele levou à abertura de uma comissão de sindicância, formada por Frati e Gilvaldo, para saber por que ele se encontou com o soviético – ninguém sabia que tudo fora arranjado por Dias, o que só depois foi esclarecido.[44]

O partido decidiu que o Congresso seria feito em São Paulo, no dia 13 de dezembro, depois das eleições. Tiveram a ideia de lhe dar uma aparência legal. Para tanto, iam usar a estrutura da legenda para rodar a *Voz da Unidade*. Em 1980, Malina organizou o núcleo de militantes que criou a Editora Novos Rumos, cujos sócios eram Frati e Takao Amano, antigo guerrilheiro

43 Ver AN, Fundo CISA – BR DFANBSB VAZ, documento: br_dfanbsb_vaz_0_0_29369_d0001de0001.

44 Luiz Carlos Azedo, entrevista 5 de janeiro de 2024.

da ALN que retornara ao PCB ainda nos anos 1970. Por meio da editora e usando a sua sede, seria organizado o seminário *Alternativa Democrática para a Sociedade Brasileira*, como história de cobertura a fim de driblar a Lei de Segurança Nacional e qualquer proibição policial.[45] Vinícius contara tudo ao CISA. Nas palavras de Pirilo, ele fez ainda mais.

> **Ele ajudou a preparar a operação que derrubou o 7º Congresso, em São Paulo, quando toda a cúpula foi detida?**
> Ajudou. Eu o avisei, com antecedência, que o Congresso seria derrubado, e ele compareceu na maior cara de pau. Eu tinha confiança nele. Ele poderia ter avisado seus companheiros, e o Congresso teria sido suspenso, mas ele não o fez.[46]

Não só não avisou os companheiros, como ainda ajudou os militares a obterem novas informações. Pelo menos é o que contou Régis Frati. Mello participava da redação das teses para o congresso. Dois integrantes do secretariado do partido – o próprio Frati e Paulo Elisiário Nunes – receberam a tarefa de discuti-las com as direções estaduais. Cada um tomou uma direção. Frati pôs as cópias das teses em uma maleta de mão, que pretendia levar consigo na cabine do avião para Rondônia, mas foi impedido de embarcar com ela por um comissário da aeronave, que o obrigou a despachá-la com as outras bagagens. Quando chegou a Porto Velho e apanhou a pasta, os papéis com as teses haviam sumido. "Fizeram questão de me deixar sem as teses. Estou convencido de que isso foi papel do Mello", afirmaria em 2018.[47] Apenas os integrantes do secretariado eleito no Brasil – Pacato, Malina, Frati, Almir e Givaldo – sabiam como seria o congresso. Desde o restaurante que forneceria a comida até os nomes dos 96 delegados, tudo passava pelos cinco. O evento consagraria a vitória dos novos dirigentes do partido, depois de anos de luta interna, mas os "paulistas inflamados" queriam resistir. O clima estava elétrico no salão da Praça Dom José Gaspar, no centro de São Paulo, naquele 13 de dezembro de 1982. Ivan Pinheiro

45 Takao Amano, entrevista em 3 de março de 2017, por e-mail.

46 Antônio Pinto, entrevista em 18 de dezembro de 2015.

47 Régis Frati entrevista à Fundação Astrojildo Pereira.

lembrou quando João Guilherme Vargas Netto, um dos exaltados do grupo paulista, lançou uma questão de ordem no momento em que Giocondo Dias ainda saudava o auditório. O secretário tentava encaminhar uma proposta de composição da mesa antes de passar a palavra à Comissão de Controle. Foi interrompido. Vargas Netto contestava a eleição de parte dos delegados. Estava próximo de Givaldo Siqueira, a quem todos consideravam seu desafeto. Tudo indicava que aquilo ia terminar em pancadaria, quando, nos fundos da sala, ouviu-se uma gritaria: "Polícia!" Os agentes do Doutor Ney arrebentaram a porta do auditório e, de metralhadoras e revólveres em punho, mandaram todo mundo deitar no chão. Quem demorou, foi convencido pelos revólveres apontados para a cabeça. "Eles foram em cima do Takao Amano, que era da segurança do encontro." Colocaram-no de joelhos e o algemaram com as mãos para trás, mantendo sua testa na mira das armas. Começaram então a chamar: "Giocondo Dias!" O secretário-geral se apresentou. Foi algemado e conduzido a uma sala ao lado. O mesmo fizeram com Lindolfo Silva, Frati, Malina, Mello, Neves e Vinhas. Só então os demais começaram a ser levados em fila indiana para os ônibus, que os aguardavam em frente da praça para transportá-los à sede da Polícia Federal, na Rua Antônio de Godoy. "Se preparem, que o bicho vai pegar para gente", disse Dias aos demais.[48] Na sede da PF, uma nova operação foi feita. Os militares do CIE e do CISA, responsáveis pela operação, queriam encobrir seu informante e, ao mesmo tempo, expor um dirigente do partido que acreditavam trabalhar para a Marinha, em razão da antiga pinimba entre os órgãos de informações.

> Participei do estouro desse Congresso e depois dos interrogatórios dos caras no DOPS/SP (*na verdade, na sede da PF*). Fizemos de tudo para incriminar Givaldo Siqueira como sendo o cachorro que dedurou o congresso. Me recordo, inclusive, que entramos em uma sala, onde estavam os detidos e perguntamos: Quem é o Givaldo? Ele se apresentou, e dissemos:

48 Régis Frati,vídeo MVI_5491.MOV; Armando Sampaio, áudio Armando.Sampaio.17.02.2017 e *Ação da Polícia impede o Congresso do PCB*, in *O Estado de S, Paulo*, p. 4, 14 de dezembro de 1982.

> 'Você está liberado. Pode ir embora'. Corria à boca pequena que o Givaldo trabalhava para o Cenimar. Foi por isso que tentamos queimá-lo, quando da queda do congresso. Nunca o Cenimar fez qualquer operação com os demais órgãos militares.[49]

LEGALIDADE. Os Doutores Ney (CIE) e Pirilo (CISA) usaram a PF como fachada legal para a operação. Muito tempo depois, o capitão da FAB afirmou que "não seria correto apontar Givaldo como cachorro do Cenimar". A desconfiança, no entanto, continuou a circular nas décadas seguintes, dentro e fora do partido. Naquele dia 13, dois militantes escaparam da polícia. O deputado federal Roberto Freire perdeu o avião que o traria de Pernambuco para São Paulo, onde seria eleito suplente do Comitê Central, enquanto José Salles chegou atrasado e viu a polícia cercando o prédio. Quatro anos depois da dramática reunião de Praga, onde esteve por um fio para ser expulso da legenda, ele seria excluído do CC se a polícia não tivesse interrompido o seminário dos comunistas. À tarde, a frente da PF seria tomada por militantes comunistas, sindicalistas e parlamentares do PT e do PMDB em busca de informações sobre os detidos. Entre eles estava Luiz Inácio Lula da Silva. A PF divulgou que detivera 91 comunistas, dos quais sete – o grupo algemado com Dias – tiveram a prisão decretada pela Justiça e um oitavo permaneceria detido em razão de um mandado antigo; os demais seriam soltos. E foram. Setenta e duas horas depois, Dias e os demais deixaram a cadeia.[50] O que parecia um grande golpe da polícia ia se revelar um tiro pela culatra. Ele reforçou a estratégia da direção do partido de que só haveria dois caminhos: a prisão ou a legalidade. Dias estava decidido a não voltar para a clandestinidade que envenenara por 40 anos a vida política nacional. Para Hércules Corrêa, o aparato de segurança "prestou um favor para a gente". "Foi a queda dele (*do Congresso*) que abriu espaço à

---

49 Antônio Pinto, entrevista em 14 de janeiro de 2016.

50 Falcão, João. *Giocondo Dias, a vida de um revolucionário*, p. 377. José Salles, entrevista em 22 de janeiro de 2016, e Roberto Freire, entrevista em 22 de agosto de 2016, além de entrevistas citadas com Takao Amano Amano, Régis Frati, Sergio Moraes, Armando Sampaio e Hércules Corrêa dos Reis.

legalização do partido mais tarde. O Estado prestou um favor ao partido, assim como Prestes prestou um ao Getúlio em 1935. Ficou claro para muita gente que não acreditava haver espaço para a legalidade, que o que não havia era espaço para a ilegalidade; para a legalidade havia". Para Sérgio Moraes, o PCB ia "fazer a coisa legal, para forçar a legalidade". E os réus do processo queriam que ele fosse até o fim, pois assim pensavam obter a legalização, mas o caso seria arquivado no ano seguinte.

Fazia então já quase dois anos que o general Sérgio de Ary Pires havia substituído Milton Tavares no 2º Exército, que comandou a repressão às greves lideradas por Lula no ABC. O prócer da linha dura morreu meses após deixar o comando. Leo Etchegoyen, seu chefe de Estado-Maior, passara para a reserva, assim como o irmão Cyro. Os generais Sérgio e Carlos Tinoco, novo chefe do Estado-Maior, procuravam um coronel para comandar a área de informações em São Paulo e consultaram um colega, o então coronel Zenildo Zoroastro de Lucena. Este indicou Tamoyo Pereira das Neves.

> 'Tamoyo, o general Sérgio quer que você vá ser o E2 (*chefe da 2ª Seção*) lá em São Paulo'. Você imagina... (*Eu respondi*): 'Zenildo, eu nunca trabalhei na área de informações e não sei nada disso. 'Por isso mesmo.' É que havia aquela ideia de desarmar o dispositivo. Então, foi por isso que eu vim para cá.

Em pouco tempo, o Estado teria um governador da oposição – Franco Montoro (PMDB). O Dops seria fechado e o DOI deixaria de funcionar na Rua Tutoia. Parte de seu arquivo seria queimada em Quitaúna, para onde se mudou. O destacamento foi rebatizado como Seção de Operações (SOP), mas ainda contaria por mais alguns anos com a participação de policiais civis e militares. Ao mesmo tempo em que seus homens ainda vigiavam os comunistas e esquerdistas, o general Sérgio buscava o diálogo com o novo governador. Costumava levar sempre um oficial, para servir de testemunha, quando ia ao Palácio dos Bandeirantes. Montoro participou da campanha pela eleição direta para presidente. Apoiada por uma gigantesca onda cívica – as Diretas Já –, que levou milhões às ruas, a proposta formulada pela Emenda Dante de Oliveira foi derrotada por apenas 20 votos, em

25 de abril de 1984, na Câmara dos Deputados, dez dias antes de o general passar o comando do 2º Exército, em 4 de maio. Em uma conversa com o governador, Tamoyo ouviu o chefe contar sua preocupação sobre a eleição presidencial daquele ano. Falava em nome do Exército. "Nós estamos preocupados em saber quem é que vai ser o candidato da oposição." O Alto Comando temia que o escolhido fosse o deputado federal Ulysses Guimarães. Mas o governador disse: "Não se preocupe, general, que o nosso candidato é o Tancredo Neves".[51] Montoro tinha nomeado como subcomandante da PM o coronel Newton Borges Barbosa, que o mantinha informado sobre os movimentos na área militar. A vigilância aos comunistas começava a entrar em um gueto, o dos serviços militares, que precisavam encontrar uma nova justificativa para mantê-la nos anos em que o mundo socialista parecia avançar a passos largos para uma grande reforma econômica e democrática, resumida em duas palavras: Perestroika e Glasnost.

Após a queda, o partido resolveu levar adiante o 7º Congresso em sessões menores, com oito ou nove delegados, que foram feitas no escritório dos advogados Iberê Bandeira de Mello e Marco Antônio Nahum, no centro de São Paulo. O álibi era tratar do processo a que todos respondiam. Cada um recebia uma carta do advogado, convocando-o para o escritório. Um representante da Executiva anotava a discussão. O ardil ficou registrado em mais um documento do CISA, com os nomes dos 63 integrantes titulares e suplentes do novo Comitê Central. A PF concluiu o inquérito e indiciou dez dos 11 integrantes da Executiva do partido na Lei de Segurança Nacional e remeteu o caso à Justiça Militar. Nada disso impediu o partido de continuar a forçar sua legalidade, uma ação que, para Pirilo, denotava o "pouco caso com as leis".

De fato, a ação dos mágicos não intimidou os partidos legais de manter diálogo com o PCB ou impediu os contatos deste com partidos comunistas de outros países. Nem mesmo o envio de militantes à escola de quadros em Moscou foi interrompido – em setembro de 1984, foram 15 e outros seis se

---

51 Tamoyo Pereira das Neves, entrevistas em 25 e em 28 de abril de 2016. Para a queima do arquivo e a mudança do DOI ver agente Chico, entrevista em 27 de outubro de 2004 e tenente José, entrevista em 30 de junho de 2009.

matriculariam na Universidade da Amizade dos Povos Patrice Lumumba. Viagens para Portugal, Colômbia, Itália, União Soviética, Cuba e Hungria foram detectadas pelos militares. Em junho de 1984, o doutor Iberê encaminhara à Imprensa Oficial o manifesto assinado por 235 comunistas, o programa e o estatuto do PCB, passos exigidos então pela Lei Orgânica dos Partidos para que uma legenda pudesse obter o registro no Tribunal Superior Eleitoral. A manobra foi barrada pelo Ministério da Justiça. Mais tarde, Roberto Freire, então deputado pelo PMDB, conseguiu publicar no *Diário do Congresso* apenas o manifesto do partido. No começo de 1985, o Comitê Central se reuniu em um hotel em São Paulo para traçar a tática da legenda durante o futuro governo Tancredo Neves, eleito pelo voto indireto no Colégio Eleitoral, com o apoio dos parlamentares do PCB abrigados no PMDB. No fim do encontro, Giocondo Dias convocou a imprensa para divulgar a resolução política dos comunistas. Nenhum policial apareceu para detê-lo. Nem mesmo as informações de Mello alteraram o cenário de desolação nos centros militares. Todas as conspirações contra o partido tinham falhado.

Ainda assim, os mágicos não largavam a cartola. Em 26 de outubro de 1984, uma tropa de policiais e de militares varejou endereços em São Paulo, Belém, Salvador e Goiânia em busca de provas sobre o funcionamento clandestino de outro partido comunista, o PCdoB. A operação na capital paulista reuniu a nata dos agentes das três Forças e deteve 31 dos 39 acusados conduzidos presos nos quatro Estados. Um inquérito foi aberto com base na Lei de Segurança Nacional. Durante semanas os doutores Pirilo, Fábio e Pimenta ficaram analisando, em uma sala da sede paulistana da PF, documentos apreendidos na Rua França Pinto, na Vila Mariana, onde funcionava o Centro de Estudos e Pesquisas Sociais (CEPS), e nas casas de dirigentes da legenda, como José Renato Rabelo, então membro do Comitê Central. O trabalho resultou no Relatório Periódico de Informações nº 12, de 31 de dezembro de 1984, preparado pelo CISA. O texto de 78 páginas escrito por Pirilo dizia ser o CEPS um "simples ardil para dar aparência legal a mais um 'empreendimento' do PCdoB", como seu "jornaleco, *A Classe Operária*". Pirilo e seus colegas alegavam que a CEPS era uma escola de quadros, fundada em junho, depois de ter o estatuto, a ata de criação e a diretoria consignados no 1º Ofício do Registro Civil de São Paulo. Seu imóvel foi alugado por Walter Sorrentino, então membro do Comitê Regional do partido por Cr$ 600 mil (R$ 5 mil). Sorrentino era o vice-presidente do CEPS e foi um dos presos no dia 26, assim como o vice-prefeito de Americana (SP), Fernando Pupo. O partido investiu Cr$ 2,32 milhões no lugar (R$ 20 mil, em valores atualizados). Após analisar textos e discursos de militantes e identificar 25 professores do curso, Pinto concluiu: "O PCdoB no momento, à mercê das brechas que encontra, vem autolegalizando suas atividades pouco a pouco, e, praticando, de fato, o que de direito ainda hoje é proibido: o livre funcionamento". Ele sentenciava que "a montagem e o funcionamento aberto da "escola de quadros do PCdoB" era "preocupante para a democracia, indiferente para os incrédulos e alvissareiro para a escalada do comunismo no Brasil".[52]

O regime estava no fim e não tinha nem mesmo força para obrigar os comunistas as manter a aparências. Para os veteranos da guerra revolucionária, como Antônio Pinto, aquilo tudo era um escracho. Exigia-se o "cumprimento da lei". As regras que permitiram o funcionamento da ditadura se transformavam rapidamente em entulho autoritário e seriam enterradas por meio de uma nova Constituição. Afinal, qual a paz que se buscava quando se deixaram livres as mãos dos mágicos, porque se achou necessário usar todos os meios disponíveis para derrotar os comunistas? A vingança e a ilegalidade não emprestam legitimidade e consenso às ações do Estado em uma democracia. O uso da força é a marca da fraqueza dos regimes em crise e, como viver aos sobressaltos, torna-se com o tempo odioso e insuportável, as ditaduras e os déspotas costumam não ter vida longa. Para um governo que afirmava ter anseios democráticos, matar e torturar às claras não era possível; assim também era a sua utopia autoritária, que pretendia varrer o dissenso e a diversidade na sociedade, como se estivesse ao alcance de um ato institucional mudar a natureza humana. A

52 Ver AN, Fundo: Serviço Nacional de Informações - BR DFANBSB V8, documento BR_DFANBSB_V8_MIC_GNC_EEE_85016758_d0001de0001. E ainda as entrevistas do coronel Romeu Antônio Ferreira e o capitão-de-mar-e-guerra Mário Sérgio Pacheco, bem como "A PF prende e interroga comunistas", in *O Estado de S. Paulo*, 27 de outubro de 1984, p. 7.

renúncia à busca do entendimento e de consensos tinha sua contrapartida na afirmação do triunfo de uma vontade que se sabia minoritária, ao negar o caráter coletivo da liberdade, que só pode existir como ação comum na esfera pública. O teatro de manobras mudou rapidamente. Ele se deslocaria para a disputa pela memória e pela história. O coronel Romeu já havia proposto contar a história da guerra ao comunismo pela ótica militar, o que daria origem ao Projeto Orvil. O que ele não sabia era que a Arquidiocese de São Paulo e ativistas dos direitos humanos, desde 1979, conduziam em sigilo o projeto Brasil Nunca Mais, que reunira cópias de 707 processos da Justiça Militar – mais de 1 milhão de páginas – microfilmados e levados ao exterior. Os documentos continham relatos de prisões ilegais, tratamentos desumanos de presos, assassinatos e desaparecimentos. "O que mais me impressionou, ao longo dos anos de vigília contra a tortura, foi, porém, o seguinte: como se degradam os torturadores", escreveu dom Paulo Evaristo Arns, o arcebispo de São Paulo, ao apresentar o resultado do projeto: o livro *Brasil: Nunca Mais*, um sucesso editorial que quatro décadas depois ainda permanece em catálogo.[53] Naquele ano, uma análise do CISA qualificaria a obra de "propaganda adversa" e dizia que a pesquisa carecia de validade científica, pois aos ex-presos políticos interessava "denegrir a imagem das Forças Armadas e das organizações do SISNI".[54]

Ao mesmo tempo, os grandes jornais discutiam às claras as decisões do VII Congresso, como a que inverteu a velha fórmula que definia o caráter da revolução brasileira como nacional-democrática. O PCB a classificava agora como democrática-nacional, fazendo a ênfase recair sobre o aspecto democrático do processo revolucionário, que não poderia acontecer fora da democracia.[55] Deixava-se de lado o trabalho especial, de quando se pensava ser necessário preparar o partido para todas as formas de luta, e se apostava no diálogo com o último governo militar. O deputado Roberto Freire procurou o presidente eleito Tancredo Neves e ouviu que o partido

53 Arquidiocese de São Paulo, Brasil: Nunca Mais, pgs. 12, 13, 20 e 21.

54 Ver AN, Fundo CISA – BR DFANBSB VAZ, documento br_dfanbsb_vaz_0_0_24428_d0001de0001.

55 Ver Pandolfi, Dulce; *Camaradas e Companheiros: história e memória do PCB*, p. 222.

seria legalizado, mas não imediatamente; só na futura Constituinte. Se o país mudava, o comunismo também. Ao menos o soviético. Enquanto buscava a legalidade no Brasil, o PCB assistia à eleição de Mikhail Gorbachov para a secretaria-geral do PCUS, em 11 de março de 1985. Três dias depois, Tancredo daria entrada no Hospital de Base, em Brasília, para tratar uma diverticulite e morreria 39 dias depois. O escritor José Sarney, o vice que em 1980 buscara o apoio de Giocondo Dias para a abertura, assumiu a Presidência. Ligado na juventude ao poeta comunista Ferreira Goulart, Sarney e o novo Congresso aceleraram o tempo da legalidade. No dia 8 de maio, os deputados votaram a Emenda 25, que reinstituía a eleição direta para presidente, concedia o voto aos analfabetos e cancelava parte do entulho autoritário. No mesmo dia, Freire apresentou ao TSE o pedido de registro da sigla, que o acolheu depois de o *Diário Oficial da União* trazer em 11 páginas seu programa, seu estatuto e seu manifesto de fundação na edição de 7 de maio, mesma data em que o registro do partido fora cassado em 1947. Terminavam 38 anos de ilegalidade. "Este é um momento histórico", discursou o deputado enquanto mostrava a edição do *D.O.U* na tribuna. Os soviéticos registraram na ficha de Givaldo no CC do PCUS o recebimento do registro do partido pelo TSE e os 12 nomes da comissão interina nacional da legenda. No dia seguinte, eles escreveram: "O TSE confirmou o direito exclusivo do PCB de usar a cor vermelha e o símbolo 'foice e martelo' como oficiais do partido".[56] No dia 23, seria a vez de o PCdoB repetir a manobra.[57] Seis dias depois, o presidente Sarney recebeu no Palácio do Planalto onze dirigentes do PCB. Era a primeira vez na história que os capas-pretas do partido subiam a rampa para conversar, em nome da legenda, com um presidente. Os soviéticos anotaram o encontro na ficha de Givaldo, um dos presentes na reunião, que tinha como objetivo levar o apoio dos comunistas à proposta de Sarney de um pacto entre todas as forças políticas para a consolidação da democracia na Nova República.[58] O modelo era o Pacto de Moncloa, que

56 Ver RGANI fundo 5, lista 109, documento 1949 (Givaldo Siqueira).

57 Ver "PCB garante a legalidade", in *O Estado de S. Paulo*, p. 7, edição de 9 de maio de 1985, e "PCdoB pede registro provisório", in *O Estado de S. Paulo*, p. 4, edição de 24 de maio de 1985.

58 Ver RGANI fundo 5, lista 109, documento 1949 (Givaldo Siqueira).

selou o fim da ditadura franquista na Espanha. A normalização avançava a passos largos. Os centros militares, que, após o início da abertura, dirigiram seu esforço para vigiar e controlar os comunistas a fim de flagrar a vida partidária clandestina e ilegal, iam se esmerar agora em reunir provas do financiamento ilegal das legendas por potências estrangeiras para tentar cassar seus registros e devolvê-los à ilegalidade, além de produzir informações que mantivessem o anticomunismo como força política relevante, principalmente, entre o público interno das Forças Armadas.

CONSPIRAÇÃO E DEMOCRACIA. Os serviços de inteligência militar comportavam-se como se fossem instituições de um governo que não existia mais. Essa evidente insubordinação e indisciplina partia de quem achava que sua atuação devia seguir normas próprias e não as de um regime democrático, onde a espionagem de adversários políticos não é tolerada; se algum partido estivesse se comportando de maneira ilícita, ameaçando as instituições da nação, esse seria um problema para ser tratado pela Polícia Federal e pela Justiça comum, instituições civis. Não é o que se observa nos documentos do CISA e do CIE, após a redemocratização, principalmente, no período em que o general Sérgio de Avellar Coutinho comandava o centro do Exército. Não cabe ao Exército se imiscuir na política partidária, colocando-se como o vigia que controla os passos de uma das partes - a esquerda - da sociedade. Se havia militantes que rumavam para colheitas de café na Nicarágua, onde eventualmente manuseavam armas, havia fazendeiros constituindo milícias armadas no interior do país. As análises do campo político feitas pelos militares sobre o "clero progressista", os sem-terra e os partidos de esquerda usavam expressões depreciativas, como "dubiedade" para descrever o deputado Eduardo Suplicy (PT-SP), o que mostrava a pouca capacidade dos serviços militares de servir ao Estado e em vez das forças políticas com as quais se identificavam. A ideia de que a democracia tinha um mero valor tático, que era um meio, um instrumento, em vez de um fim estratégico na hermenêutica da maioria dos autores leninistas estava sendo reformulada rapidamente pelas principais agremiações da esquerda. A influência dos movimentos autonomistas, que buscavam a reforma a partir das bases da sociedade, e principalmente das ideias do teórico italiano Antonio Gramsci fizeram a perspectiva insurrecional da revolução ser, paulatinamente, deixada de lado, apesar do forte impacto na América Latina da Revolução Cubana e de seu simbolismo, que a fez permanecer reverenciada mais por nostalgia do que como exemplo a seguir. Aos poucos, o sonho da democracia, que o cientista político Francisco Weffort dizia transformar o país, confundia-se com a ideia dela como um valor universal. Seria pelo seu aprofundamento que a sociedade e as suas relações de classe seriam alteradas. O partido político, como príncipe moderno, tornava-se o motor dessa consciência coletiva transformadora não como vanguarda, mas como conexão entre a sociedade civil e a política. Sem partido dirigindo o processo, não haveria núcleo de poder e, sem este, não haveria como exercê-lo no Estado, organizando, a partir dele, a política para adaptar a sociedade civil às formas de apropriação das posses essenciais – religiosas, sexuais, econômicas e políticas –, que formavam a sua visão de mundo.[59] Os militares viram a mudança nas esquerdas apenas como tática, o que exigiria apenas o uso de novas armas. As palestras, jornais e, depois, as correntes de e-mails, os sites, os blogs e as redes sociais seriam os lugares por excelência desse novo tipo de combate, que nasceu nos relatórios de informações distribuídos pelos serviços secretos aos quartéis nos anos 1980.

Apenas sete dias depois da legalização do PCB, Giocondo Dias foi detido ao descer no aeroporto do Galeão. O secretário-geral vinha de Moscou. A Polícia Federal se apressou em dizer que tudo não passou de um mal-entendido, pois um antigo mandado de prisão da Justiça Militar ainda constava em seu sistema. Em 7 de agosto, o centro retomava a velha prática de tentar emparedar o governo, denunciando a "infiltração em órgãos do Poder Executivo". A agência do Rio de Janeiro do centro, onde Pirilo trabalhava, analisou o *Diário Oficial* entre os dias 2 e 13 de maio de 1985 e informou ter encontrado as nomeações de 47 pessoas que "registravam antecedentes negativos". Os mágicos do CISA advertiam para nomeações

59 Ver Ferreira, Oliveiros S. *Os 45 cavaleiros húngaros* e Barros, Celso Rocha de. *PT, uma história* e Moisés, José Álvaro e Weffort, Francisco. *Crise da democracia representativa e populismo no Brasil.*

como a do economista Edmar Bacha para a presidência do IBGE, do advogado Técio Lins e Silva para o Conselho Federal de Entorpecentes, do procurador Luiz Edson Fachin para a procuradoria jurídica do Ministério da Reforma Agrária e do médico Sérgio Arouca, para a direção da Fundação Oswaldo Cruz. Os agentes imputavam a Bacha um passado na ALN e no PCB; a Fachin censuravam a participação no movimento estudantil e uma palestra sobre a reforma agrária; o antecedente negativo de Lins e Silva era a sua atuação na Comissão Nacional de Justiça e Paz e, finalmente, impugnavam o nome de Arouca em razão da militância no PCB. Ou seja, o CISA agia como se tivesse o direito de dizer ao governo eleito quem podia e quem não podia ser nomeado sem que o Executivo tivesse pedido o palpite.

FINANÇAS. No dia 21 de agosto, foi a vez dos analistas da Marinha registrarem a visão do centro sobre a "legalização dos partidos subversivos" em um texto de 28 páginas. No momento do registro no TSE, o PCB tinha cerca de 8 mil integrantes e o PCdoB, 10 mil. Entre os 235 subscritores de seu manifesto, o primeiro tinha 55,5% de membros com curso universitário, sendo que 66,4% da área de humanas e, "nesta área, o jornalismo desponta como a profissão de maior incidência". Os comunistas do PCB estavam presentes em 17 capitais, sendo que 50% de seus apoiadores se concentravam no Rio de Janeiro e em São Paulo. No PCdoB, os agentes destacaram o que chamaram de presença significativa de mulheres (26%) e a predominância das cidades de Salvador e de São Paulo, com pequena vantagem para a primeira, que juntas reuniam 67,7% dos que assinaram o manifesto. Por fim, os analistas concluíram que as mulheres e os operários não estavam bem representados no PCB, ao contrário do que acontecia no PCdoB, um partido que teria o pé mais no chão da fábrica.[60]

Além de traçar o perfil das legendas, os militares direcionaram sua atenção para dissidentes, como o de Luiz Carlos Prestes. Em 5 de março de 1986, o CISA voltou à carga e faz um relatório para estabelecer vínculos

---

60 Vver AN, Fundo CISA – BR DFANBSB VAZ, documento br_dfanbsb_vaz_0_0_25091_d0001de0001 (perfil dos partidos). Para a infiltração no governo Sarney, ver AN, Fundo CISA – BR DFANBSB VA, documento br_dfanbsb_vaz_0_0_30595_d0001.

entre o PCB e o Velho com um brasileiro radicado em Milão que usava o nome Paulo Parra, conhecido ainda como Acheme. Os agentes alertavam que o indivíduo era, em 1974, em Paris, peça importante na rede terrorista na Europa que envolvia as atividades do Exército de Libertação Japonês e da Frente Popular de Libertação da Palestina, "coordenada por Ilich Ramírez Sánchez", ou Carlos, o Chacal. Parra era, na verdade, o advogado Antonio Expedito de Carvalho Ferreira, um *bon vivant* veterano da VPR, que se ligara nos anos 1970 ao PCB e se estabelecera na Itália. Em 1978, Expedito fora estudar na Escola de Quadros, em Moscou, e, em 1981 – o CISA registrou –, organizou em Roma uma conferência sobre a tortura no Brasil. "Eu estive nessa conferência sobre a tortura. O Modesto da Silveira também esteve", contou Anita Leocadia Prestes. "O Expedito e a mulher dele, a Amanda, foram recrutados para o partido pelo Armênio Guedes, que estava recrutando muita gente que havia sido da luta armada e mandava estudar em Moscou. Ele (*Expedito*) foi estudar em Moscou. Eu o conheci lá. Era um cara muito bom de conversa. Ele se apresentava como psicanalista", disse. Expedito dizia-se admirador de Prestes e prometia mundos e fundos. Propunha-se a montar uma rede de TV no Brasil, que seria controlada pelo Velho. "Sempre desconfiei desse cara. Insistiam que eu fosse passar uma temporada em Milão. Era esmola demais. Não era normal. Quando voltamos ao Brasil, ele começou a oferecer propostas de negócios aqui, como montar pizzarias com investimento da Itália." Quando esteve no apartamento dele, em 1981, em Milão, Anita cruzou com um grupo de jovens latinos, que pareciam estar sendo preparados para a luta armada. "Uma das coisas que ele oferecia é que ele tinha alugado uma espécie de castelo fora de Milão, uma casa de pedra, fria, um gelo. Ele pretendia que o próximo congresso do partido fosse feito lá. Seria o partido que o Prestes ia criar. Muita gente apostava que o Prestes estava criando um novo partido. Expedito queria ter o partido na mão", contou Anita. Ela resolveu investigar quem era o Parra de Milão. Foi ao Rio Grande do Sul no começo de 1982 e descobriu que o psicanalista era, na verdade, Expedito. Soube, então, que se tratava de um anticomunista furioso que, antes de 1964, organizava protestos contra Prestes e, no dia do golpe, dera festa para comemorar a queda de Goulart.[61] Nenhum dos negócios propostos por Expedito foi avante. O CISA acreditava, porém, que ele era o intermediário de Prestes para receber dinheiro de Cuba e da URSS. Era pelo menos o que Mello pensava. O dinheiro seria repassado a Oscar Niemeyer, que, por fim, fazia-o chegar ao Cavaleiro da Esperança.

CONSTITUINTE. O ano de 1986 fez com que os agentes procurassem saber sobre a participação dos comunistas na futura Assembleia Constituinte. Quem conta é o general Tamoyo. "Procurávamos estar a par de tudo, pois é o trabalho nosso: estar a par de tudo para se antecipar".[62] Em 5 de maio, o projeto de Constituição do PCB já estava anexado a um relatório preparado por Pirilo, com a vedação de difusão para "a proteção da fonte". Mello entregou o documento *Novos Rumos, Constituição Nova Para o Brasil* ao seu controlador assim que o recebeu da comissão que o preparou, antes de ele ser submetido às bases do partido. A Executiva do PCB se reuniu em 10 de setembro, sem a participação de Dias, que estava em Moscou, e de Freire, que já estava em campanha à reeleição na Câmara. O encontro aconteceu pouco depois do pronunciamento do ministro da Justiça, Paulo Brossard, que acusou o PT pelo tumulto que terminou na morte de dois trabalhadores rurais em Leme, no interior paulista – a perícia provou, mais tarde, que as balas haviam sido disparadas pela PM, que acusara parlamentares do petista pelos disparos. Em São Paulo, uma parte do partido pretendia bandear-se para a candidatura do empresário Antônio Ermírio de Moraes, abandonando o peemedebista Orestes Quércia, que, no fim, contaria com o apoio de parlamentares da legenda, como Alberto Goldman. A análise da Executiva que Mello entregou a Pirilo era de que Goldman estava colocando seus interesses pessoais em primeiro lugar, pois acreditavam que o PMDB iria retirar a candidatura de Quércia para apoiar Moraes até o final do mês. O documento, com a divulgação vedada, relatava as dificuldades do PCB para obter recursos para seus candidatos. Sérgio Moraes era

---

61 Anita Leocadia Prestes, entrevista em 11 de setembro de 2021. Ver ainda AN, Fundo CISA – BR DFANBSB VA, documento: br_dfanbsb_vaz_0_0_33490_d0001de0001.

62 Tamoyo Pedreira das Neves, entrevista em 25 de abril de 2016.

o responsável pela Seção de Finanças. O CISA controlava todos os nomes dos militantes que faziam cursos na União Soviética e dos alunos da União Cultural Brasil-URSS, além de monitorar os telefones usados em Brasília para as comunicações com a Executiva, no Rio de Janeiro.

Como dirigia a seção de relações internacionais, Pacato adiantou a Pirilo a decisão do partido de mandar a "Brigada José Montenegro de Lima" à Nicarágua para auxiliar a colheita de café, bem como o projeto da sigla de criar quatro escolas de quadros – Rio de Janeiro, São Paulo, Rio Grande do Sul e Pernambuco. O caso interessou ao militar porque havia sido tratado por Mello com Anatoly Kupricov, da seção de relações exteriores do PCUS, quando o russo participou da festa da *Voz da Unidade*. Kupricov apresentava-se como jornalista do Pravda, órgão oficial do regime soviético. De acordo com Vinícius, os russos se dispuseram a aumentar a ajuda financeira ao PCB – o chamado ouro de Moscou – desde que fossem apresentados projetos concretos e para fins específicos, como as escolas. Por fim, o cachorro contou que os soviéticos haviam alertado o partido no Brasil de que um de seus militantes envolvidos na queda das gráficas nos anos 1970 era um "agente infiltrado". A Executiva teria decidido afastar o suspeito da Seção de Educação do Comitê Estadual de São Paulo, onde ele militava, mas a medida não chegou a ser adotada. Nada disso, porém, foi anotado nas fichas de Mello ou de Givaldo em Moscou.[63]

Com base nesse volume de informações, a confiança de Pirilo no informante cresceu. E a ousadia do militar também. Foi ela que levou o capitão a perguntar a Vinícius se a *Tribuna de Debates* da *Voz da Unidade* publicaria um artigo seu. A *Tribuna* servia para a preparação dos congressos do partido e abrigava artigos de militantes da legenda. "É claro que não, porra!",

63 Ver AN, Fundo CISA - BR DFANBSB VA, documentos: br_dfanbsb_vaz_0_0_29890_d0001de0001 (projeto de constituição do PCB); br_dfanbsb_vaz_0_0_35528_d0001de0001(sobre a infiltração no PCB e sobre Kupricov) e br_dfanbsb_vaz_0_0_28855_d0001de0001 (sobre Antonio Ermírio de Moraes). O homem que os soviéticos acusavam tinha um histórico de críticas aos rumos da União Soviética. Chegou a ser detido algumas horas e interrogado em Moscou naquele ano em razão de suas discordâncias sobre os rumos do socialismo. Quando voltou ao Brasil, ele relatou tudo ao filho, também militante do partido. Ao que tudo indica, diante das críticas do brasileiro, os soviéticos procuraram desqualificá-lo.

respondeu Mello ao controlador. "Eu respondi: 'Vamos experimentar'." Na edição da *Voz* dos dias 13 a 19 de março, o artigo *O PCB se burocratizou* ocupou a página 3 da *Tribuna*. Logo abaixo do título é possível ler o nome do autor: Carlos Azambuja, o pseudônimo que Pirilo adotaria definitivamente nos anos 1990.[64] O texto do militar dizia que, desde a legalização do PCB, "muito pouco ou quase nada foi construído para situá-lo como um verdadeiro partido marxista-leninista". "Os traços gerais que identificam um partido desse tipo e que nos foram legados por Lenin estão ausentes no dia-a-dia de nossa organização." Pirilo puxava a orelha dos dirigentes com uma pregação à esquerda em que reclamava do abandono do centralismo democrático, da solidariedade com os povos em luta "contra regimes policialescos" existentes na América Latina, da luta de classes e da formação de quadros. Enfim, as exigências legais não deviam implicar o abandono de métodos, princípios e critérios leninistas. "Mas, infelizmente, implicaram. O PCB, numa palavra, se burocratizou". Pirilo escreveria outros dois artigos em publicações do PPS. Sempre com olhar à esquerda, reafirmando o que criticava em seus textos no CISA.

Nada disso significava o abandono da principal tarefa dos militares até 1992: mostrar o vínculo político e financeiro do PCB com potências estrangeiras. Exemplo disso são os relatórios mensais do CISA distribuídos aos brigadeiros da FAB em 1986. O de número 4 tinha a seguinte epígrafe: "Na guerra moderna, as nações são derrotadas, antes de o serem pelas armas, pelas ideias". Seu título era: *O Movimento Comunista Internacional, as conferências teóricas e a dependência do Partido Comunista Brasileiro ao PCUS, ou seja, ao Estado Soviético.* Depois de fazer um histórico dos laços do partido com Moscou, Pirilo e seus amigos exibiam os representantes permanentes do partido em Praga, na Revista Internacional, e em Budapeste, nas Federações Mundial da Juventude e Sindical Mundial. Também trataram da presença de Prestes em 1975 na Conferência dos Partidos Comunistas da América Latina e Caribe, realizada em Havana. Importava mostrar que a esquerda ainda mantinha a via armada como possibilidade para alcançar o poder. O PCB era

64 Ver AMORJ-UFRJ. Fundo Hamilton Garcia, série 2. Documentos do Partido. 8.º Congresso -PCB. Voz Debate- Voz da Unidade. São Paulo, 13 a 19 de março de 1987.

caracterizado como dependente ideológica e financeiramente do PCUS, ou seja, subordinado do estado soviético. E listava atividades no exterior mantidas por dirigentes da legenda a partir da anistia, em 1979. Em 1980, eles estiveram presentes em dez eventos internacionais; em 1981, 32 congressos, conferências, encontros e cursos ao redor do mundo; em 1982, foram 28; em 1983, os militares registraram outros 27; em 1984, os comunistas registraram um recorde, com a presença em 56 atividades distintas no exterior, 21 das quais em Moscou, oito em Havana, cinco em Berlim, cinco em Praga e três em Sófia. Em 1985, a lista dos agentes trazia 34 eventos internacionais e, pela primeira vez, 11 no Brasil. Para o CISA, os dados mostravam que a vida orgânica do partido era regulada pelo estatuto do VI Congresso, de 1967, e não pelo entregue em 1985 ao TSE. Eis o texto.

> Burla, portanto, a Justiça Eleitoral. E também, como agora comprovamos, o item III do artigo 52 da Constituição Federal, cuja redação passou a ser o seguinte, em virtude aprovação da Emenda Constitucional nº 2, de 1984, de autoria de um dirigente do próprio PCB, o deputado Roberto Freire: 'É proibida a subordinação dos partidos políticos a entidades ou governos estrangeiros'. Em sua defesa, os comunistas poderão argumentar que não são necessariamente subordinados a Moscou, uma vez que se identificam plenamente e fazem espontaneamente o que mais convém ao Partido Comunista da União Soviética, do qual são dependentes política, ideológica e financeiramente.[65]

Por fim, o relatório difundido ao público interno da Força trazia uma ficha por meio da qual quem recebesse uma das 58 cópias podia avaliar seu conteúdo, sua forma, sua técnica e se a dimensão de sua difusão atendia ou não às necessidades da Aeronáutica. No fim do ano, em novo relatório, o CISA voltou a questionar as viagens de militantes do PCB pelo mundo (98 para 19 países) "realizadas sem ônus para o partido". O mesmo documento trazia, pela primeira vez, no título de um capítulo, a expressão atrás da qual se reuniriam os

65 Ver AN, Fundo Estado-Maior das Forças Armadas - BR DFANBSB 2M, documento BR_DFANBSB_2M_0_0_0027_v_10_d0001de0001.

veteranos dos órgãos de segurança na guerra ideológica dos anos 1990 contra a esquerda: Terrorismo Nunca Mais. O CISA usava o 20º aniversário da bomba no aeroporto de Guararapes, no Recife, em 1966, para atacar a esquerda em resposta ao livro *Brasil: Nunca Mais*. E repetia uma velhacaria: a acusação contra Ricardo Zarattini. A tortura usada pelo Dops de Pernambuco levou à confissão de um preso, que responsabilizava Zarattini, então militante da ALN, pela bomba. Repetido à exaustão, o embuste contado na Justiça Militar se espalhou nas décadas seguintes e encobriu os verdadeiros autores do atentado: um grupo de militantes da Ação Popular.[66] Quando o CISA fez seu relatório, a verdade já era conhecida. Em 1979, Jair Ferreira de Sá, integrante da AP, revelara a autoria do atentado em entrevista ao *Jornal da República*, o que foi confirmado por Duarte Pereira, um dos líderes da organização. Membro da comissão militar da organização, o ex-padre Alípio de Freitas planejou e participou da execução do atentado em que o almirante Nélson Gomes Fernandes e o jornalista Edson Régis de Carvalho morreram e outras 14 pessoas ficaram feridas. Contou com a ajuda de Raimundo Gonçalves Figueiredo. O alvo original era o futuro presidente, o general Artur da Costa e Silva. Informada, a direção da AP condenou o ato e dissolveu os comandos amados paralelos da organização. Raimundo se transferiu para a VAR-Palmares e morreu em 1971 durante um tiroteio com policiais no Recife.[67] Pirilo e seu amigos espalharam a mentira produzida sob tortura. Talvez importasse mais defender a honra dos mágicos que produziam confissões aos borbotões do que saber a verdade na guerra ideológica que passaram a combater. O CISA tinha lado nessa guerra. É o que mostra o relatório quando trata em termos positivos a União Democrática Ruralista (UDR), analisando sua criação como "expressão autêntica da defesa do direito

---

66 Ver AN, Fundo Estado-Maior das Forças Armadas - BR DFANBSB 2M, documento BR_DFANBSB_2M_0_0_0027_v_14_d0001de0001.

67 Para o caso Guararapes, ver o excelente *Combate nas trevas*, de Jacob Gorender, p. 122 e 123. O trabalho de Gorender é dos poucos de autores marxistas elogiados pelos veteranos dos órgãos de segurança. Este autor ouviu elogios de generais como Agnaldo del Nero e Octavio Pereira Costa. *Terrorismo Nunca Mais* foi o nome do site criado pelo coronel Carlos Alberto Brilhante Ustra, ex-comandante do DOI paulista e ex-chefe da Seção de Operações do CIE, que aglutinou por quase duas décadas documentos, artigos e entrevistas produzidos por militares e defensores do regime militar.

da propriedade privada", diante dos planos de reforma agrária do governo e das ações dos sem-terra.

A perspectiva de colocar fora da lei os comunistas e seus movimentos sociais era compartilhada pelo Exército. Ela está presente nos relatórios do general Sérgio de Avellar Coutinho. Em um desses documentos, o general escreveu em 10 de fevereiro de 1989 que o PT buscava seduzir as massas com o discurso do ressentimento e do maniqueísmo. No mês seguinte, ele fez publicar o texto *Partido Comunista Brasileiro, ligações com o movimento comunista internacional* no qual reafirmava os argumentos de Pirilo. Alegava que, desde 1922, a legenda mantinha "intensas ligações com partidos e organizações de frente do MCI". "O conhecimento dessa atividade é dificultado pelo grau de segurança a ela atribuído, pela diversidade de pontos de entrada no país dos militantes que viajam aos países socialistas e pelo deficiente controle realizado pelos órgãos responsáveis." Mesmo assim, o chefe do CIE apontava que em 1988 haviam ocorrido 161 viagens de militantes do PCB para o exterior, 96 das quais para países socialistas (39 para Moscou), além de 14 encontros no Brasil de líderes do partido com representantes de PCs estrangeiros. Pela contabilidade do CIE, só pelas passagens aéreas, os comunistas deveriam pagar R$ 400 mil. O general afirma que, levando-se em conta de que o partido e a maioria dos viajantes não teriam recursos para bancar o gasto, era "provável" que o dinheiro para essas viagens tivesse sua origem no PCUS ou em outras entidades do mundo socialista, o que "caracterizaria dependência financeira do PCB ao MCI". E concluiu: "O que é proibido pela Constituição".[68]

Em 23 de maio de 1986, o então coronel Ênio Pimentel da Silveira, o Doutor Ney, foi encontrado morto na casa que ocupava no Forte Itaipu, na Praia Grande. Um dos mais importantes oficiais da inteligência militar tinha três tiros no corpo. Pirilo contou a Pacato o que aconteceu com o homem que o recrutou em 1974 – esta foi a primeira vez que o cachorro conheceu o nome verdadeiro de um de seus donos. No final do ano, o partido começou a preparar seu VIII Congresso, que seria feito em Brasília, em

68 Ver AN, Fundo Estado-Maior das Forças Armadas – BR DFANBSB 2M, documento BR_DFANBSB_2M_0_0_0044_v_02_d0001de0001.

1987, um ano em que as conversas entre o cachorro e seu controlador se concentraram sobre o evento e produziram mais detalhes sobre as fontes de receita do partido. O CISA sabia que Mello estivera de novo com Anatoly Kupricov, que designou para contatos do PCB com o PCUS no Brasil os jornalistas do Pravda e da agência de notícias Novosti. Em março, Vinícius contaria que a sigla, por meio da Secretaria de Finanças, criara uma Seção de Empreendimentos, sob o controle de Jaime Dick, de Paulo Elisiário e de Marcos Jaimovich. Suas ações eram protegidas por sigilo, como o que envolvia o trabalho militar, o da célula dos aeronautas e o do grupo no Itamaraty. "Havia decisões que nem o Comitê Central ficava sabendo", disse Ivan Pinheiro.[69] Dick era o responsável pela montagem de tradings por meio das quais o partido intermediava negócios com o Bloco Socialista e outros países, como Argentina e Itália. Estudantes de economia eram recrutados para o serviço. Foi com parte da renda de uma dessas operações, que envolvia a venda de fraldas, que o PCB obteve os recursos que faltavam para fazer o congresso. Na mesma época, por sugestão de Hércules Corrêa, a legenda montou uma empresa de informática para cuidar da gestão de sindicatos.[70] A nova seção ocuparia um relatório inteiro preparado por Pirilo no dia 20 de maio de 1987. O capitão buscava informações sobre Roberto Magalhães Dias, um executivo da construtora Odebrecht que serviria de intermediário entre o governo do Movimento Popular de Libertação de Angola (MPLA), a empresa e o partido, cuja direção receberia porcentagem do contrato para a construção da Usina Hidrelétrica de Capanda, um empreendimento em parceria com a estatal soviética Technopromexport e com Furnas. Dick

69 Ivan Pinheiro, entrevista em 26 de janeiro de 2016. Para o trabalho militar, ver AN, Fundo CISA - BR DFANBSB VA, documento br_dfanbsb_vaz_0_0_29123_d0001de0001. O trabalho militar permanecia como preocupação dos órgãos de inteligência, mas citações a ele eram cada vez mais raras, como a encontrada a respeito de Salomão Malina nesse documento. Dizia-se que o secretário-geral, responsável pelos contatos na área, não deixava transpirar nada a respeito dele nas reuniões da Executiva.

70 Luiz Carlos Azedo, entrevista em 5 de janeiro de 2024. Ver ainda AN, Fundo CISA - BR DFANBSB VA, documento br_dfanbsb_vaz_0_0_29386_d0001de0001. Os militares chegaram a desconfiar que a empresa NovaData, que cuidou do trabalho de computação do 8º Congresso, tivesse parte de seu capital controlado pelo PCB (ver documento br_dfanbsb_vaz_0_0_29059_d0001de0001).

também havia montado uma *joint venture* entre os comunistas italianos, uruguaios, brasileiros e angolanos para atuar no comércio exterior entre os três continentes. Em outubro, um acordo de cooperação entre o PCB e o MPLA foi fechado.

Internamente, as disputas voltavam a balançar o partido. Mello relatara que durante o 8º Congresso, entre 17 e 19 de julho, dois nomes indicados pelo Comitê Central para compor a comissão de resolução política foram derrubados pelo plenário: Jarbas de Holanda e Sérgio de Moraes. Para o lugar deles foram eleitos Ivan Pinheiro e Flávio Pacheco de Araújo. O Congresso ungiu Salomão Malina como novo secretário-geral e Roberto Freire como seu vice. A nova direção do partido foi recebida pelo presidente Sarney em 22 de outubro. O PCB tinha então 34 militantes que recebiam salário da Seção de Finanças, o que consumia R$ 142 mil por mês – entre eles estava Vinícius. O partido precisava, segundo o relato de Sérgio Moraes, de R$ 475 mil por mês para funcionar, dos quais 40% seriam destinados à Editora Novos Rumos para sustentar a *Voz da Unidade*. Com tiragem de 16 mil exemplares, a Executiva estimava vender apenas 2 mil deles. As outras despesas estavam relacionadas ao aluguel de um andar na Avenida Presidente Vargas, no Rio de Janeiro, onde estava instalada a sede do partido, e diárias de seus dirigentes em viagens pelo país. Parte das receitas era doada pelo PCUS. Outra viria, segundo relato de Mello ao CISA, da Federação Sindical Mundial, da Revista Internacional e do PSUA, o partido comunista da Alemanha Oriental. Ao todo, o partido receberia cerca de US$ 1 milhão por ano – em valores atualizados, o equivalente a cerca de US$ 350 mil a US$ 400 mil na época. O PCB possuía então uma espécie de reserva estratégica, que, em função do crescimento das despesas por causa da vida legal, estaria perto do esgotamento. Para o CISA, esses números eram a prova, mais uma vez, da ilegalidade do PCB, que, "para sobreviver, depende do auxílio financeiro de partidos estrangeiros, de entidades do MCI e até de Estados constituídos, o que a atual e a futura Constituição proíbem expressamente".[71]

---

71 Em abril de 1988, Moraes, Elisiário e Frati planejavam, segundo o CISA, fazer uma nova viagem a Moscou para resolver o problema de finanças – ver Ver AN, Fundo CISA – BR

Em novembro, Moraes voltou de uma viagem pelo Leste Europeu e pela União Soviética, onde obteve o apoio para a montagem de empresas de comércio exterior a fim de que a legenda recebesse comissão pelos negócios com esses Estados. O chefe das finanças do PCB correu o pires em Moscou quando a cidade estava tomada por 187 delegações de partidos comunistas e de movimentos de libertação nacional de todo o mundo, reunidas para as comemorações do 70º aniversário da Revolução Russa. Malina, que o acompanhava, foi um dos 63 líderes que discursaram no evento. Quando voltaram ao Brasil, o partido continuava a apoiar o governo Sarney, embora considerasse a transição democrática encerrada. As tensões sociais cresceram após o fracasso do Plano Cruzado de estabilização da moeda e o surgimento de entidades como a UDR. Estava claro para o PCB que o caos não lhe interessava, pois ele seria o primeiro a ser atingido, segundo as palavras do senador Jarbas Passarinho (PDS-PA) a Roberto Freire. Entre os 21 integrantes da Executiva, só dois integrantes se diziam favoráveis à legenda apresentar candidato próprio à futura eleição presidencial.[72] A política institucional parecia ganhar racionalidade. Em tempo de reformas na URSS, o discurso da conspiração internacional dos comunistas para dominar o mundo cedia espaço para a tentativa de criação de consenso. No passado, procuram desentocar cada agente de Moscou escondido embaixo da cama das instituições da República. Os órgãos de segurança se valiam de mentiras, como a dos militares assassinados enquanto dormiam, na rebelião de 1935,[73] para reforçar o caráter cruel e traiçoeiro do inimigo. Buscava-se

---

DFANBSB VA, documento br_dfanbsb_vaz_0_0_29652_d0001de0001. Malina substituiu Giocondo Dias, que falecera em 7 de setembro de 1987.

72 Ver AN, Fundo CISA - BR DFANBSB VA, documentos br_dfanbsb_vaz_0_0_29135_d0001de0001 (acordo com Angola), br_dfanbsb_vaz_0_0_33828_d0001de0001 (Odebrecht), br_dfanbsb_vaz_0_0_29059_d0001de0001 (Congresso) br_dfanbsb_vaz_0_0_29132_d0001de0001 (salário dos militantes), br_dfanbsb_vaz_0_0_29650_d0001de0001 (negócios no exterior e Sarney).

73 As mortes no 3º RI durante a insurreição de 1935 foram 2, uma de cada lado. As demais aconteceram pela ação do bombardeio do quartel efetuado pelas tropas do governo, principalmente, no cassino dos oficiais, conforme depoimentos da época. Mas a polícia política resolveu creditá-las à traição comunista. Ver Porto, Bellens. *A Insurreição da ANL em 1935, o relatório Bellens Porto*, p. 30 e 31.

desumanizá-lo para dar a ele o tratamento que as bestas e os criminosos recebem. Os fatos terríveis da fome na Ucrânia, durante a coletivização forçada, com milhões de mortes por inanição levando a casos de canibalismo, foram transformados em peça de propaganda para realçar o comunista como ímpio comedor de criancinhas. A credulidade das pessoas mobilizada para fins políticos por meio do uso de informações falsas ou de natureza conspiratória para demonizar minorias ou opositores apareceu mais uma vez no começo de 1988. Foi quando o PCB ia exibir seu programa de TV, em 22 de fevereiro de 1988. Segundo as informações recebidas por Pirilo, Régis Frati, o chefe da Seção de Agitação e Propaganda, contou que a TV Globo teria cobrado o equivalente a R$ 2,2 milhões para a "montagem do programa". Outras duas empresas se dispuseram a fazer o serviço por R$ 1 milhão. Para financiá-lo, o CISA acreditava que Frati ia buscar um acordo com a Pepsi e com a Antártica a fim de inserir "propaganda subliminar" no programa do partido. O contrato entre as partes estabeleceria que o pagamento fosse feito à Editora Novos Rumos e não ao PCB, para camuflar a operação. A Justiça eleitoral vedava a publicidade durante a propaganda partidária das legendas na TV e nas rádios. Como a ausência das inserções no programa do PCB seria testemunhada por todos, o jeito, para acusar os comunistas de trapaça e reforçar o caráter pérfido do inimigo, era usar uma das mais surradas teorias da conspiração espalhada por conservadores ao redor do mundo, a propaganda subliminar. Havia muito tempo que ela havia sido desmentida pelo próprio autor da pesquisa fraudulenta sobre consumo de refrigerante e pipoca nos cinemas, que deu origem à história. A mesma acusação fora feita antes com o PT, que os militares diziam ter financiado seu programa de TV com publicidade subliminar da Sony.[74]

É possível que Pirilo tenha caído na esparrela dessa teoria da conspiração, mas não seria de todo estranho se algum espertalhão tivesse tentando vender fumaça aos comunistas. O fim dessa história ficou registrado em outro documento do CISA, escrito dez dias depois, no qual Pirilo afirmava ter recebido a informação de que o partido recusou a oferta da Pepsi e da Antártica por

74 Para o uso de propaganda subliminar, ver informe 88/220/CISA-RJ, de 25 de janeiro de 1988, in AN, Fundo CISA - BR DFANBSB VA, documento br_dfanbsb_vaz_0_0_29118_d0001de0001.

temer as consequências legais. Sérgio Moraes teria sido então despachado para a Europa para arrecadar dinheiro a fim de cobrir os gastos com o programa. O PCB alcançou 40 mil filiados no Brasil e buscava mais filiações para obter o registro definitivo na Justiça eleitoral e pôr em ordem suas finanças. Se não era possível obter por meio de Mello todos os detalhes dessa área do partido, Pirilo se virava quando queria voltar à carga para pressionar os chefes a buscar a devolução do partido às sombras da ilegalidade. Sob o titulo *A Ilegalidade de Funcionamento do Partido Comunista Brasileiro (PCB)*, ele escreveu a apreciação de inteligência 54/88/220/AGINT-RJ, de 7 de março de 1988, na qual tentava mostrar como a estrutura do partido ganhara novos nomes apenas para atender às exigências da legislação eleitoral. Ou seja: o Diretório Nacional era apenas um disfarce para o antigo Comitê Central e o Congresso era a Convenção Nacional, argumento usado em documentos por outros órgãos de informações, como o SNI. Pirilo dirigia sua atenção para uma pinimba: o curso de formação do departamento de educação era só uma reedição do curso de quadros da antiga Seção de Educação do CC. E daí? O analista contextualizava a atuação do partido em meio às lutas dos trabalhadores em todo mundo para uma vez mais afirmar a existência nele de "um vínculo com a ação de governos, entidades ou partidos estrangeiros". Ele sugere que o TSE deveria ser provocado para decidir novamente sobre a legalidade da legenda. O sistema de informações queria repetir a manobra que pôs na ilegalidade o partido em maio de 1947, como Pinto deixou claro no documento.

> Tudo isso configura, como em maio de 1947, quando seu registro foi cassado por motivos semelhantes, que o PCB novamente funciona à margem das leis, o que, aliás, em toda a sua existência nunca deixou de ocorrer.[75]

E assim, todos os movimentos do partido, das visitas às embaixadas estrangeiras aos bastidores das negociações para atrair novos parlamentares à legenda, tudo se transformava em motivo para advogar a cassação da sigla. O inconformismo com a democracia e a Nova República se misturavam às

---

75 Ver AN, Fundo CISA - BR DFANBSB VA, documento br_dfanbsb_vaz_0_0_29151_d0001de0001.

alegações concretas de financiamento ilegal do PCB. Até onde ia um e outro é difícil de dizer com base apenas nos relatórios de Pirilo e de Mello. Retratar as preocupações do 1º secretário da embaixada soviética, Felix Mikhailovitch Potapov, de que o partido podia ser vítima de alguma manobra jurídica para impedir seu registro definitivo é pouco para confirmar as teses de Pirilo, apesar do que ele pretendeu. O fato de o russo acompanhar o processo constituinte do país era o que se esperava de um diplomata que devia manter seu governo informado. Até porque nem tudo era água e rosas entre o partido brasileiro e os russos naqueles tempos. Durante uma recepção na embaixada soviética, em razão do 70º aniversário da revolução, Malina puxou Francisco Inácio Almeida e Caetano Araújo, os dirigentes do partido que o acompanhavam, e, rispidamente, ordenou: "Vamos sair daqui sem nos despedir". Malina havia identificado entre os presentes um velho conhecido: Adauto, o agente Carlos, cooptado pela CIA e figura central da Operação Sombra. Despachou no dia seguinte Caetano à embaixada da URSS com a orientação de dizer aos soviéticos que, sem uma explicação convincente, as relações entre o PCB e o PCUS estariam em risco. Caetano ouviu do russo que o atendeu a informação de que Adauto prestara serviços relevantes à causa comunista. O enviado de Malina deixou a embaixada com a certeza de que Carlos era um agente duplo, infiltrado pela KGB na CIA.[76]

No fim do ano, o partido começou a se distanciar de Sarney e atingiu 60 mil filiados, dos quais 22 mil em São Paulo – 9 mil na capital – e 2 mil no Rio de Janeiro. E decidiu não enviar ao TSE as fichas de filiações dos trabalhadores em grandes empresas, como a Volkswagen (110), a Fiat (40) e outras montadoras a fim de evitar represálias das direções das companhias contra os trabalhadores. O cuidado do partido, relatado por Mello, era interpretado pelo CISA como criação de uma dupla estrutura, como na época da clandestinidade. Por fim, o PCB começou a preparar o programa econômico que a legenda deveria propor na eleição presidencial de 1989. Uma comissão de economistas foi encarregada de redigir o documento "para tirar o país da crise" após o fracasso dos planos de estabilização da moeda no governo Sarney.

76 Ver Silva, Eumano. *Longa Jornada até a democracia, os 100 anos do partidão* – 1922-2022, volume II, p. 737 e 738.

Mello participava da comissão que devia redigir o documento com a ajuda de economistas como Edmílson Costa, descrito como "muito amigo e influenciado por Francisco de Oliveira, do Cebrap", Raul de Mattos Paixão Cunha e outros. No mês seguinte, o informante entregou aos militares o Plano de Trabalho do CC, que previa chegar a 300 mil filiados até 31 de dezembro de 1988 – o que nunca foi alcançado. O documento de 11 páginas fora elaborado por Givaldo Siqueira, secretário de organização do partido.[77]

Uma onda de transformações sacudia então a sociedade soviética. Quando Francisco Almeida voltou de Moscou com a notícia surpreendente de que, segundo Serguei Semionov, diretor do Departamento da América Latina do Instituto de Ciências Sociais da Escola de Quadros em Moscou, o estabelecimento seria aberto a membros de partidos socialistas, social-democratas, pacifistas, verdes, acabando, assim, a exclusividade dos PCs para indicar os alunos à escola, o capitão Antônio Pinto abstraiu a informação e deixou de perceber o alcance da mudança. Registrou apenas o surrado comentário sobre o curso ser bancado pelos soviéticos.[78] Como a Carolina da música, o tempo passou na janela e só Pirilo não viu. Em 13 de dezembro, o militar registrou o balanço de seu trabalho em 1988. Escreveu que o ano terminava com 27 integrantes da direção da legenda viajando por 46 países. A Executiva se reunira 11 vezes por 16 dias e o CC, duas vezes durante 4 dias. Pirilo encontrou-se 21 vezes com Mello, o que lhe permitiu produzir 39 documentos para seus chefes entre informes (34), informação (1), apreciação (1) e telex (2). Em sua prestação de contas, ele anotou ter gastado o equivalente a R$ 33 mil com o aluguel da sala no edifício Santos Vahlis, onde encontrava seu cachorro. O documento que expunha esses dados também trazia o nome da ação que permitiu ao CISA vigiar o PCB a partir do coração de sua direção como nunca ocorrera antes por tanto tempo: era a Operação Pão de Açúcar.[79]

77 Ver AN, Fundo CISA - BR DFANBSB VA, documento br_dfanbsb_vaz_0_0_28815_d0001de0001.

78 Ver AN, Fundo CISA - BR DFANBSB VA, documento br_dfanbsb_vaz_0_0_29892_d0001de0001.

79 Ver AN, Fundo CISA - BR DFANBSB VA, documentos br_dfanbsb_vaz_0_0_28873_d0001de0001 e br_dfanbsb_vaz_0_0_34756_d0001de0001.

8 ATÉ A MORTE

Al Capone e a Nova República

Com o passar do tempo, toda guerra provoca cansaço e indiferença. O absurdo se mistura à paisagem e aos afazeres diários, como na poesia de Guillaume Apollinaire, ele mesmo engajado na artilharia francesa de 1914. Em um verso de seus *Calligrammes*, o francês explicou a transformação de seu mundo: "*Car on a poussé très loin durant cette guerre l'art de l'invisibilité*". Eis que se levou longe demais a arte da invisibilidade. Pouco a pouco, o horror da guerra parece normal e invisível à sensibilidade de todos. É assim que a vertigem da história faz o obus da artilharia ter a cor da lua. E, dessa forma, atenuada, torna-se plausível não mais distinguir onde estão a verdade e a legalidade. Lealdade e traição ficam indistintas onde tudo é esquecimento, pois não há mais razão para a palavra, esse instrumento da memória.

Quando o muro de Berlim desmoronou e arrastou consigo o Pacto de Varsóvia, os mágicos dos serviços de informações e seus cachorros acharam que bastava mudar a finalidade de seu trabalho para que ninguém mais indagasse sobre os meios usados até então. Mas o passado reencontra seu caminho como o velho obus esquecido nos campos de batalha. Volta e meia ressurge intacta uma dessas bombas escondidas na paisagem. Tudo então fica suspenso, a vida no lugar é congelada, até que o explosivo seja desarmado. A história de Mello escondia vários desses artefatos que a redemocratização e a cidadania não haviam desmontado no Brasil, dos desaparecidos do partido ao comportamento dos serviços militares na Nova República. A arte da invisibilidade foi longe demais. Mas podia ter durado menos, se os relâmpagos da artilharia tivessem sido observados. E eles foram vários. O primeiro bateu na porta do Comitê Central em 1987. Foi quando Jairo Araújo Régis procurou a Executiva do partido com uma denúncia sem que ninguém lhe desse ouvidos. Régis era da direção da sigla no Espírito Santo. "O Nelson Mendes, que era o marqueteiro em Vitória, começou a trabalhar com a gente na campanha do Max Mauro (*eleito governador pelo PMDB, em 1986*). Em 1987, ele trouxe uma fita cassete em que a gente ouvia perfeitamente a voz do Mello passando informações para uma figura que – nos foi dito pelo Nelson – era o coronel Perdigão", contou Dionary Sarmento Régis, viúva de Jairo. Perdigão, o Doutor Flávio, gravou Vinícius dizendo que Régis não tinha chance de ser candidato. "E passou a informação ao Nelson".[1] O casal de comunistas ouviu a fita e consultou colegas do partido no estado antes de Régis levar a gravação à direção no Rio de Janeiro. Givaldo Siqueira foi quem recebeu a fita. O partido montou uma comissão com Dias, Malina e Almir Neves. "Eles ficaram de estudar." A resposta foi que se tratava de contrainformação, que Mello salvara a vida de muitos, o que retirava qualquer credibilidade da gravação. Não se preocuparam em saber quem era o Doutor Flávio da fita. "O Hércules cansou de levantar que o rapaz era informante do SNI", contou Dyonari. O marido dela não guardou cópia da gravação, pois morria de medo de prejudicar o partido. Mello alegou que, quando foi abordado pela CIA nos anos 1960, avisou o partido. Era assunto conhecido e esclarecido.

Os militares chamavam o trabalho com Mello de Operação Pão de Açúcar por uma razão simples: por meio dele, tinham "a melhor vista do partido". Em janeiro de 1989, recomeçou a rotina de encontros no Santos Vahlis com Mello contando sobre viagens para a Hungria e para a URSS, além da busca desesperada do partido por recursos, à medida que o terremoto se aproximava dos regimes comunistas. Uma piada comum em Moscou nesses dias de espera nos

---

1 Dyonari Sarmento Régis, entrevista em 4 de abril de 2016. Ver ainda Expedito Filho, "Os sei minutos", in *Veja*, edição de 10 de junho de 1992.

mercados pela falta de produtos básicos tratava de um moscovita que deixou o lugar na fila e disse em voz alta que ia ao Kremlin bater em Gorbachov. Duas horas depois, quando retornou em silêncio, o homem foi questionado. "E aí, bateu nele?". "Não. Desisti. A fila lá está maior do que essa aqui...". No fim do ano, o muro de Berlim cairia e se iniciariam as tratativas para a reunificação da Alemanha. Um a um os partidos comunistas foram apeados do poder no Leste Europeu. Sobrava a URSS, cada vez mais corroída pelas rebeliões nas repúblicas bálticas e no Cáucaso. Em 7 de março de 1990, Luiz Carlos Prestes morreu. "Dele se pode e se deve dizer, neste momento em que desaparece juntamente com o mundo em que acreditou, que foi dos poucos homens que tiveram em suas mãos a oportunidade de mudar os destinos do País – e desprezou a dádiva que a História lhe fazia, sacrificando tudo em aras de um ideal abstrato, já na época sem aderência à realidade concreta brasileira", afirmava o editorial de quase uma página dedicado ao Cavaleiro da Esperança por *O Estado de S. Paulo*, escrito por Oliveiros S. Ferreira. No dia anterior, por 350 votos a três, o Soviete Supremo da União Soviética aprovara a volta da propriedade privada individual no País. A partir de julho, os russos poderiam abrir empresas, fábricas e contratar trabalhadores. Um mês antes, o Comitê Central do PCUS havia aprovado a retirada do artigo 6º da Constituição soviética, que garantia o monopólio do poder ao partido. A partir de então, ele teria de disputar as eleições como qualquer outra agremiação. A transformação do mundo arrastaria Mello e Pirilo sem que se dessem conta. O Brasil elegera como presidente em 1989 o direitista Fernando Collor de Mello, que derrotara em 1989 a coalizão de esquerda de Luiz Inácio Lula da Silva (PT) – Freire, o candidato do PCB, recebera apenas 1,14% dos votos. De surpresa, Collor decidiu acabar com o Serviço Nacional de Informações (SNI), retirando das mãos de militares um arquivo gigantesco, que seria mais tarde colocado à disposição de pesquisadores. Em São Paulo, uma medida administrativa em abril de 1991 do governador Luiz Antonio Fleury Filho obrigou a volta à PM de 82 praças e 2 oficiais que trabalhavam com o Exército, desfazendo a Casa da Vovó, o condomínio criado em 1969 que ficou conhecido pelas siglas OBAN e DOI.[2] A velha comunidade de

---

2 Para o fim do DOI, ver Godoy, Marcelo. *A Casa da Vovó*, p. 523 a 525. Francisco Profício, entrevista em 29 de julho de 2004.

informações definhava ao mesmo tempo em que o socialismo real e parecia tornar o destino de homens como Pirilo e Mello semelhante ao das estátuas dos líderes comunistas nas praças dos países do Pacto de Varsóvia: as que não foram derrubadas deviam sua sobrevida ao esquecimento e à irrelevância a que foram condenadas.

No partido, desde o fim dos anos 1980, formou-se uma corrente em torno de Roberto Freire, que assumiu a democracia como valor universal e pensava nas transformações sociais por meio do poder local, onde a participação da população seria cada vez mais organizada, intensa e profunda. Era como se os reformistas do início dos anos 1980 tivessem tomado conta da legenda para construir a futura participação na política em cima dos escombros da velha ordem socialista. Na Itália, o maior partido comunista do Ocidente começou em 1989 o caminho que o levou, em fevereiro de 1991, ao abandono da foice e do martelo e à transformação do PCI em Partido Democrático da Esquerda (PDS, na sigla em italiano). Uma minoria – cerca de 30% do partido – se opôs e criaria em dezembro a Rifondazione Comunista, recuperando nome e símbolos do velho PCI. O processo italiano serviria de inspiração a Freire, que acompanhou os congressos de Bolonha e de Rimini.[3] O partido brasileiro também faria dois congressos para mudar o nome, o programa e a imagem. E, assim como na Itália, haveria resistência.

Entre 30 de maio e 2 de junho de 1991, os delegados do IX Congresso se encontraram no campus da Universidade Estadual do Rio de Janeiro (UERJ). Pouco antes, o jornalista Luiz Carlos Azedo testemunhou no dia 1º de maio, em plena Praça Vermelha, a multidão vaiar o secretário-geral do PCUS. A URSS estava morta. Faltava apenas o enterro. Ele começou em 19 de agosto de 1991, quando Mikhail Sergueievitch Gorbachov apanhou o telefone para falar com alguém em Moscou que lhe dissesse o que queriam os visitantes do partido que o procuravam em sua casa, em Foros, na Criméia, onde passava férias. Ele, que não esperava ninguém, nem costumava receber visitantes inesperados,

---

3 Roberto Freire, entrevista em 22 de agosto de 2018. Em seu X Congresso, Freire propôs que o partido adotasse, como na Itália, o nome Partido Democrático de Esquerda. A proposta obteve 38% dos votos dos delegados, sendo derrotada pela que defendia o nome Partido Popular Socialista (PPS), que seria mantido por 30 anos.

surpreendeu-se ainda mais quando percebeu que o telefone estava mudo. A comissão então chegou. Era formada por dois membros do Politburo, um representante da indústria militar, um assistente pessoal do *gensek* e um oficial do exército. O grupo anunciou que Mikhail Sergueievitch estava preso. À nação, os golpistas disseram que ele havia sido afastado por razões de saúde. Carros de combate foram despachados para o centro de Moscou e cercaram o parlamento russo. Queriam prender o presidente da Federação Russa, uma das repúblicas da URSS, Boris Yeltsin. Mas ele conseguiu se entrincheirar com seus simpatizantes no prédio, um erro que seria fatal para os golpistas. A indecisão em usar a força para esmagar seus adversários – como fizeram os comunistas chineses dois anos antes na Praça da Paz Celestial, em Pequim – aos poucos foi levando a população de Moscou a se juntar aos reformistas cercados e a derrubar símbolos do velho regime, como a estátua do fundador da KGB, Felix Dzerjinsky. No dia 21, as tripulações dos tanques passaram a confraternizar com os manifestantes. O poder passou das mãos dos golpistas para as de Yeltsin, que subiu em um T-72 para discursar em frente ao parlamento. Libertado e trazido de volta a Moscou no dia 21, Gorbachov concordou em dividir o poder com Yeltsin. Dois dias depois, o partido comunista teve suas atividades suspensas sob a justificativa de que a medida visava a evitar embaraços às investigações sobre o golpe. No dia 24, os bens da legenda foram confiscados ao mesmo tempo em que sete repúblicas, entre as quais os Países Bálticos e a Ucrânia, declaravam independência. A bandeira vermelha foi retirada do Kremlin, sendo substituída pela bandeira russa branca, azul e vermelha, abolida pelos bolcheviques em 1917. Era o fim da União Soviética.

Pouco antes desse terremoto, o partido brasileiro fez seu IX Congresso. Pela primeira vez, não filiados poderiam comparecer e votar na reunião, mas apenas sobre as teses políticas. Pirilo foi ao congresso "descaracterizado, levado pelo agente Vinícius", com quem se encontrava nos intervalos das reuniões. Mello era pontual – nunca faltou a um encontro com seu controlador. "Aprendi muito nas conversas com Mello, embora ele não tenha ideia de que foi meu professor".[4] O partido se dividiu em duas grandes

4 Antônio Pinto, entrevista em 9 de fevereiro, 12 de dezembro e 13 de dezembro de 2015.

correntes. A primeira - Socialismo e Democracia - era encabeçada por Freire e Malina e buscava seguir o caminho do PCI. Defendia que a democracia era um valor universal e não devia ser tratada como mero instrumento para a execução do projeto revolucionário de mudança social. Diante do que consideravam o fracasso do socialismo real, não admitiam a adoção de um novo modelo-guia e defendiam a elaboração de um projeto alternativo, um partido pluralista. A revolução seria feita por meio de uma radicalidade democrática. A outra corrente era liderada pelo arquiteto Oscar Niemeyer e se intitulava Fomos, Somos e Seremos Comunistas. O grupo defendia as concepções originais de Marx, Engels e Lenin e não aceitava o fim do centralismo democrático, o fracasso do socialismo real ou restringir a luta de classes ao reformismo social-democrata. Era preciso combinar reforma e revolução, mantendo o primado do revolucionário como tarefa fundamental do partido. Por fim, havia um grupo menor, reunido em torno de lideranças do Comitê Regional gaúcho, que defendia uma proposta intermediária que preservasse os símbolos do partido. A chapa de Freire obteve 336 dos votos (53%) e elegeu 38 integrantes do CC ante 254 para a de Niemeyer (36,5%), que obteve 26 representantes no órgão. A terceira chapa, a dos gaúchos de Domingos Todero, reuniu 45 votos (10,5%), tendo direito a sete assentos na direção.[5] Freire foi eleito secretário-geral em substituição a Malina. "O que teve mais peso (*no congresso*) foi o desmoronamento do socialismo real", disse Pinheiro. Era a primeira vez que chapas distintas concorriam no partido. "Não esperavam que a gente (*oposição*) tivesse tanta força".[6] Dividido, o partido adiou as mudanças defendidas por Freire para um congresso extraordinário, que se reuniria em 25 e 26 de janeiro de 1992, em São Paulo. Pirilo e seus amigos estimavam: "A mudança não será aceita pelas bases do partido, segundo a análise desta Agência (CISA), e o Congresso trará ao PCB fraturas irremediáveis".[7]

5 Ver Pandolfi, Dulce. *Camaradas e Companheiros, história e memória do PCB*, p. 238 a 242. E Silva, Eumano. *Longa Jornada até a democracia, os 100 anos do partidão - 1922-2022*, volume II, p. 759 a 772.

6 Ivan Pinheiro, entrevista em 26 de janeiro de 2016.

7 Ver AN, Fundo CISA - BR DFANBSB VA, documento br_dfanbsb_vaz_0_0_39160_d0001de0001.

X CONGRESSO. Pirilo foi à capital paulista acompanhar o X Congresso. Foi recebido pelo tenente-coronel João Noronha Neto, o Doutor Nilo, que o levou em seu carro até lá. Quando chegaram à porta do Teatro Zaccaro, na Bixiga, foram interpelados por Givaldo Siqueira, que lhes perguntou se eles eram militantes. A dupla respondeu que não, mas afirmou estar interessada em participar, pois o partido anunciara que o congresso seria aberto a todos, comunistas e não-comunistas, pois a legenda iria sofrer mudanças. "Dissemos que nós éramos favoráveis a isso, e ele não teve alternativa se não a de nos deixar entrar".[8] Lá dentro encontraram outro oficial do CIE. Pirilo estava hospedado no complexo do Cambuci, onde ficava alojada a companhia de informações do Comando Militar do Sudeste, o órgão que sucedera o DOI e a SOP. Ele testemunhou quando o grupo de Niemeyer, sob a liderança de Ivan Pinheiro, retirou-se do plenário, sob a alegação de que o congresso não era legítimo e rumou a pé até um colégio nas redondezas, onde se reuniu com a proposta de refundar o partido em torno do mesmo nome e símbolos, enquanto a corrente majoritária aprovava as mudanças. Pirilo e seus amigos estavam nos fundos do teatro – nenhum deles acompanhou o grupo dissidente até o colégio. "Votei no Comitê Central que foi eleito, levantando o braço", contou.[9] Durante o evento, Mello e seu controlador trocaram olhares. No recinto, todos aguardavam o racha. Conta Armando Sampaio:

> **A retirada do pessoal do Ivan já era esperada?**
> Sim. Eles já sabiam que iam perder a votação e sempre defenderam o centralismo democrático, então, como iam fazer para que a minoria não se submetesse à maioria? Saíram

8 Antônio Pinto, entrevista em 31 de janeiro de 2016.

9 Antônio Pinto, entrevistas em 13, 14 e 15 de dezembro e 31 de janeiro. "Esse congresso (...) envergonha os nove congressos que o partido realizou até hoje, porque é um congresso que não tem nem sequer discussão política, não teve tribuna de debates e o congresso foi aberto aos não-filiados", disse Ivan Pinheiro antes de se retirar do teatro. Após a reunião no Colégio Roosevelt, em São Paulo, e uma Conferência Nacional de Reorganização do PCB, o grupo liderado por Ivan Pinheiro organizou, entre 25 e 28 de março de 1993, um outro X Congresso. Decidiram manter o nome e os símbolos do partido e obtiveram na Justiça Eleitoral o registro da sigla PCB, que hoje tem como secretário-geral o economista Edmilson Costa. O CISA estimava em 30% o total de militantes que rompeu com o PPS e decidiu refundar o PCB, ver AN, Fundo CISA, documento br_dfanbsb_vaz_0_0_37564_d0001de0001, de 2 de julho de 1992.

porque ali eles que eram os bolcheviques. Na cabeça deles, eles eram a maioria.[10]

Eleito novo secretário-geral, Freire se viu às voltas com uma crise imediata: como pagar as despesas do partido. A crise era resultado direto do fim da ajuda financeira do PCUS e de outros partidos do Leste Europeu enviada ao Brasil e dos custos crescentes do partido com sua legalização. Em janeiro de 1990, o embaixador soviético, Leonid Kuzmin, convocou Salomão Malina para um almoço na sede da missão diplomática em Brasília e informou que o PCUS, em razão da reestruturação econômica da URSS, ia suspender a ajuda fraterna ao PCB. O CISA estimava em cerca de US$ 400 mil anuais, o equivalente hoje a cerca de US$ 1 milhão por ano ou cerca R$ 5 milhões.[11] Nessa conta não estavam incluídas as passagens aéreas para viagens de militantes, além de cursos e hospedagens na União Soviética. O centro estimava que o partido gastava então USS 37 mil por mês (US$ 91 mil atuais) para pagar os aluguéis das sedes do Rio de Janeiro e de São Paulo, além das edições da *Voz da Unidade* (semanal) e da revista *Novos Rumos* (mensal). O dinheiro seria trazido em mãos ao Brasil de forma parcelada por integrantes da Secretaria de Finanças. Pelo balanço do CISA, o partido teria gastado US$ 80 mil (US$ 200 mil atuais) para organizar seu VIII Congresso. A direção da legenda sempre negou que a ajuda externa tivesse essa amplitude. Diziam que ela era limitada a viagens e tratamentos médicos. O grosso das receitas do PCB viria da seção de empreendimentos, principalmente, com o comércio exterior.

O que se sabe é que os recursos para o partido começaram a minguar em 1987. Naquele ano, Régis Frati viajou à URSS e, em um almoço na Geórgia,

---

10 Armando Sampaio, entrevista em 17 de fevereiro de 2017.

11 Ver AN Fundo: Secretaria de Assuntos Estratégicos da Presidência da República – BR DFANBSB H4, documento br_dfanbsb_h4_txt_cex_1152_d0001de0001 e FUNDO Centro de Informações de Segurança da Aeronáutica, documento br_dfanbsb_vaz_0_0_31393_d0001de0001. Quase três anos depois do informe interno feito por Pirilo, o jornal russo Komsomolskaya Pravda divulgou reportagem na qual afirmava que a ajuda do PCUS ao PCB era de US$ 400 mil, enquanto o PC português recebia US$ 1 milhão e o grego US$ 900 mil. A ajuda englobaria partidos de pelo menos 45 países (ver "PCB teve US$ 400 mil de Moscou, diz jornal", in *Folha de S. Paulo*, 8 de abril de 1992).

ouviu do ministro das relações exteriores da URSS, Eduard Shevardnadze: "A nossa situação chega próxima de ser desesperadora. Ou Gorbachov consegue dar a volta por cima ou isso aqui tudo vai acabar".[12] Pouco antes de deixar a chefia das Finanças do PCB, Sérgio Moraes apresentou um plano audacioso: reduzir em quase dois terços o total de militantes pagos pela legenda. A *Voz da Unidade* deixaria de ser semanal para se transformar em mensal. Nem assim ela se manteve. Faltava dinheiro para pagar o aluguel da sede do PCB e até mesmo para a manutenção do acervo. As críticas a Freire se avolumaram. Antes do congresso, Givaldo Siqueira, em nome da direção do partido, pediu o registro no Instituto Nacional de Propriedade Industrial (INPI) do símbolo, da sigla e do nome. Os ortodoxos aglutinados em torno do Movimento Nacional de Defesa do PCB reagiram à tentativa. O partido afundava. Fora despejado do 9º andar da Avenida Presidente Vargas, no centro, para se instalar em uma casa no bairro da Saúde, no Rio de Janeiro. A agremiação estava inadimplente fazia dois meses e meio. A dívida com o aluguel e o condomínio chegara a cerca de R$ 20 mil (valores atualizados). Roberto Percinoto, ex-presidente do sindicato dos bancários do Rio de Janeiro, era o fiador do imóvel. Para saldar o débito, Mello contou a Pirilo que o então governador do Ceará, Ciro Gomes (PSDB), repassou o montante necessário à legenda.

Em 17 de dezembro, foi a vez de Freire ir à sede da TV Globo, no Jardim Botânico, para assinar um termo de cooperação técnica entre o partido e a Fundação Roberto Marinho. O objetivo era preservar o acervo da legenda. Ao sair do prédio, o deputado era esperado por militantes que lhe atiraram moedas, acusando-o de ser "agente da CIA", e de estar na "folha do Marinho". O parlamentar ficou indignado. "Foi um processo de luta interna para valer. Eu era chamado de tudo, de liquidacionista, que vendi o acervo do partido à Fundação Roberto Marinho... Ela financiou o projeto de preservação, mas não ficou com nada do acervo, que ficou sob a custódia do Arquivo Edgar Leuenroth, da Unicamp".[13]

---

12 Régis Frati, entrevista à Fundação Astrojildo Pereira, arquivo MVI_5480.MOV.

13 Roberto Freire, entrevista em 22 de agosto de 2016. Ver ainda Fundo CISA - BR DFANBSB VA, documento br_dfanbsb_vaz_0_0_29022_d0001de0001. Segundo Pirilo, os empreendimentos do PCB eram cerca de 150, todos deficitários.

O CISA – então renomeado como Secretaria de Inteligência da Aeronáutica (Secint) – preparou relatório enviado a outras agências em que lembrava que sempre opinou que se usasse contra a sigla a mesma tática utilizada contra Al Capone, enjaulado por trapacear o fisco americano. De "forma indolor, administrativa, uma ação de rotina poderia desmantelar o PCB por meio do acompanhamento das movimentações financeiras e das fontes de renda dos dirigentes partidários e dos empreendimentos abertos pelo partido nos anos 1980". E Pirilo concluía: "Por motivos sobre os quais não cabe a esta Agência especular, isso nunca foi feito, tornando possível que essa ajuda fraternal ilegal, pois proibida pela Constituição, se transformasse durante toda a década de 80 um fator de força para o PCB". Freire nega até hoje a existência do ouro de Moscou. Ele tinha ciência de que os militares buscavam incessantemente uma prova. "Até porque, se descobrissem, ia justificar a cassação dos comunistas, como agentes de Moscou".[14]

Se o dinheiro soviético era uma lenda, alguém deveria explicar a razão da crise que tomou conta da legenda com a queda do socialismo real. Se a Seção de Empreendimentos era tão eficiente, o que a fez desmoronar? Se os bens do partido estavam registrados em nome de pessoas de confiança, o que teria feito a legenda empobrecer de uma hora para outra? O colapso do socialismo enriqueceu alguém no momento do desmonte, assim como fez na URSS? Havia muitas suspeitas em Pirilo, e a comparação com Al Capone não se referia apenas ao método policial; o agente do CISA buscava lançar o anátema da corrupção nos comunistas ao distribuir sua análise a toda a comunidade de informações – até a Secretaria de Assuntos Estratégicos da Presidência da República recebeu um exemplar do informe.[15] O discurso do combate à corrupção, ao enriquecimento ilícito e à lavagem de dinheiro despontava como uma nova arma no combate aos "comunistas". Em breve, ela assumiria um papel central na luta dos guerreiros ideológicos contra a esquerda e seus governos.

---

14 Roberto Freire, entrevista em 22 de agosto dde 2016.

15 Ver AN Fundo CISA, documento br_dfanbsb_vaz_0_0_31393_d0001de0001.

A Operação Pão de Açúcar parecia se encaminhar para o fim. Vinícius ganhava uma gratificação mensal paga com a verba secreta do CISA. O valor é controverso. Na memória de Mello, ela seria equivalente a R$ 100, em 1994, cerca de US$ 100. Pinto disse que era mais, mas não muito. O valor chegaria a US$ 200, cerca de US$ 400 atuais ou R$ 2 mil. Pacato recebia ainda do chamado Socorro Vermelho, a ajuda mantida pelo partido para uns poucos militantes, após a derrocada do socialismo real. Aos 75 anos, porém, quase tudo desmoronou quando a edição da *Veja* de 20 de maio de 1992 trouxe a reportagem *Anatomia da Sombra*, sobre informantes do CIE que recebiam salário e assinavam contrato para delatar companheiros. Entre os citados estava Mello. O repórter Expedito Filho ouviu em sigilo durante meses o sargento Marival Chaves, que trabalhara no DOI de São Paulo e conhecera o Doutor Ney. Era o primeiro agente a delatar seus segredos. Esta pesquisa entrevistou oito militares e policiais que trabalharam com Marival – os agentes Neuza, Alemão, Fábio, Pedro Aldeia, Cartucheira, José, Chico e Toninho. Nenhum chamou o sargento de mentiroso; apenas de traidor. Sobre ele, Pirilo disse: "O Marival cuspiu no prato em que comeu. Um reles traidor de sua Força e de seus companheiros. Se não estava contente em trabalhar num órgão de Inteligência, que pedisse transferência".[16]

A primeira reportagem de Expedito não revelava a fonte das informações. A parte dedicada a Mello trazia o título *Na Cabeça do PCB*. Pacato dizia que só havia sido preso uma vez na vida, em 1935, e refutava a acusação de ter permitido ao Exército prender e desarticular a cúpula do partido. A reação do PPS foi imediata. Ninguém comprou a versão de Marival. Entre a palavra do "torturador" e a do "companheiro", a direção nacional do partido, que estava reunida em Brasília, ficou com Mello e produziu uma nota de repúdio, conseguindo que a revista a publicasse na edição seguinte. O CISA registrou o desenlace do caso no informe 101/92/220. E tudo parecia esquecido quando a revista voltou à carga, em 18 de novembro. Desta vez, o sargento Marival saiu da sombra e concordou em assumir tudo o que dissera. Apontava a delação de Mello como o centro da operação que provocou

16 Antônio Pinto, entrevista em 2 de dezembro de 2015.

a morte de dez dirigentes comunistas entre 1974 e 1975. Vinícius mais uma vez negou tudo e foi defendido outra vez pelos companheiros. Nos anos seguintes, toda vez que a denúncia reaparecia, o descrédito era o mesmo. Mello continuou infenso ao depoimento de Marival. E dedurando os amigos. Em uma dessas vezes, o agente Vinícius, mesmo já aposentado, entregou a iniciativa de dois companheiros que foram entrevistá-lo em busca de informações sobre o desaparecimento de José Montenegro Lima.[17] Parecia confirmar o que Pirilo dissera sobre seus informantes: nenhum deles permanecera comunista.

FIM. A carreira de Antônio Pinto na Agência Rio de Janeiro do CISA também se aproximava do fim em 1992. Três anos antes, em plena campanha eleitoral, ele escrevera uma carta para a *Tribuna da Imprensa*. Acrescentara os nomes Ilich e Sanches ao Carlos Azambuja e, assim, assinou o texto publicado pelo jornal carioca sob o título *Programa*. Dizia dirigir sua carta aos empresários que ouviram "embasbacados" Roberto Freire, então candidato do PCB à presidência, na Federação do Comércio. "Recordo aos senhores empresários a leitura do documento *Elementos Básicos de Organização*, aprovado no 8º Congresso do partido do sr Roberto Freire: 'O PCB é um partido marxista-leninista com tudo o que isso implica nos planos teórico, doutrinário e ideológico'. Não me consta que um militante, mesmo dirigente, tenha poderes para alterar ou revogar uma decisão de um congresso".[18]

Em julho de 1995, o capitão reformado – ele passara à reserva em dezembro de 1979, após 28 anos de serviço ativo, mas fora mantido sob contrato no órgão – deixou definitivamente o CISA. O homem que entrou na FAB em 1951 e foi promovido a capitão em 1970, terminava sua carreira de 28 anos, iniciada em julho de 1967, no serviço secreto da Aeronáutica. Era o mais longevo dos oficiais do centro. Pirilo fez um discurso para os colegas.

---

17 Eram o jornalista Vicente Dianezi Filho e o sindicalista Álvaro Egea, que estavam fazendo a pesquisa para o livro *Magrão, exemplo de militante*. Para a exposição do caso Mello, ver "Anatomia da Sombra", in *Veja*, edição de 20 de maio de 1992, p. 40 a 45; "Autopsia da Sombra", in *Veja*, edição de 18 de novembro de 1992, p. 20 a 32 e "Seis Minutos", in *Veja*, edição de 10 de junho de 1992.

18 Antônio Pinto, entrevista em 10 de julho de 2016. Ver ainda CEDEM, IAP-PCB, Caixa 16N.

> Sou testemunha de um período importante da história do Brasil. Um período em que um punhado de companheiros - entre os quais, orgulhosamente, me incluo - que nada reivindicam, nem mesmo compreensão, tiraram o país da anarquia, erradicaram o terrorismo, os sequestros de diplomatas e de aviões, e as guerrilhas urbana e rural. Tudo isso aconteceu não sem sangue, suor e lágrimas e não sem que reputações fossem manchadas e carreiras abreviadas (...). A vivência e o trabalho continuado me ensinaram uma sutileza que um homem de inteligência deve sempre ter presente: um documento de inteligência não deve limitar-se a informar, mas produzir efeitos. O trabalho de um homem de inteligência é semelhante ao de um casamento feliz. Não devemos esperar lances extraordinários, como alguns poderão desejar ou imaginar. Tudo é rotina. Foi o que aprendi na Inteligência da Força Aérea.[19]

Naquele mesmo mês de 1995, Pirilo telefonou para Mello. Marcaram um encontro e, como sempre, o agente Vinícius foi pontual. O militar lhe disse: "Você está precisando desses cem reais? Porque a gente está precisando muito do dinheiro". O cachorro contou que respondeu: "Não tem importância, você sabe que comigo não tem importância. E aí parou a coisa." Ficariam então anos sem se ver. A presidência de Fernando Henrique Cardoso mal começara quando a Operação Pão de Açúcar foi encerrada. Em 15 anos, ela consumiu cerca de R$ 1 milhão da verba secreta do CISA e por mais de um década funcionou sem que os quatro primeiros presidentes civis da Nova República tivessem conhecimento de sua existência, como símbolo da permanência da autonomia do aparato de inteligência militar diante da ausência do controle civil objetivo em nossa República.

"Eu já estava fora do trabalho de direção e já era membro de um grupo seleto de históricos (*militantes*) e já não tinha mesmo o que conversar com ele (*Pirilo*) de novo", explicou Mello, que permanecia festejado no partido.[20] Em 2004, acrescentou mais uma fonte de renda ao Socorro Vermelho. Ao ter a condição de militar cassado em 1935 e anistiado político reconhecida

---

19 Antônio Pinto, entrevista em 6 de março de 2017.

20 Severino Theodoro de Mello, entrevistas em 1º de dezembro de 2015 e em 21 de outubro de 2016.

pela portaria 3.928, de 27 de dezembro, do Ministério da Justiça, ele passou a receber proventos como capitão reformado do Exército. Na década seguinte, novos depoimentos surgiram, implicando-o com as quedas de companheiros que despareceram nos anos 1970. Eram agentes que estiveram envolvidos na operação que dizimou o Comitê Central e desorganizou o partido no país, como Neuza, Fábio, Pedro Aldeia e Chico. Mais tarde, as declarações deles seriam reforçadas pelas do coronel Romeu e de Pirilo. Até que este telefonou para Mello e pediu que o cachorro conversasse com o autor desta pesquisa. "À noitinha, eu telefonei. Quando ele reconheceu minha voz, foi uma festa", contou Pinto.[21] Foram feitas então sete gravações por telefone. Mello nunca se interessou em saber com quem estava falando; bastava que o pedido tivesse vindo de seu amigo, o Pirilo. Pouco antes, escreveu suas memórias. Contou que havia passado anos sem ver os irmãos menores, o que lamentou. "A última vez que convivi propriamente com eles, minha irmã tinha 14 anos, outro irmão tinha 10 e o menorzinho seis ou cinco anos. Estive preso, depois peguei essas clandestinidades todas, de forma que era difícil estar com eles." Teve apenas um filho, em razão dos sacrifícios da vida de comunista. E concluiu: "O partido foi minha família". Em 2016, finalmente convencidos pelo volume de provas e pela confissão de Mello, a direção do PPS decidiu agir. Pacato admitiu a dois companheiros que fora preso em 1974, o que nunca informara antes. Também revelou que concordou em colaborar com os militares, porque ameaçaram matar seu filho e sua mulher, mas negou que tivesse continuado a trair quando deixou o país e se exilou em Moscou ou ao voltar ao Brasil, em 1979. Acabou desligado da legenda. "Tivemos uma reunião de velhos comunistas, que estamos na direção do partido, e fomos muito sintéticos. Decidiu-se pelo desligamento. Coloquei: 'Estamos desligando. Alguém quer discutir?'", contou Freire. Após 74 anos, Mello estava fora do partido.

Aposentado dos serviços, Pirilo se tornou um ativo colaborador de sites mantidos por defensores do regime militar, como *Mídia Sem Máscara*, *Alerta Total* e *Terrorismo Nunca Mais*. Conheceu então o general Avellar Coutinho,

21 Antônio Pinto, entrevista em 16 de outubro de 2016.

que, na reserva, tornou-se o porta-voz dos guerreiros ideológicos do Exército, companheiros de primeira hora da campanha vitoriosa à Presidência da República de Jair Bolsonaro, em 2018, depois que escândalos de corrupção construíram o contexto que levou ao impeachment de Dilma Rousseff e até ao ressurgimento de propostas de pôr na ilegalidade um partido de esquerda – o PT –, além da condenação e prisão de Luiz Inácio Lula da Silva, impedindo-o de concorrer ao Palácio do Planalto, para o qual seria eleito em 2022.[22] Pirilo morreu em 21 de maio de 2018, pouco mais de um mês depois da prisão de Lula. No dia de seu enterro, Mello ficou fechado em seu apartamento, em Copacabana. Recebeu a visita de um jornalista que lhe fez, durante meia hora, perguntas sobre o passado. Admitiu então ter sido preso em 1974, mas negou novamente a continuidade da traição após chegar a Moscou. A mudança de versão estava longe de ser uma confissão. Em vez disso, era uma nova forma para encobrir o alcance de seus atos. Dois anos depois, enfrentou em casa a pandemia de Covid-19 – foi uma das primeiras pessoas a se vacinar no Rio de Janeiroem 2021. Tinha 103 anos.

De tempos em tempos, algum velho camarada questionava: "O Mello ainda está vivo?" Os contatos com os companheiros e os pedidos de entrevista minguaram desde que tudo ficou claro. O último rebelde de 1935 passava os dias no apartamento. Já não descia à rua, pois a idade limitara os seus movimentos. Atendia poucos telefonemas e visitas, que não podiam, por recomendação médica, durar mais do que 30 minutos. Escondeu da família até o fim a traição ao partido. À solidão dos que chegam aos cem anos, Mello acrescentou aquela reservada aos marcados pela infâmia. O homem pacato teve a vida alcançada e revirada pelos acontecimentos de seu tempo. Marc Ferro notou que a maior parte das pessoas não vive a história, a atualidade dos fatos – elas vivem as suas vidas –, apesar de a experimentarem, pois é com elas que a história compõe seus dramas. "Se é possível se proteger do fogo ou do roubo, não há como se proteger da história." Ferro acreditava que a análise do comportamento dos indivíduos diante das crises do século 20 tornaria possível esclarecer o passado e lidar melhor com

---

22 Antônio Pinto, entrevista em 19 de outubro de 2016.

o futuro.[23] O desejo de tornar compreensíveis o homem, seu tempo e seu espaço nos acompanha desde sempre. Mello refletiu sobre as mudanças do mundo. Teve tempo para escrever memórias. Viu o filho morrer, aquele que ameaçaram matar para forçá-lo a trair. Manteve até o fim a voz calma e a lembrança dos camaradas, como se ouvisse a Valsa nº 2 de Shostakovich. "As amizades foram tantas que se torna difícil dizer quem me marcou mais ao longo de todos esses anos de partido. Mesmo assim, eu me arriscaria a dizer o nome de Prestes".[24] Parecia buscar na época em que cuidara do Velho e de seu aparelho clandestino, um outro encontro com a história, onde fosse possível encobrir a amizade com Pirilo e esquecer os anos da traição, a brutalidade dos fatos e as coisas como elas são.

Como Giocondo Dias desejava, os comunistas nunca mais voltaram para a ilegalidade. O PPS se transformou em Cidadania e os dissidentes de 1992 levaram adiante a sigla PCB, até que, em 2023, ela conheceu mais um cisma. Em todos esses anos, Mello nunca se libertou do dia em que sequestraram a sua vida.

> Ele teve essa chance: 'olha, fui preso, não aguentei, os caras iam matar a mim, meu filho, minha mulher, eu abri isso e isso, me condenem'. Eu garanto que ele seria anistiado, pois as pessoas confiavam em uma confissão honesta, como o Armênio, o Almir e o Hércules. Teve a anistia e ele não fez isso. O Mello vendeu a alma pro diabo. Será que é só em troca da verba mensal? Agora, tem a informação que foi anistiado como capitão. Não é só por dinheiro, acho que o Mello ideologicamente passou para o lado de lá, mas não cometeu crimes que poderia ter cometido. Ele poderia pôr na cadeia e pôr em risco muita, muita gente.[25]

O veredito é de Régis Frati, antigo companheiro da Executiva do partido, um dos últimos a se convencer da traição de Vinícius. Em 2023, a Receita Federal recebeu de um cartório civil do Rio de Janeiro a informação

23 Ferro, Marc. *Les individus face aux crises du XXe siècle*, p. 6 a 10.

24 Mello, Severino Theodoro de. *O último de 35*, p. 148.

25 Régis Frati, arquivo áudio MVI_5484.MOV.

de que o dono do CPF 699.846.897-00 estava morto. Em junho, o Exército deixou de lhe pagar os proventos de capitão reformado. Os velhos companheiros não souberam o que se passou. Nenhum camarada compareceu ao velório. Tampouco ao enterro. Ninguém pareceu se importar quando seu telefone emudeceu. Viveu clandestino a maior parte da vida e assim também se foi. A morte de Mello só foi descoberta meses depois, por meio do registro na burocracia estatal. O revolucionário de 1935, o comunista de 1938, o dirigente clandestino por três décadas, o homem torturado em sigilo até se tornar o mais fiel dos cachorros de seus controladores morreu sem trair os doutores. Não deixou uma única palavra sobre eles em suas memórias. Só tratou de seu papel no desmantelamento do PCB ao ser autorizado por Pirilo. Obedeceu ao amigo até o fim. Tinha 105 anos. Sobrevivera a quase todos os que testemunharam a sua história.

ÍNDICE ONOMÁSTICO

Abramo, Claudio - 189, 190
Affonso, Almino - 40, 90, 217
Alambert, Zuleika - 164, 173, 175, 346, 384, 392, 445
Alberto, João - 143, 145, 146
Albuquerque, Irineu (Márcio) - 332
Albuquerque Lima, Afonso Augusto de - 291
Albuquerque, Luiz Alberto Inojosa de - 68
Allende, Andrés Pascal - 39
Allende, Salvador - 36, 37, 38, 39, 40, 95, 128, 217, 225
Almeida, Francisco Inácio de - 262, 263, 286, 322, 391, 487, 488
Almeida, José Ferreira de (Piracaia) - 410, 411, 412, 416, 421
Almeida, Ovídio Carneiro (Everaldo) - 407
Almeida, Reynaldo Mello de - 78, 338, 380, 418
Almeida, Sebastião - 420
Alverga, Alex Polari de - 43, 44, 46, 50, 51, 52, 53, 55
Alves, João Lucas - 83, 84, 239
Alves, Mário- 142, 172, 173, 179, 193, 196, 219, 226, 257, 259, 262, 263, 278
Alves, Nelson de Souza - 445, 460
Alves Filho, Pedro - 38, 39, 40, 41
Alvim, Hugo Penhasco - 266
Amado, Jorge - 171, 192, 194, 287, 413, 438
Amano, Takao - 462, 463, 464, 465
Amazonas, João - 149, 155, 161, 162, 170, 172, 175, 176, 191, 193, 196, 203, 258, 388, 426
Anastácio, Thimóteo de Azevedo - 353
Andrade, Adauto Fernandes de - 112, 214, 215
Andrade, Antonio Ribeiro de – 185
Andrade, Artur de - 168
Andrade, Joaquim dos Santos (Joaquinzão) - 442, 448
Andropov, Yuri Vladimirovitch - 227, 258, 382, 440
Anganuzzi, Plínio - 215, 216
Angel, Zuzu - 52
Antônio, Dirceu (Toninho) - 417, 499
Antunes, Ney Fernandes - 100
Apollinaire, Guillaume - 489
Apolônio, Luiz - 182, 260
Aranha Filho, Otoniel Eugênio (Doutor Homero) - 368
Aragão, Cândido da Costa - 113, 384, 438
Araripe Macedo, Joelmir Campos de - 32
Araújo, Caetano Pereira de - 375, 379, 487

Araújo, Durval Moura de - 253
Araújo, Flávio Pacheco - 483
Araújo, Hélio Carvalho de - 43
Arbex, Carlos - 303
Arcoverde, Júlia - 262
Argolo, Roberto Max - 413
Arns, d. Paulo Evaristo - 307, 308, 335, 353, 404, 417, 470
Arouca, Sérgio - 474
Arraes, Miguel - 94, 217, 285, 359
Arroyo, Ângelo - 168, 426
Arruda Câmara, Diógenes - 146, 154, 156, 160, 161, 162, 165, 169, 170, 171, 173, 176, 177, 178, 179, 186, 187, 188, 190, 191, 192, 193, 194, 196, 204, 395
Arruda, José Roberto - 44, 282, 283, 286
Artoni, Roberto (Pedro Aldeia) - 320, 325, 339, 328, 341, 354, 356, 362, 372, 373, 379, 390, 426, 499, 502
Atlee, David - 77, 105
Augusto, Agnaldo del Nero - 57, 58, 74, 80, 81, 88, 389, 405, 480
Aussaresses, Paul - 63
Avegno, Conrado - 67
Avelino, Confúcio Danton de Paula - 77, 88, 315, 335, 338, 364, 405, 407, 421
Avólio Filho, Armando - 99, 100
Ayrosa da Silva, Ernani - 63, 64
Azambuja, Sidney Obino - 28, 83, 240
Azedo, Luiz Carlos - 66, 86, 225, 228, 341 380, 393, 403, 458, 459, 462, 482, 492
Azevedo, Asdrúbal Gwyer de - 138
Azevedo, Péricles Vieira de - 160
Bacha, Edmar - 474
Badoglio, Pietro - 143
Bandarra, Álvaro - 280, 289, 348, 385
Barata Ribeiro, Agildo da Gama - 148, 152, 160, 189, 190, 192, 194, 196
Barbosa, Mário Gibson - 76
Barbosa, Newton Borges - 112, 214, 216, 218, 406, 407, 408, 450, 467
Barreira, Paulo - 36
Barreto, José - 122
Barreto, José Campos (Zequinha) - 117, 120
Barreto, José Tinoco - 253
Barreto, Olderico Campos - 122, 124
Barreto, Otoniel Campos - 122, 124
Barros, Durval Miguel de - 143
Barroso, Lúcio do Valle - 54, 96
Basso, Lelio - 384
Bastos, Paulo Costa Ribeiro - 19, 125, 127
Bastos, Jayme da Cunha - 48
Batista, Armando - 152
Batista, Fulgêncio - 198
Batista, Miguel - 383
Belham, José Antônio Nogueira - 99, 100, 102
Bellentani, Lúcio Antônio - 291, 292
Bellotti da Silva, Aldir - 267, 280, 311
Benjamin, Cesar Queiroz - 121, 122, 123
Bento, Zaqueu José - 50
Bergamo, Mônica - 339
Beria, Lavrenti - 173, 174, 185, 195
Berle Junior, Adolf - 145
Bernardes, Artur - 138, 139
Bernardes, Massilon José - 420
Berlinguer, Enrico - 224, 225, 392
Besouchet, Alberto Bomilcar - 158, 159
Bettazzi, Luigi - 259, 384
Bezerra, Gregório - 151, 152, 153, 213, 214 219, 233, 246, 279
Biden, Joe - 105
Binstock, Monica Suzano Pinus de - 389
Bittencourt, Renato Pinho - 85, 130
Blagushin, Nikolai - 304
Blee, David. H. - 77
Bloch, Marc - 15, 16
Boaventura, Helena – 424, 426
Boaventura, Sinval – 429
Bocayuva Cunha, Luiz Fernando - 90
Bocayuva, Helena - 91, 92, 93, 95, 98
Bonchristiano, José Paulo - 63, 212, 213, 214, 216, 251, 252, 253, 265, 272, 283, 286, 288
Boneschi, José Paulo - 437
Bonfim Junior, Orlando da Silva Rosa - 275, 330, 345, 359, 361, 375, 378, 380

Bonnet, Gabriel - 21, 30, 55, 56, 61, 209
Bolsonaro, Jair - 19, 21, 74, 81, 99, 104, 419, 446, 503
Bordini, Paulo - 416
Borer, Cecil - 68, 254, 302
Borges, Gustavo - 112
Botto, Carlos Penna - 184
Browder, Earl - 159
Braga, Geraldo de Araújo Ferreira - 58
Braga, Moacir Teixeira - 406, 407
Branco, Elisa - 183, 192, 193
Brandão, Gildo Marçal - 428, 458, 459
Brandt Teixeira, José (Doutor César) - 313, 330, 334, 389
Brejnev, Leonid Ilitch - 227, 258, 381, 382
Briggs, Ellis O. - 210, 211
Brito, José Alves - 351, 453, 459
Brizola, Leonel - 94, 205, 258, 438, 453
Brossard, Paulo - 106, 476
Bruce, David - 104
Bucher, Giovanni Enrico - 37, 38, 43, 76, 94
Bukharin, Nikolai - 181
Bulganin, Nikolai Alexandrovitch - 186
Buonome, João - 407, 408, 411, 529
Burnier, João Paulo Moreira - 16, 28, 30, 31, 48, 49, 55, 82, 83, 86, 97, 106, 111, 112, 113, 114, 125, 214, 240
Café Filho, João Fernandes Campos – 180
Caiado de Castro, Aguinaldo - 142
Calandra, Aparecido Laertes (Doutor Ubirajara) - 361, 416, 419, 420
Caldas, Klécius - 48, 420
Câmara, d. Helder - 214, 241, 307, 353
Camões, Luís de - 333
Campiglia, Horácio Domingos - 389
Campos, Antonio da Silva - 422
Campos, Aristeu Nogueira (Caetano) - 290, 331, 332, 355, 366, 369, 375, 377
Campos, Ephraim - 293, 294
Campos, Milton - 168
Campos, Odilon Ribeiro de - 215
Campos, Raymundo Ronaldo - 89, 99, 101, 102, 103
Campos, Sérgio Emanuel Dias - 49
Canale, Dario - 284
Canavarro Pereira, José - 63
Candel Ruiz, Dorival - 339
Capistrano Costa, Davi - 329, 330, 331, 332, 341, 349, 356, 359
Capistrano Filho, Davi - 352, 358, 395, 442, 458, 459
Capitani, Avelino Bioen - 117
Capone, Al (Alphonse Gabriel) - 489, 498
Cardoso, Adauto Lúcio - 148
Cardoso, Álvaro Alves - 437, 438
Cardoso, Fernando Demiurgo Santos - 101, 103
Cardoso, Fernando Henrique - 415, 416, 501
Cardoso, José Ferreira - 40
Carneiro, Rubens Gomes (Boa Morte ou Laecato) - 78, 334
Carta, Mino - 417
Carter, Jimmy - 439, 440
Carvalho, Amaro Marques de (Zé Gordo) - 349, 350, 358
Carvalho, Antônio Fernando Hughes de - 99
Carvalho, Apolônio de - 40, 41, 43, 149, 155, 176, 191, 226, 254, 278, 281
Carvalho, Edson Régis de - 480
Carvalho, Ferdinando - 210, 265, 266, 267, 268, 269, 270, 272
Carvalho, Hélio Guaicurus de - 410
Carvalho, João Henrique Pereira de (agente Jota) - 318, 319, 320, 321, 339, 356
Carvalho, Olavo de - 446
Casaldáliga, d. Pedro - 307
Cassis, Adelino Ramos - 453
Castro, Adyr Fiúza de - 310, 415, 421
Castro, Ana Rosa - 90
Castro, Cecília Viveiros de - 89, 95, 97
Castro, Eurico Viveiros de - 103
Castro Ruz, Fidel Alejandro - 197, 198, 199, 206, 208, 258, 270, 458
Castro, Moacir Werneck de - 172, 191
Castro, Luiz Rodolfo Bastos Viveiros - 42,

91, 93, 94, 95, 98, 103, 123, 127, 130
Castro, Maria Alice - 90
Castro, Ramon Peña - 443
Castro, Sebastião José Ramos - 36, 317
Castro, ministro Viveiros de - 90
Cavalcanti, Armando - 49
Cavalcanti, Newton - 141
Cavalcanti, Paulo - 279, 354
Cerqueira, Aureliano Gonçalves - 181
Cerqueira, Nilton de Albuquerque - 123
Cervázio, Vicente - 275
Cerveira, Joaquim Pires - 67
César, Janaína - 213, 550
Chade, Calil - 196
Chamorro, Antonio - 167, 183, 251, 263, 284
Chaves Dias do Canto, Marival (doutor Raul) - 21, 320, 325, 327, 330, 331, 334, 339, 340, 341, 350, 354, 356, 359, 365, 369, 372, 373, 374, 376, 379, 380, 389, 427, 499, 500
Chemp, Eugênio - 167, 216
Christino, Fernando Pereira - 166, 167, 223, 224, 376, 431
Church, Frank - 105
Cinelli, Leo Frederico - 454
Clar, Mario Sergio - 388
Clar, Marta - 388
Clar, Sérgio Andrés - 388
Cipriani, Celso - 282
Codovilla, Victorio - 186
Coelho, Marco Antônio Tavares (Jacques) - 164, 165, 167, 168, 171, 191, 219, 220, 228, 258, 281, 312, 344, 349, 352, 353, 354, 358, 360, 361, 364, 365, 366, 368, 369, 375, 395, 399, 400
Coelho Netto, José Luiz - 44, 89
Coelho, Terezinha - 366, 368, 369
Colby, William E. - 77, 78, 313, 329
Collor de Mello, Fernando - 65, 491
Coloni, Elvira Cupello (Elza Fernandes) - 160
Conselheiro, Antonio - 20, 137
Corbage, Riscala - 89, 99, 101
Cordeiro, José - 225
Corona, Jane - 95
Corrêa dos Reis, Hércules (Macedo) - 153, 219, 222, 233, 246, 255, 262, 276, 281, 283, 284, 285, 286, 287, 288, 289, 294, 312, 330, 332, 337, 341, 342, 343, 346, 347, 350, 351, 355, 357, 360, 371, 383, 386, 397, 398, 440, 441, 453, 458, 465,282, 490, 504
Correa, Jonas Alves - 85
Cossiga, Francesco - 384
Costa, Aglaé - 363
Costa e Silva, Artur da - 480
Costa Neto, Benedito - 287
Costa, Canrobert Pereira da - 152, 222
Costa, Edmílson - 488, 495
Costa, Elson - 228, 229, 239, 297, 349, 362, 363, 364, 367
Costa, José Ayrton da (Melancia) - 319, 362, 364, 379, 439
Costa, Octavio Pereira da - 61, 143, 144, 209
Coutinho, Sérgio Augusto de Avellar - 74, 75, 238, 446, 472, 481, 502
Coutinho, Vicente Dale - 77, 328, 329, 338, 339
Couto e Silva, Golbery do - 341, 353, 354, 404, 415, 417
Crimmins, John Hugh - 422
Crispim, Joelson - 321
Crispim, José Maria - 178
Cruz, Newton - 456
Cunha, Claudio Augusto de Alencar - 435, 436, 437, 438
Cunha, Paulo - 550
Cunha, Raul de Mattos Paixão - 488
Cunha, Zilson Luiz Pereira da - 36
Cupertino, Fausto Guimarães - 219, 220, 326, 370, 375
Cupertino, Olavo Guimarães - 370
Cupertino, Renato Guimarães - 219, 220, 263, 277, 326, 370, 374, 375, 453, 457
Curió, Sebastião (Doutor Luchini) - 75
Cutter, Curtis - 452

D'Aquino, Salvador - 112, 215, 216, 218, 526
D'Ávila Mello, Ednardo - 328, 329, 335, 364, 374, 404, 412, 421
D'Ávila Mello, Sarita - 404
Danhone, Amauri - 292
Danielli, Carlos Nicolau - 202
Darwin, Charles - 142
David, Darci Carmen de - 266
Debray, Regis - 270, 430
De Gaspari, Alcide - 145
Delegado Demétrio - 420
Dellamora, Carlos Afonso - 50, 65
Demaria, Emílio Bonfante - 384, 385
Denys, Odílio - 62
Dianezi Filho, Vicente - 378, 500
Dias, Antônio Erasmo - 408, 409, 410, 421, 426, 427, 512
Dias, Daguzan Cardoso - 293
Dias, Félix Freire (Doutor Magno) - 419
Dias, Giocondo Gervásio - 162, 179, 191, 192, 196, 207, 219, 220, 223, 227, 246, 260, 262, 263, 276, 281, 288, 301, 302, 312, 326, 331, 337, 345, 349, 350, 364, 366, 375, 376, 380, 381, 383, 386, 387, 388,, 390, 393, 395, 397, 399, 431, 441, 442, 453, 457, 460, 461, 462, 464, 465, 468, 471, 473, 476, 490, 504
Dias, Julio Miguel Molina - 99, 455
Dias, Roberto Magalhães - 482
Dias, Rui Bedford - 118
Dib, Khalil - 428, 462
Dib, José David - 349
Dib, Samuel - 294, 330, 331, 341, 349
Dick, Jayme Hélio - 460, 482
Dillón, Gastón - 389
Dirceu, José - 286, 318, 449
Dowbor, Ladislas - 43
Duarte, Jurandir Godoy - 321, 322
Durão, Douglas Saavedra - 48, 49, 50
Durão, Jorge Eduardo Saavedra - 48
Dutra, agente - 326
Dutra, Eurico Gaspar - 48, 141
Dzerjinsky, Felix - 396, 493
Éboli Bello, Bruno - 406, 407, 408
Echenique, Carlos - 164
Egea, Álvaro - 287, 427, 428, 431, 500, 527
Ehrenburg, Ilya - 174
Eisenhower, Dwight D. - 198
Elbrick, Charles Burke - 42, 91, 92, 93
Elisiário Nunes, Paulo - 285, 463, 482, 483
En-lai, Chu - 346
Estillac Leal, Newton - 146
Estrela, Jaime Rodrigues (Cebola) - 379, 457
Etchegoyen, Alcides - 185
Etchegoyen, Cyro Guedes - 40, 45, 103, 107, 112, 452, 454
Etchegoyen, Leo - 454, 466
Ewert, Arthur - 399
Expedito Filho, 327, 334, 490, 499
Fabiano Sobrinho, Nelson - 351, 428
Fachin, Luiz Edson - 474
Fagundes, Eduardo Seabra - 451
Falcão, Armando - 333, 366, 415
Falcão, João - 302
Farias, Ferdinando Muniz de, Doutor Luis - 47, 96, 419
Feijó, José Maria Perestrello - 57, 69, 70, 267, 280, 296, 385, 418
Fernandes, Nelson Gomes - 480
Fernandes, Octavio José Sampaio - 298
Ferraz, Aydano do Couto - 191
Ferreira, Antonio Expedito de Carvalho - 475, 476
Ferreira, Joaquim Câmara - 43, 124, 226, 258, 283, 284
Ferreira, Manoel Henrique - 50, 51
Ferreira, Maria Cristina de Oliveira - 47
Ferreira, Oliveiros S. - 90, 222, 473, 491
Ferreira, Romeu Antônio (Doutor Fábio) - 5, 57, 58, 78, 79, 81, 88, 92, 245, 270, 311, 326, 418, 419, 421, 422, 423, 424, 425, 426, 427, 446, 454, 455, 456, 468, 469, 470, 502
Ferro, Marc - 503
Fiel Filho, Manoel - 336, 419, 420, 421, 428
Figueiredo, João Baptista - 72, 76, 77, 78,

225, 436, 453, 462
Figueiredo, Raimundo Gonçalves - 480
Firmenich, Mario - 389
Fiuza, Yedo - 147
Fleury, Sérgio Paranhos - 43, 44, 67, 84, 124, 130, 231, 282, 283, 292, 309, 310, 317, 330, 333, 339, 417, 426
Fonseca, Marcos Nonato - 319, 320
Fontoura, Carlos Alberto de - 299, 300, 314
Franco, Marilene Corona - 95, 103
Frate, Dilea - 416
Frati, Régis - 341, 375, 377, 391, 392, 393, 394, 396, 431, 457, 458, 461, 462, 463, 464, 465, 483, 485, 496, 497, 504, 528
Freire, Marcos - 450
Freire, Roberto - 110, 279, 448, 449, 465, 468, 470, 479, 483, 484, 492, 497, 498, 500
Freire, Vitorino - 306
Freitas, Alípio de - 480
Freyre, Gilberto - 150, 306
Frota, Sylvio - 106, 339, 355, 364, 369, 380, 407, 412, 416, 421, 428
Frutuoso, Armando - 418
Fucik, Julius - 326
Fulbright, James William - 105
Furtado, Alencar - 429
Furtado, Sérgio Landulfo - 19, 111, 118, 119, 125, 126, 127, 128, 131
Furtseva, Yekaterina - 202
Gagarin, Yuri - 224
Garcez, Lucas Nogueira - 167
Garcia, Ivahir Rodrigues - 294
Garcia Neto, José - 333
Garlippe, Luiza Augusta - 75
Gaspari, Elio - 77, 265
Gasparian, Fernando - 93
Gato, Alberto Marcelo - 351, 428
Gatto, Nelson - 218
Gazzaneo, Luiz Mário - 223, 271
Genoino, José - 278, 340, 368, 449
Gertel, Noé - 458
Geisel, Ernesto - 32, 75, 76, 77, 130, 141, 148, 225, 306, 315, 329, 333, 338, 341, 353, 354, 363, 364, 369, 404, 407, 415, 417, 418, 419, 421, 422, 428, 429, 436, 439, 440
Geisel, Orlando – 40, 76, 209, 338
Giglioli, Silvio (Cartucheira ou Valdir) - 321, 356, 499
G., L. W. B., o Lúcio (Paulo Mário) - 31, 32, 36, 49, 54, 55, 83, 85, 86, 87, 96, 111, 113, 114, 428, 429
Godoy, Roberto - 90
Góes Monteiro, Pedro Aurélio - 139, 140, 141, 144, 145, 146, 147, 158
Goldman, Alberto - 181, 287, 294, 337, 351, 393, 476
Gomes, Ciro - 497
Gomes, Eduardo - 82, 139, 144, 145, 146, 164, 179, 274, 329
Gomes Filho, Francisco (Chiquinho) - 367, 371, 376, 377
Gomes, João - 140
Gomes, Maria Celina Saboia - 275
Gomes, Octacílio Nunes - 296, 297
Gomes, Victor Moraes de Castro - 35, 316
Gomulka, Wladislaw - 193
Gonçalves, José Rodrigues, Junior ou Caruncho - 332, 339, 364
Gonçalves, Leônidas Pires - 74, 81,102, 339
Gorbachov, Mikhail Sergueievitch - 382, 449, 471, 491, 492, 493, 497
Gordon, Lincoln - 211
Gorender, Jacob - 5, 142, 144, 171, 172, 179, 196, 207, 226, 227, 228, 264, 278, 400, 480
Gorender, José – 275
Gorev, Vladimir Efimovich - 186
Goulart, Ferreira – 471
Goulart, João Belchior Marques - 90, 93, 112, 114, 213, 221, 222, 223, 226, 227, 228, 252, 262, 269, 476
Graaf, Johnny de - 251
Gramsci, Antonio - 81, 324, 419, 446, 473
Grancieri, Pedro Mira (Pedro Âncora) - 416, 420

Granja, Antônio Ribeiro - 166, 169, 255, 256, 262, 279, 297, 323, 358, 377
Grabois, Maurício - 151, 152, 160, 161, 167, 172, 179, 186, 188, 193, 196, 203, 258
Greenhalgh, Luiz Eduardo - 411
Gregori, José - 458
Grey, Edward - 136
Guedes, Armênio - 143, 160, 161, 164, 165, 167, 172, 173, 176, 179, 190, 191, 216, 218, 220, 227, 228, 246, 276, 277, 304, 355, 378, 392, 403, 440, 441, 442, 445, 457, 460, 475, 504
Guerra Junior, Manoel Santos - 273, 274
Guevara, Ernesto 'Che' - 84, 208, 270, 367, 419, 435
Gui, Luigi - 383
Guimarães, Ulysses - 352, 453, 467
Guimarães, Zulma - 388
Hemingway, Ernest - 104
Herzog, Clarice - 416
Herzog, Vladimir - 335, 336, 369, 404, 406, 411, 416, 417, 419, 421
Hitler, Adolf - 143, 159, 169
Holanda, Jarbas de - 276, 279, 291, 292, 483
Holleben, Ehrenfried von - 129, 406
Holmos, Sergio - 196
Horta, Oscar Pedroso - 89, 104
Houaiss, Antônio - 228
Huberman, Leo - 352
Iavelberg, Iara - 54, 110, 118, 119, 129, 121, 122, 123, 125
Ibarruri, Dolores - 186
Ibiapina, Hélio - 214
Ivanov, Feliks - 445
Jabour, Paulo Roberto - 126
Jaimovich, Marcos - 274, 285, 337, 482
Jones, Stuart Edgar Angel - 50, 51, 52, 53, 54, 55, 119, 128
Jucá, Silvio Cabral - 263
Julião, Francisco - 206, 213, 263
Kaganovich, Lazar Moiseyevich - 186, 195
Kennedy, Edward - 105
Kerensky, Alexander - 219
Khair, Marco Antonio - 93
Khruschov, Nikita - 173, 174, 175, 186, 187, 188, 189, 194, 195, 202, 204, 223, 227, 242, 257, 258, 381
Kirov, Sergei - 223
Kissinger, Henry - 76, 77, 78, 307, 313, 315, 329, 436
Kliegerman, Marlene da Silva - 459,
Konder, Leandro - 275
Konder, Rodolfo - 369, 415
Konder, Valério - 271
Konev, Ivan Stepanovich - 195
Korionov, Vitali - 173
Koslova, E. - 177, 258
Kossyguin, Alexei Nikoláievitch - 382
Kozel Filho, Mário - 406
Kruel, Amaury - 112, 114, 215, 217, 218, 221
Kubitschek, Juscelino - 113, 151, 180, 185, 198, 199, 210, 211, 222, 277
Kucinski, Ana Rosa - 339, 365
Kucinski, Bernardo - 339
Kulakov, Fedor - 382
Kun, Bela - 188
Kupricov, Anatoly - 477, 482
Kuusinen, Otto - 204
Kuzmin, Leonid - 496
Lacerda, Carlos - 29, 30, 111, 112, 113, 179, 199, 215, 220, 227, 272, 285
Lacerda, Fernando - 159, 178, 179
Lacerda Neto, Luiz Felippe Carneiro - 31
Lacheroy, Charles - 62, 209
Lamarca, Carlos - 38, 42, 43, 46, 51, 54, 67, 71, 79, 94, 109, 110, 118, 119, 120, 121, 122, 123, 124, 125, 129, 283, 338
Lana, Antonio Carlos Bicalho - 319
Lang, Walter (Alemão) - 241, 319, 320, 325, 339, 341, 362, 364, 499
Lataste, Luis Iván Lavanderos - 37, 38, 39
Leão, Oswaldo Ribeiro – 526
Leão, Ronald José Motta Baptista - 99, 100
Leite, Eduardo Collen (Bacuri) - 408
Lemme Junior, Antônio - 162, 169
Lemme, Kardec - 162, 222, 223

Lenin, Vladimir I. - 136, 156, 157, 173, 186, 189, 208, 224, 284, 313, 314, 352, 478, 494
Lima, Argus - 45
Lima Barros, comandante - 67, 93
Lima, Francisco de Assis (Chico Pinote) - 66, 240, 266, 267, 279, 280, 295, 296, 303, 309, 310, 311, 443
Lima, José Montenegro (Magrão) - 287, 323, 346, 351, 375, 377, 378, 379, 380, 401, 418, 477, 500
Lima, Luiz Tenório - 222, 233, 246, 445, 453, 458, 460
Lima, Pedro Mota - 224
Lima, Rui Moreira - 219, 223
Linhares, José - 145
Lyra Tavares, Aurélio de - 62, 209
Líster, Enrique - 185
Lobato, Gisele - 438
Lobo, Amílcar - 44, 101, 339
Lobo, Antônio Borges da Silveira - 46, 65, 71
Longo, Luigi - 392
Longo, Moacir - 147, 255, 258, 264, 280, 287, 293, 294, 360, 399, 400, 408
Lopes, Armando - 411
Lopes, Floripe - 70
Lott, Henrique Batista Duffles Teixeira - 154, 155, 185, 199, 205, 222
Lucena, Zenildo Zoroastro de - 466
Luchesi, Ramiro - 196, 202, 251, 258, 260
Lula da Silva, Luiz Inácio - 385, 442, 447,448, 449, 453, 465, 466, 491, 503
Luxemburgo, Rosa - 135
Machado, Carlos Gomes - 406, 409, 411
Machado, Cristiano - 164
Machado, Humberto Jansen - 457
Machado, Paulo Santana - 457
Machado, Wilson Dias - 455
Maciel, Audir Santos (Dutor Silva) - 72, 316, 317, 329, 335, 336, 379, 380, 416, 421
Magalhães, Juracy - 151
Magalhães, Mário - 206, 302
Magali, agente - 332
Malan, Alfredo Souto - 62
Malenkov, Georgiy Maksimiliánovich - 186, 195
Malhães, Paulo (Doutor Pablo) - 21, 44, 45, 79, 90, 99, 231, 331, 334, 389, 452, 455, 456
Malina, Salomão (Joaquim) - 198, 225, 226, 227, 228, 246, 255, 262, 312, 337, 346, 347, 357, 368, 383, 400, 401, 441, 442, 445, 453, 457, 458, 461, 462, 463, 464, 482, 483, 484, 487, 490, 494, 496
Manovski, Victoria - 394
Manuilski, Dmitri - 186
Maranhão Filho, Luiz Ignácio - 207, 208, 291, 323, 331, 332, 333, 334, 352, 354, 363
Maranhão, Odete Roseli - 333
Marcondes, Gentil - 45, 455
Mariath, Jayme Miranda - 300, 314
Maricato, Percival - 321
Marighella, Carlos - 42, 63, 84, 94, 118, 124, 161, 165, 167, 191, 193, 204, 222, 223, 226, 254, 256, 257, 259, 260, 261, 262, 263, 270, 278, 280, 281, 282, 283, 284, 288, 298, 318
Markun, Paulo - 416
Marques, Antenor - 297, 300
Marques, Antonio Delfim de Oliveira - 437
Marques, Claudio - 416
Marques, José Dias - 460
Martins, Beatriz (Neuza) - 16, 44, 99, 232, 240, 243, 310, 311, 319, 320, 324, 325, 326, 330, 332, 341, 355, 356, 359, 360, 362, 363, 364, 379, 380, 499, 502
Martins, Franklin - 28, 91, 115, 116, 127, 129, 130, 435
Martins, Idivarcy - 351, 367
Martins Filho, João Roberto - 30, 60, 268
Martins, Paulo Egydio - 355, 374, 404, 405, 406, 407, 412, 415
Marx, Karl - 181, 494
Massena Melo, João - 173, 297, 331, 334
Massu, Jacques - 63, 209
Mattos, Carlos de Meira - 17, 61
Mattos, Wânio José de - 37, 406
Mauro, Max - 490

McCarthy, Joseph - 105
McGovern, George - 294
Medeiros, Borges de - 138
Medeiros, Edson – 101
Medeiros, Luiz Antônio - 428
Medeiros, Octávio Aguiar de – 456
Médici, Emílio Garrastazu - 75, 76, 77, 106, 291, 305, 306, 308, 315, 451
Medina, José - 160, 161
Meir, Golda - 129
Meireles, Ilvo - 159
Meirelles, Silo - 159, 161
Meirelles Netto, Tomaz Antônio - 339
Melo, Francisco Renato - 83, 240
Melo, Márcio de Souza - 30, 49, 55, 82, 329
Mello, Marcos - 372
Mello, Severino Theodoro de - 16, 17, 19, 21, 22, 23, 33, 34, 35,58, 82, 144, 149, 156, 157, 158,159, 160, 161, 162, 170, 171, 172, 173, 175, 176, 177, 178, 189, 190, 191, 206, 231, 234, 235, 236, 237, 240, 243, 244, 246, 255, 256, 257, 258, 259, 260, 261, 275, 276, 288, 289, 292, 297, 302, 312, 322, 323, 324, 325, 326, 327, 328, 331, 334, 341, 342, 345, 347, 348, 349, 350, 354, 355, 365, 357, 358, 359, 360, 362, 364, 365, 367, 369, 371, 372, 373, 377, 381, 382, 383, 384, 385, 386, 387, 388, 389, 390, 391, 392, 393,394,395, 397, 398, 399, 425, 431, 433, 434, 438, 440, 441, 442, 443, 444, 445,450, 451,453, 456, 457, 458, 459, 460, 461, 463, 464, 468,476, 477, 478, 481, 482, 483, 486, 487, 488, 489, 490, 491, 492, 493, 495, 497, 499, 500, 501, 502, 503, 504, 505
Mello, Zirlanda (Zislândia) - 276, 372, 431
Mendes, Nelson - 490
Merino, José Toribio - 36
Mesplé, Antônio - 307
Mesplé, João Antônio - 307
Micunovic, Velyko - 190
Mikoyan, Anastas - 146, 186, 187, 195, 227
Miranda, Jayme Amorim de - 165, 166, 207, 239, 262, 300, 312, 359, 362, 366, 367, 371, 371
Miranda, Nilson - 354, 371, 372, 373, 535
Modotti, Tina - 186, 187
Molotov, Vyacheslav Mikhailovitch - 147, 174, 175, 195, 196, 204, 223, 225
Monjardim Filho, Luiz - 210
Monnerat, Elza de Lima - 425
Monteiro, Dilermando Gomes – 426
Monteiro, José Roberto - 129
Montoro, Franco - 219, 352, 362, 466, 467
Moraes, Antonio Ermírio de - 476, 477
Moraes, João Batista Mascarenhas - 185
Moraes, Sérgio Augusto - 39, 180, 197, 198, 216, 217, 246, 255, 461, 465, 466, 476, 483, 486, 497
Morato, Estela - 282
Moravia, Alberto - 182
Moreira, Leonardo - 262
Moreno, Nahuel - 427
Moro, Aldo - 346, 384
Moskalenko, Kirill - 195
Mota, Renato de Oliveira - 218, 219, 355, 373, 374, 405, 406, 407, 408, 411, 457, 534
Motta, Magno Cantarino - 451
Motta, Rodrigo Patto Sá - 137, 140, 148, 182
Moura, H. - 138
Mourão Filho, Olympio - 215, 220, 221, 222
Mowinckel, John Wallendahl - 104, 105, 106
Muniz, Carlos Alberto - 52, 54, 93, 94, 95, 96, 98, 110, 111, 118, 119, 123, 126, 127
Mussolini, Benito - 143
Nachmanoff, Arnold - 76, 307
Nacinovic Correa, Ana maria - 319
Narvaja, Fernando Vaca - 389
Nahum, Marco Antonio - 467
Negri, Antonio - 62
Nepomuceno, Pedro - 193
Nesi, Ernesto - 295
Neto, José Paulo - 461
Netto, Joaquim Januário de Araújo – 300, 304, 309
Netto, Antônio Delfim - 52, 117, 437

Netto, José Maximino de Andrade - 406, 411, 412, 413
Netto, Manoel Cyrillo de Oliveira - 92
Neves, Tamoyo Pereira das - 80, 81, 466, 467, 476
Neves, Tancredo de Almeida - 352, 453, 467, 468, 470, 471
Nicolau II - 136
Niemeyer, Oscar - 144, 164, 227, 458, 476, 494, 495
Nixon, Richard - 54, 198, 294
Nogueira, Marco Aurélio - 458, 459
Noriega, Manoel - 129
Noronha Neto, João (Doutor Nilo) - 65, 79, 495
Nunes, Adalberto de Barros - 70
Nunes, Paulo - 416
Oest, Henrique Cordeiro - 151, 160
Okano, Issami Nakamura - 339
Olgina, Vera - 176
Oliveira, Alexandre Lyra de - 47, 48, 53
Oliveira, Elmar Soares de - 435
Oliveira, Francisco de - 488
Oliveira, Hermes de Araújo - 21, 55, 56
Oliveira, Isis Dias de - 284
Oliveira, d. Jorge Marcos - 353
Oliveira, Julio Sérgio de - 160
Oliveira, Lamartine Coutinho Correia de - 158
Oliveira, Luiz Gonzaga de - 408
Oliveira, Zaqueu Alves - 411
Orel (Águia) - 256, 257, 259
Orleans, Carlos - 121
Otero, Francisco Antonio Leivas - 158
Ottoni, Tereza - 450
Pacheco da Silva, Oswaldo - 222, 223, 293, 368, 399
Padura, Leonardo - 17
Paes, José Barros - 329, 355, 370, 401, 403, 404, 405, 407, 412, 416, 417, 418, 455
Paim, Antonio, 176
Paiva, Eliana - 103
Paiva, Maria Lupécia Eunice Facciolo - 97, 98
Paiva, Rubens Beyrodt - 7, 89, 80, 91, 93, 94, 95, 96, 97, 98, 99, 100, 101, 102, 103, 104, 105, 106, 107, 110
Paixão, Sebastião Rodrigues - 323, 358, 367, 371, 376, 377
Pajetta, Giancarlo - 384, 392
Palmeira, Vladimir - 440
Pasquale, Mário Sérgio - 418
Pássaro, Paschoal - 183
Passarinho, Jarbas - 484
Pasternak, Boris - 257, 258
Pastukhov, Dmitri A. - 393, 441, 462
Paulo, Deoclécio - 36
Paulo VI, São - 384
Pavolini, Luca - 392
Paz, Carlos Eugênio Sarmento Coelho da (Clemente) - 45, 52
Pedreira, Fernando - 90, 281
Pedrozo, Germano Arnoldi - 77
Peixoto, Amaral - 351, 352
Peixoto, Demerval - 142
Peixoto, Floriano - 138
Peralva, Osvaldo - 165, 171, 172, 173, 176, 177, 190, 191, 192, 194, 196, 223
Percinoto, Roberto - 497
Pereira Filho, André Leite (Doutor Edgar) - 231, 356, 362, 368, 380, 417, 419, 426, 443
Pereira da Silva, Francisco - 151
Pereira, Freddie Perdigão, (Doutor Flávio) - 35, 99, 107, 113, 310, 311, 317, 325, 326, 334, 339, 356, 357, 362, 364, 451, 452, 455, 456, 490
Pereira, Hiran de Lima - 285, 350, 359, 360, 371, 363, 411
Pereira, Iuri Xavier - 319, 420
Pereira, José Oscar Pellucio - 453
Pereira, Norma de Sá - 128, 130
Pereira, Odon - 259, 408
Perrin, Dimas - 366
Pessoa, Epitácio - 138, 139
Pessoa da Silva, Frederico, - 281, 290, 322, 323, 341, 357, 358, 430, 431

Pettigiani, Mario Antonio Eugenio - 389
Phillips, David Atlee - 77, 105
Piffer, Moacir - 321
Pimenta, Alírio Feliciano - 414
Pimentel, Fernando - 452
Pinheiro, Ivan - 430, 440, 441, 447, 448, 449, 463, 482, 483, 494, 495
Pinochet Ugarte, Augusto - 40, 41, 129, 406
Pinto, Antônio, o doutor Pirilo - 16, 19, 27, 28, 29, 31, 33, 35, 36, 38, 40, 44, 45, 46, 47, 48, 49, 51, 54, 55, 56, 57, 58, 61, 65, 72, 76, 78, 82, 84, 85, 90, 96, 99, 101, 118, 119, 125, 128, 129, 130, 240, 241, 244, 278, 289, 296, 311, 313, 315, 317, 390, 414, 415, 433, 434, 436, 438, 442, 444, 452, 463, 465, 469, 488, 493, 495, 499, 500, 501, 502, 503
Pinto, d. José Alberto Lopes de Castro - 353
Pinto, Yolanda da Silva - 70
Pires, d. José Maria - 353
Pires, Sérgio de Ary - 466
Pires, Walter - 452
Pollitt, Harry - 186
Pomar, Pedro Ventura - 153, 161, 169, 173, 193, 196, 204, 258, 425, 426, 427
Ponomarev, Boris Nikoláievitch - 204, 224, 242
Portela, José Alves - 181
Pospelov, Piotr Nikoláievitch - 204
Potapov, Felix Mikhailovitch - 487
Potyguara, Tertuliano de Albuquerque - 138
Prado, Gary - 84
Prats, Carlos - 37
Prestes, Anita Leocadia Benário (Tânia) - 147, 155, 160, 162, 164, 167, 169, 170, 172, 180, 186, 187, 192, 207, 227, 228, 254, 256, 259, 261, 262, 264, 270, 271, 277, 291, 292, 293, 294, 302, 342, 345, 346, 347, 348, 385, 386, 387, 391, 393, 394, 396, 397, 399, 400, 475, 476
Prestes, Leocadia - 169, 186
Prestes, Luiz Carlos (Alfredo) - 33, 63, 139, 140, 142, 143, 144, 145, 146, 147, 149, 152, 154, 155, 156, 158, 159, 160, 161, 162, 164, 169, 170, 178, 179, 180, 186, 187, 191, 192, 193, 194, 196, 199, 201, 202, 203, 204, 207, 210, 211, 212, 220, 221, 222, 223, 224, 225, 226, 227, 228, 242, 252, 253, 254, 256, 259, 260, 261, 262, 263, 264, 272, 275, 276, 280, 281, 283, 287, 288, 297, 301, 302, 303, 312, 314, 322, 326, 342, 344, 345, 347, 372, 373, 381, 383, 385, 386, 387, 390, 391, 392, 393, 394, 395, 396, 397, 398, 399, 400, 427, 428, 438, 440, 441, 442, 444, 445, 448, 449, 545, 457, 458, 466, 474, 475, 476, 491, 504
Prestes, Lygia - 169, 261
Profício, Francisco - 286, 450, 491
Prestes, Maria - 263
Profício, Francisco - 286, 450, 491
Pupo, Fernando - 469
Quércia, Orestes - 352, 476
Rabelo, José Renato - 468
Raimundo, José - 213
Rajk, László - 188
Rakosi, Matyas - 188
Ramalho, Elba - 455
Ramalho, Thales - 333, 352
Raposinha, agente - 325
Reed, John - 287
Regis Sarmento, Dyonari - 341, 490
Reis, Dinarco - 143, 160, 192, 193, 196, 239, 276, 288, 293, 312, 386, 411
Reis, João Carlos Cavalcanti - 317
Reis, Samuel Aarão - 95
Resk, Antonio - 428
Reys, Ronaldo Veloso Netto dos - 69
Rezende, Estevão Taurino - 272
Rezende, José Roberto Gonçalves - 45, 46
Ribeiro, Cláudio José (Coutinho) - 348, 349, 357, 397, 398
Ribeiro, Ivan Otero - 450
Ribeiro, Ivan Ramos - 158, 168, 224, 450
Ribeiro, Orlando Leite - 146
Ribeiro, Walter de Souza (Beto) - 219, 289, 294, 312, 331, 334, 347, 348, 351, 354, 370
Riff, Raul - 93

Rios, José Sebastião dos - 116
Roberto, Holden - 437
Roca, Blas - 186
Rocha, Leonel - 280
Rocha, Marco Antonio - 416
Rocha, Roberto Mello de Carvalho - 295, 297
Rodrigues, Darcy - 447, 527
Rodrigues, Federico Frías - 389
Rodrigues, Miguel Urbano - 287
Rodrigues Filho, Nelson (Prancha) - 126
Rohmann, Friedrich Adolf - 282
Rokossovsky, Konstantin K. - 163
Roio, José Luiz del - 259, 260, 278, 284, 324, 383, 384, 386, 387, 392, 393
Romeu, Inês Etienne - 43, 44, 45, 50, 55 334, 452
Rosa, Osnir Geraldo Santa - 408
Rosário, Guilherme Pereira do - 451
Rotta, Horácio Oscar - 83
Rountree, William Manning - 105
Rousseff, Dilma - 503
Sá, Jair Ferreira de - 42, 480
Sá Cavalcanti Netto, João de (Fábio) - 310, 317, 320, 321, 325, 326, 328, 337, 340, 354, 356, 363, 367, 372, 373, 379, 411, 499, 502
Sabadin, Carmin - 405
Sala, Maria - 462
Salazar, António de Oliveira - 207
Salgado, João Lopes - 47, 52, 54, 91, 92, 94, 111, 114, 115, 116, 117, 118, 119, 120, 121, 122, 123, 125, 127, 128, 129, 130, 281
Salles, d. Eugênio - 307, 353, 380
Salles, José de Albuquerque (Marcos) - 196, 217, 226, 246, 260, 273, 274, 277, 290, 295, 312, 326, 327, 331, 332, 341, 346, 347, 386, 387, 388, 391, 392, 393, 394, 395, 396, 398, 399, 401, 428, 430, 431, 440, 444, 450, 465
Salles, Nemésio Leal - 301, 450
Sampaio, Armando - 225, 262, 285, 286, 312, 341, 431, 449, 450, 461, 464, 465, 495, 496
Sampaio, Cantídio - 429
Sampaio Neto, Manoel Batista - 225
Sampaio, Plínio de Arruda - 90, 228
Sampaio, Rubens Paim - 44, 45, 99, 100, 101, 109
Sánchez, Ilich Ramírez; o Chacal - 475
Santa Bárbara, José Carlos - 124
Santana, Sérgio Veiga - 413
Santana Machado, Paulo - 457
Santarém, Héctor - 388
Santos, Adauto Alves dos (agente Carlos ou senhor Sombra) - 288, 299, 312
Santos Filho, Aloysio - 301, 303
Santos, Geraldo Rodrigues, o Geraldão - 173, 224, 258, 262, 285, 323, 358, 430, 431, 440, 461
Santos, José Anselmo (Cabo Anselmo) - 44, 109, 290, 310
Sarmento, Sizeno - 99, 106
Sarney, José - 234, 453, 454, 471, 474, 483, 484, 487
Sartre, Jean Paul - 189
Shelepin, Alexander Nikoláievitch - 195
Schenberg, Mário - 184
Shepilov, Dmitri Trofimovich - 195
Schnaiderman, Boris - 143
Seko, Mobuto Sese - 105
Semichastny, Vladimir - 256, 257, 258, 381, 382
Semionov, Serguei - 488
Serra, José - 37, 40, 41
Setembrino, Carlos - 356, 362
Setembrino de Carvalho, Fernando - 138
Shevardnadze, Eduard - 497
Silva, Frederico Pessoa da - 281, 290, 322, 323, 341, 357, 358, 430, 431
Silva, Genivaldo Matias da - 351, 352, 375, 377, 378, 379
Silva, João Batista de Lima - 191, 192
Silva, José Raimundo da - 286, 322
Silva, Lindolfo - 233, 246, 442, 445, 464
Silva, Lyda Monteiro - 451
Silva, Odon Pereira da - 408

Silva, Miguel Elpídio da - 158
Silva, Paulo Torres - 72
Silva Filho, Pedro Celestino - 354
Silva, Roberto Chagas e - 43, 44, 51, 52, 125, 127, 128
Silva, Roberto Telles da - 266
Silva, Técio Lins e - 474
Silva, Virgílio Gomes da - 91
Silva, Waldir Fiock da - 118, 119, 120, 125, 128
Silva, Wilson - 339, 365
Silveira, Antonio Modesto da - 462, 475
Silveira, Ênio - 275
Silveira, Ênio Pimentel da Silveira (Doutor Ney) - 21, 35, 36, 40, 44, 58, 78, 79, 109, 130, 231, 243, 289, 310, 317, 319, 320, 321, 325, 326, 328, 334, 339, 340, 356, 357, 359, 362, 364, 365, 372, 373, 374, 377, 378, 379, 381, 388, 390, 392, 407, 419, 426, 427, 434, 442, 443, 464, 465, 481, 499
Simis, Ruth - 337, 369
Simon, Roberto - 36, 40
Singillo, Alcides - 293, 411
Siqueira Campos, Antônio de - 139
Siqueira, Clea - 66, 295, 296, 297, 527
Siqueira, Givaldo - 198, 237, 246, 295, 296, 297, 301, 323, 330, 331, 332, 348, 393, 384, 385, 386, 387, 392, 450, 453, 458, 461, 462, 463, 464, 465, 471, 477, 488, 490, 495, 497
Siqueira, Walter Mesquita - 36
Sivolobov, Andrei Mikhailovich - 173, 190
Slansky, Rudolf - 178, 179
Sobral Pinto, Heráclito Fontoura - 253
Sodré, Abreu - 63, 286
Sorrentino, Walter - 469
Soto, Jesus Paredes - 129
Souto, Álcio - 145, 147
Souza, Abílio Correa de, o Doutor Pascal - 47, 50, 53, 54, 55, 96, 125, 128
Souza, Herbert José de, o Betinho - 37, 40
Souza, Jacy Ochsendorf e - 102
Souza, João Alberto - 453
Souza, Joaquim Artur Lopes de (Ivan) - 75, 330
Souza, José Carlos de (Kid) - 118, 119, 120
Souza, Jurandir Ochsendorf e - 102
Souza, Mário Sérgio Pacheco de (Doutor Pimenta) - 57, 66, 67, 68, 69, 70, 92, 240, 267, 280, 299, 303, 304, 310, 311, 419, 443, 468, 469
Stalin, Ióssif Vissariónovitch Djugachvili - 146, 147, 151, 154, 163, 171, 172, 173, 174, 175, 185, 186, 187, 188, 189, 190, 192, 193, 195, 204, 223, 224, 253, 257
Stasova, Yelena Dmitrievna - 186, 187
Storyalov (?) - 257
Suslov, Mikhail Andreievitch - 186, 187, 195, 204, 205, 206, 224, 227
Sussekind de Moraes Rego, Augusto - 45
Suplicy, Eduardo - 292, 472
Sweezy, Paul - 180
Sylvestre, Vicente - 232, 406, 408, 409, 410, 411, 412, 416
Tavares, Milton - 21, 75, 76, 77, 209, 315, 328, 344, 451, 452, 454, 466
Teixeira, Dinalva Conceição Oliveira - 75
Teixeira, Francisco - 219, 223
Teixeira, Maria Elizabeth - 70
Telles, Manoel Jover - 207, 226, 245, 278, 422, 423, 424, 425, 426
Telles Junior, Goffredo da Silva - 413
Temótio da Silva, Adalberto - 165, 166, 187, 219, 220, 285
Tenente Chico - 35, 52, 53, 130, 310, 311, 316, 317, 326, 328, 335, 361, 365, 380, 389, 420, 427, 447, 467, 499, 502
Tenente José, (Augusto) - 325, 333, 339, 360, 368, 378, 379, 421, 426, 427, 467, 499
Thorez, Maurice - 186, 187, 188
Timbaúba, Orestes - 197, 227, 228, 246, 255, 276, 331, 345, 383
Tinoco, Aldário - 212, 214, 253
Tinoco Ribeiro Gomes, Carlos - 466
Tito, Josip Broz - 163, 173, 185

Tito, Marcos – 247, 428, 429
Titov, Gherman Stepanovich - 224
Todero, Domingos Roberto - 373, 494
Togliatti, Palmiro - 163, 188, 189, 190, 324
Tokarev (?) - 177
Torres, Cláudio – 93
Torres de Melo, Francisco Batista - 407, 410
Torres, Juan José – 291
Torres, Sérgio Rubens - 116, 127, 128, 281
Torrijos Herrera, Omar - 129
Tralli, José Carlos - 282
Trifino Corrêa, André - 162
Trinquier, Roger - 19, 20, 21, 55, 56, 209
Trotsky, Leon - 17
Tsé-Tung, Mao - 75, 187, 203, 207, 208, 242, 367, 419
Tucunduva, Rubens - 282
Tukhatchévski, Mikhail Nikoláievitch - 186
Tuma, Romeu - 282, 458
Ulbricht, Walter - 186
Ustra, Carlos Alberto Brilhante (Doutor Tibiriçá) - 80, 81, 106, 107, 231, 310, 313, 316, 329, 374, 376, 406, 413, 414, 415, 426, 480
Ustinov, Dmitri - 227
Valadares, Benedito - 151
Valle, Jorge Medeiros - 267
Vannucchi Leme, Alexandre - 307
Vargas, Benjamin – 146
Vargas, Getúlio Dorneles - 30, 111, 139, 140, 141, 143, 144, 145, 146, 148, 158, 159, 164, 166, 169, 178, 179, 180, 181, 220, 251
Vargas Netto, João Guilherme - 110, 255, 276, 277, 286, 291, 292, 384, 385, 386, 392, 464
Vasconcelos, Hilton - 149
Vasconcelos, José Rebelo Meira de - 29, 30
Vassalo da Silva, Newton - 32, 85
Vaz, Rubens - 30, 111
Veloso, Itair José - 323, 366, 375, 376
Ventura, Mário Fonseca - 218
Venturini, Danilo - 436
Veras, Nestor - 172, 228, 229, 374
Vianna, Marly - 225, 226, 271, 274, 275, 301, 386, 390, 391, 394, 396, 399, 443, 444
Vichinski, Andrei - 253, 265
Vidal, Paulo - 292
Vidali, Vittorio - 5, 185, 186, 187, 188, 393
Viedma, Soledad Barret - 310
Vilela, d. Avelar Brandão - 353, 413, 415
Villocq, Darcy - 241
Viñas, Lorenzo Ismael - 289
Vinhas, Moisés - 166, 258, 312, 457, 464
Voroshilov, Kliment Yefromovich - 186, 195
Weffort, Francisco - 473
Werneck, Oirasil - 218, 219, 405, 406, 533
Westernhagen, Edward Ernest Tito Otto - 84
Yeltsin, Boris – 493
Yemellin, Victor - 304
Zarattini Filho, Ricardo - 318, 427, 480
Zhemchuzhina, Polina - 174
Zhukov, Georgy - 174, 195
Ziller, Armando - 168, 228, 330, 373

FONTES:

Entrevistas

Militares e policiais de órgão de operações e de informações

Capitão de mar e guerra Mário Sérgio Pacheco de Souza, o Doutor Pimenta (Cenimar)
Gen. EB Agnaldo Del Nero Augusto (2ª Seção II Ex/ CIE),
Gen. EB Tamoyo Pereira das Neves (2ª Seção II Ex/CIE)
Gen. EB Francisco Batista Torres de Melo (PMESP)
Cel. EB Carlos Alberto Brilhante Ustra (DOI/II Ex/ CIE)
Cel. EB Romeu Antonio Ferreira, Doutor Fábio (DOI/I Ex / CIE)
Cel. EB José Barros Paes (2º Seção II Ex)
Cel. EB Antônio Erasmo Dias (SSP-SP)
Cel FAB L.W.B.G., o doutor Paulo Mario (CISA)
Capitão FAB Antonio Pinto, o Doutor Pirillo ou Carlos Ilich Sanches Azambuja (CISA)
1º ten. EB Dirceu Antonio, o Toninho (DOI/II Ex)
1º ten. EB João de Sá Cavalcanti Netto, o agente Fábio (DOI/II Ex)
1º ten. EB Roberto Artoni, o agente Pedro Aldeia (DOI/II Ex)
1º ten. EB José Ayrton da Costa, o cabo Jonas ou Melancia (DOI/II Ex)

1º ten. EB Silvio Giglioli, o Cartucheira (DOI/II Ex)
Ex-sargento Marival Chaves (DOI/II Ex / CIE)
Cel PMERJ Paulo César Amendola (GOESP/PMERJ)
Cel PMESP Francisco Profício (PMESP/DOI/II Ex)
Cel PMESP Dyarsi Teixeira Ferraz (DOI/II Ex)
Cel PMESP José Aguilar (OBAN)
Cel PMESP Mário Abreu Filho (OBAN)
1º ten. PMESP Beatriz Martins, a agente Neuza (DOI/II Ex)
1º ten PMESP Oswaldo Ribeiro Leão (DOI/II Ex)
2º ten. PMESP Chico (DOI/II Ex)
2º ten. PMESP José, Augusto da equipe Coral (DOI/II Ex)
Sgto PM Vilma (DOI/II Ex)
Sgto PM Sinício (DOI/II Ex)
Sd PM Irineu Albuquerque, o agente Márcio (DOI/II ex)
Delegado José Paulo Bonchristiano (Dops-SP)
Delegado Massilon José Bernardes, (Dops-SP / SNI / PF)
Delegado Armando Panichi Junior, (Dops-SP)
Delegado José Roberto Arruda, (OBAN / Dops-SP)
Investigador Walter Lang, o Alemão, (DOI/II Ex / Dops-SP)

Outros militares e policiais

Gen. EB Octavio Pereira da Costa
Brigadeiro José Rebelo Meira de Vasconcelos
Cel PMESP Newton Borges Barbosa (2ª Seção)
Cel PMESP Salvador D'Aquino (Rota)
Cel PMESP Plínio Anganuzzi
Cel PMESP Mário Fonseca Ventura
Cel PMESP Rui César Melo
Cel PMESP Bruno Eboli Bello (2ª Seção)
Cel PMESP Hermógenes Gonçalves Batista (Rota)

Militantes e outros

Alberto Goldman
Alexandre Lyra de Oliveira
Álvaro Egea
Ana Romilda
Andrés Pascal Allende
Anita Leocádia Prestes
Antônio Mesplé
Armando Sampaio
Aureliano Gonçalves Cerqueira
Boris Schaiderman
Breno Altman
Caetano Araújo
Carlos Alberto Muniz
Clea Siqueira
Darcy Rodrigues
Derlei Catarina de Luca
Dyonari Sarmento Regis
Domingos Roberto Tódero
Edmilson Costa
Emiliano José
Fernando Pimentel
Francisco Inácio de Almeida
Franklin Martins
Frederico Pessoa da Silva
Genivaldo Matias da Silva
Hércules Côrrea do Reis
Iberê Bandeira de Melo
Idivarcy Martins
Ivan Pinheiro
Ivan Axerould Seixas
Jacob Gorender

João Lopes Salgado
Jorge Saavedra Durão
José Carlos de Souza
José Dirceu
José Genoino Neto
José Guilherme Vargas Netto
José Ivandro Dourado
José Salles
José Serra
José Luiz Del Roio
Jurandyr Godoy Duarte
Lúcio Antônio Bellentani
Luiz Carlos Azedo
Luis Rodolfo Viveiros de Castro, o Gaiola
Marco Antonio Tavares Coelho
Marco Aurélio Nogueira
Marcos Miranda
Marcos Tito
Marly Vianna
Miro Texeira
Moacir Longo
Olavo Guimarães Cupertino
Osnir Geraldo Santa Rosa
Paulo Siqueira
Paulo de Tarso Venceslau
Pedro Alves Filho
Régis Frati
Renato Guimarães Cupertino
Ricardo Zarattini Filho
Roberto Freire
Roberto Chagas e Silva
Salomão Galdino
Sérgio Emanuel Dias Campos

Sérgio Augusto de Moraes
Severino Theodoro de Mello
Takao Amano
Valdir Fiock da Silva
Vicente Sylvestre
Victor Gentilli

Jornais

Correio Braziliense
Diário Popular
Diário da Noite
Folha de S. Paulo
Folha da Tarde
Jornal da Tarde
O Estado de S. Paulo
Correio da Manhã
Jornal do Brasil
O Globo
Tribuna da Imprensa
Jornal do Brasil
Ultima Hora
Diário de Pernambuco
O Jornal
O Poder Popular
Imprensa Popular
Venceremos
Voz Operária
Voz da Unidade
Carta Capital
Época
História Viva
IstoÉ

Manchete
Playboy
Veja
Corriere della Sera
La Tercera
Le Monde
New York Times
The Guardian
The Telegraph

Sites

http://cpdoc.fgv.br/acervo/historiaoral/base
www.estadao.com.br
www.uol.com.br
www.ternuma.com.br
https://www.ufmg.br/brasildoc
http://comissaodaverdade.al.sp.gov.br/arquivos
www.vermelho.com.br
www.pstu.org.br
https://www.marxists.org/
http://www.documentosrevelados.com.br/
http://bnmdigital.mpf.mp.br/#!/
http://bndigital.bn.br/hemeroteca-digital/
http://www.nytimes.com/
http://www.lemonde.fr/
http://blogdoazedo.blogspot.com.br/2015/10/por-quem-os-sinos-dobram.html
http://www.pcb.org.br/
http://www.fundacaoastrojildo.com.br/2015/tag/pps/
http://oglobo.globo.com/
https://www.documentosrevelados.com.br/geral/escola-das-americas-estudantes-e-instrutores-do-brasil-periodo-de-1954-1996/

https://www.britannica.com/topic/Operation-Wrath-of-God
https://www.theguardian.com
(http://www.telegraph.co.uk/history/world-war-one/11006042/How-darkness-descended-over-Europe-in-August-1914.html
http://www.fogliospinoziano.it/
https://tutameia.jor.br/homenagem-a-sergio-rubens/
https://www.saopaulo.sp.leg.br/apartes-anteriores/revista-apartes/numero-22/perfil-ephraim-de-campos/
http://comissaodaverdade.al.sp.gov.br/mortos-desaparecidos/organizacao-politica/movimento-de-libertacao-popular-molip
https://vozhumana.com.br/categorias/organizacao/partido-comunista-brasileiro/
http://www.desaparecidos.org/nuncamas/web/investig/daia02.htm
https://mfa.gov.il/desaparecidos/Documents/Desaparecidosingl.pdf
https://arquivosdaditadura.com.br
https://tutameia.jor.br/
https://www.intercept.com.br/
https://history.state.gov/historicaldocuments/frus1958-60v05/d245
https://history.state.gov/historicaldocuments/frus1964-68v31/d183
http://www.diariodasleis.com.br/trabalhista/salariominimo/Salario-Minimo-2011.pdf
https://politica.estadao.com.br/noticias/geral,o-plano-nao-era-matar-mas-deu-tudo-errado, 10000081090
https://www.cia.gov/readingroom/docs/LOC-HAK-11-6-24-6.pdf
http://comissaodaverdade.al.sp.gov.br/mortos-desaparecidos/organizacao-politica/movimento-de-libertacao-popular-molipo
https://arquivosdaditadura.com.br/documento/galeria/tancredo-neves-mira-tigrada#pagina-1
https://tab.uol.com.br/edicao/mapa-da-morte-3/
http://cnv.memoriasreveladas.gov.br/outros-destaques/567-ex-presidente-fernando-henrique-presta-depoimento-a-cnv.html
http://cnv.memoriasreveladas.gov.br/images/pdf/relatorio/volume_3_digital.pdf

http://www.fgv.br/cpdoc/historal/arq/Entrevista633.pdf
https://www.britannica.com/topic/Operation-Wrath-of-God

Filmes/documentários

30 anos sem Vladimir Herzog
35, o assalto ao poder
A Batalha do Chile
A Batalha de Argel
Arquivo N. 1964, 40 anos depois
Cidadão Boilensen
Coratio, 30 anos de Brasil: Nunca Mais
Estranhos na noite, mordaça no Estadão
Infância clandestina
Marighella
O dia que durou 21 anos
Tempo de resistência
Uma operação chamada Condor

ARQUIVOS

Arquivo Brasil Nunca Mais. Brasil Nunca Mais-digital (BNM--digital) e BNM-físico Arquivo Edgar Leuenroth (AEL-Unicamp).
Coleção Brasil Nunca Mais. Processos consultados: BNM36, 47, 52, 74, 95, (MR-8), BNM 57 e 66 (VAR-Palmares), BNM76 (DIGB), BNM 80 (MR-8 e VAR-Palmares), BNM 26, 110, 225, 255, 279, 551 e 643 (PCB), BNM 180 (Frente); BNM 43 (PCdoB), Perfil dos Atingidos e as Torturas e Anexos

Arquivo Público de São Paulo (APESP), Coleção Deops-SP.
Pastas da Divisão de Ordem Social:
OS006 a 007 (Anistia), OS012 a 017 (Terrorismo), OS018 (Conclat), OS129 a 134 (Militares), OS140 a 142 (PCB), OS154 (PCB), OS199-200 (Retorno dos exilados), OS201 (História da subversão contada pelo DOI), OS241-248 (Aeronáutica), OS250-272 (Exército), OS274 (Marinha), OS238 (PCdoB), oS959-960 (Marco Antonio Tavares Coelho), OS1023 (PCBR, MR-8 e Molipo), OS1171 (Forças Armadas), OS1372 (Davi Capistrano), OS1470 (Frutuoso Luís Martins), OS1544 (João Buonome), OS1607 (José Maximiano de Andrade Neto), OS1644 (Landoaldo Cordeiro de Almeida), OS1657 (Lúcio Antonio Bellintani), OS1661 (Luiz Gonzaga Pereira), OS1678 (Manoel Jover Telles), OS1689 (Marco Abntonio Tavares Coelho), OS1756 (Norma de Sá Pereira), OS1759 (Oirasil Werneck), OS1769 (Osnir Geraldo Santa Rosa),

OS1813 (Ricardo Zarattini Filho), OS1879 (Vicente Sylvestre), OS1900 (Zaqueu Alves de Oliveira), OS1929-1949 (Comunismo).
Documentos dos prontuários:
Orlando Bonfim, PCB: 50-Z-09.43.589 e 50-Z-9-10.865; Wilson Müller, PCB: 50-Z-9-23.595, 50-Z-9-24.751, 50-Z-9-29.951, 50-Z-9-216-224 a 232, 52-Z-90-656 e 52-Z-0-3994; Renato de Oliveira Mota, PCB: 50-Z-9-40.301 e 52-Z-17.249 e 949: Norma de Sá Pereira, MR-8: 50-Z-9-36.424. 50-Z-9-37.364 a 370 e 37.416 a 448, 50-Z-9-180-2319 a 2322, 50-Z-9-37.557 e 50-Z-937.815; Oban: 50-Z-9—73-13.139; Walyr Coelho/DOI: 50-Z-9—86-16.067 a 95, 50-Z-9-84.15 602 (p. 77 a 119); 2ª Coampanhia PE: 50-Z-9-45-7753; Hiran de Lima Pereira (PCB): 50-Z-9-194-39.317; PCB: 50-Z-9-194-39313; Elson José da Costa (PCB): 50-Z-9-194-39.306 a 311; Voz Operária: 50-Z-9-192-38.987

Arquivo Nacional (AN).
Fundo Centro de Informações do Exterior - BR DFANBSB IE; Fundo Conselho de Segurança Nacional - BR DFANBSB N8; Fundo Divisão de Segurança e Informações do Ministério das Relações Exteriores - BR DFANBSB Z4; Fundo Estado-Maior das Forças Armadas - BR DFANBSB 2M; Fundo Serviço Nacional de Informações - BR DFANBSB V8; Fundo Centro de Informações de Segurança da Aeronáutica - BR DFANBSB VAZ; Fundo Comissão Nacional da Verdade - BR RJANRIO CNV; Fundo Informações da Marinha - BR RJANRIO L2; FUNDO: Secretaria de Assuntos Estratégicos da Presidência da República - BR DFANBSB H4

Arquivo da Comissão Estadual da Verdade de São Paulo.
Documentos digitalizados pela comissão

Arquivo do Autor (AA)
Por que resisti à prisão, Carlos Marighella (manuscrito); arquivos digitais das pastas áudios, audioszap.pimenta, audiozap.junho.2020 e Reuniões do CC do PCB; 11 pastas com áudios da pesquisa Casa da Vovó, uma pasta com entrevistas sem gravar da Casa da Vovó; três pastas com com transcrições de entrevistas as pesquisas Vinícius e Casa da Vovó; pasta denúncias do

Ministério Público Federal, pasta documentos Roberto Simon-Chile; pasta reportagens; pasta agraciados com ordem do mérito; pasta audiências públicas das comissões da verdade; para gérmen do orvil, pasta caderneta condenados-Prestes; carta Cecília Viveiros de Castro; relatório entregue por Inês Romeu a OAB; pasta documentos do doutor Pirilo; pasta documentos A Esquerda; lista de oficiais brasileiros que cursaram a Escola das Américas; pasta Nilson Miranda; pasta Montoro e pasta Que Merda é Essa? (documentos cedidos por João Guilherme Vargas Netto); pasta Paulo Malhães (Operação Gringo/Caco); pasta Volks; pasta documentos do CIE, Interrogatório, 1971; Objetivo do Trabalho do Partido no Movimento Operário e Sindical (documento cedido por Marly Vianna); pasta Operação Gutemberg e outros papéis operacionais da PMESP e diário pessoal cedidos pelo coronel da PMESP Mário Fonseca Ventura.

Arquivo de Memória Operária do Rio de Janeiro, na UFRJ (Amorj).
Fundo Hamilton Garcia, série 2, documentos do partido, 12

Centro de Documentação e Memória Unesp (Cedem) – Unesp.
Voz Operária – 1965-1981; Instituto Astrojildo Pereira (IAP – PCB), caixas, 1, 2, 3, 13, 14 e 16.; Fundo José Luiz del Roio, os documentos: Malina, Salomão, Malina: Aspectos das atividades clandestinas do Partido Comunista; Reis, Hércules Correa, *Que Merda é Essa?*

Universidade Federal de Minas Gerais, UFMG – Projeto República – Brasil Doc.
O golpe militar de 1964; órgãos de informação e repressão da ditadura e Informantes, infiltrados, agentes e centros de repressão

Arquivo Estatal Russo de História Contemporânea (RGANI).
Severino Theodoro de Mello, Fundo 5, lista 109, documento 1.758; Givaldo Siqueira, fundo 5, lista 109, documento 1949, José Salles, fundo 5, lista 109, documento 1.746

Arquivo degli Ministero degli Affari Esteri e della cooperazione Internazionale (Farnesina).

Pasta Direzione Affari Politici Ufficio XII – Itália: Anno 1964 – pacco 3 / 4

Arquivo Nacional da Torre do Tombo – PIDE – Lisboa.

PIDE / DSG – SC/SR1/46/2-BG (Partido Comunista Brasileiro)

Central Intelligence Agency's Freedom of Information Act Eletronic Reading Room (CIA-FOIA).

Argentina Declassification Project – The Dirty War (1976-83); Documentos sobre o Brasil; documentos desclassificados sobre Luiz Carlos Prestes

Office of the historian, Foreign Service Institute – United States Department of State. DC.

The Foreign Relations of the United States (FRUS) series: Lyndon B. Johnson, Richard Nixon, Gerald Ford and Jimmy Carter administrations. Pastas: Foreing Relations os the United States, 1969-1972, Volume E-1, documents on Global Issues, 1969-19762; Foreign Relations of the United States, 1964-1968, Volume XXXI, South and Central America; Mexico; Foreign Relations of the United States, 1969-1976, Volume E-10, documents on American Republics, 1969- 1972; Foreign Relations of the United States, 1969-1976, Volume E-11, Part 2, Documents on South America, 1973-1976; Foreign Relations of the United States, 1977-1980 Volume XXIV, South America; Latin America Region; Foreign Relations of the United States, 1969–1976, Volume E–3, Documents on Global Issues, 1973–1976 (National Archives and Records Administration)

BIBLIOGRAFIA

Abramo, Claudio. *A regra do Jogo*. São Paulo: Companhia das Letras, 1988.

Abreu, Hugo. *O outro lado do poder*. Rio de Janeiro: Nova Fronteira, 1979.

Alves Filho, Ivan. *Giocondo Dias, uma vida na clandestinidade*. Rio de Janeiro: Mauad, 1997.

Alves, Maria Helena Moreira. *Estado e Oposição no Brasil (1964-1984)*. Petrópolis: Vozes, 1984.

Alves, Raimundo. *Os desconhecidos da história da imprensa comunista*. Gráfica Sindical, 2005.

Amano, Takao. *Assalto ao céu*. São Paulo: Com-Arte, 2014.

Antunes, Ricardo. *A rebeldia no trabalho*. Campinas: Editora da Unicamp, 1988.

Apollinaire, Guillaume. *Oeuvres poétiques*. Ligugé: Éditions Gallimard, 2005.

Apolônio, Luiz. *Manual de polícia política e social* / Luiz Apolônio.- 2.ª ed.- São Paulo: Escola de Polícia de São Paulo, 1958.

Araújo, Caetano Pereira de (org.). *1964: As armas da política e a ilusão armada*. Brasília: Fundação Astrojildo Pereira, 2014.

______; Khruschov denuncia Stalin. Revolução e democracia. Brasília: Fundação Astrojildo Pereira, 2022.

Araújo, Rodrigo Nabuco de. "Repensando a guerra revolucionária no Exército brasileiro (1954-1975)", in *Historia y problemas del siglo XX* | Año 8, Volumen 8. Montevidéu: Universidad de la República, 2017.

______. "L'art français de la guerre. Transferts de la doctrine de la guerre révolutionnaire au Brésil (1958-1974)", in: *Cahiers des Amériques latines*. Aubervilliers: Institut des hautes études de l'Amérique latine (IHEAL), 2013.

Araújo de Oliveira, Hermes. *Guerra revolucionária*. Rio de Janeiro: Biblioteca do Exército, 1965.

Arendt, Hanna. *Origens do Totalitarismo*. São Paulo: Companhia das Letras. 1990.

______. *Eichman em Jerusalém: um retrato sobre a banalidade do mal*. São Paulo: Companhia das Letras, 1999.

______. *Responsabilidade e julgamento*. São Paulo: Companhia das Letras, 1999.

______. *Crises da república*. São Paulo. Perspectiva, 2006.

Argolo, José A; Ribeiro, Kátia, Fortunato, Luiz Alberto M. *A direita explosiva no Brasil*. Rio de Janeiro: Mauad, 1996.

Arquidiocese de S. Paulo. Brasil Nunca Mais. 26ª ed. Petrópolis: Vozes, 1985.

Aron, Raymond. *Penser la guerre, Clausiwitz*. 2 vols. Paris: Gallimard, 1976.

______. *Démocratie et totalitarisme*. Paris: Folio, 1987.

Aussaresses, Paul. *Services Speciaux, Algérie 1955-1957*. Paris: Perrin, 2006.

Azambuja, Carlos Ilich Santos. *A hidra vermelha*. 2ª edição. Brasília: Observatório Latino, 2016.

_______. *O Araguaia sem máscara*. Rio de Janeiro: Clube Naval, 2016.

Baffa, Ayrton. *Nos porões do SNI*. Rio de Janeiro: Objetiva, 1989.

Bandeira, Luiz Alberto Moniz. *De Martí a Fidel*. Rio de Janeiro: Civilização Brasileira, 1998.

______. *Fórmula para o caos*. Rio de Janeiro: Civilização Brasileira, 2008.

Barata, Agildo. *Vida de um Revolucionário (Memórias)*. São Paulo: Editora Alfa-Ômega, 1978.

Barros, Celso Rocha de. *PT, uma história*. São Paulo : Companhia das Letras, 2022.

Bartov, Omer; Grossmann, Attina; Nolan, Mary. *Crimes de guerra: culpa e negação no século XX*. Rio de Janeiro: Difel, 2006.

Battibugli, Thaís. *Democracia e segurança Pública em São Paulo (1946-1964)*. Tese de Doutorado. São Paulo: USP, 2006.

Beevor, Antony e Cooper, Artemis. *Paris after the liberation 1944-1949*. Londres: Penguin, 1995.

Beevor, Antony. *The Second World War*. Londres: Weidenfeld & Nicolson, 2012.

Beto, Frei. *Batismo de fogo*. Rio de Janeiro: Rocco, 2000.

Bezerra, Gregório. *Memórias*. São Paulo: Boitempo, 2011.

Bianconi, Giovanni. *Mi dichiaro prigioniero politico: storie delle Brigate Rose*. Turim: Enaudi, 2003

Bigeard, Marcel. *Ma guerre d'Algérie*. Monaco: Éditions du Rocher, 2003.

Bicudo, Hélio Pereira. *Meu depoimento sobre o Esquadrão da Morte*. São Paulo: Martins Fontes, 2002.

Bloch, Marc. *A sociedade feudal*. São Paulo: Edipro, 2016.

Bonnet, Gabriel. *Guerras insurrecionais e revolucionárias*. Rio de Janeiro: Bibliex, 1963.

Borges Filho, Nilson. *Santos e pecadores: o comportamento político dos militares Brasil--Portugal*. Florianópolis: Paralelo 27, 1997.

Branche, Raphaëlle. *La torture et l'armée pendant la guerre d'Algérie*. Paris: Gallimard, 2001.

Brandão, Gildo Marçal. A esquerda positiva. As duas almas do Partido Comunista – 1920/1964. São Paulo: Hucitec, 1997.

Caldas, Álvaro. *Tirando o capuz*. 5ª ed. Rio de janeiro: Garamond, 2004.

Camargo, Aspásia de; Góes, Walder. *Meio século de combate: diálogo com Cordeiro de Farias*. Rio de Janeiro: Nova Fronteira, 1981.

Capitani, Avelino Bioen. *A rebelião dos marinheiros*, 2ª ed. São Paulo: Expressão Popular, 2005.

Cardia, Nancy; Astolfi, Roberta. *Tortura na Era dos Direitos Humanos*. São Paulo: Edusp, 2014.

Cardoso, Fernando Henrique. *Um intelectual na política: Memórias*. São Paulo: Companhia das Letras, 2021.

Carone, Edgard. *O PCB 1964-1982*. São Paulo: Difel, 1982.

Carvalho, Apolônio. *Vale a pena sonhar*. Rio de Janeiro: Rocco, 1997.

Carvalho, José Murilo de. *Forças Armadas e Política no Brasil*, 2ª ed. Rio de Janeiro: Zahar, 2006.

Carvalho, Luiz Maklouf. *Mulheres que foram à luta armada*. São Paulo: Globo, 1998.

______. *O coronel rompe o silêncio*. Rio de janeiro: Objetiva, 2004.

Casali, Cláudio Tavares. *Anos de chumbo contra chumbo*. Rio de Janeiro: edição do autor (e-book), 2019.

Castañeda, Jorge C. *A vida em vermelho*, 2ª ed. São Paulo: Companhia das Letras, 1997.

______. *La utopia desarmada*. Buenos Aires: Ariel, 1993.

Castro, Celso; Izecksohn, Vitor; Kraay, Hendrik. *Nova História Militar Brasileira*. Rio de Janeiro: Editora FGV, 2004.

Castro, Celso. *Os militares e a República*. Rio de Janeiro: Zahar, 1995.

______. *O espírito militar*, 2ª ed. Rio de Janeiro: Zahar, 2004.

______. *A invenção do Exército brasileiro*. Rio de Janeiro: Zahar, 2002.

______. *Exército e Nação: estudos sobre a história do Exército brasileiro*. Rio de Janeiro: Editora FGV, 2012.

Castro, Fidel. *A história me absolverá*. São Paulo: Expressão Popular, 2008.

Cavalheiro, Almoré Zoch. *A Legalidade, o Golpe Militar e a Rebelião dos Sargentos*. Porto Alegre: AGE, 2001.

Castro, Ruy. *Ela é carioca*. São Paulo: Companhia das Letras, 1999.

Christino, Fernando Pereira. *Uma vida de lutas dedicada ao comunismo, memórias de Fernando Pereira Christino, militante do PCB*. Rio de Janeiro: Edição do autor, 2015.

Clark, Christopher. *The Sleepwalkers. How Europe went to war in 1914*. New York : Harper Collins, 2012.

Clausewitz, Carl Von. *Da Guerra*, 2ª ed. São Paulo: Martins Fontes, 2003.

Coelho, Marco Antonio Tavares. *A herança de um sonho. As memórias de um comunista*. Rio de Janeiro: Record, 2000.

Comissão Especial de Mortos e Desaparecidos Políticos da Secretaria Especial de Direitos Humanos da Presidência da República. *Direito à Memória e à Verdade*. Brasília, 2007.

Comissão Estadual da Verdade do Rio de Janeiro. Relatório final. Disponível em: http://www.cev-rio.org.br/site/arq/cev-rio-relatorio-final.pdf. Rio de Janeiro, 2015.

Comissão Nacional da Verdade. *Relatório*, vol. 1. Disponível em: http://www.cnv.gov.br/index.php?option=com_content&view=article&id=571. Acesso em: 15 mai.2016.

Contreras, Hélio. Ai-*5, a opressão no Brasil*. Rio de Janeiro: Record, 2005.

Costa, Caio Túlio. *Cale-se*. São Paulo: A Girafa, 2003.

Costa, Octavio Pereira da. *Castello Branco: seu perfil na profissionalização das Forças Armadas e na construção da Doutrina Militar Brasileira. Padeceme*, Rio de Janeiro, nº 19, 3º quadrimestre de 2008.

Coutinho, Lourival. *O General de Góis Depõe...* Rio de Janeiro: Livraria Editora Coelho Branco., 1955.

Couto, Ronaldo Costa. *Memória viva do regime militar. Brasil: 1964-1985*. Rio de Janeiro: Record, 1999.

Ciavatta, Maria (coord.). *Luta e memória, a preservação da memória histórica do Brasil e o resgate de pessoas e documentos das garras da ditadura*. Rio de Janeiro: Editora Revan, 2015.

Codarin Nascimento, Higor. *A arma da crítica e a crítica das armas: a trajetória revolucionária do MR-8*. Campinas: Teses de mestrado Unicamp, 2018.

Cunha, Paulo Ribeiro da. *Um olhar à esquerda: A luta pela terra dos posseiros em Formosa e Trombas e a Revolução Brasileira (1950 - 1964)*. Rio de Janeiro: Revan, 2002.

______. *Aconteceu longe demais*. São Paulo, Unesp, 2007.

Curcio, Renato. Intervista a Curcio nella sua versione originale e integrale pubblicata parzialmente sull'Espresso. Fonte: Soccorso Rosso, Brigate Rosse, Feltrinelli, 1976. e *L'Espresso*, nº 1, 1975. Disponível em: <http://www.brigaterosse.org/brigaterosse/index.htm>. Acesso em: 9 dez. 2006.

Czajka, Rodrigo, *Esses chamados intelectuais de esquerda: o IPM do PCB e o fenômeno do comunismo na produção cultural do pós-golpe*, in Revista Antíteses, v. 8, n. 15, p. 219-242, jan./jun. 2015. Londrina: Universidade Estadual de Londrina (UEL), 2015.

Dantas, Audálio. *As duas guerras de Vlado Herzog*. Rio de Janeiro: Civilização Brasileira, 2012.

D'Araújo, Maria Celina; Castro, Celso (org.). *Ernesto Geisel*. 5ª ed. Rio de Janeiro: Editora FGV, 1998.

Da-Rin, Silvio. *Hércules 56: o sequestro do embaixador americano em 1969*. Rio de Janeiro: Zahar, 2007.

Debray, Régis. *La guerrilla du Che*. Paris: Le Seuil, 1996.

Del Nero Augusto, Agnaldo. *A grande mentira*. Rio de Janeiro: Bibliex, 2001.

Dianezzi Filho, Vicente, *Magrão, exemplo de militante*. Brasília: Fundação Astrojildo Pereira, no prelo

Dias, Erasmo. *Um pouco de história* (mimeo). São Paulo, 1998.

Dicionário histórico e biográfico. 2ª ed. Rio de Janeiro: Editora FGV/CPDoc, 2000.

Dinges, John. *Os anos do condor*. São Paulo: Companhia das Letras, 2005.

Dirceu, José; Palmeira, Vladimir. *Abaixo a ditadura*. Rio de Janeiro: Garamond, 1998.

Doratioto, Francisco. *Maldita guerra*. 2ª ed. São Paulo: Companhia das Letras, 2002.

Dossiê dos mortos e desaparecidos políticos a partir de 1964. Recife: Companhia Editora de Pernambuco, 1995.

Dreifuss, René Armand. *1964: a conquista do Estado*. 2ª ed. Petrópolis: Vozes, 1981.

Durieux, Benoît. *Relire La guerre de Clausewitz: strategies et doutrines*. Paris: Econômica,2005.

Engels, Friedrich. *Anti-Dühring*. 3ª ed. Rio de Janeiro: Paz e Terra, 1990.

______. *O Papel da violência na história*, in http://marxists.org/portugueses//marc/1888/03/papel.htm, acesso em 30 de dezembro de 2011.

Etchichury, Carlos *et al*. *Os infiltrados*. Porto Alegre: Editora Age, 2010.

Exército - Escola de Comando e Estado-Maior (organizado pelo ten.-cel. Ney R. Rezende).

Guerras revolucionárias. Rio de Janeiro: Eceme, 1976.

______. *Introdução à Estratégia*. Rio de Janeiro: Eceme, 2011.

Exército - Centro de Informações (org. pelo gen. Agnaldo Del Nero). Brasília: Projeto Orvil, 1988.

Falcão, João. *Giocondo Dias: a vida de um revolucionário*. Rio de Janeiro: Agir, 1993.

Fanon, Frantz. *Lês damnés de la terre*. Paris: La Decouverte, 2002.

Faoro, Raymundo. *Os donos do Poder*, 4ª ed. São Paulo: Globo, 2008.

Fausto, Boris. *O pensamento nacionalista autoritário*. Rio de Janeiro: Zahar, 2001.

______. *A revolução de 1930, historiografia e história*. São Paulo: Companhia das Letras, 1997.

______. *História do Brasil*. São Paulo: Edusp, 2019.

Fausto, Ruy. "Em torno da pré-história intelectual do totalitarismo igualitarista". *Lua Nova*, São Paulo, nº 75, 2008, p. 143-198.

Fávero, Eugênia Augusta Gonzaga *et al*. *Ação Civil Pública 2008.61.00.011414-5*. São Paulo, 8ª Vara Federal Cível de São Paulo, 2008.

Fernandez, Jorge Christian. *Voluntários da Liberdade: Militares Brasileiros nas Forças Armadas Republicanas durante a Guerra Civil espanhola (1936-1939)*. São Leopoldo: UNISINOS, Dissertação de Mestrado, 2003.

Fernandes, Florestan. *Da guerrilha ao socialismo: a Revolução Cubana*. São Paulo: Expressão Popular, 2007.

Fernandes Junior, Ottoni. *O baú do guerrilheiro: memórias da luta armada urbana no Brasil*. Rio de Janeiro: Record, 2004.

Ferraz, Lucas. *Injustiçados*. São Paulo: Companhia das Letras, 2021.

Ferreira, Oliveiros S. *Elos partidos*. São Paulo: Harbra, 2007.

______. "Vinte anos depois". *Revista USP*. São Paulo, nº 65, 2005.

______. *Os 45 cavaleiros húngaros*. São Paulo. Hucitec, 1986.

Ferreira Junior, Amarílio; Bittar, Marisa. *O coronel Passarinho e o regime militar: o último intelectual orgânico?* (mimeo).

Ferro, Marc. *Les individus face aux crises du xx siècle: l'historie anonyme*. Paris: Odilev Jacob, 2005.

______. 1917, *Les hommes de la révolution*. Paris: Omnibus, 2011

______. *La révolution de 1917*. Paris: Albin Michel, 1997.

______. *Les ressentiments dans l'histoire*. Paris: Odile Jacob, 2007.

______. *L'Histoire sous surveillance*. La Flèche. Calmann-Lévy, 1987.

Fico, Carlos. *Como eles agiam*. Rio de Janeiro: Record, 2001.

______. *Além do golpe: versões e controvérsias sobre 1964 e a ditadura militar*. Rio de Janeiro: Record, 2004.

______. *O Grande Irmão*, 2ª ed. Rio de Janeiro: Civilização Brasileira, 2008.

Figueiredo, Lucas. *Ministério do silêncio*. Rio de Janeiro: Record, 2005.

______. *Olho por olho*. Rio de Janeiro: Record, 2009.

______. *Lugar nenhum. Militares e civis na ocultação dos documentos da ditadura*. São Paulo: Companhia das Letras, 2015.

Figueiredo, M. Poppe de. *A revolução de 1964, um depoimento para a história pátria*. Rio de Janeiro: Apec Editora S.A., 1970.

Fiori, Giuseppe. *Vita di Enrico Berlinguer*. Roma/Bari: Laterza, 2004.

Fitzpatrick, Sheila. *A Spy in the archives*. Londres: I.B.Tauris, 2013.

______. *The Russian Revolution*. Nova York: Oxford Press, 2008.

______. *On Stalin's Team: the years of living dangerously in soviet politics*. Princeton: Princeton University Press, 2015.

______. *Every Day Stalinism*. Nova York: Oxford University Press, 1999.

Forjaz, Maria Cecília Spina. *Tenentismo e política*. Rio de Janeiro: Paz e Terra, 1977.

Foucault, Michel. *Vigiar e punir*. Petrópolis: Vozes, 1977.

______. *Microfísica do Poder*. 20ª ed. Rio de Janeiro: Graal, 2004.

______. *Em defesa da sociedade*. São Paulo: Martins Fontes, 2005.

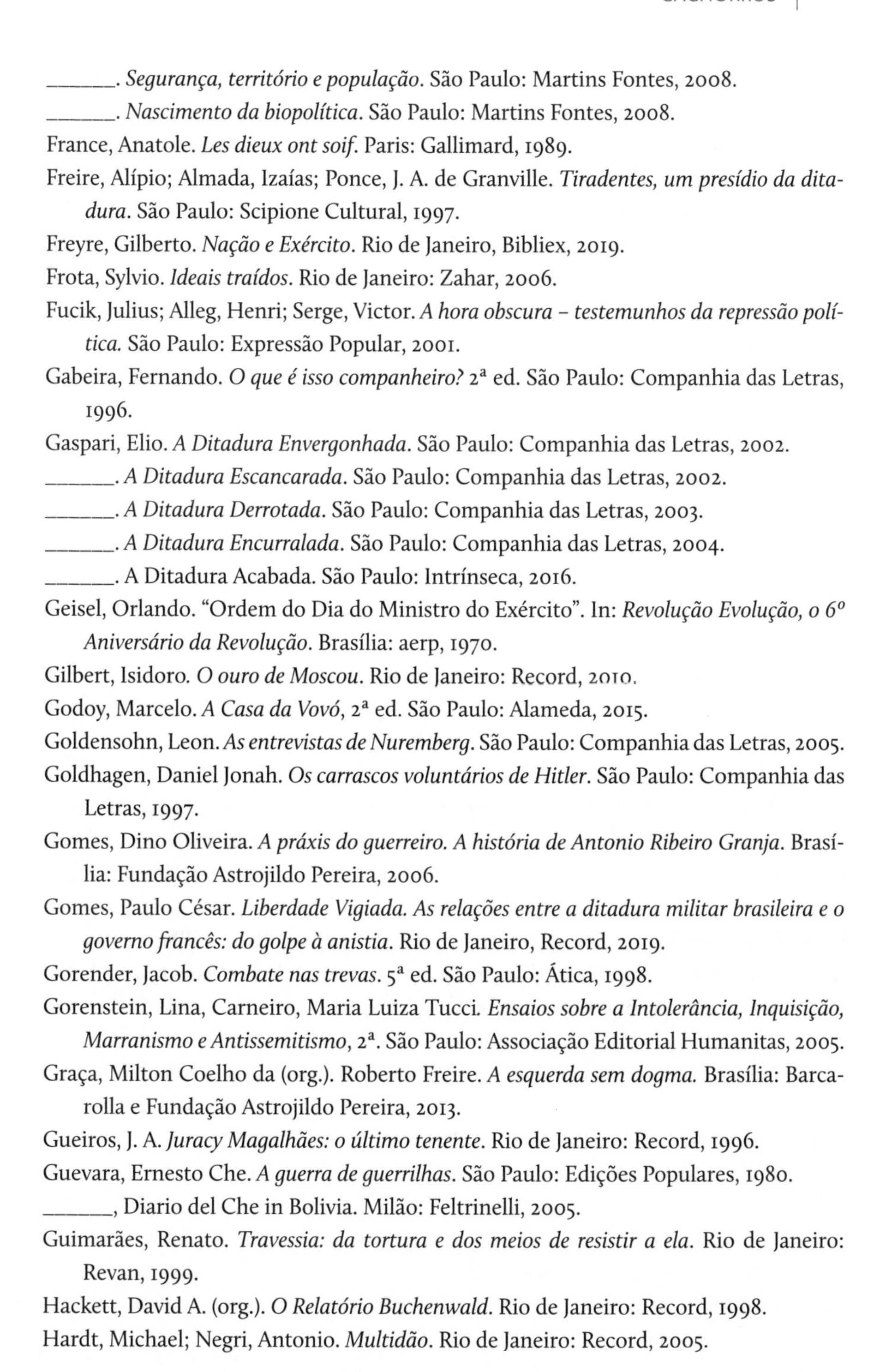

______. *Segurança, território e população*. São Paulo: Martins Fontes, 2008.

______. *Nascimento da biopolítica*. São Paulo: Martins Fontes, 2008.

France, Anatole. *Les dieux ont soif*. Paris: Gallimard, 1989.

Freire, Alípio; Almada, Izaías; Ponce, J. A. de Granville. *Tiradentes, um presídio da ditadura*. São Paulo: Scipione Cultural, 1997.

Freyre, Gilberto. *Nação e Exército*. Rio de Janeiro, Bibliex, 2019.

Frota, Sylvio. *Ideais traídos*. Rio de Janeiro: Zahar, 2006.

Fucik, Julius; Alleg, Henri; Serge, Victor. *A hora obscura – testemunhos da repressão política*. São Paulo: Expressão Popular, 2001.

Gabeira, Fernando. *O que é isso companheiro?* 2ª ed. São Paulo: Companhia das Letras, 1996.

Gaspari, Elio. *A Ditadura Envergonhada*. São Paulo: Companhia das Letras, 2002.

______. *A Ditadura Escancarada*. São Paulo: Companhia das Letras, 2002.

______. *A Ditadura Derrotada*. São Paulo: Companhia das Letras, 2003.

______. *A Ditadura Encurralada*. São Paulo: Companhia das Letras, 2004.

______. A Ditadura Acabada. São Paulo: Intrínseca, 2016.

Geisel, Orlando. "Ordem do Dia do Ministro do Exército". In: *Revolução Evolução, o 6º Aniversário da Revolução*. Brasília: aerp, 1970.

Gilbert, Isidoro. *O ouro de Moscou*. Rio de Janeiro: Record, 2010.

Godoy, Marcelo. *A Casa da Vovó*, 2ª ed. São Paulo: Alameda, 2015.

Goldensohn, Leon. *As entrevistas de Nuremberg*. São Paulo: Companhia das Letras, 2005.

Goldhagen, Daniel Jonah. *Os carrascos voluntários de Hitler*. São Paulo: Companhia das Letras, 1997.

Gomes, Dino Oliveira. *A práxis do guerreiro. A história de Antonio Ribeiro Granja*. Brasília: Fundação Astrojildo Pereira, 2006.

Gomes, Paulo César. *Liberdade Vigiada. As relações entre a ditadura militar brasileira e o governo francês: do golpe à anistia*. Rio de Janeiro, Record, 2019.

Gorender, Jacob. *Combate nas trevas*. 5ª ed. São Paulo: Ática, 1998.

Gorenstein, Lina, Carneiro, Maria Luiza Tucci. *Ensaios sobre a Intolerância, Inquisição, Marranismo e Antissemitismo*, 2ª. São Paulo: Associação Editorial Humanitas, 2005.

Graça, Milton Coelho da (org.). Roberto Freire. *A esquerda sem dogma*. Brasília: Barcarolla e Fundação Astrojildo Pereira, 2013.

Gueiros, J. A. *Juracy Magalhães: o último tenente*. Rio de Janeiro: Record, 1996.

Guevara, Ernesto Che. *A guerra de guerrilhas*. São Paulo: Edições Populares, 1980.

______, Diario del Che in Bolivia. Milão: Feltrinelli, 2005.

Guimarães, Renato. *Travessia: da tortura e dos meios de resistir a ela*. Rio de Janeiro: Revan, 1999.

Hackett, David A. (org.). *O Relatório Buchenwald*. Rio de Janeiro: Record, 1998.

Hardt, Michael; Negri, Antonio. *Multidão*. Rio de Janeiro: Record, 2005.

Harnecker, Marta. *Fidel: a estratégia política da vitória*. São Paulo: Expressão Popular, 2000.

História Oral do Exército, 1964, 31 de março. Tomos 1, 2, 5, 7 e 11. Rio de Janeiro: Bibliex, 2003.

Hastings, Max. *Catastrophe, 1914: Europe goes to war*. Nova York: Alfred A. Knoff, 2013.

Hobbes, Thomas. *Do Cidadão*. São Paulo: Martins Fontes, 2002

Hobsbawm, Eric. *A era dos extremos*. São Paulo: Companhia das Letras, 1995.

______. *Nações e nacionalismo desde 1870*. 4ª ed. Rio de Janeiro: Paz e Terra, 1990.

______. *Revolucionários*. Rio de Janeiro: Paz e Terra, 1985.

______. *Tempos interessantes*. São Paulo: Companhia das Letras, 2002.

Jauffret, Jean-Charles. *Ces officiers qui ont dit non à la torture: Algérie, 1954-1962*. Paris: Autreement, 2005.

Joffily, Mariana Rangel. *No centro da engrenagem: os interrogatórios na Operação Bandeirante e no DOI de São Paulo (1969-1975)*. Tese de Doutorado – FFLCH-USP, São Paulo, 2008.

Jordão, Fernando Pacheco. *Dossiê Herzog*. 6ª ed. São Paulo: Global, 2005.

José, Emiliano; Miranda, Oldack de. *Lamarca: o capitão da guerrilha*. 16ª ed. São Paulo: Global, 2004.

Kautsky, Karl. *Terrorisme et communisme: contribution a l'histoire des revolutions*. Paris: Éditions du Sandre, 2007.

Keegan, John. *Uma história da guerra*. São Paulo: Companhia das Letras, 1995.

______. *Inteligência na guerra*. São Paulo: Companhia das Letras, 2003.

Kelsen, Hans. *Teoria geral do Direito e do Estado*. 4ª ed. São Paulo: Martins Fontes, 2005.

Kershaw, Ian. *To hell and back: Europe 1914-1949*. Londres: Penguin, 2015

Khlevniuk, Oleg V. *The History of the Gulag*. New Haven: Yale University Press, 2004.

______. *Stalin, new biography of a dictador*. New Haven: Yale University Press, 2015.

Koestler, Arthur; Camus, Albert. *Réflexion sur la peine capitale*. Paris: Gallimard, 2002.

Konder, Leandro. *Introdução ao fascismo*. São Paulo: Expressão Popular, 2009.

Lacheroy, Charles. *De Saint-Cyr à l'action psychologique: mémoire d'un siècle*. Panazol: Lavauzelle, 2003.

Lafer, Celso. *A reconstrução dos direitos humanos*. São Paulo: Companhia das Letras, 1988.

Laque, João Roberto. *Pedro e os lobos*. São Paulo: Ava Editorial, 2010.

Laqueur, Walter. *Una historia del terrorismo*. Barcelona: Paidós, 2003.

Le Goff, Jacques. *História e Memória*. Campinas: Editora da Unicamp, 2003.

Lemos, Renato (org.). *Justiça fardada: o general Peri Bevilacqua no Superior Tribunal Militar*. Rio de Janeiro: Bom Texto, 2004.

Lenin, Vladimir I. *O Estado e a Revolução*. São Paulo: Expressão Popular, 2007.

______. “Que fazer?”; “Um passo à frente dois atrás”; “Duas táticas da social-democracia na revolução democrática”; “As lições da insurreição de Moscou”; “A Guerra e a social-democracia na Rússia”; “O programa militar da revolução proletária”; “O imperialismo, fase superior do capitalismo”. In: *Obras escolhidas*. Vol. 1. São Paulo: Alpha-Omega, 1986.

______. “As tarefas do proletariado na nossa revolução”; “VII Conferência (Abril) de toda a Rússia do POSDR”; “As lições da revolução”; “A catástrofe que nos ameaça e como combatê-la”; “A Revolução Russa e a Guerra Civil”; “Conservarão os bolcheviques o Poder de Estado?”; “Sétimo Congresso Extraordinário do PCR(b)”; “Acerca do infantilismo de esquerda e do espírito pequeno-burguês”; “Quinto Congresso dos Sovietes de Toda a Rússia”. In: *Obras escolhidas*. Vol. 2. 2ª ed. São Paulo: Alpha-Omega, 1988.

______. “A revolução proletária e o renegado Kautsky”; “1º Congresso da Internacional Comunista”; “Teses do CC do PCR(b) relativas à situação na frente leste”; “Saudação aos Operários Húngaros”; “Todos à luta contra Deninkin”; “Carta aos operários e camponeses”; “Relatório no 2º Congresso dos Povos do Oriente”; “As eleições para a Assembleia Constituinte”; “9º Congresso do PCR(b), relatório do comitê central”; “A doença infantil do esquerdismo no comunismo”; “Mais uma vez sobre os sindicatos”; “Projeto inicial de resolução do 10º Congresso do PCR sobre a unidade do partido e 3º Congresso da Internacional Comunista”. In: *Obras completas*. Vol. 3. 2ª ed. São Paulo: Alpha-Omega, 2004.

Lewin, Moshe. *O século soviético*. Rio de Janeiro: Record, 2007.

Levi, Primo. *Se questo è un uomo*. Turim: Einaudi, 2005.

Liddell Hart, B. H. *As grandes batalhas da história (Estratégia)*. 6ª ed. São Paulo: Ibrasa, 2005.

Lima, Haroldo; Arantes, Aldo. *História da Ação Popular: da Juca ao PCdoB*. 2ª ed. São Paulo: Alpha-Omega, 1984.

Lima, Ricardo Rodrigues Alves de. *O PCB vive e atua: Da crise do stalinismo a um novo ciclo de luta clandestina contra a ditadura (1956-1976)*. Tese de Doutorado. Goiânia: Universidade federal de Goiás, 2014.

London, Artur. *L'aveu*. Paris: Gallimard, 2007.

Lobato, Gisele Christini de Sousa Lobato. “O Brasil e a FNLA no processo de descolonização de Angola (1975)”, in Revista Brasileira de História Militar, Ano X, nº 25, maio de 2019.

Longo, Moacir. *Brasil: os descaminhos do país das terras achadas*. Brasília: Fundação Astrojildo Pereira, 2008.

Löwy, Michael. *O pensamento de Che Guevara*. São Paulo: Expressão Popular, 1999.

______ (org.). *Revoluções*. São Paulo: Boitempo, 2009.

Lungaretti, Celso. *Naufrágio da Utopia*. São Paulo: Geração Editorial, 2005.

Luxemburgo, Rosa. *Reforma ou revolução?* São Paulo: Expressão Popular, 2015.

Maciel, Wilma Antunes. *Repressão judicial no Brasil: o capitão Lamarca e a VPR na Justiça Militar (1969-1971)*. Dissertação de Mestrado – Departamento de História, FFLCH-USP, São Paulo, 2003.

Magalhães, J. B. *A evolução militar do Brasil*. Rio de Janeiro: Bibliex, 2001.

Magalhães, Mário. *Marighella: o guerrilheiro que incendiou o mundo*. São Paulo: Companhia das Letras, 2013.

Magalhães, M. B. de. *Documento: Manual do interrogatório*. História: Questões & Debates, nª 40. Curitiba: Editora UFPR, 2004.

Malin, Mauro. *Armênio Guedes, um comunista singular*. Rio de Janeiro: Ponteio, 2018.

Marchi, Carlos, *Longa Jornada até a democracia, os 100 anos do partidão – 1922/2022, volume 1*. Brasília: Fundação Astrojildo Pereira, 2022.

Mariano, Nilson. *As garras do condor*. Petrópolis: Vozes, 2003.

Marighella, Carlos. *Minimanual do Guerrilheiro Urbano*. BMN 102 (ALN), ael-Unicamp, 1969.

______. *Chamado ao Povo brasileiro para unir-se à luta*. Disponível em: <http://marxists.org/espanol/marigh/obras/mensaj.htm>. Acesso em: 10 dez. 2006.

______. *Poemas: Rondó da Liberdade*. São Paulo: Brasiliense, 1994.

Markun, Paulo. *Meu querido Vlado: a história de Vladimir Herzog e o sonho de uma geração, 2ª*. Rio de Janeiro: Objetiva, 2015.

______. *Brado retumbante 1, Na lei ou na marra, 1964-1968*. São Paulo: Benvirá, 2014.

______. *Brado retumbante 2, Farol alto sobre as Diretas, 1969-1984*. São Paulo: Benvirá, 2014.

Martinelli, Renato. *Um grito de coragem: memórias da luta armada*. São Paulo: Com-Arte, 2006.

Martins Filho, João Roberto. *O palácio e a caserna: a dinâmica militar das crises políticas na ditadura*. São Carlos: Edufscar, 1996.

______. "A influência doutrinária francesa sobre os militares brasileiros nos anos de 1960". *Revista Brasileira de Ciências Sociais*, São Paulo, vol. 23, nº 67, jun. 2008.

______. *Segredos de Estado. O governo britânico e a tortura no Brasil (1969-1976)*. Salvador: Sagga, 2019.

Martins, Paulo Egydio. *Paulo Egydio conta*. São Paulo: Imprensa Oficial do Estado, 2007.

Marx, Karl. *O 18 de Brumário e Cartas a Kugelmann*. 7ª ed. Rio de Janeiro: Paz e Terra, 1997.

Marx, Karl & Engels, Friedrich. *A ideologia alemã*. Rio de Janeiro: Civilização Brasileira, 2007.

______. *O Manifesto Comunista*. Rio de Janeiro: Paz e Terra, 2008.

______. *Obras escolhidas*. Vol. 2. São Paulo: Alfa-Omega, s/d.

Mattos, Carlos de Meira. "Doutrina Política de Potência". In: *Revolução, Evolução: 6º Aniversário da Revolução*. Brasília: Aerp, 1970.

Maximiano, Cesar Campiani. *Barbudos sujos e fatigados*. São Paulo: Grua, 2010.

Mazzeo, Antonio Carlos. *Sinfonia Inacabada, A política dos comunistas no Brasil*. Marília: Unesp-Marília-publicações; São Paulo: Boitempo, 1999.

McCann, Frank D. *Soldados da Pátria: história do Exército brasileiro de 1889-1937*. São Paulo: Companhia das Letras, 2007.

Mello, Severino Theodoro de. *O Último de 35*. Rio de Janeiro: mimeo, 2014.

Ministério Público Federal. *Crimes da ditadura militar*. Brasília: MPF, 2017.

Miranda, Nilmário; Tibúrcio, Carlos. *Dos filhos deste solo*. São Paulo: Bointempo, 1999.

Moisés, José Álvaro e Weffort, Francisco, *Crise da democracia represnentativa e populismo no Brasil*. Rio de Janeiro: Konrad Adenauer Stiftung, 2020.

Monteleone, Joana (*et al.*). *À espera da verdade*. São Paulo: Alameda, 2016.

Moraes, Dênis de & Viana, Francisco. *Prestes: Lutas e Autocríticas*. Rio de Janeiro: Mauad, 2009.

Moraes, Mascarenhas de. *A FEB pelo seu comandante*. Rio de Janeiro: Bibliex, 2005.

Moraes, João Quartim de. *A esquerda militar no Brasil*. São Paulo: Expressão Popular, 2005.

______; Reis filho, Daniel Aarão (orgs.). *História do Marxismo no Brasil*. Vol. 1. 2ª ed. Campinas: Editora da Unicamp, 2003.

Moraes, Mário Sérgio de. *O ocaso da Ditadura: caso Herzog*. São Paulo: Barcarolla, 2006.

Moraes, Sergio Augusto. *Viver e morrer no Chile*. Rio de Janeiro: Contraponto, 2010.

Morais, Fernando. *Olga*. São Paulo: Companhia das Letras, 2016.

Morais, Taís; Silva, Eumano. *Operação Araguaia*. São Paulo: Geração Editorial, 2005.

Morais, Taís. *Sem vestígios*. São Paulo: Geração Editorial, 2008.

Moretti, Mario. *Brigate Rosse, uma storia italiana* (intervista di Carla Mosca e Rossana Rossanda). Milão: Mondadori, 2007.

Motta, Rodrigo Patto Sá. *Em guarda contra o perigo vermelho*. São Paulo: Perspectiva, 2002.

______. "Comunismo e Anticomunismo Sob O Olhar Da polícia política". *Locus: Revista De História* 16 (1). https://periodicos.ufjf.br/index.php/locus/article/view/20132. 2010.

Mourão Filho, Olympio. *Memórias de um revolucionário*. Porto Alegre: L&PM, 1978.

Neitzel, Sönke; Welzer, Harald. *Soldados, sobre lutar, matar e morrer*. São Paulo: Companhia das Letras, 2014.

Nossa, Leonencio. *Mata!: o major Curió e as guerrilhas no Araguaia*. São Paulo: Companhia das Letras, 2012.

Padura, Leonardo. *O homem que amava os cachorros*. São Paulo. Bointempo, 2015.

Pahlavi, Pierre Cyril. *La guerre revolucionnaire de l'armée française en Algerie*. Paris: L'Harmattan, 2004.

Paiva, Maurício. *O sonho exilado*. Rio de Janeiro: Mauad, 2004.

Pandolfi, Dulce. *Camaradas e Companheiros, História e Memória do PCB*. Rio de Janeiro: Relume Dumará/Fundação Roberto Marinho, 1995.

Parucker, Paulo Eduardo Castello. *Praças em pé de guerra*. Dissertação (mestrado) – UFF, Rio, 1992.

Pascualette, Bernardo Braga. *Me esqueçam, Figueiredo*. Rio de Janeiro: Record, 2020.

Paulo VI, *Populorum Progressio*. Roma: 1967. Disponível em: http://www.vatican.va/holy_father/paul_vi/encyclicals/documents/hf_p-vi_enc_26031967_populorum_it.html. Acesso em: 21/10/2014.

Paxton, Robert O. *A anatomia do fascismo*. São Paulo: Paz e Terra, 2007.

Patarra, Judith Lieblich. *Iara*. Rio de Janeiro: Rosa dosa Tempos, 1992.

Paz, Carlos E. C. S. da. *Viagem à luta armada*. 2ª ed. Rio de Janeiro: Civilização Brasileira, 1996.

______. *Nas trilhas da aln*. Rio de Janeiro: Bertrand Brasil, 1997.

PCdoB. *Guerrilha do Araguaia*, 2ª ed. São Paulo: Editora Anita Garibaldi, 1982.

Pedroso Junior, Antonio. *Sargento Darcy, lugar-tenente de Lamarca*. Bauru: Centro de Estudos Sociais e Políticos e Preservação da História, 2003.

Penna, Lincoln de Abreu. *A República dos Manifestos Militares*. Rio de Janeiro: E-papers, 2011.

Peralva, Osvaldo. *O retrato*. São Paulo: Três estrelas, 2015.

Pereira, Freddie Perdigão. "O Destacamento de Operações de Informações (DOI) no EB – histórico papel no combate à subversão: situação atual e perspectivas, monografia apresentada à Escola de Comando e Estado-Maior do Exército, 1978". In: *Ação Civil Pública 2008.61.00.011414-5*. São Paulo, 8ª Vara Federal Cível de São Paulo, 2008.

Pinheiro, Paulo Sérgio. "Estado e terror". In: Novaes, Adauto (org.). *Ética: vários autores*. São Paulo: Companhia das Letras, 2007.

Pinheiro, Ivan. *Um olhar comunista*. Rio de Janeiro: Fundação Dinarco reis, 2010.

Pinto, Sergio Murillo. *Exército e política no Brasil*. Rio de Janeiro: FGV Editora, 2016.

Pistone, Sergio. "Razão de Estado". In: Bobbio, Norberto; Matteucci, Nicola; Pasquino, Gianfranco. *Dicionário de Política*. 2º vol. 12ª ed. Brasília: Editora UnB, 1999.

Policzer, Pablo. "A Polícia e a Política de Informações no Chile durante o governo Pinochet". *Estudos Brasileiros*, Rio de Janeiro, vol. 12, nº 22, 1998.

Pomar, Wladimir. *A Revolução Chinesa*. São Paulo: Editora Unesp, 2003.

Pomar, Pedro Estevam da Rocha. *Massacre na Lapa*. São Paulo: Fundação Perseu Abramo, 2006.

Porto, Bellens. *A insurreição da ANL em 1934. O relatório Bellens Porto*, Rio de Janeiro: Revan, 2015.

Porto, Walter Costa. *O dicionário do voto*. Rio de Janeiro: Lexicon, 2012.

Poulantzas, Nicos. *Fascisme et dictature*. Paris: Seuil/Maspero, 1974.

Prado Jr, Caio. *A revolução brasileira/A questão agrária no Brasil*. São Paulo: Cia das Letras, 2014.

Preste, Anita Leocádia. *Os comunistas brasileiros (1945-1956/58): Luiz Carlos Prestes e a política do PCB*. São Paulo: Brasiliense, 2010.

_______. *Viver é tomar partido (memórias)*. São Paulo: Boitempo, 2019.

_______. *Luiz Carlos Prestes e a aliança nacional libertadora*. São Paulo: Brasiliense, 2008.

_______. *Luiz Carlos Prestes, o combate por um partido revolucionário (1958-1990)*. São Paulo: Expressão Popular, 2012.

_______. *Tenentismo pós-1930. Continuidade ou ruptura?* Rio de Janeiro: Consequência, 2014.

_______. *Uma epopeia brasileira: a Coluna Prestes*. São Paulo: Expressão Popular, 2009.

_______. *Luiz Carlos Prestes: um comunista brasileiro*. São Paulo: Boitempo, 2015.

Rabinowitch, Alexander. *The bolsheviks in power*. Bloomington: Indiana University Press, 2007.

_______. *The bolsheviks come to power*. Chicago: Haymarket Books, 2004.

Ramos, Graciliano. *Memórias do Cárcere*. Rio de Janeiro: Record/Altaya, 1996.

Reis Filho, Daniel Aarão. *Ditadura militar, esquerdas e sociedade*. 2ª ed. Rio de Janeiro: Zahar, 2000.

______. *Luiz Carlos Prestes, um revolucionário entre dois mundos*. São Paulo: Companhia das Letras, 2014.

______. *Ditadura e democracia no Brasil*. Rio de Janeiro: Zahar, 2014.

______. Sá, Jair Ferreira de. *Imagens da Revolução*. São Paulo: Expressão Popular, 2006.

Reis, Dinarco. *A luta de classes no Brasil e o PCB*. São Paulo: Editora Novos Rumos, 1987.

Remnick, David. *O Túmulo de Lenin*. São Paulo: Companhia das Letras, 2017.

Rettig Guissen, Raul. *Informe Rettig*. Disponível em: <http://freespace.virgin.net/nicole. drouilly/rettig13.htm>. Acesso em: 1º out. 2004.

Reznik, Luís. *Democracia e Segurança Nacional*. Rio de Janeiro: Editora FGV, 2004.

Ridenti, Marcelo. *O fantasma da Revolução Brasileira*. São Paulo: Editora Unesp, 1993.

Ridenti, Marcelo; Reis Filho, Daniel Aarão (orgs.). *História do Marxismo no Brasil*. Vol. V: *Partidos e organizações dos anos 20 aos 60*. Campinas: Editora da Unicamp, 2002.

______ (orgs.). *História do Marxismo no Brasil*. Vol. VI: *Partidos e movimentos após os anos 1960*. Campinas: Editora da Unicamp, 2007.

Robespierre, Maximilien. *Virtude e Terror*. Rio de Janeiro: Zahar, 2008.

Robin, Marie-Monique. *Escadrons de la mort: l'école française*. Paris: La Decouverte, 2004.

Roedel, Hiran. *Atitude subversiva, biografia de Ivan Pinheiro*. Rio de Janeiro: Fundação Dinarco Reis, 2000.

Roio, José Luiz Del. *Zarattini: a paixão revolucionária*. São Paulo: Ícone, 2006.

______. *Enrico Berlinguer e a Evolução do PCI*. São Paulo: Edições Novos Rumos, 1986.

Roio, Marco. "O PCB e a estratégia da revolução brasileira". *Novos Temas: revista de debate e cultura marxista nº 7, 2º semestre/2012*. São Paulo: Instituto Caio Prado Junior, 2012.

Rollemberg, Denise. *O apoio de Cuba à luta armada no Brasil*. Rio de Janeiro: Mauad, 2001.

______. *Exílio: entre raízes e radares*. Rio de Janeiro: Record, 1999.

______. "Clemente". In: Kushnir, Beatriz (org.). *Perfis cruzados: trajetórias e militância política no Brasil*. São Paulo: Imago, 2002.

Romano da Silva, Roberto. Democracia e direito natural – Spínoza, in http://www.fogliospinoziano.it/, acesso em 15 de janeiro de 2021.

________. *Brasil: Igreja contra Estado*. São Paulo: Kairós Livraria e Editora, 1979.

Rose, R. S. *Uma das coisas esquecidas: Getúlio Vargas e controle social no Brasil/1930-1954*. São Paulo: Companhia das Letras, 2001.

______; Scott, Gordon D. *Johnny, A vida do espião que delatou a rebelião comunista de 1935*. Rio de Janeiro: Record, 2010.

Rouquié, Alain (coord.). *Os partidos militares no Brasil*. Rio de Janeiro: Record, 1980.

Sá, Fernando; Munteal, Oswaldo; Martins, Paulo Emílio (orgs.). *Os advogados e a ditadura de 1964: a defesa dos perseguidos políticos no Brasil*. Rio de Janeiro: Editora Puc-Rio/Vozes, 2010.

Sader, Eder. *Quando novos personagens entraram em cena*. 2ª ed. Rio de Janeiro: Paz e Terra, 1988.

Scartezini, Antonio Carlos. *Segredos de Médici*. São Paulo: Marco Zero, 1985.

Schattenberg, Susanne. *Brezhnev, the making os a statesman*. London. I.B Tauris, 2022.

Secco, Lincoln. *A Revolução dos Cravos*. São Paulo: Alameda, 2004.

______. *História do PT*. Cotia: Ateliê Editorial, 2011.

Segio, Sergio. *Miccia Corta: uma storia di Prima Línea*. Roma: Derive Approdi, 2005.

Serbin, Kenneth P. *Diálogos na sombra*. São Paulo: Companhia das Letras, 2001.

Serra, José. *Cinquenta anos esta noite. O golpe, a ditadura e o exílio*. Rio de Janeiro: Record, 2014.

Shuyun, Sun. *A Longa Marcha*. Porto Alegre: Arquipélago, 2007.

Skidmore, Thomas. *Brasil de Castelo a Tancredo*. 8ª ed. Rio de Janeiro: Paz e Terra, 1988.

Silva, Adalberto Temótio da. *Valeu a Pena Senhor!* Brasília: Fundação Astrojildo Pereira, 2013.

Silva, Eumano. *Longa jornada até a democracia. Os 100 anos do partidão – 1922 / 2022.* Volume II. Brasília: Fundação Astrojildo Pereira, 2024.

Silva Junior, Edson Teixeira da. *Carlos, a face oculta de Marighella*. São Paulo: Expressão Popular, 2009.

Silva, Ernani Ayrosa da. *Memórias de um soldado*, 2ª ed. Rio de Janeiro: Bibliex, 2013.

Silva, Hélio. *A vez e a voz dos vencidos*. Petrópolis: Vozes, 1988.

______. *1922: Sangue na areia de Copacabana*. Porto Alegre: LP&M, 2004.

______. *1964: Golpe ou Contragolpe?* Rio de Janeiro: Civilização Brasileira, 1975.

______. *1944: o Brasil em guerra*. Rio de Janeiro: Civilização Brasileira, 1974.

Silvana, Aline Soares Simon. *Juscelino Kubitschek e a operação pan-americana (1956-1961)*. Brasília: Universitas Relações Internacionais v10 n1., 2012.

Simon, Roberto. *O Brasil contra a democracia. A ditadura, o golpe no Chile e a Guerra Fria na América do Sul*. São Paulo: Companhia das Letras, 2021.

Soares, Gláucio A. D.; D'araújo, Maria C.; Castro, Celso. *Visões do Golpe: a memória militar sobre 1964*. São Paulo: Ediouro, 2004.

______. *Os anos de chumbo: a memória militar da repressão*. Rio de Janeiro: Relume Dumará, 1994.

______. *A volta aos quartéis: a memória militar sobre a abertura*. Rio de Janeiro: Relume Dumará, 1995.

Sodré, Nelson Werneck. *História militar do Brasil*. 2ª ed. São Paulo: Expressão Popular, 2010.

______. *A Coluna Prestes*. Rio de Janeiro: Civilização Brasileira, 1978.

Sousa, Raimundo Alves de. *Os desconhecidos da história da imprensa comunista*. Rio de Janeiro: Fundação Dinarco Reis, 2005.

Souza, Percival de. *Autópsia do Medo*. São Paulo: Globo, 2000.

Spinoza, Baruch, *Tratado Político*, in Baruch de Espinosa. São Paulo: Nova Abril Cultural, 1997.

Stepan, Alfred. *Os militares: da abertura à Nova República*. 4ª ed. Rio de Janeiro: Paz e Terra, 1986.

Strachan, Hew. *Sobre a Guerra de Clausewitz*. Rio de Janeiro: Zahar, 2008.

______. *The First World War*. Nova York: Penguin Books, 2005. Oxford University Press, 2007.

Studart, Hugo. *A Lei da Selva*. São Paulo: Geração Editorial, 2006.

______; *Borboletas e Lobisomens*. Rio de Janeiro: Francisco Alves, 2018.

Taubman, William. *Khrushchev: the man and his era*. Londres: Simon & Schuster, 2017.

Tavares, Flávio. *Memórias do esquecimento*. Rio de Janeiro: Record, 2005.

Trinquier, Roger. *La guerre moderne*. Paris: Economica, 2008.

Trotsky, Leon. *Leur Morale et la nôtre*. Paris: Les Éditions de la Passion, 1994.

______. *A Revolução Russa*. 3 vols. 3ª ed. Rio de Janeiro: Paz e Terra, 1980.

______. *Minha vida*. 1ª ed. Rio de Janeiro: José Olympio, 1945.

______. *Da Noruega ao México: os crimes de Stalin*. Rio de Janeiro: Laemmert, 1968.

______. *Terrorisme et Communisme*. Paris: Union Générale d'Éditions, 1963

Tsé-tung, Mao. *O Livro Vermelho*. São Paulo: Martin Claret, 2006.

______. *Problemas estratégicos da guerra subversiva*. Lisboa: Edições Silabo, 2004.

______. *Sobre a prática e a contradição*. Apresentação Slavoj Zizek. Rio de Janeiro: Zahar, 2008.

Ustra, Carlos Alberto Brilhante. *Rompendo o silêncio*. 2ª ed. Brasília: Editerra Editorial, 1987.

______. *A verdade sufocada*. Brasília: Editora Ser, 2006.

Valle, Maria Ribeiro do. *1968: o diálogo é a violência – movimento estudantil e a ditadura militar no Brasil*. Campinas: Editora da Unicamp, 2008.

Ventura, Zuenir. *1968, o ano que não terminou*. 4ª ed. Rio de Janeiro: Nova Fronteira, 1988.

Vianna, Marly de Almeida Gomes. *Revolucionário de 1935*. São Paulo: Expressão Popular, 2007.

______ org. *Pão, Terra e Liberdade, Memória do Movimento Comunista de 1935*. Rio de Janeiro: Arquivo Nacional; São Carlos: Universidade Federal de São Carlos, 1995.

Vidali, Vittorio. *Diary of the Twentieth Congress of the Communist Party of the Soviet Union*. Nova York: Lawrence Hill Books, 1984.

Vinhas, Moisés. *O partidão. A luta por um partido de massas (1922-1974)*. São Paulo: Hucitec, 1982.

Volkogonov, Dmitri. *Stalin: triunfo e tragédia*. Rio de Janeiro: Nova Fronteira, 2004.

______. *Os sete líderes do império soviético*. Rio de Janeiro: Nova Fronteira, 2008.

______. *Lenin, uma nova biografia*. Lisboa: Edições 70, 2008.

Waack, William. *Camaradas*. São Paulo: Companhia das Letras, 1993.

Walzer, Michael. *Guerras justas e injustas*. São Paulo: Martins Fontes, 2003.

Whittaker, David J. *Terrorismo*. Rio de Janeiro: Bibliex, 2005.

William, Wagner. *O soldado absoluto: um biografia do Marechal Henrique Lott*. Rio de Janeiro: Record, 2005.

Windrow, Martin; Mason, Francis K. *The Wordsworth Dictionary of Military Biography*. Hertfordshire: Wordsworth Editions, 1997.

AGRADECIMENTOS

Uma obra jamais é resultado apenas do suor e das horas insones de quem a escreve; ela respira os trabalhos de muitos, as milhares de mensagens, diálogos, sugestões e análises, frutos da generosidade, da amizade e do profissionalismo de pesquisadores, historiadores, jornalistas, cientistas sociais e entrevistados que se interessaram pelo destino deste trabalho, despertando na consciência do autor a obrigação e a responsabilidade de corresponder ao desprendimento, à atenção e ao interesse de tantos. Este livro é o resultado de uma angústia, a de mostrar como vivemos a História. Agentes e militantes retratados encenaram dramas e os viveram muitas vezes como as pessoas comuns, sem que pudessem se proteger deles. Marc Ferro afirma que analisar o comportamento das pessoas anônimas nas crises do século XX esclarece o passado e nos permite tentar controlar o amanhã. O mesmo vale para aqueles que vivem no meio das engrenagens mais claras da história. Suas vozes se fazem ouvir nos coros e reforçam as dos protagonistas ou servem de costura a cenas distintas, providenciando ao enredo um sentido. Elas são as vozes dos entrevistados nesta pesquisa. A todos, sou grato, por me permitirem ouvi-los. Alguns, porém, foram mais do que fontes; tornaram-se fundamentais pelos conselhos, documentos, áudios e atenção. Cito Adriano Diogo, Álvaro Egea, Anita Leocadia Prestes, Antônio Mesplé, Caetano Pereira de Araújo, Franklin Martins, Ivan Seixas, João Lopes

Salgado, José Salles, Luiz Carlos Azedo, Luiz Rodolfo Viveiros de Castro, Marly Vianna, e Pedro Alves Filho entre os que sonharam uma sociedade igual, justa e solidária. Este livro contou com a disposição de militares que confiaram seus relatos sobre a guerra que moveram aos comunistas, inimigo que escolheram ainda jovens e contra o qual combateram até o fim. Devo mencionar o agente Chico; a tenente Beatriz Martins, a Neuza, e o tenente João de Sá Cavalcanti Neto, o Fábio, do DOI do II Exército; e o capitão Antônio Pinto, o Carlos I. S. Azambuja, pseudônimo que usou por décadas. Ele procurou o autor e, por três anos, forneceu pistas e informações. Também abriu portas para que outros contassem suas histórias: os coronéis Romeu Antônio Ferreira e L.W.B.G. e o capitão-de-mar-e-guerra Mário Sérgio Pacheco de Souza. Sou grato a pesquisadores e a colegas que me auxiliaram nesse trabalho. Devo citar Gisele Lobato, Janaína César, Roberto Simon e Irineu Franco Perpetuo, que me ajudaram com os documentos nos EUA, Chile, Itália, Portugal e Rússia; Eumano Silva, João Roberto Martins Filho, Paulo Cunha e Rodrigo Freire pelos livros, documentos e informações sobre o PCB e os militares; Sônia Maria Troitiño Rodrigues e José Luiz Del Roio pelo acolhimento no arquivo do Cedem-Unesp; Andrey Borges de Mendonça pelas informações, vídeos e documentos e aos que digitalizaram seus arquivos – o Arquivo Nacional, o Arquivo do Estado de São Paulo, a Universidade Federal de Minas e o Brasil Nunca Mais – sem os quais este trabalho seria bem mais difícil. Aos meus editores no Estadão, Ana Carolina Sacoman e Eduardo Luiz Kattah, e da Alameda, Haroldo Ceravolo e Joana Monteleone, agradeço o estímulo e a compreensão. Por fim, à Cristina, Emanuela e Antonio, que se habituaram em casa à pesquisa, à bagunça, aos livros e papéis espalhados, ao barulho do teclado do computador, aos passos e ao arrastar de cadeiras que varavam madrugadas. E a todos os que assistem às mentiras, às falsificações e às estultices abomináveis de nosso tempo, o meu desejo de que esta obra ajude a enfrentar o sequestro da memória, a tortura dos fatos e o desaparecimento da verdade.

Alameda nas redes sociais:
Site: www.alamedaeditorial.com.br
Facebook.com/alamedaeditorial/
Twitter.com/editoraalameda
Instagram.com/editora_alameda/

Esta obra foi impressa em São Paulo no outono de 2024. No texto, foi utilizada a fonte Calluna em corpo 11 e entrelinha de 16 pontos.